시편 묵상·1

혜강문집·28

시편 묵상·1

시편 1편~76편

150편의 시편 366일 묵상

■

2022년 07월 20일 초판 1쇄 인쇄
2022년 07월 30일 초판 1쇄 발행

■

지 은 이 ┃ 김 남 식
펴 낸 이 ┃ 이재숭 · 황성연
펴 낸 곳 ┃ 하늘기획

■

등록번호 ┃ 제306-2008-17호
물류센타 ┃ 경기도 파주시 광탄면 혜음로 883번길 39-32 (분수리)
주 문 처 ┃ 하늘유통
전   화 ┃ (031)947-7777
팩   스 ┃ 0505-365-0691

ISBN ┃ 979-11-92082-02-8 (03230)

혜강문집 · 28

시편
묵상·1

시편 1편~76편

150편의 시편 366일 묵상

김남식 지음

Meditation on Psalms
The Songs of Faith

Vol. I

하늘
기획

Meditation on Psalms

The Songs of Faith

Vol. I

by

Nam Sik Kim

Haneul Christian Book House

Seoul, Korea

2022

시편은 하나님 백성의 감사요, 호소이며, 절규이며, 찬탄이다. 그들은 시를 통하여 속에 있는 신앙의 열정을 육화(肉化)하고 절대자의 영광을 찬양한다.

이 시편들은 수많은 사람들의 가슴 속에 영혼의 노래로 정착하였고, 그 고백들을 통해 아름다움의 극치를 음미한다. 그래서 그리스도인의 가슴 속에 시편의 음률이 하나의 소망의 노래로 메아리친다.

이 「시편묵상」은 극동방송에서 「김남식의 시편묵상」이란 제목으로 매주 토요일과 주일 새벽에 2000년부터 3년 반 동안 방송한 원고를 묶은 것이다. 150편의 시편을 1년 366일 동안 묵상하도록 엮었다. 새벽기도, 가정예배, Q.T에서 활용할 수 있게 편집하였다. 방송시간 관계로 모두 일정한 분량의 원고를 집필하였다.

이 방송을 하면서 시편의 향기에 젖었고, 필자 자신이 은혜를 받았다. 또 필자 개인에게도 의미 있는 시간이 되었다. 2003년 2월 암 선고를 받고 수술을 받아야 했다. 그때 「시편묵상」이 방송 중이였고, 마무리 단계였다.

혼자서 기도하였다. "하나님, 저를 불러 가시려면 이 방송을 끝내고 불러 가십시오."라고 억지 기도를 하였다. 수술하기 전 주간에는 종일 녹음실에 박혀 몇 달치 녹음을 하였다. 사정을 모르는 PD는 "왜 그러느냐"고 한다.

나는 "멀리 여행을 다녀와야 한다. 사정에 여의치 않으면 못 올지도 모른다"고 하였다. 나는 살아 돌아왔고 「시편묵상」의 방송을 마쳤다. 귀한 자리를 만들어준 극동방송과 담당 PD 여러분, 청취자 여러분께 감사드린다.

이렇게 준비된 「시편묵상」은 한 어린 학생의 도움으로 타이핑되었다. 목포 재건교회 정낙준 목사의 아들 정민주 군이 이 일을 감당하였다. 정 군은 그때 중학교 2학년이었는데 나의 원고를 받아 어린 손으로 형상화시켰다 (20여 년이 지난 오늘날 정 군은 직업군인이 되어 충실히 복무하고 있다).

묻어 둔 이 원고가 하늘유통의 황성연 장로에 의해 두 권의 책으로 묶어졌으니 감사의 인사를 드린다.

독자들에게 양해를 구할 것은 저자가 구약 신학자가 아니기에 '시편 주석'을 저술한 것이 아니라 시인의 눈으로 '시편 묵상'을 하며 시편을 가슴에 담고자 했다.

이 생명 다할 때까지 하나님을 찬양하는 시를 쓰고 싶다.

하나님, 홀로 영광 받으소서.

2022년 초여름에
혜강 **김남식**

차례 ♪

〈제 II권 계속〉

행복한 사람

시편 1:1~6

1복 있는 사람은 악인들의 꾀를 따르지 아니하며 죄인들의 길에 서지 아니하며 오만한 자들의 자리에 앉지 아니하고 2오직 여호와의 율법을 즐거워하여 그의 율법을 주야로 묵상하는도다 3그는 시냇가에 심은 나무가 철을 따라 열매를 맺으며 그 잎사귀가 마르지 아니함 같으니 그가 하는 모든 일이 다 형통하리로다 4악인들은 그렇지 아니함이여 오직 바람에 나는 겨와 같도다 5그러므로 악인들은 심판을 견디지 못하며 죄인들이 의인들의 모임에 들지 못하리로다 6무릇 의인들의 길은 여호와께서 인정하시나 악인들의 길은 망하리로다

시편 1편은 완벽한 예술 작품으로서 시편 전체의 서론이다. 이 시의 전체 구조는 주석가들마다 다르게 말하고 있으나 의인의 길(1~3절), 악인의 길(4~5절), 두 길에 대한 최종적 평가(6절)로 짜여 있다고 볼 수 있다. 우리는 시편 1편에서 인생의 두 가지 길을 찾아볼 수 있는데, 하나는 의인의 길 즉, 행복한 사람의 길이며, 다른 하나는 악인의 길 즉, 불행한 사람의 길이다.

1. 두 가지 길

이러한 두 가지 길은 사람이 이 땅에서 어떻게 살아가야 할 것인가를 명확하게 보여 주는 것으로서 이 땅의 모든 사람들이 주목하며 모범으로 삼아야 할 가르침이다. 먼저, 의인의 길은 어떠한 지를 살펴보자. 1절에서 복 있는 사람은 세 가지에 대하여 '아니오'라고 한다고 했다. 즉 "악인의 꾀를 따르지 아니하며, 죄인의 길에 서지 아니하며, 오만한 자의 자리에 앉지 아니하고"라고 하였다.

'악인'이란 '불경건한 자'에 대한 일반적 용어이며, '죄인'이란 '습관적 범법자', '오만한 자'는 '반항적이고 냉소적인 자유사상가'를 의미한다. 시편에서 '악인'은 여러 가지로 표현되고 있다. 악인은 주님과 주님의 율법을 멸시하고 자기의 꾀를 따라 사는 자이다. 이들은 하나님을 경외하지 아니하고 사랑하지 않는 자들로서 하나님의 요구와 명령들을 대수롭지 않게 여기는 자들이다.

이 말씀은 우리들의 삶에서 중요한 결정들을 할 때에 어떤 원리를 따라야 할 것인가를 보여 주고 있다. 어느 학교에 가서 무엇을 전공할 것인가? 누구와 결혼을 할 것인가? 어떤 직업을 택하여야 할 것인가? 등의 결정적 순간에 하나님의 말씀이 중심이 되고 원리가 되어야 함을 가르친다. 자신의 생각이나 계획대로 하는 사람에 대해 그것이 아님을 교훈하는 것이다.

2. 복 있는 사람의 길

복 있는 사람은 "죄인의 길에 서지 아니한다"고 하였다. 여기서 '죄인'이란 주어진 계명이나 금령을 구체적으로 범하는 자를 말한다. 이것은 종교적인 성격을 보여준다. '죄인'은 하나님의 계명을 범함으로써 하나님 앞에 범죄 한 자이다.

복 있는 사람은 "오만한 자들의 자리에 앉지 않는다"고 했다. 여기서 '오만함'이란 '비웃음'을 의미한다. 즉 '냉소하는 자'를 말한다. 오만한 자는 많은 것에 대하여 비난하고 냉소한다. 특히 하나님의 성경, 하나님의 백성, 하나님의 방법에 대하여 비난하고 심지어 하나님의 아들 예수 그리스도에 대하여 비웃고 삼위일체 하나님을 비웃는다.

복 있는 자는 이들과 함께 하지 아니한다. 이들은 언약 밖에 있는 자들로서, 의식적으로만이 아니라 말과 행동에서 주님의 율법을 거스르며 깨뜨리고, 경건을 조롱하고 비판하는 자들이다. 이들은 형식적으로는 언약 안에서 사는 듯 하는 경우도 있으나 그들은 마음과 행동에서 이미 하나님과의 언약에서 떠난 자들이다.

시인은 1절에서 복 있는 자가 '아니오'라고 외치는 것을 묘사한 후에 2절에서 '예'의 삶을 보여주고 있다. 악인의 삶에 대한 부정의 모습을 제시한 후 '오직'이라고 하였는데 이것은 '대신에'라는 의미를 가지고 있다.

복 있는 사람은 주님의 율법을 즐거워하고 주야로 묵상하는 자들이다. 율법은 '토라'(tora)를 말하는데, 이것은 모세 오경만이 아니라 오늘의 우리들에게 신구약 전체를 말한다. 복 있는 사람은 '주야'로 토라를 묵상한다. 여기서 '주야'란 합성어(merism)으로서, '지속적으로', '변함없이'라는 뜻을 가지고 있다. '묵상하다'(haga)는 '중얼대다', '속삭이다'라는 뜻을 가지고 있는데 그 의미는 '부드럽게 소리 내 어읽는다'는 뜻이다. 이 말씀은 성도들이 주님의 말씀을 읽고, 듣고, 암송하며 연구하는 것을 모두 포함한다. 말씀의 묵상은 우리가 받는 크나큰 축복이다.

복 있는 사람에 대하여 "나무와 같다"(3절)고 표현하였다. 성경에는 사람과 나무를 비유하는 경우가 많이 있다. 복 있는 사람은 '시냇가에 심은 나무'와 같다. 여기서 '시냇가'란 물이 계속 공급되는 관계수로를 말하는데 이것은 우기에만 물이 흐르는 팔레스타인의 일반적인 시내와는 달리 늘 물이 흐르는 시내이다. '심겼다'는 것은 '옮겨 심겨졌다'는 뜻을 가지고 있는데 중요한 것은 '옮겨 심어졌다'는 데 있는 것이 아니라 이 나무가 수량이 풍부한 곳에 심겨져 자란 데 있다.

이 나무는 "철을 따라 열매를 맺으며 그 잎사귀가 마르지 아니한다." 이것은 미래 지향적 자세를 우리에게 보여준다. 창조세계에서의 질서를 강조하듯이 영적 세계에도 질서가 있다. 올바른 환경에 심겨진 나무가 열매를 맺듯이 주님의 언약 안에서 그의 말씀을 잘 따르는 자가 풍성한 열매를 맺게 된다.

복 있는 사람은 '그 행사가 다 형통'한다. 복된 사람이 범사에 형통하는 것은 우리에게 중요한 메시지이다. 복된 사람이 열매 맺는 삶을 사는 것은 하나님의 특별한 상급이라기보다 하나님의 섭리 가운데 하나이다. 하나님의 창조 질서에서 씨를 뿌릴 때가 있으면 거두는 때가 있는 것 같이 하나님을 섬기는 삶에는 풍성한 결실이 있기 마련이다.

3. 악인의 길

시편의 시인은 의인과 다른 모습을 가진 악인의 길을 보여준다(4~5절). "악인들은 그렇지 아니 함이여"라고 하여 강한 대조를 보여주고 있다. 여기서 '악인' 앞에 정관사가 붙은 것은 어떤 특정한 악인에게만이 아니라 악인을 총괄적으로 말해준다.

악인의 인생은 "쭉정이와 같다." 그것은 가볍고 내재적 가치를 가지고 있지 않으며, 쓸 모가 없고(사 33:11), 버리는 것이다. 여기서 주목하여야 할 것은 '바람'에 날리는 쭉정이라는 점이다. 바람이란 인생의 추수 때에 일어날 심판을 상징한다(시 33:5, 83:13, 사 17:13, 렘 13:24, 욥 13:25 등).

악한 자들의 종말은 어떻게 되는가? 시인은 '그러므로'라는 단어로 표현하고 있다. 악인은 심판을 견디지 못한다. 또 의인의 회중에 들지 못한다. 즉 죄인들은 의인들의 공동체에 끼지 못한다.

시편 1편의 결론은 6절에 있다. 의인의 길은 하나님이 인정하시나 악인의 길은 망할 수밖에 없다. 이것이 하나님의 법칙이다.

시편 1편은 시편 전체의 서론으로서 우리가 시편을 어떻게 읽어야 할지를 보여준다. '의인'과 '악인'의 삶을 통하여 하나님의 빛 앞에서 우리가 가야 할 길을 볼 수 있다.

이 시편이 그리는 이상적 사람은 '여호와의 율법을 즐거워하여 주야로 묵상하는 자'이다. 즉 주님의 말씀이 우리 속에 용해되어, 말씀의 언약 속에 살아가는 사람을 말한다. 하나님의 백성들이 행복한 사람의 삶을 살아가기 위하여 말씀을 즐거워하며, 이것을 주야로 묵상하고 실천하여야 할 것이다.

하늘에 계신 이가 웃으심이여

시편 2:1~6

1어찌하여 이방 나라들이 분노하며 민족들이 헛된 일을 꾸미는가 2세상의 군왕들이 나서며 관원들이 서로 꾀하여 여호와와 그의 기름 부음 받은 자를 대적하며 3우리가 그들의 맨 것을 끊고 그의 결박을 벗어 버리자 하는도다 4하늘에 계신 이가 웃으심이여 주께서 그들을 비웃으시리로다 5그 때에 분을 발하며 진노하사 그들을 놀라게 하여 이르시기를 6내가 나의 왕을 내 거룩한 산 시온에 세웠다 하시리로다

시편 2편은 1편과 함께 시편 전체의 서론으로 시편의 세계에 들어가는 문이다. 특히 2편은 다윗 언약(삼하 7장)의 핵심을 담고 있다. 이 시편에는 다윗도, 언약도 나타나지 않지만 다른 어떤 곳에서도 찾아 볼 수 없는 다윗 언약의 진수를 드러내고 있다.

시편 2편은 다윗 언약을 새 왕의 등극 의식 배경 속에서 제시한다. 다윗의 후손은 '기름부음 받은 자'가 되며, 주님께서 '나의 왕을 내 거룩한 산 시온에 세운 자가 된다', '너는 내 아들이라 오늘날 내가 너를 낳았도다'라는 언약 관계 속에서 '열방을 유업으로 얻는' 약속을 받는다.

1. 복 있는 사람

시편 1:1은 '복 있는 사람'으로 시작하고 2:12은 '복 있는 사람'로 마친다. 두 시편은 핵심 용어 등에서 통일성을 보여 주고 있어서 우리로 하여금 하

나의 눈으로 전체를 보게 한다.

시편 2편은 폭 넓은 암시들과 극적인 장면들로 되어 있다. 또 시의 구조가 흥미롭다. 12개의 절이 각각 3개의 동사를 가지고 4개의 연(聯)으로 쉽게 나누어진다. 1~3절은 하나님의 대적들의 사악하고 헛되기만 한 행동을 그렸고, 4~6절은 하늘과 땅의 전능한 주권자와 대적들의 도모에 대한 하나님의 처분을, 7~9절은 아들이 성부 하나님의 명령과 관련되어 언급되었고, 10~12절은 세상의 지도자들이 아들에게 경의를 표하고 순종해야 할 것에 대한 경고이다.

시편 2:1~6에서는 세상의 왕들이 메시야 왕을 대적하고 여기에 대한 하나님의 반응이 나타난다. 이것은 역사 세계를 보는 인간의 자세가 어떠해야 할지를 제시하는 것으로서 바른 역사철학의 필요성을 보여준다.

12절에서는 세상 나라들과 백성들이 주님과 그의 메시야 왕을 대적하여 음모를 꾸미고 반역하는 모습을 그리고 있다. 시편 기자는 1절에서 열방과 민족들을, 2절에서는 백성의 지도자들을 고발하고 있다.

2. 세상의 도전

1절에서는 그들의 행위가 일반적으로 광포하다는 것과 무익하다는 것으로 묘사하고 있으나 2절에서는 좀 더 구체적으로 하나님과 그 아들 그리스도를 타도하려는 특수한 모의로 나타나 있다. 3절은 이러한 모의가 상세하게 묘사되어 있다. 세상의 열방들과 민족들이 모여서 소동하며 헛된 일을 꾸미고 있는데 이것이 어찌된 일인가라고 하고 있다. 그러나 이들의 계획은 '허사'이다. 즉 '헛되도다'이다.

1절에서는 '뭇 나라'와 '뭇 백성'이 나오고 2절에서는 '세상의 군왕들'과 '방백들'이 나온다. 이리하여 '일반적인' 전쟁 상황(1절)이 더욱 '구체적인' 상황(2절)으로 발전하고 있다. 이제 뭇 나라와 뭇 백성들의 정체가 드러나며, 그들이 소동하며 헛된 일을 꾸미는 것이 무엇인지를 보여 준다.

세상의 나라들과 민족들이 그들의 왕과 통치자들과 함께 주님과 그의 기름 부음 받은 왕을 대적하고 반역하기 위하여 음모를 꾸미고 드디어 전쟁터로 나와 진을 치는 모습을 보여 준다. 이들은 마치 공동 운명체인 것처럼 전열을 가다듬는다.

이러한 인간들의 반역에 대한 하나님의 반응이 4~6절에 나온다. 시인은 하나님을 가리켜 '하늘에 계신 자'라고 아주 높은 칭호로 하나님의 초월성을 강조하였다(시 123:1). 하나님의 반응은 감정적 반응(4~5절)과 정치적 반응(6절)으로 제시된다.

인간들의 반역에 대하여 하나님은 웃으신다. 하나님의 주권이 그를 대적하는 자들을 향하여 비웃으신다(시 37:13, 59:8, 잠 1:26). 하나님의 웃음은 그의 주권과 초월성을 잘 표현해 준다. 주님은 하늘의 보좌에 앉아 웃으신다. 인간들이 아무리 발악해도 하나님은 주권적 역사를 나타내신다. "그 때에"(5절) 즉, '마침내' 하나님은 천둥소리처럼 위엄하게 배역자들을 심판하신다. 하나님은 배역자들을 향하여 호통을 치시는데, "내가 나의 왕을 내 거룩한 산 시온에 세웠다"고 하신다.

3. 하나님의 승리

하나님은 자신이 선택한 왕을 시온산에 세운다. 여기서 '시온산'이란 '나의 거룩한 산'과 동격을 이룬다. 시온산은 하나님께서 특별히 자신의 것으로 구별하신 산으로서 주님의 배타적인 소유권이 주장되고 있다. 또 이 산은 하나님께 바쳐진 산이다. 이곳에서 하나님은 자신이 선택한 다윗을 세우셨다.

이 땅의 나라들과 통치자들은 할 수만 있다면 하나님을 거역하기 위해 모의하고 작당한다. 그들은 전투 상황과 같은 분위기를 조성하고 하나님을 대적하려고 할지라도 하나님의 주권적 역사 앞에서는 아무런 의미가 없다. 하나님을 떠난 인간들은 하나님을 거역한다. 그 이유는 그들의 사고 구조의 기초가 하나님에게서 떠나 있고, 하나님 중심적 세계관을 가지고 있지 못하기 때문이다. 그들의 생각과 행동은 하나님을 떠나 있고, 그 결과 하나님의 엄한 징계를 받을 수밖에 없다.

우리가 살고 있는 이 시대에도 하나님을 거역하는 생각과 행동이 가득하다. 각 나라와 지도자들은 하나님을 섬기기보다 자신이 하나님의 자리에 오르려고 한다. 그러나 이러한 행동을 보신 하나님께서는 웃으신다. 이것은 같잖아서 웃으시는 것이며, 인간의 완악함에 대한 비웃음이다.

인간이란 하나님과의 바른 관계가 정립될 때에 참다운 존재 가치가 형성된다. 국가 역시 그러하다. 하나님의 주권적 역사 아래 있을 때에 국가의 참 의미가 나타난다.

그러나 하나님을 거역한 인간들은 사상 밑바닥에서부터 하나님을 떠나 있으며 거기서 나오는 행동 역시 하나님을 부인하는 것이다. 이것은 아담의 범죄 이후 인간이 가지고 있는 전적 부패의 결과이다. 인간이 아무리 발버둥친다고 할지라도 하늘에 계신 하나님은 웃으신다. 즉 가소롭게 여기신다. 이것은 하나님께 절대주권이 있기 때문이다.

우리는 이 땅의 국가나 단체, 그리고 개인에게는 한계가 있음을 인정해야 한다. 또 세계 역사를 통하여 통치자가 하나님의 자리에 오르려고 하다가 멸망한 사례들을 수 없이 보아 왔다.

복 있는 사람의 삶은 하나님과의 관계에서 이루어진다. 이것은 권력이나 물질의 소유에 있는 것이 아니라 하나님이 '나의 하나님'이 될 때에 진정한 축복의 의미를 알 수 있다. 그래서 우리의 삶은 그 초점을 하나님께 맞추어야 한다. 이것은 하나님 중심의 삶이며, 하나님으로 말미암는 삶의 길이다. 과연 우리가 복 있는 길을 갈 수 있을까? 이것은 우리의 노력의 결과라기보다 하나님과의 관계에서 이루어지는 것이다. 이것은 민족과 국가에서도 동일하다. 하나님과의 바른 관계가 형성된 민족과 국가가 이 땅에서 축복받은 삶을 살게 된다. 우리는 우리의 관심을 이 세상의 주권자이신 하나님께 모으자. 그리하여 순종을 통한 참 축복을 받아야 하리라.

내가 여호와의 명령을 전하노라

시편 2:7~9

7내가 여호와의 명령을 전하노라 여호와께서 내게 이르시되 너는 내 아들이라 오늘 내
가 너를 낳았도다 8내게 구하라 내가 이방 나라를 네 유업으로 주리니 네 소유가 땅
끝까지 이르리로다 9네가 철장으로 그들을 깨뜨림이여 질그릇 같이 부수리라 하시도다

시편의 시인은 이 땅의 나라들과 군왕들이 하나님을 대적하는 사실에 대
하여 '웃으신다'는 것을 강조하였다. 이것은 인간이 아무리 자기 능력을 자
랑할지라도 하나님의 주권적 역사 앞에서는 아무것도 아니라는 사실을 강
조하고 있다. 하나님께서는 하나님을 거역하는 세상 나라들을 향해 비웃으
시며 자신의 왕을 시온산에 세우시고, 칙령을 내리셨다. "내가 명령을 전하
노라 여호와께서 내게 이르시되 너는 내 아들이라 오늘날 내가 너를 낳았도
다"라고 하였다.

1. 너는 내 아들이라

이 말씀의 원 뜻은 "내가 여호와의 명령을 전하노라"이다. 여기서 '여호
와의 명령'이 무엇인지 구체적으로 그 의미를 파악하는 것은 쉬운 일이 아
니다. 이것은 하나님의 약속이 담겨 있는 하나님의 칙령이다.

하나님께서는 왕의 대관식에서 "너는 내 아들이다"라고 엄숙히 선언하

신다. 아마 선지자가 하나님의 대변자로서 일인칭을 사용한 듯하다. 이제 왕은 하나님의 아들이 된다. 이스라엘에서 왕은 언약관계를 통하여 하나님의 아들로 입양된다(삼하 7:13~14, 시 89:26~27). 왕은 하나님의 부름을 받고 '하나님의 아들'이 된다. 이 칭호는 다윗, 솔로몬 그리고 다윗의 후손에게 적용된다. 언약관계를 통하여 하나님의 상속자가 되며 기업을 얻는다. "내게 구하라 내가 이방나라를 네 유업으로 주리니 네 소유가 땅 끝까지 이르리로다"(8절)에서 하나님의 약속을 볼 수 있다.

2. 내게 구하라

"내게 구하라"고 하였다. 하나님의 아들로서의 왕은 자유롭게 구할 수 있다(왕상 3:5 이하, 시 20:4, 21:2,4, 삼하 24:12). 그러나 그가 구하기 전에 하나님의 약속이 먼저 그에게 주어졌고 하나님의 백성들이 이것을 받을 수 있다는 사실을 기억해야 한다.

하나님께서는 왕에게 뭇 나라들을 기업으로 주시고 땅 끝까지를 소유로 주신다. '유업'과 '소유'는 우리들에게 중요한 것을 교훈한다. 유업 즉 기업 (hertage)은 구약에서 여러 가지를 가리키는데, 먼저 이스라엘이 하나님의 기업이 된다(신 9:26, 29, 32:9, 왕상 8:53 등). 주님은 레위인의 기업이다. 그러기에 레위인은 땅을 기업으로 얻지 못하였다. 하나님께서는 택하신 자기 백성에게 이 땅에서 기업을 주시고 지키신다(시 16:6, 37:18, 106:5 등).

'소유'도 같은 뜻으로 사용된다(창 17:8, 신 32:49). 땅 뿐만 아니라 자식도 여호와의 주신 기업이다(시 127:3). 그러나 '영원한 소유개념'조차 오래가지 못한다. 이스라엘 백성들이 하나님과 하나님의 율법을 떠날 때에 그들의 기업을 빼앗아 가신다(시 68:9, 74:2, 78:62, 94:5).

오늘의 시편에서는 하나님께서 자신이 택한 다윗 왕에게 열국과 온 세상을 기업으로 주신다고 하였다. 하나님은 창조주이시며 온 세상의 통치자이시므로 그의 아들인 이스라엘 왕은 하나님의 상속자요 세계적인 통치권을 부여받았다. "네가 철장으로 그들을 깨뜨림이여 질그릇 같이 부수리라 하시도다"(9절)는 말씀에서 하나님의 주권적 역사를 볼 수 있다. 질그릇 같이 부수시는 것은 의식적으로 항아리를 깨뜨리는 것을 말하지 않고 원수 나라들을 부수는 것을 말하고 있다. 이러한 표현은 '전 세계적이고 절대적인 통치' 사상을 전하여 주고 있다. 우리들은 하나님의 절대 주권을 믿는다. 이것은 이 세계를 통치하시는 하나님의 역사이며 우리들이 가져야 할 바른 역사철학이다.

이방 나라들이 하나님을 거역하고 자기들의 방법대로 살기 위해 그들이 할 수 있는 모든 것을 할지라도 하나님은 불신 인간들의 이런 모순들을 비웃으시며 도리어 당신의 아들 즉 하나님을 믿는 왕을 세우셔서 이 세상 열방을 깨뜨린다.

우리는 이러한 기록에서 하나님의 절대주권 아래 있는 인간의 모습을 볼 수 있다. 사람들이 아무리 자기주장을 내세우고, 자기 뜻을 따라 이 세계를 다스리려고 할지라도 하나님의 바람 앞에서 별 수 없이 무너질 수밖에 없다는 사실을 기억해야 한다. 이 세계를 통치하시는 하나님의 역사를 기억하며, 하나님의 뜻에 합당한 삶을 살 필요가 있다. 이것은 오늘의 우리들이 가져야 할 세계관이기에 이것을 귀하게 여겨야 한다.

하나님께서는 선지자를 통하여 "너는 내 아들이다"라고 왕에게 선언하였다. 이 선언은 하나님의 절대주권을 우리에게 보이시는 것으로서 우리들이 왕 되신 하나님의 언약을 기억해야만 한다. 이 세계를 다스리시는 하나님을 기억해야 한다. 우리의 지혜와 능력에는 항상 한계가 있기 마련이다. 인간들이 이 한계를 인정하지 않고 자기 마음대로 하려다가 더 심한 곤경에 빠질 경우가 많다.

인간의 진정한 삶은 어디서 오는가? 이것은 하나님과의 관계에서 오며, 이 관계를 통하여 진정한 존재 의미를 깨닫게 된다. 이것을 무시할 때에 문제가 생긴다. 우리가 살아가는 이 세계에서 왜 문제가 생기는지에 대하여 깊이 생각해 볼 필요가 있다. 하나님의 백성은 하나님과의 관계 속에서 삶을 영위한다. 이것은 우리들이 살아가는 삶의 원리이며 방법이다. 이 원리가 무시되고 인간 스스로 통치자의 자리에 서려고 할 때에 배신과 징계의 일들이 연속된다.

3. 하나님의 백성의 유업

하나님께서는 종국적으로 이 세상의 모든 나라들을 하나님의 백성에게 유업으로 주셨다. 그리하여 우리는 이 세계를 하나님의 영광을 위한 곳으로 변혁시키며 하나님의 뜻을 이루려고 한다.

하나님께서는 "너는 내게 구하라"고 하시면서도 이미 구하기 전에 우리의 필요를 아시고 그것을 준비하여 주신다. 우리는 하나님의 이러한 언약을 귀하게 여기며 아름다운 역사로 받아들인다.

우리들은 하나님을 거역하는 세속 문화의 도전 속에 살고 있다. 향락적인 소돔과 고모라 문화가 있고, 하나님을 거역하고 자기 이름을 내세우는 바벨탑문화가 우리를 욱조이고 있다.

우리는 이러한 여건 속에서 하나님의 영광을 나타내며 하나님 중심적 문화 형성을 위해 노력해야 한다. 이것은 하나님의 절대 주권을 믿으며 하나님과의 바른 관계 속에서 이루어진다. 자기 아들을 왕으로 세우시고 세계를 다스리게 하시는 하나님의 섭리를 믿어야 한다. 그래서 그 하나님의 손길 아래서 새로운 역사를 창조해 나가야 한다.

우리의 삶은 어디서 오는가? 이것은 하나님의 절대적 주권에서 나온다. 우리는 이 손길을 부여잡고 하나님의 뜻에 순종해야 한다. 역사를 통치하시는 하나님의 손길을 보라. 어느 누가 여기에 항거할 것인가? 항거할 때에는 질그릇과 같이 깨어질 수밖에 없음을 기억하고 우리의 삶의 초점을 하나님께 맞추어야 한다.

그의 아들에게 입 맞추라

시편 2:10~12

10그런즉 군왕들아 너희는 지혜를 얻으며 세상의 재판관들아 너희는 교훈을 받을지어다 11여호와를 경외함으로 섬기고 떨며 즐거워할지어다 12그의 아들에게 입맞추라 그렇지 아니하면 진노하심으로 너희가 길에서 망하리니 그의 진노가 급하심이라 여호와께 피하는 모든 사람은 다 복이 있도다

시인은 시편 2편의 마지막 부분에 와서 다시 출발점으로 돌아간다. 이제 예루살렘의 왕이 등극하고, 하나님의 아들이라 불리움을 받은 그는 이방의 반역자에게 최종의 경고와 권면을 한다. 여기서 이 시가 뜻하는 바를 찾을 수 있다.

열왕들과 방백들은 새롭게 시온에서 등극한 왕에 대한 하나님의 뜻과 하나님이 시온 왕의 배후에 계신다는 사실을 알아야 한다. 10~12절은 "그런즉"이란 말로 시작한다. 이것은 "그러므로 이제"라는 뜻이다. 이 단어는 앞에 있는 "그 때에"라는 단어와 대조를 이룬다. 이 구절에서는 열국의 지도자에게 주는 5개의 명령이 있다.

1. 다섯 가지 명령

첫째, 지혜를 얻으라(10절)이다. 즉 "지혜롭게 행동하라"는 명령이다. 시온에 새로 등극한 왕은 하나님께서 친히 세운 왕이요, 언약으로 부자 관계

를 맺고 있는 왕이요, 하나님의 우주적 주권을 이 땅에서 대표하며 실현하는 왕이다. 그가 비록 세움을 받았지만 어리석고 유약한 자가 아니다. 그 왕의 배후에는 온 세상을 다스리는 하나님이 계신다.

하나님의 절대적 권능을 바로 알 때에 그 앞에 두려워 떨며 지혜롭게 행동을 하게 된다. 이것은 우주의 주권자가 누구이며 그 앞에서 어떻게 행동해야 할 것인가를 알게 하는 지혜의 출발점이다.

둘째, 교훈을 받아라(10절)이다. '지혜를 얻으라'는 일반적 권면에서 '교훈을 받을지어다'라는 구체적 권면으로 바뀐다. 이 단어의 뜻은 '일반적인 교육'이 아니라 '징계를 받는다', '경고를 받는다'이다. 이것은 보다 강하고 부정적인 어조가 깔린 권면이다.

시인은 이 세상을 향하여 참다운 교훈이 어디서 나오는 지를 교훈하고 있다. 하나님의 역사하심을 바로 알 때에 참 지혜를 얻게 된다. 잠언 기자는 "여호와를 경외함이 지혜의 근본"이라고 하였다. 하나님의 명령을 따르지 아니하면 징계를 받는다는 의미가 깔려 있는 가르침이다. 하나님의 명령에 대한 순종은 우리들이 선택할 문제가 아니라 반드시 해야 할 명령이다.

셋째, 경외함으로 섬기라(11절)이다. 10절에서는 정치적인 복종을 권면했는데 비하여 11절에서는 마음의 복종을 권하였다. 시인은 세상의 왕들이 하나님을 예배하도록 권한다. "여호와를 경외함으로 섬기라"고 하였다.

하나님을 경외하고 섬기는 것은 인간 최고의 본분이다. 이것은 억지에 의하여 되는 것이 아니라 마음속에서 우러나오는 감사의 표현이다. 하나님을 섬길 때에 인간의 참다운 의미가 나타난다. 우리 스스로 자신의 문제를 해결하는 것이 아니라 하나님의 도우심의 손길이 있을 때에 모든 문제가 해결된다. 그러므로 우리들은 하나님의 도우심을 바라며 마음속에서부터 그분을 사랑하고 섬겨야 한다.

넷째, 여호와를 즐거워하라(11절)이다. "떨며 즐거워할지어다"라고 하였는데 얼핏 보면 모순되는 것 같이 보인다. '떨다'는 기본적으로 무서움과 두려움을 포함하고 있기 때문에 '즐거워하라'는 단어와 반대 의미를 가지는 것 같다. 그러나 이 말의 바탕은 '정신적' 혹은 '정서적 흥분'이기에 여기에는 '즐거움'과 '두려움'의 양면성이 있다. 이것은 인간 감정의 복합적 특성을 의미한다. 인간은 여호와를 즐거워해야 한다. 이것은 인간 최고의 본분이다. 웨스트민스터 소요리문답 제1문에서 사람의 제일 되는 본분은 '여호와를 즐거워하는' 것이라고 하였다. 이 말은 하나님을 내 즐거움의 본체로 삼아야 한다는 의미이다. 나의 기쁨은 하나님에게 있고 하나님을 통하여 참다운 삶의 의미를 찾을 수 있다는 말씀이다.

많은 사람들은 하나님에게서 즐거움을 찾기보다 다른 방법을 통하여 즐거움을 찾으려고 한다. 그러나 이것은 유한하고 아무런 가치가 없으며 신기루를 쫓는 것 같은 허망한 것이다.

다섯 째, 그의 아들에게 입 맞추라(12절)이다. 이 말의 의미는 아들에게 순종하라는 뜻이다. 이것은 낭만적인 입맞춤이 아니라 발이나 손이나 어깨에 하는 입맞춤이다. '아들에게 입 맞추라'는 것은 최종적 경고이다. 만약 이 경고를 따르지 아니하면 그들은 길에서 망하게 된다. '길에서 망 한다'는 히브리어의 표현은 '예기치 않게 급작스럽게 망할 것'이라는 뜻이다. 즉 사명을 다하지 못하고 일찍 죽거나 객사한다는 뜻이다. 왜 이와 같은 일이 일어나는가?

시인은 그 해답을 제시하고 있는데 '그의 진노하심이 급하기 때문'이라고 하였다. 하나님의 신속한 심판이 있기 때문에 두 번 다시 기회가 없음을 강조한다.

2. 복된 삶

시편 2편은 무서운 경고로 끝나지 않고 복된 삶이 있음을 제시함으로써 끝맺는다. "여호와께 피하는 모든 사람은 다 복이 있도다"라고 하였다. 이 말을 통하여 시인은 사람들에게 회심을 요청한다. 그동안 열왕들이 잘못된 길에 빠졌을지라도 이제 돌이키라고 한다. 그리하여 세계와 모든 백성들은 참 하나님이 누구인지 알고 섬기라고 하였다. 만약 하나님을 섬기지 아니하고 무시하면 징벌이 있을 것을 경고하신다.

시편 2편은 다윗 언약을 새 왕의 등극 의식 배경 속에서 제시한다. 다윗의 후손은 '기름부음 받은 자'가 되며, 하나님께서 '나의 왕을 내 거룩한 산 시온에 세운 자'가 된다. 그는 여호와의 '칙령'을 받은 자로서, '너는 내 아들이라 오늘 날 내가 너를 낳았도다'라는 언약관계 속에 들어가며, '열방을 유업으로 얻는' 약속을 받는다. 그의 통치는 땅 끝까지 미칠 것이다.

시편 2편은 종말론적 메시야 사상의 모판이 된다. 그래서 우리는 시편 2편 전체를 신약 성경의 빛에서 읽어야 한다. 즉 예수 그리스도의 죽음과 부활로 성취된 구원 사건의 빛 속에서 읽어야 한다.

3. 하나님을 의지하라

시인은 오늘의 우리들에게 강한 메시지를 전한다. "여호와를 전폭적으로 의지하는 자가 복이 있다"고 하였다. 이것은 이 땅의 모든 사람들이 의지해야 할 바른 삶의 원리이다. 자기의 능력이나 세상의 권세를 의지하는 것이 아니라 하나님을 의지하는 데서 새 힘을 얻게 됨을 기억해야 한다.

우리의 삶이 '복 되도다'고 평가받기를 원한다. 이것은 하나님을 의지하는 데서만 가능하기에 참다운 축복을 하님을 통해서 얻어야 한다. 하나님을 즐거워하는 삶, 이것은 우리에게 고통이 아니라 최상의 축복이다. 규제가 아닌 자유함이며, 소멸이 아닌 영원함이다. 그러기에 우리는 하나님을 내 즐거움의 본체로 삼고, 우리의 모든 관심을 그 분에게 모은다.

'여호와를 의지하는 자는 다 복이 있도다'라는 말씀이 우리 삶의 표상이 되어야 하고, 하나님을 통한 풍성한 축복을 받는 길이어야 한다.

여호와여 일어나소서

시편 3:1~8

1여호와여 나의 대적이 어찌 그리 많은지요 일어나 나를 치는 자가 많으니이다 2많은 사람이 나를 대적하여 말하기를 그는 하나님께 구원을 받지 못한다 하나이다 (셀라)3 여호와여 주는 나의 방패시요 나의 영광이시요 나의 머리를 드시는 자이시니이다 4내 가 나의 목소리로 여호와께 부르짖으니 그의 성산에서 응답하시는도다 (셀라) 5내가 누워 자고 깨었으니 여호와께서 나를 붙드심이로다 6천만인이 나를 에워싸 진 친다 하 여도 나는 두려워하지 아니하리이다 7여호와여 일어나소서 나의 하나님이여 나를 구원 하소서 주께서 나의 모든 원수의 뺨을 치시며 악인의 이를 꺾으셨나이다 8구원은 여호 와께 있사오니 주의 복을 주의 백성에게 내리소서 (셀라)

시편 3편은 표제를 가진 첫 번째 시이다. 아마 다윗이 여러 가지 어려운 상황 속에서 기록한 '애가'이다. 이 시의 주인공은 왕이기에 '제왕시'라고 도 한다.

이 시편에서 처음 나타나는 '셀라'(Srlah)는 이 시에서 세 번 나온다. 이 단어에 대한 해석이 여러 가지가 있으나 아마 음악 용어로서 음의 빠르기, 높낮이, 노래의 반주, 노래하는 자의 자세와 관계된 용어인 듯하다.

이 시편에는 애가를 구성하는 다섯 가지 요소가 모두 나타나 있다. (1) 주 를 부름, "여호와여"(1,3,7절), (2) 애통, "나의 대적이 어찌 그리 많은지요" (1~절), (3) 확신, "주는 나의 방패시오"(3~6절), (4) 기원, "일어나소서, 나를 구원하소서"(7절), (5) 찬양의 서원, "구원은 주께 있나이다"(8절) 등이다.

이 시편의 구조에 대해서 대부분의 주석가들은 네 소절(1~2, 3~4, 5~6, 7~8절)로 나누는 경우가 있는데 최근에 와서는 세 소절(1~3, 4~6, 7~8절)로 나누기 시작하고 있다.

시인은 "여호와여"라고 부른다. 여기서 시인의 애통이 시작된다. 왕으로서의 시인은 어려운 상황에서 자신의 군대나 신하를 부르지 않고 '야훼'라고 하나님을 불러 도움을 호소하고 있다. 시인의 슬픈 노래를 말씀의 구도에서 묵상하여 보자.

1. 나의 대적

첫째, 나를 치는 자가 많으니이다(1~3절)라고 하였다. 시인은 하나님께 '나의 대적'이 많다고 호소하고 있다. 이 시편에 보면 '대적'(1절), '원수'(7절), '악인'(8절)이 다 등장하고 있다. 이 사람들은 시편 1편에 나오는 '악인', '죄인', '오만한 자'와 비교된다.

이 부류의 사람들은 다른 성격으로 묘사된 동일인들이다. '대적'과 '원수'는 기본적으로 '적대 감정과 적개심을 강하게 드러내는 자'이다. 이들은 모두 왕의 원수이다. 시편 3편에서 이들은 외적이 아니라 원래 왕의 신하들이었던 내적을 가리킨다.

시인은 '많으니이다'라고 탄식한다. 여기서 시인의 위험이 너무나 심각하다는 것을 볼 수 있다. 사방에서 자기를 치려는 자들이 일어나고 있으며, 자신의 힘으로 도저히 어쩔 수 없음을 애통해 하고 있다.

시인은 많은 사람들이 표독한 말로 자신에게 상처를 주었음을 통해 자신의 고통을 호소한다(2절). 사람들이 비웃기를 "그는 하나님께 구원을 받지 못한다"고 한다. 여기에는 조롱과 빈정댐이 깔려 있다. 이러한 빈정댐이 왕에게 고통을 준다. 그래서 하나님에게 버림받고, 사람에게 배신당하며, 스스로는 자존심이 상하는 절망의 자리에서 슬퍼하고 있다. 시인은 이렇게 좌절만 하는 것이 아니라 3절에 와서는 갑자기 어조가 바뀐다. '여호와여 주는'으로 시작하여 그의 새로운 모습을 보여주고 있다. 시인은 수많은 원수를 보다가 갑자기 하나님을 향해 시선을 돌린다. 그래서 새 힘을 얻고, "여호와여 주는 나의 방패"라고 외친다. 아무도 여호와께서 그를 돌보신다고 믿지 않은 상태에서 '여호와여 주는'이라고 하여 주님을 바라본다.

이 시인은 하나님을 나의 방패라고 하였다. 방패란 '하나님의 보호'를 가리키는 은유로서 사용된다. 그러니 시편 3편은 우리에게 온갖 어려움이 와도 하나님은 우리를 보호하신다는 의미이다. 시인은 하나님의 보호를 고백한 것에 그치지 아니하고 한 걸음 더 나아가 '주님은 나의 영광입니다'라고 고백한다. '영광'이란 단어가 여러 가지 뜻을 가지지만 명예회복의 차원을 넘어, 하나님이 그의 영광이라는 가장 근본적인 문제를 고백하고 있다. 시인의 영광은 자신에게 있는 것이 아니라 하나님께 있음을 강조한다.

시인은 하나님을 "나의 머리를 드시는 자"라고 묘사하고 있다. 머리를 든다는 것은 일반적으로 절망을 벗고 희망을 갖는 것을 뜻한다(눅 21:28). 시인은 여러 가지 어려운 상황에 빠졌으나 하나님께서는 그 위기를 극복하게 하시고 그의 머리를 들게 하신다. 하나님은 시인을 보호하며 승리할 힘을 주시는 분이다.

2. 나의 호소

둘째, 하나님께 부르짖는다(4~6절). 시인이 절망에 빠지지 않는 이유는 원수들과 비방하는 자들에게 적개심을 가짐으로써가 아니라 하나님께서 나의 기도에 응답해 주실 것을 확신했기 때문이다. 시인은 하나님께서 자신의 기도에 응답하실 것을 믿었다. 하나님은 방패가 되셔서 지켜주실 뿐만 아니라 기도에 응답하신다.

"그의 성산에서 응답하시는도다"(4절)고 하였는데 성산이란 시적 표현으로 시온산을 가리킨다(시 15:1, 43:3 등). 이곳은 다윗 왕이 대관식을 거행했던 곳(시 2:6)이다. 시온산은 하나님의 임재가 있는 곳이므로 성산되었다.

시인은 하나님의 응답에 대한 확신을 누워 자고 깨는 것으로 표현하였다(5~6절). 하나님께서 지키실 것을 확신하기 때문에 이렇게 긴장된 순간에도 누워 자고 깬다. 전쟁에 잠을 잔다는 것은 일반적으로 죽음과 패배를 뜻한다. 그러나 하나님께서 우리와 함께 싸우실 때에 전투장 안에서도 평안이 잠을 잘 수 있다(시 4:8, 겔 34:25). 여기에 신앙의 역설이 있다. 신앙이란 불확실한 미래에 대한 확신이다. 죽음의 소리가 들리는 전쟁터에서도 여호와께서 우리를 지켜 주심을 믿을 때에 평안을 누리게 된다. 그러니 우리가 처한 상황이 문제가 아니라 우리를 주관하시는 자의 섭리가 핵심이다.

시인은 확신을 한다. "천만인이 나를 에워싸 진 친다 하여도 나는 두려워하지 아니하리이다"(6절)고 하였다. 이것은 시인의 확신이며 고백이다. 수많은 원수들이 공격해도 두려워하지 아니함은 하나님을 확실히 믿었기 때문이다.

3. 나의 확신

셋째, 여호와여 일어나소서(7~8절)이다. 시인의 마지막 간청은 1절의 '여호와여'로 돌아간다. 원수에게 에워싸임을 받는 상황 속에서 시인은 확신을 가지고 하나님께 기도한다. "나의 하나님이여 나를 구원하소서"라는 기도는 어려운 상황에서 하나님의 도우심을 간구하는 것이다. 시인은 하나님께 "나의 모든 원수의 뺨을 치소서"라고 기도한다. 뺨을 치는 것은 너무나 강한 모욕을 주는 행동이다(사 50:6, 왕상 22:24). 시인은 자기가 모욕을 당하였으니 그대로 갚아 달라고 간구하였다.

시인은 이제 애통을 그치고 궁극적인 승리에 대한 확신으로 마무리 한다. "구원은 여호와께 있사오니 주의 복을 주의 백성에게 내리소서"(8절)라고 기도하였다. 여호와께서 구원 즉, 승리를 왕에게 베푸신다. 그러므로 어떤 어려움 속에서도 좌절하지 아니하고 승리의 하나님을 소망한다.

오늘의 우리들이 겪는 수많은 어려움들이 비록 우리에게 큰 고통으로 와도 우리는 전능하신 하나님을 의지하고 최후의 승리는 하나님에게 있음을 확신해야 한다.

내가 부를 때에 응답하소서

시편 4:1~8

1내 의의 하나님이여 내가 부를 때에 응답하소서 곤란 중에 나를 너그럽게 하셨사오니 내게 은혜를 베푸사 나의 기도를 들으소서 2인생들아 어느 때까지 나의 영광을 바꾸어 욕되게 하며 헛된 일을 좋아하고 거짓을 구하려는가 (셀라) 3여호와께서 자기를 위하여 경건한 자를 택하신 줄 너희가 알지어다 내가 그를 부를 때에 여호와께서 들으시리로다 4너희는 떨며 범죄하지 말지어다 자리에 누워 심중에 말하고 잠잠할지어다 (셀라) 5의의 제사를 드리고 여호와를 의지할지어다 6여러 사람의 말이 우리에게 선을 보일 자 누구뇨 하오니 여호와여 주의 얼굴을 들어 우리에게 비추소서 7주께서 내 마음에 두신 기쁨은 그들의 곡식과 새 포도주가 풍성할 때보다 더하니이다 8내가 평안히 눕고 자기도 하리니 나를 안전히 살게 하시는 이는 오직 여호와이시니이다

시편 4편은 3편에 이은 두 번째 애가이다. 3편은 위기에서 응답받고 구원받은 것을 노래하였는데, 4편에 와서 다시 위기 상황에 처하게 된다. 이런 어려움 속에서 하나님을 신뢰하여 노래하였으니, 시편 4편은 신뢰의 노래라고 할 수 있다. 시편 4편의 표제에는 두 개의 전문적인 용어가 나온다. '인도자'와 악기와 멜로디의 이름인 '현악'이란 단어이다. 이것은 음악의 전문적 용어로서 이 시의 의미를 우리에게 보여 준다.

1. 간구와 애통

이 시는 하나님에 대한 찬사로 시작하여 찬사로 끝이 나는데 네 단락으

로 되어 있다. 첫째, 기원과 애통이다(1~2절). "내가 부를 때에 응답하소서"(1절)라고 하여 간구로 이 시를 시작하고 있다. 시인은 지금 곤란 중에 있다. 그가 당하는 고통이 무엇인지 분명치 않지만 시인은 하나님의 도와주심을 간구하고 있다. 그는 하나님을 향하여 "내 의의 하나님이여"라고 함으로써 언약의 하나님이 의로우신 재판장이심을 보여준다. 이러한 부름 속에서 시인은 자신이 당하고 있는 모든 고발에 대하여 무관함을 선언한다. 시인은 자신이 온전하기 때문에 비록 법정에서 싸운다 하더라도 이길 것을 확신하고 '의의 하나님'께 소망을 두었다. 이것은 시인이 의로운 삶을 살았음을 우리에게 보여준다. 원수들은 시인을 고발하고 정죄하며 거짓말로 괴롭힌다. 이들은 '허사'와 '궤휼'을 좋아한다. 이 말에서 근거 없는 고발임을 알 수 있다. 시인은 모략 속에 어려움을 당할 때에 하나님께 기도하였다. 이것은 문제 해결의 첩경이다. 우리는 기도를 통하여 우리의 난관을 돌파하고, 다시 일어나 하나님의 승리를 우리 것으로 하는 기쁨을 누린다.

2. 대적에 대한 권면

둘째, 대적에 대한 권면이다(3~5절). 이 부분에서 시인은 자신의 원수에 대하여 비방하거나 불평하지 않고 오히려 그들로 하여금 자신의 태도를 바꿀 것을 권면한다. 원수들로 하여금 자신들이 어떤 행동을 하고 있는지 알라고 하였다. 먼저, 시인은 대적들을 향하여 자신이 택함을 받은 경건한 자임을 알라고 권면한다(3절). 또 "떨며 범죄하지 말지어다"(4절)고 한다. 하나님 앞에서 떨며 범죄하지 말아야 하며, 마음에 생각하고 또 생각하여 자신을 돌아보라고 권면한다. 시인은 대적들에 대하여 부정적인 권면만 하는 것이 아니라 한 걸음 더 나아가 "의의 제사를 드리라"(5절)고 적극적인 권면을 한다. '의의 제사'는 앞에 나온 '의의 하나님'(1절)과 연결 된다. '의의 제사'는 제사법에 따라 올바르게 제사 드리는 것을 말한다. '의의 제사'는 은유적으로 '올바른 심령으로 드리는 제사'(신 33:10,19)나 '의로운 행실로 드리는 제사'를 의미한다. 대적자들은 외식으로 제사를 드리나 하나님의 백성들은 의의 제사를 드린다. 시인은 대적자들이 하나님께 나아올 때에 올바른 심령과 행동으로 나오라고 권면한다. 시인은 대적들에 대하여 구체적으로 권면한다. '알라', '떨며 범죄하지 말라', '의의 제사를 드리라'고 하였다. 이 권면을 통하여 원수들이 자기를 먼저 되돌아보고 하나님 앞에 나아올 것을 권한다. 우리들은 대적들에 대하여 미워함이 앞설 때가 많다. 그러나 시인은 그들이 하나님 앞에 바로 서기를 권면하는 자세를 취하였으니 이것이 오늘의 우리가 닮아가야 할 삶의 자세이다.

3. 애통과 기원

셋째, 애통과 기원이다(6절). "주의 얼굴을 들어 우리에게 비추소서"라고 호소하였다. 많은 사람들이 말하기를 "우리에게 선을 보일 자 누구뇨"라고 하였다. 이것은 "누군가가 우리에게 선을 보여 주었으면" 이라는 뜻이다. 사람들은 이 땅에서 도움의 손길을 기대한다. '누가 우리를 도와주었으면' 하는 바람으로 가득하다. 사람들의 이러한 호소는 불평인지 간구인지 분명하지 않으나 시인은 하나님의 역사를 호소한다. "여호와여 주의 얼굴을 들어 우리에게 비추소서"라고 기도하였다. 이것은 시인의 간절한 기도이다. 여호와께서 이제 가까이 오시기를 기도한다. 여호와가 함께 하지 아니 하실 때에 기근이 오고, 고통이 온다. 이러한 어려움 속에서 여호와께서 얼굴을 비추어 주시기를 간구한다. 하나님을 바라보는 그 자세에서 새로운 힘이 온다. '빛을 비추다'라는 말은 행복, 구원, 축복에 대한 용어이다(시 31:16, 80:3, 7, 19 등).

하나님의 얼굴이 우리에게 비출 때에 우리는 힘을 얻고 하나님께 가까이 나아가게 된다. 시편 121편에 "눈을 들어 산을 보니 도움 어디서 올까"고 질문하고 그 대답은 "천지를 지으신 여호와에게서로다"라고 하였다. 이 땅에서 우리가 도움 받을 것이 어디 있는가? 오직 하나님만이 우리를 도우시는 분이다. 우리들은 어려울 때 기도한다. "주의 얼굴을 들어 우리에게 비추소서"라고 하자. 하나님의 얼굴이 우리에게 비추일 때에 우리의 삶에는 기쁨과 풍요로, 고통의 바람이 불 때에는 우리들은 하나님의 얼굴을 바라봄으로 기쁨을 회복하자.

4. 확신의 선언

넷째, 확신의 선언이다(7~8절). 시인은 이 시의 마지막 부분에서 하나님을 신뢰하는 것이 무엇을 뜻하는 지를 명백하게 보여 준다. 하나님을 신뢰할 때에 오는 축복을 말하였는데 기도의 응답으로 기쁨(7절)과 평안(8절)이 온다고 하였다. 하나님의 백성이 하나님께 기도할 때에 기쁨이 온다. "주께서 내 마음에 두신 기쁨은 그들의 곡식과 새 포도주가 풍성할 때보다 더하니이다"(7절)고 하였다. 이제 시인은 마음에 불안을 떨치고 기쁨을 얻는다.

이 기쁨은 '존귀한 자들' 즉, 대지주들이 추수할 때 얻는 기쁨보다 더 큰 기쁨이다. 추수가 주는 물질적 기쁨보다 주님이 주시는 구원의 기쁨이 더 크고 고귀하다. 최고의 기쁨은 최고의 하나님에게서 오기에 우리는 이 기쁨을 누려야 한다. 평안이 온다. "내가 평안히 눕고 자기도 하리니"라고 하였다. 이것은 "즉시 눕고 자기도 하리라"는 뜻인데 '단잠에 든다'는 의미도 있다. 불안해하여 잠을 이루지 못하는 고통의 밤이 아니라 하나님이 주시는 평안으로 단잠을 잘 수 있는 그 기쁨이 얼마나 귀한 것인가?

시인은 확신을 선언한다. "나를 안전히 살게 하시는 이는 오직 여호와시니라"(8절)고 하였다. 시인은 평안과 확신을 가지고 마무리한다. 주님이 주시는 기쁨을 체험한 자는 평안히 잠을 잔다. 걱정과 근심에 매달리는 것이 아니라 비록 고독하고 연약해도 주님이 나와 함께 하시니 참 평안이 있다. 우리는 이 땅에서 이 평안을 누리며 살자.

아침에 내가 주께 기도하고

시편 5:1~12

1여호와여 나의 말에 귀를 기울이사 나의 심정을 헤아려 주소서 2나의 왕, 나의 하나님이여 내가 부르짖는 소리를 들으소서 내가 주께 기도하나이다 3여호와여 아침에 주께서 나의 소리를 들으시리니 아침에 내가 주께 기도하고 바라리이다 4주는 죄악을 기뻐하는 신이 아니시니 악이 주와 함께 머물지 못하며 5오만한 자들이 주의 목전에 서지 못하리이다 주는 모든 행악자를 미워하시며 6거짓말하는 자들을 멸망시키시리이다 여호와께서는 피 흘리기를 즐기는 자와 속이는 자를 싫어하시나이다 7오직 나는 주의 풍성한 사랑을 힘입어 주의 집에 들어가 주를 경외함으로 성전을 향하여 예배하리이다 8여호와여 나의 원수들로 말미암아 주의 의로 나를 인도하시고 주의 길을 내 목전에 곧게 하소서 9그들의 입에 신실함이 없고 그들의 심중이 심히 악하며 그들의 목구멍은 열린 무덤 같고 그들의 혀로는 아첨하나이다 10하나님이여 그들을 정죄하사 자기 꾀에 빠지게 하시고 그 많은 허물로 말미암아 그들을 쫓아내소서 그들이 주를 배역함이니이다 11그러나 주께 피하는 모든 사람은 다 기뻐하며 주의 보호로 말미암아 영원히 기뻐 외치고 주의 이름을 사랑하는 자들은 주를 즐거워하리이다 12여호와여 주는 의인에게 복을 주시고 방패와 같은 은혜로 그를 호위하시리이다

시편 5편은 시편 3편과 같이 아침 경건의 시간의 기도나 노래인데 그 특성이 3절에 나와 있다. 이 시에는 애통에 대한 표현이 없지만 일반적으로 '개인 애가'로 분류된다.

이 시편의 내용을 살펴보면, 시인은 악인으로부터 부당한 고발과 혹독한 핍박을 당하면서, 의로우신 하나님께 공의로운 재판을 요구하며, 그의 원수의 악과 성격을 묘사하며, 주께서 저들을 정죄해 주시기를 구하며 또한 주님의 도움을 확신하고 있다. 왜냐하면, 하나님은 악인과 폭력배와 사기꾼을 아주 싫어하시며, 하나님께 피하는 자를 보호하시기 때문이다.

이 시편의 서두는 일반적으로 원수들과 악인들에 대한 불평과 함께 하나님께 대한 기도와 찬양으로 되어 있다. 표제는 시편 4편과 비슷하고, 둘 다 영장과 관련이 있다. 그러나 시편 5편은 현악에 맞춘 노래가 아니라 피리를

의미하는 관악(Nehiloth)에 맞춘 노래이다. 관악에 맞춘 노래는 시편에서 단 한번 여기에 나타날 뿐이다.

1. 아침의 기도

첫째, "아침에 내가 주께 기도하고 바라리이다"(1~3절)고 하였다. 시인은 시의 첫 서두에 "여호와여 나의 말에 귀를 기울이사 나의 심정을 헤아려 주소서"(1절)라고 하였다. 여기서 시인의 고통과 위기가 얼마나 심각한 것인가를 느낄 수 있다.

시인은 1·2절에서 삼중적으로 하나님께 간청하고 있다. "귀를 기울이소서", "헤아려 주소서", "부르짖는 소리를 들으소서"라고 간절하게 기도하고 있다. 시인은 1절에서 "나의 말에 귀를 기울이사", "나의 심정"을 헤아려달라고 호소한다. '말'이란 입에서 나오는 언어로서, 여기서는 기도로 나온 말을 의미한다(시 141:6). '심정'은 속에 있는 생각을 말한다.

이 구절에서 '나의 말'과 '내 속의 심정'이 좋은 평행을 이루고 있다. 여기서 '나의 말'이 '나의 심정'보다 앞서 나온다. 시인은 하나님을 '나의 왕, 나의 하나님'이라고 한다(2절). 시인은 왕이신 하나님께 헌신과 확신을 고백한다. '나의 왕, 나의 하나님'이란 표현은 시편에 자주 나오는 것으로서 기본적으로 찬양의 의미를 담고 있다(시 44:4, 68:24, 74:12 등).

이스라엘 백성들이 가나안에 정착한 후부터 '나의 왕, 나의 하나님'은 법궤에 좌정하신 하나님을 가리킬 때 사용되었다(시 84:3). 법궤 안에는 십계명 돌판이 담겨져 있었는데 이것은 하나님과의 언약을 증거 해 준다. 이 언약 관계 속에서 이스라엘 사회의 의로운 자들과 외로운 자들은 하나님의 보호를 받는다. 3절에 보면 '아침에'가 두 번 나온다. 여기서 '아침'이란 해가 떠오르는 시간 즉 새벽을 가리킨다. 이러한 표현은 이 시가 아침 제사와 기도와 관련이 되어 있음을 제시한다. 시인은 아침 기도를 드리고 있다. 아침은 기도와 찬양의 시간이다(시 59:17, 88:14, 92:3).

새벽에 무슨 기도를 드리는가? 이것은 이 시편의 시인만이 아니라 이스라엘 사람들의 행동 패턴이었고, 오늘의 그리스도인들의 살아가는 모습이다. 동트는 시간에 하나님께 기도하는 것은 의미 있는 일이다. 새벽에 어둠을 물리치고 태양이 떠오르듯이 어둠의 세력을 물리치고 구원의 빛을 비춰 주시는 하나님의 현현(ephiphany)을 그들이 보았다. 새벽에 하나님께 기도하는 아름다운 삶의 모습을 우리들의 일상생활에서 지켜 나가는 생활을 영위할 필요가 있다.

2. 하나님과 악인

둘째, 악인은 하나님 앞에 나아올 수 없다(4~6절). 이 부분에 시인은 하나님의 모습을 부정적인 속성(4~5절)과 긍정적인 속성(5~6절)으로 그리고 있다. 먼저 부정적인 속성으로 (1) 주님은 죄악을 기뻐하는 신이 아니시다, (2) 악이 주와 함께 머물지 못하며, (3) 오만한 자가 주의 목전에 서지 못할 것이다 라고 하였다. 또 긍정적인 속성으로는 (1) 주는 모든 행악자를 미워하시며, (2) 거짓말하는 자를 멸하시며, (3) 여호와께서 피 흘리기를 즐기고 속이는 자를 싫어하신다고 하였다. 이와 같이 시인은 간접적으로 자신과 악인을 대조시킨다. 악인은 하나님 앞에 나아 올 수 없으나 자신은 담대히 나아감을 강조한다.

하나님은 죄악을 기뻐하는 신이 아니니 "악이 주와 함께 머물지 못한다"(4절). 여기서 '머문다'란 '당신의 손님이 된다'(be your guest)라는 뜻이다. 고대 근동 아시아에서는 손님이 주인으로부터 융숭한 대접과 보호를 받았다. 그러나 악인은 주님의 집에서 이런 손님의 특권을 누릴 수가 없다. 악인이 아무리 많은 재산과 권력을 가지고 있을지라도 그는 주님의 손님이 될 수 없으며, 주님과 친밀한 교제를 나눌 수 없다. 4절에 나오는 악인이 5~6절에서 구체적으로 소개된다. 시인은 악인들을 '오만한자', '행악 자', '거짓말 하는 자', '살인자', '속이는 자'로 표현하고 있다. 이 표현들에서 악인의 특성이 그대로 묘사되고 있다. 하나님은 이런 자를 싫어하시고 멀리 하신다.

3. 의인의 예배

셋째, 오직 의인만이 주님을 예배할 수 있다(7~8절). 시인은 여기서부터 자신의 간청을 상세하게 표현하고 있다. 자신의 의와 선행을 힘입어 주 앞에 나아가는 것이 아니라 '주의 풍성한 인자'를 힘입어 성전으로 들어간다고 고백한다. 그는 언약의 하나님을 믿고 있으며, 주님의 주권적 은총과 배려와 도움으로 그 앞에 담대히 나아간다. 시인은 하나님께서 그를 받아 주시며 그의 문제를 해결해 주실 것을 확신하고 있다. 하나님의 은총과 용서가 없이 그 분 앞에 나아갈 수 없다. 이것을 믿는 시인은 감사한 마음으로 하나님께 나아간다.

4. 주께 피하는 자

넷째, "그들을 정죄하사"(9~10절) 라고 했다. 시인은 다시 한 번 자신의 원수를 고발하며, 한 걸음 더 나아가 그들을 저주한다. 앞에서의 고발(5~6절)은 일반적인 성격의 고발이었으나 여기서는 원수들의 간악한 모습을 그린 후 10절에서 고발의 목적을 말하고 있다. 시인은 자신의 무죄가 입증되는 것으로 일이 끝나지 않을 뿐만 아니라 그들이 끝나는 것 즉, 그들에게 하나님의 공의로운 판결이 임하기를 간구하였다.

다섯째, '주에게 피하는 자는 다 기뻐하리라'(11~12절)고 하였다. 시인은 하나님의 보호를 위한 기도와 하나님의 보호하심에 대한 찬양으로 시를 마무리한다. 시인은 모든 의인을 향해 '다 기뻐하라'고 말한다. 그 이유는 악인이 자기 꾀에 빠져 죽는 것이 고소하기 때문만이 아니라(10절) 하나님께 피하는 자에게 하나님의 보호하심이 있기 때문이다.

의인은 주께 복을 받는다. 그리하여 그가 하는 모든 일이 형통하게 된다 (시 29:11, 67:6, 107:38 등). 의인이 이 세상에서 고난과 시련을 당하여도 주님께서 함께 하시는 축복이 그에게 있다. 그래서 어려움 속에서도 하나님의 형통케 하심을 체험하게 된다.

나를 고치소서

시편 6:1~10

1여호와여 주의 분노로 나를 책망하지 마시오며 주의 진노로 나를 징계하지 마옵소서 2여호와여 내가 수척하였사오니 내게 은혜를 베푸소서 여호와여 나의 뼈가 떨리오니 나를 고치소서 3나의 영혼도 매우 떨리나이다 여호와여 어느 때까지니이까 4여호와여 돌아와 나의 영혼을 건지시며 주의 사랑으로 나를 구원하소서 5사망 중에서는 주를 기억하는 일이 없사오니 스올에서 주께 감사할 자 누구리이까 6내가 탄식함으로 피곤하여 밤마다 눈물로 내 침상을 띄우며 내 요를 적시나이다 7내 눈이 근심으로 말미암아 쇠하며 내 모든 대적으로 말미암아 어두워졌나이다 8악을 행하는 너희는 다 나를 떠나라 여호와께서 내 울음 소리를 들으셨도다 9여호와께서 내 간구를 들으셨음이여 여호와께서 내 기도를 받으시리로다 10내 모든 원수들이 부끄러움을 당하고 심히 떨이여 갑자기 부끄러워 물러가리로다

    시편 6편은 개인적 애가이다. 시인은 주님을 부르며(1절), 간청하고 애통하며(1~4절), 원수에게 도전하고 그들을 책망하며(7~8절), 주님의 응답을 확신(9~10절)하기에 기본적으로 애가라고 할 수 있다.

    시인은 자신의 수척함(2절)과 죽음(6절)과 치명적인 건강의 위험(7절)에 대해 말하고 있기 때문에 학자들은 병상에서 드리는 기도로 보고 있다. 그러니 병 고침을 위한 간구라고 할 수 있다. 이 시편에는 '기도'라는 단어가 분명히 나오기 때문에(9절) '병 고침을 위한 기도'라고 할 수 있다. 또 8~10절에는 응답의 확신도 있다.

    이 시의 구분에 대하여 여러 가지 주장들이 있으나 최근 학계에서 활용되고 있는 네 소절 구분을 통해 묵상하려고 한다.

1. 나의 호소

    첫째, 나를 고치소서(1~3절)라고 하였다. 첫 소절은 '여호와여'라고 부르면서 시작하여 '여호와여'로 마치며, 하나님의 이름을 네 번이나 부르고 있다.

시인은 주님의 견책과 징계는 정당하지만 주님께서 자신에게 너무 분내시지 않기를 구한다. 주님의 분노는 인간의 반역에 대한 응답이기에(욥 5:17, 잠 3:11,12), 성경 기자들은 하나님의 자비하심과 진노하심 사이에 균형을 찾으려고 노력하였다.

시편 6편에서 하나님의 진노는 시인에게 구체적으로 질병의 형태로 나타났다. 시인은 병들었고, 질병 가운데서 혹독한 하나님의 진노를 느끼고 있기 때문에 그는 영육 간에 병들어 심신이 아주 쇠약해졌다. 시인의 고통은 신체적인 것만이 아니라 하나님과의 깊은 갈등을 느끼는 영적인 것이다.

시인은 자신이 견책을 받아 마땅하지만(1절), 그럼에도 불구하고 주님께서 은총을 베풀어 달라고 구한다(시 38:1 렘 30:11, 46:28). 시인은 여호와의 견책과 징계가 잘못되었다고 말하지 않았고, 자신이 부당하게 어려움을 당하고 있다고 말하지 않았다. 여호와께서 그를 징계하시는 것은 합당하지만 그러나 진노 중에서도 '나를 긍휼히 여기소서'라고 기도한다.

"나의 뼈가 떨리오니 나를 고치소서"(2절)라고 하였다. '뼈가 떨린다'는 것은 인생 전체가 흔들리고, 몸과 마음이 극심한 고통 가운데 있다는 뜻이다. 이러한 고통의 와중에서 시인은 하나님께 '나를 고치소서'라고 기도한다. 병상 중에서 오직 하나님의 은총에 매달린다.

이것은 우리가 지켜야 할 삶의 자세이다. 어려움을 당할 때에 하나님의 손길을 간구한다. 이스라엘 하나님의 손길을 간구한다. 이스라엘 백성이 언약을 파기할 때에 하나님은 병으로 심판하시며, 백성들이 진심으로 회개하고 주님께 돌아 올 때에 다시 치료하는 빛을 비추신다.

시인은 영혼의 떨림 속에서 하나님을 향해 '어느 때까지니이까'라고 호소한다. 시인은 자신의 인생 자체가 하나님의 진노 가운데 소멸해 가고, 자신의 존재 기반이 몹시 흔들리는 것을 느끼면서 자신의 시련과 여호와의 침묵이 언제까지일지를 묻는다.

2. 나의 감사

둘째, 스올에서 주께 감사할 자 누구리이까(4~5절)라고 하였다. 시인은 두 번째 간구에서 여호와께서 자신에게 돌아와 주시기를 간구한다. 시인은 여호와의 분노(1절)와 부재(3절)를 고통스럽게 느꼈기 때문에 이제 주님께서 돌아오시기를 구한다.

'돌아오소서' 또는 '돌리소서'는 주님께서 화를 거두시거나 혹은 수난자에게 돌아오라는 뜻이다. 시인은 병들어 주님께 버림받았고, 주님께서 자기로부터 멀리 떠났다고 생각하기 때문에 이제는 돌아와서 건져 주시기를 구한다.

시인은 영육 간에 심각한 병에 걸렸다. 그의 병은 이제 죽을병이 되어 거의 죽음에 던져지고, 죽음의 땅으로 내려가고 있었다. 이제 여기서 벗어나 음부로부터 구원받기를 구한다.

"사망 중에서는 주를 기억하는 일이 없사오니"(5절)라고 했는데, 이것은 죽은 자는 주님을 찬양하는데 동참할 수 없다는 의미이다. 이스라엘의 예배는 하나님을 찬양하는 것이 중심적인 특성을 이룬다. 죽은 자는 부정한 자이므로 예배하는 뜰 안으로 들어올 수 없다. 따라서 시인은 이제 병들어 죽음에 처해 있기 때문에 더 이상 성전에서 주님을 찬양할 수 있는 특권을 누릴 수 없음을 탄식한다. 그래서 시인은 하나님을 찬양하며, 하나님을 영화롭게 하기 위하여 자신의 건강이 회복되기를 구한다.

3. 나의 눈물

셋째, 밤마다 눈물로 내 침상을 떠우나이다(6~7절)이다. 이 구절은 시인의 형편을 잘 묘사하고 있는데 '곤핍하다'는 '탈진하였다'는 뜻을 가지고 있다. 시인은 탄식을 너무 많이 하여 기력을 완전히 잃어버렸다고 하였다. "밤마다 눈물로 내 침상을 떠우며"는 시인의 고난이 너무 심각함을 시적(詩的)으로 표현한 것이다. 과장된 표현이기도 하지만 시인의 고통이 격심함을 보여준다.

"눈이 쇠하다"(7절)고 한 것은 활력을 잃었다는 의미이다. 밝은 눈은 활력과 건강의 척도이다. 시인은 늙기도 전에 눈이 쇠하였다고 탄식한다. 그는 병에 대한 근심으로 눈이 약해졌다고 하였다. 시인은 '병' 때문만이 아니라 '원수' 때문에 건강이 극도로 쇠약해졌다. 이 원수들은 병든 시인을 괴롭히고, 거짓 증거하는 자들이다. 아플 때에 원수들에게서 비난과 미움을 받는 것은 수명을 단축시키는 일이다.

4. 나의 확신

넷째, 여호와께서 내 울음소리를 들으셨도다(8~10절)고 하였다. 여기에 와서 이 시편의 분위기가 완전히 바뀐다. 암담하고 고통스러웠던 시인의 모습이 사라지고 자기 확신에 넘치는 모습이 나타난다.

시인은 기도하다가 새 힘을 얻었거나 제사장을 통하여 위로와 격려의 말씀을 들은 것이 분명하다. 시인은 확신을 얻은 후 "악을 행하는 너희는 다 나를 떠나라"고 소리 지른다. 여기에는 승리의 어조가 있다. 즉 '내가 이겼다'는 뜻이 깔려있다.

'나를 떠나라'는 말은 이 시의 전환점이다. 슬픔에서 기쁨의 탄성으로 전환하고 있는데 그 이유는 '주께서 들으셨다'는 확신 때문이다. 하나님께서 시인의 곡성을 들으셨기에 이제 새로운 자리에 나아가게 된다.

여호와께서 시인의 기도를 받아 주셨다는(9절) 확신으로 인하여 시인의 삶은 새롭게 형성된다. '모든 원수가 부끄러움을 당하고', 이제 원수들이 '심히 떨며' 물러가게 된다. 시인은 처음에는 하나님께서 자기에게 돌아오시기를 기도하였는데, 이제는 원수들이 물러 갈 것을 확신한다. 하나님이 나와 함께 하실 때에 어떠한 고통이 와도 이기게 된다.

오늘의 우리들의 삶에서 영육간의 질병으로 인하여 어려움을 당하는 경우가 많다. 이때 원수들은 우리를 조롱하여 우리를 힘들게 만든다. 그 때마다 우리와 함께 하시는 하나님의 역사로 이것을 이겨 나가야 한다. 중요한 것은 우리들의 능력이 아니라 하나님의 함께 하심이다. 할렐루야

나를 심판하소서

시편 7:1~17

1여호와 내 하나님이여 내가 주께 피하오니 나를 쫓아오는 모든 자들에게서 나를 구원하여 내소서 2건져낼 자가 없으면 그들이 사자 같이 나를 찢고 뜯을까 하나이다 3여호와 내 하나님이여 내가 이런 일을 행하였거나 내 손에 죄악이 있거나 4화친한 자를 악으로 갚았거나 내 대적에게서 까닭 없이 빼앗았거든 5원수가 나의 영혼을 쫓아 잡아 내 생명을 땅에 짓밟게 하고 내 영광을 먼지 속에 살게 하소서 (셀라) 6여호와여 진노로 일어나사 내 대적들의 노를 막으시며 나를 위하여 깨소서 주께서 심판을 명령하셨나이다 7민족들의 모임이 주를 두르게 하시고 그 위 높은 자리에 돌아오소서 8여호와께서 만민에게 심판을 행하시오니 여호와여 나의 의와 나의 성실함을 따라 나를 심판하소서 9악인의 악을 끊고 의인을 세우소서 의로우신 하나님이 사람의 마음과 양심을 감찰하시나이다 10나의 방패는 마음이 정직한 자를 구원하시는 하나님께 있도다 11하나님은 의로우신 재판장이심이여 매일 분노하시는 하나님이시로다 12사람이 회개하지 아니하면 그가 그의 칼을 가심이여 그의 활을 이미 당기어 예비하셨도다 13죽일 도구를 또한 예비하심이여 그가 만든 화살은 불화살들이로다 14악인이 죄악을 낳음이여 재앙을 배어 거짓을 낳았도다 15그가 웅덩이를 파 만듦이여 제가 만든 함정에 빠졌도다 16그의 재앙은 자기 머리로 돌아가고 그의 포악은 자기 정수리에 내리리로다 17내가 여호와께 그의 의를 따라 감사함이여 지존하신 여호와의 이름을 찬양하리로다

이 시편은 다윗의 식가욘(Shiggaion)이라 불리운다. 이 전문적인 히브리어는 구약에 두 번 밖에 나오지 않는데 하박국 3장 1절에는 복수 형태(시기오놋. Shigionoth)로 표기되는데 그 의미는 '벗어나다'라는 뜻이다. 그러나 이 단어는 식가욘과 같은 어근을 가지고 있으나 시편 7편을 해석하는데 도움을 주지 못하고 있다.

시편 7편은 시편 6편과 동일한 범주에 속한 시이다. 원수들에 대한 언급이 거듭 나타나는 좀 길면서도 복잡한 시이다. 하나님께 대한 신뢰의 고백도 나타나는데, 기본적으로 개인 애가시의 형식으로 짜여 있으나, 내용을 좀 더 자세히 살펴보면 무죄 천명이 중심을 이룬다.

시편 7편의 구조에 대하여 여러 가지로 분류하지만 여기서는 본문의 핵심적 메시지를 중심으로 세 부분으로 나누려고 한다.

1. 도움의 간청

첫째, 여호와의 도움을 간청함이다(1~10절). 1절은 믿음과 신뢰의 선언으로 시작하고 있다. "여호와 내 하나님이여 내가 주께 피하오니 나를 쫓아오는 모든 자들에게서 나를 구원하여 내소서"라고 하였다. 시인은 하나님을 직접 부름으로 이 시를 시작한다. 시인은 원수에게 쫓기고 있다. 그래서 자신을 '쫓는 자'로부터 건져 달라고 하나님께 애원하고 있다. 만약에 건져 주시지 않으시면 대적들이 그를 물고 뜯을 것이다(2절). 이와 같은 어려움 속에서 건져 주실 분은 하나님 한 분 밖에 없다는 사실을 시인은 분명히 하고 하나님께 도움을 청하고 있다.

시인은 3절에서도 "여호와 내 하나님이여"라고 부르고 있다. 또 시인은 자신의 무죄를 천명하면서 '만약'을 삼중적으로 강조하고 있다(3절 2회, 4절 1회). 그는 "만약 이것을 행했다면"이라는 일반적 선언을 한 후, 구체적으로 자신이 범했다고 주장되는 세 가지 고발을 말하고(3~4절), 원수의 고발이 사실이라면 삼중적 심판과 저주가 임할 것을 천명한다(5절). 여기서 원수의 고발이 사실이라면 그의 원수가 사자처럼 자신을 쫓아 잡아 찢어 먹어도 좋다고 한다(5절).

시인은 하나님의 판결을 구한다(6~10절). "여호와여"로 부르고 "주께서 심판을 명하셨나이다"로 시작하여 "심판을 행하셨나이다"로 마친다. 시인은 여호와께서 '일어나서서' 대적을 '막으실 뿐 아니라' 자신을 위해 '깨어나시길' 구한다. 여기서 시인은 여호와께서 백성들과 나라들을 심판하기 위하여 가장 높은 보좌 위에 재판장으로 앉으시길 기원하고 있다.

시인은 어려운 상황에서 '여호와여'라고 부르면서 자신의 문제를 해결해 주시기를 기도한다. 8~10절에는 "내 의를 따라 심판하다"와 여호와는 "의로운 재판장이시다"라는 말이 짝을 이루고 있다.

시인은 10절에서 "나의 방패는 마음이 정직한 자를 구원하시는 하나님께 있도다"라고 하였다. 이것은 하나님의 대한 신뢰의 고백이다. 여기서 '방패'란 방어용 무기로서, 마음이 정직한 자를 감싸며 도움을 주는 힘을 상징해 준다. 원수들이 의인들을 향하여 지독한 화살과 창을 쓰지만 방패 되신 여호와께서 모든 원수의 공격을 막아 주시고 그 공격으로부터 보호해 주실 것을 의미하고 있다.

2. 확신의 천명

둘째, 확신의 천명이다(11~16절). "하나님은 의로운 재판장이심이여"(11절)라고 하여 여호와께서 무서운 분이심을 부각시키고 있다. 여호와는 공평하고 정직하게 사람들을 판단하신다. 의로운 재판장이신 여호와는 의인에게 법적 도움을 주시며, 악인을 계속하여 심판하셔서 세상의 공의를 지탱하시고 도모하신다.

"사람이 회개하지 아니하면 그가 그의 칼을 가심이여 그의 활을 이미 당기어 예비하셨도다"(12절)는 말씀에서 원수들이 회개하지 않으면 하나님의 진노가 임한다는 사실을 보여 주고 있다. 하나님께서는 회개하지 않는 원수들을 향하여 "죽일 도구"(13절)를 준비하고 계신다.

이 세상에서 악인들의 얕은 꾀를 은유적으로 지적하고 있는데, "그가 웅덩이를 파 만듦이여 제가 만든 함정에 빠졌도다"(15절)에서 악인의 속성과 종말을 보여 주고 있다. 악인이 의인을 잡기 위하여 교묘하게 팠지만 자기가 만든 함정에 스스로 빠지게 된다. 남을 향해 던진 돌이 던진 자의 머리로 돌아오는 영상이 나타난다(16절). 남을 해치려고 한 꾀가 자신에게로 돌아오는 부메랑 현상은 살아계신 하나님의 심판의 모습이다.

앞에서 나오는 여러 가지 무기들은 결국 악인을 향해 날아간다. 그러니 악인의 악은 무죄한 자를 해치지 못하고 오히려 하나님께서 악인의 악을 악인 자신에게 돌리신다. 남을 죽이고 해치기 위해 온갖 방법을 사용할지라도 그것이 의인을 해치지 못한다. 왜냐하면 하나님은 의인의 방패가 되어 그 모든 화살과 창을 막아 주시기 때문이다. 또한 결국은 그 악이 악인 자신을 죽이는 계기가 됨을 보여 주고 있다.

3. 하나님을 향한 찬양

셋째, 하나님을 향한 찬양이다(17절). 시인은 마지막 절에서 '찬양과 서원'을 하고 있다. "내가 감사하리라"고 하여 미래에 드릴 감사를 미리 선언하고 있다. 이 동사는 '감사하다', '찬양하다'로 번역되나 기본적으로 '고백하다', '단언하다'는 뜻을 가지고 있다. 이 말은 하나님의 구원이 구체적으로 확증된 것을 가리킨다.

시인은 매우 절박한 상황에 처해 있었다. 원수들이 여러 가지 무기를 동원하여 의인을 공격하려고 하였을 때에 유일한 해결의 방법으로 하나님께 기도하였다. 그는 자신이 당하는 고통을 깊이 생각하였고, 그의 머릿속에 하나님 대신에 악인으로 가득하였다. 악인의 교묘한 처세술에 치를 떠는 아픔이 있었다.

그러나 시인은 찬송으로 시를 마친다. 악인이 아무리 강할지라도 하나님이 더 강하시다는 사실을 믿었기에 균형있는 자세로 여호와께 감사하고 찬양하였다. 이 시를 통하여 악한 자가 이 땅에서 반성하고 의인을 공격할지라도 하나님은 살아계셔서 자기 백성을 지키시고 그 원수들을 물리치신다는 사실을 배울 수 있다.

다윗은 어려움 가운데서 깨끗한 양심을 가졌고, 하나님의 살아계심을 믿었기에 고통의 와중에서 하나님만 의지하였다. 이것이야말로 신앙인의 바른 삶의 원리이며 자세이다.

우리가 살아가는 이 세상에는 온갖 어려움들이 겹친다. 악인들은 교묘한 방법으로 하나님의 백성을 공격하려고 하고 있다. 그러나 우리에게는 방패되신 하나님이 계시기 때문에 이 어려움을 이기고, 오히려 우리를 구원하시는 하나님께 찬양을 하게 된다. 이런 믿음이 우리의 삶의 기둥이어야 하고, 이것을 통해 새 힘을 얻어야만 한다.

주의 이름, 주의 영광

〰〰〰 시편 8:1~2

1여호와 우리 주여 주의 이름이 온 땅에 어찌 그리 아름다운지요 주의 영광이 하늘을
덮었나이다 2주의 대적으로 말미암아 어린 아이들과 젖먹이들의 입으로 권능을 세우심
이여 이는 원수들과 보복자들을 잠잠하게 하려 하심이니이다

시편 8편은 시편 전체를 통하여 가장 사랑받는 시 가운데 하나이다. 이
시는 언어에서나 신학에서 매우 중요한 의미를 가지고 있다. 우주와 인간과
하나님의 관계를 설명하고 있으며, 궁극적으로 그리스도 안에서 시편 8편
의 이상이 이루어졌다.

이 시편은 기본적으로 '찬양시'의 형태이다. 그러나 일반적 찬양과는 달
리 찬양에로의 부름이 없이 시작된다. 이 시편의 주제는 '하나님의 영광과
인간의 존엄성'이다. 달리 보면 자연과 하나님의 관계를 통하여 인간이 추
구해야 할 삶의 자세를 찾을 수 있다.

1. 여호와 우리 주

1절에서 "여호와 우리 주여 주의 이름이 온 땅에 어찌 그리 아름다운지
요"라고 하였다. 시인은 야훼 하나님을 '우리 주'라고 부른다. 시편에서
'주'(adonay)는 하나님에게 사용되었다. 여호와 하나님은 '온 땅의 주'(시
97:5)시며, '주의 주'이시다(시 136:3, 135:5, 147:5).

시편 8편의 시인은 '온 우주의 통치자'이신 주님을 부르는 것으로서 이 시를 시작하였다. 이것은 하나님의 백성의 삶의 자세를 의미한다. 우리가 이 땅에서 하나님과의 바른 관계가 정립될 때에 바른 삶이 이루어진다.

시인은 하나님을 신뢰하는 데서 자신의 삶을 시작한다. 이것은 그의 신앙고백이며 삶의 바탕이다. "여호와 우리 주여"라는 부름은 가장 평범한 것 같으나 진정한 신앙고백이며 삶의 호소이다.

주의 이름이 "어찌 그리 아름다운지요"라고 하였다. 여기서 '어찌 그리'는 전형적 찬양 형식이다. 시인은 주님의 이름으로 드러난 주님의 영광과 위엄에 감격하여 자발적으로 하나님을 찬양한다. 시인은 주님의 이름을 '아름답다'고 표현하였다. 이 말의 뜻은 '영광스럽다'이다. 이 단어는 왕이나 귀인들에게 적용되는 것으로서 '강력한', '놀라운', '찬란한' 등의 뜻을 가지고 있다. 즉 '신성한 왕권'(divine kingship)의 속성이다.

시인은 주님의 이름이 온 땅에 가득한 것을 찬양하였다. 즉 '주님 이름의' 주권적 영광이 온 땅을 가득히 채운다는 의미이다. 주님의 영광이 온 땅에 가득 찰 때에 하나님의 놀라운 역사가 나타나는 사람들은 온 우주의 주인이신 하나님께 영광을 돌리게 된다.

주님의 영광을 찬양하는 삶이야말로 가장 귀하고 아름다운 일이다. 자기에게만 집착하는 사람들의 삶 속에서 우리의 시선을 저 하늘에 두고, 하나님의 영광을 찬양하는 것이 얼마나 귀한 것일까? 우리는 '하나님' 당신의 영광이 이 땅에 가득한 것을 '찬양합니다'라고 고백함으로써 하나님의 역사를 노래하게 된다.

2. 주의 영광

1절 하반절에서 "주의 영광이 하늘을 덮었나이다"라고 하였다. 시인은 하나님의 영광을 제왕으로서의 주님의 모습으로 그리고 있다. 주님의 영광은 하늘 위에 있다. 시인은 여호와 하나님을 '우리 주'라고 부르고 나아가서 하나님께서 이 영광을 하늘 위에 두고 또 온 땅에 가득하게 하신 것을 찬양하였다.

2절에서 "주의 대적으로 말미암아 어린 아이들과 젖먹이들의 입으로 권능을 세우심이여 이는 원수들과 보복자들을 잠잠하게 하려 하심이니이다"라고 하였다. '하늘 위에 자신의 영광을 두신' 주님을 찬양한 후에 갑자기 분위기를 바꾸어 원수와 대적 그리고 어린 아이와 젖먹이를 대조한다. 이것은 돌발적인 변화이고, 이것을 통하여 하나님의 영광이 어떻게 찬양되어야 할 것인지를 보여 준다.

2절에서 주의 대적, 원수, 보복자 등이 어린 아이와 젖먹이와 강한 대조를 이룬다. 창조 세계에 나타난 주님의 영광을 노래하는 이 찬양시에서 주님을 대적하는 자들이 나타나는 것은 매우 독특하다. 시편에 보면 주님의 대적자들이 애가나 제왕시에 나타나는 경우가 많은데 여기서처럼 찬양시에 나타나는 것은 이례적이다.

이 시에 나타나는 '주의 대적들'은 하나님의 우주적 주권과 역사 속에서의 통치, 그리고 인간의 삶 속에 개입하시는 하나님의 손길을 거부하는 자들이다. 이들은 자신의 힘만 믿고, 자신의 권세나, 돈만을 믿고, 자기만을 주장하는 거만한 자들이다. 이들은 하나님의 영광스러운 이름을 인정하지 않는 비신앙자들이며, 주님의 이름을 통해 나타나는 계시를 인정하지 않는 자들이다.

3. 어린이의 교훈

이러한 대적자들과 대조적으로 '어린 아이와 젖먹이'가 나온다. 이들은 연약함과 겸손의 상징이다. 이들은 창조계에 나타난 하나님의 영광과 계시를 믿는 자들이다. 앞에 나오는 대적자들과는 정반대로 하나님의 역사하심을 믿고 영광을 돌린다.

우리는 이 시에서 '역설적 교훈'을 배운다. 하나님께서는 강하고 능력 있는 자가 아니라 어린 아이와 젖먹이의 '입으로 말미암아' 자신의 권능을 세우신다. 어린 아이에게 무슨 힘이 있고 지혜가 있을까만 하나님께서는 그들의 힘을 통하지 않고 '입'을 통하여 권능을 세우신다.

어린 아이와 젖먹이 같이 겸손한 자들은 하나님의 이름을 자신의 입에 두고, 입으로 주님을 부르는 자들이다. 이들은 입으로 기도하며 찬양하고 나아가서 하나님께 영광을 돌린다.

하나님께서는 자신을 찬양하는 어린 아이와 약한 자들을 이용하셔서 하나님의 권능을 나타낸다. 하나님께서는 구체적으로 이들을 통하여 원수와 보복자로 '잠잠케 한다.' 이 말은 말로 싸워 이기게 하신다는 뜻이다. 어린 아이의 입을 통하여 원수들의 패역하고 조소로 가득 찬 논리를 잠재우신다.

어린 아이를 통해 하나님을 찬양하고 하나님의 영광을 나타내시는 것은 귀하고 아름답다. 어린 아이의 순수한 마음과 말은 악한 자들의 황당하고 비신앙적인 논리들을 이기게 한다. 왜냐하면 하나님은 모든 인간의 논리를 주장하시는 능력을 가지신다.

하나님을 거역하는 무리들의 사상과 언어와 행동이 이 땅에 가득한 것처럼 보인다. 하나님을 떠난 무리들의 논리가 책으로 뉴스로 사람들에게 전파되고 있고 사람들은 이것을 진실이라고 착각하고 있다.

그러나 하나님께서는 어린 아이와 젖먹이들을 통하여 그들의 논리를 부수시고, 그들의 입을 막아 '잠잠하게' 하신다. 하나님은 우주의 주권자이시며 모든 논리를 주장하시는 분이시다. 하나님의 논리는 바르며 변함이 없기에 그 하나님을 신뢰하는 자의 고백 역시 진실하다.

그리하여 하나님은 어린 아이와 젖먹이의 힘을 사용치 않으시고 그들의 입을 통하여 원수들의 입을 막으시고 잠잠케 하신다. 이것은 세상을 이기시는 하나님의 능력을 의미한다.

하나님의 영광이 온 땅에 가득하고, 우리는 그 영광을 찬미하며 살아간다. 그곳에는 기쁨이 있고, 감격이 있고, 감사가 있다. 하나님의 영광을 찬미하는 그 삶이 날마다 우리에게서 나타나야만 한다. 할렐루야.

사람이 무엇이기에

 시편 8:3~5

3주의 손가락으로 만드신 주의 하늘과 주께서 베풀어 두신 달과 별들을 내가 보오니 4
사람이 무엇이기에 주께서 그를 생각하시며 인자가 무엇이기에 주께서 그를 돌보시나
이까 5그를 하나님보다 조금 못하게 하시고 영화와 존귀로 관을 씌우셨나이다

사람이 무엇일까? 왜 살아야 하며 어떻게 살아야 할 것인가?라는 질문
은 우리들에게 매우 중요한 것이다. 이것은 역사를 통해 모든 사람들이 관
심을 가졌던 주제이다.

우리는 어느 날 '내가 무엇인가?'는 매우 중요한 질문을 하게 된다. 이것
은 인간이 가진 본질적 문제에 대한 질문이다. '사람이 무엇이며 내가 무엇
인가?'는 가장 진실한 질문을 통하여 자기 자신을 보게 된다.

1. 인간의 존엄

시편의 시인은 "사람이 무엇이기에"(4절)라고 하여 인간의 존엄성을 설
명하고 있다. "주의 손가락으로 만드신 주의 하늘과 주께서 베풀어 두신 달
과 별들을 내가 보오니"(3절)라고 하여 인간의 왜소함과 하나님의 위대함
을 비교하고 있다.

하나님은 우주를 만드시고 이것을 주장하신다. 예술가가 자신의 손가락
으로 작품을 만드는 것처럼 주님께서는 자신의 손가락으로 하늘 만상을 만

드셨다. 이것은 주님의 위대한 손길이다. 이러한 주님의 손길을 노래한 사람이 많다. 칼 보버그(Carl Boberg)가 지은 찬송을 우리는 기억한다.

 "주 하나님 지으신 모든 세계
　내 마음 속에 그리어 볼 때
　하늘의 별 울려 퍼지는 뇌성
　주님의 권능 우주에 찼네"

이것은 단순한 노래라기보다 신앙고백이며 찬미이며 속삭임이다. 우주에 가득 찬 주님의 권능을 노래한다.

주님께서는 하늘과 달과 별들을 만드시고 그것을 '거기 두셨다.' 하나님께서 '베풀어 두셨다'는 것은 하나님께서 하늘의 창공에 달아 두셨다(창 1:17, 사 40:26, 시 147:3)는 뜻이다. 어두운 밤하늘에 사방이 캄캄한 고통의 와중에 있을 때에 어둠을 밝히는 등불처럼 하늘과 달과 별들은 그 자리에 고정되어 걸려 있다.

4절에서 시인은 "사람이 무엇이기에 주께서 그를 생각하시며 인자가 무엇이기에 주께서 그를 돌보시나이까?"라고 하였다. 이 구절에서는 사람이 중심이 된다. 4절에 나오는 '사람'과 '인자'는 집합적 단수이다.

'사람'과 '인자'는 둘 다 '인류' 혹은 '인간'을 의미한다. 특히 '인자'는 인간의 연약성과 죽을 수밖에 없는 존재라는 것을 나타낸다.

2. 하늘의 파노라마

하늘의 파노라마를 본 시인은 창조주 하나님의 위대함을 생각하게 된다. 넓고 넓은 우주 속에서 인간이란 너무나 초라하고 보잘 것 없음을 알게 된다.

우리는 여기서 참된 지식의 순서를 배우게 된다. 하나님을 알 때에 인간을 알 수 있음이다. 하나님에 대한 지식과 인간에 대한 지식은 상관관계를 가지고 있다. 인간은 하나님을 떠나서는 자신의 존재를 알 수가 없다. 우리는 그 크신 하나님을 직면하게 될 때에 우리 존재의 무의미함을 철저히 느끼게 된다. 인간은 늘 불안하지만 하나님의 위대하심을 통하여 평안을 누린다. 그래서 인간의 불안과 하나님의 평안이 대조를 이룬다.

여기에 대하여 시인은 "사람이 무엇이기에"로 집약하여 설명한다. 그러면 인간이 무엇인가? 아무것도 아니다. 이 넓은 우주를 볼 때 인간 존재는 아무것도 아니다. 인간은 약하고 죽을 수밖에 없는 존재이다. 유한하고 무의미한 존재이다. '사람'(에노쉬)은 연약하고 무기력하다(시 9:20, 90:3, 103:14). 인자 즉 '사람의 아들'은 땅에 속한 본성을 가지고 있다. 그래서 욥은 "여인에게 태어난 사람은 생애가 짧고 걱정이 가득하며"(욥 14:1)라고 하였다.

그러나 하나님께서는 이러한 인간을 생각하시고 돌보신다. 하나님은 끝없는 우주를 만드신 분이지만 너무나 작은 인간을 돌보시는 분이다. 하나님은 유한하고 가련한 인간들을 생각하실 뿐만 아니라 돌보시는 분이시다. 이것은 하나님의 사랑 때문이다. 하나님께서는 인간들을 당신의 형상으로 만드셨고, 범죄로 인하여 극도로 약해진 존재이지만 생각하고 돌보신다. 이런 사랑을 우리가 받았고 그 사랑을 통해 새로운 생명을 얻게 되었다.

3. 영화와 존귀

5절에서는 더 구체적으로 "그를 하나님보다 조금 못하게 하시고 영화와 존귀로 관을 씌우셨나이다"라고 하였다. 이것은 하나님에 대하여 불경건하게 보이는 것 같으나 시인은 인간의 존귀성을 강조하기 위하여 인간이 하나님 보다 '조금 못하다'고 표현하였다.

인간을 하나님 보다 조금 못하게 하였다는 것을 설명하기 위하여 "영화와 존귀로 관을 씌우셨나이다"라고 하였다. 이 표현은 왕에게 적용되는 것인데 이것은 인간이란 원래 왕으로 부름받았음을 의미한다.

'영화와 존귀'는 한 쌍으로 표현되고 있다. 아마 뒤에 있는 존귀가 앞에 있는 영화를 꾸미기에 '존귀한 영화'라는 뜻이다. '영화와 존귀'는 원래 왕의 속성이다(시 21:6, 145:12). 그러므로 인간이 다른 피조물을 다스리는 왕의 위치에 앉게 됨을 뜻한다. '관'을 씌우셨다고 하였는데, 성경에서는 주로 '왕관'을 가리킨다(삼하 12:30, 에 8:15, 시 21:4). 이것은 인간에게 부여된 권위를 말한다.

하나님께서는 자신의 왕적 위엄과 영광을 인간에게 위탁하셨다. 이리하여 보잘 것 없는 인간이 하나님을 대신하여 온 세상을 다스리는 자가 된다. 인간은 하나님의 형상으로 지음을 받았다. 하나님께서는 권능과 위엄으로 이 세상에 가득하시고 모든 피조물이 하나님의 영광을 위해 존재하도록 하였다. 하나님의 이름은 온 땅에 충만하시고, 그 영광은 하늘에 넘쳤다. 이제 인간이 하나님의 영광을 드러내는 자가 된다. 해와 달과 별들만이 하나님의 영광을 드러내는 것이 아니라 인간이 하나님의 영광을 드러낸다.

인간의 첫 번째 목적은 하나님을 영화롭게 하는 것이다. 인간이란 하나님의 영광을 위해 존재하는데 하나님의 권위를 위임받아 이 땅에서 하나님의 영광을 나타낸다. 그래서 사도 바울은 우리의 삶을 통해 하나님을 영화롭게 할 것을 강조하였다. "그런즉 너희가 먹든지 마시든지 무엇을 하든지 다 하나님의 영광을 위하여 하라"(고전 10:31)고 하였다.

우리들의 삶 전체가 하나님의 영광을 위한 것이어야 한다. 아무것도 아닌 인간을 하나님께서는 하나님 보다 조금 못하게 만드시고 이 세상을 다스리는 특권을 주셨다. 시인의 고백처럼 '인간이 무엇이기에' 이러한 축복을 주셨을까? 이것은 오직 하나님의 사랑이며 은혜 때문이다.

하늘과 달과 별이 하나님의 영광을 나타내듯이 우리 인간도 하나님의 영광과 위엄을 이 땅에 나타내는 존재로 귀하게 살아가야 하리라. 할렐루야.

주의 이름이 온 땅에
어찌 그리 아름다운지요

시편 8:6~9

6주의 손으로 만드신 것을 다스리게 하시고 만물을 그의 발 아래 두셨으니 7곧 모든 소와 양과 들짐승이며 8공중의 새와 바다의 물고기와 바닷길에 다니는 것이니이다 9여 호와 우리 주여 주의 이름이 온 땅에 어찌 그리 아름다운지요

　　시인은 하나님의 위엄과 인간의 존엄을 강조하였다. '인간이 무엇이기에' 하나님께서 생각하시고 돌보아 주시느냐고 감탄의 시를 썼다. 하나님께서 인간을 천사보다 조금 못하게 즉 하나님보다 조금 못하게 만드시고, 그 인간들에게 세상을 이끌어 나가는 권리를 위임하셨다. 이 사명을 우리는 '문화명령'(창 1:28)이라고 부른다.

　　하나님께서 우리에게 주신 문화명령은 '생육하고 번식하며 땅에 충만하고 땅을 정복하는' 것이다. 그래서 하나님이 만드신 동산을 관리하고, 이것을 통하여 하나님께 영광을 돌리게 하셨다.

1. 하나님이 주신 왕권

　　시인은 6절에서 "주의 손으로 만드신 것을 다스리게 하시고 만물을 그의 발 아래 두셨으니"라고 하였다. 여기서 여호와 하나님께서 인간에게 부여하신 왕권의 의미를 좀 더 상세하게 설명하고 있다. 시인은 인간을 가리켜

'다스리는 자' 즉 '통치자'라고 표현하고 있다. 이 단어는 왕에게 부여된 권위를 말한다(수 12:2, 5. 삿 8:22~33, 삼하 23:3 등). 하나님께서는 당신의 손으로 만드신 이 세상을 인간에게 맡기어 다스리게 하신다.

하나님께서 혼란한 이 세상을 주장하시고 만물을 만드시고 통일시키셨다. 이런 세상에 대한 통치권을 인간에게 주셨다. 하나님이 '다스리게' 하신 통치권의 은사는 하나님의 권위를 위임한 것이므로 약탈할 수 있는 소유권으로 주신 것이 아니라 하나님의 특별한 은혜요 명령이다.

자연에 대한 인간의 권세는 인간 본성이 타락한 결과가 아니라 인간에게 내재해 있는 존재 목적의 하나이다. 시인은 '발 아래 두었다'고 하였는데 이 단어는 정복과 통치의 양면성을 잘 부각시켜 준다.

2. 하나님이 주신 통치권

7절과 8절에서는 "곧 모든 소와 양과 들짐승이며 공중의 새와 바다의 물고기와 바닷길에 다니는 것이니이다"라고 하였다. 하나님께서 인간에게 허락하신 통치권의 범위를 제시하여 주었다. 하나님께서는 다른 피조물들 즉 동물들을 다스리는 일을 대표적으로 주셨는데 여기서는 다섯 종류의 동물들이 나온다. "소와 양"은 길들인 집짐승이며, "들짐승"은 길들여지지 않은 야생동물이다. 공중의 각종 새, 바다의 수많은 고기들, 그리고 바다에 있는 모든 것을 다스리게 하셨다.

하나님께서는 인간을 창조하시고 만물을 다스리게 하셨다. 인간들은 문화를 형성시키고 그 문화를 통하여 만물을 통치한다. 하나님께서는 인간에게 언어를 주셨다. 그 언어를 통하여 사람들끼리 커뮤니케이션을 하고, 언어를 통하여 동물들에게 명령하게 하였다.

인간이 가진 능력 중에서 육축을 통치하는 것이야말로 최고의 능력이다. 하나님이 위임하신 통치권의 행사를 통하여 하나님의 뜻을 이 땅에서 이루고 하나님의 영광을 나타낸다.

우리들은 하나님의 형상으로 지음 받은 최고의 존재들이다. 이런 우리에게 하나님은 만물을 통치하는 권한을 위임하여 주었으니 이것이 바로 우리의 '문화사명'이다.

우리들의 삶의 각 영역에서 하나님의 영광을 나타내어야 한다. 그러기 위해서 하나님이 주신 문화명령을 진실되게 수행하는 노력이 필요하다. '사람이 무엇이기에' 이런 사명을 주셨을까? 이것은 하나님의 은혜이며 축복이다. 그러기에 우리는 오늘도 우리가 가야 할 길을 달려가고 있다.

3. 하나님이 주신 고백

시인은 9절에서 결론적 찬양을 한다. "여호와 우리 주여 주의 이름이 온 땅에 어찌 그리 아름다운지요"라고 하였다. 이것은 하나님을 찬양하는 신앙고백이다.

시인은 인간의 문제에 관심을 가지다가 하나님께로 집약한다. 인간이 왕처럼 이 세상을 다스리는 것을 높였으나 이제는 하나님께 관심을 모은다.

시인의 사상은 하나님으로 시작하여 하나님으로 마친다. 이것은 우리 삶의 전부가 하나님으로 말미암고 끝나기 때문이다. 그래서 바울은 "이는 만물이 주에게서 나오고 주로 말미암고 주에게로 돌아감이라 그에게 영광이 세세에 있으리로다"(롬 11:36)고 하였다.

이것은 그리스도인들의 삶의 원리이다. 모든 것이 하나님에게서 시작되고 하나님으로 말미암아 유지되며 종국에는 하나님의 영광을 나타내게 된다. 이런 원리가 구체화되어 하나님의 영광을 찬양하게 된다.

우리들의 삶이 하나님의 원리에서 떠날 때가 많이 있다. 모든 사고와 행동의 핵심에 인간이 자리 잡고 있어서 사람 제일주의의 형태를 가지는 경우이다. 우리의 삶은 하나님과의 관계성 속에서 이루어진다. 시편 기자는 하나님의 엄위하심을 노래하고, 이 하나님과 관계된 인간의 존엄성을 강조하였다. 인간은 하나님의 형상으로 지음 받았고, 하나님께서 위탁하신 만물을 다스린다.

이 모든 것의 근본적 목적은 하나님의 영광에 있다. 그래서 시인은 하나님의 이름과 하나님의 영광을 드높여 찬양하고 그것을 바탕으로 인간의 존귀성을 드러내었다. 이러한 자세가 오늘의 우리에게도 있어야 한다.

인간이 무엇인가? 여러 가지 각도로 표현할 수 있다. 인간의 지혜와 능력을 절대시하는 사람들이 많이 있고, 이것을 추구하기 위해서 온갖 노력을 한다. 그러나 인간은 아무것도 아니다. 하나님을 떠나서는 그 존재 의미가 상실되는 별 수 없는 존재이다.

그러나 하나님이 계심으로 인간이 위대하고 존귀하다. 하나님의 위엄이 우리에게 임하였고, 하나님이 위탁하신 사명을 우리가 받았다. 우리는 하나님을 통한 인간의 존엄성을 깨닫고 이 만물을 다스리는 사명을 감당해야 한다.

오늘의 우리가 하나님께 찬양드릴 수 있음이 얼마나 귀한 것인가? 이것은 하나님의 백성만이 누릴 수 있는 행복이다. 시인처럼 "여호와 우리 주여"라고 부르며 살아가야 한다. 온 우주에 가득한 하나님의 위엄과 영광을 우리의 입술로 찬양하는 것이 귀하다.

하나님으로 시작하여 하나님으로 마치는 삶이기 위하여 우리의 관심과 푯대를 하나님께 맞추어야 한다. 하나님의 엄위하심을 바라볼 때에 우리는 존귀하게 되고, 하나님의 거룩하심을 사모할 때에 우리는 거룩을 닮으며, 하나님의 사랑을 체험할 때에 우리도 사랑의 존재로 변하게 된다.

그래서 우리의 삶이 다할 때까지 하나님의 영광을 찬미하자. '나의 나 된 것이 하나님의 은혜'이니 이 은혜의 깊은 자리에 들어가야 한다. 비록 우리의 말이 둔하고, 우리의 입에 아름다운 곡조가 없을지라도 마음 밑바닥에서 하나님의 영광을 찬미해야 한다. "여호와 우리 주여 주의 이름이 어찌 그리 아름답습니까!"라고 외치는 영광의 고백이 우리의 삶에서 날마다 이루어져야 한다. 영광을 찬미하여 그 은혜를 체험하자.

할렐루야.

주의 모든 기이한 일들을 전하리이다

시편 9:1~4

1내가 전심으로 여호와께 감사하오며 주의 모든 기이한 일들을 전하리이다 2내가 주를
기뻐하고 즐거워하며 지존하신 주의 이름을 찬송하리니 3내 원수들이 물러갈 때에 주
앞에서 넘어져 망함이니이다 4주께서 나의 의와 송사를 변호하셨으며 보좌에 앉으사
의롭게 심판하셨나이다

시편 9편은 시인이 여러 차례 원수들과 악인의 멸망을 말하였으나 이 시
의 바탕에는 하나님을 향한 감사와 찬양이 있다. 많은 주석가들은 시편 9편
과 10편은 통일성이 있는 한 시편으로 보고 있다. 9편과 10편은 히브리어
첫 자음 알렙에서 시작하여 마지막 자음 타우로 마치고 있으며 22개의 소절
로 되어 있다.

시편 9편에서는 두 개의 전문 용어가 나온다. 첫 번째는 표제의 '뭇랍벤
(Muth - Iabben)에 맞춘'이란 말이다. 이 말은 곡조나 악기에 대한 언급으로
보는 것이 일반적 해석이다. 연구가들은 이 단어가 다윗의 생애와 관련된
사건에 연유한다고 본다. 그러나 여기에 대한 성경적 근거가 없어서 확실하
지 않다.

두 번째 나오는 전문 용어는 16절의 '셀라'와 함께 언급된 '힉가욘'
(Higgaion)이다. '셀라'는 시편 3편에 처음 나오는데 아마 음악 용어로서 음
의 빠르기, 높낮이, 노래의 반주, 노래하는 자의 자세와 관계된 용어로 보인
다. '힉가욘'은 그 의미가 불확실한데 아마 '묵상하다'는 뜻을 가진 '하가'
(Hagah)에서 유래된 듯하다.

1. 찬송하리이다

시편 9편의 의식적 배경은 14절에 잘 나타난다. "내가 주의 찬송을 전하리이다." 란 말씀에 그 의미가 있다. 극도의 고난에서 경험을 노래로 전하는 것이다. 그는 성전 뜰 안으로 들어가서 주님의 구원 행위를 증거하고 있다. 그래서 이 시는 전형적인 개인의 감사노래이다.

1~4절의 주제는 '보좌에 앉으사 의롭게 심판하시는 주님'이다. 1~2절에는 "내가~하리이다"(I will)라는 단어가 다섯 번 나온다. '감사하리이다', '전하리이다', '기뻐하리이다', '즐거워하리이다', '찬송하리이다'라는 다섯 개의 동사들이 이어지고 있다.

이런 단어들은 시편이 가진 찬양의 특성을 보여준다. 시인은 공적으로 하나님이 하신 일을 크게 전하며, 여러 사람과 함께 기뻐하고 즐거워하며, 하나님의 이름을 찬양한다.

시인은 "내가 전심으로 여호와께 감사하오며"로 시작한다. 이것은 전형적인 개인 감사 노래의 서문이다. 이 서문 속에는 찬양, 고백, 간증이 담겨 있다. 히브리 시에서는 일반적으로 찬양을 할 때에 "오 주여 내가 주께 감사하나이다"(시 43:4, 57:8~10, 71:22~24)라는 형식으로 나오는데 여기서는 '전심으로'라는 말이 첨가되어 있다.

'전심으로'라는 말의 뜻은 '내 모든 마음으로'인데, '나의 마음을 다 바쳐서'라는 의미이다. 이것은 시인의 진실성과 간절성을 보여주고 있다. 두 마음을 가지고 하나님과 세상을 함께 섬기는 자와 본질적인 대조를 보인다. '전심'이란 전인격적이다. 마음으로 즉 전인격적으로 하나님을 사랑한다.

2. 전하리이다

시인은 "주의 모든 기사를 전하리이다"라고 하였다. '내가 전하리이다' 란 '내가 말하리이다'인데 그냥 '말하다' 보다 공식적 성격을 띠고 있다. 시인은 하나님께 제물을 준비하고 있다.

'주의 기사'를 전한다. 이것은 하나님의 창조, 구속, 심판에 나타난 하나님의 위대하신 행동을 말한다. 이것은 하나님께서 이스라엘 백성을 향하여 행하신 특별한 행동을 가리킨다.

시인은 "내가 주를 기뻐하고 즐거워하며"(2절)라고 하였다. '기뻐하고'라는 단어는 시편에 많이 나오나 '즐거워하며'는 몇 군데만 나오는데 '큰 기쁨'이란 뜻이다.

시인은 주님을 기뻐하고 즐거워한다. 지금은 어렵고 고통스러워도 과거에 자기를 지켜주신 하나님을 생각하고 새 힘을 얻는다. 고통의 날을 생각하는 것이 아니라 하나님을 통해 새로운 변화를 주신 날을 기억하고 온 마음으로 하나님을 기뻐하고 즐거워한다.

시인은 "지극히 높으신 주의 이름"을 찬송한다. 이것은 하나님의 높으신 왕권을 강조한다. 하나님이 누구신가? 왕 중의 왕이시며, 하늘의 왕이시며, 세상의 심판자이시다. 이 하나님의 이름을 찬송한다.

우리들이 이 땅에서 노래해야 할 많은 주제 중에서 하나님은 그 중심이다. 우리의 일상에서 하나님의 이름을 부르며 하나님을 찬송을 해야 한다. 이것은 우리가 누리는 최고의 기쁨이며 감격이다.

3. 승리하리이다

시인은 3절에서 "내 원수들이 물러갈 때에 주 앞에서 넘어져 망함이니이다"라고 하였다. 시인은 기도를 시작하면서 하나님께 감사를 드린 후에 자신의 문제를 거론하고 있다. 즉 앞에서 말한 '주의 모든 기사'가 무엇인지를 말해 주고 있다.

시인은 원수의 핍박을 받았고, 아마 성전에 숨어서 하나님께 기도했는데, 주님께서 개입하셔서 문제를 해결한 경험을 말하고 있다. 3~6절에서의 주인공은 주님이시다. 주님께서는 군사적으로 원수를 "멸하시고 도말하시고, 뿌리 채 뽑아 버리시며"(5절), 또한 법적으로는 "나의 의와 송사를 변호하셨으며 보좌에 앉으사 의롭게 심판하신다"(4절).

이리하여 원수들이 '물러간다'. 즉 원수들이 패배하는데 "넘어져서 망하게" 된다. 이것은 전쟁터에서 무너져 죽어가는 군인들의 모습을 그대로 그리고 있다. 하나님이 역사하시고 전쟁에 나서시면 원수들은 넘어지고 망하게 된다.

시인은 4절에서 원수가 망한 이유를 제시한다. "주께서 나의 의와 송사를 변호하셨으며 보좌에 앉으사 의롭게 심판하셨나이다"라고 하였다. 하나님께서 우리의 변호사가 되셨다. '나의 의로운 송사'를 주님이 변호해 주셨기 때문이다.

이 하나님은 "보좌"에 앉아 계신다. '보좌'는 하나님의 왕권 또는 재판권을 상징하며 여기서는 의로운 재판관이 되셔서 바른 심판을 하신다.

이리하여 시인은 원수를 법적으로 패배시키시는 구원자 하나님을 찬양한다. 원수들에게서 무고한 공격을 당하였으나 의로운 재판장이신 하나님께서 바른 판단을 해주셔서 이 하나님을 찬양한다.

시인은 어려움 가운데서도 도우시는 하나님을 바라보았다. 원수들은 여러 가지 방법으로 그를 해치려 하였으나 하나님께서 변호해 주시고, 바른 재판을 하셔서 그의 의가 입증되었다.

그래서 하나님의 역사를 감사하고, 전하고, 기뻐하고, 즐거워하며, 찬송한다. 이것이 하나님의 백성의 삶이다. 우리가 이 땅에서 온갖 모함과 고난을 당하여도 하나님은 우리의 변호자이시며 재판관이시기에 궁극에 가서는 하나님의 공의로운 심판이 이루어진다.

이제, 우리 속에 역사하시는 하나님을 바라보며 하나님을 기뻐하고 즐거워하자. 비록 우리에게 고통의 날이 있다고 해도 하나님은 '나의 주'이시기에 우리에게 힘주시고 이기게 하신다. 우리가 하나님을 의지하는 삶을 살 때에 우리의 길이 형통케 된다.

할렐루야.

공의로 세계를 심판하심이여

시편 9:5~8

5이방 나라들을 책망하시고 악인을 멸하시며 그들의 이름을 영원히 지우셨나이다 6
원수가 끊어져 영원히 멸망하였사오니 주께서 무너뜨린 성읍들을 기억할 수 없나이다
7여호와께서 영원히 앉으심이여 심판을 위하여 보좌를 준비하셨도다 8공의로 세계를
심판하심이여 정직으로 만민에게 판결을 내리시리로다

시편 9편에서는 "공의로 세계를 심판하시는 주님"에 대하여 노래한다.
시인은 2절에서 '지극히 높으신 주님'에 대하여 말하였는데, 5~8절에서는
이 주님이 '이방 나라', '성읍들', '세계'와 '만민'을 다스리는 분으로 묘사
하고 있다.

여기서 하나님의 통치의 성격을 보여 준다. 하나님은 온 세계와 만민을
다스리고 열국의 왕과 재판장이 되신다. 하나님의 통치의 세계적 특성을 통
하여 하나님의 권능을 노래한다.

시인은 자신의 개인적 구원에 대하여 노래하다가 한 걸음 더 나아가 하
나님의 역사를 나타내고 있다. 우주의 심판자 되신 하나님의 모습을 통해
인간들이 경성해야 할 것을 제시한다.

1. 하나님의 통치

5절에서 "이방 나라들을 책망하시고 악인을 멸하시며 그들의 이름을 영
원히 지우셨나이다"고 하였다. 하나님께서 일어나시면 이 세상에는 급격한

변화가 온다.

하나님께서 세상 나라들과 악인을 심판하시니 변화가 올 수 밖에 없다. 5~6절은 과거와 미래가 중복되며 이어진다. 시인은 하나님이 행하신 옛 일을 생각하며, 하나님께서 미래에 일하실 것을 바라본다. 하나님께서 옛날에 악한 자들과 원수와 이방 나라들을 멸하셨기에 미래에도 이와 같은 일을 하실 것을 믿었다.

"이방 나라들을 책망 하시고"라고 했을 때에 그것은 책망만 말할 뿐 아니라 징계가 따르는 말을 의미한다. 이것은 부드러운 책망이 아니라 매우 엄격하며, 전쟁에서 원수를 멸하시는 모습을 그린 것이다.

하나님은 이방나라를 멸하시고 악인을 멸하신다. 여기서 이방나라들은 악인과 병행을 이룬다. 이방나라들과 악인은 언약 공동체 밖에 존재하는 자들로서 하나님의 백성을 위협하는 자들이다. 시인은 이방나라들이 철저히 망할 것을 노래했다. "그들의 이름을 영원히 지우셨다"고 하여 후세 사람들이 더 이상 그들의 이름을 기억하지 않을 것을 강조하였다. 후대 사람들이 악인들이 이 땅에 존재했던 사실조차 기억하지 못한다.

하나님께서는 사람을 창조하시고 모든 존재에게 이름을 주셨다(창 2:18~23). 그러니 이름조차 기억하지 못하게 하시는 것은 철저한 징계이다. 이것은 하나님의 공의를 나타내는 것으로서 세상 나라를 향하신 하나님의 완벽한 심판을 묘사한다.

6절에서 "원수가 끊어져 영원히 멸망하였사오니 주께서 무너뜨린 성읍들을 기억할 수 없나이다"라고 하였다. 이 말씀 앞에 나온 말씀과 연결되어 사상이 확대된다. 그래서 일반적인 것에서 구체적인 것으로 넘어가며 파멸의 초점이 분명해진다.

처음 나오는 '원수'가 바로 그 대상이다. 이 원수들은 역사적으로 보면 이스라엘에게 정복 당한 가나안 나라들이라고 할 수 있고, 시적(詩的)으로 보면 하나님이 멸하신 모든 나라들이다.

하나님께서는 원수의 성읍을 무너뜨리셨는데, 이것은 '뿌리째 뽑으셨다'는 의미이다. 나무나 풀이 뿌리째 뽑히는 것 같이 하나님을 거역하는 도시가 송두리 채 없어짐을 말한다.

원수들과 그 성읍이 뿌리째 뽑혔기 때문에 사람들의 기억에서 사라진다. 하나님께서는 그 나라들을 없애고, 그 나라들에 대한 기억조차 없애신다.

여기서 우리는 하나님의 위대하심을 발견한다. 하나님은 자기를 거역하는 사람이나 나라, 도시를 철저히 징계한다. 뿌리째 뽑으시고, 그 이름마저 사라지게 하신다. 이것은 하나님의 공의로움과 위대하심을 보여 주는 것으로서 하나님을 거역하는 자는 어느 누구라도 망하며 철저히 망하리라는 것을 보여준다. 이름조차 기억하지 못하도록 그 후손까지 멸하신다.

2. 하나님의 심판

시인은 5~6절에서 하나님의 공의로운 심판을 말하였고, 7절에서는 시온에 좌정하여 열국을 심판하시는 하나님의 모습을 부각하고 있다. "여호와께서 영원히 앉으심이여 심판을 위하여 보좌를 준비하셨도다"(7절)라고 하였다. 시인은 앞에서는 하나님을 직접 부름으로써 개인적 고백이 중심이 되었으나, 이제는 3인칭으로 불러 공동체의 고백으로 묘사하고 있다.

7절은 하나님께서 의로운 재판장이라는 4절의 사상을 더욱 확대하고 있다. 여호와께서는 개인적 재판의 재판장일 뿐만 아니라 온 세상을 심판하시는 분이심을 강조한다.

"영원히 앉았다"는 것은 '태초로부터 보좌에 앉았다'는 의미이며, "보좌를 예비하셨다"는 것은 하나님의 보좌는 하늘에 있지만 예루살렘 성전에 있는 언약궤를 통해 상징되기도 한다. 이것은 여호와의 왕권을 강조하는 것으로서, 다윗의 후손에게 이런 권한이 이어진 것을 의미한다.

여호와의 보좌는 영원 전부터 하늘에 세워졌다. 하나님의 보좌는 심판을 위한 것이며, 왕으로서의 하나님의 모습을 그리고 있다. 하나님은 그 보좌에 앉으셔서 온 세상을 심판하시고 계신다.

3. 하나님의 공의

8절은 "공의로 세계를 심판하심이여 정직으로 만민에게 판결을 내리시리로다"라고 하였다. 이것은 하나님께서 이 세상을 어떻게 심판하시는 지에 초점을 맞추고 있다. 7절에서 말한 내용을 더욱 구체화하고 있다. 7~8절에서는 심판, 공의, 정직, 의, 판단 등 다섯 단어가 나온다. 8절에는 '공의'와 '정직'이 평행을 이루고, '세계'와 '만민'이 평행이 된다.

하나님은 열국을 심판하신다. 하나님을 거역하는 나라와 도시, 사람들을 심판하시는데, 그들을 뿌리째 뽑으시고 그 이름조차 기억하지 못하게 하신다.

이 세상의 모든 나라들이 하나님의 손길 아래 있다. 그럼에도 불구하고 많은 국가 지도자들은 하나님을 거역하는 사상과 정치를 한다. 이러한 일들의 결국은 멸망뿐이다. 이것은 역사가 증명해 주는 것으로서 우리들이 살펴보아야 할 일들이다.

하나님의 심판은 공의롭다. 인간의 재판은 오판이 있을 수 있으나 하나님은 그렇지 않다. 지혜로우신 하나님은 이 세상의 모든 것을 주관하시고 공의로 심판하신다.

인간들의 삶은 이기적이고 자신과 자신이 속한 집단의 이익을 위하여 온갖 불법도 마다하지 않는다. 왜냐하면 그 바탕에 하나님을 떠난 불신적 세계관이 있기 때문이다. 우리들의 삶이 하나님께 초점을 맞출 때에 이 땅에서 비록 힘들고 고달파도 결국에 가서는 하나님의 공의로움이 나타난다. 그러나 이것을 진실하게 믿지 못하고 또 하나님의 역사가 더디 이루어진다고 생각하여 자기 마음대로 살아가다가 결국은 하나님의 심판대 앞에 설 수 밖에 없다.

이 땅의 삶에서 비록 억울함이 있어도 그것을 밝히고 규탄하기보다 하나님의 신원하심을 바라보아야 한다. 이것은 하나님의 공의를 믿는 자세이며, 거룩한 순복의 삶이다. 사람의 눈에는 손해 같으며 모든 것이 억울하게 보이지만 공의로 심판하시는 하나님의 돌보심이 종국에는 승리한다는 것을 분명히 알아야 한다. 할렐루야.

환난 때의 요새이시로다

시편 9:9~10

9여호와는 압제를 당하는 자의 요새이시요 환난 때의 요새이시로다 10여호와여 주의 이름을 아는 자는 주를 의지하오리니 이는 주를 찾는 자들을 버리지 아니하심이니이다

하나님의 모습은 우리에게 다양하게 묘사된다. '사랑'의 하나님이시면서도 '공의'의 하나님으로 오시며, 시편의 표현처럼 '재판장'이시기도 하고, '요새'이시기도 하다. 시인은 이 시의 앞부분에서 하나님을 '재판장'으로 묘사하다가 9절에서는 '요새'라고 하였다. 이것은 좋은 대조를 이룬다. 악한 자에게는 공의로운 재판장이시나 약한 자가 고통을 당할 때에 피할 요새가 된다. 이 표현들은 우리에게 크나큰 위로가 된다. 악인에 대하여 공의의 재판장이 되신 하나님께서 약한 자를 보호하시기 위하여 산성이 되어 주신다는 사실에 대해 감사하여야 한다.

1. 우리의 요새

시인은 9절에서 "여호와는 압제를 당하는 자의 요새이시요 환난 때의 요새이시로다"고 하였다. 여기서 '요새'란 전쟁 때에 피할 곳을 의미한다. "요새이시요"라는 표현은 "요새가 되소서"라고도 번역할 수 있으나 우리가 사용하는 표현이 하나님의 위대하심과 사랑을 보여 주는데 더 의미가 있다고 본다.

9절에서 '요새'란 단어가 반복되어 나온다. 우리는 이러한 표현들을 통하여 하나님의 자비하심과 사랑을 배울 수 있고, 나아가 우리들이 가야 할 길을 알게 한다. 시편 121편에서 "눈을 들어 산을 보니 도움 어디서 올까"라는 표현이 있다. 시인은 세상을 아무리 돌아보아도 자신을 돌봐 줄 자가 없음을 알고 한탄하였다.

우리들이 살아가는 이 땅에는 온갖 어려움이 있다. 특히 그리스도 안에서 바로 살고자 하는 자에게는 고통이 따른다. "무릇 그리스도 안에서 경건하게 살고자 하는 자는 박해를 받으리라"(딤후 3:12)는 말씀처럼 하나님을 의지하고 하나님을 바라는 자는 이 세상의 삶의 원리를 따르지 않기 때문에 소외당하고, 어려움을 겪는 때가 많다. 연약한 자들은 이러한 상황으로 인하여 고통당하고 말 못할 고민에 빠지게 된다. 산을 보고 세상 어디를 보아도 나를 돌봐 줄자가 없기에 좌절하는 경우들이 많다.

2. 우리의 피난처

이런 우리들에게 하나님은 우리의 피난처가 되시고 요새가 되신다. 누구든지 그 그늘에 들어가면 쉼을 얻는 구원의 역사가 일어난다. 우리의 요새 되시는 하나님의 손길을 의지해야 한다. 그래서 찬송가 작사자는 다음과 같이 노래하였다.

피난처 있으니 환난을 당한 자 이리오라
땅들이 변하고 물결이 일어나
산위에 넘치되 두렵잖네
높으신 여호와 우리를 구하니 할렐루야
괴롬이 심하고 환난이 극하나
피난처 있으니 여호와요

이것은 단순한 노래가 아니라 시인의 신앙고백이다. 우리가 어려움을 겪을 때에 오직 하나님만이 우리의 요새가 되시어 우리를 보호하시고 지켜 주신다. 예수님께서도 이러한 메시지를 주셨다. "수고하고 무거운 짐진 자들아 다 내게로 오라 내가 너희를 쉬게 하리라"(마 11:28)고 하였다. 우리가 힘들고 외로울 때에 우리의 피난처가 되시고 요새가 되신 하나님께로 나아가자. 거기에는 사랑이 있고, 위로가 있으며, 격려가 있다. 세상의 모든 사람이 우리를 비난한다고 해도 우리의 진심을 다하여 하나님께 나아갈 때에 하나님의 위로와 지키심이 있음을 기억해야 한다.

시인은 10절에서 "여호와여 주의 이름을 아는 자는 주를 의지하리오니 이는 주를 찾는 자들을 버리지 아니하심이니이다"라고 하였다.

하나님께서는 악인의 이름을 이 세상에서 도말하시고 어느 누구도 기억하지 못하게 하셨다. 이런 하나님께서는 자기 이름을 아는 자들에게 의지가 된다. '이름을 안다'는 '신뢰하고 의지하며 개인적 관계를 갖는다'는 뜻이다. 사람과 사람의 사귐에서도 서로 인사를 나누고 명함을 교환하여 서로를 알리고 개인적 관계를 맺는다. 하나님은 자기 이름을 아는 자와 신뢰적 관계를 맺는다.

이는 어떤 부류의 사람일까? 이들은 자신보다 하나님을 믿고 의지하며, 하나님과 교통하며 하나님의 뜻대로 사는 자들을 가리킨다(시 91:4). 즉 하나님 중심의 세계관을 가지고 하나님과 더불어 살며, 하나님 안에서 살며, 하나님을 위하여 살아가는 자들이다. 하나님은 이런 사람을 아시고 개인적 관계를 가지시며 그들을 지켜 주신다. 이것이 하나님의 놀라운 은혜요 사랑이다.

"주를 찾는 자"를 버리지 않는다고 하였다. 주를 찾는 자란 주님을 의지하며 말씀을 따라 사는 자를 의미한다. 하나님의 백성은 주를 찾는다. 말씀을 구하고(왕상 14:5), 예배 중에 찾고(시 105:4), 성소에 나아가 찾는(신 12:5) 신앙의 삶을 산다. 하나님께서는 이들을 버리시지 않는다. 당신을 찾는 자기 백성을 버리지 않고 보호하여 주신다. 그래서 하나님은 우리의 요새이시며 피난처이시다.

3. 우리의 의지

우리의 삶이 하나님을 의지하고 또 찾는 것이 평행을 이룰 때에 우리의 삶에 하나님의 임재를 체험한다. 이것은 하나님에 대한 철저한 신뢰와 주님께서 자기를 찾는 자를 온전히 보호해 주실 것을 기대하는 마음의 표현이다. 우리들은 주님을 의지해야 한다. 자기의 힘이나 능력을 의지하지 않고 하나님의 절대적 능력을 신뢰하는 것이 우리 삶의 기본적 목표이다. 그러나 많은 사람들은 자기중심으로 나아가다가 모든 것을 망가지게 된다. 하나님 중심이 아니라 인간 중심의 삶은 멸망의 길이 된다.

우리의 나그네 길에서 힘들고 어려운 일이 많다. 그때마다 우리가 의지해야 할 분은 하나님 한 분 밖에 없음을 기억해야 한다. 이 하나님을 의지할 때에 하나님은 우리의 요새 되셔서 모든 환난에서 우리를 지켜주신다.

하나님의 백성은 하나님을 찾아야 한다. 예배를 통해 하나님을 찾아야 하고, 말씀과 기도를 통해 찾아야 한다. 하나님은 자기를 찾는 자들을 버리시지 않는다고 하였으니 우리는 하나님을 찾음으로 하나님의 지키심을 체험해야 한다.

하나님과 함께 하는 삶이 우리에게 가장 귀하고 아름답다. 비록 우리가 부족하고 연약해도, 우리의 원수가 우리를 공격할지라도 하나님은 우리의 요새 되셔서 우리를 보호하시고, 우리와 깊은 개인적 관계를 가지신다.

하나님과의 깊은 관계는 우리에게 말 할 수 없는 축복이다. 하나님이 우리의 모든 것을 아시고 필요한 것을 채워 주시기에 이 하나님의 사랑을 날마다 체험하는 것이 축복이다.

하나님은 멀리 계신 것 같으나 가까이 계시고, 떨어져 있는 것 같으나 내 속에 계신다. 이것이 함께 함이다. 이것은 장소성이 아니라 임재성이다. 그분 속에 내가 있고, 내 속에 그분이 계신 일치성이다. 주를 찾는 자를 버리시지 않으신다.

할렐루야.

사망의 문에서 일으키시는 주여

시편 9:11~14

11너희는 시온에 계신 여호와를 찬송하며 그의 행사를 백성 중에 선포할지어다 12피 흘림을 심문하시는 이가 그들을 기억하심이여 가난한 자의 부르짖음을 잊지 아니하시도다 13여호와여 내게 은혜를 베푸소서 나를 사망의 문에서 일으키시는 주여 나를 미워하는 자에게서 받는 나의 고통을 보소서 14그리하시면 내가 주의 찬송을 다 전할 것이요 딸 시온의 문에서 주의 구원을 기뻐하리이다

이 땅의 삶에는 어려움이 있고 아픔도 있다. 그럼에도 이 아픔을 딛고 새로운 출발을 다짐하는 것이 인간의 삶이다. 시편의 시인은 주님을 찬양하였고, 그것도 '가난한 자들'로 함께 찬양하자고 하였다. 마음의 기쁨을 잃어버리기 쉬운 가난한 사람들일지라도 하나님의 위대한 손길을 체험할 때에 감사의 찬송을 부르게 된다. 이런 체험은 우리들의 노력의 결과가 아니라 하나님의 은혜이다.

시인은 개인적으로 구원을 체험하였고(3~4절), 회중예배에서 주님을 체험하였다(7~8절). 하나님은 약한 자를 버리시지 않았다(9~10절). 그러니 이러한 하나님을 찬양하지 않을 수 없다. 시인은 혼자만 찬양하는 것이 아니라 모든 사람이 찬양하도록 권한다.

1. 여호와를 찬송

11절에서 시인은 "너희는 시온에 계신 여호와를 찬송하며"라고 하였다.

시인은 하나님을 가리켜 "시온에 계신" 하나님이라고 하였다. 시 11:4에서는 "여호와께서는 그의 성전에 계시고 여호와의 보좌는 하늘에 있음이여"라고 하였다. 시온은 하늘 보좌의 그림자이다. 상징이란 단순히 상상의 세계에 존재하는 것이 아니라 실체가 있다. 하나님은 예루살렘 성전에 있는 언약궤를 통하여 자신의 임재를 나타내신다. 시온은 하나님이 임재하는 곳이다. 하나님의 영광이 시온에서부터 온 세상에 나타난다. 시온에 계신 하나님은 우리에게서 멀리 있는 것이 아니라 우리와 가까이 있고 함께 계신다. 그래서 임마누엘이시고 우리의 주재자이시다.

시인은 이런 "여호와를 찬양하라"고 하신다. 하나님은 영원히 찬송을 받으실 분이시기에 우리는 그에게 합당한 찬송을 드려야 한다. 영원한 찬송의 대상이신 하나님께 바른 찬송을 드리는 것은 이 땅에서 우리가 누릴 수 있는 최고의 축복이다.

시인은 "하나님의 행사를 백성 중에 선포하라"고 하였다. 하나님이 인간을 위하여 행하시는 행사가 무엇인가? 그것은 하나님의 구원 사역이다. 이것은 역사 속에 분명히 드러나는 것이며, 모든 사람이 다 알아야 하는 행사이다. 하나님의 백성들은 시온에 거하시는 하나님을 찬양하며, 하나님의 구원 행위를 온 백성 중에 선포하여야 한다. 입으로 찬양하고 선포하며, 우리의 삶을 통하여 하나님의 위대하심을 나타내어야 한다.

2. 여호와의 보응

시인은 12절에서 더욱 가슴 뿌듯한 메시지를 발하신다. "피 흘림을 심문하시는 이가 그들을 기억하심이여 가난한 자의 부르짖음을 잊지 아니하시도다"라고 하였다. 구약에서는 '피'와 '생명'은 밀접한 관계를 가지고 있다. 이 두 가지는 하나님께 속하며 오직 하나님의 절대적 권위 안에 있다. 살인이란 하나님의 형상을 깨트리는 것이며 하나님의 소유를 침범하는 것이다. 그러므로 이러한 피 흘림은 징계가 따른다.

'피 흘림을 심문한다'는 것은 '보응한다'는 뜻이다. 하나님은 피의 보복자이시다. 하나님은 생명을 주시는 분이신데 그 생명을 빼앗는 자를 심판하신다(창 4:10, 9:5). 이것은 생명의 주인되신 하나님께 도전하는 것이기 때문이다. 하나님은 시인의 생명을 노리는 자에게 보복자가 되신다. 하나님은 의로운 재판장이시기에 피 흘림을 철저히 응징하신다.

하나님은 "그들"을 기억하신다. 여기서 '그들'이란 압박받는 자를 말한다. 억압받고 고통당하는 가난한 자를 기억하시는 하나님이시다. 이들은 이 땅에서 권력이나 재산을 가진 사람들이 아니라 핍박받고 고통당하는 자들이다. 사람들은 이들을 외면하지만 하나님은 이들을 기억하신다.

가난한 자와 억압받는 자는 하나님의 특별한 관심의 대상이다. 하나님은 이들을 적절한 법적 조치로 보호하여 주신다. 그리하여 이스라엘의 가난한 사람들은 하나님의 구원을 일차적으로 체험하는 계층이다. 이들은 하나님의 보호를 받고, 철저히 하나님을 의지한다. 그들의 주변에는 핍박자만 있는데, 하나님은 그 원수들의 손에서 구원해 주시고 그들을 지켜 주신다.

이러한 하나님의 역사는 인간의 것과 철저하게 다르다. 인간은 가난하고 어려운 사람을 외면하고 무시하며 심지어는 핍박하는 경우가 많지만 하나님은 그들의 보호자가 되셔서 사랑을 베풀어 주시니 얼마나 감사한 일인가?

3. 여호와의 구원

13절에 와서 시인은 개인적 기도를 드린다. "여호와여 내게 은혜를 베푸소서 나를 사망의 문에서 일으키시는 주여 나를 미워하는 자에게서 받는 나의 고통을 보소서"라고 하여 원수들이 주는 고통에서 건져 주시기를 기도한다.

시인은 자기가 겪는 고통을 '사망의 문'이라고 표현하였다. 즉 자신이 죽음의 문 가까이에 있다는 뜻이다. 이 문에 들어서면 '스올'이 있다. 이곳은 하나님과 분리된 곳이다. 죽음을 겪으면서 살아가고 있는 시인은 하나님의 구원 역사를 믿고 갈망하였다. "사망의 문에서 일으키시는 주님"이라고 하였다. 하나님은 누구이신가? 죽음에서 일으키시는 분이시다. 이 하나님을 믿기에 죽음의 문턱에서 살아날 수 있다.

우리들이 살아가는 이 땅에 죽음의 그림자가 드리우고, 죽음의 문 앞에서 어쩔 줄 몰라 고통당하는 경우가 많다. 이런 우리를 하나님께서 구하여 주시고 살려 주시니 얼마나 놀랍고 감사한 일인가? 여호와 우리 하나님은 우리에게 생명을 주시고 그 생명을 지키시는 분이다.

14절에 와서 시인의 감격적 고백이 나온다. "그리하시면 내가 주의 찬송을 다 전할 것이요 딸 시온의 문에서 주의 구원을 기뻐하리이다"고 하였다. 이것은 시인의 간절한 고백이다. 시인은 하나님을 찬송한다.

전에는 '죽음의 문'에서 고통을 당하였으나 이제는 '시온의 문' 즉 '생명의 문'에서 하나님의 문으로 성전에 들어가고 거기서 하나님을 찬양하고 감사한다.

"나를 사망의 문에서 일으키시는 주여"라고 고백함으로써 최고의 신앙고백을 하고 있다. 하나님이 누구신가? 단순한 어려움에서 우리를 도와주시는 분이 아니라 죽음의 자리에서 구해 주시고 죽을 자를 살리시는 하나님이시다. '시온의 딸'은 예루살렘 시민들을 가리킨다. 시온은 아름다운 곳이요, 하나님이 임재하신 곳이다. 이 시온은 하나님의 교회를 의미하기도 한다. '시온성과 같은 교회'를 우리는 귀하게 여긴다.

우리가 힘들고 어려울 때에 하나님은 우리의 보호자가 되어 주시고, 죽을 것 같은 고통 속에 빠졌을 때에 구원자가 되신다. 구원받은 우리는 기뻐하며 하나님의 영광을 찬양한다. 힘들고 어려울 때에 '사망의 문에서 일으키시는' 하나님을 바라보고 의지하자. 이것이 우리들이 살아갈 유일한 길인 것이다.

할렐루야.

자기가 판 웅덩이에 빠짐이여

시편 9:15~17

15이방 나라들은 자기가 판 웅덩이에 빠짐이여 자기가 숨긴 그물에 자기 발이 걸렸도다 16여호와께서 자기를 알게 하사 심판을 행하셨음이여 악인은 자기가 손으로 행한 일에 스스로 얽혔도다 (힉가욘, 셀라) 17악인들이 스올로 돌아감이여 하나님을 잊어버린 모든 이방 나라들이 그리하리로다

이 땅에는 꾀가 많은 사람들이 제법 있다. 그 좋은 머리를 가지고 좋은 일을 했으면 좋을 것인데 정반대의 경우가 되는 때가 많다. 그래서 이들은 악한 자요 남을 해치는 자이다.

시편의 시인은 악인들이 당할 재앙에 대하여 말한다. 악인들이 재앙을 받는 것은 하나님의 심판의 결과이다. 시인은 악인의 재앙을 시적(詩的)으로 표현하였다. 이것은 부메랑 현상과 같은 것이다(시 5:11). 남을 해치려고 계획한 것에 자기가 당하는 것을 그렸다.

1. 하나님의 위로

15절에 "이방 나라들은 자기가 판 웅덩이에 빠짐이여 자기가 숨긴 그물에 자기 발이 걸렸도다"라고 하였다. 이 말은 이스라엘 백성들이 체험한 구원을 은유적으로 묘사한 것이다. 이러한 체험은 압박 받고 가난에 시달리는 하나님의 백성들에게 위로와 희망을 준다.

'이방'이란 여러 가지 의미를 가지고 있다. '교만한 자'라고 할 수 있고,

'악인'이라고도 할 수 있다. "이방 나라들은 자기가 판 웅덩이에 빠졌다"고 하였다.

'웅덩이'와 '그물'은 평행을 이룬다. 웅덩이는 '함정'을 의미한다. 이것은 짐승을 잡기 위해 판 웅덩이에 자기가 빠졌다는 사실을 보여 준다. '그물'이란 '덫'이라고도 할 수 있는데 새나 고기, 작은 동물들을 잡기 위해 만든 것이다. 함정과 그물은 고대 근동에서 사냥꾼들이 사용하는 것이다. 구약에서는 '그물'은 의인법으로 원수들의 음모를 시사한다. 그러니 악한 자들이 무고한 자를 함정에 빠뜨리기 위해 준비한 것이다. 악한 자들은 늘 악한 꾀를 만들고, 남을 해치려는 데 그의 관심을 모은다. 그래서 모든 발상이 이런 쪽으로 흘러가고 있음을 보게 된다. 그러나 하나님은 가난하고 고통당하는 자를 신원하시는 분이시다. 그리하여 그들의 억울함을 대신 갚아 주시고 악인들의 손에서 구원해 주신다.

2. 하나님의 심판

여기에 대한 구체적 내용이 16절에 나온다. "여호와께서 자기를 알게 하사 심판을 행하셨음이여 악인은 자기가 손으로 행한 일에 스스로 얽혔도다"라고 했다. 우리는 "자기를 알게 하사 심판을 행하셨다"는 말에 주목할 필요가 있다. 이 말은 심판을 통해 자신을 계시하셨다는 뜻이다.

하나님의 심판을 통하여 하나님 스스로를 계시하신 것은 역사를 통하여 우리에게 밝히 보여주는 사실이다. 이스라엘 백성이 이집트에서 고통당할 때에 하나님은 열 가지 재앙을 통하여 이집트 사람들을 심판하시고 '하나님이 하나님 되심'을 온 세상에 보이셨다.

이러한 하나님의 심판은 오늘의 시대에도 나타난다. 무고한 자를 해치기 위해 모함과 여러 가지 악한 꾀를 짜내고 이것을 자신의 사명인 것처럼 생각하는 자들이다. 결국 이들은 자기 함정에 자기가 빠지고 그물에 발목이 묶이게 된다. 에스더 시대에 모르드개와 이스라엘 백성을 해치려고 했던 하만의 사건에서 잘 알 수 있다. 모르드개를 모함하고 그를 매달아 죽이기 위해 만든 큰 기둥에 하만 자신이 매달려 죽은 사실을 우리는 안다.

왜 이렇게 되었을까? 이것은 우연이나 사필귀정(事必歸正)의 차원이 아니라 하나님의 심판에서 이루어진다. 이것은 하나님이 하신 일로서 하나님의 심판의 놀라운 표현이다.

우리는 하나님께서 심판하신다는 사실을 믿는다. 이것은 마지막 날의 심판 즉 종말론적 심판을 의미한다. 그러나 이 본문이 주는 교훈은 종말론적 심판이 아니라 현세에서의 심판을 의미한다. 하나님은 악인에 대하여 종말론적으로 심판하실 뿐만 아니라 현세에서 그들의 잘못을 징계하신다.

이러한 하나님의 심판을 통하여 하나님의 이름과 역사가 나타나고 사람들이 하나님을 아는 자리에 이르게 된다. 심판을 통하여 당신을 계시하시는 하나님을 우리는 기억해야 한다.

17절에서 "악인들이 스올로 돌아감이여 하나님을 잊어버린 모든 이방나라들이 그리하리로다"라고 하였다. 시인은 원수들 즉 모든 이방의 최후가 음부에 떨어지는 것을 간청한다. 여기서는 '악인'과 '이방나라'가 평행을 이룬다.

3. 하나님의 공의

'악인'과 '이방나라'가 누구인가? 이들은 '하나님을 잊어버린 자'이다. 즉 하나님을 무시하는 자요, 거부하는 자요, 하나님께 예배하지 않는 자들이다. 이들은 자기중심으로 살아가고 다른 사람을 해치는 것을 목표로 삼고 있는 자들이다.

이들에게 무엇이 일어나야하는가? 시인은 "스올로 돌아가기"를 소원하였다. 여기서 스올이란 악인이 종국적으로 사라질 곳을 말하지만 '가장 낮은 곳'을 의미하기도 한다.

하나님을 거역한 자들은 교만하여 하나님을 모른다고 하고 하나님을 섬기지 아니 한다. 이들이 내는 모든 꾀는 다른 사람을 해치려는데 집중된다. 그래서 이른바 '악의 재생산'이 이루어지게 되고, 서로 속이고 속는 악의 확산이 있게 된다.

하나님은 이들을 그대로 보고 계시지 않는다. 하나님은 공의로우신 분이시고 모든 것을 정확하게 판단하시는 분이다. 그리하여 악한 자의 결국은 멸망 밖에 없음을 역사를 통해 입증해 주고 계신다.

우리들의 삶의 현장에도 이와 같은 억울함이 있다. 아무런 잘못이 없는데도 악한 자의 교묘한 술책으로 인해 고통을 당하는 경우가 있다. 그것도 가난하고 힘없는 사람들이 이런 일을 겪을 때에 호소할 데도 없고, 그 억울함을 풀어줄 사람도 없다. 그러나 그것이 아니다. 하나님은 살아계셔서 이 세상 모든 것을 심판하신다. 즉 하나님께서는 악한 자가 만든 웅덩이와 그물에 스스로가 빠지게 만드시고, 이것을 통해 하나님의 백성을 보호하시고 하나님의 하나님 되심을 계시하신다.

우리에게 이러한 것을 주심은 하나님의 놀라운 축복이다. 하나님은 자기 백성을 지키시고, 그 억울함을 풀어주시는 '우리 아버지'이시다. 그러므로 우리는 하나님을 의뢰하고, 그의 역사하심을 바라보아야 한다.

이 땅에서 고통의 바람을 맞을 때에 하나님은 이것을 막아주시고, 그 원수들을 자기가 판 웅덩이에 빠뜨려서 '하나님의 위대하신 손길을' 나타내신다. 우리가 외로울 때에 하나님을 의지하고, 우리가 고통당할 때에 하나님의 날개 그늘에 피하고, 우리가 억울함을 당할 때에 하나님의 신원하심을 바라야 한다.

이러한 하나님의 손길이 우리에게 있기에 우리는 어려움 속에서도 이기고 나아간다. 하나님은 우리의 보호자이시며 인도자이시기 때문이다. 우리의 손을 잡고 인도하시는 하나님은 우리의 방패가 되셔서 원수들의 창과 화살을 막아 주시고, 원수들을 자기 웅덩이에 빠뜨리신다. 그리하여 가난하고 힘든 자를 보호하시는 하나님께 영광과 찬미를 드리게 된다.

할렐루야.

가난한 자들이 영원히 실망하지 아니하리라

시편 9:18~20

18궁핍한 자가 항상 잊어버림을 당하지 아니함이여 가난한 자들이 영원히 실망하지 아니하리로다 19여호와여 일어나사 인생으로 승리를 얻지 못하게 하시며 이방 나라들이 주 앞에서 심판을 받게 하소서 20여호와여 그들을 두렵게 하시며 이방 나라들이 자기는 인생일 뿐인 줄 알게 하소서 (셀라)

이 땅에서 가난한 자들은 여러 가지 어려움을 겪는다. 삶의 실제적 문제에서만이 아니라 사회생활에서 어려움이 생긴다. 이것은 사회에서 냉대 받는 것이라든지 남들에게서 자신의 참 모습이 인정되지 못하는 그러한 것들이다. 그래서 역사적으로 가난한 사람은 억압받는 사람이라는 인식이 생기게 되고 이것이 사회의 한 형태로 정착하게 된다.

시편의 시인은 가난한 자가 하나님을 신뢰하는 것에 대해 노래하고 있다. 18절에서 "궁핍한 자가 항상 잊어버림을 당하지 아니함이여 가난한 자들이 영원히 실망하지 아니하리로다"라고 하였다.

1. 하나님의 절묘한 역사

악인과 이방나라는 하나님의 징계를 받아 스올에 떨어지지만 가난한 자는 하나님을 의지하여 구원을 얻을 것이라고 하였다. 이것은 하나님의 역사의 절묘한 비교이다. 악인은 멸망하고 가난한 자는 구원을 얻는다.

여기서 우리는 "잊어버림을 당하지 아니함이여"라고 한 것에 주목해야 한다. 하나님이 그를 잊지 아니했다는 뜻이다. 사랑이란 무엇일까? 여러 가지로 표현 할 수 있으나 '잊지 아니함' 즉 '기억'이라고 할 수 있다. 사람과 사람 사이에도 잊지 아니함이 필요 하는데 하물며 하나님께서 잊지 아니 하신다고 하시니 얼마나 큰 사랑인가?

가난한 사람은 참혹한 어려움 속에서 건짐을 받는다. 지금은 어렵고 고통스러워 하나님이 버리신 것 같이 보이지만 결국에 가서는 하나님이 돌보아 주신다(시 30:5). 이러한 믿음이 있을 때에 우리는 고통을 이기고 우리를 인도하시는 하나님께 더욱 가까이 나아가게 된다.

시인은 여기에 더하여 "가난한 자들이 영원히 실망하지 아니하리로다"라고 하였다. 이 말은 가난한 자의 희망이 헛되지 않는다는 뜻이고, 그의 꿈이 깨어지지 않는다는 의미이다.

여기서 우리들은 '가난한 자'가 누구냐라는 점에 유의해야 한다. 가난한 자란 경제적으로 고통을 겪는 사람을 말하기보다 억압받는 자를 의미한다. 사회적 억압은 경제적 고통을 함께 가지고 오는 경우가 많기에 가난한 자이다. 여기서의 가난한 자는 의로운 하나님의 종으로서 악한 자에게서 부당한 고통을 겪는 사람을 말한다.

시인은 이런 사람이 하나님에게서 구원받는다는 사실을 강조한다. 악인과 열방이 온갖 꾀를 낸다고 해도 하나님은 결국에 가서 가난한 자를 신원해 주신다는 사실을 통해 그들이 실망치 않게 된다.

2. 하나님의 완전한 승리

시인은 19절에서 "여호와여 일어나사 인생으로 승리를 얻지 못하게 하시며 이방 나라들이 주 앞에서 심판을 받게 하소서"라고 하였다. 여기서는 하나님의 모든 원수가 '인생'으로 불리워지고 있다. '인생'이란 단어는 인간의 연약성과 무능을 강조한다(시 8:4, 90:3, 103:15).

인생이란 무엇인가? 강한 듯하면서도 그지없이 약한 존재가 아닌가? 세상의 모든 것을 아는 것 같아도 삶의 진정한 원리를 알지 못하는 존재이다. 그러니 이러한 인간이 무엇을 자랑할 것인가? 아무것도 자랑할 수 없다(대하 14:11, 욥 4:17).

인간들은 이러한 자신의 실체를 알지 못하고 자기 아닌 허상을 추구하며 살아가고 있다. 시인은 인생들이 승리를 얻지 못하게 해 주시기를 기원한다. 왜냐하면 그들은 하나님을 대적하였기 때문이며, 그리하여 결국은 망할 수밖에 없다는 점을 분명히 하였다.

20절에서 "여호와여 그들을 두렵게 하시며 이방 나라들이 자기는 인생뿐인 줄 알게 하소서"라고 하였다. "그들을 두렵게 하소서"는 "두려움에 떨게 하소서"라는 의미이다. 하나님의 심판을 통하여 자신이 아무것도 아님을 깨닫게 해 달라는 간구이다.

인생이란 아무것도 아니고 별 수 없는 존재이다. 그럼에도 불구하고 인간은 자기가 무엇이 된 것 같은 착각 속에서 하나님을 대적하고 다른 사람을 해친다. 그러나 하나님의 심판으로 인하여 인생의 별 수 없음을 깨닫게 해 달라고 시인은 호소하고 있다.

3. 하나님의 의로운 통치

시인은 시편 9편에서 보응적인 공의 문제를 다루고 있다. 여기서 시인은 악한 통치자를 묘사함으로써 아주 독특한 이미지를 선보인다.

이 시편의 주인공은 하나님이다. 시 가운데 하나님, 악인 그리고 시인이 등장하지만 하나님이 중심이며 결정적인 역할을 한다. 인간이 아무리 발버둥 칠찌라도 마지막을 주장하시는 이는 하나님이다.

이 시편에 등장하는 또 다른 무리들이 있다. 이들은 '압제를 당하는 자', '가난한 자', '곤고한 자', '궁핍한 자'이다. 이들은 원수들의 박해로 인하여 물질도 없고 힘도 없는 존재들이다. 그들은 법적으로도 어려움을 겪고 있었다. 악한 자들은 법과 힘을 손에 잡고 가난한 자들을 괴롭혔다.

그러나 의로운 재판장이신 하나님께서 가난한 자들의 억울함을 아시고 그들의 원수를 꺾으시고 하나님의 살아계심을 보여 주신다. 하나님의 백성들은 기뻐하며 하나님의 영광을 찬미하게 된다. 우리들이 살아가는 삶의 현장에서 억울함을 당하고 남들에게 호소할 수 없는 아픔을 겪을 때가 많다. 그럴 때에 우리들은 좌절하고 실망하기 쉽다.

이런 상황에서 우리들은 문제의 핵심을 보아야 한다. 문제 상황만을 보는 것이 아니라 문제 해결의 주인이신 하나님을 보아야 한다. 하나님은 우주를 주관하시기 때문에 이 하나님의 역사를 의지해야 한다. 우리를 지키시는 하나님의 손길은 어제나 오늘이나 영원까지 동일하시다. 이 하나님을 통하여 우리는 영원한 세계를 가슴에 그리게 된다.

이 시편에서 하나님의 모습을 매우 구체적으로 그리고 있다. 하나님은 공의로 세계를 심판하시며, 환난을 당하는 자의 산성이 되시고 사망의 골짜기에서 어려움을 겪는 하나님의 백성들을 구원하셔서 영원한 생명의 길로 가게 하신다.

오늘의 우리들에게 어려움이 올 때에 우리는 좌절하고 낙망하기 쉬우나 이제 우리의 시선을 저 하늘에 두자. 하나님께서는 우리를 지키시는 산성이시며, 원수를 막아 주시는 방패이시다. 그 하나님을 바라 볼 때에 하나님은 우리의 억울함을 신원해 주신다.

하나님은 가난한 자를 돌보신다. 사람들은 외면하고 무시할지라도 하나님은 우리의 보호자가 되시며, 가난하고 억울한 자의 힘이 되신다.

이 하나님이 계시기에 우리는 감사의 노래를 부를 수 있다. 그 분으로 인하여 고통에서 해방을 맛보고 그 분으로 인하여 내 삶이 윤택해진다. 이런 하나님이 계시다는 것이 얼마나 감격스러운 일인가?

이제 우리는 감사의 노래를 부르자. 우리를 도우시는 하나님을 향해 감격의 인사를 보내자. 우리로 하여금 자기 백성 삼으신 그 사랑을 다른 사람들에게 자랑하자.

할렐루야.

악한 자가 교만하여

시편 10:1~4

1여호와여 어찌하여 멀리 서시며 어찌하여 환난 때에 숨으시나이까 2악한 자가 교만하여 가련한 자를 심히 압박하오니 그들이 자기가 베푼 꾀에 빠지게 하소서 3악인은 그의 마음의 욕심을 자랑하며 탐욕을 부리는 자는 여호와를 배반하여 멸시하나이다 4악인은 그의 교만한 얼굴로 말하기를 여호와께서 이를 감찰하지 아니하신다 하며 그의 모든 사상에 하나님이 없다 하나이다

시편 10편은 9편과 짝을 이루고 있다. 알파벳의 순서를 따라 시상(詩想)이 강물처럼 흐르고 있다. 이 시편에 보면 한 개인이 악인에게 박해를 받고 시련을 당하며 딜레마에 빠진다. 이러한 위기 상황에서 그는 하나님께 도움을 구한다.

시인은 1~4절에서 악인의 교만에 대해 말하고 있다. 악한 자가 교만하여 가련한 자를 심히 구박하는 것을 그리고 있다.

1. 멀리 계시는 하나님

1절에서 "여호와여 어찌하여 멀리 서시며 어찌하여 환난 때에 숨으시나이까?" 라고 하였다. 어찌하여 멀리 서시나이까? 라는 것은 하나님이 멀리 서계신 모습을 생각하는 내용이다.

시인은 자신의 불행보다 하나님과의 거리감을 더 심각하게 생각하고 있다. 시인은 하나님의 부재(不在)를 문제 삼고 있다. 하나님께서 자신을 돌보

시는 것을 확인할 수 없다. 그래서 '멀리 계신 듯한' 하나님에 대해 안타까워하고 있다.

"어찌하여 숨으시니이까?"란 말은 '왜 내가 어려울 때에 무관하시나이까?' (사 1:15, 애 3:56)라는 뜻이다. 하나님이 감추어진 듯하게 보이는 그 자체가 안타까움이었다. 이것이 시인에게 신앙적 문제를 제기한다. 시인은 환난으로 인해 어려움을 겪고 있는데 하나님까지 찾을 수 없다. 시인은 자신이 처한 어려움 속에서 하나님으로부터 오는 용기와 담력만을 구하지 않고 실제적 도움을 구하고 있다.

이스라엘의 신앙적 전통을 따르면 하나님은 어려움에 빠진 자를 구원하심으로 자기 백성과 가까이 계심을 확증시키신다(시 34:17~18). 그러나 시인은 하나님이 멀리 계시고, 숨은 듯하여 찾을 길이 없다.

시인은 '환난'을 당하고 있다. 시인이 당하는 환난은 이중적이다. 이 시기는 원수들이 그를 죽이기 위해 음모를 꾸미고 괴롭히는 시간일 뿐 아니라 주님께서 그를 멀리 하시는 것 같은 때이다. 그러므로 시인이 당하는 환난은 그의 내면에서뿐만 아니라 외적으로도 당하는 고통이다.

2. 악인의 교묘한 특성

2절에서 "악한 자가 교만하여 가련한 자를 심히 압박하오니 그들이 자기가 베푼 꾀에 빠지게 하소서"라고 하였다. 시인을 괴롭히는 악한 자는 몹시 교만하다. 시인은 악인의 특성을 '교만'으로 묘사하였다.

'교만' 혹은 '거만'은 '자신은 손해 보지 않고 약자를 괴롭힐 수 있다고 생각하는' 것이다. 교만한 자는 하나님의 심판을 받지 않고 약한 자를 착취할수 있다고 생각한다. 우리들의 삶의 현장에서 악보다 교만이 더 큰 상처를 주는 경우가 있다. 교만은 우리의 자존심과 자긍심에 상처를 주고, 그 아픔이 오래가게 된다. 그리하여 악과 교만은 궁극적으로 손을 같이 잡고 있다.

악한 자는 가련한 시인을 완전히 제거해 버리려고 한다. '심히 압박하오니'라고 하였는데 '멸시하다', '애가 탄다'라고 번역되기도 하지만 이 말은 근원적으로 군사용어이다. 여기서는 불길처럼 쫓아오는 모습으로 그리고 있다.

시인은 "그들이 자기가 베푼 꾀에 빠지게 하소서"라고 간청한다. 자기가 만든 올무와 그물에 걸리고 자기 꾀에 빠지는 것을 호소하고 있다. 하나님의 역사하심을 통하여 악한 자가 자기 꾀에 빠지는 놀라움을 봄으로써 시인은 하나님의 전능하심을 더욱 의지하게 된다.

시인은 3절에서 "악인은 그의 마음의 욕심을 자랑하며 탐욕을 부리는 자는 여호와를 배반하여 멸시하나이다"라고 하였다. 여기서 '자랑하다'는 부정적 의미를 가지고 있는데 스스로를 자랑하는 모습을 보여 준다(렘 9:22, 신 29:18).

그러면 구체적으로 악인은 무엇을 자랑하는가? 그것은 여러 가지로 표현할 수 있는데 자신의 뜻, 야심, 욕망 등등을 말한다.

'탐리하는 자' 즉 '탐욕 하는 자'는 남의 것을 빼앗는 강도 같은 행위를 하지만 여기서 강조하는 것은 탐욕하는 마음의 자세이다. 그 마음이 욕심에 사로잡혀 있을 때에 하나님을 배반하고 멸시한다. 마음에 탐욕이 있으면 정상적인 가치관이나 인간관계를 가질 수 없다. 자신의 욕심이 중심이 되기에 다른 것에 대해서는 관심이 없다.

자기가 가진 것을 자랑하고, 자기의 욕심만을 추구하는 사람들이 이 땅에는 수 없이 있다. 하나님을 의지하고 다른 사람과의 바른 관계를 유지하는 것이 아니라 모든 것을 자기중심으로 생각하고 자기 자랑만 하며, 오히려 하나님을 배반하고 멸시하는 자들이다.

3. 악인의 교활한 실체

시인은 4절에서 "악인은 그의 교만한 얼굴로 말하기를 여호와께서 이를 감찰하지 아니하신다 하며 그의 모든 사상에 하나님이 없다 하나이다"라고 했다.

시인은 악인의 실체에 대해 매우 중요한 말을 하였다. 악인들은 '여호와께서 이를 감찰하지 아니한다'고 한다. '감찰한다'라는 히브리어의 뜻은 '찾는다'인데 '보상한다', '보복한다'는 뜻을 가지고 있다. 그러니 '벌하지 않는다'는 의미이다.

악인들은 하나님이 보복하신다는 것을 믿지 않는다. 이들은 교만하여 자기가 표준이 되기 때문에 하나님의 보복이나 징계를 생각지 않는다. 그러니 자기중심적이고 철저히 이기적이다. 왜 이와 같은 생각을 하는가? 그 이유가 분명히 나와 있다. "그 모든 사상에 하나님이 없다 하나이다"에서 드러난다. 그들의 사상은 '하나님이 없다'는 신성 모독적이고 무신론적이다. 이 무신론이란 이론적 무신론이 아니라 하나님은 인간의 일에 관심이 없으며 개입도 하지 않는다는 실천적 무신론을 반영한 것이다(렘 5:12, 습 1:12, 말 3:13~15).

교만한 자는 자신을 최고로 여긴다. 다른 사람이 가진 능력이나 특성을 인정하지 않고 가난하고 연약한 자를 괴롭히고 그것을 통하여 자기의 이익을 추구한다. 교만한 자의 마음속에는 '하나님이 없다', '하나님은 아무런 보복을 하지 않는다'는 생각으로 가득하다. 그래서 하나님의 심판보다 눈앞에 보이는 이익에 집착하여 가난하고 어려운 사람들을 핍박한다.

시인은 하나님께서 멀리 서 계시는듯한 거리감을 느끼면서 괴로워한다. 하나님과 떨어져 있으면 우리의 삶은 괴롭고 힘들게 된다. 하나님과 함께 함이 우리에게 축복이다.

하나님의 이름은 '임마누엘' 즉 '함께 함'이다. 우리는 이 하나님을 믿는다. 그래서 악한 자들이 우리를 핍박할지라도 하나님의 도우심의 손길을 간청하게 된다. 우리를 도우시는 하나님은 오늘도 우리와 함께 하신다. 그러기에 우리는 힘든 세계 속에서 하나님의 역사하심을 바라본다. '멀리 계시는' 하나님이 아니라 우리와 '함께' 하시는 하나님을 믿고 그 하나님을 의지해야 한다. 이것이 우리 삶의 축복이요 영원히 나아가야 할 길이다.

할렐루야.

언어를 통해 범죄하는 악인

시편 10:5∼10

5그의 길은 언제든지 견고하고 주의 심판은 높아서 그에게 미치지 못하오니 그는 그의 모든 대적들을 멸시하며 6그의 마음에 이르기를 나는 흔들리지 아니하며 대대로 환난을 당하지 아니하리라 하나이다 7그의 입에는 저주와 거짓과 포악이 충만하며 그의 혀 밑에는 잔해와 죄악이 있나이다 8그가 마을 구석진 곳에 앉으며 그 은밀한 곳에서 무죄한 자를 죽이며 그의 눈은 가련한 자를 엿보나이다 9사자가 자기의 굴에 엎드림 같이 그가 은밀한 곳에 엎드려 가련한 자를 잡으려고 기다리며 자기 그물을 끌어당겨 가련한 자를 잡나이다 10그가 구푸려 엎드리니 그의 포악으로 말미암아 가련한 자들이 넘어지나이다

악한 자가 이 땅에서 형통하는 것은 시인에게 매우 고통스러운 문제였다. 공의의 하나님이 이 세상을 주관하시는데 어찌 악인들이 이 땅에서 형통한다는 것은 모순이 아닌가라는 질문이 제기될 수 있다. 시인이 보기에는 악인이 행하는 모든 폭력은 다 확실히 성공하고(시 73:3), 주님의 심판은 너무 높고 멀리 있어서 악인의 모든 행동에 대해 징계하시지 않는 듯이 보인다.

시인은 보다 심각한 문제를 다루고 있다. 힘없는 자를 괴롭히는 악인의 행동만이 아니라 그것을 그냥 보고 계시는듯한 하나님에 대해서도 고민하고 있다. 즉, 시인에게는 이것이 현실의 문제인 동시에 믿음의 문제이며, 시인은 이 문제를 부여잡고 씨름하고 있다. 5절에 "그의 길은 언제든지 견고하고 주의 심판은 높아서 그에게 미치지 못하오니"라고 하였다. "언제든지 견고하고"라는 말은 "언제나 잘 된다"는 뜻이다. 이것은 악한 자들이 갈수록 풍요로운 삶을 사는 것을 지적하는 말이다.

1. 악인의 형통

악인들이 이 땅에서 고통당하는 것이 아니라 안락하고 풍요로운 삶을 살아가는 것은 하나님의 백성들에게 아픔이 된다.

"주의 심판이 높아서 그에게 미치지 못 한다"는 말은 '하나님께서 악인의 행동에 대해 무엇이라고 평가하든지 그들에게는 아무런 효력이 없다'는 의미이다. 이것은 그들이 하나님을 섬기지 않기 때문에 하나님의 심판과 징계를 두려워하지 않는다.

이 땅에서 악한 자들이 잘 되고 그들의 평안이 성도들에게 고통과 아픔을 주는 경우가 많다. 이런 현상은 눈에 보이는 사실만을 주목하기 때문이다. 우리는 보다 크고 높은 데에 우리의 관심을 모아야 하며 하나님의 위대하신 손길을 바라보아야 한다.

시인은 5절에서 "그의 길은 언제든지 견고하고 주의 심판은 높아서 그에게 미치지 못하오니 그는 그의 모든 대적들을 멸시하며"라고 하였다. 여기에 '그의 모든 대적을 멸시하며'란 악인들의 자세를 묘사한 것으로서 대적들을 향해 코웃음치는 모습이다. 악인의 악과 폭력에 쉽게 굴복되지 않는 자들을 향해 교만한 그들은 콧방귀를 뀐다.

그들은 스스로 생각하기를 '나는 흔들리지 않는다', '나는 대대로 환난을 당하지 않는다'고 한다. '흔들리지 않는 것'은 의인에게 주신 하나님의 약속이다(시 15:5, 16:8, 21:7, 62:2, 112:6). 그런데 악한 자들이 스스로 그렇게 생각하고 "내가 망 하는가 두고 봐라. 나에게는 불행이 없다"고 큰소리친다.

2. 악인의 저주

7절에 와서 "그의 입에는 저주와 거짓과 포악이 충만하여 그의 혀 밑에는 잔해와 죄악이 있나이다"라고 하였다. 악인의 입에 저주가 있고 가난한 자들을 향해 끊임없이 저주를 퍼붓고 있다. 이 '저주'란 불경을 강조하기보다 주술적인 말을 통해 주술적인 힘을 불러 일으켜 사람을 해치는 것을 말한다.

"그 혀 밑에는 잔해가 있다"는 것은 악인은 혀 밑에 악을 넣고 마치 사탕처럼 달콤하게 먹고 있다. 맛있는 과자를 혀 아래서 녹이듯이 악을 녹이며 즐기고 있다(욥 20:12). 그래서 악인의 말은 속임수와 악으로 가득 찼고 다른 사람들을 저주하고 해치는데 관심을 모운다.

8절에는 악인의 모습이 은유로 나타난다. 이들은 매복하는 자들이다. 그들은 실제적으로 살인하는 경우도 있지만 법을 통하여 무죄한 자를 죽이는 경우가 있다. 성경에 나타나는 사례로는 아합이 나봇을 죽일 때에 위증을 통해 죽이는 것과 같다.

법적으로 아무런 죄가 없는 자들이고, 힘이 없고 스스로를 보호할 수 있는 능력이 없는 자들을 교묘하게 법을 이용하여 해치려고 한다. 이것이 악인의 생태이다.

악인들은 "사자가 그 굴에 엎드림 같이" 연약하고 가난한 자를 해치려고 한다. 사자가 먹이를 사냥하기 위하여 몰래 숨어 있듯이 다른 사람을 해치고 있다.

이러한 악인의 형태는 언어와 폭력으로 집약된다. 그들은 말을 통해 하나님의 백성을 죽인다. 그들이 동원할 수 있는 다양한 방법으로 사람을 해치는데, 그들은 악 자체를 즐기는 자들이다.

3. 악인의 쾌락

악인은 남을 해치는 데에서 쾌감을 느끼고 무엇을 해도 다른 사람의 유익을 생각지 않는 철저한 이기주의자들이다. 그래서 10절에서 "그가 구푸려 엎드리니 그의 포악으로 말미암아 가련한 자들이 넘어지나이다"라고 하였다.

악인의 이러한 삶은 하나님의 백성에게 걸림돌이 된다. 악인들은 교묘한 말로 사람을 죽이고 범죄 한다. 그들의 언어유희는 단순한 장난이 아니라 사람을 죽이고, 연약한 자를 짓밟는 행위이다. 악인들은 그 행동 자체를 즐기고 거기서 쾌감을 찾는다. 사자처럼 웅크리고 있다가 먹이를 향해 덤비는 자들이다.

하나님의 백성의 입장에서 보면 억울한 일이다. 어찌하여 하나님께서 그들을 용인해 주시는지 안타깝기 그지없다. 그래서 시편 9편에 이어서 10편에서도 악인의 행동으로 인해 마음 아파하며, 하나님을 향한 믿음에 문제가 생기는 것을 알 수 있다. 그러나 하나님의 백성들은 우리의 삶 전체를 주관하시는 하나님을 바라보아야한다. 하나님은 역사의 주관자이시기에 우리의 지난날과 오늘 그리고 내일을 주장하시고, 하나님의 뜻 안에서 인도하신다.

이런 하나님을 믿기 때문에 우리의 현실이 힘들고 고통스러워도 이기고 나아가게 된다. 하나님은 오늘도 살아 역사하시기 때문에 이 하나님의 위대하심을 찬양한다.

악인들은 언어폭력을 하고, 합법을 가장하여 가난한 자를 해치고 죽인다. 그들은 멋있는 논리를 제시하고, 그들의 정당성을 주장한다. 그러나 그 마음 바닥에는 사자처럼 남을 해치려는 악독함이 있을 뿐이다.

하나님은 인간들에게 언어를 주었다. 이것이 하나님의 영광을 나타내는 도구가 되어야 하는데 그렇지 못하고 하나님을 대적하며, 형제를 해치는 도구가 된다면 하나님의 창조 목적을 해치는 것이 된다. 하나님이 주신 언어가 향기가 되어야 한다. 그리스도의 향기이며 사람을 살리는 생명의 향기여야 한다. 이 언어가 가진 특별한 축복을 귀하게 활용하는 축복이 있었으면 한다.

악인들의 언어적 삶에서 우리는 하나의 경고를 받아야 한다. 하나님이 주신 언어의 향기를 아름답게 활용하여 다른 사람들에게 참 사랑의 모습을 보여 주어야 한다.

우리 입술의 모든 말이 축복의 향기가 되도록 악인의 역사를 거울로 삼아야 한다.

할렐루야.

고아를 도우시는 하나님

시편 10:11~18

11그가 그의 마음에 이르기를 하나님이 잊으셨고 그의 얼굴을 가리셨으니 영원히 보지 아니하시리라 하나이다 12여호와여 일어나옵소서 하나님이여 손을 드옵소서 가난한 자들을 잊지 마옵소서 13어찌하여 악인이 하나님을 멸시하여 그의 마음에 이르기를 주는 감찰하지 아니하리라 하나이까 14주께서는 보셨나이다 주는 재앙과 원한을 감찰하시고 주의 손으로 갚으려 하시오니 외로운 자가 주를 의지하나이다 주는 벌써부터 고아를 도우시는 이시니이다 15악인의 팔을 꺾으소서 악한 자의 악을 더 이상 찾아낼 수 없을 때까지 찾으소서 16여호와께서는 영원무궁하도록 왕이시니 이방 나라들이 주의 땅에서 멸망하였나이다 17여호와여 주는 겸손한 자의 소원을 들으셨사오니 그들의 마음을 준비하시며 귀를 기울여 들으시고 18고아와 압제 당하는 자를 위하여 심판하사 세상에 속한 자가 다시는 위협하지 못하게 하시리이다

이 땅에서의 우리의 삶은 날마다 평안한 것이 아니라 고통과 어려움이 올 때도 있다. 그 때마다 우리는 혼란에 빠질 수 도 있다. 시인은 11절에서 "그가 그의 마음에 이르기를 하나님이 잊으셨고 그의 얼굴을 가리셨으니 영원히 보지 아니하시리라 하나이다" 라고 하였다.

'하나님이 잊었다' 는 말은 '하나님은 관심이 없다' 란 뜻이다. 이 말은 그 다음에 나오는 '그의 얼굴을 가리셨다' 는 말과 평행을 이룬다. '얼굴을 가린다'는 것은 극도로 강한 불쾌감을 표현 할 때 사용되는 것으로서 여기서는 '보지 않으려고 얼굴을 돌렸다'는 의미를 가지고 있다.

1. 시인의 간구

우리들이 고통을 당할 때에 이러한 생각에 빠지는 경우가 많다. 그러나

여기서 모든 것이 끝나는 것이 아니라 고통 뒤에서 역사하시는 하나님의 손길이 있음을 바라보아야 한다.

12절에서 시인은 하나님께 간구한다. "여호와여 일어나옵소서 하나님이여 손을 드옵소서 가난한 자들을 잊지 마옵소서"라고 기도한다. 시인은 그동안 고통 가운데 있었고, 주님께 도움을 받지 못하였고 고통은 더하여졌다. 악한 자들은 시인을 죽이려고 하였으나 하나님은 침묵한 듯하였다. 이런 고통의 자리에서 시인은 하나님께 간절히 기도하였다. 이제 여호와께서 '일어나시기를' 기도하였다. 여호와를 깨우는 것이며, 의로운 재판장이신 여호와의 개입을 요청하였다.

13절에 와서 악인들이 하나님을 멸시하는 것에 대해 고발하며 하나님의 직접적인 개입을 호소하였다. 악인의 오만함이 단순한 사건으로 나타나는 것이 아니라 악인의 행동이 하나님의 주권에 도전하는 것이 되기에 우리들이 주의해야 한다. 13절에서 시인은 악인의 행동을 반박하고, 악인의 오만함을 하나님께 고발한다.

2. 시인의 고백

14절에서 시인의 진정한 소원이 고백된다. "주께서는 보셨나이다 주는 재앙과 원한을 감찰하시고 주의 손으로 갚으려 하시오니 외로운 자가 주를 의지하나이다 주는 벌써부터 고아를 도우시는 이시니이다"라고 하였다.

'외로운 자가 주를 의지한다'는 것은 도움 받을 데가 없는 자는 여호와를 바라며 도움을 구한다. 그는 자신의 삶을 주님께 맡겼다. 이 주님은 '고아를 도우시는'(시 82:3) 자이시다. 고아란 사회적으로 어려움을 겪고 있는 자이다. 하나님은 이러한 사회적 약자를 도우시고 보호하신다(출 22:21).

이 땅의 사람들은 강한 자에게는 아부하고 가까이 하기를 좋아 하지만 가난하고 힘이 없는 고아들에 대해서는 무시할 때가 많다. 그러나 하나님은 가난하고 외로운 고아를 도우시며, 그들의 고통을 함께 감당하시고, 그들을 보호하여 주시는 분이다. 고아의 보호자가 되어 주시는 하나님은 이 땅에서 힘들고 어려움을 겪으며 외로움 속에 살아가는 고아들을 지켜 주시기에 우리는 그 도움의 손길을 고대하게 된다.

시인은 15절에서 "악인의 팔을 꺾으소서, 악한 자의 악을 더 이상 찾아낼 수 없을 때까지 찾으소서"라고 하였다. 시인은 악인의 범죄를 심판하여 주시기를 간구하였다. 그는 하나님의 개입을 구체적으로 바라고 호소하였으며, 이 땅에서 악한 자가 승리하지 못하고 하나님의 백성들이 바른 삶을 영위할 수 있기를 호소하였다.

가난하고 외로운 고아를 도우시는 하나님의 모습을 가슴에 새기고 그 하나님을 통해 새로운 역사가 일어나기를 시인은 호소하였다. 하나님은 관념의 세계에 존재하는 것이 아니라 우리의 삶 속에 함께 하시는 분이다. 그래서 시인은 이 하나님께서 적극적으로 개입해 주시기를 간구하고 있다.

3. 시인의 찬양

16~18절은 결론적인 구절로서 찬양 형식으로 여호와의 주권을 노래한다. 여호와는 '지극히 높으신 자'요, '재판장'이시며, '왕'이시다. 하나님의 이러한 이름들은 시편 9편과 10편을 통하여 나타나고 있다.

16절에서 시인은 "여호와께서는 영원무궁하도록 왕이시니 이방 나라들이 주의 땅에서 멸망하였나이다"고 하였다. 시인은 고통 가운데서 악인들과 힘든 싸움을 하다가 '여호와의 왕 되심'을 말한다. 여호와는 왕이시다. 여호와의 왕 되심은 그 왕권이 이스라엘에게만이 아니라 온 세계에 가득함을 나타낸다.

'여호와의 왕 되심'을 신뢰하는 백성들은 이 땅에서 고난과 역경을 당할지라도 여기에 좌절하지 아니하고 하나님의 주권적 역사를 바라보며, 왕 되신 하나님께서 개입하셔서 모든 것을 주도해 주시기를 바라고 있다. 그래서 '이방 나라들이 주의 땅에서 멸망하는' 결과가 오게 마련이다.

17절에 "여호와여 주는 겸손한 자의 소원을 들으셨사오니 그들의 마음을 준비하시며 귀를 기울여 들으시고"라고 하였다. 여호와는 '이방 나라들의 주님'일뿐 아니라 '가난한 자를 돌보시는 분'이시다. 이것이 이 시에 나타난 사상의 두 축이다. 그러기에 하나님은 가난한 자와 고아의 하나님이시다.

'겸손한 자의 소원'은 그동안 시련을 당하고 있던 사람들의 기도를 가리킨다. 그리하여 악인의 소원은 그들의 자랑과 함께 사라지고 말지만 의인의 기도는 응답된다. 이러한 신앙적 자세는 이때의 그리스도인들로 하여금 바른 삶을 살아가게 하는 힘의 원천이 된다. 겸손한 자의 소원을 들어주시는 하나님을 믿기에 우리에게 고난이 와도 이것을 이기며 우리와 함께 하시는 하나님을 의지하게 된다.

시인은 18절에서 "고아와 압박당하는 자를 위하여 심판하사 세상에 속한 자가 다시는 위협하지 못하게 하시리이다"라고 하였다. '고아와 압박당하는 자'란 사회적으로 가장 어려운 형편에 있으며, 다른 사람에게서 착취를 당하는 사회적 약자 계층을 말한다.

구약에서는 사회 구성원들이 그들을 돌보아야 하는 의무를 제시하고 있다(출 22:21, 레 19:33, 신 10:18, 사 1:17 등). 그들은 우리의 이웃이기에 그들에게 사랑을 베푸는 것이 무엇보다 중요하다는 것을 가리킨다.

"심판하사"라고 하였는데 이것은 '변호하다', '권리를 찾아준다'는 의미이다. 하나님은 고아와 압박당하는 자를 위하여 변호하시고 그들의 잃어버린 권리를 찾아 주신다. 또 '세상에 속한 자' 즉 기본적으로 '죽을 수밖에 없는 존재'들이 다시는 하나님의 백성을 넘보지 못하게 하신다. 악인들이 다양한 방법으로 하나님의 백성을 해치려고 할지라도 하나님은 그들의 주님이 되시고 보호자가 되셔서 지켜 주신다.

하나님은 '고아를 도우시는 주님'이다. 다른 사람들에게서 천대와 외면을 당할지라도 하나님은 그들의 보호자가 되셔서 하나님의 뜻을 이 땅에 이루시고, 원수들의 공격에서 억울한 자를 지켜주신다. 이러한 하나님이 우리와 함께 계심을 감사하며, 하나님의 도우심의 손길을 바라보자. 할렐루야.

터가 무너지면

시편 11:1~3

1내가 여호와께 피하였거늘 너희가 내 영혼에게 새 같이 네 산으로 도망하라 함은 어찌 함인가 2악인이 활을 당기고 화살을 시위에 먹임이여 마음이 바른 자를 어두운 데서 쏘려 하는도다 3터가 무너지면 의인이 무엇을 하랴

우리들이 이 세상을 살아갈 때에 여러 가지 어려움을 겪는다. 악한 자들이 교묘한 방법으로 하나님의 백성을 공략할 때에 우리들은 좌절하고 낙담하기 쉽다. 그러나 하나님은 그때마다 우리 편이 되셔서 우리의 억울함을 신원해 주시고, 자기의 백성을 지키시는 분이시다.

시편 11편은 얼핏 보면 사상이나 형식 혹은 문학적 면에서 독특성이 없는 것 같다. 그러나 이 시편은 하나님에 대한 절대적이고 흔들림이 없는 신앙, 하나님께서 세상과 그 모든 피조물을 공평하게 다스리시는 신앙을 나타내고 있다. 그러기에 이 시는 독특성을 보이고 있다.

이 시편은 전체의 흐름에서 볼 때에 '신뢰의 노래'라고 할 수 있다. 하나님에 대한 신뢰는 '확신의 노래'이다. 이 시는 무서운 원수의 위협을 느끼면서 하나님께 피하고, 하나님께로 도망치고 싶은 시험을 이긴다. 시인은 경건한 자와 악한 자 사이에 있는 논쟁에서 이 신뢰의 노래를 부르고 있다.

1. 악인들의 충동

시인은 악인들의 충동에 시달리고 있다. 1절에 "내가 여호와께 피하였거

늘 너희가 내 영혼더러 새 같이 네 산으로 도망하라 함은 어찌함인가"라고 하였다. '여호와께 피하였다'라는 것은 일반적으로 시인이 위기를 당할 때에 하나님의 도움을 구하였다는 뜻도 있으나. 시편 여러 곳에서는 핍박 받는 자가 도피처(asylum)를 찾을 때 사용하는 표현으로 나온다(시 7:1, 31:1, 64:10, 71:1).

이러한 것은 무고한 고발을 당하거나 그를 죽이려는 자가 추격할 때에 시온에 계신 하나님의 임재 앞으로 나아가 피난처를 찾는 모습으로 볼 수 있다. 시인은 "내가 여호와께 피하였다"고 하였는데 이것은 뒤이어 나오는 친구들의 충고에 대한 대답으로 볼 수 있다. 시인은 오직 하나님께만 피하겠다고 고백한다. 이것은 하나님께 피하는 것이 삶의 기초이기 때문이다.

성경과 기독교 역사를 볼 때에 하나님의 백성은 하나님을 피난처로 삼고 살았다. 오직 하나님만을 피난처로 여겨 하나님의 뜻에 따라 충성하고 싶은 열정을 가지고 있었다.

시인은 "어찌함인가"라고 하여 자신의 의분을 표현하였다. 즉 '너희가 어떻게 나에게 그렇게 말할 수 있느냐?'는 뜻이다. 친구들의 충고를 인간적인 관점에서 이해할 수 있지만 자신은 전혀 다른 관점을 가지고 있음을 말한다. 친구들은 시인에게 "새 같이 네 산으로 도망하라"고 권한다. 여기에 대해서는 여러 가지 해석이 있다. 비유적인 뜻으로 사용되지만 격언과 같은 것이다.

어려움이 올 때에 하나님께 피하는 것이 아니라 새처럼 산으로 도망가라고 권하고 있다. 우리의 피난처 되신 하나님을 버리고 자기 마음대로 피하고 도망하는 것은 생명을 향해 나아가는 것이 아니라 죽음의 길로 가는 사실을 교훈한다.

2. 하나님의 백성들의 피함

시인은 2절에서 "악인이 활을 당기고 화살을 시위에 먹임이여 마음이 바른 자를 어두운 데서 쏘려 하는도다"라고 하였다. 이 말은 모사들이 한 말로 보는 것이 자연스럽다. 시인의 친구들이 볼 때 그의 원수들이 너무나 음흉하고 잔인하기 때문에 이들을 피하는 것이 지혜롭다고 생각한다.

여기서 악인은 사냥꾼이다. 무장된 군인의 모습으로 그려지고 있다. 그들은 '활을 당기고 살을 시위에 먹인다.' 활은 주로 사냥꾼과 군인들이 사용하며, 그것도 숨어서 쏜다. 원수들이 이처럼 활을 쏘려고 할 때에 그대로 서 있는 것은 스스로 원수의 목표물이 되고 만다. 그러니 주변 사람들은 이곳에서 피하여 원수들의 사정거리를 벗어날 것을 권하고 있다.

원수들은 '어두운 데서' 쏘려고 한다. 원수들이 보이지 않으니 그가 쏘는 화살은 더 치명적이 된다. 그러므로 피해자는 자신을 보호할 길이 없다. 하나님의 백성을 해치려고 하는 자는 이처럼 음흉하고, 교활하며, 잔인하다.

그들이 노리는 대상은 '마음이 바른 자'이다. 이 사람은 정결한 마음을 가진 자이며, 무죄한 자이다. 원수들은 이런 사람을 노리고 숨어서 활을 쏘려고 한다. 시인은 자신을 '마음이 바른 자'라고 하여 자신의 무죄를 천명하고 있다.

3. 시인의 탄식

3절에서 "터가 무너지면 의인이 무엇을 하랴"라고 하였다. 시인은 자신이 살고 있는 인생과 사회적 기초가 무너지고 있음을 탄식하였다. 사회의 기초가 무너지는 것은 사회가 폐허가 되는 길이다. 여기서 기초란 질서 있는 사회가 유지되는 법과 공의의 근본적 원리를 말한다(시 75:4, 82:5). 이것이 무너진 사회는 망하고 만다.

이 사회의 기본적인 원리가 무엇인가? 사람마다 여러 가지로 말할 수 있으나 가장 기초적인 것은 하나님을 섬기고, 이웃을 사랑하며, 자신의 직무에 최선을 다하는 것이다. 이것이 유지될 때에 사회는 제대로 유지되지만, 그렇지 못할 때에는 사회의 붕괴가 올 수 밖에 없다.

오늘의 시대는 어떠한가? 하나님을 섬기는 일에 열심을 내지 못하고 심지어는 하나님을 떠난 삶을 살아가는 경우가 많다. 하나님을 믿는다고 하는 사람들도 하나님 중심적인 세계관을 가지기보다 인간 중심의 세계관을 가지는 경우가 많아 바른 원리를 상실하고 만다.

그렇게 되어 가정과 사회에 문제가 생긴다. 이혼과 자녀 유기를 통하여 가정 해체가 일반화되고, 사회 구석구석에 부정과 부패가 만연한 사회가 되어 사람이 사람을 두려워하는 비극의 시대가 되고 말았다. 이것은 '터가 무너졌기' 때문이다. 우리의 기초가 무너지고, 바닥이 무너지니 전체가 붕괴되는 비극 앞에 서 있는 형편이다.

시인은 "의인이 무엇을 하랴"라고 했다. 이것은 '아무것도 할 수 없다'는 답을 바탕에 깔고 있다. 즉 법과 질서를 세우려는 노력이 다 쓸모없게 되었다는 의미이다. 모든 법과 질서가 무너지고 혼돈과 폭동이 일어난다면 의인이 무엇을 할 수 있을까?

시인은 절망감과 무기력함을 느끼고 있다. 이 질문 속에는 위기의식이 깔려 있다. 우리가 살아가는 터가 흔들리니 우리가 할 수 있는 일이 무엇인지 생각해야 할 일이다. 그러나 시인은 이 상태에서 포기하고 절망하지 않고 오직 하나님께 피하는 것이 최선의 방법이라는 것을 알고 그것을 실천하려고 하였다.

우리의 힘으로 아무것도 할 수 없을 때에 새롭게 역사하시며 우리가 가야 할 길을 제시하신다. 터가 무너지면 우리 모두가 망하지만 영원한 힘이 되신 하나님께 피하는 것이 진정한 삶의 길임을 시인의 고백을 통하여 알 수 있다.

할렐루야

여호와는 의로우사
의로운 일을 좋아하시나니

시편 11:4~7

4여호와께서는 그의 성전에 계시고 여호와의 보좌는 하늘에 있음이여 그의 눈이 인생을 통촉하시고 그의 안목이 그들을 감찰하시도다 5여호와는 의인을 감찰하시고 악인과 폭력을 좋아하는 자를 마음에 미워하시도다 6악인에게 그물을 던지시리니 불과 유황과 태우는 바람이 그들의 잔의 소득이 되리로다 7여호와는 의로우사 의로운 일을 좋아하시나니 정직한 자는 그의 얼굴을 뵈오리로다

절망과 좌절 속에서도 하나님의 백성은 하나님의 위대하신 손길을 고대한다. 시인은 어려움과 고통 속에서 낙망하지 않고 우리 속에 역사하시는 하나님을 의지하며 나아간다.

4절에서 "여호와께서는 그의 성전에 계시고 여호와의 보좌는 하늘에 있음이여 그의 눈이 인생을 통촉하시고 그의 안목이 그들을 감찰하시도다"라고 하였다. 시인은 '터가 무너지는'듯한 고통을 겪다가 신뢰의 노래를 부르면서 자신을 감싸고 있던 절망감과 두려움을 벗어던진다.

1. 시인의 찬양

시인은 하나님께서 여전히 자신의 하늘 보좌에 계심을 깨닫고 믿음을 회복한다. 시인은 자신을 위협하던 원수를 바라보던 눈을 참된 왕이신 하나님을 향해 돌린다. 그는 인간적인 생각을 버리고 참된 실재이신 하나님을 생각한다.

시인의 찬양 속에는 모든 고뇌와 고통을 극복하는 믿음의 힘이 스며 있다. 하나님은 우리가 힘들고 어려울 때에 우리를 도우시는 힘이시며, 우리가 피할 산성이다. 그러나 인간들은 눈앞에 보이는 고통에만 연연하다가 위대하신 하나님의 손길을 놓칠 때가 많다.

시편의 시인은 이 단계를 넘어서 하나님의 위대하심을 바라보았다. 하나님은 우리와 함께 계셔서 우리의 고통과 고뇌를 없애 주시고, 원수들의 흉악한 계략을 막아 주신다. 왜냐하면 하나님은 세상의 통치자요 재판장이시기 때문이다.

"여호와께서 그 성전에 계시니"란 말과 "여호와의 보좌가 하늘에 있음이여"라는 말은 시온산 성전에서 하나가 되어진다. 여호와는 시온을 선택하셨고(삼하 6장), 이제 그 성전에 계신다(왕상 8장). 여호와께서 시온에 내려오신 그의 낮아지심과 하늘에서 다스리시는 그의 영광이 함께 어우러져 있다. 그리하여 하나님의 내재성과 초월성이 아름답게 조화를 이룬다.

하나님은 내재하심으로 위기에 처한 하나님의 백성과 함께 하시고, 초월하심으로 위기를 극복하게 하신다. 이러한 절묘한 조화는 하나님의 백성으로 하여금 새로운 힘과 소망을 가지게 한다. "그의 눈이 인생을 통촉하시고 그의 안목이 그들을 감찰하시도다"는 말씀에서 인간을 감찰하시는 하나님의 모습을 볼 수 있다. 하나님은 이 세상을 눈으로 살피시고 평가하신다.

2. 하나님의 관찰

5절에서 "여호와는 의인을 감찰하시고 악인과 폭력을 좋아하는 자를 마음에 미워하시는도다"라고 하였다. 여호와는 '의인을 감찰하시고'라는 말은 시험하고, 검사하고, 가려낸다는 뜻이다. 마치 금속을 불로 시험하는 것과 같은 의미이다.

하나님은 모든 것을 다 보실 뿐만 아니라 인간의 순수성을 선악 간에 면밀하게 살펴본다. 악인들이 어두운데서 하는 행동도 다 보신다(2절). 그래서 악한자의 행동을 미워하시는 하나님이시다.

6절에서 시인은 "악인에게 그물을 던지시리니 불과 유황과 태우는 바람이 그들의 잔의 소득이 되리로다"라고 하였다. 이것은 악인에게 내리는 피할 수 없는 징계를 의미한다.

'그물을 던지시리니'는 올무를 의미하며 예기치 않았으며 피할 수 없는 죽음을 말한다. 악인들이 아무리 횡행할지라도 하나님이 내리시는 죽음 앞에는 그들이 어쩔 수 없음을 보여준다. '불과 유황'은 소돔과 고모라의 멸망에서 구체적으로 나타난다(창 19:24~25). 두 성의 멸망은 구속사의 중요한 모델이다. '유황'은 하늘에서 쏟아지는 불과 연결되며(창 19:24, 겔 38:22, 눅 17:29, 계 9:17~18), 악을 멸하실 때에 사용 되는 도구이다(계 14:10 등). '태우는 바람'은 새로운 표현이다. 이것은 하늘에서 부는 파괴적인 힘을 의미한다. 이 바람은 계절풍으로 팔레스타인 지방에 뜨겁게 불어온다. 특히 동쪽과 남쪽 사막에서 뜨겁게 불어오는 바람이다.

이것이 원수들의 '잔의 소득'이다. 강렬하게 불타는 바람이 그들의 잔의 소득이 된다. 시편에는 '잔을 부어주는 것'은 축복과 구원의 잔(시 16:5, 116:13)을 의미하기도 하고, 진노의 잔(사 51:17, 22, 애 4:21 등)이 있다. 여기서는 진노의 잔을 말한다.

원수들이 이 땅에서 아무리 흉악하게 날뛰어도 하나님께서 불과 유황과 태우는 바람으로 진노의 잔을 내리신다. 이것은 하나님이 하시는 일이며 하나님의 주권적 역사이다. 하나님이 하시는 일을 누가 막을 수 있으며 또 거역할 수 있는가? 어느 누구도 할 수 없다. 악인들이 자기의 꾀와 용맹을 자랑하여 그들의 악행을 계속 할지라도 하나님의 바람 앞에는 아무것도 아님을 알 수 있다.

3. 미워하심과 사랑하심

7절에서 "여호와는 의로우사 의로운 일을 좋아 하시나니 정직한 자는 그의 얼굴을 뵈오리다"라고 하였다. 시인은 악인의 죄악에 대한 하나님의 심판(6절)과 의인에 대한 하나님의 사랑을 비교하고 있다. 즉 여호와의 '미워하심' 과 '사랑하심'을 대조하고 있다. 악인들은 불과 유황과 태우는 바람으로 인한 지옥이 기다리고 있으나 의인은 여호와의 얼굴을 뵈오는 천국의 축복이 기다리고 있다.

'여호와는 의로우사' 의로운 일을 좋아 하신다. 여호와께서는 의로운 일을 행하는 자들을 사랑하신다. 그것은 하나님의 의로운 성품과 연결되며 하나님의 뜻을 이 땅에 이루는 하나님의 길이기 때문이다.

"정직한 자는 그의 얼굴을 뵈오리다" 라고 하였다. 여기에 대해서 여러 가지 해석들이 있으나 시인은 성전에서 하나님의 얼굴을 보는 체험을 하였을 것이다. 죽은 후에 하나님을 뵙는 것은 말할 것도 없고 이 땅에서 하나님과의 교제를 통하여 진정한 기쁨을 누리게 된다. 하나님과의 교제는 우리 삶의 기쁨이며, 하나님의 임재를 체험하는 것은 예배의 절정이다. 우리의 삶속에서 하나님의 임재를 체험한다는 것은 하나님의 영광을 나타내는 하나님의 백성의 절정이다.

시인은 지금까지 자기가 살아왔던 삶의 터가 무너지는 혼란을 겪었다. 친구들은 그로 하여금 산으로 도망가라는 조언을 하였다. 이것은 인간적 관점에서는 지혜로운 것인지는 몰라도 현실에 근거하여 불신앙을 택하라는 조언에 불과하다.

시인은 매우 심각한 현실 속에 있었다. 원수들은 그를 죽이기 위해 활을 당기고 시위를 먹이며 숨어 있었다. 절박하고 암담한 상황이었다. 시인은 이런 고통의 와중에서 하나님을 바라보았다.

악인을 멸하시고 의인에게 생명을 주시는 하나님은 우리 삶의 지배자가 되시기에 그 하나님을 의지하며 도리어 찬양을 하였다. 우리의 삶에 고통의 바람이 불어오고 사람으로서는 참을 수 없는 고뇌가 있어도 이것을 넘어 역사와 우리들을 주관하시는 하나님을 바라보자. 우리의 초점을 고통이 아닌 하나님에게 맞추어 나가자. 할렐루야.

흙 도가니에 단련함이여

시편 12:1~8

1여호와여 도우소서 경건한 자가 끊어지며 충실한 자들이 인생 중에 없어지나이다 2그들이 이웃에게 각기 거짓을 말함이여 아첨하는 입술과 두 마음으로 말하는도다 3여호와께서 모든 아첨하는 입술과 자랑하는 혀를 끊으시리니 4그들이 말하기를 우리의 혀가 이기리라 우리 입술은 우리 것이니 우리를 주관할 자 누구리요 함이로다 5여호와의 말씀에 가련한 자들의 눌림과 궁핍한 자들의 탄식으로 말미암아 내가 이제 일어나 그를 그가 원하는 안전한 지대에 두리라 하시도다 6여호와의 말씀은 순결함이여 흙 도가니에 일곱 번 단련한 은 같도다 7여호와여 그들을 지키사 이 세대로부터 영원까지 보존하시리이다 8비열함이 인생 중에 높임을 받는 때에 악인들이 곳곳에서 날뛰는도다

시편 12편은 '공동체 애가'라고 불리운다. 시 전체를 통하여 개인적인 특색이 크게 나타나지 않고 공동체적 특성을 보이고 있다. 아마 공동체를 형성하고 있는 법과 질서가 무너졌다는 듯하며, 시인은 거짓말하는 인간과 약속을 진실하게 지키시는 하나님을 대조하며 설명하고 있다. 시인은 우리 주변에서 일어나고 있는 문제들에 대하여 애통해 하고 하나님께서 모든 것을 주관하셔서 하나님의 뜻을 이 땅에서 이루어 주시기를 호소하고 있다.

1. 시인의 고백

1절은 "여호와여 도우소서"로 시작된다. 이것은 시인의 간절한 호소이며, 그의 신앙고백이다. 그가 이러한 기도를 드린 이유는 "경건한 자가 끊어지고 충실한 자가 사라져 가는" 현실 때문이다. '경건한 자'란 기본적으

로 '하나님과 맺은 언약에 충실하고 그 뜻에 순종하는 자'를 말한다. 이들은 언약 공동체를 구성하는 일원으로서 하나님 앞에서 사는 존재이다. '충실한 자'란 앞에 나오는 '경건한 자'를 수식하는 말이다. 그러니 경건한 자들은 '성실'하고 '충성된 자'들이다. 이들의 삶은 선을 베풀고 성실함으로 나타난다.

시인은 이들이 '끊어지고', '사라진다'고 하였다. 이것은 경건한 자들이 점점 적어지고 마는 시대상을 보여준다. 그래서 시인은 공동체에 뿌리 내리고 있는 죄성을 지적하고 있다.

악인의 본질적인 모습이 2절에 나타난다. "그들이 이웃에게 각기 거짓을 말함이여 아첨하는 입술과 두 마음으로 말하는도다"라고 하였다. 시인은 행동보다 말을 통해 범죄하는 악인을 그리고 있다. 그들은 멋있는 말을 하지만 그 말에는 진실이 없고, 오직 쭉정이 뿐이다. 악인들은 이웃에게 거짓말을 한다. 말을 통하여 진실을 나누는 것이 아니라 거짓말로 남을 속이며 올무에 빠뜨리려고 한다. '거짓말'은 의미가 없는 말이다. 거짓말은 모든 인간관계를 깨트린다. 인간의 언어는 진실의 고백이어야 하는데 진실이 없는 거짓말로 인하여 인간관계가 파괴되고 사회의 기초가 흔들리는 비극적 양상이 나타난다. 언어를 통하여 가슴과 가슴의 진실이 전달되어야 하는데 그렇지 못한 인간의 거짓된 삶은 사회 전체를 혼란에 몰아넣는다. 악인들은 아첨하는 입술과 두 마음으로 말한다. '아첨하는 입술'이란 원래 '부드러운 입술'을 말한다. '아첨'은 듣기에 매우 좋고 부드럽다. 그러나 그 말은 인생을 멸망의 길로 몰아넣는다. 그들이 아첨하는 이유는 자기 유익을 위해서이다. 거짓된 겸손과 외식으로 자기 유익을 도모하고, 결과적으로 상대방을 죽이려고 한다. 이것은 '두 마음'의 산물이다.

'두 마음'이란 '한 마음'과 반대된다. '두 마음'이란 '마음과 마음'이라는 뜻인데 두 개의 다른 잣대를 가지고 사는 자를 의미한다. 이들의 삶은 진실을 찾기 위해 고민하는 사람이 아니라 이중 잣대를 가지고 있는데 속임과 거짓이다. 자신의 유익을 위하여 진실을 말하지 않는 자들이다.

2. 시인의 기도

3절에서 "여호와께서 모든 아첨하는 입술과 자랑하는 혀를 끊으시리니"라고 하였다. 시인은 악인들의 언어로 인하여 심한 위협을 당하면서 여호와 하나님의 개입과 심판이 속히 이루어지기를 기도하고 있다.

여호와께서는 '모든 아첨하는 입술과 자랑하는 혀를 끊으신다'. 매우 강한 표현인데 '그만 두게 한다'는 의미를 가지고 있다. 인간의 범죄가 사탄의 언어적 유희에서 비롯된 것을 보면 언어의 통제가 얼마나 귀한지를 알 수 있다.

악인들은 자신들의 언어에 대하여 맹목적 과신을 하고 있다. 4절에서 "그들이 말하기를 우리의 혀가 이기리라 우리 입술은 우리 것이니 우리를 주관할 자 누구리요 함이로다"고 하였다. 이것은 악인들의 자만을 여지없이 나타내는 말이다.

이들은 '우리 입술은 우리 것이다'란 의식을 가지고 있고 '내가 말하는데 누가 막을 것인가?' 라는 자만심으로 가득하다. 이들은 자신의 계교로 하나님의 자리를 채우려는 자들이다. 악인들은 '우리를 주관할 자가 누구냐?', '아무도 우리를 이길 수 없다'는 당돌한 표현들을 하고 있다.

시인은 이러한 형편에 대하여 '혀를 끊으시기를' 간구하였다. 언어로 인한 악인의 오만함에 대하여 하나님께서 개입하여 그들의 혀를 막아 주시기를 호소하였다.

이러한 호소에 대하여 하나님의 응답과 신탁이 5절에 나온다. "여호와의 말씀에 가련한 자의 눌림과 궁핍한 자의 탄식으로 말미암아 내가 이제 일어나 그를 그가 원하는 안전한 지대에 두리라 하시도다"라고 하였다. 이 말씀이 이 시편의 핵심과 중심축을 이루며, 하나님께서 친히 자신의 선지자를 통하여 시인에게 말씀하는 형식을 취하고 있다.

시인은 악인의 말과 여호와의 말을 대조시킨다. 악인은 교만하고 폭력적인 말을 하지만 하나님은 따뜻한 가슴에서 나오는 위로의 말을 하고 있다.

그래서 악인의 말을 부끄럽게 하신다.

3. 시인의 찬양

여호와께서는 이제 '일어나' 친히 개입 할 것을 선언하시고, 핍박받는 자와 가난하고 고통 받는 자를 위해 친히 역사하실 것을 선언하신다. 하나님은 '이제' 즉 이 시간에 일어나 역사하시는 분이시다.

'내가 그를 안전한 지대에 두리라' 고 하였는데 이것은 문자대로 하면 '나는 그를 구원의 영역에 두리라' 는 의미이다. 악인들의 언어적 공격에서 하나님은 자기 백성을 보호하신다. 하나님의 '구원 선언'을 통하여 하나님의 놀라운 역사가 일어난다.

시인은 이제 한 걸음 더 나아가 순결한 하나님의 말씀을 찬양한다. "여호와의 말씀은 순결함이여 흙 도가니에 일곱 번 단련한 은 같도다"(6절)고 하였다. 시인은 말씀을 '은'으로 비유했다. 그것도 흙 도가니 속에서 일곱 번 단련한 은으로 비유했다. 이것은 말씀의 순결성과 영성을 가리키고 있으며, 하나님의 말씀의 순수함을 의미한다. 금속을 제련하는 비유는 말씀의 고결성을 가리킨다. 일곱 번이나 제련하였기에 찌꺼기가 없다. 주님의 말씀은 순금이고 순은이며, 전적으로 믿을 수 있다.

7절에서 "여호와여 그들을 지키사 이 세대로부터 영원까지 보존하시리이다"라고 하였다. 이것은 주님의 말씀이 진실하기 때문에 예배하는 공동체는 희망을 가지고 기도를 드릴 수 있다. 여호와께서 말씀을 진실되이 지킴으로서 억압당하는 자를 구원하신다.

8절은 "비열함이 인생 중에 높임을 받는 때에 악인들이 곳곳에서 날뛰는도다"라고 하였다. 악인들이 사방을 휘젓고 다니는데 이들이 비록 악행을 할지라도 하나님은 정금 같은 말씀으로 약속하신 것처럼 악인의 말의 범죄를 막으신다. 악한 자의 말은 사람을 쏘는 화살과 같다. 그러나 우리의 방패되신 하나님이 이것을 막아 주시니 어찌 감사하지 않으랴!

어느 때까지니이까?

시편 13:1~6

1여호와여 어느 때까지니이까 나를 영원히 잊으시나이까 주의 얼굴을 나에게서 어느 때까지 숨기시겠나이까 2나의 영혼이 번민하고 종일토록 마음에 근심하기를 어느 때까지 하오며 내 원수가 나를 치며 자랑하기를 어느 때까지 하리이까 3여호와 내 하나님이여 나를 생각하사 응답하시고 나의 눈을 밝히소서 두렵건대 내가 사망의 잠을 잘까 하오며 4두렵건대 나의 원수가 이르기를 내가 그를 이겼다 할까 하오며 내가 흔들릴 때에 나의 대적들이 기뻐할까 하나이다 5나는 오직 주의 사랑을 의지하였사오니 나의 마음은 주의 구원을 기뻐하리이다 6내가 여호와를 찬송하리니 이는 주께서 내게 은덕을 베푸심이로다

우리들이 이 세상을 살아갈 때에 힘들고 어려운 일들이 많다. 그 때마다 좌절하고 낙심하기 쉽다. 하나님의 백성들은 어려움의 극복을 위해 하나님께 기도하며 호소하게 된다.

시편 13편은 애가로서 특별한 의미를 가지고 있다. 시인은 3절에서 "나의 눈을 밝히소서"라고 호소하면서 죽음의 심연에서 던지는 질문과 애통으로 가득하다. 시인은 거의 죽음에 가까이 왔고 죽을 병에 걸린 듯하다. 그는 죽음을 두려워하며 질병 속에서 호소하는 '병자의 애가'이다.

시인의 병이 어떤 것인지 그 성격을 정확하게 알 수 없다. 그의 가장 큰 고통은 하나님으로부터 분리와 고통을 받고 있었다(2, 4절). 시인은 끝없는 고난 속에서 두려움을 안고 살고 있다.

1. 애통의 고백

이 시는 모두 세 단락으로 되어 있다. 첫째, 애통(1~2절)이다. 1절에 "여

호와여 어느 때까지니이까 나를 영원히 잊으시나이까 주의 얼굴을 나에게서 어느 때까지 숨기시겠나이까"라고 하였다. '어느 때까지니이까?' 라는 것은 전형적인 애가의 질문이요 탄식이다. 시인이 고난의 길을 걷고 있음을 보여 주는데 자신의 어려움을 '어느 때까지입니까?' 라는 말로 표현하고 있다.

시인은 자신의 길고 무거운 고난 때문에 거의 탈진 상태에 빠졌으며 곧 무너질 것 같은 모습을 하고 있다. 그래서 자기 영혼의 깊은 고통을 "나를 영원히 잊으시나이까?"라고 하나님의 유기 문제를 제기하고 있다.

시인이 볼 때에는 하나님은 의도적으로 멀리하며 무시하고 못 본체하는 것 같다. 하나님께서는 그 동안 그와 나눈 관계를 끊은 것 같이 보이는데 그 이유를 알 수가 없다. 그래서 인생이 겪는 가장 심각한 고통은 하나님께 버림을 받는 것이다(시 22:1).

시인은 하나님께서 자신을 영원히 잊으실까 염려하여 절망적으로 말하고 있다. 하나님이 잊으시는 것은 우리 존재의 절망을 말한다. 하나님과의 관계에서 하나님이 침묵하는 것은 가장 힘들고 어려운 부분이다. 그러나 하나님은 숨으시는 분이 아니라 하나님의 백성과 함께 하시는 분이다.

2절에서 "나의 영혼이 번민하고 종일토록 마음에 근심하기를"이라고 했다. 1절에서는 하나님을 주어로 표현하였으나 2절에서는 '나'를 주어로 삼고 있다. 1절에서 하나님의 부재에 대하여 애통하였으나, 2절에서는 자신의 신세에 대해 애통하고 있다.

시인은 하나님과 자신의 갈등을 말한 후에 원수에 대해서 불평한다. 원수들의 자랑과 교만이 시인을 더욱 괴롭히고 있다. 원수들은 교만하여 우쭐대고 있는데 이것을 어떻게 보아야 하느냐라는 문제가 제기된다.

2. 구원의 기도

둘째, 구원을 간청하는 기도(3~4절)이다. 시인은 하나님은 멀리 있고 자신을 버렸으며 원수들이 조롱한다고 애통하였다. 이런 절망적 상황에서 시인은 하나님께 가까이 나아간다.

시인은 하나님께 기도하는데 이것은 두 단계로 되어 있다. 하나는 '주님의 응답'이며 다른 하나는 '도움'이다 이것은 시인의 애절한 심정을 그대로 보여주는 것인데 하나님께서 돌아보아 주시는 것이 모든 문제의 해결이 된다.

시인은 하나님께 간절히 기도하고 있다. 3절에서 "여호와 내 하나님이여 나를 생각하사 응답하시고 나의 눈을 밝히소서 두렵건대 내가 사망의 잠을 잘까 하오며"라고 했다. 시인은 짧고 거친 표현들을 통하여 하나님께서 깨어진 관계를 회복시켜 주실 것을 기도하였다. 이것은 하나님께서 자신을 생각해 주셔서 응답해 주셔야 비로소 자신이 살 수 있음을 고백한 것이다.

3절에는 세 가지 호소가 있다. '생각하소서', '응답하소서', '나의 눈을 밝히소서'가 바로 그것이다. '생각하소서'란 전형적인 기도로서 '빌다'라는 뜻을 가지고 있다. 하나님께서 자신의 어려움을 보아 주시기를 호소한다. '응답하소서'란 재앙을 제거하시든지, 좋은 신탁의 말씀을 주시기를 구하는 것이다. '나의 눈을 밝히소서'란 '새 힘과 정기를 주소서'란 의미이다. 영육의 눈이 밝아지면 죽음의 잠에 빠지지 않게 된다.

4절에 "두렵건대 나의 원수가 이르기를 내가 그를 이겼다 할까 하오며 내가 흔들릴 때에 나의 대적들이 기뻐할까 하나이다"라고 했다. '나의 대적'과 '나의 원수'는 평행을 이룬다. 원수들이 이겼다고 할까 두려운 것이다. "내가 흔들릴 때"란 죽음에 대한 완곡한 표현일 수 있고 또 불행에 대한 일반적인 표현일 수 있다.

3. 확신과 감사

셋째, 확신과 감사(5~6절)이다. 고통 속에서 하나님께 호소하던 시인은 갑자기 분위기를 바꾸어 확신과 감사를 드린다. 시인은 자신의 미래에 대하여 확신을 갖는다. '나는' 이라는 단어는 '그러나 나는'의 의미이다.

5절에서 "나는 오직 주의 사랑을 의지하였사오니 나의 마음은 주의 구원을 기뻐하리이다"라고 했다. 시인은 주님의 인자하심을 믿고, 그것을 바탕으로 하여 주의 구원을 기뻐한다고 하였다. 시인은 자신의 눈을 뜨고 새로운 실체를 바라보게 된다. 그리하여 마음속에 자리잡고 있던 불안과 두려움은 사라지고 하나님의 은총에 대하여 확신을 하게 된다.

시인은 4절과 5절 사이에서 위대한 변화를 경험한다. 불안과 좌절에서 확신과 감사로 바뀌는 변화의 구체적 변화이며 하나님의 영광의 세계를 바라보는 새 역사이다.

6절에는 "내가 여호와를 찬송하리니 이는 주께서 내게 은덕을 베푸심이로다"라고 하였다. 시인은 하나님께서 자신을 구원하자 말자 하나님을 찬양하였다. 그는 자신의 마음 속에서 사모했던 하나님을 찬양했고, 마지막 서원으로 하나님을 영화롭게 한다. 이 서원 속에 기쁨이 있고, 하나님과의 살아 있는 교제가 있다. 좌절하고 낙망하여 더 이상 희망이 없는 듯한 처지에서도 하나님을 바라보는 것이 믿음이요 우리의 삶이다.

우리의 비극이 어디서 오는 지에 대해 여러 가지 이유들을 들 수 있으나 하나님에게서 버림받는 것이 가장 큰 문제이다. 하나님과의 관계 단절은 우리들이 겪는 가장 큰 고통이며 문제의 발단이다. 그러나 시인은 이곳에서 좌절하지 아니하고 하나님의 자비하심을 믿었다. 그것은 그의 신앙고백이었고 확신이었다. 이 확신에서 감사가 나오며, 종국에 가서는 하나님의 영광을 찬미한다.

우리는 좌절할 때가 많다. 그러나 이것에 함몰되는 것이 아니라 하나님의 놀라운 섭리를 의지하여 하나님의 영광을 찬미하여야 한다. 이것이 하나님의 백성의 삶이며 하나님을 의지하는 자가 취해야 할 기본자세이다. 사망의 음침한 골짜기로 행할찌라도 하나님이 함께 하심을 확신할 때 고통이 변하여 기쁨이 되고, 두려움이 변하여 찬송이 될 것이다.

어리석은 자는

〰️ **시편 14:1**

1어리석은 자는 그의 마음에 이르기를 하나님이 없다 하는도다 그들은 부패하고 그 행실이 가증하니 선을 행하는 자가 없도다

이 세상에는 어리석은 자들이 많다. 자기 딴에는 똑똑하고 세상만사가 자기 뜻대로 되는 것으로 생각하고 오만에 차 있다. 이런 자의 모습이 시편에 구체적으로 나와 있다. 시편 14편은 그 형식이 명료하지 않다. 그러나 예언문학과 지혜문학을 닮은 점이 많다. 공동체 애가와 닮은 형태이지만 지혜와 예언 등의 주제를 다루고 있다.

시편 14편의 배경은 분명하지 않도다. 그러나 이 시는 지혜 전통에서 나왔으며, 악인의 문제에 대해서는 다른 시편들(시 1편 등) 보다 더 깊이 있게 다루고 있다. 시인은 무신론의 어리석음을 깊이 생각하고 있으며, 이 시편을 통해서 악에 대한 사색에서 구원의 희망을 찾고 있다.

이 시가 다루는 주제는 시인이 살던 시대의 전적 부패에 대한 것이다. 전적으로 부패한 악인들에 대한 하나님의 심판과 미래의 희망을 바라본다.

1. 무신론자

1절에서 무신론자의 모습을 그리고 있다. "어리석은 자는 그 마음에 이르기를 하나님이 없다 하도다 그들은 부패하고 그 행실이 가증하니 선을 행

하는 자가 없도다"라고 하였다. 이 말씀은 짧은 내용이지만 매우 깊은 의미를 우리에게 주고 있다.

'어리석은 자'란 지능이 낮거나, 천성이 둔한 사람을 말하는 것이 아니라 최고의 지혜인 하나님과 모든 교훈에 귀를 막고 사는 자들이다(잠 1:7, 9:10, 욥 28:28, 시 11:10). 이들의 사상의 바탕에는 '하나님은 없다'라는 무신론이 있기에 이 근본적 오류에서 나오는 모든 행위가 하나님을 부인하고 떠나 있는 것이다.

이사야 32:6에 어리석은 자의 모습을 구체적으로 그리고 있다. "이는 어리석은 자는 어리석은 것을 말하며 그 마음에 불의를 품어 간사를 행하며 패역한 말로 여호와를 거스리며 주린 자의 속을 비게 하며 목마른 자에게서 마실 것을 없어지게 함이며"라고 하였다. 어리석은 자는 하나님을 인정하지 않고 사는 자이다. 어리석은 자는 인자함이 없기에 의인을 헤치려는 못된 행동들을 하게 된다.

2. 실천적 무신론자

어리석은 자는 '그 마음에 이른다'고 했다. 이 말은 '제 마음 속으로 말한다' 또는 '생각한다'는 의미이다. 어리석은 자는 그의 마음에 있는 생각을 표현한다. 그의 마음 속에는 하나님을 거역하는 무신론적 생각이 뿌리를 내리고 있다.

이들은 '하나님이 없다'고 한다. 이것은 어리석은 자의 실천적 무신론을 말해 준다. 어리석은 자는 하나님의 존재에 대하여 생각에서 뿐만 아니라 실제적 삶에서도 철저히 배제하는 자들이다. 그들은 인간 존재의 어떤 영역에서도 하나님을 생각할 필요가 없다고 가정한다.

하나님을 인정하지 않는 이들의 사고방식이 모든 행동의 근원이 된다. 하나님의 심판이나 구원의 은총을 생각지 않고 모든 것을 자기중심적으로 이끌어 나가고 있다. 이들은 실천적 무신론자이다. 생활의 각 영역에서 하나님을 믿고 인정하며 그분을 따르는 것이 아니라 자기중심적이다. 우리 주변에는 입술로는 하나님을 운위하지만 그의 사상과 행동에서 하나님을 배제하고 하나님의 영역을 인정하지 않은 '위장된 무신론자'도 있다. 이들은 자신이 주인이 되고 왕이 되며, 나아가서 모든 것을 자기 뜻대로 하려는 자들이다.

그들은 '부패하고 그 행실이 가증하다.' 모두가 하나 같이 썩어서 더럽고, 타락하여 악행을 일삼는 자들이다. 이들의 생각 속에 하나님의 존재를 부인하니 도덕적으로 윤리적으로 타락하고 부패하여졌다. 이들의 모든 행동은 무가치하며 악하고, 가증한 일들을 행한다.

이와 같은 상황은 노아 홍수 직전의 시대 상황을 생각하면 더욱 분명해진다. 노아 당시 사람들은 먹고 마시고 시집가고 장가가는 데에 관심을 가졌고 "하나님의 아들들이 사람의 딸들의 아름다움을 보고 자기들의 좋아하는 모든 자로 아내를 삼는"(창 6:2) 시대 상황이었다.

그러니 하나님을 떠나고 하나님을 부인하는 삶의 양태는 도덕적으로나 윤리적으로 퇴폐를 불러일으키는 결과를 가져 온다.

3. 어리석은 자

어리석은 자는 '선을 행하는 자가 없도다'(사 59:4, 64:7, 렘 8:6)란 말에서 그 실상에 더욱 분명해진다. 여기서 '선'이란 도덕적 선, 법적으로 금하는 것, 종교적으로 인정하는 것 등을 의미한다.

이 말은 하나님을 떠난 인간들의 완악함으로 인하여 가지는 보편적 죄성을 말한다. 사회의 각계각층마다 부패가 만연하였고 하나님을 떠난 인간중심적 사고와 행위가 판을 치고 있다. 그래서 이들은 다른 사람을 해치는 것을 목표로 할뿐이며, 자기 향락을 위해서 무슨 일이라도 할 수가 있는 자들이다.

우리 시대에도 어리석은 자들이 많다. 세상의 지혜에서는 최고일지 몰라도 하나님을 인정하지 않고 자신이 하나님의 자리에 앉는 오만함을 범하고 있다. 이들의 삶에서는 하나님을 철저히 배제하고 있다. 사상의 바닥에서 하나님을 인정하지 않으니 그의 모든 행동은 하나님을 떠난 악행으로 연속된다. 이들의 관심사는 향락에 있다. 먹고 마시고 시집가고 장가가는 데 관심을 모은다.

이들은 다른 사람에게 선을 행하지 않고 오직 자기의 유익만을 추구한다. 하나님이 없다고 하는 자들이기에 하나님의 형상으로 지음 받은 동료인간들에 대한 관심이 있을 수 없다.

그러나 이들은 '어리석은 자'이다. 자기가 하나님이 되려고 하는 자들이요 마지막 날에는 멸망 받을 수밖에 없는 자들이다. 자신의 내일에 대해서 관심이 없고 생각지도 않는 자들이기에 그들의 내일은 멸망 밖에 없다.

시인은 이 시를 통하여 인간의 어리석음에 대해 통렬히 비판하고 있다. 인간이 무엇인가? 하나님의 형상으로 지음 받은 자이며, 하나님의 영광을 위해 살아야 할 존재들임에도 불구하고 '하나님이 없다'고 하면서 자기중심적으로 살아가고 있지 않는가?

이러한 어리석은 자에게는 하나님의 심판이 기다리고 있다. 하나님은 그들의 행위대로 갚으시며, 하나님의 공의의 심판을 받을 수밖에 없다. 이와 같은 멸망의 길을 그들은 모르고 있다. 그래서 '어리석은 자'들이다.

시인은 이 암울한 상황을 넘어 하나님의 구원의 역사를 바라본다. 어리석은 자의 삶을 통해서 하나님의 백성의 진정한 삶이 어떠해야 하는 지를 제시하고 있다. 그러니 어리석은 자의 삶은 우리에게 반면교사(反面敎師)가 된다. 그들을 거울로 삼아 참다운 하나님의 자녀의 삶을 날마다 영위해야 할 것이다.

인생을 굽어살피사

시편 14:2

2여호와께서 하늘에서 인생을 굽어살피사 지각이 있어 하나님을 찾는 자가 있는가 보려 하신즉

어리석은 자로 가득한 이 땅에 지혜로운 자가 있는지 궁금할 때가 많다. 인간의 관점에서 보면 모두가 잘나고 똑똑하다. 좋은 가정에서 태어나고 일류 학교에서 공부하였으며, 머리가 좋은 사람들이다. 이들은 스스로를 똑똑한 사람이라고 생각하고 있다.

그러나 하나님의 관점에서 보면 이들은 어리석은 자이며, 이 세상에서 가장 보잘 것 없는 자라는 점이 나타난다. 2절은 어리석은 자와 어리석음에 대한 하나님의 관점을 보여 준다. "여호와께서 하늘에서 인생을 굽어살피사 지각이 있어 하나님을 찾는 자가 있는가 보려 하신즉" 이라고 하였다.

하나님은 하나님의 관점에서 어리석은 자를 판단하시는데 하늘에서 인생을 굽어살피신다고 하였다. 하나님의 사랑과 지혜의 관점에서 볼 때, 하나님을 부인하는 자들의 어리석음과 그 비극을 알 수가 있다.

1. 하나님이 인생을 살피심

하나님께서 '하늘에서 인생을 굽어살핀다' 고 하였다. 여기서 '인생'이란 인류를 전반적으로 말하는 것일 수도 있고 이스라엘 사람을 구체적으로 지

적 할 수도 있다. 해석의 차이가 나올 수 있는 문제이지만 하나님께서 인류를 굽어살피시는 것으로 보는 것이 좋을 것이다.

하나님이 보시는 인생이 무엇인가? 여기에 대해서 많은 철학자들은 다양한 대답을 하고 있다. 그래서 '인생이 무엇인가?'라는 질문은 가장 어렵기도 하고 또 쉽기도 한 문제가 되고 말았다. 우리는 여기에 대하여 분명한 대답을 해야 한다. 인생 또는 인간이란 하나님의 형상대로 인간을 만드셨는데 여기에 하나님의 인격과 거룩함이 함께 한다. 하나님은 흙으로 사람을 만드시고 그 코에 생기를 불어 넣어 '생령'이 되게 하였다. 그래서 인간은 '살아 있는 영'이고, 하나님의 형상을 반영하는 존재이다.

하나님께서는 이런 인생에게 자유함을 주시고 세상을 다스리는 통치권을 주셨다. 그래서 인간은 하나님의 대리자로서 이 세상을 정복하는 '문화적 사명'을 감당하게 하셨다.

이런 인간들이 자신의 위치를 지키지 못하고 '하나님처럼' 되려다가 범죄하여 타락하였다. 선악과를 따 먹은 것은 단순한 범죄 행위가 아니라 인류를 멸망케 하는 원죄가 되었으며, 이 죄로 인하여 전 인류가 저주를 받게 되었다. 그 후 범죄한 인간의 생각과 행동은 '어리석은 자'의 길을 걷게 되었다. '하나님이 없다'고 내뱉으며 자기 마음대로 살아가려고 하였다. '하나님처럼' 되려고 범죄한 인간이 이제는 '하나님이 없다'고 외치는 비극의 자리에 이르게 되었다.

2. 하나님이 인생을 구원하심

하나님은 사랑과 은혜의 하나님이시기에 타락한 인생을 그대로 버려두시지 않으시고 독생자이신 예수 그리스도를 이 땅에 보내셨다. 십자가의 고난을 통해 인류를 구속하셨기에 '누구든지 저를 믿으면' 영생을 얻게 하셨다. 이것이 인생의 새로운 모습이다.

'인생이 무엇인가?'라는 질문에서 세 가지 특성을 종합한 답이 나온다.

하나님의 피조물, 죄로 타락한 존재, 그리스도의 보혈로 구속받은 존재가 바로 인생이다. 인생의 실체를 바로 보아야 하는데, 모든 인생은 하나님과의 관계를 통해 형성되고 유지되어 간다.

하나님께서는 '하늘에서 굽어살핀다.' 하나님께서는 인생들의 모습을 감찰하시기 위해서 내려와 살피신다. 여기에 대해서는 바벨탑 사건이 보다 구체적으로 묘사하고 있다 창세기 11:5에 보면 하나님께서는 인간들이 세우는 성과 망대를 보시려고 '내려오신다'고 하였다. 하나님께서는 자신을 낮추시어 이 세상의 상황을 조사하기 위하여 강림하시고 살피시는 모습으로 나타나고 있다. 하나님은 이 세상을 굽어살펴서 인생들의 모습을 감찰하신다.

하나님이 굽어살피시는 목적은 '지각이 있어 하나님을 찾는 자가 있는가 보려하심'이다. 여기서 '지각이 있어'란 말은 '슬기로운 사람이 있어' 또는 '지혜로운 사람이 있어'라는 뜻이다.

지각이 있는 슬기로운 사람은 하나님을 진심으로 찾고 믿음으로 사는 자이다. 이 사람은 남들보다 뛰어난 조건이나 능력을 가진 사람이 아닐지라도 그 중심에 하나님이 계시고 모든 것을 하나님의 관점에서 보는 사람이다.

여기서 말하는 '지각이 있는 사람'은 높은 학문이나 전문적 지식 또는 첨단 기술을 가진 사람을 말하는 것이 아니라 일반 상식선에서의 건전한 분별력을 가진 사람을 말한다.

오늘날, 우리가 살아가는 이 세대에서 전문적 지식인들은 많으나 상식선에서의 건전한 판단력을 가진 사람이 많지 못한 것을 볼 수 있다. 하나님이 주신 지혜를 통하여 바른 지각을 가진 사람이 필요하다. 하나님이 찾으시는 자는 '하나님을 찾는 자'이다. 이들은 하나님을 인정하고, 예배하고, 언약 안에서 살고 있는 자이다(시 24:6).

지혜문학에 의하면 하나님을 경외하는 것은 모든 지혜의 근본이라고 하였다. 그래서 하나님을 찾는 자가 지각이 있는 사람이며, 참 지혜로운 자라는 것을 알 수 있다.

하나님께서는 사람을 찾으신다. 하나님을 섬기며, 하나님을 사랑하며, 하나님과 언약적 관계를 유지하는 자들을 찾고 계신다. 이런 사람은 하나님과 다른 사람을 위해서 아름답게 사용된다.

3. 하나님이 인생을 찾으심

하나님께서 사람을 찾으시는 사건이 성경에 있다. 소돔과 고모라의 멸망을 막기 위해서 의인 10명을 찾으신 것에서 알 수 있다. 의인 열 사람만 있으면 그 성을 멸망시키지 않으시겠다는 하나님의 약속이 있다.

하나님이 하늘에서 인생을 굽어살피신다. 세상이 범죄로 인하여 악하여지고 큰 어려움과 고난이 연속될지라도 하나님을 믿고 의지하는 자가 있는지 하나님은 찾으신다. 이런 상황 속에서 하나님이 찾으시는 인생이 되는 것은 가장 큰 축복이다. 인생의 복은 하나님과 함께 함에서 나타나는 데 하나님은 우리들에게 축복의 근원이 되시기 때문이다. '하나님이 없다'고 하는 어리석은 자들이 이 땅에 가득할 때에 진정으로 하나님을 섬기며, 하나님과의 언약적인 관계 속에서 살아가는 자를 하나님이 찾으시기에 이들이 지각 있는 자요 슬기로운 자들이다.

인생을 굽어살피시는 하나님을 바라보는 것이 필요하다. 악하고 어리석은 자들이 가득한 이 땅에서 하나님을 의지하고 사는 것이 가장 큰 축복이기에 우리는 이것을 귀하게 여겨야 한다.

오늘도 하나님은 당신을 찾는 자가 있는가 찾으신다. 그 찾으심은 사랑의 찾으심이요, 구원과 축복을 주시기 위한 것이다. 그러기에 우리는 하나님의 손길을 부여잡고 그 귀한 사랑에 대해 감사하며 살아가야 한다. 인생이 무엇인가? 하나님의 영광을 반영하는 거울이기에 이것을 바로 활용해야 한다.

오직 여호와는 그 피난처가 되시도다

시편 14:3~6

3다 치우쳐 함께 더러운 자가 되고 선을 행하는 자가 없으니 하나도 없도다 4죄악을 행하는 자는 다 무지하냐 그들이 떡 먹듯이 내 백성을 먹으면서 여호와를 부르지 아니 하는도다 5그러나 거기서 그들은 두려워하고 두려워하였으니 하나님이 의인의 세대에 계심이로다 6너희가 가난한 자의 계획을 부끄럽게 하나 오직 여호와는 그의 피난처가 되시도다

여호와께서 하늘에서 인생을 굽어살피시면서 어리석은 사람들이 가득한 이 땅에서 지각이 있는 자가 있어서 하나님을 찾는 자가 있는가 보셨다. 어리석은 자들이 가득하여 '하나님이 없다'고 하면서 스스로 하나님의 자리에 앉으려고 하였다.

이러한 형편을 살펴보신 하나님께서 이제 말씀하신다. 3절에서 "다 치우쳐 함께 더러운 자가 되고 선을 행하는 자가 없으니 하나도 없도다"라고 하셨다. 하나님의 말씀은 객관적 권위를 가지고 있다.

1. 치우친 인간

여호와께서 땅 위의 인생을 굽어보신 후에 평가를 내리셨다. '다 치우쳐'라고 하였다. 이 말은 '곁길로 가다', '빗나가다'는 의미를 가지고 있다. 도덕적 의미에서 '바른 길을 떠나 잘못된 길을 걷는 것'이며, 하나님 앞에서 범죄하는 것을 의미한다.

하나님을 떠나는 것 자체가 범죄이기에 이 땅의 어리석은 자들은 하나님

께 범죄한 존재들이다. 그래서 이들은 '다 치우친' 자들이며, 하나님보다 세상을 향하여 치우친 무리들이다.

또 이들은 '함께 더러운 자가 되었다.' 이 말은 기본적으로 '썩었다'는 뜻이며, 세상이 온통 썩어버려 성함이 없음을 의미한다. 하나님을 떠난 자들은 하나같이 썩어 더러워졌으며, 그들의 생활은 노아 홍수 직전의 세상(창 6:5)과 너무 비슷하다.

하나님을 섬기지 않고 이 세상의 삶에 모든 관심을 모으는 자들은 '선을 행하지 아니한다.' 왜냐하면 그들에게는 선의 개념이 존재하지 않고 모든 것이 자기중심이 되었기 때문이다.

하나님의 평가는 계속된다. 4절에서 "죄악을 행하는 자는 다 무지하냐 그들이 떡 먹듯이 내 백성을 먹으면서 여호와를 부르지 아니하는도다"라고 했다. '죄악을 행하는 자가 다 무지하냐?' 란 말은 '언제나 깨달으랴 저 악한자들' '어찌하여 깨닫지 못 하는가 나쁜 짓 하는 자들 모두'라고 번역되기도 한다. '그러니 그들은 정말 모르는가?' 라는 의미를 가지고 있다.

여기서 우리는 중요한 것을 배우게 된다. 어리석은 자의 문제는 정신적 결함이나 지식이 모자라기 때문이 아니라 깨달음이 없는 데 있다. 이것은 사회적 지위나 다른 능력과는 상관이 없다. 인간이 기본적으로 가져야 할 깨달음이 없기 때문이다.

이 말은 '그들은 이렇게도 이해하지 못하는가?' 라는 의미를 가지고 있다. 인생의 근본 원리를 모르기 때문에 어리석은 자가 되고, 하나님이 없다고 하며 자신을 최고의 표준으로 삼으려고 한다.

2. 어리석은 인간

인생의 근본 원리가 무엇인가? 이것은 하나님과의 관계에서 형성된다. 하나님의 형상으로 지음 받은 인간들이 이 땅에서 하나님의 뜻을 이루고 하나님의 영광을 나타내어야 한다. 이것이 인간의 첫째 되는 의무이다. 이런 의무를 상실한 자는 가장 어리석은 삶을 살 수 밖에 없다.

시인은 이 세상에 어리석은 자가 많은 것에 대해 슬퍼하며, 이런 자들이 의인을 죽이려고 하는 것에 대해 애통하고 있다. 시인은 이른바 믿는다고 하면서도 하나님과 바른 관계를 가지지 못하는 자들의 죄에 대해서 애통해 하고 있다.

범죄 하는 자에 대한 애통은 이사야 선지에게서도 나타난다. "슬프다 범죄한 나라요 허물 진 백성이요 행악의 종자요 행위가 부패한 자식이로다 그들이 여호와를 버리며 이스라엘의 거룩하신 이를 만홀히 여겨 멀리하고 물러갔도다"(사 1:4)고 애통하였다. 이사야는 범죄한 이스라엘 백성들을 소나 나귀보다 못하다고 질타하였다(사 1:3).

악인들은 '그들이 떡 먹듯이 내 백성을 먹으면서' 하나님을 찾지 아니한다. 악인이 동료를 억누르는 것이 마치 빵이나 밥을 먹듯이 습관적으로 쉽게 이루어지고 있음을 지적한다.

이 말씀은 그 시대 상황을 우리에게 보여 주고 있다. 이스라엘의 부패한 지도자들이 주님의 백성을 자기 양식처럼 먹는 모습을 보여주고 있다. 특히 제사장들이 제사 음식을 당연히 먹는 것이기에 여기에 제사장이 포함되어 있음을 알 수 있다. 이들은 하나님의 백성을 잡아먹는 것이 자기의 생명 양식인줄 알지만 그들은 배불리 먹고도 하나님을 부르지 않는다(신 8:3).

3. 두 모습의 인간

시인은 악인과 의인의 삶에 대한 대조를 한다. "그러나 거기서 그들은 두려워하고 두려워하였으니 하나님이 의인의 세대에 계심이로다"(5절)고 하였다. 5절에서는 부정적으로 평가하고, 6절에서는 적극적으로 제시하고 있다.

악인들은 그들의 어리석음 때문에 두려움 가운데서 살고, 의인은 하나님의 임재로 편안한 마음을 가지고 산다. 어리석은 자는 의인을 해하려고 했지만 의인이 하나님에게서 보호받음을 알게 된다.

악인들은 '두려워하고 두려워한다.' 하나님을 떠나 악행을 거듭하는 그들에게 두려움만이 남는다. 악인들이 두려워하는 것은 하나님의 역사 때문임을 알 수 있다. 그러나 하나님께서는 '의인의 세대에 거하신다.' 이것은 악인과 의인의 삶을 대조한 것으로서, 악인들은 두려움 속에 살지만 의인들은 하나님의 함께 하심을 깨닫고 살아간다.

이것이 이 세상 삶의 종국적 비교이다. 악인들이 이 땅에서 하나님의 백성을 핍박하고 영광을 누리고 살아도 그들은 하나님의 나타나심으로 인하여 두려워하고 또 두려워한다. 그러나 하나님의 말씀과 계명을 따라 사는 의인들은 하나님의 함께 하심을 체험한다.

6절에서 "너희가 가난한 자의 계획을 부끄럽게 하나 오직 여호와는 그의 피난처가 되시도다"라고 하였다. 여기서 악인에게 핍박과 조롱을 받고 있는 의인을 '가난한 자'라고 표현하였다. 악인들이 억울하고 외로운 자들의 계획을 늘 좌절시키지만 그것으로 모든 것이 끝나는 것이 아니라 하나님이 그들의 피난처가 되어 주셔서 억울하고 외로운 자들을 보호하신다.

이것은 의로운 자의 삶의 자세를 보여 주고 있다. 이 땅에서 어려움과 외로움을 겪고, 악인들에게서 핍박을 당할 때에 그들은 말로 표현할 수 없는 괴로움을 겪었다. 악인들이 삼킬 듯이 몰아칠 때에 그들은 하나님을 의지하고 바라보았다. 이러한 삶은 여호와께서 그 피난처가 되신다는 확신의 결과이며, 하나님의 주권적 섭리를 믿는 역사이기도 하다. 그래서 어려움 속에서도 하나님을 찬양하는 삶을 살게 된다.

하나님이 없다고 하는 어리석은 자들이 가득한 오늘날, 하나님이 우리의 피난처가 된다는 확신을 가지고 비록 고통을 겪을지라도 하나님을 의지하고 사는 삶이 있어야 한다. 이 세상의 조건을 보는 것이 아니라 상황을 초월하셔서 상황을 변경시키시는 하나님을 바라 볼 때에 이 일이 이루어진다.

우리의 피난처 되신 하나님은 오늘도 우리의 힘이 되시고 능력이 되시기에 감사의 노래를 부를 수 있다.

(29)

포로된 것을 돌이키실 때

시편 14:7

7이스라엘의 구원이 시온에서 나오기를 원하도다 여호와께서 그의 백성을 포로된 곳에
서 돌이키실 때에 야곱이 즐거워하고 이스라엘이 기뻐하리로다

죽을 병에 걸렸던 사람이 치료를 받아 병에서 나았을 때 그 기쁨이 어떨
까? 아니면 오랫동안 교도소 생활을 하면서 사회에서 격리되었던 사람이
어느 날 갑자기 석방이 된다면 그 감격이 어떠할까?

이러한 질문에 대해 어느 누구도 정확한 대답을 할 수가 없다. 왜냐하면
이것은 체험한 자만이 느끼는 감격이기 때문이다. 그러나 우리가 알 수 있
는 것은 형언 할 수 없는 기쁨이 그 사람의 가슴 속에 가득하리라는 것이다.
시편 14편에 이러한 감격이 묘사되어 있다. 7절에 "이스라엘의 구원이 시온
에서 나오기를 원하는도다 여호와께서 그의 백성을 포로된 곳에서 돌이키
실 때에 야곱이 즐거워하고 이스라엘이 기뻐하리로다"라고 하였다.

1. 시인의 애통

시인은 지금까지 개인적 애통 문제를 다루었다. 하나님이 없다고 하는
어리석은 자들이 자기 마음대로 행동하고, 하나님의 백성을 해치는 일들을
계속하였는데 시인은 이런 고통의 와중에서 어려움을 겪었다. 그 마음속에
좌절과 실망 속에서도 하나님은 우리의 피난처라고 선언하며 여기에 매달

렸다.

또 시인은 인간의 지혜 문제도 깊이 생각하였다. 깨달음이 없는 인간들이 자기 멋대로 살아가고 있기에 '그들은 이렇게도 이해하지 못하는가?'라고 안타까워했다. 어리석은 자는 정신적 결함이나 지성의 부재로 인해 문제가 생기는 것이 아니라 바른 깨달음이 없기에 문제가 생긴다는 것을 지적하고 여기에 대하여 애통하였다.

이러한 흐름이 계속되다가 7절에 와서 시인의 관심이 더욱 넓어지고 있다. 시인은 개인적 관심사에서 벗어나 시온에서 나올 이스라엘의 구원을 바라본다. 이런 변화는 하나님의 백성들이 궁극적으로 바라보아야 할 것이 무엇인지를 가르쳐 주는 것이다.

"이스라엘의 구원이 시온에서 나오기를 원하도다"라고 하였다. 이 말씀은 여러 가지로 번역되기도 한다. "바라옵나니 이스라엘의 구원이 시온에서 오기를"(공동번역), 또는 "하나님, 시온에서 나오셔서 이스라엘을 구원하여 주십시오"(표준역)라고 번역되기도 한다. 시온은 하나님께서 자신의 이름을 두신 곳이다. 시온산은 생명과 축복의 원천이다. 이것은 주술적인 것이 아니라 시온에 계신 여호와로부터 구원이 나옴을 뜻한다.

2. 하나님의 구원

구원은 하나님으로부터 나온다. 이 세상 누구의 이름으로도 구원을 받을 수 없고 오직 하나님 한 분만이 우리의 구원자되심을 바로 알 때에 하나님과의 진정한 관계가 형성된다.

시인은 이 세상의 기본 원리를 강조하고 있다. 구원이 시온의 하나님에게서 나오니 하나님께서 일어나셔서 구원 역사를 이루시기를 호소하는 것이다. 하나님이 역사하셔서 하나님의 백성을 구원하시는 놀라운 일이 있기를 바라는 시인의 자세가 나타나고 있다.

"그의 백성을 포로된 곳에서 돌이키실 때에"라는 것은 "당신의 백성을 그들의 땅으로 되돌려 보내실 때"(표준역)처럼 문자 그대로 이스라엘 백성이 포로 생활에서 해방되어 돌아오는 것을 말한다.

'포로 석방'은 역사의 사건이며 인간이 누리는 감격의 절정이다. 포로된 자가 자기능력으로 탈출한 것이 아니라 생각지도 않은 때에 다른 사람의 힘에 의하여 자유를 누리게 되었으니 얼마나 놀랍고 감격스러운 일이 아닌가?

하나님은 당신의 백성을 포로에서 해방시켜 그들의 땅으로 돌아가게 하신다. 이것은 바벨론 포로에서의 해방에서 나타나고 더 멀리는 이집트에서 4백년 이상 포로 생활을 하던 이스라엘 백성을 하나님께서 해방시켰다. 이때 열 가지 재앙을 비롯한 하나님의 특별하신 방법으로 자기 백성을 건져 내셨다.

하나님은 하나님의 방법으로 자기 백성을 구하여 내시고 그것을 통하여 영광 받으시기를 원하신다. 이것은 하나님의 주권적 행위이며 인간의 방법으로는 도저히 이루어질 수 없는 일이다.

이러한 '하나님의 구원'은 체제적인 포로에서의 해방만을 의미하지 않는다. 이 해방은 궁극적으로 '죄에서의 해방'을 의미한다. 죄로 인하여 죽게 된 인간들은 예수 그리스도의 보혈로 구해주는 그 자체가 바로 하나님의 구원 역사이다.

이런 해방의 기적을 체험한 사람들의 감격이 어떠할까? 시인은 "야곱이 즐거워하고 이스라엘이 기뻐하리로다"라고 표현하였다. 야곱과 이스라엘은 같은 인물이며, 그 이름만이 바뀌었을 뿐이다. 그러니 야곱과 이스라엘이 즐거워하고 기뻐하는 놀라운 고백이 나온다.

그 얼마나 기뻤을까? 어느 누구도 그 기쁨을 정확하게 표현할 수 없고 오직 체험자의 가슴 속에 생기는 감격이 그 표시일 것이다. 이 기쁨은 '구원의 기쁨'이다. 사람들이 알지 못하고 체험자만이 아는 기쁨이기에 하나님의 백성들이 가지는 최고의 축복이다. 이런 감격을 하나님께서 자기 백성들에게 주셨다.

3. 인간의 배반

시편 14편은 인간들이 가지고 있는 무신론의 문제를 깊이 다루고 있다. 무신론에 대해서는 여러 가지 이론들이 있으나 시편에 나오는 것처럼 '하나님이 없다'고 하는 것이 가장 정확한 개념이다.

인간은 자신 속에 하나님의 형상을 가지고 있다. 그러나 무신론자들은 이러한 것마저 부정하고 자신이 최고의 존재가 되고자 한다. 그러니 시인의 표현처럼 얼마나 어리석은 자들인가? 하나님을 부인하는 자들에게는 도덕적으로 윤리적으로 부패가 온다. 바른 원리가 정립되지 못하였기에 그 생각과 행동 모두가 부패하고 타락한 것이며, 모든 관심을 자신의 향락에 집중하고 다른 사람 해치는 것을 밥 먹듯이 하는 자들이다.

이런 행위를 하는 것은 그 마음에서 하나님을 부인하기 때문이다. 그러기에 하나님은 그의 안중에 없고 오직 자신이 하나님의 자리를 차지하려고 한다. 그러나 하나님이 역사하실 때에 악인은 두려워하고 두려워한다. 자기 행동의 한계를 알기에 늘 두려워하는 삶을 산다. 이와 반대로 하나님은 의인과 함께 계셔서 피난처가 되어 주시고, 영광을 나타내게 하신다.

오늘의 우리도 포로에서 해방되는 기쁨을 누린다. 육신의 포로만이 아니라 죄의 포로에서 해방되어 새로운 피조물이 되는 변화를 가지고 왔다. 이것은 우리의 노력의 산물이 하나님의 은혜의 축복이다.

이 축복을 받은 사람들은 기뻐하고 즐거워하며, 하나님께 영광 돌리는 삶을 산다. 기뻐하는 것은 하나님의 뜻이다. 그리스도의 기쁨이 우리 속에 가득하여 참 기쁨의 삶을 이 땅에서 이루었으면 하는 것이 우리의 소원이다.

포로된 것을 돌이키실 때에 우리는 감격한다. 그 감격이 하나의 물결이 되어 우리 가슴을 채우고 나아가서 우리 삶 속에 충만해지기를 바라고 있다. 할렐루야.

주의 장막에 머무를 자 누구오며

시편 15:1

1여호와여 주의 장막에 머무를 자 누구오며 주의 성산에 사는 자 누구오니이까

어떤 특정한 장소에 들어가기 위해서는 일정한 조건이 요구될 때가 있다. 특히 종교적 성전에 들어갈 때에 이러한 규정이 강해진다. 신명기 23:2-9절에는 주의 총회에 들어갈 수 있는 자의 자격이 제시되어졌고, 역대하 23:19에는 성전의 여러 문에 문지기들이 있어서 "무슨 일에든지 부정한 모든 자는 들어오지 못하게" 하였다.

이것은 그곳의 거룩성을 강조하는 것으로서 누구나 들어가 그 장소를 더럽히는 것이 아니라 어떤 규제에 따라 출입자를 제한하는 것이다. 이렇게 하는 것은 그곳의 신성을 보존하는 의미를 나타내 보이는 것이다.

1. 시인의 질문

이 시편에서는 "여호와여 주의 장막에 머무를 자 누구오며?"라고 질문을 하고, 여기에 대한 대답들이 나오고 있다. 고대 이스라엘에는 성전 입장 의식이 있었다(시 24:3~5, 사 33:14~16, 겔 18:5~9). 이러한 성전 입장의식은 세 가지 형식을 가지고 있었는데 그것이 시편 15편에서 구체적으로 나오고 있다. (1) 예배자가 제사장에게 성소에 들어갈 수 있는 자격을 묻는다(1절). 성문 앞에 선 수많은 순례자들이 한 목소리로 물을 수 있다. (2) 여기에 대

해 성전 문을 지키는 제사장은 구체적인 요구사항을 제시한다(2~5중). (3) 마지막으로 제사장이 축복한다(5하).

이러한 관점에서 보면 시편 15편은 이스라엘의 공식적인 예배에서 사용되었을 것으로 보이며, 이것이 옛날의 한 의식이 아니라 오늘의 우리들에게도 중요한 교훈을 주는 것이다.

시인은 1절에서 성소에 들어갈 수 있는 조건이 무엇인지를 묻고 있는데, 여기에 대한 대답을 2절 이하에서 하고 있다. "여호와여 주의 장막에 머무를 자 누구오며 주의 성산에 사는자 누구오니이까"라고 하였다.

이 시편은 강한 이중적 수사의문으로 시작한다. 그러나 질문은 두 개일지라도 답은 하나이다. 시인은 순례자를 대표하여 성전에 입장할 수 있는 자격이 무엇인지 제사장에게 질문을 던진다. 이 질문은 하나님의 백성들이 항상 가슴에 품고 있어야 할 것이다.

시인은 "여호와여"라고 불러 하나님께 질문을 하고 있다. 하나님은 모든 문제를 풀어가시는 분이시며, 그분을 통하여 바른 대답이 나올 수 있기 때문이다. 시인은 하나님께 질문을 한다. 이것은 하나님을 최고의 판단자로 생각하는 기본자세에서 나온 것이다.

2. 주의 장막

이 시에서 두 가지 질문이 짝을 이룬다. '주의 장막'과 '주의 성산'이 바로 그것이다. '주의 장막'이란 이스라엘 백성들이 광야 생활을 할 때에 하나님을 만난 곳이다(삼하 7:6). 이것이 솔로몬의 성전 건축 후에는 성막이 성전으로 대치되었다.

그래서 시편에서 장막과 성산이 같이 나타날 때에 이것은 예루살렘 성전을 가리킨다(시 61:4, 사 33:20, 시 2:6, 3:4, 43:3, 48:1). 이곳은 단순한 장소가 아니라 하나님의 구원과 축복을 체험하며, 하나님과 교제를 나누는 거룩한 곳이다.

'주의 장막'과 '주의 성산'은 하나님의 임재를 나타내며, 하나님의 축복을 받는 곳으로서의 특성을 지니고 있다. 이곳은 하나님과 교제하는 곳이다. 그러기에 이곳이 소중하고 하나님의 뜻을 이루는 귀한 곳이다.

하나님과의 교제는 인간이 누리는 최고의 축복이다. 하나님은 자기 백성과 함께 하시고 그들에게 복 주시기를 원하신다. 그러므로 하나님과 함께 함이 최고의 영광임을 분명히 아는 것이 중요하다.

1절에서 '머무를 자'와 '사는 자'를 같이 사용하고 있는데 두 단어는 같은 의미이다. '머무르다'란 단어는 '살다', '들어가다' 등의 뜻이며, '살다'란 '머무르다', '지내다' 등의 뜻이다.

이 두 단어가 주는 의미를 보면 잠시 머무르는 것이 아니라 예배 참여자가 성소 안에 들어가서 하나님의 보호를 받는다는 뜻이다(시 61:4). 이들은 성소의 거룩한 경내에서 '시민의 권리'를 받는다.

이들은 하나님의 품안에 들어온 자들이기에 하나님의 보호를 받는다. 외부의 추격에서 보호받으며 악인의 공격을 당하지 아니한다. 왜냐하면 하나님은 보호자가 되시고, 산성이시며, 방패이시기 때문이다.

하나님의 품에 안긴 자를 해칠 자가 없다. 공중의 권세 잡은 자가 제 아무리 날뛰어도 하나님 앞에서는 아무것도 아니다. 우리의 피난처되신 하나님께서 우리를 지켜 주시기에 우리는 하나님의 자녀로서의 권리를 누린다.

3. 천국 시민권

이러한 원리는 신약에서 '천국 시민권'과 이어진다(엡 2:19, 빌 3:20). 우리들이 이 땅에 살고 있어도 우리의 시민권이 하늘에 있다고 한 바울의 고백이 이 원리를 정확하게 묘사한다.

우리는 이 땅에 살지라도 우리의 시민권은 하늘에 있다. 그래서 우리가 죽을 때에 그곳으로 '돌아간다.' 이 땅에서의 삶은 나그네의 삶이요, 소풍하는 듯한 삶이다. 하나님이 부르시면 이곳을 떠나 하나님의 나라로 가야 한다. 이것은 '거룩한 귀환'이며 '거룩한 이주'이다.

하나님의 백성은 천국시민으로서의 삶을 산다. 이 땅에서 먹고 마시는 삶을 살지라도 그것이 목표가 아니라 하나님의 영광을 위한 것이 목적이어야 한다(고전 10:31).

하나님의 영광을 위한 삶을 위해서 우리는 날마다 하나님을 의지하고 하나님을 바라보아야 한다. 우리가 기준이 아니라 하나님이 기준이 되는 삶이 필요하다.

시인의 질문처럼 주의 장막, 주의 성산에 거할 자가 누구인가? 인간의 계산과 방법으로는 여러 가지 방안들이 나올 수 있으나 하나님 중심적 원리에서 모든 것을 살펴보아야 한다.

인간의 자격이 아니다. 주의 성산에 거할 자는 사회적 지위나 능력, 또는 그의 힘이 문제가 아니라 하나님의 기준에 합당하여야 한다.

하나님은 자기 백성을 사랑하시고, 자기 백성을 향해 축복의 역사를 이루기를 원하신다. 그러기에 우리는 하나님의 역사를 바라보며, 그의 돌보심을 우리에게 채워야 한다.

시인의 간절한 질문은 시편 15편에서 10가지 대답으로 나타난다. 어떤 사람이 하나님의 집에 거하기에 합당한 지에 대해 시인은 매우 구체적인 대답을 하는데, 개인적 윤리, 사회적 윤리를 비롯하여 어떻게 살아야 할 것인지에 대하여 계명적 교훈을 하고 있다.

'주의 장막에 유할 자 누구인가?' 여기에 대해 우리의 관심을 모아야 한다. 이것은 신앙과 생활의 일치를 말하고 있으며, 바른 신앙을 통한 바른 삶을 영위해야 할 것을 의미한다.

이제 우리가 이 땅에 살지라도 천국 시민의 긍지를 가지고 살아가도록 노력해야만 한다.

할렐루야.

정직하게 행하며

시편 15:2

2정직하게 행하며 공의를 실천하며 그의 마음에 진실을 말하며

시편 15편에서는 '주의 장막에 머무를 자가 누구입니까?'라는 주제로 성전에 들어갈 자의 자격 문제를 논하고 있다. 1절의 질문에 대한 대답 형식으로서 10개의 대답이 나오고 있다. 이 대답들은 긍정적 형식과 부정적 형식이 아울러 나오고 있다. 여기에 나오는 여러 가지 조건들은 도덕적이며 영적인 것으로서 의식적이거나 제의적인 것이 아니다.

하나님의 장막에 유할 자가 가져야 할 성격과 행동을 구체적으로 제시하고 있다. 2절에서는 "정직하게 행하며 공의를 실천하며 그 마음에 진실을 말하며"라고 하였다. 여기의 세 가지 구문은 서로 연관을 가진 것으로 우리의 관심을 모우고 있다. 이 세 가지를 함께 묵상해 보자.

1. 정직하게 행함

첫째, 정직하게 행한다. 주의 장막에 유할 자는 '정직'하게 행하는 자이다. '정직' 즉 '온전함'이란 하나님의 장막에 머무를 자의 첫 번째 조건이다.

'온전하다'란 단어는 동물 제사를 드릴 때 흠이 없는 온전한 동물을 의미한다. 또 '온전하다'라는 단어는 윤리적 삶에도 적용된다(창 6:9). 그래서 복있는 자의 모습을 그릴 때에 '행위 완전하여 여호와의 법에 행하는 자가 복

이 있다'(시 119:1)고 하였다. '온전함'이란 진실하게, 정직하게 사는 것을 말한다. 이것은 우리들의 삶의 원리를 바로 묘사하는 것으로서 중요한 의미를 가진다.

하나님의 백성들은 정직하게 행하며 또 행하여야 한다. 이것은 하나님의 백성의 특권이며 축복이다. 하나님의 백성은 일상생활에서 악을 멀리하며 순수하고 정직하게 살아야 한다.

'정직'함이란 우리의 모습을 있는 그대로 받아들이는 것에서 나온다. 연약함은 연약함 대로, 강함은 강한 대로 하나님이 주신 은사를 그대로 인정하고 받아드려야 한다. 많은 사람들은 정직하지 못하여 자신을 과대 망상하거나 과소평가하는 경우가 많다. 우리는 있는 그대로의 자신의 모습을 보아야 하고, 여기서 자기가 가야 할 삶의 길을 바로 보아야 한다.

하나님의 장막에 거할 자는 정직하게 행하는 자라야 한다. 흠이 없는 제물처럼 자신의 삶에서 흠이 드러나지 않도록 날마다 노력하며 하나님의 영광만을 구해야 한다. 우리의 삶에서 하나님 앞에서의 온전함을 추구해야 하며, 이것이 우리 삶의 기본이 되게 해야 한다. '정직'이란 우리 시대에 있어야 할 덕목이다. 이것은 단순한 삶의 형태가 아니라 하나님 앞에서의 진정한 삶이 무엇인지를 보여 주는 거울이다. 정직한 자를 찾기 어려운 오늘의 시대에서 주의 장막에 유할 자가 가져야 할 삶의 참 모습을 '정직'을 통하여 추구 할 수 있다.

2. 공의의 실천

둘째, '공의를 실천하며'이다. 공의란 시편이 중심적으로 가르치는 삶의 원리이다. 공의란 하나님의 언약 공동체에 들어가는 기본 조건이다. 하나님은 의로우시기에 자기 백성들에게도 의롭게 되라고 한다. 하나님은 공의의 하나님이시기에 자기 백성들로 하여금 공의를 행하시기를 원하신다.

'공의를 일삼는 자'는 어떤 사람을 의미하는가? 신약에서처럼 하나님의 은혜로 말미암아 주님으로부터 의롭다함을 받은 자이기보다 하나님의 말씀에 계시된 의를 실천하며 사는 자를 의미한다. 시편에 보면 공의로운 자들은 외식자와 구별이 된다. 남에게 보이기 위해 외시하는 것이 아니라 하나님과의 언약에 따라 살고, 하나님의 규례를 지키기 위해 노력하는 자들이다. 이 사람의 중심에는 하나님이 계시고, 하나님의 법도대로 살아가려고 한다.

우리 시대에 '공의'를 찾을 수 있는가 라는 문제가 제기된다. 사회정의는 붕괴되고 인간의 기본 가치가 상실되는 비극의 양상이 일어나고 있다. 그리하여 하나님의 공의가 필요하며 하나님의 백성들이 이것을 실천하는 노력을 해야만 할 때가 되었다.

오직 하나님의 규례를 생각하고 그 언약에 따라 살면서, 그 규례를 지키려고 하는 자가 하나님의 거룩한 경내에 들어갈 수 있다. 공의를 행하는 자는 자기 의를 나타내기 위함이 아니라 하나님의 원리를 이 땅에 이루려는 노력을 한다. 이것은 하나님의 백성들이 누리는 축복이요 영광이다.

3. 진실을 말함

셋째, '그 마음에 진실을 말하며'이다. 성전에 들어오는 자의 마음은 '진실을 말한다'. 이 말은 '진실을 마음으로 말한다'는 뜻이다. 오직 진실된 말을 통해 자신의 심경을 드러낸다. 하나님의 백성은 마음으로부터 진실성을 가져야 한다. 그래서 그의 입에서 나오는 모든 말이 진실해야 하고, 그 말들은 자기 마음을 송두리 채 나타내는 것이어야 한다. 그러나 외식자들은 '아첨하는 입술과 두 마음으로 말한다'(시 12:2). 외식자들에게는 진실이 없으며 오직 거짓으로 모든 것을 처리하려고 한다. 겉과 속이 다르며 말과 행동이 다른 자들을 가리킨다.

하나님의 백성들은 생각과 행동이 '신실하고' '믿을 수 있기'에 그 사람에게서 나오는 모든 말들은 진실하다. 왜냐하면 그 바탕이 진실하기 때문이다.

우리 시대의 비극은 '진실된 말'이 사라져 가고 있는 점이다. 사람과 사람 사이에 진실이 없어졌기에 '속이고 속는' 관계가 계속된다. 그래서 서로를 믿지 못하여 항상 불신과 의혹의 눈초리로 서로를 감시하고 비방한다.

하나님의 백성들은 마음으로 진실을 말한다. 즉 자신에게 손해가 와도 있는 그대로의 진실을 나타내며 나아가서 하나님과의 바른 관계를 바탕으로 한 삶이 유지된다.

진실한 말은 사람을 감동시킨다. 그 말이 비록 유창하지 못하고 미사여구가 아닐지라도 진실이 전달될 때에 사람들은 감동하게 마련이다. 그러므로 우리들은 세상을 뒤흔드는 웅변보다 우리의 감동을 줄 진실한 말을 원하고 있다. 어린 아이와 같은 순백한 언어이며, 그의 속마음을 함께 담은 진정한 사랑의 언어를 그리워한다. 이것으로 인하여 우리들이 감동을 받고, 그 감동이 하나의 파문으로 널리 퍼져 나가기를 원한다.

하나님의 장막에 유할 자가 누구인가? 여러 가지 대답들이 있으나 2절에서는 세 가지를 강조한다. 정직하게 행하고, 공의를 일삼으며, 그 마음에서 진실을 말하는 자이다. 이 사람은 하나님 중심적인 삶을 사는 사람이다. 하나님의 규례를 가슴 속에 깊이 새기고, 그 말씀에 따라 사는 사람이다. 이 사람은 남보다 뛰어나지 못하고 자랑할 것이 없어도 하나님 중심의 삶을 살기를 원한다.

하나님을 중심하여 살아가는 자가 하나님의 뜻을 이루고, 하나님의 장막에 거하게 된다. 이것은 하나님이 삶의 기초이기 때문이다.

할렐루야.

혀로 남을 허물하지 아니하고

시편 15:3

3그의 혀로 남을 허물하지 아니하고 그의 이웃에게 악을 행하지 아니하며 그의 이웃을
비방하지 아니하며

시인은 '주의 장막에 머무를 자 누구인가?'라는 문제에 대하여 2절에서
일반적인 행동을 제시한 후에 3절에 와서 구체적 행동을 말한다. 2절에는
세 가지 분사형으로서 추상적이고 일반적 원리를 제시하였으나 3절에 와서
보다 구체적인 원리를 말하고 있다.

우리들이 믿음에 대하여 말할 때에 히 11:1을 인용한다. "믿음은 바라는
것들의 실상이요 보이지 않는 것들의 증거"라고 한다. 이것은 우리가 가져
야 할 믿음의 기초적 원리를 말하며 이것을 통하여 바른 삶의 자세를 찾을
수 있다.

다르게 보면 믿음이란 긍정적으로 '무엇을 한다'는 명제(thesis)일 뿐 아
니라, 부정적으로 '무엇을 하지 않는다'는 반명제(antithesis)이다. 그러니
믿음이란 성경이 명하는 것을 하는 것이며, 또 성경이 금하는 것을 하지 않
는 것이다.

시인은 2절에서 의를 실천하는 내면적 원리를 말한 후에 3절에 와서 그
구체적인 행동이 무엇인지를 말하고 있다. 여기서 제시된 주제는 '이웃'이
다. 정직한 마음을 가지고 이웃과 바른 관계를 맺는 삶의 방안을 제시한다.
시인이 제시한 세 가지 태도를 살펴봄으로써 우리의 바른 삶을 모색해 보자.

1. 남을 허물하지 않음

첫째, "그 혀로 남을 허물하지 아니하고"라고 하였다. '허물다'는 동사는 '혀에 걸려 넘어지다'라는 뜻을 가지고 있다. 이 단어는 2절에 나오는 '온전히 행하는 자'와 대조를 이룬다. '허물다'는 말은 나쁜 소문을 퍼뜨리거나 남에게 대하여 나쁘게 말하거나 남의 명예를 실추시키는 일 등을 말한다.

이 땅에서 혀로 범죄하는 경우가 많다. 다른 사람의 행동에 대하여 나쁜 소문을 퍼뜨리고, 자신의 선입관에 의해 남을 비난하고 욕하는 경우들이 있다. 이것은 다른 사람의 명예를 훼손하는 것이며 나아가서 다른 사람의 인격권을 침해하는 것이다.

말을 통해 다른 사람에게 피해를 주는 것은 우리들이 경계해야 할 문제이다. 무심코 한 말이 다른 사람에게 씻지 못할 상처를 주는 경우가 있다. 마치 어린 아이가 장난삼아 호수에 던진 돌이 개구리에게 죽음을 주는 것과 같은 형편이다.

'혀로 남을 허물하는 자'는 '온전히 행하는 자'와 좋은 대조를 이룬다. 혀 즉 말로 다른 사람을 해치기도 하고, 돕기도 하는 데 문제는 무엇을 기준으로 다른 사람을 평가하느냐는 점이다. 사람들이 다른 사람을 평가할 때에 자신의 감정이나 이해관계 혹은 선입관으로 하는 경우가 많다. 그러나 하나님의 백성들은 성경이 기준이 되어야 하며, 성경의 표준대로 모든 것을 보아야 한다. 그러나 우리가 남을 평가하고 판단할 것이 아니다. 판단은 오직 하나님만이 하신다는 사실을 기억해야 한다.

2. 악을 행치 않음

둘째, "그의 이웃에게 악을 행하지 아니하며"라고 했다. 여기서 '이웃'이란 '벗' 또는 '친구'를 말한다. 벗 또는 친구는 서로 가까이 있고 마음속에 있는 것을 나누는 사이이다.

시인은 이웃과의 관계를 강조한다. 서로의 가슴을 열어서 모든 것을 나눌 수 있는 사이가 친구이다. 성경에는 아름다운 친구 관계를 소개한 기사들이 있다. 그 중에서 대표적인 것은 다윗과 요나단의 우정이다. 일반적 관점으로 보면 정치적 라이벌이 될 수밖에 없었던 그들이지만 이해관계를 초월한 그들의 우정은 진정한 친구가 누구인지를 밝히 보여주고 있다. 그러나 오늘날, 패역한 인간들은 친구에게 해를 끼치고 친구를 자신의 이용물로 삼으려고 하는 경우가 많다. 하나님은 이들을 용납하지 아니한다.

주의 장막에 머무를 자는 그의 이웃에게 악을 행하지 않는 자이다. 여기서 '악을 행한다'는 것은 '해를 가한다'는 뜻이다. 친구들에게 해를 가하는 자는 하나님에게 합당한 존재가 아니다.

예수님은 진정한 친구 사이의 원리를 제시해 주셨는데, "친구를 위하여 자기 목숨을 버리면 이보다 더 큰 사랑이 없나니(요 15:13)"라고 하였다. 즉 친구를 위하여 자신을 드리는 사랑의 관계가 귀하고, 이것이 우리 생활 속에 이루어져야 한다.

'이웃'이란 친구만을 의미하는 것이 아니라 넓은 의미에서는 이스라엘 민족 공동체를 말한다. 하나님의 뜻 안에서 한 민족을 형성한 이들은 신앙 공동체인 동시에 민족공동체로서의 특성을 가지고 있다. 이들은 서로를 위해 주어야 하고 사랑으로 돌보아야 한다. 그럼에도 불구하고 형제를 해치는 자는 주의 장막에 머무를 수가 없다.

3. 이웃을 비방하지 않음

셋째, "그의 이웃을 비방하지 아니하며"라고 하였다. 이 말의 뜻에 대해서는 여러 가지 해석들이 있으나 어느 것이 정확한 것이라고 규정하기 어렵다. 그러나 '이웃을 모욕하지 아니하며'라고 보는 것이 타당하다.

사람들은 이웃의 잘못이나 불행을 조롱하고 비웃을 때가 많다. 이런 사람은 주의 장막에 유할 수가 없다. 사람들은 이웃의 불행을 가슴아파하기보다 도리어 조롱하고 그것을 통하여 쾌감을 느끼는 잘못된 자리에 빠지는 경우가 많다.

이웃이 누구인가? 예수님께서 선한 사마리아인 비유를 통하여 이웃이 누구인지를 보여 주었다. 이웃이란 하나님의 형상으로 지음 받은 동료인간들을 말한다. 비록 그들에게 약점이 있다고 해도 그들은 하나님의 백성이요, 하나님의 영광을 위한 존재들이다. 또 그리스도를 머리로 한 지체들이다.

우리는 이웃과 지체가 되었기에 그들의 기쁨이 나의 기쁨이 되고, 그들의 슬픔이 나의 슬픔이 되어야 한다. 그런데도 우리들은 이웃의 아픔을 통해 내가 쾌감을 누리는 있을 수 없는 생활태도를 가지는 경우가 있다.

이웃과의 바른 관계는 하나님과의 관계 다음으로 중요하다. 그러기에 예수님께서 "하나님을 사랑하고 네 이웃을 네 몸과 같이 사랑하라"(마 22:37~40)라고 하시면서 이것이 율법과 선지자의 대강령이라고까지 말씀하셨다.

이웃의 아픔이 나의 아픔이 되는 자세가 필요하다. 우리들은 이웃의 아픔을 함께 하기보다 이웃의 기쁨이 나의 기쁨이 되는 것이 더 어렵다는 것을 안다. 이웃의 아픔, 고통 그리고 기쁨을 함께할 수 있는 자세가 필요하다.

시인은 3절에서 주의 장막에 거할 하나님의 백성의 일상적인 세 가지 삶의 형태를 제시하였다. 그의 혀로 남을 허물하지 아니하는 자이다. 즉 말로서 다른 사람의 명예를 실추시키지 않는 자이다. 또 이웃에게 악을 행치 아니하고, 이웃을 모욕하지 아니하는 자들이다.

이러한 것은 우리들의 사회생활에서 실천해야 할 바른 명제이다. 특히 하나님의 백성으로서 이웃과의 바른 관계를 정립하고, 이것을 통하여 하나님의 영광을 드러내어야 한다. 이웃의 아픔과 기쁨에 내가 함께 할 수 있는 바른 자세가 요구된다.

할렐루야.

33

Meditation on Psalms

여호와를 두려워하는 자들을 존대하며

시편 15:4

4그의 눈은 망령된 자를 멸시하며 여호와를 두려워하는 자들을 존대하며 그의 마음에 서원한 것은 해로울지라도 변하지 아니하며

우리들은 이 땅에서 수많은 사람들을 만난다. 그 만남은 갈등관계로 나타날 수 있고 우호적 관계로 나아갈 수 있다. 그래서 사람의 삶이란 관계이며 만남이다.

시인은 4절 상반절에서 하나님의 백성의 대인관계를 말하고 있다. "그의 눈은 망령된 자를 멸시하며 여호와를 두려워하는 자들을 존대하며"라고 하여 대인관계의 원리와 방향을 제시하고 있다. 사람들이 누구를 좋아 하거나 싫어하는 데에는 자기 나름의 기준이 있다. 그 기준은 사람에 따라 다르지만 중요한 것은 자기중심적이다, 즉 나의 기호에 맞으면 좋아하고 그렇지 않으면 싫어하게 된다. 그러니 자기가 판단의 기준이 된다는 뜻이다.

시인은 주의 장막에 유할 자는 '멸시할 자'와 '존대할 자'를 구별할 줄 아는 사람이다. 그는 '망령된 자'를 멸시하고, '하나님을 경외하는 자'를 존대한다. 그의 이러한 분별력은 자기 자신의 기준이 되는 것이 아니라 하나님 중심적 원리에서 나오는 것이다.

'망령된 자'와 '주를 경외하는 자'는 매우 대조적이다. 그들의 삶의 원리나 행동 그리고 가치관에서 대립적 특성을 가지고 있다. 이들은 혼자만 살아가는 것이 아니라 그들의 공동체를 형성하고 그들 나름대로의 원리와 방

법을 만들어 나가고 있다.

4절에서는 두 종류의 사람들에 대한 구분이 있다. 하나는 '망령된 자'이고 다른 하나는 '여호와를 두려워하는 자'이다. 이들이 나누이고 또 그에 따른 대응방안이 다르기 때문에 이것을 구체적으로 살펴 볼 필요가 있다.

1. 망령된 자를 멸시

첫째, '망령된 자를 멸시'한다. 여기서 망령된 자가 누구인가에 대하여 여러 가지 논란들이 있다. 여러 번역본에 보면 '야훼의 눈 밖에 난 자', '하나님께로부터 버림을 받은 자', '악인' 등으로 묘사되어 있다.

그러니 언약적인 관계에서 보면 하나님과 이스라엘 사이에 있는 언약을 파기하고, 부인하는 자로서 이스라엘의 예배공동체에 들어 올 수 없는 자를 말한다. 하나님은 자기 백성들과 언약을 맺으셨다. 그래서 서로 약속을 지키시고 그 약속을 이루기 위해 노력한다. 그러나 인간들은 이 약속을 파기하여 하나님과의 관계가 단절되는 비극에 빠진다. 여기서 문제가 생기고 하나님을 떠나 자기 마음대로 사는 문제가 발생한다. 하나님께서는 당신과의 언약을 파기한 자들을 언약 공동체에서 제외시키신다. 이들은 악인으로서 하나님에게서 내어쫓김을 당하고, 이스라엘의 예배 공동체에 참여할 수가 없다.

시편 1편에 보면 의인과 악인의 대조가 나온다. 그 대조는 4절에 비하여 추상적일 수 있다. 여기서는 하나님으로부터 버림받은 자를 '망령된 자'라고 규정하고 그들에게 어떻게 대응해야 할 것이지를 보여주고 있다.

시인은 "그의 눈은 망령된 자를 멸시하며"라고 하였다. '멸시하다'란 '얕보다', '깔보다', '아무것도 아닌 것으로 생각한다' 등의 뜻을 가지고 있다. 왜 망령된 자를 아무것도 아닌 것으로 보아야 하는가? 이것은 의인이 남보다 뛰어나고 훌륭해서가 아니라 우리들의 삶의 근거가 되신 하나님에게서 떠났기 때문이다.

인간의 존재는 하나님과 함께 할 때에 참 가치가 나타난다. 왜냐하면 하나님은 우리 존재의 근원이시기 때문이다. 인간은 하나님으로 말미암아 생명을 얻고 귀하고 아름다운 존재가 되었다. 그래서 하나님의 영광을 위해 살아가며 하나님을 모든 것의 근원으로 삼고 있다.

이러한 하나님을 외면하고 하나님과의 언약을 파괴한 존재는 인간의 가치를 상실하였다. 비록 그가 온갖 능력과 높은 지위를 가지고 있을지라도 하나님에게서 버림받으면 그 모든 것은 아무런 쓸모가 없어진다.

아무런 가치가 없는 존재이기에 하나님의 백성들은 그들을 아무것도 아닌 것으로 대우한다. 이것은 망령된 자를 무시하는 것이 아니라 있는 그대로 대우하는 것으로 보아야 한다.

하나님의 백성은 하나님 중심적인 가치관을 가지고 있기 때문에 모든 것을 하나님을 표준으로 하여 평가한다. 하나님을 떠난 자는 아무것도 아니다. 자랑하는 모든 것이 헛되기 때문에 우리는 그것을 부러워하지 않고 도리어 경멸하게 된다.

2. 여호와를 두려워하는 자 존대

둘째, "여호와를 두려워하는 자를 존대한다." 의인은 하나님을 두려워하는 자를 귀하게 여긴다. 여기서 '존대한다'는 말의 뜻은 '그가 훌륭하다고 말하다' 또는 '그의 이름에 대해 좋게 말하다'는 의미이다.

의인은 여호와를 두려워하는 자를 귀하게 여긴다. 왜냐하면 그들 속에는 하나님의 생명이 있고, 하나님이 주신 존귀함이 있기 때문이다. 그래서 그들을 귀하게 보고 그들의 존귀함을 보다 아름답게 평가하게 된다. '여호와를 두려워하는 자'는 하나님의 언약관계 속에서 살아간다. 이들은 하나님을 삶의 표준으로 삼고 있으며 어떤 상황이 와도 하나님 제일주의로 살아간다.

우리는 여기서 하나님의 백성들이 누구와 교제해야 할 것인가? 라는 문제에 직면한다. 하나님의 백성은 하나님을 경외하는 자와 사귀어야 한다.

그 이유는 서로가 지향하는 목표가 같고 삶의 방식이 같기 때문이다. 우리는 사람과의 인간관계를 통하여 서로 영향을 주고 영향을 받는다. 그러므로 누구와 교제하고 누구의 영향을 받느냐 라는 것은 매우 중요한 일이다.

의인이 하나님을 경외하는 자를 높이는 것은 그들과 교제하며 서로 적극적인 영향을 주고 받는 것을 의미한다. 하나님의 백성들이 하나님을 중심으로 사귀며 그것을 통해 이 땅에 하나님의 나라를 확장하고, 하나님의 뜻을 이루어 나가게 된다.

3. 함께 함의 삶

이 땅에서의 삶은 우리 혼자만의 삶이 아니라 서로 함께하며, 나누며, 섬기는 삶이다. 그러므로 누구와 함께 하느냐가 매우 중요하다. 하나님의 백성은 하나님의 백성과 함께 해야 한다. 수학에서 '동류항의 법칙'이 있다. 같은 것 끼리 모이는 법칙이다. 이와 같이 하나님의 백성은 하나님의 백성과 함께 모이고, 여기서 서로의 장점을 배우고 약점을 보완하는 노력을 하게 된다.

이 땅에서의 아름다운 교제를 하기를 우리는 원하고 있다. 하나님을 사랑하는 사람끼리의 교제는 섬김과 나눔으로 이루어지고 서로의 약점을 덮어주고 장점을 개발하게 된다. 또 하나님의 언약을 중심으로 살기 때문에 죄악에서 멀어지기 위해 노력한다.

주의 장막에 유할 자는 분명한 가치관을 가지고 인간관계를 유지한다. 눈에 보이는 것에 집착하는 것이 아니라 영원한 세계를 바라보고 그것을 목적으로 하여 나날을 살아간다. 이들의 가슴 속에는 하나님의 언약이 있기에 이것을 지키고 확산시키는 노력을 하게 된다.

할렐루야.

마음에 서원한 것은

\\\\ 시편 15:4하~5상 ///

4내가 여호와께 간구하매 내게 응답하시고 내 모든 두려움에서 나를 건지셨도다 5이자를 받으려고 돈을 꾸어 주지 아니하며 뇌물을 받고 무죄한 자를 해하지 아니하는 자이니 이런 일을 행하는 자는 영원히 흔들리지 아니하리이다

하나님의 장막에 유할 자의 자격에 대하여 시편 15편은 여러 가지로 표현하고 있다. 여기에는 원리적 문제도 있고 실제 적용하는 실천적 문제도 있다. 중요한 것은 하나님 중심적인 원리를 가지고 이것을 실제 생활에 적용하느냐라는 문제이다.

시인은 4절 하반절에서 5절 상반절까지 도덕적 원리를 제시하고 있다. 여기서 주목되는 것은 '아니하며'로 이어지는 세 소절이다. 세 개의 부정적인 소절로 이어지는 것은 구약에서 가끔 나타난다(시 22:25, 115:7, 131:1 등). 그러나 시편 15편에서는 세 소절로 나누는 것이 두 번이나 나온다.

4절 하반절과 5절은 십계명이 강조하는 '아니하며'라는 금지 조항과 비슷하다. 또 시편 1편에 나오는 복 있는 사람의 '아니하며'라는 부정적 세 소절과도 연관이 있다.

시편 15편에는 성전에 들어오려는 자의 열 가지 조건들이 제시되어 있다. 긍정적인 조건 5개와 부정적인 조건 5개가 조화를 이루고 있는데 이것은 마치 십계명에서 하나님에 대한 계명과 인간에 대한 계명이 조화를 이루고 있는 것과 비슷하다.

4절 하반절 이하에 나오는 '아니하며'라는 교훈들은 우리들이 실제 생활에서 지켜야 할 중요한 가르침이다. 이것을 구체적으로 살펴보려고 한다.

1. 서원을 지킴

첫째, "그의 마음에 서원한 것은 해로울지라도 변하지 아니하며"(4하)라고 하였다. 이 말은 번역하기에 매우 어렵다. 우리 말 번역들을 보면 '손해를 보아도 맹세를 지키고', '맹세한 것은 해가 되더라도 지키고', '비록 손해 보는 맹세라도 지키고' 등으로 표현되고 있다.

이 구절은 하나님의 백성이 지켜야할 신앙적 원리를 말한다. 다른 사람과의 관계에서 맹세한 것은 비록 자기에게 손해가 와도 지키는 자세를 교훈한다.

우리들은 하나님과 사람 앞에 맹세를 하였으나 여러 가지 이유들로 인하여 이것을 지키지 못할 때가 있다. 이것은 자신의 이익을 추구하는 이유 때문이기도 하고, 아니면 자신의 상황이 달라졌기 때문이기도 하다.

사람들은 자신의 이익에 민감하다. 자기에게 손해가 온다면 친구와 동지를 배반하기도 하며, 어제 가까이 했던 사람에 대해 오늘 등을 돌리는 경우가 허다하다. 그러나 하나님의 백성은 비록 자기에게 손해가 온다고 해도 한번 맹세한 것은 지킨다. 왜냐하면 그 맹세란 단순히 사람끼리의 약속이 아니라 하나님 안에서의 약속이기 때문이다.

하나님의 백성은 자기 유익에만 치우치는 것이 아니라 하나님 앞에서의 약속을 귀하게 여긴다. 하나님의 백성들의 말과 행동은 사람끼리의 약속이 아니라 하나님의 것이기에 이것을 존중하고 지키려고 노력한다.

2. 이자를 받으려고 돈을 꾸어 주지 아니하며

둘째, "이자를 받으려고 돈을 꾸어 주지 아니하며"(5절 상)라고 하였다. 이 말씀과 잇따라 오는 말씀은 아주 구체적 교훈인데 경제적이며 법적인 문제를 말하고 있다. '이자를 받으려고 돈을 꾸어주지 아니하며'라는 이것을 보다 쉽게 번역하면 '돈 놀이 하지 않으며', '이자를 받으려고 주지 않으며', '이자를 받으려고 제 돈을 내어 놓지 않으며' 등으로 표현할 수 있다.

모세의 율법을 보면 같은 이스라엘 사람에게 이자를 받는 것은 금지되어 있다(출 22:25, 25:36, 신 23:19, 레 25:36-37). 이자 징수는 이스라엘 밖의 사람들에게만 허용되었다(신 23:19-20). 이것은 동족이 경제적 고통을 겪는 것은 우리가 도울 수 있는 기회이지 이것을 계기로 하여 자신의 재산을 늘릴 것이 아니기 때문이다. 그러나 이와 같은 규정이 잘 지켜지지 않고 이자 문제로 인한 여러 가지 상황이 나타났다(잠 28:8, 겔 18:13, 22:12 등). 히브리어에서 '이자'란 '물어뜯는다'라는 동사에서 나왔는데, 이것은 채무자가 탐욕스럽게 강탈하는 것을 뜻한다(합 2:7).

엘리야의 경우를 보면 빚진 자가 채권자에게 모든 식구를 다 종으로 팔릴 위기 상황이 나타난다(왕하 4:1~7). 또 에스겔의 경우에는 공동체가 가지고 있는 가장 심각한 죄 가운데 하나가 이자를 받고 돈을 빌려주는 것이었다(겔 18:7~8).

"이자를 받으려고 돈을 꾸어 주지 아니하며"라는 규정은 고리대금을 금하는 것이지 정상적인 상거래로 돈을 빌리는 것을 금하는 것이 아니다. 고리대금은 이스라엘 사회에서 금지되어 온 것인데, 이것은 이자를 받고 돈을 빌려주는 것이 근본적으로 나쁘다는 것이 아니라 이것을 빌미로 가난한 형제를 착취해서는 안 된다는 뜻이다. 따라서 같은 히브리인에게 돈을 빌려줄 때에는 이자 없이 저당만 잡게 한다(신 24:6). 즉 돈은 다른 사람을 돕기 위해서만 빌려준다. 그러니 하나님의 백성은 돈을 빌려주되 고리대금을 하지 않는다는 것이다.

3. 무죄한 자 해하지 않음

셋째, "뇌물을 받고 무죄한 자를 해하지 아니하는 자"이다(5 중). 이것은 무죄한 사람을 해치기 위하여 거짓 증거하고 돈을 받는 것을 가리킨다. 여기에는 재판하는 법정의 문제가 제기된다(출 23:8, 신 16:19, 27:25). 아무 잘못도 없는 사람을 괴롭히기 위하여 돈을 받고 거짓 증언을 하는 자를 말한다. 뇌물은 한 사회를 부패시키는 요인이 된다. 뇌물을 주고받으면 공의가 훼손되고 정당한 예우를 받아야 할 사람이 억울함을 겪게 된다. 뇌물은 정상적인 돈이 아니라 이른바 '검은 돈'이라고 부를 수 있는 돈이다. 이 돈은 아무리 세탁을 해도 근본적으로 옳은 돈이 아니기에 문제가 있다.

하나님의 장막에 들어가기 위해서는 정상적인 경제생활을 해야 한다. 이것은 단순히 경제 질서의 유지에 목적이 있는 것이 아니라 공의의 하나님을 믿는 자들의 생활 방법이어야 한다.

오늘날 경제 질서가 파괴되고 경제정의가 제대로 되지 못한 것은 하나님의 뜻을 생각하기보다 자신의 이익 추구에 집착하여 각종 부정과 부패를 나타내기 때문이다.

하나님의 백성은 정상적인 상거래를 통하여 하나님의 공의를 나타내어야 한다. 정상적인 방법으로 이익을 추구해야 하고, 그것을 통해 이 땅에 경제정의가 실현되어져야 한다.

하나님 앞에 나아오는 자는 그 마음에 맹세한 것은 비록 손해가 있어도 지켜야 하고, 고리대금을 해도 안 되며, 뇌물을 받아서도 안 된다. 가난한 이웃에게 고리대금을 하는 것은 이웃을 착취하는 것이다.

의인은 정직한 방법으로 돈을 벌어야 한다. 그래서 그것으로 하나님의 사업을 이 땅에 이루어야 한다. 우리는 '청빈'이 아니라 '청부' 즉 '깨끗한 부자'가 되기 위해 노력해야 한다.

바른 경제원리가 우리들의 삶에서 구체화되기 위해 날마다 우리의 삶을 되돌아보며, 하나님과 이웃을 먼저 생각해야 한다.

흔들리지 아니하리이다

시편 15:5하

5이자를 받으려고 돈을 꾸어 주지 아니하며 뇌물을 받고 무죄한 자를 해하지 아니하는
자이니 이런 일을 행하는 자는 영원히 흔들리지 아니하리이다

하나님의 백성들은 무엇을 믿으며 어떻게 살 것인가? 라는 중요한 명제
를 안고 있다. 이것은 하나님의 자녀들이 가슴 깊이 품어야 할 문제로서 단
순한 논리가 아니라 삶의 실천으로서의 의미를 가지고 있다.

시편 15편은 '주의 장막에 머무를 자 누구인가?'라는 명제 아래 10가지
의 자격 기준을 제시하였다. 이것은 마치 십계명처럼 긍정적인 5개의 기준
과 부정적인 5개의 기준을 제시하였다. 이러한 규례들은 하나님의 백성들
이 가슴 속에 깊이 간직하고 삶의 현장에서 실천해야 할 문제들이다.

시인은 이러한 열 가지 규례들을 제시한 후에 이 시의 결론으로 "이런 일
을 행하는 자는 영원히 흔들리지 아니하리이다"(5 하)라고 하였다. 이것은 이
시편의 최종적 결론으로서 하나님의 백성에게 올 삶의 풍성함을 의미한다.

1. 어떻게 살아야 하는가?

'이런 일을 행하는 자'란 '이렇게 사는 사람' 즉 '이것들을 실행하는 사
람'을 의미한다. 하나님의 백성들이 행하여야 할 삶의 기본 된 자세를 교훈
하는 것이다. 그러면 하나님의 백성들은 어떻게 살아야 하는가?

하나님의 백성들의 삶의 원리는 신앙과 생활의 유일한 규범인 성경에 교훈되어 있다. 성경은 어떻게 믿을 것과 어떻게 살 것을 교훈하는 책으로서 우리들의 표준이 된다.

하나님의 백성들은 성경의 가르침대로 살아야 한다. 그대로 살지 못할지라도 말씀대로 살려고 노력해야 한다. 우리는 성경의 가르침을 모두 지키지는 못해도 하나님의 말씀을 우리 삶의 원리로 삼고 실천하려는 노력을 해야 한다. 그러면 성경이 가르치는 주제가 무엇인지를 분명히 알아야 한다. 신구약 성경은 주옥같은 많은 교훈을 하고 있는데 그 원리는 하나님을 사랑하고 이웃을 사랑하는 일이다. 예수님은 이것을 율법과 선지자의 대강령이라고 하였다.

하나님의 백성은 하나님을 사랑해야 한다. 하나님께서는 당신의 형상대로 사람을 지으시고 그 사람을 통해서 영광 받으시기를 원하신다. 또 하나님께서는 범죄하여 타락한 인간을 구속하시기 위해서 그 아들 예수 그리스도를 이 땅에 보내시고 그를 통하여 구원의 역사를 이루셨다. 그러기에 '하나님은 사랑'이시며, 그 사랑을 받은 우리가 더욱 감사하며 하나님께 영광을 돌려야 한다.

2. 하나님을 사랑하는 방법이 무엇인가?

우리들이 하나님을 사랑하는 방법이 무엇인가? 사람마다 여러 가지 방법을 제안할 수 있겠으나 먼저 예배를 통해 하나님을 사랑해야 한다. 예배는 우리들이 누릴 수 있는 최고의 영광이요 축복이다. 하나님의 백성은 예배를 통해 하나님께 고백하고 또 하나님의 음성을 듣게 된다. 예배란 하나님과 만나는 축복의 장소이며, 하나님과 교제하는 영광의 자리이다.

그러므로 우리는 예배의 감격에 빠져야 한다. 예배란 습관적 행동이 아니라 하나님과 만나는 감격의 순간이다. 이러한 감격이 우리의 생활에서 퇴색되는 경우가 많다. 늘 드리는 예배라서 그 감격이 사그라질 때도 있고, 예배를 통해 주시는 하나님의 역사에 둔감할 때도 있다. 오늘의 우리는 하나님과 만나는 예배의 감격을 가져야 한다. 이것은 단순한 행동이 아니라 우리 삶의 최고의 영광임을 밝히 알아야 한다.

우리들이 하나님을 사랑하는 다른 방법은 우리의 삶을 통해서이다. 우리의 삶은 옛 사람을 벗어버리고 새 사람을 입었으며, 그리스도 안에서 새로운 피조물이 되었다. 그래서 사도 바울은 하나님의 백성을 가리켜서 '그리스도의 향기'라고 하였다.

'향기'는 그 존재 자체에서 나타난다. 무엇을 하지 아니해도 그 존재를 통해 하나님의 향기가 나타난다. 하나님의 백성들은 그리스도의 향기로서의 삶을 살아가야 한다. 우리 속에 가득한 그리스도의 생명이 온 세상에 향기로 퍼져야 한다.

하나님의 백성의 삶은 이러한 향기처럼 생명에 이르는 것이어야 하고, 하나님의 뜻을 이루는 바탕이어야 한다. 우리의 삶이 섬김과 나눔을 통해 다른 사람에게 향기로 전달될 때에 이것이 하나님의 사랑이며 은혜이다.

'이런 일을 행하는 자' 즉 이렇게 살아가는 자에게 하나님의 축복이 온다. 시인은 이것을 "영원히 흔들리지 아니한다"라고 표현하고 있다. '흔들린다'는 표현은 비유법이다. 즉 이것은 재앙을 당하는 것에 대한 비유이며(잠 10:30), 반대로 '흔들리지 않는다'는 것은 안전과 행복을 말하는 비유법이다.

3. 삶의 결과가 어떠한가?

하나님이 제시한 방법대로 사는 자는 흔들림이 없이 안정된 삶을 살아가지만 하나님을 떠나 사는 자는 이 땅에서 고통과 멸망의 길이 있음을 가리킨다. 예수님은 영원하신 반석이기에 누구든지 주님을 의지하고 살면 평안과 축복을 받는다. 하나님의 말씀대로 사는 자는 주님의 품에 안겨 안락한 삶을 살아간다.

하나님의 성소에 들어가는 하나님의 백성은 어떤 어려움에서도 보호받고 영원한 생명을 얻는다. 이 세상에 변화가 많고 각종 어려움이 올지라도 하나님의 백성은 하나님의 은혜의 그늘 아래서 보호를 받는다. 주의 장막 즉 시온은 흔들리지 않는다. 비록 외부의 적이 침공하고 여러 가지 고통이 와도 시온의 주인되신 여호와께서 굳게 지키시기 때문에 하나님의 백성은 보호를 받는다.

우리는 이 말씀에서 주의해야 할 것이 있다. 이 말씀은 우리들의 삶이 고통이나 어려움이 없이 언제나 안전하고 안락하게 유지된다는 뜻이 아니다. 의인들도 어려움을 겪고 흔들릴 수 있다(시 13:6). 원수들은 이것을 기뻐하고 의인의 몰락을 바라고 있다.

시인은 '누가 주의 장막에 머무르이까?'(1절)라고 질문하였고, 제사장은 '의로운 자가 거할 것'이라고 대답한다(2~5 중). 마지막으로 이러한 삶을 사는 사람은 하나님의 임재 가운데 살면서 흔들리지 않을 것이라고 약속한다(5 하). 시인은 고통 속에서 애가를 불렀다. 그 애가는 단순한 인간의 노래가 아니라 그 어려움을 통해 하나님께 나아가는 신앙의 전환점이 된다. 어려움이 단순한 어려움으로 우리를 에워싸면 우리는 고통의 와중에 함몰하고 만다. 여기에 하나님의 위대한 역사가 나타나 우리를 지켜 주신다.

우리들이 살아가는 이 세상은 불확실성의 연속이다. 우리의 내일이 어떻게 될지 모르지만 온전하고 정직한 삶을 살아갈 때에 하나님의 백성은 요동하지 아니한다.

의를 행하는 자가 하나님의 성소에 들어간다. 시인의 의의 원형을 열 가지로 제시하고 있다. 이 모든 조건은 예수 그리스도 안에서 이루어졌다. 그리하여 우리는 새로운 피조물로서 하나님의 영광을 나타내는 삶을 살아가고 이 길을 계속 달리게 된다.

할렐루야.

주는 나의 주님이시오니

시편 16:1~2

1하나님이여 나를 지켜 주소서 내가 주께 피하나이다 2내가 여호와께 아뢰되 주는 나의 주님이시오니 주 밖에는 나의 복이 없다 하였나이다

　　시편 16편은 '신뢰의 시' 또는 '확신의 시'로 분류된다. 이 시의 형식은 애가의 요소에서 발전되어 있다. 시인은 위기 중에서 하나님의 보호를 호소하였는데 이것은 이 땅의 사람들이 문제를 극복하는 가장 중요한 요소이다.

　　시인은 지금 심각한 위기에 봉착해 있고 여기서 벗어나기 위해 하나님께 기도하는 신앙의 자세를 보여준다. 그래서 이 시를 애가시로 보는 사람이 많다. 사람들이 이 땅에서 살아갈 때에 생각지도 않은 위기 상황에 처할 때가 있다. 이것은 자신의 잘못으로 오는 경우도 있고, 주변의 사정 또는 악한 자의 모함으로 인해 어려움을 겪을 때가 있다.

　　이러한 위기 상황에서 벗어나기 위하여 여러 방법들을 동원한다. 인간의 방법으로 위기 상황을 돌파하려고 해도 이것은 결국 실패하고 만다. 우리는 문제 해결의 근원이 하나님께로 부터 온다는 사실을 직시하며 이 시편을 묵상할 필요가 있다.

1. 주께 피하나이다

　　시인은 1절에서 "하나님이여 나를 지켜 주소서 내가 주께 피하나이다"

라고 하였다. '하나님이여 나를 보호하소서'란 개인 애가의 전형적인 서문이다(시 17:8, 140:4, 141:9). 시인은 하나님을 향하여 다른 호칭이 없이 '하나님이여'라고 부른 것은 매우 다급하고 절박한 고백이다. 하나님께 바로 호소하는 것으로 자기의 가슴 속에서부터 처절한 외침을 보내는 것이다.

'보호하소서'란 '안전하게 지키다', '돌보다' 등의 뜻을 가지고 있다. 어렵고 힘든 상황에서 하나님을 향하여 '지켜주소서'라고 호소하는데 이것은 우리들의 가장 절박한 호소이다.

환자가 심하게 아플 때에 체면이나 다른 무엇을 개의치 아니하고 고함치며 아픔을 호소하듯이 시인이 당한 어려움의 자리에서 하나님께 호소하는 내용이다. 시인은 하나님만이 자신의 문제를 해결해 주시고 궁극적으로 승리케 하시는 분이심을 믿었기에 이런 호소를 할 수 있었다. '하나님이여 나를 지켜주소서'라는 외마디 속에 시인의 고통과 하나님을 향한 확신이 묻어 있다.

시인은 "내가 주께 피하나이다"라고 하였다. 그가 주님께 피하기 때문에 주님께서 그를 보호해 주시기를 구하는 것이다. 이 시편을 자세히 보면 시인은 두 가지 위험에 직면하고 있다. 하나는 혼합주의의 위험(3~4절)이며 다른 하나는 죽음의 위험(10절)이다. 시인이 이런 위험 속에 빠져 있는지 아니면 그 위험에서 벗어난 것인지 정확하게 알 수 없으나 고통 중에서 하나님을 의뢰하며 하나님의 도움을 기다리는 호소를 드렸다.

'내가 주께 피하나이다'란 말은 그의 기도요 호소이다. 사람들이 어려움을 당하면 어떤 장소로 피하는데 여기서는 하나님께로 피하는 것으로 나타난다. 이것은 '하나님께서 안전하게 지켜 주실 줄 믿습니다'라는 고백이다. 하나님은 우리의 피난처되시고 피할 요새가 되시기 때문에 우리의 진정한 피난은 하나님뿐이시다. 주님의 성소로 피하였기에 주님의 보호를 간청하고 나아가서 하나님의 역사를 간구하였다.

우리들이 피할 곳이 어디인가? 이 땅의 그 어느 곳도 우리의 진정한 피난처가 되지 못한다. 오직 하나님만이 우리의 피난처가 되시기에 우리는 그 하나님을 믿고 의지하며, 하나님이 우리를 도와주시기를 호소하는 것이다.

2. 주께 아뢰나이다

시인은 2절에서 "내가 여호와께 아뢰되 주는 나의 주님이시오니 주 밖에는 나의 복이 없다 하였나이다"라고 했다. 시인은 자신의 간절한 심정을 하나님께 아뢴다.

'내가 여호와께 아뢰되 주는 나의 주님이시오니'라는 말씀을 주목하면 '여호와'와 '주'라는 단어가 연속으로 나온다. 시인은 하나님께 자신의 정성을 모아 아뢴다. 자신의 호소를 강조하는 것으로서 기도의 전형이 된다.

시인은 '주는 나의 주님이시오니'라는 신앙고백을 한다. 이 고백은 하나님을 섬기지 않는 자들이 '누가 우리의 주인가?'(시 12:4, 140:6)라고 생각하는 것과 대조를 이룬다. 시인은 주님이 나의 주인 즉 통치자가 되시기 때문에 나에게 주님의 뜻을 요구하실 수 있을 뿐만 아니라 우리를 지켜 주신다는 것을 믿고 있다.

'당신은 나의 주시다'란 고백은 단순한 고백이 아니라 우리의 삶 전부를 드리는 고백이다. 나의 모든 것을 주장하시는 주님이시기에 이 주님을 의지하고 사는 것이 중요하다. 이 고백은 자신의 전부를 드리는 것으로 중요한 의미를 가진다.

'하나님, 당신은 나의 주님이십니다' 라는 고백을 통하여 하나님의 손길에 사로잡힌 우리의 삶을 볼 수 있다. 내가 살아있는 것은 나 혼자만의 삶이 아니라 하나님이 우리와 함께 계시기에 더욱 귀하고 아름다운 것이다. 우리는 하나님을 향해 신앙을 고백하고 사랑을 고백해야 한다. '하나님, 당신은 나의 주님이십니다. 내가 주님을 사랑합니다' 라는 고백을 해야 한다.

3. 주께 복을 비나이다

시인은 계속하여 "주 밖에는 나의 복이 없다 하였나이다"라고 고백한다. 시인은 자신의 신앙적 자세를 다시 한번 분명히 하고 있다. 이 말은 '내 복은 진정 당신에게만 있습니다'라는 의미이다. 또 '당신을 떠나서는 나에게 행복이 없습니다'라는 뜻이다.

하나님이 누구인가? 우리에 '복' 그 자체이다. 하나님이 우리에게 행복 그 자체가 되심을 기억할 필요가 있다. 하나님은 우리에게 행복이시기에, 이 하나님을 통해 진정한 축복을 받을 수 있다. 하나님은 선하신 분이시고, 모든 좋은 것을 가지신 분이다. 우리는 이러한 하나님을 믿고 의지한다. 우리 하나님은 '나의 주'가 되셔서 우리를 보호하고 우리에게 풍성한 복을 주신다.

이 땅에서 어려움을 겪을지라도 하나님의 보호하심을 믿는 하나님의 백성은 하나님께 피한다. 하나님은 우리의 피난처가 되시고, 피할 산성이시기 때문이다. 그 뿐 아니라 하나님은 모든 복의 근원이시고 축복 그 자체이시다. 하나님과 함께 함 자체가 복이기에 우리는 하나님과의 동행을 감사히 여기고, 그 은혜 속에 동참한다.

우리는 시인처럼 '하나님은 나의 주님이십니다'라고 고백해야 한다. 이 고백을 통하여 하나님의 참 사랑에 감사하고, 하나님의 축복에 감격하게 된다. 이런 하나님이 계시기에 우리는 하나님께 피하고 '나를 보호하소서'라고 호소한다. 이 하나님이 오늘도 우리를 보호해 주시니 하나님과의 동행의 감격을 체험한다.

어려움을 겪을 때에 신앙으로 극복하는 용기를 가지자. 고통만을 바라보지말고 고통의 언덕 너머에서 역사하시는 하나님을 바라보자. 하나님은 나의 복이시기에 더욱 그러하자.

할렐루야.

성도들은 존귀한 자들이니

시편 16:3~4

3땅에 있는 성도들은 존귀한 자들이니 나의 모든 즐거움이 그들에게 있도다 4다른 신에게 예물을 드리는 자는 괴로움이 더할 것이라 나는 그들이 드리는 피의 전제를 드리지 아니하며 내 입술로 그 이름도 부르지 아니하리로다

사람들마다 각기 살아가는 방법과 원리가 있다. 그것에 따라 사람의 존재 가치가 달라지고 그 삶의 내용이 달라진다. 시인은 2절에서 '당신은 나의 주이십니다'라고 고백하여 자신의 신앙을 더욱 분명히 하였다. 이어서 3~4절에서 하나님을 섬기는 자와 다른 신을 섬기는 자의 대조적인 운명을 말하고 있다.

인간의 삶이란 하나님을 섬기는 것과 하나님을 배반하는 것으로 나누인다. 이것은 하나님을 기준으로 하여 하나님을 믿느냐 믿지 않느냐에 따라 정반대의 삶이 있음을 보여주고 있다.

시인은 인간들의 삶이 가지고 있는 두 가지 형태를 구체적으로 설명하고 있는데 이 시편을 통해 우리들이 취해야 할 삶의 길을 배울 수 있다.

1. 땅에 있는 성도

시인은 3절에서 "땅에 있는 성도는 존귀한 자들이니 나의 모든 즐거움이 그들에게 있도다"라고 하였다. 여기서 문제가 되는 것은 '땅에 있는 성도'가 누구냐 라는 점이다. 여기에 대하여 신학자들 사이에 많은 논란이 있으

나 '성도'를 '이스라엘 사람들'로 보는 것이 좋을 것이다. 성경에서 이스라엘 백성을 '거룩한 자들'로 부른 경우가 많다(레 19:2, 민 16:3, 신 33:3, 시 34:10, 대하 33:3). 그러니 여기서 '성도'란 이스라엘의 언약 공동체로 보는 것이 좋다.

시인은 2절에서 '하나님, 당신은 나의 주이십니다'라고 고백한 후에, 3절에 와서 성도와의 관계를 말하고 있다. '성도'란 자신의 거룩을 통하여 되어지는 것이 아니라 하나님의 거룩이 우리에게 덧입혀질 때에 되어진다.

우리가 거룩해지는 원인은 우리에게 있는 것이 아니라 하나님이 우리를 구원해 주시고 거룩하다고 인쳐 주실 때에 우리가 거룩한 존재가 되는 것이다. 이러한 성도는 '존귀한 자'이다. 하나님은 자기 백성을 존귀하게 여기시고 돌보아 주신다. '존귀한 자'라는 말은 '존귀한 사람들' 또는 '위대한 이들'이라고 번역된다.

하나님께서 우리를 구원하셔서 존귀하게 하셨기에 우리의 삶 역시 하나님 안에서 존귀하게 되었다. 이렇게 존귀함을 받게 된 성도는 이 땅에서 그리스도의 향기로서 살아가며 빛과 소금의 역할을 다하게 된다.

존귀한 존재로서의 성도는 진정한 감사와 기쁨의 삶을 산다. 우리가 보잘 것 없고 또한 자랑할 것이 없어도 하나님의 영광을 덧입어 존귀한 존재가 되었으니 이것을 보다 넓게 선포하는 것이 중요하다.

하나님의 백성은 교만하여 자기의 높음만을 자랑해서는 안 된다. 반대로 자기 열등감에 빠져 스스로를 과소평가해서도 안 된다. 하나님의 백성은 보잘 것 없고 자랑할 것이 없어도 하나님으로 말미암아 존귀한 존재가 되었으니 그 귀함을 간직할 필요가 있다.

2. 나의 모든 즐거움

시인은 "나의 모든 즐거움이 그들에게 있도다"라고 하였다. 이 말은 '나의 기쁨' 또는 '나의 모든 즐거움'이라고 번역 할 수 있는데, 성도는 다른 하나님의 백성들의 기쁨이 되며, 하나님을 영화롭게 하는 존재이다. 바울은 성도들을 가리켜 '나의 기쁨이요 면류관'(빌 4:1)이라고 하였다. 이것은 단순한 표현이 아니라 하나님의 백성들은 하나님 안에서 귀하고 아름다운 존재라는 것이며 여기서 참다운 그리스도인의 향기가 나온다는 의미이다. 시인에게 존귀한 성도들은 기쁨의 대상이다. 그들을 통하여 하나님의 사랑을 체험하고 이것을 확신시키는 놀라운 역사를 나타낸다. 우리 역시 다른 사람에게 기쁨이 되어야 한다.

누구의 사랑을 받고 있다는 것 자체가 행복이며 기쁨이다. '레미제라블' 이라는 명작을 쓴 빅톨 위고는 "인생에 있어서 최고의 행복은 우리가 사랑받고 있다는 확신이다" 란 말로 그의 작품을 마무리 하였다. 사람의 사랑을 받는 것이 최고의 행복일 진데 하나님의 사랑을 받는 성도의 존귀함과 행복은 그 무엇에 비교할 수 있을까?

3. 피의 전제를 드리지 않음

시인은 4절에서 "다른 신에게 예물을 드리는 자는 괴로움이 더할 것이라 나는 그들이 드리는 피의 전제를 드리지 아니하며 내 입술로 그 이름도 부르지 아니하리로다" 라고 하였다.

'다른 신에게 예물을 드리는 자' 란 '다른 신을 섬기는 자들' 또는 '다른 신을 뒤쫓는 자들'이라는 의미이다. 하나님을 섬기지 아니하고 다른 신을 섬기는 자들에게 '괴로움이 더하게' 된다. 여기서 '괴로움이 더할 것'이라는 말은 '그들의 슬픔이 클 것'이라는 뜻이다. 우상숭배를 하는 자들에게는 기쁨과 감사가 생기는 것이 아니라 고생을 하고 슬픔이 커지는 고통만이 뒤따른다.

하나님은 자기 백성에게 절대적 순종을 요구하시기에 하나님을 믿는 사람은 다른 신과의 관계를 배제해야 한다. 하나님이 제일 싫어하는 죄는 우상숭배이다. 우상숭배는 하나님을 거역하는 것이며 하나님의 존재를 부인하는 행동이다.

인간의 행복은 살아계신 하나님과의 관계에 달려 있기에 하나님을 섬기지 않고 다른 신을 섬기는 자에게는 고통과 슬픔만이 있을 뿐이다. 왜냐하면 하나님을 떠나 다른 신을 섬기는 자체가 죄이기 때문이다.

시인은 저들이 드리는 '피의 전제'를 드리지 않는다. '피의 전제'란 구체적으로 어떤 성격의 제물인지 분명하지 않으나 '우상에게 피를 쏟아 바치는 제사'이다. 우상을 섬기는 자들은 피에 특별한 능력이 있다고 믿어 피를 쏟아 바치는 제사를 드렸을 가능성도 있다.

이러한 제사는 하나님을 거역하는 행위이며 하나님이 제일 미워하는 일이다. 그럼에도 불구하고 하나님을 섬기지 않는 자들은 이런 행동을 계속하니 그들에게 고통이 올 수밖에 없다.

시인은 계속하여 "내 입술로 그 이름도 부르지 아니하리로다"라고 하였다. 하나님을 섬기지 않는 사람들은 신의 이름을 부를 때에 소원이 이루어진다고 믿고 있다. 이러한 주술적 신앙은 하나님을 섬기는 일을 거역하고 인간의 의지만 강조한다.

시인은 거짓 신을 예배하며 그들의 이름을 그의 입술로 부르는 것조차 거부하였다. 호세아 선지자도 이와 같은 고백을 하였다. "내가 바알의 이름을 저의 입에서 제하여 다시는 그 이름을 기억하여 일컬음이 없게 하리라"(호 2:17)고 한 말씀에서 볼 수 있다.

시인은 하나님과의 언약사상에 분명히 서 있다. 당시 사람들은 이방신을 믿었지만 시인은 그들과 구별되었고, 이방신에 대한 제사는 물론 그 이름조차 부르지 않고, 오직 여호와 하나님만을 의지하였다.

3절과 4절에서 두 가지 삶의 양상이 나타난다. 하나님을 섬기는 자의 존귀함과 이방신을 섬기는 자의 허망함이 있다. 이것은 만날 수 없는 평행선이며 출발지와 도착지가 다른 열차와 같다. 하나님의 백성은 존귀한 자이다. 그러니 이 땅에서 하나님의 존재와 영광을 드러내기 위해서 귀하고 아름다운 삶을 영위해야 한다. 할렐루야.

나의 산업과 나의 잔

~~~
시편 16:5~6
~~~

5여호와는 나의 산업과 나의 잔의 소득이시니 나의 분깃을 지키시나이다 6내게 줄로
재어 준 구역은 아름다운 곳에 있음이여 나의 기업이 실로 아름답도다

사람들이 이 땅에서 살아갈 때에 필요한 것은 사람 사이의 신뢰이다. 서
로를 믿을 수 있고 또 믿어야 바른 관계가 유지될 수 있다. 신뢰가 없으면
서로 말을 할지라도 진심이 통하지 않고, 속마음을 열고 교통하는 일이 일
어나지 않는다.

하물며 사람들이 하나님에 대한 신뢰가 없을 때에는 진정한 가치 있는
삶을 살 수가 없다. 내가 하나님을 향하여 '주여, 당신은 나의 주인이십니
다. 내가 주를 사랑합니다'라는 고백을 할 때에 하나님의 백성으로서의 아
름다운 삶이 이루어진다.

시인은 하나님과의 교제를 강조하였다. 이것은 인간 삶의 기본이며, 이
것을 통해 다른 사람들과의 교제가 이루어진다는 사실을 생각할 때에 참 교
제가 무엇인 지를 깨닫게 한다.

1. 나의 산업, 나의 분깃

시인은 5절에서 "여호와는 나의 산업과 나의 잔의 소득이시니 나의 분깃
을 지키시니이다"라고 하였다. 시인은 시어(詩語)를 통하여 하나님과의 관

계를 아름답게 묘사하고 있다. 시인의 은유는 '산업', '잔', '분깃' 등으로 표현되고 있다. 이런 은유를 통하여 하나님이 얼마나 선하신 분이신 지에 대해 말씀하고 있다.

시인은 '여호와는 나의 산업'이라고 하였다. '나의 산업'이라고 하면 그 뜻을 이해하기 어려우나 현대 번역들에서 사용한 '내가 받을 분깃', '내가 받을 유산의 몫', '제 유산의 몫', '나의 택한 몫' 등이 매우 자연스럽다. 이 단어를 보다 쉽게 풀이하면 '오 주여, 당신이 나의 몫을 할당해 주셨나이다'가 된다. 이스라엘 백성이 요단강을 건너 가나안 땅에 정착하고, 여호수아를 통하여 땅을 분할하였다. 이때 레위 지파를 제외한 11지파에게 땅을 나누어 주었다. 레위 지파의 몫은 바로 '주님'이었다(신 10:8~9).

이러한 입장에서 볼 때 주님은 그의 백성들의 기업(렘 10:16 상)이고, 이스라엘은 제사장 나라(출 19:6)로서의 특권을 가지고 있다. 이와 같은 축복과 특권에 대한 신뢰를 하나님께 고백하고, 그것을 통해 신앙을 구체화한다.

시인은 '나의 잔의 소득이시니'라고 하였다. 이 말은 '내가 마실 잔', '나에게 필요한 모든 것을 주신다', '제 잔' 등으로 번역되고 있다. 이 단어는 '내 산업', '유산'과 같은 뜻이다. 즉 '몫'이라는 의미이다.

그러면 여기서 '잔'이란 무엇을 의미하는가에 대한 논의들이 많이 있다. '잔'을 '축복'으로 보는 해석도 있다. 주님께서 축복으로 나를 채우신다는 고백이 가능하다. 또 잔을 마셔야만 하는 '운명'으로 이 말은 '내가 어떻게 살아야 할 지 당신이 정하신다' 또는 '내가 어디로 가야 할 지 길을 만드신다'는 것으로 해석할 수 있다.

또 잔을 '축제의 상징'으로 보고 축제에 동참하는 자들이 식사 때에 돌리는 주의 잔으로 볼 수 있다. 이것은 하나님의 함께 함이며 형제자매들과 이어져 있음을 상징한다.

시인은 '나의 분깃을 지키시나이다'라고 하였다. '나의 분깃'이란 현대어 번역에서 '나의 몫', '나의 운명은 주의 손 안에 있다', '저의 주사위를 잡고 계신다' 등으로 번역되고 있다.

'분깃'이란 이스라엘 지파들이 제비를 뽑아 땅을 상속받던 것을 보여주는 단어이다. 하나님께서는 이스라엘 백성에게 분깃을 주었을 뿐만 아니라 이것을 붙드시고 지켜 주시는 분이다. 이것은 하나님께서 우리들의 과거만 지키시는 것이 아니라 앞으로 미래와 그 길을 보장하신다는 의미이다. 하나님은 언제나 자기 백성을 지키신다. 옛날에 지켜 주신 하나님은 현재도 지키시고 나아가서 미래에도 영원토록 지키시는 분이다.

이러한 신뢰의 고백은 하나님의 백성들의 삶 속에 역사하시는 주님의 권능과 영광을 노래하는 것이다. 힘들고 어려운 일이 계속되어도 하나님을 향한 신뢰를 고백하는 것은 하나님의 백성의 중요한 삶의 자세이다.

2. 삶의 자취, 삶의 향기

시인은 6절에서 "내게 줄로 재어 준 구역은 아름다운 곳에 있음이여 나의 기업이 실로 아름답도다"라고 하였다. 시인은 자신이 살아온 삶의 자취를 생각하고 인생을 주장하시는 하나님을 찬양한다.

시인은 스스로를 생각할 때에 '복된 인생'으로 보았다. 옛날 이스라엘 백성들에게 땅을 분배하심으로 축복을 나누어 주신 하나님께서 자신의 인생을 주관하시고 축복해 주심에 대하여 감사하는 삶을 고백한다.

시인은 옛날 이스라엘 백성이 가나안 땅에 들어가서 땅을 분배받은 것을 은유로 설명하고 있다. '줄'은 땅을 측량하기 위해 사용하는 줄이라는 의미이다. '줄로 재어 준 구역'은 '나에게 떼어 주신', '줄로 재어서 나에게 주신 그 땅' 등으로 번역되고 있다. 시인은 단순히 땅만을 말하는 것이 아니라 하나님이 주신 모든 것의 아름다움을 강조하였다.

'아름다운 곳'이라고 하였는데, 이것은 '아름다운, 달콤한'이란 뜻을 가지고 있으나 여기서는 '기름진 땅'이라는 의미이다. 하나님이 주신 축복의 역사는 풍성하여 하나님의 백성으로 하여금 기름진 땅에서의 소출을 바라게 한다.

3. 나의 기업, 나의 축복

시인은 계속하여 '나의 기업이 실로 아름답도다'라고 하였다. 이 말도 여러 가지로 번역되는데 '흡족하게 마음에 듭니다', '나는 빛나는 유산을 물려받았습니다', '저의 재산이 퍽이나 마음에 듭니다' 등으로 나타나고 있다.

시인은 '아름다운' 구역을 할당받았다. 그는 약속의 땅에서 노른자의를 받았고, 그의 기업은 아름다웠다. 실제로 아름다운 곳에 위치했는지는 정확하게 알지 못하지만 하나님이 주신 것을 감사하게 받을 때에 그것이 아름답게 된다. 하나님의 백성의 기업은 하나님의 땅에 있기 때문에 아름답고 귀하다. 하나님은 자기 백성들을 풍성하게 하시고 좋은 것으로 채워 주신다.

우리의 삶이 하나님의 뜻 안에서 아름답게 이루어지기 위해서 하나님을 영화롭게 하는 삶을 살아야 한다. 이것은 사물보다도 사물을 보는 자세 즉 관점의 문제이다. 어떤 관점에서 보느냐에 따라 신뢰관계가 형성된다.

시인은 하나님을 향해 신뢰의 고백을 하였다. 하나님이 자신을 지키시고 모든 것을 축복의 역사 가운데서 보호하시기에 이것은 아름답고 귀한 것이다. 하나님을 향한 신뢰의 고백은 사람과 사람 사이에도 매우 중요한 역할을 한다. 하나님을 믿는 자는 동료 인간과도 바른 관계를 유지하는 것이 중요하다. 그래서 '사랑은 관계'이다. 바른 관계를 통해 사랑을 극대화해야 한다.

우리들의 삶에서 신뢰 관계가 필요하다. 이것은 하나님을 믿는 자의 고백이요 자랑이다. 그러기에 하나님을 신뢰하고 형제에게 신뢰를 줄 수 있는 삶을 살아 나아가자.

여호와를 송축하라

시편 16:7~8

7나를 훈계하신 여호와를 송축할지라 밤마다 내 양심이 나를 교훈하도다 8내가 여호와
를 항상 내 앞에 모심이여 그가 나의 오른쪽에 계시므로 내가 흔들리지 아니하리로다

우리의 삶의 목적은 하나님을 찬양하며 영광 돌리는 데 있다. 이 땅의 삶
이 단회적인 것이 아니라 하나님의 영광을 위한 영원한 것이다. 즉 인간은
하나님의 나라에 가서까지 하나님의 영광을 드러내게 된다.

시인은 하나님께서 자신에게 준 땅에 대하여 생각하고 감사하다가, 생각
의 방향을 바꾼다. 즉 하나님을 생각하게 되고 하나님을 찬양하게 된다.

1. 여호와를 송축하라

7절에서 "나를 훈계하신 여호와를 송축할지라 밤마다 내 양심이 나를 교
훈하도다"라고 하였다. 이것은 하나님의 백성이 하나님께 드리는 찬양이
며, 신앙의 고백이다.

시인은 자신의 과거를 돌아보고 자신에게 베푸신 하나님의 사랑과 은혜
를 생각하였고, 지금까지 인도해 주신 하나님의 손길을 체험하였다. 하나님
은 지혜로우신 방법으로 백성을 인도 하신다.

이스라엘 백성들이 이집트에서 오랜 세월동안 종살이 하였을 때에 하나
님은 자기 백성을 특별한 방법으로 인도하셨다. 이집트 백성들에게 열 가지

재앙을 내리셨고, 홍해를 육지같이 건너게 하셨으며, 40년의 광야생활에서도 불기둥과 구름기둥으로 인도하여 주셨다. 하나님은 하나님의 방법으로 자기 백성을 인도하신다. 이것은 인간과의 논의를 통해서가 아니라 하나님만이 가지시는 독특한 방법에 의해서이다.

시인은 깊은 밤에 자신의 가슴 속에 들려오는 하나님의 음성을 듣는다. 하나님의 세미한 음성은 하나님의 백성의 가슴 속에 감동과 파문을 일으킨다. 그 음성은 우리들의 삶을 일깨우고 우리의 부족과 연약함을 바로 보고 하나님을 의지하도록 한다.

2. 여호와께 기도하라

하나님의 음성을 들은 자는 하나님께 기도할 수밖에 없다. 하나님의 사랑과 자비하심을 깨달았기에 우리 삶의 전부를 하나님께 의지할 수밖에 없다. 기도는 하나님의 백성의 호흡이다. 그리하여 이 기도를 통해 하나님과 교통하고 하나님의 사랑을 노래하게 된다.

시인은 '나는 여호와를 송축할지라'고 하였다. 모든 것이 하나님으로부터 왔으니 하나님을 찬양하지 않을 수 없다. 느헤미야는 "주여 주의 영화로운 이름을 송축하올 것은 주의 이름이 존귀하여 모든 송축이나 찬양에서 뛰어남이니이다"(느 9:5)고 하였다.

'송축하다'라는 말은 하나님이 행하신 놀라운 일들을 찬양하고 하나님이 주신 복을 인정하는 것이다. 하나님의 모든 역사를 인정하고 나의 삶이 하나님의 손길에 있음을 찬양하는 것이 하나님의 백성들의 삶의 모습이다.

시인은 '훈계하신 여호와'를 송축한다고 하였다. 여기서 '훈계하다'는 말은 여러 가지 번역으로 표현되고 있다. '좋은 생각을 주시는 주님' '저를 충고해 주시는 주님' 등으로 번역되고 있는데 이 말은 '나를 지도해 주시며', '나를 조언해 주신다', '나를 가르친다' 등의 뜻을 가지고 있다. 하나님은 나를 충고해 주시고, 지도해 주시며, 내가 어떻게 해야 좋을지 알 수 없을 때에 하나님은 내가 가야 할 길을 가르쳐 주신다. 이것이 우리의 축복이요 감사의 요새이다.

시인은 "밤마다 내 양심이 나를 교훈하도다"라고 하였다. 여기서 '양심'이란 감정의 중심이며 내적 자아를 가리킨다. '밤마다'란 '매일 밤' 또는 '깊은 밤'의 의미를 가지고 있다. 그러니 하나님께서는 밤마다 우리의 가슴에 훈계하시고 타이르시며, 갈 길을 가르쳐 주신다.

이러한 하나님을 송축해야 한다. 하나님의 은혜와 사랑을 깨달았으니 하나님께 기도하며 감사하여야 한다. 깊은 밤 우리에게 세미한 음성으로 속삭이시는 하나님의 음성을 듣고 그 하나님께 감사하고 찬양하여야 한다. 우리가 가야 할 길을 알지 못하고 다른 길로 갈 때에 하나님은 우리를 훈계해 주신다. 우리의 삶이 어려움을 겪고, 어떻게 해야 좋을 지 알 수 없는 상황에 빠졌을 때에 하나님의 훈계하시는 음성에 귀를 기우려야 한다. 하나님은 어려움을 이기는 길을 가르쳐 주시고, 우리와 함께 하심으로써 우리를 주관해 주신다. 이 하나님을 송축하자.

3. 여호와께 감사하라

시인은 8절에서 "내가 여호와를 항상 내 앞에 모심이여 그가 나의 오른쪽에 계시므로 내가 흔들리지 아니하리로다"라고 하였다.

시인은 어려움의 자리에서 하나님을 만났고 기도로 하나님과 대화하였다. 이것은 시인이 받은 최고의 축복이며 영광이다. 그러나 여기서 한 걸음 더 나아가 하나님과 영원한 교제를 나눌 것을 기대하였다. 시인은 여호와께서 항상 함께 하심을 생각하였다. '항상 내 앞에 모심이여'라는 말은 매우 의미심장하다. 언제나 나와 함께 하시는 분이라는 뜻을 가지고 있다. 하나님을 내 마음에 모시고 사는 사람은 진정한 축복을 받은 사람이다. 왜냐하면 하나님은 우리의 주관자이시며 우리의 길을 인도하시는 분이시기 때문이다.

자기 뜻대로 사는 사람은 하나님을 마음에 모시지 않는다. 자기 뜻대로 모든 것을 생각하고 판단하기 때문에 하나님 보다 자기를 내세우고 자기중심적으로 살아간다. 그러나 하나님을 믿고 의지하는 사람은 자신의 부족함을 바로 알고 오직 하나님의 뜻을 생각하며 하나님의 임재를 생각한다. 그래서 마음을 하나님께 집중하고 하나님의 영광만을 바라보게 된다.

시인은 "그가 나의 오른쪽에 계시므로 내가 흔들리지 아니하리로다"라고 하였다. '내 오른쪽에 계심으로'는 '내 옆에 당신이 계시면', '나의 곁에 계시니'라는 의미이다. 여호와께서 내 옆에 계시는 것은 나를 도와주시고 굳게 붙잡아 주시는 것을 말한다.

여호와는 우리가 어려움을 겪을 때에 영광스러운 자리인 우편에 계셔서 우리들을 지켜 주신다. 하나님의 도움은 우리에게 가까이 있다. 멀리 계신 하나님이 아니라 곁에 계셔서 우리를 지켜 주시는 분이다.

시인은 '내가 흔들리지 아니하리로다'라고 하였다. 이 말은 '내가 죽지 아니하리라'는 뜻이다. 시인은 생명의 위협 앞에서 고통을 겪고 있으나 하나님께서 함께 하시고 지켜 주심으로 죽지 아니하리라는 확신을 고백하였다.

하나님이 우리를 지켜 주실 때에 어떠한 어려움이 와도, 죽음의 바람이 몰려와도 이것을 이기게 된다. 왜냐하면 하나님은 우리의 생명을 주장하시는 분이시고 또 우리를 지키시는 분이시기 때문이다.

우리는 우리를 훈계하시는 하나님을 송축하자. 우리가 가야 할 길을 알지 못할 때에 하나님은 우리의 지도자가 되시고 인도자가 되어 주신다. 그리하여 우리는 하나님을 찬양하며 영광을 돌린다.

하나님이 내 우편에 계심으로 우리들이 흔들리지 아니한다. 이 하나님을 믿고 의지하며 하나님의 영광만을 바라보자. 이러한 삶이 날마다 계속되어지기를 소망하자.

나의 마음이 기쁘고

시편 16:9~10

9이러므로 나의 마음이 기쁘고 나의 영도 즐거워하며 내 육체도 안전히 살리니 10이는
주께서 내 영혼을 스올에 버리지 아니하시며 주의 거룩한 자를 멸망시키지 않으실 것
임이니이다

　　이 땅에서의 삶은 사귐이다. 사람은 혼자서 살 수 없고 다른 사람과의 사
귐을 통해 삶을 유지한다. 그래서 그리스의 고대 철학자는 인간을 가리켜
'사회적 존재'라고 하였다. 사귐이란 다르게 표현하면 '관계'이다. 이 '관
계'는 하나님과 인간 사이에서 이루어지고 나아가서 인간과 인간 사이에서
구체화된다. 이러한 관계에서 가장 중요한 것은 믿음이다.

　　하나님과 인간 사이의 관계도 믿음을 바탕으로 하여 이루어지고, 사람과
사람 사이의 관계도 믿음이 바탕이 된다. 부부 사이의 관계도 믿음이 바탕
이 된다. 부부 사이에 믿음이 없고, 연인 사이 그리고 친구 사이에 믿음이
없다면 이것은 속임수요 기만에 불과하다.

　　하나님이 가장 싫어하시는 것은 다른 신을 섬기는 우상숭배이다. 하나님
과 인간 사이에 다른 것이 개입할 수 없다. 이와 같이 부부 사이나 연인 사
이에 다른 것이 개입할 수 없고 오직 둘 만의 관계이다. 이것이 아닐 때는
거짓이요, 농락이다.

　　믿음을 바탕으로 한 관계는 사랑이 있고 희생이 있다. 다른 사람 즉 내가
사랑하는 사람을 위하여 나의 모든 것을 드릴 수 있는 자기희생이 가능하지
만 믿지 못하는 불신관계는 불화의 기초가 된다. 시인은 하나님과 한 평생
교통할 것을 확신하였기 때문에 기뻐하고 즐거워한다고 하였다. 지난 세월

동안 하나님이 보호하여 주신 것처럼 미래에도 하나님이 지켜 주실 것을 확신하였다.

1. 나의 마음이 기쁘고

시인은 9절에서 "이러므로 나의 마음이 기쁘고 나의 영도 즐거워하며 내 육체도 안전히 살리니"라고 하였다. '나의 마음이 기쁘고'에서 시인의 마음은 하나님이 주신 기쁨을 받아(시 4:7), 즐거운 찬양으로 하나님께 영광 돌리는 것을 말한다. 기쁨의 원천이 되신 하나님께서 우리들의 마음속에 기쁨을 주실 때에 더 이상의 축복이 없다.

인간들은 기쁨을 얻기 위하여 여러 가지 방법들을 사용한다. 어떤 이는 알코올을, 어떤 이는 오락을, 또 마약이나 도박 등 온갖 방법을 사용하지만 이것은 목마른 자가 소금물을 마시는 것과 같다. 인간이 주는 기쁨은 유한하고 또 변하기 쉽다. 그러나 하나님이 주시는 기쁨은 영원하고 변함이 없다. 왜냐하면 하나님 자신이 변치 않는 분이시기 때문이다.

"나의 영도 즐거워하며"라고 했다. 이 말은 현대어 번역에 여러 가지로 나타나고 있다. '이 넋이 즐거워', '이 마음 기쁨으로 가득차고', '제 영혼 뛰놀며' 등의 번역들이 있다.

앞에 나오는 '나의 마음이 기쁘고'와 연결하여 해석할 때에 '하나님이 주신 영광을 받아들이며 그 보답으로 하나님을 영화롭게 하는 것'으로 볼 수 있다. 하나님이 주시는 기쁨으로 인하여 내 마음 속에 기쁨이 충만하고 나아가서 하나님의 영광을 드러내는 하나님의 백성의 삶의 모습을 묘사하고 있다.

2. 육체도 안전하며

나아가서 이렇게 되면 "내 육체도 안전히 살리니"라는 축복이 온다. 이 말은 우리의 육체적인 삶에 아무런 염려와 걱정이 없고 주님께서 주신 땅에서 평안히 거하게 된다는 의미이다. 하나님의 백성은 하나님의 임재를 체험하였기에 미래에도 하나님이 지켜 주실 것을 확신한다. 이러한 낙관적 자세는 하나님을 믿는 믿음에서 근거한다. 죽음의 고통이 올지라도 하나님이 지켜 주신다는 확신이 있기에 그 고통을 이기고 승리의 삶을 살게 된다.

하나님이 하나님의 백성의 마음속에 기쁨을 주심으로 우리의 마음이 기쁘고, 그 기쁨을 통해 하나님께 영광을 돌리는 삶을 살게 된다. 이러한 삶은 영적 문제에만 국한되는 것이 아니라 우리 육신의 삶도 안전하게 되는 총체적 기쁨의 삶을 누리게 된다.

이 땅에서 하나님의 백성들이 사모하고 추구해야 할 삶의 표본이 바로 이런 것이다. 하나님에게서 기쁨을 얻고, 그 기쁨을 통해 하나님께 영광을 돌리고, 육신의 삶도 평안을 누리는 삶이 바로 그것이다.

3. 영혼을 지키시니

시인은 10절에서 "이는 주께서 내 영혼을 스올에 버리지 아니하시며 주의 거룩한 자를 멸망시키지 않으실 것임이니이다"라고 하였다. 이 시에서 시인은 죽음을 생각하고 있다. 그러나 그는 죽음의 두려움에 갇혀 있는 것이 아니라 도리어 확신에 차 있다.

이 구절의 시작이 '이는'이란 단어이다. 여기에 대한 해석이 여러 가지로 나와 있으나 많은 주석가들은 급사하지 않을 것을 바라는 것으로 해석하고 있다. 시인은 마음속에서 죽음의 공포에서 벗어나기 위하여 믿음으로 나아가고 있다. 시인이 집중적으로 생각하는 것은 갑작스럽고 불운한 죽음에서 벗어나는 데 있다. 죽음의 그늘이 몰려올 때에 여기에 함몰되지 않고 생명의 근원이 되신 하나님을 바라본다.

시인은 죽음의 그림자가 드리우는 험악한 여건 속에서 죽음을 이기신 하나님을 바라보았다. 시인은 한 평생을 하나님과 교통하며 살았다. 이것이 바로 문제를 해결하는 열쇠이다. 하나님과의 교통에서 죽음보다 높은 차원의 삶을 바라본다. 그러기에 시인에게 죽음이란 큰 문제가 되지 않았다. 시인은 하나님과의 교제를 통하여 죽음의 문제를 해결하였다. 시인은 하나님을 철저히 의지함으로써 죽음에 대한 두려움을 이기고 있다.

시인은 "내 영혼을 스올에 버리지 아니하며"라고 하였다. 이 말은 하나님께서 자기 종이 때가 되기 전에 죽게 하시지 않는다는 뜻이다. 살아있는 동안 하나님과의 교제가 끊어지지 않고 끝나버리지 않는다는 것을 강조한다.

'스올'은 죽은 자가 가는 곳이다. 그러나 이것은 묘지를 의미하지 않는다. 죽음의 세력이 나의 생명을 삼키지 못하게 하신다는 의미이다.

시인은 "멸망시키지 않으실 것임이니이다"라고 하였다. 이 말은 '구덩이' 혹은 '무덤'을 의미하는데, 거기서 '멸망'이 있다는 의미이다. 이 구절이 부활과 연관이 있느냐에 대해서 논란이 많다. 그러나 시인은 죽음으로부터 부활을 생각하였다. 인간의 삶이 죽음으로 끝나는 것이 아니라 생명의 본체 되신 하나님으로 인해 부활이 있음을 소망한다.

신약에서 베드로(행 2:14~36)와 바울(행 13:14~16)의 설교에서 이 시를 인용하고 있다. 죽음이 죽음으로 끝나는 것이 아니라 부활로 열매를 맺는 것을 강조한다. 다윗은 죽어 장사되었으나 그의 후손에서 예수 그리스도가 나셔서 영원한 생명이 되신 사실에서 더욱 분명해진다.

우리는 시편의 짧은 구절에서 긴 이야기를 찾는다. 우리의 삶 그리고 생명의 이야기가 있고, 하나님과의 교제를 통하여 죽음을 극복하는 강력한 메시지가 있다.

하나님의 기쁨으로 인하여 내 마음이 기쁘고, 우리의 삶도 평안을 누린다. 죽음의 그늘이 다가와도 여기에 함몰되지 않고 하나님과의 교제를 통해 이것을 이기며 나아가서 영원한 부활의 날을 고대하게 된다. 그래서 우리는 바울의 말에 귀를 기우려야 한다. "내가 확신하노니 사망이나 생명이나 천사들이나 권세자들이나 현재 일이나 장래 일이나 능력이나 높음이나 깊음이나 다른 어떤 피조물이라도 우리를 우리 주 그리스도 예수 안에 있는 하나님의 사랑에서 끊을 수 없으리라"(롬 8:38~39).

생명의 길을 내게 보이시리니

☀ 시편 16:11

11주께서 생명의 길을 내게 보이시리니 주의 앞에는 충만한 기쁨이 있고 주의 오른쪽에
는 영원한 즐거움이 있나이다

시인은 죽음을 생각하면서 하나님과의 교제를 통하여 죽음을 극복하는
신앙을 가졌다. 이러한 정신은 신약 시대에 와서 사도 바울을 통해 더욱 구
체화되었다. 바울은 예수 그리스도를 통하여 죽음이 무력하게 되었음을 강
조하고 "살아도 주를 위하여 살고 죽어도 주를 위하여 죽나니 그러므로 사
나 죽으나 우리가 주의 것이로다"(롬 14:8)고 고백하였다.

바울은 살고 죽는 문제를 초월하여 자신은 하나님의 것이라는 자신의 정
체성과 소속감을 고백하였다. 이것은 바울의 고백만이 아니라 오늘의 우리
가 고백해야 할 주제이다. 살고 죽는 것을 떠나 '나는 주의 것'이라는 고백
은 하나님의 백성이 해야 할 중요한 명제이다.

1. 생명의 길

시인은 11절에서 "주께서 생명의 길을 내게 보이시리니 주의 앞에는 충
만한 기쁨이 있고 주의 오른쪽에는 영원한 즐거움 있나이다"라고 하였다.
11절은 10절에서 말한 죽음의 극복 사상을 계속해서 강조하고 있다. 시인은

하나님께서 죽음에서 건져 주실 것을 확신하였다. 그러나 하나님께서 어떻게 건져 주실 것인지에 대해서는 알지 못한다. 왜냐하면 이것은 하나님의 신비이기 때문이다. 오직 하나님께서 죽음에서 건져 주신다는 확신에 자신의 관심을 집중시키고 있다.

시인은 '주께서 생명의 길을 내게 보이시리니'라고 하였다. 시인은 지금 죽음의 위기에 처해 있지만 하나님께서 그 위기에서 벗어나게 하실 것을 확신하였다. '주께서 생명의 길을 보이신다'고 하였다. 여기서 '생명의 길'이란 '생명으로 인도하는 길'이다. 죽음으로 가는 길이 아니라 주님이 주시는 생명의 복을 누리는 것을 의미한다. 이 말은 '영생'이라기보다는 하나님을 섬기는 사람들은 자기 자신의 명을 다한다는 의미이다(잠 5:6, 9:23, 15:24 등).

시인은 하나님과의 교통을 통하여 한평생 생명의 길을 체험하였다. 이러한 생명의 길은 이 땅에서만 끝나는 것이 아니라 죽음 이후의 세계 즉, 천국에서도 계속되어지는 축복이다.

시인은 영원 세계에서 하나님과 교제하는 것만 생각하는 것이 아니라 이 땅에 살 동안도 풍요로운 삶을 살아갈 것을 소망한다. 이러한 바램은 9절에서 구체적으로 나타나고 있다. "이러므로 내 마음이 기쁘고 내 영광도 즐거워하며 내 육체도 안전히 거하리니"라는 고백에서 이 땅에서의 삶을 묘사하고 있다.

2. 축복의 삶

하나님의 백성은 기뻐하며 하나님의 임재를 통해 축복의 삶을 누린다. 이것은 영적인 삶만이 아니라 육신적인 삶도 안락을 누림을 볼 수 있다. 여기서 중요한 것은 '하나님의 임재'이다. 하나님이 함께 하는 삶과 하나님이 없는 삶은 단순한 차이가 아니라 극과 극의 차이이다. 하나님의 백성의 존재 의미는 하나님의 함께 함에 있다. 우리와 함께 하시는 하나님은 우리의 삶을 주관하시고 또 인도하신다. 우리에게 고통과 죽음의 바람이 불어올 때에 하나님은 우리의 보호자가 되시고 피난처가 되신다.

이러한 고백을 하는 삶을 살아야 한다. 우리에게 죽음의 바람이 불어올지라도 하나님은 우리의 보호자가 되신다는 확신으로 그 고통의 바람을 이겨야 한다. 하나님은 우리의 생명을 지키시는 분이시기에 그 하나님을 의지하는 삶을 살아가야 한다.

시인은 계속하여 "주의 앞에는 기쁨이 충만하고"라고 하였다. 여기서 '주의 앞에'는 하나님 앞에 예배드리는 것을 의미하지만 좀 더 구체적으로 보면 이 땅에서 하나님의 임재를 체험하는 삶을 말한다.

'주의 앞에는 기쁨이 충만하고'라는 말은 '주님을 모시고 사는 삶에는 기쁨이 넘칩니다'라는 표준역 번역이 그 의미를 뚜렷하게 해 준다.

주님을 모시고 사는 삶에는 기쁨이 넘친다. 왜냐하면 하나님은 기쁨의 본체이시며, 성령의 열매 가운데 희락 즉 기쁨이 있기 때문이다. 주님을 모시고 사는 삶이란 주님의 절대주권을 인정하고, 거기에 따라 살아가는 삶을 말한다. 우리들은 자신의 삶에서 스스로가 주인이 되기를 원한다. 그러나 자신이 주인이 된 삶을 멸망과 실패 밖에 다른 무엇이 없다. 우리는 우리가 주인이 아니라 청지기라는 바른 의식을 가져야 한다. 주인되시는 하나님을 영화롭게 하기 위하여 최선을 다하는 삶을 살아야 한다.

3. 임재의 체험

하나님의 임재를 체험하는 사람은 모든 문제를 하나님께 맡긴다. 나의 힘이나 방법으로 문제를 풀어 나가는 것이 아니라 하나님이 문제의 해결자가 되신다는 신앙이다. 그러기에 하나님의 섭리를 기대하며 그 손길에 따라 살아갈 때에 우리들에게 기쁨이 생기기 마련이다.

시인은 "주의 오른쪽에는 영원한 즐거움이 있나이다"라고 하였다. 이 말은 여러 가지로 번역되지만 한글 표준역의 번역에 관심을 가질 만하다. 즉

'이 큰 즐거움이 영원토록 이어질 것이다'라는 말이다.

하나님의 임재를 체험하며 살아갈 때에 는 늘 기쁨이 있고, 그 즐거움이 영원토록 계속된다. 왜냐하면 하나님은 기쁨의 원천이 되시기에 그분에게서 영원한 생명의 역사가 계속하여 일어나기 때문이다.

하나님의 백성은 기뻐하는 삶을 살아야 한다. 그래서 바울은 '항상 기뻐하라'고 하셨고 이것이 하나님의 뜻이라고 하였다. 오늘의 우리들도 이러한 기쁨을 날마다 체험해야 한다. 우리의 나날이 하나님의 기쁨으로 가득하여야 하고, 그것을 이 세상에서 구체적으로 나타내어야만 한다.

시인은 시편 16편에서 심각한 위기에 처해 있음을 알 수 있다(1~2절). 구체적으로 보면 죽음의 위기 앞에서 고통을 당하고 있었다. 이러한 위기 상황에서 다른 신과 단절하고 하나님과만 관계를 맺으며 하나님의 임재를 체험하게 된다.

하나님의 임재는 모든 문제를 해결하는 열쇠이다. 하나님의 임재를 체험한 사람은 하나님과 교제한다. 시인은 이러한 교제를 통하여 죽음의 위기를 극복하고 영원한 생명을 소유할 수 있게 되었다.

이 시편 16편은 신약시대에 와서 그리스도의 죽음과 부활에 연관된 구절로 해석되었다. 베드로는 오순절 설교(행 2:25~28)에서, 바울은 안디옥 회당 설교(행 13:35)에서 이 시편을 기독론적으로 해석하였다.

오늘의 우리에게 죽음의 바람이 불어와도 하나님과의 교제를 통하여 이 위기를 극복하고 영원한 생명을 누릴 것을 믿어야 한다. 우리는 하나님의 임재 체험을 통하여 위기를 축복으로, 고통을 기쁨으로 바꾸어야 한다. 하나님은 항상 우리와 함께 하신다. 그러기에 그 하나님과의 교제를 통하여 죽음의 언덕을 넘어 부활의 새벽을 소망하자.

42 *Meditation on Psalms*

나의 기도에 귀를 기울이소서

☀ 시편 17:1~2

1여호와여 의의 호소를 들으소서 나의 울부짖음에 주의하소서 거짓 되지 아니한 입술에서 나오는 나의 기도에 귀를 기울이소서 2주께서 나를 판단하시며 주의 눈으로 공평함을 살피소서

시편 17편은 '다윗의 기도시'이다. 시편에는 기도를 주제로 한 시가 많다. 그 중에서 17, 36, 90, 102, 142편은 표제에 '기도'라고 분류되어 있다.

시인은 기도를 통하여 하나님께서 변호해 주시기를 간절히 구하고 있다. 다윗이 이 시를 쓴 것은 그가 마을에서 사울에게 추격을 받을 때인 것 같다 (삼상 23:25~26). 시인은 고통 중에서 하나님이 건져 주시기를 간구하였고, 하나님께서 나를 눈동자같이 지키시고 주의 날개 그늘 아래 감추어 주시기를 호소하였다. 고통을 당할 때에 하나님이 건져 주시고 억울함을 신원해 주실 것을 간구하였다.

1. 호소를 들으소서

1절에서 "여호와여 의의 호소를 들으소서 나의 울부짖음에 주의하소서 거짓되지 아니한 입술에서 나오는 나의 기도에 귀를 기울이소서"라고 하였다. 이 구절은 우리에게 매우 중요한 교훈을 한다. 하나님의 백성이 어려움을 당할 때에 여기서 이기는 길이 무엇인지를 보여주는 말씀이다.

'여호와여 의의 호소를 들으소서'란 말에서 '주'와 '의의 호소'이 함께 나와 있다. 시인은 자신의 의로움을 내세우거나 자신의 무죄함을 강조하는 것이 아니라 하나님께서 자신의 무죄함과 정직함을 입증해 달라고 호소한다. 시인은 지금 불의한 자들에게서 고발을 당하고 있다. 어느 누구에게 자신의 억울함을 호소하여야 할 것인가? 이 땅의 사람들이 그의 억울함을 밝혀 주는 것이 아니라 하나님이 분명하게 밝혀 주시기를 호소하였다.

"나의 울부짖음에 주의하소서"라고 하였다. '나의 울부짖음'은 어떤 때에는 기쁜 소리를 의미하기도 하지만 여기서는 위기 상황에서 도움을 요청하는 말이다. 시인은 '주의하소서'라고 하였는데 이 말은 '귀를 기울이소서' 또는 '들어 주십시오'라는 의미이다. 어려움을 당하고 있는 시인은 하나님을 향하여 '나의 울부짖음에 귀를 기울여 주십시오'라고 간절한 호소를 하고 있다. 이것은 단순한 호소가 아니라 하나님 앞에서 자신의 가슴 밑바닥에서 나오는 간절한 외침이다.

2. 귀를 기울이소서

시인은 "거짓되지 아니한 내 입술에서 나오는 기도에 귀를 기울이소서"라고 히였다. '거짓되지 않은 나의 입술'은 '거짓 없는 입술로' 또는 '이 입술은 거짓을 모릅니다'라는 의미이다.

거짓없이 드리는 기도의 중요성을 강조하였다. 우리의 기도는 진실해야 한다. 하나님은 우리의 진실한 기도를 원하신다. 거짓으로 드리는 기도는 하나님을 모독하는 것이다. 하나님은 우리의 진심을 원하시기에 우리는 있는 그대로의 정직한 기도를 드려야 한다.

시인은 하나님을 향하여 '나의 기도에 귀를 기울이소서'라고 하였다. 이것은 기도의 응답을 바라는 간절한 호소이며 간구이다. 시인은 깨끗한 양심을 가졌고, 그의 기도에는 외식이 없었다. 그러기에 이러한 자세로 드리는 기도를 하나님이 응답해 주시기를 호소하였다.

하나님은 정직한 기도를 원하신다. 거짓으로 드리는 기도에는 응답하지 아니하신다. 이사야가 말한 바대로 "너희가 많이 기도할지라도 내가 듣지 아니하리니 이는 너희의 손에 피가 가득함이니라"(사 1:15)는 원리이다.

회개하고 바른 자세로 정직한 기도를 드릴 때에 하나님이 응답하여 주신다는 원리를 분명히 할 필요가 있다. 있는 그대로의 모습을 하나님께 드러내고 나의 진심을 아뢸 수 있는 바른 자세가 필요하다.

시인의 간절한 호소와 같이 어렵고 고통당하며 다른 사람에게 모함을 당할 때에 하나님께 기도하고, 하나님께서 기도에 응답해 주실 것을 간절히 호소하였다.

2절에서 "주께서 나를 판단하시며 주의 눈으로 공평함을 살피소서"라고 하였다. 시인은 이제 하나님의 판결을 구하며, 하나님께서 자신의 무죄를 입증해 주시기를 구하고 있다.

시인은 지금 불의한 박해를 당하고 있는 듯하다. 불의한 자들에게서 모함을 받아 재판을 받고 고통당하고 있는데 하나님께서 최종적으로 심판하여 주시기를 간구하였다.

'주께서 나를 판단하시며'란 고대 이스라엘의 재판 관례와 관계가 있다. 고대 이스라엘에서는 분명한 판결이 나기 어려울 때에 성소를 방문한다(신 17:8~11, 왕상 8:31 이하). 여기서 고발당한 자는 하나님의 의로운 판단을 기다린다. 그래서 '판단이 주 앞에서 나온다'는 원리가 나온다. 이것은 이스라엘의 기본적 고백이다.

이러한 정황을 살펴볼 때에 시인은 제사장을 통하여 하나님께서 판결을 내려 주시기를 기대하였을 것이다. 하나님만이 진정한 재판을 할 수 있다. 인간의 재판은 법률 적용에 문제가 있을 수 있고, 개인이나 조직의 감정이 개입 될 수 있다. 그러나 하나님은 공의로우신 분이시기에 하나님만이 공의로운 판단을 할 수 있다.

3. 공평함을 살피소서

시인은 "주의 눈으로 공평함을 살피소서"라고 하였다. 이 말은 '악인으로부터 고소 당한 자신이 진실한지 시험해 보소서'라는 뜻이다. 악인들은 거짓된 방법으로 시인을 시험하고 재판하였기에 공의로우신 하나님이 바른 판단을 하여 주시기를 호소하였다. 하나님은 공평하신 분이다. 당신의 기본 뜻대로 이 세상을 주관하시기에 그 하나님의 재판은 공평하다. 이런 바탕 속에서 시인은 하나님이 공평하게 재판해 주시기를 호소하고 있다.

이 시편을 통하여 우리는 귀한 교훈을 얻게 된다. 우리가 억울함을 당하고 고통을 겪을 때에 여기서 벗어날 수 있는 길은 인간적 노력으로 되어지는 것이 아니라 하나님의 방법으로 하나님께서 해결해 주시기를 호소해야 한다. 여기서 중요한 것은 우리의 기도가 진실해야 한다. 정직한 기도를 원하시는 하나님 앞에 우리의 모습 그대로 나아가야 한다. 부족하면 부족한대로 하나님 앞에 나아가야 한다. 하나님의 뜻 앞에 자신을 내보이고 하나님의 공정한 판단을 구하여야 한다.

우리가 억울함을 당할 때에 인간으로서는 형언할 수 없는 고통에 빠지지만 역사를 주장하시는 하나님께서 모든 것을 바로 판단해 주시기를 기도해야 한다. 기도는 우리의 문제를 해결하는 열쇠이다. 기도를 통해 하나님께 아뢰며 하나님의 공의로운 역사가 나타나기를 호소한다.

우리에게 문제가 생겼을 때에 하나님께 기도해야 한다. 그것도 거짓이 없는 정직한 기도여야 하고, 우리의 있는 모습 그대로 하나님께 나아가야 한다. 시인은 모함과 죽음의 위기 앞에서 하나님께 기도하였다. 이것은 오늘의 우리들이 배워야 할 바른 자세이다. 억울함을 당할 때에 하나님의 공평하신 판단을 구해야 한다.

기도를 통해 모든 문제를 해결하자. 하나님의 손길을 기다리는 간절한 호소를 드리며, 정직한 마음으로 기도하자. 이것만이 우리가 안고 있는 문제 해결의 길이다.

주께서 내 마음을 시험하시고

〰 시편 17:3~5

3주께서 내 마음을 시험하시고 밤에 내게 오시어서 나를 감찰하셨으나 흠을 찾지 못하셨사오니 내가 결심하고 입으로 범죄하지 아니하리이다 4사람의 행사로 논하면 나는 주의 입술의 말씀을 따라 스스로 삼가서 포악한 자의 길을 가지 아니하였사오며 5나의 걸음이 주의 길을 굳게 지키고 실족하지 아니하였나이다

시인은 어려움을 겪을 때에 자기 자신의 힘으로 문제를 해결하려고 하지 않고 하나님께서 그 무죄함을 입증해 주시고 변호해 주시기를 간구하였다. 이것은 하나님 중심적인 삶의 자세를 말한다. 인간의 비난이나 평가보다 하나님을 통하여 올바른 판단이 있기를 바라는 마음은 하나님의 절대주권을 믿는 자세이다.

1. 밤에 내게 오시어서

시인은 3절에서 "주께서 내 마음을 시험하시고 밤에 내게 오시어서 나를 감찰하셨으나 흠을 찾지 못하셨사오니 내가 결심하고 입으로 범죄하지 아니하리이다"라고 하였다.

그는 자신이 정직하다는 것을 강하게 설명하고 있다. 그는 경내에서 머물고 있는 듯하다(15절). 이때 주님께서 자신을 철저하게 조사하여 주시기를 구하고 있다. '주께서 내 마음을 시험하시고 밤에 내게 오시어서'라고 하였다. 이 말은 '주께서 나를 시험하신다면'이라는 의미를 가지고 있다. 여기

서 인간의 중심을 가리킨다. 사람이 어떤 행동을 하기 전에 이미 마음으로 결정한다. 그래서 인간은 마음으로 생각하고 계획하고 행동한다.

이러한 마음을 '시험해' 달라고 기도하였다. 시험한다는 것은 금속을 제련할 때에 높은 열에 넣어 불순물을 제거하는 의미이다(시 66:10). 시인은 자신의 마음을 하나님이 시험하여 불순물이 있는지를 판단하여 달라고 간구하였다. 그러니 자신은 하나님 앞에서 정직하다는 것을 강조하였다.

"밤에 내게 오시어서"라고 하였는데, '오시어서'란 문맥상으로 철저히 조사한다는 의미이다. 그래서 현대 번역에는 '밤새도록 심문하고', '밤중에도 캐어 보시며' 등으로 번역되어 있다. 시인은 밤에 성전에 있는 것 같다. 그는 성전에서 하나님의 임재를 간구하였다. 밤이란 안식의 시간인 동시에 자신을 조용히 살피는 시간이다(시 4:5). 자기 자신의 모습이 그대로 드러나고(시 35:5), 사람에게 감출 수는 있으나 하나님께는 감출 수 없는 인간의 모습을 볼 수 있다.

"나를 감찰하셨으나"란 말은 '불에 달구어 걸러 보셔도', '단련시켜 보셨지만', '저를 달구어 보셔도' 등의 현대 번역들이 그 의미 전달을 정확하게 한다. 이것은 금속의 제련 과정을 보여 주는 것으로서 그 의미가 독특하다. 하나님께서 마음을 시험하시고 밤에도 철저히 조사하였으나 아무런 흠을 찾지 못하였다. 그러므로 시인은 '결심하고 입으로 범죄하지 아니하리이다'라고 고백하고 있다.

시인은 밤에 기도드리고 자기 자신을 살핀다. 밤에 성소에 가서 기도드리고 아침에 응답해 주시기를 기다린다(15절). 이것은 하나님과 함께 하는 하나님의 백성의 자세이다. 기도하며 자신을 되돌아보고 하나님의 섭리를 바라는 것이 중요하다.

2. 사람의 행사로 논하면

4절에서 "사람의 행사로 논하면 나는 주의 입술의 말씀을 따라 스스로 삼가서 포악한 자의 길을 가지 아니하였사오며"라고 하였다. 이 구절은 해석하기에 어려움이 많다. 시인은 3절에서 자신의 생각이 정결함을 강조하였고, 4절에서는 자신의 행동이 조심스러웠음을 말한다. 그러니 그에게는 두려움이 없다.

'사람의 행사로 논하면'이란 말은 '남들이야 무얼 하든지', '남들이야 어떠했든지' 등의 현대어 번역이 그 뜻을 정확하게 전달하고 있다. 남들이야 무엇을 하든지 그들을 표준으로 하지 아니하고 하나님 중심의 삶을 살려고 하는 것이 하나님의 백성의 자세이다. 그러나 이 땅의 많은 사람들은 다른 사람의 행동이 기준이 되는 경우가 많다. 남들의 행동 또는 사회의 흐름이 자신의 삶을 지배하는 원리가 될 때에 하나님을 중심한 삶이 이루어질 수 없다.

시인은 하나님의 말씀을 좇아 스스로 삼가 하였고 '포악한 자의 길을 가지 아니하였다.' 그러니 이 말은 '나는 무법한 자들의 운명을 생각하며 삼가 했다'는 뜻이다. 남에게 폭력을 행하는 자의 길을 따르지 아니했다.

일반적으로 사람이 짓는 죄는 '포악'이다. 포악이란 힘으로 남의 것을 빼앗는 죄이다. 시인은 이러한 약탈자의 길을 따르지 않았다. 이것을 강조함으로써 자신의 무죄함을 강조하고 있다. 포악한 자의 길을 따르지 아니하고 오직 주님의 입술의 말씀을 따라 살아가는 시인의 삶은 우리들에게 무죄함을 강조하는 모습으로 보인다.

오늘의 우리들이 이 땅에서 살아갈 때에 하나님의 말씀이 삶의 기준이 되어야 한다. 다른 사람들의 말이나 행동을 기준으로 삼을 때에 여기에는 실패만 있을 뿐이다. 그러므로 우리는 변하지 않는 하나님의 삶을 살아야 한다.

3. 주의 길을 굳게 시키고

5절에서 "나의 걸음이 주의 길을 굳게 지키고 실족하지 아니하였으니라"라고 하였다. 시인은 나의 걸음이 주의 길을 지켰다고 고백한다. 여기서 '주의 길'이란 주님에게 속한 길이 아니라 주님께서 이미 걸으시고 자기 백성으로 걷게 하신 길이다. 이것은 마치 마차 바퀴가 만든 자국 같은 것인데 '발자취'라고 하는 것이 좋을 것이다.

하나님의 백성은 주님께서 이미 걸으시고 보여주신 그 길을 따라가야 한다. 주님의 말씀에 온전히 순복하는 삶을 살아가야 한다. 시인은 주님께서 보여주신 길만 따라 갔다. 강포한 자와는 전연 다른 길을 걸었다.

시편 1편에 두 가지 길이 나온다. 의인의 길과 악인의 길을 망하였다. 시인은 악인의 길을 피하고 의인의 길만 따라갔다. 그리하여 의인의 특권에 근거하여 자신의 정직함을 드러내어 달라고 기도하였다.

시인은 자신의 '실족하지 아니하였다'고 했다. 이 말은 '비틀거리다' 또는 '미끄러지다'는 뜻을 가지고 있는데 여기서는 '미끄러지다'가 더 정확한 표현이라고 할 수 있다.

하나님의 말씀에 따라 살아감으로써 악한 자의 길을 따르지 아니하였고, 미끄러지는 삶을 살지 아니하였다. 이것이 오늘의 우리가 살아가야 할 길이다. 사람들의 말이나 행동 유형을 따르는 것이 아니라 변함이 없는 하나님의 말씀을 따라 사는 것이 중요하다.

시인은 억울함을 당하고 있다. 모함을 받아 곤궁의 자리에 처해 있는데 하나님께서 자신의 정직함을 입증해 달라고 간구한다. 이것은 하나님만이 우리의 심판주라는 사실을 강조하는 것이다. 세상의 강포한 자의 길을 따르지 않고 하나님의 말씀을 기준으로 하여 사는 삶이 무엇보다 중요하다. 이것이 우리 삶의 기준이며 표본이다. 우리의 기준을 정확히 할 필요가 있다. 이것은 바른 원칙을 세우는 것이며 우리들의 삶을 규모 있게 하는 길이다.

하나님 중심으로 살아가는 것이야말로 오늘의 우리들이 가슴깊이 새겨야 할 삶의 명제이다.

할렐루야.

나를 눈동자 같이 지키시고

시편 17:6~8

6하나님이여 내게 응답하시겠으므로 내가 불렀사오니 내게 귀를 기울여 내 말을 들으소서 7주께 피하는 자들을 그 일어나 치는 자들에게서 오른손으로 구원하시는 주여 주의 기이한 사랑을 나타내소서 8나를 눈동자 같이 지키시고 주의 날개 그늘 아래에 감추사

시인은 시편 17:3~5에서 하나님께 자신의 온전함을 호소한 후에 하나님의 응답을 확신하였다. 기도란 단순한 요구가 아니라 응답을 확신하는 호소이다. 하나님 앞에 우리의 필요를 요청하는 것으로 끝나지 않고 하나님께서 이것을 이루어 주실 것이라는 확신이 바탕 되어야 한다. 오늘의 말씀에서 시인은 세 가지를 구하고 있다. 하나님께서 시인에게 '응답하시고'(6절), '구원하시며'(7절), '보호하시기를'(8절) 구하고 있다

1. 내게 응답하시겠으므로

6절에서 "하나님이여 내게 응답하시겠으므로 내가 불렀사오니 내게 귀를 기울여 내 말을 들으소서"라고 하였다. 시인은 하나님께 응답해 주시기를 기도하고 있다. 자신의 억울함과 정직함을 하나님께 아뢴 후에 하나님께서 자신의 기도에 응답해 주시기를 호소하였다. 하나님은 자기 백성의 기도를 들으시는 분이시다. 그래서 '내게 응답하시겠으므로'라고 표현하였다.

하나님의 응답을 확신하는 사람은 하나님께 담대히 기도할 수 있다.

우리들이 하나님께 기도할 때에 단순히 필요를 호소하는 것이 아니라 우리가 구하는 것에 응답해 주실 것이라는 확신을 가져야 한다. 하나님은 믿음의 분량대로 응답해 주시는 분이시기에 우리가 믿음으로 구할 때에 응답해 주신다.

시인은 '내가 불렀사오니 내게 귀를 기울여 내 말을 들으소서'라고 하였다. 이것은 응답에 대한 확신의 고백이다. 하나님께 기도드릴 때에 하나님께서 응답해 주신다는 확신을 가져야 한다.

2. 기이한 사랑을 나타내소서

7절에서 "주께 피하는 자들을 그 일어나 치는 자에게서 오른손으로 구원하시는 주여 주의 기이한 사랑을 나타내소서"라고 하였다. 이것은 '구원하소서'라는 의미이다.

하나님은 언약을 지키시는 분이시므로 주님의 사랑하심이 자신에게 나타나시기를 시인은 호소하고 있다. '주의 사랑하심'이란 어려움 가운데 자발적으로 도움을 주는 것을 의미한다.

주님의 사랑하심은 놀랍고, 특이하여 예상 밖의 역사이다. 그러기에 시인은 '주의 기이한 사랑'이라고 표현하고 있다. '주의 기이한 사랑'의 우리말 번역들은 매우 다양한 의미로 번역하였다. '한결 같은 그 사랑', '주의 미쁘심을 크게 드러내 주십시오', '당신 자비의 기적을' 등으로 번역되었다.

우리를 향하신 하나님의 사랑하심은 기이하다. 왜냐하면 인간의 생각이나 계획을 뛰어넘은 하나님의 놀라운 역사이기 때문이다. 도저히 상상할 수 없는 하나님의 방법으로 우리를 향해 구원의 손길을 펴시는 분이시기 때문이다.

시인은 하나님을 '구하시는 주'라고 표현하고 있다. 하나님은 어려움을 당하여 자기에게 피하는 자들을 위해 피난처를 예비해 주신다. 가난하고 고통 받는 사람들이 하나님의 보호를 받고, 하나님의 기이한 은혜를 체험하게 된다.

하나님께서 베푸시는 은혜는 놀랍고 기이하다. 이것은 이스라엘 백성들이 홍해를 육지같이 건넌 사건에서 나타나는데 오늘의 우리들도 날마다 기이한 은혜를 체험한다. 하나님은 하나님의 방법으로 이러한 역사를 이루시니 우리는 오직 감사할 따름이다.

시인은 핍박하는 자를 '일어나 치는 자'라고 표현하였다. 이들은 하나님을 거역하는 자들이며, 악인이고 원수이다. 이런 악인들의 공격에 대하여 하나님은 '오른손으로 구원하시는 주'이시다. 핍박자들이 어떠한 방법으로 우리를 공격할지라도 하나님은 우리를 구원하시며 놀라운 역사를 보여 주신다. 우리는 이것을 믿기에 하나님의 역사에 감사하고 순종한다.

3. 눈동자 같이 지키시고

8절에서 "나를 눈동자 같이 지키시고 주의 날개 그늘 아래에 감추사"라고 하였다. 이 말씀은 성소가 피난처 구실을 하는 것을 보여 준다. 성전에 나아와 기도하는 자에게 하나님의 특별하신 보호가 있음을 보여 준다.

'나를 눈동자 같이 지키시고'란 말씀은 우리들에게 많은 것을 교훈한다. '눈동자'란 가장 조심스럽게 지켜야 할 것에 대한 상징이다. 눈동자란 사람에게 매우 소중한 것이기에 특별히 보호해야 한다.

시인은 하나님께서 자기 백성을 눈동자같이 지켜 주시기를 호소한다. 이것은 시적(詩的) 표현으로 우리에게 자기 백성을 눈동자같이 지키신다면 더 이상 바랄 것이 없다. 사람이 자기 눈동자를 보호하듯이 하나님이 자기 백성을 보호하실 때에 그 누구도 여기에 도전할 수 없다. '주의 날개 그늘 아래에 감추사'란 은유적 표현으로 안전을 가리킨다. 아마 어미 새가 밤에 잠을 자지 않고 자식을 보호하는 모습을 은유하고 있다. 다른 은유 방법으로는 법궤를 덮고 있는 '그룹'의 날개에서 온 것으로 볼 수 있다. 거기에는 하나님의 임재(출 25:18-20)가 있다.

'주의 날개 그늘 아래에 감추사'란 '보호하는 힘으로'(사 49:2, 51:6, 애 4:20, 호 14:7)라는 뜻이 있다. 시편에서는 언약궤 위에 있는 그룹의 날개를 뜻하는 경우들이 있다(시 36:7, 57:1, 61:4, 63:7, 91:4 등). 그룹은 하나님의 보호를 상징한다(시 36:7, 63:7). 그룹은 성전 지성소에 있으며, 영적 의미가 크다. 하나님은 보호하는 힘으로 자기 백성을 지키시는데, 마치 그룹의 날개로 보호하시고, 어미 새가 날개로 자기 자식을 보호하듯이 하신다.

날개 '그늘'이라고 하였다. '그늘'은 보호의 장소를 의미한다. '주의 날개 그늘 아래'란 하나님의 보호를 받는다는 것을 보여준다.

시인은 하나님께서 자기 백성을 광야에서 지켜주신 것처럼 자신을 지켜주시기를 기도하고 있다. '주의 날개 그늘 아래'란 신비적인 의미로 보면 그리스도에 대한 믿음으로 볼 수 있다. 우리가 그리스도를 믿는 것은 하나님의 신비이요 오묘이다. 오늘의 우리들은 하나님의 신비를 체험하며 살아간다. 그리스도의 십자가를 통하여 우리를 지켜 주시는 하나님의 신비하심을 체함하며 살아가야 한다.

오늘의 우리들이 이 땅에서 살아갈 때에 시인처럼 하나님께 모든 것을 아뢰고, 호소하며, 그것이 이루어질 것을 확신해야 한다. 그래서 우리의 믿음의 분량대로 이루어 주실 것을 확신하며 나아가야 한다. 하나님은 우리를 핍박하는 자에게서 우리를 건지실 때에 특별하신 방법을 사용하신다. 이것은 '기이한' 방법이며 하나님의 방법이다.

하나님께서 우리를 눈동자같이 지켜주시고, 날개 그늘 아래 감추어 보호하여 주심을 믿고 하나님께 나아가야 한다. 아무리 고통의 큰 바람이 몰려온다고 해도 하나님이 우리의 구원자가 되신다면 그 무엇도 우리를 해칠 수가 없다. 그래서 우리는 하나님께 기도하며, 응답의 확신을 가져야 한다.

할렐루야.

목숨을 노리는 원수에게서
벗어나게 하소서

시편 17:9~12

9내 앞에서 나를 압제하는 악인들과 나의 목숨을 노리는 원수들에게서 벗어나게 하소서 10그들의 마음은 기름에 잠겼으며 그들의 입은 교만하게 말하나이다 11이제 우리가 걸어가는 것을 그들이 에워싸서 노려보고 땅에 넘어뜨리려 하나이다 12그는 그 움킨 것을 찢으려 하는 사자 같으며 은밀한 곳에 엎드린 젊은 사자 같으니이다

하나님의 백성들이 경건하게 살고자 할 때에는 핍박과 고난이 온다(딤후 3:12). 이것은 역사를 통하여 계속되는 하나의 원리이다. 왜냐하면 하나님의 나라와 이 세상은 원리나 방법에서 근본적으로 다르기 때문이다.

시인은 지금 어려운 자리에 처해 있다. 악인들의 모함으로 인해 고통을 받으면서 하나님께서 자신의 정직함을 입증해 주시기를 기도하였다. 그래서 자신의 기도에 하나님께서 응답해 주시리라는 확신을 가지고 있었다.

1. 압제하는 자들

시인은 9절 이하에서 다른 모습으로 악인의 실체를 드러낸다. 9~11절에서 악인의 일반적 모습을, 12절에서 강한 시적(詩的) 은유를 보이고 있다. 9

절에서 "내 앞에서 나를 압제하는 악인들과 나의 목숨을 노리는 원수들에게서 벗어나게 하소서"라고 하였다. 이 말은 '나를 압제하는 악인의 얼굴로부터'라는 뜻이다. '압제하다'란 격렬하게 빼앗고, 파괴하고, 황폐하게 한다는 뜻이다. 그러니 악인들의 짓밟고 억누르고 공격하는 모습을 그린 것이다. 악인들은 다양한 방법으로 하나님의 백성을 공격한다.

또 '나의 목숨을 노리는 원수들'은 '미친 듯 달려들어 나를 에워싸고 있는 원수' 또는 '나를 둘러싸고 나의 목숨을 노리는 원수' 등의 의미를 가지고 있다. 이것은 마치 적군이 성을 포위하듯이 시인을 포위하고 있는 모습을 보여 준다. 이러한 포위망에서 벗어날 길이 없어 보이기에 절망감은 더하여 간다.

'원수'라고 했는데 이 말은 '치명적 원수' 또는 '내 생명을 노리는 원수'라는 의미를 가진다. 그러니 원수들은 시인의 목숨을 노리면서 다양한 방법으로 그를 공격하고 있다. 이러한 절망의 자리에서 시인은 무엇을 보아야 할 것인가?

2. 포악하고 교만한 자들

10절에서 "그들의 마음은 기름에 잠겼으며 그들의 입은 교만하게 말하나이다"라고 하였다. 원수에 대한 계속적 묘사인데, 10~12절에서 원수의 활동에 대해 설명하고 있다.

원수는 '자기 기름에 잠겼다'. 이 말은 비만을 말하고 때로는 반역하는 모습을 그리고 있다. 현대어 번역들이 재미있게 표현하고 있다. '몸뚱이는 기름기가 번드러지게 흐르고'(표준역), '그들의 심장은 기름기로 굳어졌고'(공동역), '그들의 심장은 비계로 닫혀 있고'(임승필 역) 등으로 번역되어 있다. 이러한 번역들을 보면 원수들은 기름기에 가득하여 비만하고, 자기 자신만을 생각하는 포악한 모습이다. 다른 사람의 삶에는 관심이 없고 그들을 핍박하고 고통을 주며 자기의 유익만을 추구하는 미련한 자들이다.

악인은 '그 입으로 교만하게 말한다.' 악인은 오만 불손하고 입에서 나오는 말에 교만함이 가득하다. 악인의 반역심이 교만한 말로 나타난다. 원수들의 특징이 많이 있으나 교만과 자만에 가득찬 말을 함부로 하는 점이다.

11절에서 "이제 우리가 걸어가는 것을 그들이 에워싸서 노려보고 땅에 넘어뜨리려 하나이다"라고 하였다. 악인은 교만한 말을 할 뿐 아니라 구체적인 행동을 한다. 자기와 뜻을 같이 하는 자들을 선동하여 시인을 추격하고 넘어뜨리려 한다. 이것은 군사적 용어를 사용한 것인데 악인의 모습과 군대의 활동을 연결하여 설명하고 있다. 이들의 공통점은 격렬함이다. 이들은 공격을 일삼으며 철저하게 해치려고 하는 자들이다.

'우리의 걸어가는 것을 그들이 에워싸며'라고 했으니 악인들이 뒤따라와서 에워싸고 공격하는 것을 의미한다. 악인들의 의도적이고 격렬함이 나타난다. 길가는 사람을 에워싸고 공격하는데 이것은 오늘날의 불량배들이 하는 행동과도 같다.

'노려보고'라고 하였는데, 이것은 죽이기 위해 세심하게 살핀다는 의미이다. 그러니 노려보고 있는 모습이다. 넘어뜨리기 위해 노려보고 기회를 노린다. '땅에 넘어뜨린다'고 하였는데 땅바닥에 메어치려는 것을 말한다. 악인들은 시인을 완전히 매장하기 위하여 갖은 방법을 다 사용한다.

우리는 악인들의 행동이 얼마나 악랄한지를 알 수 있다. 그들은 에워싸고, 주목하고, 땅에 넘어뜨리려고 온갖 방법을 다 동원한다. 이것은 악인의 삶이 얼마나 처절하고 집요한 지를 보여 준다. 말세에는 악한 자들이 더욱 악하여져서 하나님의 백성을 해치기 위해 온갖 방법을 다 사용한다.

3. 사자 같으며

이러한 어려움 속에서 우리가 추구해야 할 길이 무엇인가? 그것은 13~15절에 나오는 '구원을 호소하는 기도'가 바로 그 대답이다. 12절에서 "그는 그 움킨 것을 찢으려 하는 사자 같으며 은밀한 곳에 엎드린 젊은 사자 같으니이다"라고 하였다. 이 말씀에서 원수의 모습이 사자의 잔인함과 무서움과 비교된다. 사자가 그 먹이를 갈기갈기 찢는 것처럼 원수가 시인을 잡아 찢으려고 한다.

'그 움킨 것을 찢으려 하는 사자'라는 표현에서 먹이에 굶주린 사자의 잔인한 모습이 묘사된다. 먹이를 잡아먹기 위해 잔인한 모습을 보이는 사자처럼 악인도 하나님의 백성을 해치기 위해 잔인함을 보이고 있다.

하나님의 백성을 해치려는 악인들은 사자와도 같다. 그것은 먹이를 찾기 위해 갖은 방법을 동원하고 한번 찾은 먹이를 놓지 않고 계속하여 찢는 그 잔인함이 그들에게 있다. '은밀한 곳에 엎드린 젊은 사자'란 숨어서 노려보는 어린 사자란 의미이다. 어린 사자란 갓 태어난 사자를 말하는 것이 아니라 힘이 넘치고 난폭한 사자를 말한다.

그러니 이 말씀은 은밀성을 강조한다. 젊은 사자의 공격은 갑작스럽고 또 무섭고, 격렬함을 의미한다. 사자가 숨어서 먹이를 찾고, 그것을 향해 돌진하듯이 악인들이 시인을 공격하려는 자세가 바로 그것이다.

시인은 사자와 비교된 원수들의 비열성과 사나움과 무서움을 호소함으로써 하나님께서 개입해 주시기를 간청한다. 어려움을 당할 때에 여기서 벗어날 수 있는 길이 무엇인가? 그것은 하나님 밖에 없음을 알 수 있다.

오늘의 우리들이 살아갈 때에 원수들의 공격이 매우 다양한 방법으로, 교묘하고 치밀하게 나타난다. 여기서 우리들은 악인의 악랄함과 잔인함을 분명히 알아야 하고, 거기에 대응하는 방법이 무엇인지를 정확하게 알아야 한다.

우리들이 악인의 함정과 공격에서 해방되는 길은 하나님을 통해서만이 가능하다. 하나님께서 우리의 해방자가 되시고 모든 문제를 해결하시는 분이시기에 이 하나님을 통해 고통과 악인의 공격을 이겨야 한다. 원수의 공격이 심할 때에 하나님의 손길을 의지하자. 이것이 바른 삶의 길이며 하나님의 뜻을 이루는 방법이다. 그러기에 우리의 삶을 주장하시는 하나님의 섭리를 믿고 따르는 것이 무엇보다 중요하다. 할렐루야.

주의 손으로 나를 구하소서

시편 17:13~15

13여호와여 일어나 그를 대항하여 넘어뜨리시고 주의 칼로 악인에게서 나의 영혼을 구원하소서 14여호와여 이 세상에 살아 있는 동안 그들의 분깃을 받은 사람들에게서 주의 손으로 나를 구하소서 그들은 주의 재물로 배를 채우고 자녀로 만족하고 그들의 남은 산업을 그들의 어린 아이들에게 물려 주는 자니이다 15나는 의로운 중에 주의 얼굴을 뵈오리니 깰 때에 주의 형상으로 만족하리이다

악인들의 간악하고 무서운 모습을 말한 시인은 이제 원수의 멸망과 하나님의 백성의 구원을 위한 기도를 드린다. 시인은 원수의 멸망을 위해 하나님께 호소하면서 격렬한 표현을 쓰고 있다. 악인들의 공격을 이길 수 있는 방법을 말할 수 있지만 가장 핵심적인 것은 하나님의 도우심이다. 하나님께서 우리와 함께 하시고 우리를 도와주실 때에 우리는 궁극적으로 승리하게 된다.

1. 나의 영혼을 구원하소서

13절에서 "여호와여 일어나 그를 대항하여 넘어뜨리시고 주의 칼로 악인에게서 나의 영혼을 구원하소서"라고 하였다. 이것은 시인의 격렬한 호소를 보여준다. 11절의 군사적 용어보다 더 강한 표현을 하였고, 하나님의 직접적인 개입을 호소하였다.

시인은 "여호와여 일어나소서"라고 하였다. 이 말은 시편 7:6에서 법관

에 대한 호소로 사용되었다. 이 말은 법궤와 연관된 군사 용어이다. 시인은 하나님께서 일어나셔서 악인을 물리쳐 달라고 호소하고 있다.

악인들이 하나님의 백성을 공격할 때에 매우 간교하고 다양한 방법을 사용한다. 이것을 인간의 힘으로 이겨내기에는 너무나 어려움이 많다. 하나님의 방법으로 그들을 막아 주시기를 기도하며 하나님의 놀라운 개입을 호소하고 있다. 시인은 악인을 '대항하여 넘어뜨리시기를' 호소하였다. 하나님께서 악인을 맞받아 넘어뜨려 주실 것을 호소한다. 아무리 악인의 도전이 크다 할지라도 하나님께서 직접 나서서 그들을 물리치실 때에 이것이 진정한 승리의 길이라고 할 수 있다.

'주의 칼로' 악인을 물리쳐 달라고 하였는데 이것은 '칼로서 끝장내어' 주시기를 기도하는 내용이다. 악인이 아무리 다양한 방법으로 하나님의 백성을 공격 할지라도 하나님께서 직접 맞부딪혀 주시고, 하나님의 칼로 그들을 끝장내어 주시기를 구하는 그 자세가 승리를 가져오는 비결이다. 시인은 격렬하고 간절한 호소를 하고 있다. 이것은 그의 고난이 얼마나 심한지를 보여주는 것이고 또 하나님을 신뢰함이 얼마나 큰 지를 교훈하는 말씀이다.

2. 주의 손으로 나를 구하소서

14절에서 "여호와여 이 세상에 살아 있는 동안 그들의 분깃을 받은 사람들에게서 주의 손으로 나를 구하소서"라고 하였다. 계속하여 "그들은 주의 재물로 배를 채우고 자녀로 만족하고 그들의 남은 산업을 그들의 어린아이에게 물려 주는 자니이다"라고 하였다.

이 말씀은 성경 해석상 여러 가지 논란이 있다. 그러나 우리가 사용하는 개역개정 성경은 이 절 전체를 '세상 사람'을 가리키는 것으로 보고 있다. 이들은 이 세상에서 이미 자기 분깃을 받은 자들이다. 자기만을 생각하는 이들의 모습이 매우 구체적으로 묘사되어 있다. 악인들은 '주의 재물로 배를 채우는' 자들이다. 하나님의 재물로 자기 배가 터지게 먹는 자들이다. 이들은 자기만을 생각하여 하나님의 것과 다른 사람들의 재물을 빼앗는 자들이다. 하나님의 것을 하나님께 드리지 아니하고 그것으로 자기 배를 채우는 죄를 범하는 악인들이다.

'자녀로 만족하고'라고 하였으니 자기 자식을 위해 모든 것을 바치고 그 자식을 자기의 목적으로 삼는 이들이다. 하나님과 이웃보다 자녀에게 최고의 희망을 두는 자의 모습이다.

우리 주변에도 너무 자녀에게 집착하여 분수에 넘치게 투자하는 사람들이 있다. 이런 일은 자녀로 하여금 바로 살게 하는 것이 아니라 하나님을 거역하고 이웃에게 외면하도록 한다. 바른 가치관을 가지게 하지 못하고 자기 중심의 삶을 살게 한다.

자녀는 여호와의 주신 기업이다. 하나님을 위해 자녀를 양육해야 하고, 하나님의 영광을 나타내는 존재로 살아가게 해야 한다. 그럼에도 불구하고 '자녀로 만족'할 때에 여기서 문제가 생긴다는 사실을 기억해야 한다. 악인은 '그 남은 산업을 그 어린아이들에게 유전하는 자'이다. 자신의 재산을 자기 자녀에게 물려주는 자이기에 다른 사람이나 사회의 유익을 전연 고려하지 않는 자이다.

이들의 가장 큰 잘못은 물질의 소유권에 대한 오해이다. 물질은 하나님에게서 나오고 하나님의 것이다. 인간은 청지기로서 이 물질을 관리하고 키워나가야 한다. 그러므로 물질은 하나님께 귀속되고 하나님의 영광을 위해 사용되어야 한다. 악인은 물질을 자기만을 위해 사용하고, 그것을 자기 자녀에게 상소하는데 관심을 모은다. 하나님보다 자신에게 집중하는 삶을 살아가는 자들이다. 악인들의 관심은 이 세상에 있다. 물질적이고, 세상적인 것에 만족한다. 그러나 세상의 것은 일시적이고 잠시 있다가 지나가고 만다.

3. 주의 얼굴을 뵈오리니

15절에서 "나는 의로운 중에 주의 얼굴을 뵈오리니 깰 때에 주의 형상으로 만족하리이다"라고 하였다. 시인은 악인들의 모습에 대해 강렬하게 호소하다가 이제 그의 관심을 더 높은 데로 향한다.

원수의 악행을 뛰어넘어 더 높은 것을 사모한다. 이것은 하나님의 임재로 말미암아 가능하다. 시인의 눈에는 악인이 들어오지 않고 이제 하나님만을 바라보게 된다. 시인은 하나님의 임재를 통해 하나님의 얼굴만 바라보게 된다. 시인은 '의로운 중에' 주의 얼굴을 본다고 하였으니 아마 하나님의 신원해 주심을 입어 그의 의가 더욱 드러나는 현상으로 볼 수가 있다. 하나님의 도우심으로 그의 억울함이 신원될 때에 그는 주의 얼굴을 보게 된다.

'깰 때에'란 성전 안에서 밤을 새우고 깰 때를 말한다. 깨어나서 주의 모습을 뵈옵게 된다. 어둠이 물러가고 아침이 될 때에 '주의 형상으로 만족하는' 삶이 얼마나 중하고 아름다운지 우리들이 알아야 한다.

새벽에 주님을 만나는 그 기쁨이 우리의 삶에서 나타나기를 바라야 한다. 어둠의 세력들은 하나님의 역사로 물러가고, 하나님의 의로운 세계가 이루어질 것을 바라며 하나님의 영광을 나타내어야 한다.

시편 17편에서 시인은 기막힌 고발을 당하고 사자처럼 그를 찢으려는 원수 앞에 서 있다. 원수들은 잔혹한 말과 매정한 행동으로 포위하며 그를 죽이려고 하고 있다. 이러한 때에 시인은 하나님께서 일어나셔서 원수의 압제를 물리쳐 주시기를 기도하였다. 이것이 문제 해결의 첩경이고 최선의 방법이다. 시인은 이와 같이 기도를 드린 후에 하나님의 얼굴을 바라보았다. 고통이나 핍박을 뛰어넘고, 원수들의 간교함을 보지 않고 모든 것을 주장하시는 하나님을 바라보았다.

이것이 우리가 따라야 할 길이다. 고통과 핍박이 올 때에 그것만 바라보지 말고 이것을 뛰어 넘어 역사하시는 하나님의 얼굴을 보자. 하나님은 우리의 산성이시요, 우리의 힘이시기에 그분이 모든 문제를 풀어 주실 것이다.

할렐루야.

내가 주를 사랑하나이다.

시편 18:1~2

1나의 힘이신 여호와여 내가 주를 사랑하나이다 2여호와는 나의 반석이시요 나의 요새
시요 나를 건지시는 이시요 나의 하나님이시요 내가 그 안에 피할 나의 바위시요 나의
방패시요 나의 구원의 뿔이시요 나의 산성이시로다

시편 18편은 '왕의 승전 감사시'로 알려져 있다. 시인은 왕으로서 전쟁에
승리한 후 거룩하신 용사이신 하나님께 감사를 드린다. 시인은 원수들에게
쫓겼고(3절), 원수들은 매우 많았고, 강했으며, 그를 미워하였다(17절). 왕
은 원수들과 전쟁하면서 승리를 위하여 하나님께 기도하였고, 하나님의
응답에 감사하였다. 왕은 성전에서 이 시로 노래하였다(6절). 이것은 왕의
노래가 한번만 불려진 것이 아니라 예배 시간마다 계속하여 불려진 것으
로 생각된다.

이 시는 크게 두 부분으로 나누어지는데 1~29절이 '왕의 시련과 기도'를,
30~50절은 '왕의 승리와 감사'를 다루고 있다. 그 안에 여러 가지 연으로 나
누어서 노래하고 있다. 1~2절은 서론적 찬양으로서 이 시의 전체적 흐름을
제시하고 있어서 우리의 관심을 모은다.

1. 나의 힘이신 여호와

1절에서 "나의 힘이신 여호와여 내가 주를 사랑하나이다"라고 하였다. 시인은 하나님을 향하여 '나의 힘'이라고 하였다. '힘'이란 명사형의 단어는 구약에서 오직 여기에만 나온다. 시인은 하나님을 힘의 원천으로 고백하면서 2절에서 그 하나님을 여러 가지 모양으로 묘사하고 있다.

하나님이 나의 힘이 되실 때에 우리가 두려워 할 것이 무엇인가? 하나님이 나의 힘이 된다면 우리가 무서워하고 두려워 할 것이 없다. 하나님은 힘의 근원이시기에 우리는 그를 의지하며, 그를 통하여 새 힘을 얻는다.

시인은 '내가 주를 사랑하나이다'라고 하였다. 이것은 매우 독특한 표현 형태이다. 이 단어는 하나님의 사랑을 말하는데 사용된다. 하나님을 향하여 '내가 주를 사랑합니다'라고 고백하는 것은 인간 최고의 고백이요 영광의 고백이다. 하나님을 향하여 '사랑합니다'고 고백하는 그 신앙은 인간의 절정이다.

사람과 사람 사이에도 '사랑합니다'고 고백하는 것은 전인격을 건 고백이다. 입술로만 고백하는 것이 아니라 내 삶의 전부를 드리고 심지어 생명까지 드려 당신을 사랑한다는 절규요 감탄이며, 헌신의 약속이다. 하물며 하나님을 향하여 사랑한다고 고백하는 것은 가슴 밑바닥에서 솟아나는 진정한 고백이며, 전인격과 생명을 드리는 고백이다. 여기서 사랑으로 표현된 원어는 라함(raham)인데, 원래 어머니의 모태에서 나온 사랑이다. 이 사랑은 어머니가 자식에게 베푸는 사랑이며, 나아가 하나님께서 그의 백성에게 베푸시는 깊고 부드럽고 녹아진 사랑을 의미한다(신 4:31).

이러한 고백은 왕이 자신의 대왕이신 여호와께 충성을 다짐하는 고백이다. 사랑의 고백이란 충성이며, 헌신이며, 자기를 다 드리는 것이기에 왕은 여호와께 이러한 사랑의 고백을 하였다. 자신의 생명을 드려 '내가 사랑합니다'고 고백할 수 있음은 얼마나 큰 축복이 아닌가? 사람을 향해 고백하는 것도 귀하거늘 하물며 하나님을 향하여 이런 고백을 한다는 것은 참으로 귀하고 영광스러운 일이 아닌가?

2. 나의 하나님이시요

2절에서 "여호와는 나의 반석이시요 나의 요새시요 나를 건지시는 이시요 나의 하나님이시요 내가 그 안에 피할 바위시요 나의 방패시요 나의 구원의 뿔이시요 나의 산성이시로다"라고 하였다.

시인은 자신의 힘이 되신 여호와를 일곱 가지 은유로 노래하고 있다. '피할 나의 바위'를 축으로 하여 앞뒤 세 가지의 은유가 나와 있다. 여기 나오는 은유들은 팔레스타인의 지형들과 연관이 있다. 여호와는 왕의 피난처이시며, 왕은 하나님의 품 안에서 안전을 얻는다는 것을 보여 준다.

'반석'이란 주로 절벽, 암벽이란 뜻으로 사용된다. 다윗은 이 반석에 숨어서 사울의 추격을 피하였다(삼상 23:25~28). 다윗의 이러한 고백은 자신의 경험에서 나온 살아있는 고백이다.

'요새'란 산악 속의 동굴을 가리킨다. 다윗은 광야의 암벽 동굴에 피신한 적이 있었다. 여기서 다윗은 뜨거운 여름 볕을 피하기도 하였고 원수의 추격에서 살아날 수도 있었다. 시인은 자신의 체험에서 나온 고백을 통하여 하나님의 위대하신 손길을 찬양하고 있다.

'나를 건지시는 이'란 48절에도 나온다. 이 단어는 시편에서 공의로운 판단과 연관하여 나타난다(시 31:1, 71:1). 이 단어는 사회적으로 불의를 당하는 자가 여호와의 올바른 판단을 통하여 건짐받은 모습을 부각시킨다. 하나님은 자기를 의뢰하는 자를 건지시는 분이시다.

'바위'는 46절에서 '반석'으로 번역되었다. 시편에서 하나님을 여러 가지로 묘사하고 있는데 그 중에서 영원한 반석 혹은 바위(시 31:3, 42:9)로 소개되는 경우가 많다. 바위는 단단하고, 변함이 없고 피난처가 된다. 그래서 시인은 '나의 피할 바위'라고 고백하고 있다. 어려움을 당할 때에 하나님께 피하는 자의 지혜로움과 안위함은 우리들이 늘 기억해야 할 신앙의 자세이다.

3. 나의 구원의 뿔

'나의 방패'는 하나님의 보호를 나타내는 은유이다. 하나님은 방패가 되셔서 자기 백성을 지키시는데 아브라함을 지키시고(창 15:10), 이스라엘을 지키시며(신 33:29), 이스라엘의 왕들을 지키신다(시 84:10, 89:18). 방패가 되신 하나님으로 말미암아 우리들이 지키심을 받는 것은 크나큰 축복이요 감사의 제목이다.

'나의 구원의 뿔'이란 승리를 안겨 주는 뿔을 말한다. 여기서 뿔이란 힘과 능력을 상징한다(시 72:4, 5). 이 은유는 황소의 뿔에서 온 듯하다. 하나님은 우리의 구원의 뿔이시기에 우리는 승리의 개가를 부를 수 있다.

'산성'은 피난처를 가리킨다. 이곳은 자연적인 피난처일 수도 있고 인공적으로 만든 것일 수도 있다. 산성이란 외적의 침입이 있을 때에 피할 수 있는 높은 곳이나 성벽으로 둘러싸인 곳을 가리킨다.

시인은 위에서 말한 일곱 가지 은유를 통하여 하나님은 자신의 구원자이시며, 도우시는 분임을 고백하고 있다. 이러한 고백은 시인의 체험에서 나온 것이며, 자신의 가슴 밑바닥에서 나오는 최고의 고백이다.

우리의 구원은 우리의 반석이신 여호와께 있다. 우리에게 고통이 오고 말로 다할 수 없는 어려움이 올지라도 하나님께서 우리를 지켜 주시면 어떤 어려움도 이길 수 있다.

시인은 '나의 힘이 되신 여호와여 내가 주를 사랑하나이다'라고 하였다. 오늘의 우리도 하나님을 향해 '내가 사랑합니다'고 고백하자. 자신의 전부를 드려 이 사랑을 고백하며, 내가 드릴 수 있는 최고의 영광을 돌리자.

사랑의 고백이란 영혼의 고백이며 인격의 고백이다. 그러기에 내 모든 정성을 다하여 하나님께 사랑을 고백하자. 그분은 나의 힘이시요, 방패이시기에 어떤 어려움이 와도 이기고 나아갈 수 있다. 이런 하나님을 사랑할 수 있음이 얼마나 큰 축복인가.

할렐루야.

여호와께 아뢰리니

〜 시편 18:3~6

3내가 찬송 받으실 여호와께 아뢰리니 내 원수들에게서 구원을 얻으리로다 4사망의 줄이 나를 얽고 불의의 창수가 나를 두렵게 하였으며 5스올의 줄이 나를 두르고 사망의 올무가 내게 이르렀도다 6내가 환난 중에서 여호와께 아뢰며 나의 하나님께 부르짖었더니 그가 그의 성전에서 내 소리를 들으심이여 그의 앞에서 나의 부르짖음이 그의 귀에 들렸도다

하나님의 백성들은 어렵고 힘든 일을 만날 때에 하나님의 도우심을 간구한다. 이것은 하나님께서 모든 일을 해결해 주시는 주권자라는 사실을 믿기에 고통의 문제를 하나님께 아뢰이게 된다.

3~6절은 '여호와께 아뢴다'로 시작하여 6절에서도 여호와께 찬양을 한 후(1~2절), 하나님께 기도하기 시작하였다. 이것이 기도하는 자의 기본 자세이다.

1. 찬양 받으실 분

3절에서 "내 원수들에게서 구원을 얻으리로다"라고 하였다. 시인은 하나님을 가리켜 '찬송 받으실 분'이라고 하였다. 이것은 '찬양 받으실 분'이신 여호와께 '내가 기도드린다'는 의미이다. 하나님은 모든 인류에게서 찬양을 받으시기에 합당하신 분이시다. 모든 자연계와 인류가 하나님을 찬양한다. 이것이 피조물들의 존재 의의이다.

"내 원수들에게서 구원을 얻으리로다"라고 했으니 하나님의 역사를 통하여 구원함을 받은 백성들이 하나님께 찬송을 드리고 또 모든 문제를 풀어 주실 것을 기도하게 된다. 기도는 우리들의 문제를 해결하는 첩경이다. 사람의 힘으로 감당하기 어려운 문제들이지만 하나님의 능력있는 역사를 통하여 해결되어진다. 이것을 믿기에 하나님께 기도하게 된다.

4절에서 "사망의 줄이 나를 얽고 불의의 창수가 나를 두렵게 하였으며"라고 하였다. 시인은 자신의 구원 체험을 하나님께 말씀드린다. 그 자신의 지난 날 겪었던 위기와 하나님의 도우심의 손길을 생각하며 기도드린다.

'사망의 줄이 나를 얽고'는 '죽음의 물결에 휩싸이고'란 뜻도 있고, 죽음이 사냥꾼처럼 줄과 그물을 가지고 그를 잡아 묶으려 한다는 의미이다. 예기치 못한 갑작스러운 죽음이 닥쳐오고 모든 것을 붙들어 매며 파괴하는 것을 그리고 있다.

'불의의 창수'란 강한 의미를 나타낸다. 이것은 '파괴하는 홍수'라는 뜻이다. 여기에 '불의'란 죽음과 연관되는 말이다. 그러니 '멸망의 물에 휩싸여' 또는 '파멸의 파도가 나를 덮쳤으며'라는 현대 번역들이 의미 전달을 보다 정확하게 한다.

하나님을 거역하는 자들이 시인을 공격하고 죽음의 길로 몰아가는 고통의 상황들을 그리고 있다. 여기서 하나님의 구원의 역사를 소망한다. 하나님께서 그 큰 어려움에서 건져내셔서 위대한 역사를 보여 주심을 노래한다.

2. 사망의 올무가

5절에서 "스올의 줄이 나를 두르고 사망의 올무가 내게 이르렀도다"라고 하였다. 시인은 자기가 겪은 시련과 고통을 사망과 스올의 세계에 끌려간 것으로 묘사하고 있다. 이제 사망과 스올은 벗어날 수 없는 '줄', '올무'로 묘사되었다.

'스올의 줄'이란 현대어 번역들에서 '포승에 묶여 저승으로 가고', '스올의 줄이 나를 동여 묶고' 등으로 나타난다. 시인은 포승에 꽁꽁 묶인 것 같은 어려움을 겪고 있다.

'사망의 올무'란 '올가미에 걸려 죽을 다급한 때에'라는 현대 번역처럼 시인을 잡으려고 좇아온다. 죽음은 그에게 덫을 놓아 빠지게 하는 사냥꾼이다. 이 사냥꾼의 포승에 붙잡힌 자는 벗어날 길이 없다. 그러니 시인은 죽음의 함정, 죽음의 덫에 빠졌다는 뜻이다. 사람의 구원의 손길이 닿지 않는 곳에 빠졌으며, 구원받을 희망을 잃어 버렸다. 여기서 한 걸음 더 나아가 하나님으로부터 분리되는 절박함을 체험한다.

하나님에게서 버림받은 것 같은 좌절의 자리에서 죽음의 밧줄이 그를 묶고 있는 절박함이 있다. 이것은 인간이 체험하는 가장 큰 비극이며 고통이다. 어쩌면 절대고독이며, 실존의 혼란일 것이다.

3. 하나님께 부르짖었더니

6절에서 "내가 환난 중에서 여호와께 아뢰며 나의 하나님께 부르짖었더니 그가 그의 성전에서 내 소리를 들으심이여 그의 앞에서 나의 부르짖음이 그의 귀에 들렸도다"라고 하였다.

시인은 스올의 줄에 사로잡혀 있지만 희망을 버리지 않았다. 왜냐하면 하나님께서 그의 기도에 응답하시기 때문이다. '내가 환난에서 여호와께 아뢰며 나의 하나님께 부르짖었더니'라는 말에서 시인의 자세가 드러난다. 시인은 환난의 자리에서 하나님께 기도하였다. 이것이 문제 해결의 첩경임을 시인은 알았다.

하나님께 기도하는 것은 하나님의 백성들의 특권이요 축복이다. 이 축복의 참 의미를 아는 자가 많지 못하다. 하나님의 힘으로 문제를 풀어 가기보다 자신의 능력으로 해결하려고 하다가 실패하고 만다. 시인은 죽음의 골짜기에서 하나님의 도우심을 구하는 기도를 할 수 있기에 절망하지 않았다.

'그가 그 전에서 내 소리를 들으심이여'라고 했으니 하나님은 그의 성전에서 시인의 기도를 들으신다. 여기서 '그의 성전'이란 하나님께서 계신 천상의 처소를 의미하며, 이곳은 예루살렘 성전의 원형이다.

지상의 성전은 하늘 성전의 모형이다. 비록 문제가 있고, 약점들이 있으나 하늘 성전의 원형을 생각하면서, 그 존귀함을 인정해야 한다. 성전은 하나님과 직접 교통하는 곳이다(사 6, 창 27:11~22). 그래서 시인이 기도드릴 때에 하나님은 '그의 성전에서' 들으신다.

'그 앞에서 나의 부르짖음이 그 귀에 들렸도다'라고 하였다. 시인은 비록 스올에 떨어져 고통을 겪을지라도 하나님께서 그의 기도를 들으시고 구원하러 오신다는 확신을 가지고 있었다.

오늘의 우리들이 죽음의 골짜기에서 고통을 당하고, 하나님께 버림받은 것 같은 처절함이 있을지라도 하나님이 우리의 기도를 들어 주시고, 우리를 죽음의 자리에서 구원하신다는 확신을 가져야 한다.

'기도할 수 있는데 왜 절망하느냐'란 말처럼 우리에게 기도할 수 있는 기회가 있고, 응답하시는 하나님이 계신데 왜 절망을 해야 하는가?

'그의 성전에서' 우리의 기도를 들으시는 하나님께 마음의 기도를 드리자. 도움의 간청은 하나님의 마음을 움직일 수 있으니 자신의 문제를 위해 기도하고 다른 사람을 위해 합심하여 기도해야 한다. '두 세 사람이 합심하여 기도하면' 하늘에 계신 아버지께서 이루어 주신다고 하였다.

우리가 당면하고 있는 문제를 정확히 진단하고 하나님의 역사하심을 바라야 한다. 하나님은 우리들의 모든 문제를 알고 계시고, 그것을 해결해 주시는 분이다. 이 하나님께 기도하자 가장 단순한 문제이지만 우리들이 시행하지 못하는 것이 이것이 아닌가? 나는 죽고 내 속에서 그리스도께서 살아나실 때에 우리는 위대한 역사를 이룰 수 있다.

하나님의 위대하신 손길이 우리를 붙잡으시고, 우리로 하여금 생명의 길로 인도해 주시기를 기도하자. 비록 사망의 음침한 골짜기에 다닐지라도 하나님이 우리와 함께 하심을 생각하고 감사의 기도를 드리자.

그룹을 타고 날으심이여

시편 18:7~10

7이에 땅이 진동하고 산들의 터도 요동하였으니 그의 진노로 말미암음이로다 8그의 코에서 연기가 오르고 입에서 불이 나와 사름이여 그 불에 숯이 피었도다 9그가 또 하늘을 드리우시고 강림하시니 그의 발 아래는 어두캄캄하도다 10그룹을 타고 다니심이여 바람 날개를 타고 높이 솟아오르셨도다

우리들의 삶에서 하나님의 임재를 체험하는 것은 고통의 자리를 딛고 일어서는 힘이 된다. 하나님께서 우리들에게 나타나실 때에 우리의 삶에 변화가 오고, 고통의 언덕을 넘어 소망의 세계를 바라보게 된다.

시편 18:7~15은 '하나님의 강림'을 노래하고 있다. 하나님께서 강림하실 때에 '산의 터'가 요동하며(7절), '세상의 터'가 나타난다(15절). 하나님은 거룩한 용사로 강림하셔서 하나님의 백성을 구원하신다. 하나님의 구원은 하나님의 강림을 통하여 구체화된다. 하나님의 강림은 위대한 역사이다. 시인은 이러한 하나님의 역사를 노래하였다.

7~10절은 '나타나신 하나님'을 노래한다. 여기서 하나님의 강림이 신현(神顯)으로 묘사된다. 하나님께서는 시내산에 강림하셔서(출 19:16~19) 자기 백성들이 가야할 길을 제시하신 바도 있다.

1. 땅이 진동하고

7절에서 "이에 땅이 진동하고 산들의 터도 요동하였으니 그의 진노로 말

미암음이로다"고 하였다. 여기서 '진동하고'란 '진동하고 요동한다'는 뜻이다. 이 단어는 '흔들리고 뒤흔들린다'고도 번역할 수 있는데, 이 단어들은 짝을 이루는 시어(詩語)이다. '땅이 진동한다'는 말은 땅이 꿈틀거리고 흔들리는 것을 묘사하는데 이것은 지진이 나는 상황과 비슷하다. 술취한 자가 비틀거리는 모습이나(렘 25:16), 바닷물이 치솟는 모습(렘 5:22 등)과도 연관이 있는 표현인데 심각한 상황의 묘사이다.

'산들의 터도 요동하였으니'는 현대어 번역에서 '산 뿌리들도 뒤틀거리며' 또는 '산의 뿌리가 떨면서 뒤틀렸다'로 번역되고 있다. 이것은 산의 터가 흔들리는 강력한 요동을 묘사하고 있다. 땅이 진동하고 산도 흔들리는 강력한 요동은 이 땅에 있는 가장 강한 혼란을 묘사한다. 강도 높은 지진으로 인하여 건물이 무너지고 도로가 끊어지는 현상처럼 이 땅에 큰 흔들림이 있다.

이러한 현상이 나타나는 것은 하나님의 진노를 인함이다. 하나님께서 범죄한 이 세상을 향해 진노를 발하실 때에 땅이 흔들리고 산이 뿌리 채 흔들리는 요동이 생긴다.

8절에서는 "그의 코에서 연기가 오르고 입에서 불이 나와 사름이여 그 불에 숯이 피었다"고 하였다. 이 표현은 우리들의 관심을 모은다. 하나님의 나타나심이 '연기', '불' 그리고 '숯불'의 순서로 표현되고 있다. 이것은 불이 점점 더 거세게 불어가는 것을 묘사한다.

이러한 표현은 화산이 터지는 모습을 단계적으로 그린 듯하고, 또는 번개가 번쩍이는 모습을 그린 것이기도 하다.

하나님의 나타나심에 대한 묘사의 대표적 사례는 시내산의 신현이다. 이 때 하나님은 연기(출 19:18, 20:18), 불(신 4:12), 화염(신 4:11)으로 임하였다. 시편 18편에는 숯불이 더 첨가되어 있다.

시인은 하나님께서 강림하실 때의 모습을 상징적으로 묘사하고 있다. 하나님의 입과 코에서 연기와 불이 나오는 것처럼 신인동형적(神人同形的)으로 묘사하고 있는데 이것은 히브리인들이 사용하는 상징법이다.

시인은 하나님의 강림이 얼마나 장엄하며 무서운 것인지를 그리고 있다. 하나님은 죄악 된 이 세상에 위엄의 모습으로 오신다. 마치 심한 지진이 일어나는듯한 강한 모습을 보이는데 이것은 하나님의 엄위하심을 상징적으로 묘사한 것이다.

인간들이 제 아무리 큰 소리치고 이 세상을 자기 뜻대로 하는 것처럼 생각하여도 하나님께서 엄위하신 모습으로 강림하시면 별 수 없는 존재라는 것을 깨달을 수밖에 없다. 아무것도 아닌 인간들이 온 세상을 다스리는듯한 행동을 하는 것은 하나님을 향한 도전인데, 여기에 대해 하나님이 진노하시는 것이다.

2. 그가 강림하시니

9절에서 "그가 또 하늘을 드리우시고 강림하시니 그의 발 아래는 어두캄캄하도다"고 하였다. 7~8절은 땅이 변하는 모습을 그리고 있음에 비하여 9~10절은 하늘의 변화를 그리고 있다. 그래서 지진 현상을 폭풍우 현상으로 바꾸어 설명하고 있다. 이와 같은 묘사는 하나님의 엄위하심을 그리는 것으로서 인간들을 향한 하나님의 경고이기도 하다.

'그가 하늘을 드리우고 강림하시니'란 표현은 이해하기가 어렵다. '드리우다'란 '펴다, 열다' 등의 뜻을 가지고 있다. 한글 현대어 번역들을 보면 그 뜻을 보다 쉽게 이해할 수 있다. '하늘을 밀어 제치고'(공동번역) 또는 '하늘을 가르고 내려오실 때에'(표준역) 등을 통해 하나님의 강림을 바로 보게 된다.

이 모습은 하나님께서 장막 같은 하늘을 가르시고 임하는 광경이다. 하나님은 하늘의 장막을 가르시고 인간들의 범죄를 징벌하시기 위해 강림하신다. 이 하나님의 엄위하심을 바로 보아야 한다. '그 발 아래는 어두캄캄하도다'라고 하였다. 이것은 '검은 구름 위에 내려서시며'라는 뜻이다. 이 말씀은 하나님의 강림을 강조한다. 시인은 가장 깊은 음부에 빠졌고, 아무도 건져줄 자가 없을 때에 하나님께서 음부의 빗장을 깨트리시고 죽음의 강을 넘어 죽음의 사자의 밧줄에 매여 있는 그를 구하시기 위하여 하늘에서 내려오신다.

하나님께서는 자기를 낮추시어 왕을 구하기 위해 이 땅에 오심을 그리고 있다. 그리하여 땅에 지진이 나고, 하늘에는 폭풍의 먹구름이 일어나 모든 사람들을 심판하시는 것을 그리고 있다. 하나님은 한 사람을 구원하기 위하여 강림하신다. 이처럼 우리 한 사람 한 사람을 구원하시기 위하여 하나님이신 그리스도께서 이 땅에 오신 것을 우리의 가슴에 기억하게 한다.

3. 바람 날개를 타고

10절에는 "그룹을 타고 다니심이여 바람 날개를 타고 높이 솟아오르셨도다"라고 하였다. 이 말씀은 하나님께서 신속하게 강림하심을 강조하고 있다. 하나님은 '그룹'과 '바람 날개'를 타고 움직이신다. '그룹'이란 날개 달린 짐승으로 천상에 있는 하나님의 보좌를 지키는 자이다(겔 1:5~14, 10:21 참조). 언약궤 위에 황금으로 된 두 개의 그룹이 있었다(출 25:19).

'바람 날개'는 마치 바람이 날개를 단 새와 같다는 의미이다. 하나님께서는 이 날개로 날으신다(시 104:3). 하나님은 바람 날개를 타고 신속하게 날으시고, 마치 새가 먹이를 낚아채기 위해 급히 하강하는 것같이 묘사하였다.

시인은 나타나시는 하나님을 묘사하였다. 하나님의 강림은 엄위하시다. 그 엄위를 통하여 하나님의 강하심이 나타나고 자기 백성을 구원하시는 위대하심을 보이신다. 오늘의 우리들은 하나님의 사랑의 모습만을 생각하고 있다. 그러나 하나님은 엄위하신 모습으로 오셔서 악인들을 심판하시고 자기 백성을 구원하신다. 이러한 하나님의 위대하심을 믿고 하나님의 뜻을 순종하는 삶이 우리들의 일상에서 이루어야 한다.

그가 흑암으로 그 숨는 곳을 삼으사

시편 18:11~12

11그가 흑암을 그의 숨는 곳으로 삼으사 장막 같이 자기를 두르게 하심이여 곧 물의 흑암과 공중의 **빽빽한** 구름으로 그리하시도다 12그 앞에 광채로 말미암아 **빽빽한** 구름이 지나며 우박과 숯불이 내리도다

하나님이 우리에게 나타나시는 방법은 경우에 따라 매우 다양하다. 천둥과 지진 같이 엄위한 모습으로 임하시는가 하면 세미한 음성으로 임하시기도 한다. 시편 18:7~10에서는 엄위하신 모습으로 임하시는 하나님을 그렸고, 11~12절은 하나님의 은폐성 즉 숨어계신 하나님을 그리고 있다. 이러한 표현은 하나님의 강림을 다양하게 묘사하는 동시에 엄위하심과 은폐성을 비교함으로써 우리와 함께 하시는 하나님을 체험하게 한다.

1. 물의 흑암과

11절에서 "그가 흑암을 그의 숨는 곳으로 삼으사 장막 같이 자기를 두르게 하심이여 곧 물의 흑암과 공중의 **빽빽한** 구름으로 그리하시도다"고 하였다. '흑암으로 그 숨는 곳을 삼으사'란 '어둠을 가리개 삼아'라는 의미를 가지고 있다. 하나님은 어둠으로 자기를 두르시고 자신을 숨기신다. 흑암으로 자신을 은폐하심으로써 하나님의 강림하심의 새로운 모습을 보여 주신다.

'물의 흑암'이란 자연스러운 우리 말 표현이 아니어서 이해하기가 어렵다. 그러나 여러 현대어 번역들이 그 의미를 바로 전달한다. '비를 머금은

구름을 두르고 나서시니'(공동번역)이나 '빗방울 머금은 먹구름'(표준역) 등의 번역이 이 말의 뜻을 보다 정확하게 전달한다. 이와 비슷하게 '빽빽한 구름'이란 말도 그 뜻을 정확하게 전달하기 어렵다. 현대 번역에서 '깊은 구름으로 둘러서'(표준역)라고 한 것이 이해하기에 쉽다.

이러한 표현들을 통하여 하나님의 강림하심의 새 모습을 보여주고 있다. 하나님은 나타나시지만 숨어 계신다. 하나님은 자기를 계시하실 뿐만 아니라 자신을 감추신다.

그러나 오늘의 우리들은 나타나시는 하나님만 생각하고 숨어 계시는 하나님을 생각하려고 하지 않는다. 우리의 삶에 지진처럼 폭풍처럼 나타나서 우리의 원수를 물리쳐 주시고 하나님의 위대하심을 보여 주시기를 원한다. 하나님은 이와 같은 방법으로 역사하시기도 하지만 경우에 따라 다른 방법으로 역사하시기도 하신다.

하나님은 강림하셨으나 자기를 감추시는 경우도 있다. 하나님은 어둠으로 장막같이 자기를 두르게 하시며, 깊은 물과 공중의 **빽빽한** 구름에 싸여 계시기도 한다.

하나님의 강림의 모습이 10절과 11절에서 다르게 묘사되고 있다. 10절에서는 하나님이 구름을 타고 오는 것이 마치 그룹 즉 하나님의 전차를 타고 바람 날개로 높이 떠서 날아오는 듯하다. 그러나 11절에서는 숨으시고 구름으로 가리신다.

우리는 여기서 하나님의 강림의 다양한 모습을 볼 수 있고, 그 하나님께서 우리들의 삶에 역사하시는 모습을 배울 수 있다. 하나님은 엄위하게 또는 숨어 역사하시는 다양한 모습을 보여 주신다.

2. 빛과 어둠이

12절에서 "그 앞에 광채로 말미암아 **빽빽한** 구름이 지나며 우박과 숯불이 내리도다"라고 하였다. 12절에서는 움직이고 역사하시는 하나님을 그리고 있다. 구름과 깊은 물에 감추어 있던 하나님이 우박과 번개로 나타나는 것을 말한다.

12절에는 빛과 어둠이 함께 있다. 하나님 앞에는 광채가 있고 또 구름이 있다. 구름은 하나님의 임재를 상징하고 있다. 우박은 하나님의 심판을 의미하고 있기에 임재와 심판이라는 두 가지 모티브를 제시하고 있다.

우리들의 삶의 현장에서 하나님의 나타나심을 통하여 하나님의 임재와 심판을 생각하고 하나님께 나아가야 한다. 하나님은 강림하셔서 우리에게 임재 하신다. 하나님의 임재는 우리에게 최고의 축복이며 영광이다. 하나님은 다양한 모습으로 우리와 함께 하신다. 우리의 삶에 물처럼 공기처럼 함께 하시고, 흐르는 강물처럼 우리들의 문제를 풀어 주신다. 하나님의 임재를 체험하며 살아갈 때에 어떤 어려움이 와도 하나님께서 해결해 주실 것을 믿고, 감사하며 나아가게 된다. 비록 힘들고 어렵고 아픔이 있을지라도 이것을 해결해 주시는 하나님의 역사를 의지하게 된다.

그래서 성경은 그리스도의 이름을 '임마누엘'이라고 하였다. 그 뜻은 '하나님이 우리와 함께 하심'이다. 하나님이 우리와 함께 하시는 그 임재는 우리에게 힘이 되고 의지가 된다.

하나님의 임재를 체험하며 살아가자. 우리의 한 순간 한 순간에 역사하시는 하나님을 의지하며 그분의 인도하심에 따라 살아가는 삶의 자세가 필요하다.

하나님의 임재를 믿는 사람은 하나님의 심판을 바로 보아야 한다. 하나님은 강림하셔서 우리들을 돌보실 뿐만 아니라 우리들을 심판하신다.

3. 하나님의 엄위하신 모습

시인은 시편 18편에서 하나님께서 엄위하신 모습으로 강림하셔서 원수들을 심판해 주실 것을 간구하였다. 하나님은 이 세상에 오셔서 하나님을 거역하는 자들을 심판하신다. 하나님의 심판에는 여러 가지 목적이 있으나 그 중에서 중요한 것은 하나님의 공의를 나타내심이다. 불의한 자가 이 세상을 지배하고 하나님의 공의가 무시당할 때에 하나님은 심판을 통하여 당신의 공의를 나타내신다.

하나님은 공의로우신 분이시다. 인간은 자신의 형편이나 이해관계에 따라 원칙을 버리고 실리를 추구할 때가 있다. 그래서 인간 사회에는 공의가 상실되고 불의가 횡행하는 경우가 많다. 이런 현실에 하나님이 강림하셔서 공의로 심판하신다.

하나님은 공의로우시기에 하나님은 이 세상의 모든 것을 심판하시고, 하나님의 공의로우심을 보이신다.

하나님의 심판은 이 세상을 향한 하나님의 사랑의 다른 표현이다. 하나님은 이 세상의 불의와 불법을 정결케 하시기 위해 심판을 하시는데 이것은 하나님의 사랑의 다른 표현이다. 하나님의 공의와 사랑이 심판을 통하여 나타난다. 우리는 이러한 하나님의 역사를 바로 믿고 하나님께 가까이 나아가야 한다.

하나님의 임재는 우리에게 힘과 소망을 준다. 우리의 삶에서 절대자의 임재란 단순한 일이 아니라 우리 삶의 근원이며 능력의 원천이다. 그러기에 하나님의 임재를 날마다 체험하며 살아가는 것이 중요하다. 하나님이 함께 하실 때에는 우리가 가진 문제가 근원적으로 해결된다. 하나님은 우리에게 강림하시는데 번개와 우박으로 오시기도 하고, 강림하셨으나 구름으로 가리개를 삼아 숨은 듯이 오시기도 한다.

우리는 다양한 모습으로 강림하셔서 임재하시는 하나님을 바로 알아야 하고 그 하나님의 인도하심에 순복해야 한다. 절대 순복의 삶이 우리들이 살아가는 길이며 지침이다. 임재하시는 하나님과 동행하는 삶을 살아가는 것이 우리에게 최고의 영광이며 축복이다. 이것을 가진 우리들의 삶이 향기롭고 귀하게 되어져야 하기에 오늘도 우리의 길을 달려가야 한다.

여호와께서 우렛소리를 내시고

✎ 시편 18:13~15

13여호와께서 하늘에서 우렛소리를 내시고 지존하신 이가 음성을 내시며 우박과 숯불을 내리시도다 14그의 화살을 날려 그들을 흩으심이여 많은 번개로 그들을 깨뜨리셨도다 15이럴 때에 여호와의 꾸지람과 콧김으로 말미암아 물 밑이 드러나고 세상의 터가 나타났도다

하나님의 강림은 다양한 모습으로 이루어진다. 천둥과 뇌성의 엄위하신 모습으로 오시는가 하면 구름으로 가리워진 모습으로 오시기도 하신다. 하나님은 하나님의 백성에게 임재하고, 심판을 통해 공의와 사랑을 나타내신다. 시인은 하나님의 강림을 다양하게 표현하고 있는데, 13~15절에서는 존귀하신 하나님으로 묘사하고 있다. 하나님의 나타나심에 대해 천둥으로 그리고 있다.

1. 하나님의 영광과 권능

13절에서 "여호와께서 하늘에서 우렛소리를 내시고 지존하신 자가 음성을 내시며 우박과 숯불을 내리시도다"라고 하였다. 이러한 표현은 구약에서 가장 많이 나타나는 하나님의 임하심에 대한 묘사이다(삼상 2:10, 사 29:6, 30:30~31).

하나님께서 하늘에서 뇌성을 발하신다. 이것은 원수를 멸하시는 소리이며, 하나님의 영광과 권능을 드러낸다. 하나님은 시내 산에서 천둥으로 임

하신 것(출 19:16)을 볼 때에 하나님의 엄위와 존귀하심을 알 수 있다.

하나님께서는 우렛소리를 내시고 소리를 지르신다. 하나님의 음성은 세미한 음성인 경우도 있으나 여기서는 강하고 큰 소리 즉 천둥소리를 말한다. 하나님의 우렛소리는 하나님의 심판의 경고이다. 하나님은 인간을 향해 경고의 메시지를 발하신다. 하나님의 경고에 귀를 기울여야 할 인간들은 자기의 힘만 믿고 하나님을 거역하는 경우가 많다.

하나님은 '우박과 숯불'을 내리신다. 그러니 하나님께서 우박을 쏟으시고 벼락을 내리신다. 이것은 하나님의 위대하심을 보여 준다. 존귀하신 하나님의 엄위하심을 통해 하나님이 발하시는 메시지를 듣게 된다.

우리는 여기서 하나님의 역사하심에 대해서는 알 수 있으나 하나님의 모습에 대해서는 구체적으로 묘사된 것이 없음을 볼 수 있다. 하나님은 존귀하시고 지극히 높으신 분이시다. 그러나 그 하나님의 모습은 가리워져 있어서 알 수가 없다. 이와 같은 묘사는 시내산의 신현에서도 나타난다(출 19장). 하나님께서 시내산에서 나타나실 때에 구름, 번개, 뇌성, 우박으로 강림하셨다. 이와 같은 신현이 이제 예루살렘 성전에서도 이루어진다.

오늘의 우리들은 우리에게 강림하시는 하나님을 기억해야 한다. 우렛소리로 혹은 우박으로 오시는 그분은 세미한 음성으로 혹은 잔잔한 바람으로 오시기도 한다. 그분을 의지하고 절대 순복하는 것이 우리에게 크나큰 복이기도 한다는 것을 기억해야 한다.

2. 하나님의 공격

14절에서 "그의 화살을 날려 그들을 흩으심이여 많은 번개로 그들을 깨뜨리셨도다"고 하였다. 이 절에 와서 하나님은 원수를 직접 공격하신다. 하나님은 위대한 용사처럼 '그의 화살을 날려 그들을 흩으신다.' 하나님의 위대하심과 용맹스러움은 우리의 대적자들을 막아 주시는 방편이다. 하나님은 직접 나서서 우리를 대신하여 싸우시는 분이시다.

하나님은 '많은 번개로 파하시는' 분이다. 하나님은 번개를 번쩍이셔서 원수를 혼란에 빠뜨리고 그들을 꺾으신다. 하나님은 이러한 역사를 통하여 원수들을 흩으신다. 우리 하나님은 직접 나서서 원수를 물리쳐 주신다. 악한 자들이 다양한 모습으로, 또 여러 가지 방법으로 우리를 공격할지라도 하나님이 직접 나서서 그 원수들을 막아 주신다.

이러한 하나님의 역사하심을 믿기에 우리에게 힘들고 어려운 일이 있을지라도 하나님의 직접적 개입과 하나님의 승리를 확신한다. 하나님이 우리를 대신하여 싸우시는 것은 우리가 하나님의 자녀이며, 하나님의 백성이기 때문이다.

3. 하나님의 손길

15절에서는 "이럴 때에 여호와의 꾸지람과 콧김으로 말미암아 물 밑이 드러나고 세상의 터가 나타났도다"고 하였다.

여기에 하나님의 위대한 손길이 있다. 하나님의 외침으로 바다의 깊음이 드러나고 땅의 기초까지 벗겨진다. '여호와의 꾸지람과 콧김으로 말미암아'라고 하였는데, '콧김'이란 진노를 의미한다. 그러니 하나님의 꾸지람과 진노로 인하여 새로운 역사가 일어난다.

하나님께서 임하실 때에 '물밑'이 드러나고 '세상의 터'도 드러난다. 하나님께서 만드신 세상의 바닥이 드러나는데, 그 대표적 사례가 이스라엘 백성이 홍해를 육지같이 건널 때에 바다가 갈라진 일이다.

하나님은 자기 백성을 위하여 위대한 역사를 하신다. 이것은 하나님의 사랑의 표현이다. 하나님은 시인을 구하기 위하여 하나님의 특별하신 방법을 사용하신다. 뇌성을 발하시고 우박을 내리시기도 하고, 바다와 땅의 바닥을 드러내시게 하기도 한다. 이것은 하나님의 특별하신 사랑이며, 자기백성을 지키시는 손길이다.

오늘의 우리들이 모함을 당하고, 어려움을 겪을 때에 세상의 어느 누구도 우리를 돌보아 주지 않는다. 도리어 우리를 비방하고 돌을 던질지라도 하나님은 우리 편이 되어 주셔서 우리의 억울함을 신원해 주시고, 그 어려움의 자리에서 우리를 건져 주신다.

하나님은 다양한 방법으로 하나님의 엄위하심을 보여 주시고 자기 백성을 향한 위대한 사랑을 실천하신다. 그래서 우리는 하나님의 그 손길 앞에 절대 순복의 삶을 살게 된다. 하나님의 사랑으로 인하여 우리가 고통의 자리에서 벗어날 수 있는 길이 있음은 우리가 가진 큰 축복이다. 우리들이 고통에 함몰되어 헤어나지 못할 때에 하나님은 우리를 향해 구원의 손길을 펴시고 우리로 하여금 생명의 길로 인도하신다. 이것은 하나님의 임재를 통해 나타난다. 하나님은 다양한 모습으로 우리에게 나타나시며, 그것을 통하여 하나님의 엄위하시고 존귀하심을 나타내신다.

하나님이 자기 백성을 위해 대신 싸우시는 것은 하나님의 사랑 때문이다. 우리가 하나님을 먼저 사랑한 것이 아니라 하나님이 우리를 사랑하셨기 때문에 이러한 위대한 역사가 일어나게 되었다. 하나님의 사랑하심이란 단순히 관념적인 말이 아니라 하나님의 자기희생이며 존재 의미이다. 하나님께서 자기 백성을 사랑하시기 위해 독생자 예수 그리스도를 이 땅에 보내신 일이야 말로 그 사랑을 입증하는 길이 된다.

하나님의 자기희생을 통해 우리들을 구원하시는 사랑의 손길을 우리는 기억해야 한다. 하나님의 사랑을 받은 우리들은 하나님의 사랑에 감사하며 이 사랑에 감사해야 한다. 존귀하신 하나님은 우리들을 위해 위대한 손길을 펴신다. 그 손길 앞에 감사하고 순종하는 삶을 사는 것이 무엇보다 중요하다. 이것은 우리에게 역사하시는 하나님의 사랑에 감사하는 길이기 때문이다.

우리에게 다양한 모습으로 강림하셔서 우리를 지키시는 하나님의 역사를 기억하고 이 하나님께 절대 순복의 삶을 살아가는 것이 우리의 의무이며 축복임을 기억해야 한다.

나를 건져내셨도다

시편 18:16~19

16그가 높은 곳에서 손을 펴사 나를 붙잡아 주심이여 많은 물에서 나를 건져내셨도다 17나를 강한 원수와 미워하는 자에게서 건지셨음이여 그들은 나보다 힘이 세기 때문이로다 18그들이 나의 재앙의 날에 내게 이르렀으나 여호와께서 나의 의지가 되셨도다 19나를 넓은 곳으로 인도하시고 나를 기뻐하시므로 나를 구원하셨도다

하나님께서 여러 가지 모습으로 강림하심으로써 왕을 구원하신다. 이것이 하나님의 강림의 목적이다. 하나님은 자기 백성을 구하시기 위하여 이 땅에 오시고, 자신을 희생함으로써 당신의 뜻을 이루신다. 하나님의 구원은 하나님의 특별하신 역사이다. 하나님의 예정 가운데 만세전에 택하신 백성을 구원하시기 위하여 강림하시고 또 역사하신다.

시인은 자신을 구원하시는 하나님의 역사를 시적(詩的) 언어를 통하여 설명하고 있다. 구원하시는 하나님의 역사를 통해 오늘의 우리들이 새 힘을 얻게 된다.

1. 나를 건져내셨도다

16절에서 "그가 높은 곳에서 손을 펴사 나를 붙잡아 주심이여 많은 물에서 나를 건져내셨도다"라고 하였다. 하나님은 물에서 건지셔서 하나님의 백성을 새롭게 하여 주신다.

'나를 건져내셨도다'라고 했으니 하나님께서는 물에 빠져 허우적대는

자기 백성을 구원하시기 위하여 하나님이 위에서 손을 펴 역사하신다. 이것은 하나님의 백성을 구하시기 위해 '위에서' 역사하신다는 뜻이다. '많은 물에서 나를 건져 내셨도다'라고 했는데 이것은 거센 물, 깊은 물이라는 의미를 가지고 있다. 여기서 '많은 물'이란 혼돈 또는 죽음에 대한 비유이기도 하다(합 3:15).

하나님이 죽음의 고통에 빠진 하나님의 백성을 구원하신 것을 물에서 건지신 것으로 묘사하고 있다. 이것은 모세가 물에서 건지심을 받은 것에서 구체적으로 나타나고 있다. 모세는 태어난 지 얼마 되지 않아 나일강에 버림받았고, 거기서 이집트 공주에게 구출 받았다. 또 이스라엘 백성을 인도하여 출애굽의 역사를 이룰 때에 홍해에서 이스라엘이 구원받는 기적을 체험하였다.

시인은 이러한 모세의 구원을 제시함으로써 자신을 구원하시는 하나님의 역사를 노래하고 있다. 역사적 사건을 통하여 오늘의 문제를 풀어가는 것은 역사를 주관하시는 하나님을 믿는 믿음에서 나온다.

2. 나의 의지가 되셨도다

17절에서 "나를 강한 원수와 미워하는 자에게서 건지셨음이여 그들은 나보다 힘이 세기 때문이로다"고 하였다. 다윗은 자기가 받은 구원에 대하여 매우 구체적으로 설명하고 있다. '강한 원수와 미워하는 자'에 대해 말하는데 이들은 자신보다 힘이 세다고 하였다. 이것은 시인의 무능을 고백함과 동시에 하나님의 위대하심을 강조하는 내용이다.

하나님은 우리가 힘이 있고, 강할 때에는 버려두신다. 왜냐하면 우리의 힘으로 원수들을 이기기 때문이다. 그러나 우리가 약하고 원수의 힘이 강할 때에 하나님은 나타나서서 역사하시고 자기 백성을 구원하신다. 우리가 약할 때에 하나님의 구원 역사가 나타난다. 이것으로 인하여 하나님께서 영광 받으시고 하나님의 구원 역사가 온 세상에 드러나게 된다.

18절에 "그들이 나의 재앙의 날에 내게 이르렀으나 여호와께서 나의 의지가 되셨도다"고 하였다. 여기서 '재앙의 날'이란 병이나 시련 혹은 죽음을 가리킨다. 우리에게 재앙의 날이 올 때가 많다. 생각지도 않은 질병과 죽음의 홍수가 갑자기 닥치듯이 우리에게 몰아칠 때가 있다. 이때에 우리는 좌절하고 낙망하며 고통에 빠지게 된다. 이런 경우에 우리의 자세가 어떠해야 하는가?

시인은 '여호와께서 나의 의지가 되셨도다' 고 하였다. 이것이 시인의 고백이며 또 우리의 고백이어야 한다. 재앙의 날이 우리에게 홍수처럼 갑자기 올 때에 오직 여호와 하나님을 의지하여야 한다.

많은 사람들은 재앙의 날을 맞을 때에 힘 있는 자, 돈 있는 자 또는 유명한 사람을 의지한다. 그러나 하나님의 백성은 여호와를 자신의 '의지'로 삼는다. 하나님을 의지로 삼는 것이란 어떤 것인가? 여러 가지 방안이 있지만 하나님을 신뢰하고 하나님께 부르짖어 기도하는 일이다.

오늘의 우리들에게 고통의 바람이 불어오고, 죽음의 물줄기가 휩싸여 올 때에 여기에 좌절하지 말고 우리를 구원하시는 여호와를 의지해야 한다. 그래서 하나님께 부르짖어 기도해야 하며, 하나님은 우리의 기도에 응답해 주신다.

3. 나를 구원하셨도다

19절에 "나를 넓은 곳으로 인도하시고 나를 기뻐하시므로 나를 구원하셨도다"고 하였다. 하나님은 왕을 위험에서 건져내어 넓은 곳으로 인도하셨다.

질병과 죽음과 같은 재앙의 날에서 건지시고 영원한 생명의 길로 인도하신다. 이것은 하나님을 의지할 때에 일어난다.

'나를 기뻐하시므로 나를 구원 하셨도다' 라고 하였는데 하나님께서는 우리를 억지로 구원하시는 것이 아니라 기뻐하시므로 구원하신다. 하나님은 우리의 기도를 귀찮게 여기시지 않으시고 우리의 기도를 들으시고 우리를 구원해 주신다. 이것은 하나님의 백성들이 받을 수 있는 크나큰 축복이다.

하나님은 우리를 많은 물에서 건지시고 강한 원수와 미워하는 자에게서 건지셨다. 또 재앙의 날에서 구원하여 주신다. 우리가 이 땅에서 살아갈 때에 어려움이 없고 고통이 없어야 하는데 우리의 현실은 그렇지 못하다. 홍수와 같은 재앙이 몰아쳐 우리를 힘들게 할 때가 있고, 우리의 원수들이 우리를 공격할 때가 너무도 많기에 그 때마다 우리는 좌절하고 낙망한다.

우리에게 질병이나 죽음과 같은 재앙의 날이 예기치 못한 순간에 우리에게 올 때가 있다. 거기서 벗어날 길이 어디 있는가? 사람의 힘으로는 어쩔 수 없이 무너지고 만다.

그러나 여호와 하나님께서 손을 펴서서 우리를 구해 주신다. 그것도 기뻐하심으로 구원해 주시니 이것은 우리를 향하신 하나님의 사랑이며 축복이다.

시인은 고통의 자리에서 하나님을 의지하여 기도하였다. 하나님은 믿음의 기도에 응답하시고 놀라운 구원의 역사를 나타내신다.

오늘의 우리들에게 재앙의 날이 올 때에 그 재앙만을 바라보지 말고 그 재앙을 물리쳐 주시는 하나님의 역사를 바라보아야 한다. 우리에게 질병이 있고, 죽음의 그림자가 몰려올 지라도 하나님을 의지하고 기도하자. 여기서 모든 문제가 해결된다. 기도도 혼자만의 기도가 아니라 합심하여 기도 할 때에 하나님의 놀라운 역사가 일어남을 믿어야 한다.

우리의 기도를 들으시는 하나님은 우리를 외면하지 않으시고 기뻐하심으로 기도에 응답해 주신다. 그러므로 우리들은 힘들고 어려울 때에 하나님께 기도하자 자신의 문제만을 위해 기도할 것이 아니라 다른 사람을 위해서도 기도해야 한다.

나를 건지시는 하나님을 믿고 의지함으로써 재앙의 날에서 구원받고 감사의 찬송을 드릴 수 있는 삶을 영위해 나가야 한다.

내가 여호와의 도를 지키고

시편 18:20~24

20여호와께서 내 의를 따라 상 주시며 내 손의 깨끗함을 따라 내게 갚으셨으니 21이는 내가 여호와의 도를 지키고 악하게 내 하나님을 떠나지 아니하였으며 22그의 모든 규례가 내 앞에 있고 내게서 그의 율례를 버리지 아니하였음이로다 23또한 나는 그의 앞에 완전하여 나의 죄악에서 스스로 자신을 지켰나니 24그러므로 여호와께서 내 의를 따라 갚으시되 그의 목전에서 내 손이 깨끗한 만큼 내게 갚으셨도다

　　시편 18편은 긴 시이다. 이것은 하루 아침에 깨달은 것을 쓴 것이 아니라 평생을 통하여 깨달은 것을 기록한 것이다. 하나님께서 베푸신 은혜를 깨닫는 것은 하나님의 백성이 가지는 큰 축복이다.

　　시인은 1절에서 '나의 힘이 되신 여호와여 내가 주를 사랑하나이다'고 고백하였다. 이것은 하나님을 향한 신앙의 고백이요 사랑의 고백이다. 시인은 온갖 고통을 겪으면서도 하나님의 도우심을 간구하였고 하나님께서 재앙의 날에 구원해 주셨다.

　　20~24절에서는 하나님의 구원의 근거를 말하고 있다. 시인은 하나님께서 구원하시는 근거로서 자신의 의를 말하고 있다. 왜 이렇게 말하고 있는가? 하나님이 구원해 주신 것을 자랑하지 않고 자신의 의를 내세운 것같이 보이지만 시인이 이렇게 말한 것은 자신이 하나님의 언약 안에 살고 있고, 하나님의 구원 역사를 원수들에게 나타내고자 함이다.

1. 내 의를 따라 상주시며

20절에서 "여호와께서 내 의를 따라 상 주시며 내 손의 깨끗함을 따라 내게 갚으셨으니"라고 하였다. '여호와께서'로 시작하는데 이것은 여호와께서 자신을 구원하신 근거이심을 강조하는 것으로 우리가 주목해야 한다. '내 의를 따라 상 주시며'라고 하였고 '내 손의 깨끗함'이라고 했다. 이것은 하나님께서 상 주시는 기준이 무엇인지를 우리들에게 밝혀주신다.

하나님께서는 '의'를 따라 우리에게 역사하신다. 성경은 의를 믿음과 연결시켜 설명하는 경우가 많다. 하나님께서 아브라함을 데리고 밖에 나가셔서 하늘의 별들을 보이시고 너의 자손이 저와 같을 것이라고 하였다. 이것을 아브라함이 믿으니 하나님이 의로 여기셨다.

여호와께서 우리에게 힘을 주시고, 우리가 그것을 믿음으로 의롭게 된다. 그 의를 따라 '상 주시는' 하나님이시다. 그러므로 우리의 의는 우리가 자랑할 것이 아니라 하나님이 우리에게 주신 것임으로 하나님께 영광을 돌려야 한다. 의란 하나님과 하나님의 말씀에 충실한 것을 말한다. 자신의 무엇을 나타내는 것이 아니라 하나님 중심의 원리에 충실 하는 것을 말한다.

시인은 '내 손의 깨끗함을 좇아 갚으셨으니'라고 하였다. 이것은 윤리적 정결성을 강조하는 표현이다. 시인은 도덕적으로 온전한 것을 말하고 있는데 사람과의 관계에서의 정결성을 말한다. 시인은 사람을 보고 일하는 것이 아니라 하나님을 바라보고 일하였다. 이것은 궁극적으로 하나님의 영광을 나타냄과 동시에 바른 인간관계를 이루는 길이다.

2. 여호와의 도를 지키고

21절에서 "내가 여호와의 도를 지키고 악하게 내 하나님을 떠나지 아니 하였으며"라고 하였다. 시인은 자신의 무죄함을 구체적으로 강조하는데, 자신이 여호와의 도를 지키고, 하나님을 떠나지 아니 하였다고 하였다. 시인은 여호와의 도 즉 하나님의 말씀을 지키기 위해 노력하였다. 또한 하나님을 떠나지 않고 하나님 중심의 삶을 살아온 것을 강조하고 있다.

이것은 오늘의 우리들이 지켜야 할 원리이다. 하나님의 말씀을 지키고 하나님에게서 떠나지 않는 삶이 일상에서 이루어지도록 노력해야 한다. 우리는 하나님 중심의 삶을 살아가기 위하여 말씀과 기도로 자신을 돌보아야 하고, 그것을 통하여 하나님의 거룩을 닮아가야 한다.

22절에서 "그의 모든 규례가 내 앞에 있고 내게서 그의 율례를 버리지 아니하였음이로다"고 하였다. 시인은 앞에서 하나님의 말씀을 지켰다고 하였고 여기서는 '그 모든 규례가 내 앞에 있고'라고 하였다. '규례'란 규칙으로서 하나님과의 언약관계 속에서 나타나는 표현이다. 또 '모든 규례'라고 하였으니 우리의 생활에 필요한 모든 것이 성경에 있다는 의미이다. 그래서 구체적으로 성문화되어 있지 않은 것도 그 원리를 유추해 보면 그 의미를 알 수 있는데, 이 모든 것이 성경에 기록되어 있다. 시인은 성경의 율례를 버리지 않고 지키려고 하였다. 성경의 가르침이 단순한 지식의 전달이 아니라 우리들의 신앙과 생활의 모든 원리를 제시해 주는 것이기에 우리는 이것을 더욱 귀하게 여겨야 한다.

23절에서 "또한 나는 그의 앞에 완전하여 나의 죄악에서 스스로 자신을 지켰나니"라고 하였다. 시인은 자신이 '하나님 앞에서 완전하다'고 하였는데, 이 말은 하나님 앞에서 한 번도 죄 지은 일이 없고, 실수한 적이 없다는 말이 아니다. 이 말은 하나님의 가르침에 순종하였고, 범죄하고 실수하였을 때에 하나님 앞에 회개하고 돌이켜서 하나님의 뜻을 따라 살아가는 것을 의미한다.

우리에게 한 번도 범죄하지 않는 완전함이 있을 수 없다. 그러나 하나님 중심으로 우리의 죄악과 실수를 회개하고 바른 삶을 살아갈 때에 이것이 바로 완전함이다. 하나님 앞에 바로 사는 것은 '죄악에서 스스로를 지키는 것'이다. 모든 것을 하나님 중심으로 생각하고 그것을 이루기 위해 노력하는 자세가 무엇보다 중요하다.

3. 내게 갚으셨도다

24절에서 "그러므로 여호와께서 내 의를 따라 갚으시되 그의 목전에 내 손의 깨끗한 만큼 내게 갚으셨도다"라고 하였다. 여기서 시인은 하나님의 언약 안에서 사는 사람이다. 하나님과의 바른 관계를 통하여 자신의 의를 나타내며, 하나님의 영광을 이루신다.

하나님이 우리의 삶을 지켜 주신다. 우리들의 말과 행동이 어떤 원리에 따라 이루어지고 있는 지에 관심을 가져야 한다. 우리가 하나님의 말씀을 중심으로 살아갈 때에 비록 범죄하고 실수할지라도 하나님 앞에서 회개하고 의로운 존재가 된다.

그러기 위하여 우리들이 노력해야 할 것은 하나님의 도를 지키는 일이다. 우리들의 일상생활에서 하나님의 말씀을 묵상하고 그 가르침대로 살아가도록 해야 한다.

시인이 자신의 의를 내세운 듯한 표현을 하였으나 이것은 하나님의 뜻에 따라 살기를 노력하는 자의 태도를 말한다. 엄격하게 보면 이 땅에는 의인이 없다. '의인은 없나니 하나도 없으며'(롬 3:10)라는 말씀 같이 의인은 없다. 그러나 하나님의 말씀대로 살면 하나님의 의가 우리에게 전가되어 우리는 의로운 존재가 된다.

우리가 여호와의 도를 지키기 위해 노력해야 한다. 이스라엘 백성들이 광야 생활을 할 때에 날마다 하늘에서 만나가 내렸듯이 우리의 날마다의 생활에서 하나님의 말씀을 생명의 양식으로 삼아야 한다.

하나님의 구원을 찬양하며, 하나님의 말씀을 지키며 살 때에 우리에게 어려움과 고통이 올지라도 하나님께서 이것을 이기게 하여 주신다.

우리는 우리를 향하신 하나님의 사랑을 감사하며 하나님께 영광을 돌리며, 말씀을 지키는 일상의 역사를 이루어야 한다.

곤고한 백성은 구원하시고

25자비로운 자에게는 주의 자비로우심을 나타내시며 완전한 자에게는 주의 완전하심을 보이시며 26깨끗한 자에게는 주의 깨끗하심을 보이시며 사악한 자에게는 주의 거스르심을 보이시리니 27주께서 곤고한 백성은 구원하시고 교만한 눈은 낮추시리이다

하나님의 백성은 하나님의 의를 추구하며 산다. 하나님이 의로우신 분이시기에 우리도 의로움을 추구하고, 하나님이 완전하신 분이시기에 우리도 완전을 추구한다. 성경은 의인과 악인에 대한 대비를 하고 있다. 시편 1편이 그 대표적인 것으로 우리에게 의인과 악인의 대조적 삶을 보여주고 있다. 시인은 26절에서 깨끗한 자와 사악한 자를 비교함으로써 하나님의 백성의 삶의 자세를 제시하고 있다.

1. 하나님의 역사

25절에서 "자비로운 자에게는 주의 자비로우심을 나타내시며 완전한 자에게는 주의 완전하심을 보이시며"라고 하였다. 이 말씀에서 하나님이 이세상을 다스리실 때에 신실하심으로 역사하심을 보여준다. 하나님의 백성은 하나님의 은혜를 체험하며 살아간다. 하나님의 완전함을 체험한 자는 이땅에서 완전을 추구하고, 하나님의 사랑을 체험한 사람은 사랑을 추구한다. 이것은 자신이 체험한 영역 안에서 살아가는 인간의 모습을 말한다.

25절은 하나님의 역사를 매우 직설적으로 표현하고 있다. '자비로운 자에게는 주의 자비하심을 나타낸다'고 하였다. 자비함이란 인자함을 의미하는데, 하나님의 백성들이 지켜야 할 가장 큰 주제이다.

우리가 이 땅에서 무엇을 해야 할 것인가? 특히 사람과 사람 사이에서 하여야 할 일이 무엇인가? 성경은 그것을 직설적으로 교훈하고 있다. "새 계명을 너희에게 주노니 서로 사랑하라 너희가 서로 사랑하면 이로써 모든 사람이 너희가 내 제자인줄 알리라"(요 13:34)는 말씀에서 우리들의 삶의 원리를 찾을 수 있다.

우리가 서로 사랑하면 믿지 않는 자들이 우리를 보고 예수를 닮은 자라고 하며, 그들에게 하나님의 영광을 드러내게 된다. 이러한 사랑의 실천을 통하여 이 땅에 하나님의 나라가 확장되고 하나님의 역사가 나타난다. 그래서 하나님은 자비한 자에게 하나님의 자비를 나타내며 완전한 자에게는 하나님의 완전하심을 나타내신다고 하였다. 우리가 자비할 때에 즉 형제자매에게 사랑을 베풀 때에 하나님의 사랑이 우리에게 나타난다.

'완전한 사람'이란 하나님을 전적으로 의지하면서 하나님을 경외하고 사는 사람을 말한다. 즉 전심으로 하나님을 섬기면서 진실하게 살아가는 사람이다. 이런 사람에게 하나님은 당신의 완전함을 나타내신다. 하나님의 완전하심을 통하여 우리를 완전히 구원해 주시고, 완전히 보호해 주시며, 완전히 인도해 주신다. 그러므로 우리들에게 재앙의 날이 온다고 해도 하나님의 완전함을 통해 우리들을 보호해 주실 것을 믿기에 우리는 흔들리지 않는다.

2. 깨끗함과 더러움

26절에서 "깨끗한 자에게는 주의 깨끗하심을 보이시며 사악한 자에게는 주의 거스르심을 보이시리니"라고 하였다. 시인은 깨끗한 자와 사악한 자를 비교한다. 깨끗함은 더러움과 대비된다. 깨끗한 자에게는 하나님의 깨끗하심을 보이신다는 교훈은 신약에서도 나타난다.

"마음이 청결한 자는 복이 있나니 그들이 하나님을 볼 것임이요"(마 5:8)라는 말씀에서 마음이 청결한 자는 하나님의 동행, 간섭 그리고 인도하심을 경험하며 살아간다.

'사악한 자'에게는 정반대의 역사가 나타난다. 사악한 자에게는 주의 거스르심을 나타내신다고 하였다. 여기서 '사악한 자'란 구부러지고 찌그러진 자를 말하며 패역한 자를 의미한다. 이들은 거짓을 행하면서 속임수를 쓰는 사람이다. 하나님을 거역하고 사람을 속이는 것을 밥 먹듯 하는 자를 가리킨다.

이러한 자에게 '주의 거스르심'을 보이신다. 사악한 자들이 자기가 가고자 하는 길이 이렇게 막히고, 저렇게 막힘으로서 하나님의 간섭이 나타난다. 이 말씀은 하나님께서 모든 인생을 다스리심을 보여준다. 하나님은 선한 자도 다스리고 악한 자도 다스린다. 그래서 성경은 "악인도 악한 날에 적당하게 하셨느니라"(잠 16:4)고 하였다.

3. 곤고한 백성은 구원하시고

27절에서 "주께서 곤고한 백성은 구원하시고 교만한 눈은 낮추시리로다"고 하였다. '곤고한 백성'이란 사회적으로 하층 계급에 속한 자(신 15:11) 또는 하나님의 간섭하심을 깨닫고 자신의 부족함을 알아 고민하는 사람이다.

하나님 앞에 자기의 부족함을 깨닫는 곤고한 백성을 하나님이 구원하시고 하나님의 완전함으로 채워 주실 때에 여기에 기쁨이 있고 감사가 있다. 그러나 하나님께서는 "교만한 눈은 낮추신다"고 하였다. 자기의 부족을 모르는 사람은 항상 교만한 눈을 가지고 다른 사람을 멸시한다.

하나님이 싫어하시는 것은 교만이다(잠 6:17). 남을 멸시하고, 하나님의 영광을 생각지 않고 항상 자기의 유익만을 위해 사는 자들을 하나님이 낮추신다.

하나님은 겸손한 자를 높이시고 교만한 자를 낮추신다. 이것은 하나님의 절대적 통치의 역사이며, 공의로우신 하나님의 공평하신 심판이다.

우리들이 이 땅에서 살아갈 때에 하나님의 원리에 따라 살아야 한다. 하나님은 심은 대로 거두시는 분이시다. 우리가 악을 행하면 악으로 보응을 받고, 사랑으로 행하면 하나님의 사랑이 우리의 삶 속에 충만해진다. 하나님은 겸손한 자를 높이시고 교만한 자를 낮추신다.

하나님의 이러한 원리가 우리들의 삶을 주관하신다는 것을 날마다 깨달으며 살아갈 때에 우리 속에 임재하시는 하나님을 체험하게 된다.

우리들은 다른 사람에게 하나님의 사랑을 실천해야 한다. 이것은 우리의 사랑이 아니라 하나님이 주신 사랑이다. 이것을 바로 실천할 때 우리는 하나님의 사람으로 살아가게 되며, 믿지 않는 자들에게 우리가 하나님의 백성이라는 것을 알게 한다.

이와 같은 원리는 가장 쉬운 것 같으나 우리들의 일상에서 실천하기가 어렵다. 그러나 하나님의 은혜 아래서 하나님의 사랑을 체험하고, 그것을 우리들의 생활에 나타내어야 한다. 이것을 '달빛 사랑'이라고 부를 수 있다. 달은 발광체가 아니라 반사체이기에 자기가 받은 태양열만큼 반사한다. 그래서 태양과 사이에 가리는 것이 없으면 보름달이 되고, 반쯤 가리면 반달이 된다.

이와 같이 하나님과 우리 사이에 가리는 것이 없으면 우리는 보름달 같이 하나님의 사랑을 100% 반사하고, 반쯤 가려지면 반달처럼 50%만 반사하게 된다. 완전히 가려지면 그믐달처럼 아무런 빛도 반사하지 못한다.

하나님의 사랑을 실천하는 삶의 원리가 우리를 지배할 때에 하나님의 영광을 위해 살아가게 된다. 그리하여 우리는 사랑을 실천하고, 겸손하여 하나님의 뜻을 따르는 삶을 살아가기 위해 오늘도 이 순간도 최선을 다해야 할 것이다.

주께서 나의 등불을 켜심이여

28주께서 나의 등불을 켜심이여 여호와 내 하나님이 내 흑암을 밝히시리이다 29내가 주를 의뢰하고 적군을 향해 달리며 내 하나님을 의지하고 담을 뛰어넘나이다

다윗은 그의 생애의 노년기에 이 시를 썼다. 자신의 생애를 통하여 자기를 지켜 주시기 위해 원수의 압제를 물리쳐 주시는 하나님의 사랑을 체험하며 그 은혜를 노래하였다.

시인의 노래는 단순한 문학적 작품이 아니라 자신에게 역사하시는 하나님의 손길을 찬양하였다. 이 노래는 그의 신앙고백이요 하나님을 향한 사랑의 고백이기도 하다. 하나님 중심의 삶을 살아갈 때에 하나님은 자기 백성을 지키시고 축복해 주신다. 이것을 만기에 오늘도 하나님을 바라보며 나아간다.

1. 주께서 나의 등불을

28절에 "주께서 나의 등불을 켜심이여 여호와 내 하나님이 내 흑암을 밝히시리이다"고 하였다. 시인은 여기서 자신에게 행하신 하나님의 선하심을 찬송하고 있다.

성경에는 이와 비슷한 표현이 있다. 사무엘은 "여호와여 주는 나의 등불이시니 여호와께서 나의 어둠을 밝히시리이다"(삼하 22:29)고 하였는데, 시

편의 말씀과 비슷한 의미를 가지고 있다. 사무엘서에서는 "여호와여 주는 나의 등불이시니"라고 했는데 이 말은 '하나님은 나의 등불이다'라는 뜻이다. 자기의 생명을 밝혀 주고, 앞길을 밝혀 주며, 가는 길을 인도하시는 하나님이란 말씀이다.

시인은 하나님께서 나의 등불을 켜셨다고 하였다. 이 말은 하나님께서 다윗이 낙심하지 못하도록 또 하나님을 밝히 깨닫도록 보여 주셨다는 뜻이다. 다윗이 하나님 앞에서 진실한 마음으로 살아 갈 때에 하나님, 은혜의 하나님이심을 깨닫게 하셨다. 다윗은 이런 하나님을 본받아 하나님의 사랑과 은혜를 다른 사람에게 전하였다.

하나님은 나의 등불이다. 우리가 하나님의 말씀대로, 하나님의 뜻대로 걸어갈 때에 하나님은 우리의 등불이 되셔서 우리의 길을 비추어 주신다. 그리하여 '여호와 내 하나님이 내 어둠을 밝히시리이다'고 고백한다. 이것은 하나님께서 순복하고 그 뜻대로 살아갈 때에 죄와는 자꾸 멀어진다는 뜻이다. 그러니 우리가 하나님을 전하고, 하나님의 빛을 드러내고 하나님의 말씀을 나타내는 동안에는 범죄에 쉽게 빠지지 않는다는 것이다.

우리에게는 누구나 어두운 부분이 있고 약한 부분이 있다. 그러나 우리가 하나님의 말씀의 빛 안에서 걸어갈 때에 이러한 약한 부분은 가리워지고 하나님의 빛의 역사만이 드러난다.

우리들은 이 세상을 어둡다고만 한다. 그러나 이것을 탓하기 전에 우리 스스로가 하나님의 빛 안에서 살아간다면 흑암을 물리치고 담대히 나아갈 수 있다. 우리가 진리를 밝혀 나갈 때에 하나님께서 흑암을 밝혀 주신다. 이것이야말로 성도들이 이 세상을 이기는 첫걸음이다.

2. 내가 주를 의뢰하고

29절에서 "내가 주를 의뢰하고 적군을 향해 달리며 내 하나님을 의지하고 담을 뛰어넘나이다"고 하였다. 하나님으로 말미암아 새 힘을 얻은 시인은 원수와 담대하게 싸우게 된다. '내가 주를 의뢰하고'라고 하였다. 시인은 '내 힘으로'가 아니라 '주를 의뢰하여' 싸운다. 세상의 등불이신 하나님을 전적으로 의뢰하고 대적을 향하여 달려간다는 의미이다. 우리들은 하나님을 의지하고 나아가야 한다. 이것이 모든 힘의 구원이며 우리가 가야 할 길이다.

하나님을 의뢰하고 '적군'에게 달려간다. 적군이란 강력한 용사의 무리인데(삼상 30:1~3), 세상의 권세 잡은 자들이며 하나님을 거역하는 자들이다. 하나님을 의뢰하여 이들과 싸울 때에 용기가 생기고 승리를 기대하게 된다.

다윗은 자신의 생애를 통해 이런 경험을 많이 하였다. 모압이나 암몬 또는 블레셋을 칠 때에 적군의 군사력이나 전쟁에 필요한 정보를 입수하려고 하지 않고 하나님께 '아버지여, 올라가리이까 말리이까'라고 기도하였다. 다윗은 하나님의 응답대로 전쟁하였고 그 전쟁은 승리로 끝났다. 왜냐하면 하나님이 승리의 원천이시기 때문이다. 다윗의 이러한 경험이 그의 시로 나타나고 오늘의 우리들에게도 바른 삶의 자세를 제시해 준다.

"내가 하나님을 의지하고 담을 뛰어 넘나이다"고 하였다. 여기서 전쟁의 모습이 그려져 있다. 기병들이 말을 타고 싸우는 것이 아니라 보병들이 달리는 장면을 묘사하였다. 이스라엘에는 다윗 시대까지 기병이 없었다. 오직 하나님만이 기병이며 마병이었다.

하나님을 의지하고 담을 뛰어 넘었다고 했는데 여기서 담이란 조그마한 담이 아니라 성벽을 의미한다. 성벽을 넘는 것은 쉬운 일이 아니다. 성벽을 뛰어넘는 군사들은 거의가 희생되는 것이 전쟁의 관례이다. 그러나 하나님을 의뢰하고 성벽을 뛰어 넘는 것은 승리를 향해 나아가는 길이다.

여기서 주목해야 할 것은 '하나님을 의지하고'라는 말이다. 모든 전쟁의 승리는 하나님에게 있으니 하나님을 의뢰하는 것이 무엇보다 중요하다. 우리들의 삶이 하나님을 의뢰하는 데서 이루어져야 한다. 이것이 삶의 기본이지만 이것을 바로 알지 못하고 자기 뜻대로 하려다가 실패하는 사람들이 수없이 많다.

3. 하나님을 의뢰하라

오늘의 우리들이 어렵고 힘든 일을 당할 때에 좌절하고 낙망하는 경우가 많다. 또 이 어려움에서 벗어나기 위하여 알코올이나 약물 등에 의지하는 사람들도 있다. 그러나 이것이 완전한 해결책이 아니다.

우리는 삶의 근본이 되신 하나님을 의뢰해야 한다. 그 하나님에게서 힘이 생기고, 앞으로 나아갈 용기를 얻게 된다. 시인의 고백처럼 적군에 달리며, 담을 뛰어넘는 담대함이 생긴다.

하나님을 의뢰하자. 비록 우리 앞에 재앙의 날이 임하고, 죽음의 강이 흐를지라도 이 물줄기를 보지 말고 그것을 주장하시는 하나님을 바라보아야 한다. 이것이야말로 승리의 길이며, 우리가 가야 할 길이다.

많은 사람들은 어려움을 겪을 때에 하나님을 의지하기보다 자기 자신이나 이 세상의 그 무엇을 의지하려고 하는 때가 많다. 이것은 일시적 위안에 불과하고 또 아무런 효과도 없는 경우가 많다. 그러함에도 불구하고 인간의 능력만 의지하고 있다.

하나님의 백성은 하나님을 의뢰한다. 우리 앞에 원수들이 막아 있고, 재앙의 날이 온다고 해도 하나님을 의뢰하면 이 고통을 이기고 나아갈 수 있다. 하나님께서는 우리 앞에 등불을 켜서 우리의 갈 길을 밝혀 주신다. 하나님의 인도하심에 따라 어려움을 이기며, 하나님을 의뢰하여 적군과 싸우고 성벽을 뛰어 넘게 된다.

하나님께서 우리 앞에 등불을 켜 주실 때에 우리에게 닥친 고통을 이기며 승리의 길로 나아가게 된다. 우리는 이것을 믿기에 하나님의 역사를 의지하며, 승리의 길로 나아간다. 하나님을 의뢰함이 모든 고통을 이기는 길임을 믿고 나아가자.

여호와 외에 누가 하나님이며

시편 18:30~36

30하나님의 도는 완전하고 여호와의 말씀은 순수하니 그는 자기에게 피하는 모든 자의 방패시로다 31여호와 외에 누가 하나님이며 우리 하나님 외에 누가 반석이냐 32이 하나님이 힘으로 내게 띠 띠우시며 내 길을 완전하게 하시며 33나의 발을 암사슴 발 같게 하시며 나를 나의 높은 곳에 세우시며 34내 손을 가르쳐 싸우게 하시니 내 팔이 놋 활을 당기도다 35또 주께서 주의 구원하는 방패를 내게 주시며 주의 오른손이 나를 붙들고 주의 온유함이 나를 크게 하셨나이다 36내 걸음을 넓게 하셨고 나를 실족하지 않게 하셨나이다

시편 18편은 두 부분으로 구성되어 있다. 1~29절은 '왕의 시련과 기도'를 다루었고, 30~50절은 '왕의 승리와 감사'를 다루었다. 시인은 하나님의 능력을 찬양하며, 용사이신 하나님께서 어떻게 전쟁을 준비시켰으며, 하나님께서 원수를 물리치시고 승리케 하셨는지를 노래하고 있다. 이것은 왕의 승리의 노래인 동시에 오늘의 우리들이 배워야 할 삶의 자세이다. 재앙의 날을 맞을지라도 하나님을 의지함으로써 이것을 이겨내는 신앙과 결단이 필요하다.

30~36절은 왕의 전투 준비에 대해서 말하고 있다. 하나님의 권고하심에 따라 어떻게 전쟁 준비를 하였는지를 우리에게 보여주고 있다.

1. 하나님의 말씀은 순수하니

30절에 "하나님의 도는 완전하고 여호와의 말씀은 순수하니 그는 자기

에게 피하는 모든 자의 방패시로다”고 하였다. ‘하나님의 도가 완전하다’는 것은 하나님의 구원의 능력을 말하는데, 즉 하나님께서 자신의 능력을 말하는데, 하나님께서 자신의 약속에 따라 온전히 구원하신다는 뜻이다.

하나님의 말씀에 따라서 걸어가면 하나님의 인도와 간섭을 완벽하게 체험할 수 있고, 절대로 실패가 없음을 가리킨다. 또 ‘여호와의 말씀은 순수하니’라고 하였는데 이 말은 용광로에 광물을 넣어 제련하여 불순물을 완전히 제거하고 순수한 것만 남는 것을 의미한다. 하나님의 말씀에는 찌꺼기가 없다. 순수하고 확실한 것으로 가득하기에 우리는 그 말씀을 신뢰한다.

‘자기에게 피하는 자의 방패시로다’고 하였는데, 하나님의 말씀은 순수하고 순전하기 때문에 그 말씀을 따라서 하나님을 의지하고 그 말씀에 피하면 하나님은 우리의 방패가 된다고 하였다. 하나님의 말씀에 철저히 의지하면 하나님의 백성을 향해 날아오는 화살과 창을 막아 주신다. 하나님의 백성들에게 고통의 바람이 불어올 때에 이것을 이기는 길은 하나님께 피하는 것 밖에 없다. 하나님은 우리의 방패이시기에 그 방패로 적들의 공격을 막아 주신다!

2. 여호와 외에 누가

31절에는 “여호와 외에 누가 하나님이며 우리 하나님 외에 누가 반석이냐”라고 하였다. 시인은 두 가지 질문을 하고 있다. 여호와 외에 하나님이 있느냐? 또 하나님 외에 반석이 있느냐?고 질문한다. 이것은 몰라서 묻는 것이 아니라 신앙고백이며 세상을 향해 선언하는 것이다. 즉 질문의 형식을 통하여 참다운 대답을 유도하는 것으로서 하나님의 백성의 최고의 고백이다.

32절에서 “이 하나님이 힘으로 내게 띠 띠우시며 내 길을 완전하게 하시며”라고 하였다. 시인은 하나님의 놀라운 역사를 찬양하며 감사의 노래를 부르고 있다. ‘힘으로 내게 띠 띠우시며’라고 하였는데 이것은 ‘하나님께서 나를 강하게 하셨다'는 뜻이다. 하나님께서 전쟁에서 승리할 수 있도록 힘과 에너지를 공급하신다는 것이다. 전쟁은 우리의 힘으로만 하는 것이 아니라 하나님께서 힘을 공급해 주셔야 승리할 수 있다.

하나님은 힘을 주실 뿐만 아니라 '길까지 완전하게' 하신다. 이것은 하나님의 백성이 나아가는 앞에 있는 장애물들을 제거해 주셔서 헛디디는 실족함이 없도록 한다는 것이다. 하나님은 자기 백성을 철저히 보호하신다. 힘을 주실 뿐만 아니라 모든 장애물을 제거해 주셔서 가는 길이 순탄케 하신다.

33절에서 "나의 발을 암사슴 발 같게 하시며 나를 나의 높은 곳에 세우시며"라고 하였다. 하나님께서는 초자연적인 힘을 주실 뿐만 아니라 사슴처럼 빠른 발을 주셨다.

하나님께서는 왕에게 사슴처럼 빠른 발을 주셔서 왕의 군사가 높은 산을 점령하게 하였다. 이 시는 단순한 문학적 표현만이 아니라 자신의 체험에서 나온 고백이며, 그 고백을 형상화한 것이다. 하나님의 백성은 하나님을 의지할 때에 힘을 얻는다. 하나님은 암사슴 발같이 빠른 발을 주셔서 원수들과 싸우게 하신다. 하나님이 준비해 주실 때에 힘을 가지고, 종국에는 승리하게 된다.

34절에서 "내 손을 가르쳐 싸우게 하시니 내 팔이 놋 활을 당기도다"라고 하였다. 하나님은 왕을 높은 곳에 두시고 싸우는 방법까지 가르쳐 주신다. 놋 활을 당겨서 적군을 물리치게 하셨다. 놋 활이란 특별한 무기이다. 일반적으로 사용하는 활은 대나무 활이었으나 놋 활은 큰 힘을 가진 장사만이 당길 수 있는 특별한 것인데 하나님께서 왕에게 힘주셔서 그 활을 사용하게 하셨다.

3. 주의 오른 손이 나를

35절에는 "또 주께서 주의 구원하는 방패를 내게 주시며 주의 오른손이 나를 붙들고 주의 온유함이 나를 크게 하셨나이다"라고 하였다. 하나님은 왕에게 공격하는 방법만 가르치신 것이 아니라 방어하는 법까지 가르치셨다. '구원'이란 영혼 구원만을 의미하는 것이 아니라 고통과 어려움에서 건져 주시고, 전쟁에서 건져 주시는 것도 의미한다. 하나님께서는 '주의 구원하는 방패'를 왕에게 주셔서 원수를 막게 하셨다.

하나님의 오른손이 왕을 붙들고 주의 온유함 즉 주의 도와주심으로 인하여 새 힘을 얻고 나아간다. 하나님이 오른손으로 붙들어 주시고, 하나님의 도우심을 통해 힘을 얻었다. 하나님이 도와주셔야 승리한다. 하나님은 왕에게 공격의 방법만이 아니라 방어의 방법까지 가르쳐서 전쟁에서 승리하게 하셨다.

36절에서 "내 걸음을 넓게 하시고 나를 실족하지 않게 하셨나이다"고 하였다, 하나님께서는 왕이 걸어가는 길을 넓게 하시며 실족하지 않도록 하셨다. 하나님의 백성이 가는 길을 막는 장애물을 제거하여 주시고 실족하지 않도록 하여 주신다. 이것은 하나님의 백성들이 하나님께로부터 사랑을 받는 징표이며, 자기 백성을 향하신 언약이다.

오늘의 우리들이 죄악된 이 세상에서 살아갈 때에 여러 원수들의 모함과 도전을 받는다. 하나님은 이러한 자기 백성을 위하여 전장에 나가 싸우시고 하나님의 백성에게 공격과 수비의 방법을 가르치시고, 하나님께서 힘을 주신다. 하나님께서는 자기 백성들이 나아갈 길을 넓혀 주시고, 실족하지 않도록 장애물을 처리해 주신다. 우리는 이러한 하나님을 믿고 의지해야 한다. 이것만이 하나님의 백성들이 나아가야 할 길이다.

하나님 외에는 우리에게 다른 신이 없고, 하나님 외에는 우리를 도와줄 자가 없다. 하나님은 자기 백성들을 위하여 앞서 나서서 모든 것을 막아 주시고, 길을 평탄케 하신다. 우리는 이런 하나님을 믿고 의지해야 한다. 우리를 도우시는 하나님은 오른손으로 우리를 붙잡으시고 인도하여 주신다. 이러한 하나님의 사랑을 체험하며 감사의 삶을 살아가는 노력을 해야 한다.

그들이 부르짖으나 구원할 자가 없었고

시편 18:37~42

37내가 내 원수를 뒤쫓아가리니 그들이 망하기 전에는 돌아서지 아니하리이다 38내가 그들을 쳐서 능히 일어나지 못하게 하리니 그들이 내 발 아래에 엎드러지리이다 39주께서 나를 전쟁하게 하려고 능력으로 내게 띠 띠우사 일어나 나를 치는 자들이 내게 굴복하게 하셨나이다 40또 주께서 내 원수들에게 등을 내게로 향하게 하시고 나를 미워하는 자들을 내가 끊어 버리게 하셨나이다 41그들이 부르짖으나 구원할 자가 없었고 여호와께 부르짖어도 그들에게 대답하지 아니하셨나이다 42내가 그들을 바람 앞에 티끌 같이 부숴뜨리고 거리의 진흙 같이 쏟아 버렸나이다

하나님의 백성들은 어떠한 상황에서도 하나님의 인도하심을 믿으며 하나님께 영광을 돌리는 삶을 살아야 한다. 이것은 곤경의 자리에 있을 때뿐만 아니라 평탄의 상황에서도 하나님을 의지하는 삶이 있어야 한다. 왕은 37~42절에서 왕이 승리를 거둔 것을 고백하며 하나님을 찬양하였다. 하나님께서 왕에게 승리를 주셨으나 진정한 승리자는 하나님이심을 분명히 하고 있다.

1. 내 원수를 뒤쫓아가리니

37절에서 "내가 내 원수를 뒤쫓아가리니 그들이 망하기 전에는 돌아서지 아니하리이다"고 하였다. 왕은 실족하지 않고 원수를 따라 갔다. 왕은 원수들을 뒤따라가 멸망시킬 때까지 돌이키지 않겠다는 결심을 보여 주고

있다. 이 시는 다윗이 시글락에서 겪었던 일과 일치한다. 다윗이 시글락에 가서 살 때에 죽을 고비를 넘겼다. 다윗이 시글락에 갈 때에 자기 아내와 부하 600명이 아내를 두고 전쟁하러 갔다. 그러나 전쟁 후에 돌아와 보니 아말렉 사람들이 와서 그들을 다 잡아가고 없었다(삼상 30:1~30). 사람들은 다윗 때문에 그러 하였다고 하여 다윗을 돌로 쳐 죽이려 하였다. 곤경에 처한 다윗은 하나님께 기도하였다. 하나님께서 응답하시기를 쫓아가면 된다고 하였다. 하나님의 응답대로 쫓아가 포로 된 사람들을 다 찾아왔다.

이와 같은 사건을 경험한 왕은 하나님이 허락하시면 끝까지 원수를 쫓아가 승리할 것을 다짐하였다. 그래서 '그들이 망하기 전에는 돌이키지 아니하리이다'고 하였다. 원수들이 망할때까지 계속 싸우겠다고 하였다.

38절에 "내가 그들을 쳐서 능히 일어나지 못하게 하리니 그들이 내 발 아래에 엎드러지리이다" 고 하였다. 하나님의 능력이 함께 하실 때에 원수들을 쳐서 그들이 일어나지 못할 때까지 철저하게 패배시킨다. 원수들이 발아래 엎드려지는 것은 실제적인 죽음보다 더한 철저한 패배를 의미한다. 하나님께서 간섭해 주심으로써 완전한 승리를 거둔다.

39절에는 "주께서 나를 전쟁하게 하려고 능력으로 내게 띠 띠우사 일어나 나를 치는 자들이 내게 굴복하게 하셨나이다" 고 하였다. '주께서 나로 전쟁케 하려고 능력으로 내게 띠 띠우사'라고 했으니 시인은 이 전쟁은 하나님께서 저들을 심판하기 위해서 나를 도구로 사용하셨구나라는 감탄을 하고, 원수들로 하여금 왕에게 굴복하도록 하나님이 역사하심을 감사하였다.

2. 등을 내게로 향하게 하시고

40절은 "또 주께서 내 원수들에게 등을 내게로 향하게 하시고 나를 미워하는 자들을 내가 끊어 버리게 하셨나이다"고 하였다. 전쟁에서 원수들이 등을 돌리고 도망가는 장면의 묘사이다. 하나님께서 원수들의 마음에 두려움을 주셨다. '다윗과 싸우면 다 죽는다'라는 마음을 주어서 그들로 하여금 벌벌 떨게 하였다.

이런 상황은 여호수아의 전쟁에서도 나타난다. 여리고 성을 함락하는 전쟁은 마치 어린아이들의 장난과도 같았다. 그러나 이것이 여리고 성 사람들에게 하나의 심리전이 될 수 있었고 그들의 마음에 두려움을 주었다. 하나님의 기적적 역사로 여호수아는 승리하였다.

원수들은 등을 돌리고 퇴각하였다. 하나님께서는 원수들을 완전히 멸하시기까지 힘 주셨다. 전쟁의 승리란 군사력에 있는 것이 아니라 하나님의 함께 함에 있다. 하나님을 의지하고 말씀대로 순종할 때에 진정한 승리가 있다.

41절에서 "그들이 부르짖으나 구원할 자가 없었고 여호와께 부르짖어도 그들에게 대답하지 아니하셨나이다"고 하였다. 다윗의 대적들은 다윗이 추격하니 급하여서 그들이 섬기는 우상에게 기도하였다 아마 바알에게 기도하였을 것이다. 급하니 이렇게 되었을 것이다. 그러나 우상이 그들을 구하지 못하였다. 원수들은 급하니 '여호와여'라고 기도했으나 하나님께서 응답하지 않았다.

하나님을 믿는 자들이 진심으로 기도 할 때에 하나님께서 응답하신다. 그러나 하나님을 섬기지 않은 자들이 엉겁결에 하나님을 부를지라도 응답하지 않으신다. 하나님께 기도하여 응답을 받고자 하면 먼저 회개부터 하여야 한다. 자신의 잘못을 회개하고 돌이켜서 하나님의 자비하심을 구해야 한다. 그러나 원수들은 자기 신을 부르다가 응답이 없자 하나님을 부르는 신앙없는 모습을 보였다. 자기를 돌이켜 회개를 한 후에 하나님께서 응답해 주시기를 바라며 기도해야 한다. 즉 믿음의 기도를 해야 한다. 그럼에도 불구하고 원수들은 자기 편한 대로 기도하였으나 하나님께서 응답치 않으셨다.

3. 바람 앞에 티끌같이

42절에서 "내가 그들을 바람 앞에 티끌 같이 부서뜨리고 거리의 진흙같이 쏟아 버렸나이다"고 하였다. 원수들이 전멸되는 모습을 원수들이 전멸되는 모습을 '바람 앞에 티끌'이라고 하였다. 바람 앞의 티끌이란 한번 불면 날아가는 존재이며, 또 하나님의 역사로 쉽게 승리했다는 것을 묘사하고 있다. '거리의 진흙같이 쏟아 버린다'는 것은 완전한 패배를 의미한다. 하나님은 원수들을 거리의 진흙 즉 쓰레기처럼 버리셨다.

하나님의 뜻에 순종하고 걸어갈 때에 세상과 원수들은 티끌과 같이 되고 만다. 하나님의 바람 앞에 티끌같은 존재인 원수들은 지금까지 하나님의 백성을 핍박하고 고통을 주었다. 그러나 하나님께서 입김을 불으시면 티끌처럼 날아가 버린다. 하나님은 자기 백성들을 지키시고 그들 앞에 나서서 전쟁을 하신다. 하나님은 하나님의 방법으로 자기 백성을 도우시고 그들에게 힘을 주신다.

하나님의 백성들은 하나님의 말씀대로 살아갈 때에 하나님께서 승리를 주시며 그 길을 인도해 주신다. 이러한 원리는 오늘의 우리에게도 그대로 적용된다. 하나님은 우리를 통해 원수들을 물리치신다. 그러니 이 승리는 우리의 승리이며 하나님의 승리이다. 승리의 주인은 하나님이시기에 그 모든 영광을 하나님께 돌려야 한다.

하나님의 백성은 승리한다. 하나님께서 승리의 본체가 되시니 우리는 하나님의 승리를 찬양해야 한다. 왕의 승리가 이런 것이며 우리의 승리가 또한 그러하다. 우리는 하나님으로 말미암은 승리를 찬양하고 감사해야 한다. 우리의 승리는 하나님의 승리이기에 영광을 하나님께 돌려야 한다. 바울은 "그런즉 너희가 먹든지 마시든지 무엇을 하든지 다 하나님의 영광을 위하여 하라"(고전 10:31)고 하였다. 우리가 승리할 때에 교만하지 말고 우리를 승리케 하신 하나님께 감사하며 영광을 돌려야 한다. 이러한 삶이 날마다 계속되어지기를 기도해야 한다.

여러 민족의 으뜸으로 삼으셨으니

시편 18:43~45

43주께서 나를 백성의 다툼에서 건지시고 여러 민족의 으뜸으로 삼으셨으니 내가 알지 못하는 백성이 나를 섬기리이다 44그들이 내 소문을 들은 즉시로 내게 청종함이여 이 방인들이 내게 복종하리로다 45이방 자손들이 쇠잔하여 그 견고한 곳에서 떨며 나오리로다

하나님께서는 자기 백성을 환란에서 지키시고, 원수들에게서 승리하게 하시고 나아가 세상의 으뜸이 되게 하신다. 다윗은 전쟁에서 승리하고 그의 왕국이 온 세상을 지배하게 된다. 시인은 하나님께서 이스라엘을 온 세상에서 높이셨음을 찬양한다.

43~45절은 시편 18편의 절정을 이룬다. 하나님께서 왕으로 하여금 많은 전쟁에서 승리하게 하시고, 온 세상을 다스림으로써 하나님의 영광을 나타내게 한다. 전쟁의 승리는 원수의 진멸에 목적이 있는 것이 아니라 온 세상에 하나님의 영광을 나타내는데 있다.

1. 나를 섬기리이다

43절에는 "주께서 나를 백성의 다툼에서 건지시고 여러 민족의 으뜸으로 삼으셨으니 내가 알지 못하는 백성이 나를 섬기리이다"고 하였다. 하나님은 다윗의 변호자가 되어 주셨다. 백성들 사이에 일어나고 있는 여러 가지 구설수에서 다윗을 보호해 주셨다. 성도들이 승리했을 때에도 여러 가지

문제를 제기하는 사람들이 있다. 다윗의 경우에도 '왜 다윗은 저렇게 전쟁을 좋아 하는가?'라고 비방하는 사람들이 있었을 것이다. 또 다윗이 스스로 왕위에 오르려고 했으면 사람들의 비난을 받았을 것이나 다윗은 하나님이 주신 은혜로 그렇게 하지 않았다.

그래서 '주께서 나를 백성의 다툼에서 건지시고'라고 하였다. 하나님은 사람들의 이런저런 구설수에서 왕을 보호해 주시고 변호자가 되어 주셨다. 하나님의 백성들이 이 땅에서 사람들의 구설수에 휘말릴 때가 있다. 본의 아닌 오해를 받고 다른 사람에게 비난의 대상이 되는 경우에 이것을 해명하기 위하여 온갖 노력을 하지만 이것은 무의미한 것이 되고 만다. 하나님이 모든 일의 해명자가 되시고 우리의 구설수에 대한 변호자가 되실 때에 문제가 풀려짐을 기억해야 한다.

하나님은 그것으로 끝나지 않고 열방의 으뜸을 삼으셨다. 이스라엘 주변에 있는 에돔이나 암몬 같은 나라가 이스라엘에 조공을 바친 것을 의미한다. 그래서 다윗이 생각지도 않았던 사람들이 다윗을 섬기는 일이 일어났다. 왜 이와 같은 일이 일어나는가? 그것은 하나님의 은혜를 나타낼 수 있는 기회를 주기 위해서이다. 하나님은 이스라엘 백성만을 사랑하시는 것이 아니라 이방인도 사랑하셔서 구원의 역사에 동참케 하는 특별한 경우도 있다. 여러 나라의 으뜸이 되는 것은 자신의 권력이나 무력을 자랑하기 위함이 아니라 하나님의 은혜를 온 세상에 나타내기 위한 방편이다. 그러므로 하나님의 백성들은 세상의 으뜸이 되어 하나님의 영광을 드러내어야 한다.

하나님께서 다윗을 높여서 이스라엘뿐만 아니라 열방에서 영광을 받게 하신 것은 구원사적 관점에서 볼 때 아브라함 언약과 시내산 언약의 성취이며, 궁극적으로 아브라함과 다윗의 후손 예수 그리스도를 높이신 것을 예표한다. 하나님께서는 자기 백성이 철저하게 하나님 앞에 바로 서기만 하면 사람들의 구설수에서 건져 주시고, 생각지도 않은 사람들이 섬기며, 많은 사람들에게 하나님의 영광을 높이 나타내게 하신다. 문제는 우리가 하나님 앞에 바로 서느냐라는 점이다. 하나님의 말씀을 그대로 믿으며 그 말씀을 지킬 때에 모든 구설수를 이기게 하시고, 세상에서 하나님의 영광을 나타내게 하신다.

2. 내게 복종하리로다

44절에서 "그들이 내 소문을 들은 즉시로 내게 청종함이여 이방인들이 내게 복종하리로다"고 하였다. 여기서 '소문'이란 하나님의 은혜의 소문, 사랑의 소문과 같은 것을 말한다.

하나님이 하나님께로부터 은혜를 받은 것과 하나님의 은혜를 받은 다윗이 어떻게 통치하는 지에 대한 소문이 온 세상에 널리 퍼진다. 이 소문을 들은 이방인들이 다윗에게로 와서 복종하며 이스라엘의 힘과 영토가 넓어짐을 의미한다. 이것은 하나님의 은혜대로 사는 자에게 나타나는 하나님의 역사이다.

성경은 우리를 그리스도의 향기라고 하였다. 이것은 하나님의 백성들이 말씀대로 살아갈 때에 하나님의 향기가 그들에게서 나오고, 그 소문이 바람처럼 세상에 널리 퍼지게 된다. 우리는 하나님의 백성으로서 말씀의 뜻대로 살아야 한다. 이것은 하나님께서 우리를 승리하도록 하는 원천이며 많은 사람들이 우리를 섬기며, 그것을 통해 하나님의 영광을 드러내어야 한다. 우리는 아름다운 소문, 사랑의 소문, 은혜의 소문을 내어야 한다. 이것은 우리스스로를 자랑하기 위한 것이 아니라 하나님의 영광을 나타내기 위함이다. '하나님이 이렇게 역사하셨다'는 아름다운 소문이 나야 한다. 우리를 내세우는 것이 아니라 하나님의 영광을 나타내는 하나님의 중심주의가 우리의 삶에서 나타나야 한다.

3. 떨며 나오리로다

45절에서 "이방 자손들이 쇠잔하여 그 견고한 곳에서 떨며 나오리로다"

고 하였다. 이방인들은 다윗 앞에서 힘을 잃어 낙엽처럼 되었다.

가나안 땅은 불모지와 같은 곳이었으나 하나님께서 젖과 꿀이 흐르는 땅이 되게 하셨으니 이것이 하나님의 은혜요 축복이다. 이방인들은 이러한 다윗의 나라와 자기들을 비교하였을 때에 자기들의 부족과 연약함을 깨닫게 되었고, 다윗을 섬겨야겠다는 마음이 생기게 된 것을 말한다. 이방인들은 견고한 성에서 나와 다윗 왕국을 섬기게 된다.

하나님의 기름부음을 받은 자가 온 세상을 다스리는 제왕시의 특성을 보여 주고 있으며 이것을 통해 하나님의 나라의 영광을 나타낸다. 하나님의 말씀대로 살아가면 불모지와 같은 이 땅을 젖과 꿀이 흐르는 땅이 되게 한다. 이것은 하나님의 특별하신 은혜이며 축복이다.

하나님의 백성들이 이 땅에서 으뜸이 되는 것은 우리 스스로를 자랑하기 위함이 아니라 하나님의 영광을 나타내기 위함이다. 하나님은 우리를 높이 세우시고 그것을 통하여 하나님의 영광을 나타내시기를 한다. 그러므로 오늘의 우리들은 하나님의 영광의 도구가 되어야 한다. 그러기 위해서 하나님의 말씀의 원리대로 살기를 노력해야 되고 날마다 하나님의 뜻을 실천해야 한다. 그렇게 되면 하나님께서 우리를 열방의 으뜸이 되고, 많은 사람들에게서 존경을 받는다.

이렇게 성공하게 하신 데는 하나님의 목적이 있다. 우리의 성공을 통하여 하나님의 영광을 나타내시려는 것이다. 하나님의 영광을 위한 우리의 헌신이 중요하다. 그러기에 우리는 하나님의 뜻에 순종하는 삶을 살아야 한다. 세상의 으뜸이 되게 하시는 하나님을 위하여 우리의 재능과 모든 것을 드려야 한다. 이것은 오늘의 우리들이 살아가는 목적이며 방향이다. 하나님의 영광을 위하여 우리를 도구로 사용하는 헌신의 자세가 있고, 이것을 실천해야만 한다.

내 구원의 하나님을 높일지로다

시편 18:46~48

46여호와는 살아 계시니 나의 반석을 찬송하며 내 구원의 하나님을 높일지로다 47이 하나님이 나를 위하여 보복해 주시고 민족들이 내게 복종하게 해 주시도다 48주께서 나를 내 원수들에게서 구조하시니 주께서 나를 대적하는 자들의 위에 나를 높이 드시고 나를 포악한 자에게서 건지시나이다

시편 18편은 전쟁에서 승리한 후에 드리는 감사시이다. 하나님의 특별하신 은혜로 원수들의 공격을 막고 그들을 물리쳤다. 이러한 하나님의 역사에 대하여 감사하며 찬양하는 시이다.

46절 이하는 송영으로서 큰 축제 때 사용되었다. 이스라엘 백성들은 왕의 간증을 들으며 하나님의 영광을 찬미한다. 신앙공동체의 구성원들은 서로의 구원 체험을 나누며 이것을 허락하신 하나님께 영광을 돌린다.

1. 여호와는 살아 계시니

46절에서 "여호와는 살아 계시니 나의 반석을 찬송하며 내 구원의 하나님을 높일지로다"고 하였다. 다윗은 이제까지의 전쟁에 어떻게 승리하였냐는 질문에 이렇게 대답한다. 즉 '하나님께서 살아 계시니'가 그 이유이다. 하나님께서 살아 계시니 내가 승리하였다는 고백이다. '여호와가 살아 계시다'란 사실 하나가 우리의 생존 이유이며 승리의 길이다. 하나님이 생존해 계시니 우리가 낙망하지 않는다. 하나님은 우리를 창조하시고 또 보존하

시는 분이다. 이런 하나님이 우리에게 계신다.

시인은 '나의 반석을 찬송하며'라고 하였다. 하나님은 시인의 기초이며 구원이다. 생명의 근원이며 구원과 사랑의 근원이다. 지금까지 모든 전쟁에서 승리한 것은 하나님이 살아 계시기 때문이며, 하나님이 그의 기초가 되시기 때문이다. 이러한 은혜를 받은 사람이 하나님을 찬양하는 것이 당연하다. 자신의 힘으로 문제를 해결한 것이 아니라 하나님의 은혜로 되어졌기에 하나님을 찬양해야 한다. 하나님은 자기 백성에게서 찬양받으시기를 원하신다. '내 구원의 하나님을 높일지로다'고 하였다. 하나님을 높이는데 이것은 하나님이 우리를 구원해 주심에 대한 찬양이다. 우리를 구원해 주신 하나님을 높이는 것이 하나님의 백성의 기본된 자세이다. 하나님이 살아 계시고, 하나님이 우리를 구원해 주셨으니 우리가 그를 높이고 찬양해야 된다.

우리들이 전도할 때에 유의해야 할 것은 하나님의 구원을 선포하는 것이다. 하나님이 나를 구원해 주신 것에 대한 감사와 찬양이 있어야 하고, 하나님의 구원을 드러내어야 한다. 이스라엘 백성들은 하나님의 살아계심에 감사하며 하나님을 찬양하고 영광 돌린다. 하나님 중심의 삶을 살아가며 모든 것을 하나님의 영광에 귀결시켰다. 그래서 하나님을 찬송하며, 하나님을 높이게 되었다.

2. 하나님이 나를 위하여

47절에서 "이 하나님이 나를 위하여 보복해 주시고 민족들이 내게 복종하게 해 주시도다"고 하였다. 하나님께서 성도의 원수를 갚으시고, 괴롭히는 자들을 물리쳐 주신다. 다윗의 경우에는 수많은 원수들로부터 모함과 핍박을 받고 심지어는 죽음의 위기에 몰리기도 하였다. 그때 다윗은 전능하신 하나님을 의지하여 하나님을 피난처로 삼았다. 이때 하나님께서 다윗을 대신하여 싸우시고, 다윗의 원수들을 다 물리쳐 주셨다.

다윗을 괴롭히던 자들이 다 무너지자 다른 민족들이 다윗에게 복종하는 일이 일어났다. 이것은 하나님의 은혜의 계속적인 역사를 보여 준다. 하나님은 자기 백성을 구원하시는 것으로만 끝나는 것이 아니라 하나님의 백성이 이 땅에서 그 영역을 확장하도록 하신다.

이러한 계속적 은혜는 하나님의 백성이 누리는 축복이다. 하나님은 자기 백성을 구원하실 뿐만 아니라 그의 번성을 통하여 영광 받으신다.

시인은 '하나님은 나의 전부'라는 사상을 가지고 있다. 하나님은 시인의 존재의 이유이며, 삶의 목적이다. 그래서 하나님은 반석이시고 구원의 하나님이시다.

3. 나를 높이 드시고

48절에서 "주께서 나를 내 원수들에게서 구조하시니 주께서 나를 대적하는 자들의 위에 나를 높이 드시고 나를 포악한 자에게서 건지시나이다"고 하였다. 이 말씀은 시편 18편의 절정이다. 하나님을 향한 찬양과 고백을 하였는데 이것을 통하여 하나님의 백성의 기본적 삶의 형태를 모색할 수 있다.

시인은 하나님께서 건지시고 높이신 역사를 노래하고 있다. 이 두 가지는 하나님의 백성이 취해야 할 자세이며 고백이다. 하나님은 자기 백성을 건지신다. 원수들에게서 구조하시고 포악한 자에게서 건지신다. 다윗에게는 많은 원수들이 있었다. 가까이에도 있고 멀리에도 있었다. 이들은 교묘하고 악랄한 방법으로 그를 괴롭혔다. 그러나 하나님께서는 원수의 공격에서 건지셨는데 하나님은 방패가 되시고 피난처가 되실 뿐만 아니라 앞서 나가 싸우심으로써 원수들을 물리치셨다. 오늘의 우리들에게도 이러한 원수들이 있다.

그들은 교묘한 방법으로 모함하고 공격함으로써 우리들에게 어려움을 준다. 이런 고통을 우리에게만 맡기시면 우리들이 감당할 수 없다. 그러나 하나님께서는 직접 나서서 원수를 막아 주시고, 우리의 억울함을 신원하여 주신다.

우리들은 하나님의 구원을 찬양해야 한다. 하나님께서 우리를 건져주신 것이 우리에게 크나큰 축복이며 영광임을 알고 감사해야 한다. 하나님은 다윗을 어려움에서 구원하셨을 뿐만 아니라 높이셔서 이스라엘과 다른 민족들에게까지도 으뜸이 되게 하셨다. 그래서 세상의 여러 나라가 복종하고, 하나님의 영광을 찬양하였다. 하나님은 다윗을 통하여 하나님의 역사가 세계에게 선포되기를 원하셨다. 이것은 하나님의 역사를 통한 하나님의 나라 확장이다.

오늘의 우리들에게도 구원만을 베푸시는 것이 아니라 구원받은 우리를 높여주신다. 그것은 우리 스스로를 자랑하기 위한 것이 아니라 이 일을 자랑하기 위한 것이 아니라 이 일을 통하여 하나님의 영광을 나타내시기 위함이다. 우리의 삶은 하나님의 영광을 위해 이루어져야 한다. 하나님께서 우리를 높이셔서 많은 사람에게 하나님의 존귀하심과 능력을 깨닫게 하시고, 하나님의 백성이 어떻게 살아가야 할 것인지를 보여 주신다.

구원과 높이심을 통하여 하나님의 위대하신 역사가 드러난다. 하나님은 자기 백성을 보존하시고 섭리하시기 때문에 우리의 삶의 초점을 하나님께 맞추어야 한다. 그래서 하나님의 뜻을 따라 살아가는 삶이 영위되어야 한다. 다윗은 하나님의 구원을 찬양하였다. 그는 구원의 하나님을 노래하였는데, 자기를 구원하신 하나님께서 그를 높이셔서 열방으로 복종하게 하셨다. 그것을 통해 세상 모든 사람들에게 하나님의 사랑과 영광 그리고 권능을 드러나게 하였다.

오늘의 우리들도 하나님의 구원과 높이심을 찬양해야 한다. 우리의 삶을 주장하시는 하나님께 감사하고, 우리를 구원하신 여호와를 찬양해야 한다. 하나님을 찬양하는 삶을 나날이 이루어 나가자. 고통의 자리에 있을 때에 우리를 구원하시는 하나님을 바라보고, 우리로 하여금 하나님의 영광의 도구가 되게 하시는 그 역사에 감사하자. 이것이 우리의 삶이요 고백이다.

주의 이름을 찬송하리이다

49여호와여 이러므로 내가 이방 나라들 중에서 주께 감사하며 주의 이름을 찬송하리이다 50여호와께서 그 왕에게 큰 구원을 주시며 기름 부음 받은 자에게 인자를 베푸심이여 영원토록 다윗과 그 후손에게로다

시편 18편의 주인공은 기름부음을 받은 왕이다. 그는 깊은 물에 빠지고 음부에까지 내려갔다. 사망의 줄과 음부의 물이 그를 덮었고 원수에게 사로잡혀 있어서 어느 누구도 그를 구원할 수 없는 상황이었다. 절대 절명의 절박한 순간에 그는 하나님의 도우심을 간구하였다.

하나님께서는 왕을 구하시기 위하여 이 땅에 강림하셨고 하나님의 강한 손으로 원수를 물리치시고 구원의 역사를 일으키셨다. 하나님의 놀라운 구원에 대하여 시인은 하나님께 찬양하며 영광을 돌렸다.

49~50절은 찬양으로 결론을 맺는 전형적 형식이다. '이러므로'라고 하여 시편 18편의 전체 결론을 맺고 있다. 하나님의 구원 역사를 체험한 하나님의 백성은 하나님의 영광을 찬미한다. 이것이 오늘의 우리가 본받아야 할 삶의 자세이다.

1. 감사하며 찬송하리이다

49절에서 "여호와여 이러므로 내가 이방 나라들 중에서 주께 감사하며

주의 이름을 찬송하리이다." 시인은 전심으로 하나님을 찬양한다. 하나님이 주시는 놀라운 은혜가 자기 나라뿐만 아니라 이방 나라들 중에 널리 전파되었기에 그것을 이방 나라들 앞에서 주께 감사하였다. '주께 감사하며'란 '주의 이름을 찬양했다'는 의미를 가진다. 찬송이란 공개적으로 드리는 감사이다. 다윗은 하나님의 은혜에 감사하여 열방 중에서 하나님을 찬양하였다. 여기서 열방이란 다윗의 통치 안에 들어온 이방인들을 말한다. 이제 이들은 다윗의 통치 안에서 들어온 다윗의 백성이 되었고, 하나님을 섬기게 되었다. 하나님의 구원의 소제로 섬기게 되었다. 하나님의 구원의 세계로 들어온 이들 앞에서 하나님을 찬양하였다.

하나님의 영광을 공개적으로 찬양하는 것은 매우 귀하고 아름다운 것이다. 이것을 통하여 전도의 기회를 얻을 수 있다. 크리스천 운동선수들이 게임에서 승리한 후 그라운드에 꿇어 앉아 하나님께 감사 기도를 드리는 것을 볼 때 하나님의 영광을 공개적으로 찬양하고 이 모습을 보는 사람들에게 하나님의 복음을 전도하는 계기가 된다. 우리는 하나님의 은혜를 공개적으로 찬양해야 한다. 우리에게 주신 재능을 통하여 하나님을 영광스럽게 해야 한다.

50절에서 "여호와께서 그 왕에게 큰 구원을 주시며 기름 부음 받은 자에게 인자를 베푸심이여 영원토록 다윗과 그 후손에게로다"고 하였다. 시인은 이 시를 마무리하면서 다윗의 후손이신 예수 그리스도의 약속을 제시한다. '여호와께서 그 왕에게 큰 구원을 주셨다'고 하였다. 그 왕은 바로 다윗 자신이다. 그러나 다윗의 후손인 예수 그리스도가 바로 '그 왕'이시다.

2. 그 왕에게 큰 구원을 주셨다

하나님께서는 다윗을 통해 큰 구원을 주셨다. 영적 구원은 말할 것도 없고 육적으로 어려움을 겪을 때에 하나님은 구원의 하나님이 되셨다. 다윗 역시 많은 사람을 구하였다. 어렵고 고통당하는 사람을 건져 주었고, 나라를 바로 세웠다. 다윗의 후손이신 메시야가 이 땅에 오셔서 영육간의 모든 것을 구하는 전인구원의 역사를 이루었다. 그리스도께서는 영원이 죽을 자에게 영생을 주시고, 가난하고 병든 사람들에게 부요함과 치유의 은혜를 주셨다.

"여호와께서 그 왕에게 큰 구원을 주셨다." 기름부음을 받은 자 즉 메시야이신 그리스도를 통하여 역사하신다. '기름부음을 받은 자에게 인자를 베푸심이여' 라고 하였으니 구원은 하나님의 '인자'에서 왔다. 우리가 하나님을 의지하고 하나님이 주신 사명을 바로 감당할 때에 하나님의 인자를 체험하게 된다. 하나님께서 나를 이렇게 사랑하시는구나라는 사랑을 깨달으며, 하나님의 긍휼을 체험함으로써 하나님께 영광을 돌리게 된다. 하나님의 사랑을 체험하는 삶이 필요하다. 우리 속에 임재하시는 하나님을 체험하며, 이것을 생활 속에 적용하는 노력을 해야만 한다.

이러한 하나님의 인자가 '영원토록 다윗과 그 후손에게' 나타난다. 여기서 후손이란 예수 그리스도를 뜻한다. 이 약속들은 아브라함과 그 자손들이라 하지 아니하고 오직 하나를 가리켜 네 자손이라 하셨으니 곧 그리스도라(갈 3:16)는 말씀에서 분명히 나타나고 있다.

이것은 예수 그리스도를 통하여 복을 받는다는 의미이다. 기름부음을 받은 그리스도를 통하여 생명의 역사가 일어나고, 그 언약 안에 있을 때에 하나님의 놀라운 역사가 일어난다. 하나님의 인자하심은 다윗에게로 국한되는 것이 아니라 하나님의 섭리 가운데서 그의 모든 후손에게 이어진다. 하나님의 구원은 미래로 이어진다. 구약의 성도들은 미래의 구원을 그리며 하나님 앞에 살아갔다.

3. 하나님의 백성의 삶

시편 18편의 시인은 죽음과 부활을 체험한다. 고난 후에도 영광이 있었으니, 이러한 관점에서 보면 시편 18편의 궁극적인 주인공은 예수 그리스도이심을 알 수 있다. 하나님께서 왕을 열방의 으뜸으로 삼으시고 알지 못하는 백성들에게서 섬김을 받는(43절) 놀라운 역사를 이루신다. 이것은 다윗에게 국한되는 것이 아니라 예수 그리스도를 통한 하나님의 나라의 확신을 보여 준다. 또 예수 그리스도 안에서 하나님의 백성들의 삶을 예시한다.

하나님께서는 예수 그리스도를 통해 귀하게 역사하신다. "하나님은 그를 지극히 높여 모든 이름 위에 뛰어난 이름을 주사 하늘에 있는 자들과 땅에 있는 자들과 땅 아래 있는 자들로 모든 무릎을 예수의 이름에 꿇게 하시고"(빌 2:9~10)란 말씀에서 분명히 나타난다. 이러한 하나님의 은혜를 체험한 사람들은 어떻게 해야 하는가?

46절에 그 답이 나온다. "여호와는 살아 계시니 나의 반석을 찬송하며 내 구원의 하나님을 높일지로다"고 하였다. 하나님의 살아계심을 날마다 체험하고 이것을 삶에 적용해야 한다. 하나님은 살아계셔서 역사하신다.

그러므로 우리가 무엇을 두려워하겠는가? 하나님의 우리의 기초가 되심을 드러내어야 하고 나아가서 하나님을 찬송하고 높여야 한다. 우리는 하나님을 기초로 하여, 하나님을 찬송하고 높이자.

우리의 삶을 통하여 하나님을 찬양해야 한다. 하나님의 영광을 위한 삶이 계속 되어야 하며, "먹든지 마시든지 무엇을 하든지 다 하나님의 영광을 위하여"(고전 10:31) 해야 한다.

우리는 하나님을 높이자. 최고의 하나님께 최고의 영광을 돌림으로써 우리의 삶을 통해 하나님을 높여야 한다. 하나님을 높이면 우리도 따라 높아짐을 바로 알아야 한다.

시편 18편은 왕의 승전 감사시로서 우리에게 큰 힘과 소망을 준다. 하나님이 우리를 구원해 주시고, 승리케 하셨으니, 하나님을 찬양하고 하나님을 높여야 한다.

하늘이 하나님의 영광을 선포하고

시편 19:1~4

1하늘이 하나님의 영광을 선포하고 궁창이 그의 손으로 하신 일을 나타내는도다 2날은 날에게 말하고 밤은 밤에게 지식을 전하니 3언어도 없고 말씀도 없으며 들리는 소리도 없으나 4그의 소리가 온 땅에 통하고 그의 말씀이 세상 끝까지 이르도다 하나님이 해를 위하여 하늘에 장막을 베푸셨도다

시편 19편은 다윗이 일생을 통하여 하나님을 생각하고 성경을 묵상하는 가운데 하나님의 놀라운 은혜를 찬양한 것이다. 이 시편은 1~6절과 7~14절의 대조적인 두 연으로 구성되어 있고, 이들은 내용이나 표현 방법에서 특이성을 보이고 있으나 하나님을 중심으로 한 공통성을 찾을 수 있다.

1~6절은 자연계시를 노래하고 있고, 7~14절은 특별계시를 말하고 있는데 그 중심은 하나님이시고, 그 하나님의 영광을 나타내는데 모든 것을 집중하고 있다. 1~4 상반절은 온 세상에 나타난 창조의 소리를 노래하고 있다. 자연계를 통하여 보여주시는 하나님의 능력과 지혜를 말씀하고 있는데 하나님의 위대하심을 찬양한다.

1. 하나님의 영광을 선포하고

1절에서 "하늘이 하나님의 영광을 선포하고 궁창이 그의 손으로 하신 일을 나타내는도다"라고 하였다. 이 말씀은 동심구조를 이루고 있어서 우리의 관심을 모은다. '하늘이 하나님의 영광을 선포하고'에서 '하늘'이란 파

란 창공을 의미하는 것이 아니라 하늘에 있는 전체들을 포함한 모든 것을 말한다. 그러니 해, 달, 별 등을 가리킨다. 이러한 하늘의 모든 것이 하나님의 영광을 선포하는 도구라는 것이다. 태양을 보고 그것을 지으신 하나님의 위대한 손길을 찬양하며, 하늘의 달을 보고 창조의 신비를 노래하게 된다는 의미이다.

'궁창이 그의 손으로 하신 일을 나타내는도다'고 하였는데 '궁창'이란 여러 가지로 해석되고 있으나 현대어 번역에서는 '창공'으로 나타난다. 이 말은 궁창이란 하늘 위에 있는 둥근 천장으로서 땅위에 넓게 퍼져 있다. 성경은 궁창에 대하여 여러 가지 재미있는 표현들을 하고 있다. 폭우가 쏟아지는 것을 묘사하면서 궁창인 '하늘의 창문들이 열려 비가 쏟아지는 것이며'(창 7:11~12), '하늘의 창문이 닫히고 하늘에서 비가 그친다'(창 8:2)고 하였다. 또 노아의 홍수는 궁창이 터진 것으로 묘사하였다.

시인은 하늘과 궁창의 아름다움을 본 후, 이것들이 '하나님의 영광'과 '그 손으로 하신 일'을 선포한다고 하였다. '선포'란 '속삭이다, 드러내다, 이야기하다' 등의 번역도 있으나 '정확하게 계산하다'는 뜻이 있다. 그러니 하늘이 하나님의 영광을 자로 잰 듯이 정확하게 말해준다는 의미를 보여주고 있다. 하나님의 역사를 선언한다는 뜻이다.

시인은 자연계를 통해 나타나는 하나님의 영광을 이중적으로 묘사하고 있다. 하늘과 궁창이 하나님의 영광을 선포할 뿐 아니라 선언하고 있다. 하늘과 궁창을 통하여 나타나는 하나님의 영광은 우리들이 본받고 자랑해야 할 역사이다. 자연계를 통하여 나타나는 하나님의 영광은 오늘의 우리들이 본받고 따라가야 할 길이다.

2. 날은 날에게

2절에서 "날은 날에게 말하고 밤은 밤에게 지식을 전하니"라고 하였다. 이 표현은 매우 시적(詩的)이다. 낮과 밤을 하루라고 부르지만 이 시에서는

'날은 날에게', '밤은 밤에게'라고 표현하였다. 그러니 '날'은 '낮'이라는 말이다. '날은 날에게 말하고 밤은 밤에게 지식을 전한다'고 하였다. 이것은 단순히 전하는 것이 아니라 샘에서 솟아난 물이 계속하여 쏟아져 나가는 듯한 광경을 묘사하고 있다.

피조물들은 하나님의 영광을 계속하여 노래하고 있다. 하늘은 하나님의 엄위하심을, 궁창은 하나님의 넓으심을 노래하고 있다. 또 낮은 하나님의 찬란한 역사를, 밤은 하나님의 신비한 손길을 노래하고 있다. 이것은 하나님의 창조를 찬양하는 것이다. 하늘과 궁창, 낮과 밤, 이 모든 것이 하나님을 찬양한다. 이것이 피조 세계의 존재 목적이며 존재 의미이다.

3절에서 "언어가 없고 들리는 소리도 없으나"라고 하였다. 지구가 돌아가는 소리가 들리지 않으나 지구는 돌아가고 있듯이 하나님의 역사는 매우 세미하게 움직이면서도 그 소리가 사람에게 들리지 않는다. 언어가 없고 들리는 소리도 없는 것 같으나 조용한 가운데 하나님께서 큰일을 하신다. 하나님은 소리없이 태양을 움직이고 달을 움직이신다. 하나님의 역사는 피조 세계를 움직이시는 근원이시다.

시인은 자연이 하나님을 찬양할 뿐 아니라 하나님에 대하여 증거한다고 하였다. 시인은 자연이 단순한 계시의 도구만이 아니라 하나님을 증거하는 도구라고 묘사하고 있다.

우주가 노래하는 하나님의 역사는 아무나 하는 것이 아니다. 하나님의 계시를 알고, 하나님의 은혜를 체험한 사람만이 아는 놀라운 은총이다.

3. 그의 소리가 온 땅에 통하고

4절 상반절에서 "그의 소리가 온 땅에 통하고 그의 말씀이 세상 끝까지 이르도다 하나님이 해를 위하여 하늘에 장막을 베푸셨도다"고 하였다. 시인은 '그의 소리'와 '그의 말씀'라는 표현을 통하여 하나님의 역사를 찬양하고 있다. 비록 소리가 없는 것 같으나 그 소리가 온 땅에 통한다. 이것은 하나님의 놀라우신 역사이다. 들리지 않는 것 같으나 땅 끝까지 전파되는 하나님의 역사가 있고, 세계 끝까지 이르는 하나님의 말씀이다. 하나님의 창조세계는 단순한 존재로 끝나는 것이 아니라 거기서 하나님의 강력한 말씀이 나온다. 하늘과 땅, 자연 그 모든 것이 하나님의 말씀을 선포한다. 그러나 인간들은 그 소리를 듣지 못하고 있다.

범죄한 인간들은 피조 세계가 주는 하나님의 메시지를 듣지 못하고 자기 뜻대로 나아간다. 그래서 자연계의 존귀성이 파괴되고 오늘날 논의되고 있는 환경파괴 현상이 나타나고 있다.

우리들은 창조 세계가 전하여 주는 메시지를 바로 들어야 한다. 우리는 이것을 일반 계시 혹은 자연계시라고 한다. 그러나 범죄한 인간들은 그 음성을 듣지 못하였고, 또 자연계시가 하나님의 구속 사역을 완전하게 나타내지 못하자 하나님의 특별계시가 필요하게 되었다.

자연이 선포하는 하나님의 영광을 바로 보아야 한다. 하나님의 피조물들은 하나님의 엄위하심을 나타내는데 최선을 다한다. 그러나 인간들은 이 자연계를 훼손하고, 하나님이 만드신 생태계의 질서를 파괴하였다. 우리들은 대기 오염, 수질 오염을 비롯한 자연계의 각종 문제들을 겪고 있다.

이제 우리는 자연의 소리를 들어야 한다. 태양을 통하여 하나님의 엄위하심을 보아야 하고, 밤하늘의 달과 별을 통하여 하나님의 신비하심을 체험해야 한다. 계절의 변화를 통해 하나님의 놀라우신 손길을 느껴야 하고, 꽃과 새를 통해 하나님을 찬양해야 한다.

자연을 통해 우리에게 들려주시는 하나님의 음성은 우리로 하여금 순수한 자세를 가지게 한다. 하나님은 바람소리로, 자연의 변화로, 해와 달로 우리에게 그 음성을 전하신다. 이것은 하나님의 특별계시를 통해 더욱 뚜렷하게 완성되어 간다.

62 *Meditation on Psalms*

하늘에 장막을 베푸셨도다

⋰ 시편 19:4하~6

4그의 소리가 온 땅에 통하고 그의 말씀이 세상 끝까지 이르도다 하나님이 해를 위하여 하늘에 장막을 베푸셨도다 5해는 그의 신방에서 나오는 신랑과 같고 그의 길을 달리기 기뻐하는 장사 같아서 6하늘 이 끝에서 나와서 하늘 저 끝까지 운행함이여 그의 열기에서 피할 자가 없도다

시인은 태양의 찬란함을 노래한다. 이것은 동서고금의 시인들이 시의 주제로 삼은 예가 많다. 우리나라의 경우에도 박두진의 시를 비롯한 많은 시인들이 태양을 노래하였다. 시편의 시인은 태양의 웅장함을 통하여 하나님의 영광을 노래하고, 자연을 통하여 전하시는 하나님의 메시지를 음미하게 한다. 하나님은 자연을 통하여 위대한 음성을 전하시고 이것을 바라보는 하나님의 백성은 영광을 하나님께 돌리게 된다.

1. 하늘에 장막을

4절 하반절에서 "하나님이 해를 위하여 하늘에 장막을 베푸셨도다"라고 하였다. 이것은 시적 표현으로서 우리에게 깊은 생각과 감동을 준다. 시인은 하나님의 피조물 가운데 가장 웅장하고 찬란한 태양을 소개하고 있다.

일반적으로 이방 나라에서는 태양을 신격화하는 현상들이 있었다. 그래서 메소포타미아와 이집트에서 이런 현상들이 있었고, 태양신을 섬기는 예

가 많았다. 그들은 태양의 웅장함을 숭상하고, 태양의 위대한 힘을 섬겼다. 그러나 시편 19편에서는 이런 사상을 완전히 뒤엎는다. 태양은 그 존재 자체로서 중요한 것이 아니다. 또 태양에 무슨 능력이 있는 것이 아니라 하나님으로 말미암아 그 존재 의미가 있고 하나님의 피조물로서 태양을 말하고 있다. 하나님께서는 태양을 만드시고 하늘에 그것을 두었다.

태양은 유일한 창조주이신 하나님을 찬양하고, 하나님의 위대하심을 높이는 도구이다. 태양은 신이 아니라 하나님의 영광을 나타내는 도구이다. 하나님께서는 해를 위하여 하늘에 장막을 세웠다는 것은 하나님께서 태양을 위해 영원한 규례를 정했다는 의미이다. 태양이 쉴 장막을 하나님께서 영원히 정하셨다는 것이다. 이것은 시적 언어로서 태양이 밤에 쉬는 곳을 의미한다. 이런 표현에 대하여 현대인들은 비과학적이라고 비판하기도 하지만 우리가 분명히 알아야 하는 것은 이것이 시라는 점이다. 시를 과학적 관점에서 평가하는 것은 옳은 방법이 아니다.

2. 신랑과 같고

5절에서 "해는 그의 신방에서 나오는 신랑과 같고 그의 길을 달리기 기뻐하는 장사 같아서"라고 하였다. 해가 얼마나 아름답고 장엄하든지 마치 신방에서 나오는 신랑과 같다고 하였다. 아침에 떠오르는 태양의 찬란함이 마치 새신랑의 아름다움과 같다고 하였다. 태양이 새로운 모습으로 떠오르는 것을 신랑이 새 옷을 입은 것과 같은 우아함을 보인다. 여기서 우리가 주목해야 하는 것은 신랑은 해가 아니며, 해가 신랑과 비교된다는 점이다. 신랑의 우아함을 이와 같이 묘사함으로써 하나님의 위대하심을 노래하고 있다. 또 '그 길을 달리기 기뻐하는 장사 같아서'라고 하였다. 이 말은 신나게 달리는 용사와 같다는 뜻이다. 옛날부터 태양은 용사로 묘사되는 경우가 많았는데 여기서는 그 길을 달리는 용사로 묘사되어 하나님이 정하신 코스를 다니는 것으로 나타난다.

우리는 하나님이 만드신 자연을 통하여 하나님의 위대한 메시지를 들어야 한다. 해와 달, 꽃과 나무, 산과 바다의 모든 것은 단순히 존재하는 것이 아니라 하나님의 영광을 위하고 나아가서 우리 삶의 기본 방향을 제시해 주고 있다. 자연의 위대함을 자연의 위대함을 자연 그대로만 보는 것이 아니라 하나님의 위대하신 손길로 보아야 한다.

자연계가 섬김의 대상이 아니라 하나님을 바로 보고, 바로 섬기는 통로가 된다는 사실이다. 태양을 묘사할 때 신방에서 나오는 신랑과 같고 달리기를 기뻐하는 용사로 그렸다. 이것은 하나님의 피조 세계에 대한 최고의 묘사이며 이 표현들을 통하여 하나님의 위대한 섭리를 깨닫게 된다.

3. 이 끝에서 저 끝까지

6절에서 "하늘 이 끝에서 나와서 하늘 저 끝까지 운행함이여 그의 열기에서 피할 자가 없도다"고 하였다. 이 말씀은 달리기를 기뻐하는 용사가 하늘 이 끝에서 저 끝까지의 코스를 달린다는 묘사이다. 그러니 지평선 이 끝에서 저 끝까지를 말한다.

또 '그 열기에서 피할 자가 없도다'고 하였다. 태양의 열기를 말한다. 이 열기는 긍정적으로 생명을 주지만 부정적으로는 모든 것을 말려 버린다. 태양의 열기에 사과, 포도, 귤 같은 과일에 당분이 많아지고 그 맛을 더하게 한다. 그러나 태양열이 강하게 비치면 식물들이 말라버리고, 대지를 황폐케 하는 경우들이 있다. 이러한 태양의 열기 앞에 피할 자는 없다. 하나님의 강열한 열기는 믿음의 백성들을 풍요롭게 하는가 하면 반대로 하나님을 섬기지 않은 자들을 말라 버리게 만든다. 하나님의 엄위하심 앞에 우리 스스로를 되돌아보며 하나님께 영광을 돌려야 한다.

시편 19:1~6은 만물을 바라보면서 하나님의 위대하심, 하나님의 사랑하심, 하나님의 지혜로우심을 보았다. 하나님의 지혜로우심을 보았다. 하나님은 위대하신 분이시기에 그 하나님께 순종하면 하나님께서는 우리를 능력

있게 사용하신다. 만물은 하나님의 뜻을 거역하지 않았다. 해와 달, 산과 바다, 꽃과 나무 등 모든 피조물들은 하나님의 창조 섭리에 따라 움직인다. 우리는 자연계를 보고 하나님의 위대하심과 그 놀라운 역사를 보아야 한다. 하나님은 우리들에게 위대한 메시지를 자연계를 통하여 전하신다. 자연이 하나님의 창조 질서에 순종하듯이 우리들도 하나님의 섭리에 순종하는 삶을 살아야 한다.

그러나 인간들은 하나님의 창조 언약을 거역하였고, 그 결과 타락하고 말았다. 타락한 인간은 자연계를 통해 주시는 메시지 즉 자연 계시를 바로 깨닫지 못하게 되었다. 도리어 자연을 훼손하고, 그 자연의 원리를 파괴시켰다. 이런 인간들은 하나님께서 불쌍히 여기시고 독생자 예수 그리스도를 보내셨는데 이것이 바로 하나님의 특별 계시이다. 이것은 말씀을 통해 하나님의 진리를 우리들에게 분명히 보여 주시는 계시이다.

범죄한 인간들은 그리스도를 통하여 구속함을 받게 되었고, 말씀을 통하여 그 진리를 배우게 되었다. 그러므로 자연 계시의 미약한 부분을 특별계시를 통해 명확하게 하셨는데, 이런 구속의 은총을 주신 하나님께 감사해야 한다.

시편 19편은 자연을 바로 보는 눈을 열어 준다. 우리가 자연계를 통해 하나님의 은총을 체험하며 하나님께 가까이 나아가는 은혜를 입게 된다.

우리들은 길가에 구르는 낙엽에서 하나님의 메시지를 들어야 하고, 떠오르는 태양을 통해 하나님의 엄위하심을 느껴야 한다.

하나님은 오늘도 자연을 통해 말씀하신다. 그러나 인간들의 범죄로 인해 말씀을 통한 특별 계시가 필요하게 되었다. 우리에게 말씀을 주신 하나님께 감사하며 하나님의 영광을 나타내는 삶을 살기 위하여 오늘도 노력해야 한다.

여호와의 율법은 완전하여

시편 19:7~10

7여호와의 율법은 완전하여 영혼을 소성시키며 여호와의 증거는 확실하여 우둔한 자를 지혜롭게 하며 8여호와의 교훈은 정직하여 마음을 기쁘게 하고 여호와의 계명은 순결하여 눈을 밝게 하시도다 9여호와를 경외하는 도는 정결하여 영원까지 이르고 여호와의 법도 진실하여 다 의로우니 10금 곧 많은 순금보다 더 사모할 것이며 꿀과 송이꿀보다 더 달도다

해와 달, 산과 바다, 꽃과 풀 이 모든 것은 하나님의 영광을 찬양하며, 하나님의 엄위하심을 선포한다. 하늘이 하나님의 영광을 선포하고 태양이 온 세상을 밝고 따뜻하게 함으로써 우리들에게 하나님의 메시지를 전달하지만 이것만으로 부족하여 하나님의 특별 계시인 말씀이 필요하게 되었다.

시인은 태양을 통하여 태양보다 아름답고 귀한 말씀을 소개한다. 이것은 태양과 말씀을 단순하게 비교하지 않고 태양을 통하여 하나님의 말씀을 바로 알고 가까이 하는 계기를 제공하여 준다.

1. 여호와의 율법은

7절에서 "여호와의 율법은 완전하여 영혼을 소성시키며 여호와의 증거는 확실하여 우둔한 자를 지혜롭게 하며"라고 하였다. 이것의 중심 용어는 율법 즉 '토라'이다. '여호와의 율법'은 십계명이나 모세 오경의 계율만을

말하는 것이 아니라 성경 전체를 의미한다. 하나님의 율법인 성경은 '완전하다'는 이 말은 온전성과 건전성을 의미한다. 성경에서 하나님과 하나님의 말씀만이 완전하고 인간의 모든 것은 허점 투성이다. 온전하신 하나님께서는 우리에게 온전을 요구하시고 또 우리들이 드리는 제물도 흠이 없는 온전한 것을 요구하신다. 하나님의 말씀은 완전하다. 완전하신 하나님의 말씀이기에 이 완전함은 우리의 믿음과 생활의 기준이 된다. 성경의 완전함을 믿는 그 믿음으로 인하여 우리의 신앙이 성숙해지고 하나님의 영광을 드러낸다. 인간들은 이러한 하나님의 완전하신 말씀을 믿지 못하고 인간의 잣대로 성경을 제단하고, 자기의 지식이나 경험을 통해 성경의 유오성을 입증하려고 한다.

이런 하나님의 말씀은 '영혼을 소성시키신다.' 이 말은 하나님의 말씀이 인간에게 생기를 북돋아 주고, 속사람에게 양식을 준다는 의미이다. 하나님의 말씀은 생명을 살리고, 생명을 키우고, 생명을 새롭게 한다. 우리의 심령이 시들었을 때에 하나님의 말씀은 우리의 영혼을 싱싱하게 해주신다. 성경은 우리의 심령이 새롭게 되는 길을 가르쳐 주시며, 그것을 통해 새 힘을 주신다.

'여호와의 증거는 확실하여 우둔한 자로 지혜롭게 한다'고 하였다. 여호와의 '증거'라고 하였는데, 이것은 십계명을 가리킬 때 사용되며, 하나님의 의지와 뜻을 증거해 주는 것이다. 여호와의 증거는 하나님의 뜻과 인간의 의무를 제시해 주는 법이다. 이 증거는 하나님의 법으로 견고하며 믿을 만하다. 그래서 시인은 '확실하다'고 하였다. 믿을만한 하나님의 말씀은 우리에게 새로운 길을 보여 주시고 바른 삶의 자세를 제시하신다.

'우둔한 자로 지혜롭게 한다'고 하였다. 여기서 우둔한 자란 바보 같다는 것이 아니라 '마음을 열어 놓은 자'라는 뜻이다. 즉 어리석은 자가 자기의 부족을 알아서 '나는 부족하다'고 하며 마음을 열어 놓은 상태를 말한다. 그러니 '가난한 마음'을 의미한다. 우둔한 자는 단순한 자이다. 하나님을 믿고 의지할 때에 단순하게 나아가는 자를 말한다.

하나님의 말씀은 이런 자를 지혜롭게 해준다. 우둔한 자는 단순하고 마음을 열어 놓고 있기에 듣는 것을 다 믿으며, 분별력이 없고, 지혜와 지식이 없다. 그러니 이들을 하나님의 말씀으로 바로 가르치는 것이 무엇보다 중요하며 그 가르침을 받은 사람이 지혜롭게 되어진다.

2. 여호와의 교훈은

8절에서 "여호와의 교훈은 정직하여 마음을 기쁘게 하고 여호와의 계명은 순결하여 눈을 밝게 하도다"고 하였다. '여호와의 교훈'이란 규칙 또는 규범이 라는 뜻을 가지고 있는데 여기서는 성경을 가르친다. 성경은 우리들이 어떻게 믿어야 하며 또 어떻게 살 것인가를 가르쳐 주기에 '교훈'이라고 부른다. 이 성경은 정직하다. 곧고 바르며 구부러지지 않았다는 뜻이다.

인간의 지식들은 한계가 있고 구부러진 경우가 많다. 그러나 하나님의 말씀은 직선적이고 단순하여 바른 가르침을 준다. 이런 하나님의 말씀이 우리의 마음을 기쁘게 한다. 하나님의 말씀이 우리에게 하나님 앞에 사는 인생의 기쁨을 깨닫게 한다. 말씀은 우리를 억압하는 것이 아니라 우리에게 자유함을 주고 진정한 기쁨이 무엇인지를 알게 한다.

'여호와의 계명은 순결하여 눈을 밝게 한다.' 여기서는 성경을 계명이라고 표현하였다. 하나님의 계명에는 불순물이 없는 순결함이 있다. 순수하고 온전한 가르침이기에 우리들의 눈을 밝게 한다. 여기서는 눈을 밝게 한다는 것은 어떤 것을 깨닫게 하신다는 의미이다. 성경에는 눈을 밝게 해 주신 사례들이 있다. 하나님은 하갈의 눈을 밝히시고(창 21:19), 발람의 눈을 밝혀 천사를 보게 하셨다.

이와 같이 우리들의 눈을 밝혀 이 세상을 바로 보게 하시고, 하나님의 뜻을 바로 깨닫게 한다. 태양은 자연계를 밝혀 주지만 하나님의 말씀은 우리의 영적이고 정신적인 눈을 밝게 해 주신다.

3. 여호와의 도는

9절에서 "여호와를 경외하는 도는 정결하여 영원까지 이르고 여호와의 법도 진실하여 다 의로우니"라고 했다. 성경은 '여호와를 경외하는 도'이다. 이것은 성경이 우리들의 경외의 대상이라는 뜻이 아니며, 성경을 통하여 우리가 하나님을 경외하는 길을 배운다는 의미이다.

우리가 성경을 읽고 묵상하게 될 때에 우리 마음속에 변화가 일어나 하나님을 경외하게 된다. 그러니 하나님을 경외하는 것이 지식의 근본이기에 하나님을 통하여 바른 지식을 얻게 된다. 하나님을 경외하는 도는 정결하다. 즉 죄로부터 떠난 전적 순결을 의미하고 있다. 하나님이 정결하신 분이시기에 하나님의 말씀 역시 정결하다. 그래서 이 말씀은 영원까지 이른다. 하나님의 말씀을 통해 생명을 얻고, 영원토록 그것을 유지한다. '여호와의 규례는 확실하여 다 의로우니'라고 하였다. 규례란 일반적으로 구체적인 법적 판결들이다. 하나님의 판결은 의롭다. 그것은 하나의 규례만 의로운 것이 아니라 모든 규례가 의로우심을 보여준다. 왜냐하면 모든 의로운 규례가 의로우신 하나님에게서 나왔기 때문이다.

10절에서 "금 곧 많은 순금보다 더 사모할 것이며 꿀과 송이 꿀보다 더 달도다"라고 하였다. 하나님의 말씀의 가치는 정금보다 더하며 꿀보다 더 달다고 하였다. 이 표현을 자세히 보면 금을 통한 객관성과 꿀을 통한 심미성 또는 주관성이 대조되어 조화를 이루고 있다. 이러한 하나님의 말씀을 사모하는 것이 하나님의 백성의 축복이다. 하나님께서는 정금보다 귀하고 꿀보다 더 단 말씀을 우리에게 주셨다.

이것을 가슴 깊이 새기며 감사하는 자세가 우리에게 있어야 한다. 하나님이 주신 말씀을 통해 하나님께 가까이 나아가자.

주님 앞에 열납되기를 원하나이다

시편 19:11~14

11또 주의 종이 이것으로 경고를 받고 이것을 지킴으로 상이 크니이다 12자기 허물을 능히 깨달을 자 누구리요 나를 숨은 허물에서 벗어나게 하소서 13또 주의 종에게 고의로 죄를 짓지 말게 하사 그 죄가 나를 주장하지 못하게 하소서 그리하면 내가 정직하여 큰 죄과에서 벗어나겠나이다 14나의 반석이시요 나의 구속자이신 여호와여 내 입의 말과 마음의 묵상이 주님 앞에 열납되기를 원하나이다

　　하나님의 백성은 하나님의 말씀을 정금보다 더 사모하며, 그 말씀은 꿀보다 더 달다는 것을 체험하며 살아간다. 이것은 하나님의 특별하신 은혜이며, 우리에게 베푸신 축복이다. 이스라엘 백성들이 광야에서 만나를 일용할 양식으로 받아먹었듯이 오늘의 우리들도 하나님의 말씀을 일용할 양식으로 삼아 하루하루를 살아간다. 이것은 우리들이 떡으로만 사는 것이 아니라 하나님의 말씀으로 살아간다는 원리를 입증하는 것이다.

　　시인은 하나님의 말씀을 존귀함을 강조하고 이 말씀이 영혼을 새롭게 한다는 사실을 가르치고 있다. 그리하여 하나님의 백성은 하나님의 말씀을 사모하며 그 말씀을 중심으로 살아가게 된다. 시인은 하나님의 말씀이 자기 자신을 다스리는 것을 강조하고 있다. 하나님의 말씀을 바탕으로 살아가며 그 말씀을 통하여 새 힘을 얻게 된다.

1. 경고를 받고

11절에서 "또 주의 종이 이것으로 경고를 받고 이것을 지킴으로 상이 크니이다"고 하였다. 여기서 '또'라는 접속사를 사용하여 앞의 구절과 연결시켜 주고, 또 개인적인 교훈을 강조하고 있다. 시인은 '경고를 받고'라고 하였다. 하나님의 말씀을 통하여 경계를 받아야 한다. 사람들은 이 땅에 살면서 다른 길로 빠지는 경우가 많은데 이러한 갈랫길로 빠지지 않기 위해 지도가 필요하듯이 하나님의 말씀을 통하여 바른 길을 인도받아야 한다. 이렇게 말씀을 지킴으로써 '상이 크다'고 하였다. 이 말의 뜻은 큰 상을 받는다는 의미가 아니라 '그 발자취가 크다'란 뜻이다. 즉 하나님의 말씀에 순종하여 살면 큰 발자취를 남기게 된다는 말씀이다. 우리는 이러한 하나님의 원리를 분명히 알아야 한다. 말씀으로 경계를 받고 그 말씀대로 살 때에 하나님께서 우리에게 큰 발자취를 남기게 하신다.

12절에서 "자기 허물을 능히 깨달을 자 누구리요 나를 숨은 허물에서 벗어나게 하소서"라고 했다. 시인은 12절부터 다른 어조로 말하고 있다. 자연계를 통한 일반계시와 하나님의 말씀으로 주시는 특별계시에 대하여 노래하다가 여기서부터는 자신의 부족함을 고백하고 있다. 시인은 하늘의 찬란한 태양을 보고 하나님의 말씀을 생각하였다. 그리하여 자연과 말씀을 찬양하였다. 시인은 완전한 하나님의 말씀을 볼 때에 자신의 허물과 부족을 깨닫게 되었다. 그러니 기도 외에는 방법이 없기에 하나님께 기도하고, 용서를 빌게 되었다. 시인은 기도하기를 자기 허물을 스스로 깨닫는 자가 없다고 하였다. 사람의 눈에는 잘 띄지 않는 허물이지만 하나님의 말씀에 비추어 볼 때에 그 허물을 깨닫게 된다고 하였다. 그래서 '숨은 허물'에서 벗어나게 해 달라고 하였다. 하나님의 말씀을 통하여 깨닫게 된 허물에서 벗어나 정결한 삶을 살기를 기도하였다. 하나님의 백성은 말씀을 통하여 자신의 부족을 깨닫게 된다. 남들이 알지 못하는 '숨은 허물'을 발견하게 되고 여기서 벗어나게 해 주시기를 기도하였다. 말씀을 배울수록 자신의 부족 언약함, 허물을 깨닫게 되고, 여기서 벗어나기 위해 하나님께 기도하게 된다.

2. 고의로 죄를 짓지 말게 하사

13절에서 "또 주의 종에게 고의로 죄를 짓지 말게 하사 그 죄가 나를 주장하지 못하게 하소서 그리하면 내가 정직하여 큰 죄과에서 벗어나겠나이다"고 하였다. 여기에서 나타난 '고의'란 앞 절에 나오는 허물과 반대가 된다. 허물이란 모르고 지은 죄를 말하며, 고의로 저지른 죄란 의도적으로 지은 죄를 말한다.

시인은 고의로 짓는 죄에서 자신을 건져달라고 하나님께 기도하였다. 이것은 습관적인 범죄에 빠지지 말게 해 달라는 기도를 하였다. 습관적 범죄에 빠져 그 죄가 자신을 주장하게 되면 자기도 모르는 사이에 죄의 종이 될 수 있다. 그래서 시인은 이 죄가 자신을 주장하지 못하게 해 달라고 기도하였다. 죄의 주장 아래 있으면 죄가 습관화되고, 죄의 심각성을 깨닫지 못하게 된다. 시인은 이것을 바로 보고 하나님께 죄에서 벗어나기를 기도하였다. 이렇게 되면 '내가 정직하여 큰 죄과에서 벗어나겠다'고 하였다. 하나님이 자신을 지켜 주시면 죄악의 생활에 빠지지 않고 하나님을 의지하는 삶을 살게 된다.

3. 내 입의 말과 마음의 묵상이

14절에서 "나의 반석이시요 나의 구속자이신 여호와여 내 입의 말과 마음의 묵상이 주님 앞에 열납되기를 원하나이다"고 하였다. 시인은 시편 19편의 마지막을 헌신의 시로 마무리하고 있다. 하나님을 향한 찬양으로 시작하여 자신의 헌신으로 끝을 맺고 있다.

시인은 하나님을 부를 때에 '나의 반석이시요 나의 구속자이신 여호와여'라고 하였다. 이것은 하나님을 향한 신앙고백이다. 하나님께서는 죄 가운데서 우리를 건지셨으니 우리의 구속자가 되시고, 우리를 당신의 터전 위에 세우셨으니 반석이 되신다. 하나님을 '나의 반석, 나의 구속자'라고 부르면서, 이 하나님을 향해 자신의 소원을 아뢰었다.

'내 입의 말과 마음의 묵상'이 하나님께 열납되기를 소원하였다. 내 입의 말이란 기도를 말하며, 마음의 묵상이란 하나님의 뜻을 자기 마음에 계속하여 새겨보는 것을 말한다. 이러한 기도와 묵상이 하나님께 기쁘게 받아 드려지는 역사를 기도하였다. 우리의 기도가 하나님께 열납되기를 원한다. 입술로만 드리는 것이 아니라 우리의 기도가 하나님께 열납되어 이 땅에 그 응답의 열매가 있어야 한다. 또한 마음의 묵상도 하나님께 열납되어 져야 한다. 우리의 마음으로 하나님의 뜻을 묵상하고 하나님의 뜻대로 살겠다는 그 결심이 하나님께 열납되어져야 한다.

시인의 이러한 소원이 오늘의 우리의 소원이 되어야 한다. 시편 19편은 하나님을 찬양하는 것으로 시작하여 자신의 헌신으로 마무리한다. 해와 달, 바다와 산, 이 모든 자연계를 통하여 하나님의 영광을 나타낸다. 자연을 통하여 하나님의 역사를 나타내고, 그것에서 하나님의 말씀을 깨닫게 된다. 자연계의 존재 의미는 하나님의 영광에 있다. 그 자연을 통하여 하나님의 엄위하심을 바라보고 하나님의 말씀의 존귀함을 깨닫게 된다. 이렇게 하여 깨닫게 된 하나님의 말씀은 하나님의 백성으로 하여금 자신의 부족과 허물을 깨닫게 한다. 자신의 허물을 깨달은 자가 할 수 있는 것은 하나님께 기도하는 것이다.

이 기도가 하나님께 열납되어 말씀의 원리를 바로 실천하여야 한다. 엄위하신 하나님을 찬양하며, 하나님의 영광을 기리는 것이 우리의 사명이 기에 자연의 변화를 현상 그대로만 보지 말고 거기서 하나님의 위대하신 손길을 느껴야 하고, 그것을 통해 하나님의 말씀을 배워야 한다. 그 말씀으로 우리의 부족을 깨닫고 하나님께 용서의 기도를 드리자. 그 기도와 묵상이 열납되어 하나님의 영광을 찬양하자.

시온에서 너를 붙드시며

시편 20:1~3

1환난 날에 여호와께서 네게 응답하시고 야곱의 하나님의 이름이 너를 높이 드시며 2 성소에서 너를 도와 주시고 시온에서 너를 붙드시며 3네 모든 소제를 기억하시며 네 번제를 받아 주시기를 원하노라 (셀라)

시편 20편은 제왕시로서 '왕의 기도시'라 불린다. 고대 이스라엘에서는 왕이 전쟁에 나가기 전에 기도드리는 관습이 있었다(삼상 7:9, 13:9~12). 이 것은 전쟁의 주관자는 하나님이시라는 사실을 믿으며, 하나님의 도우심을 간구하는 태도이다.

시편 20편의 역사적 배경을 알면 이 시를 이해하기 쉬우나 정확하게 알 수 없다. 학자들 가운데는 사무엘하 10장이 그 배경이라고 하는 사람들이 있다. 사무엘하 10:6에 "암몬 자손들이 자기들이 다윗에게 미움이 된 줄 알 고 암몬 자손들이 사람을 보내 벧르홉 아람 사람과…"의 기사가 있다. 암몬 은 다윗보다 강하지 않았으나 여러 나라에서 용병을 고용하여 연합군을 만 들어 공격하였다.

암몬이 공격한 것은 다윗이 잘못해서가 아니라 오해 때문이었다. 암몬 왕이 죽었을 때에 조문사절을 보낸 것이 그들을 정탐하기 위한 것이라고 오 해하였기 때문이다. 조문사절을 보낸 것은 왕을 존경해서였는데, 암몬 사람 들은 이것을 오해하여 사신들의 수염을 다 잘라버리고 옷을 중동볼기까지 잘라 모욕을 주어 돌려보냈다.

이것은 '너희 나라는 아주 형편없다'고 모욕하는 행위였고, 사신으로 갔던 신하들은 부끄러워 왕궁으로 돌아오지 못하고 여리고에서 수염이 자라도록 기다리다가 돌아왔다. 이런 일을 있은 후 전쟁이 일어났다. 그러니 이른바 선을 악으로 갚는 사건이다. 이 전쟁에서 다윗은 하나님께 기도하여 문제를 풀어 나가려고 하였다.

1. 내게 응답하시고

1절에서 "환난 날에 여호와께서 네게 응답하시고 야곱의 하나님의 이름이 너를 높이 드시며"라고 하였다. 다윗은 백성들로 하여금 자기를 위해 기도하게 할 때에 '환난 날에 여호와께서 네게 응답하게 하시고'라고 기도하게 하였다. 이 기도는 다윗이 전쟁 직전에 드리는 기도로 보는 것이 옳다.

이스라엘 백성들이 블레셋 사람들과 싸울 때 그들은 사무엘에게 와서 기도를 부탁한다. "당신은 우리를 위하여 우리 하나님께 쉬지 말고 부르짖어 우리를 블레셋 사람들의 손에서 구원하시게 하소서"(삼상 7:8)라고 하여 사무엘이 그들을 위해 기도한다(삼상 13:9). 이 때 하나님께서 기도에 응답하시고 승리하게 하신다. 하나님께서는 왕에게 응답하셔서 전쟁에 승리하게 하신다. '환난 날'이란 전쟁 때를 가리키는데 이때에 기도하면 하나님께서 승리하게 하신다. 시편 50:15에 "환난 날에 나를 부르라 내가 너를 건지리니 네가 나를 영화롭게 하리로다"라고 하였다.

하나님의 백성들이 역경을 당할 때에 여기서 피해 갈 수 있는 길은 하나님께 기도하는 것 밖에 없다. 환난의 날 즉 비정상적인 시대 양상에서 우리가 승리할 수 있는 길은 하나님께 기도하는 것 밖에 없다. '야곱의 하나님의 이름이 너를 높이 드시며'라고 하였는데, 하나님께서는 환난의 때에 자기 백성을 지켜 주실 뿐만 아니라 그 약속을 따라 정상적으로 살아갈 수 있게 하신다. '야곱의 하나님'이라고 하였는데 이것은 기도할 때에 사용되는 용어로서 신학적 의미를 가진다. 이 칭호는 하나님의 고대 칭호로서 족장

시대에서 연유한다. 야곱의 집은 하나님의 구원을 체험하였고, 하나님은 그의 구주가 되셨다.

'하나님의 이름'은 전쟁과 연결된다. 하나님의 이름이 하나님의 백성을 구해 주시기를 기도하는 내용이다. 그렇다고 하나님의 이름이 주술적으로 사용되는 것이 아니라 하나님의 이름은 하나님의 자기 계시이며, 행동이다. 또 이름이란 하나님 자신을 가리킨다. 이러한 하나님의 이름이 '너를 높이 드신다'고 하였다. '높이 드신다'는 것은 높은 곳에 세운다는 뜻으로 원수가 미치지 못하도록 높인다는 의미이다. 하나님께서 높이 드셔서 원수들이 공략하지 못하도록 하신다.

시편 75:7에 "오직 재판장이신 하나님이 이를 낮추시고 저를 높이시느니라"고 하였다. 이것은 모든 것이 하나님의 손에 달려 있음을 보여준다. 높이고 낮추시는 것은 인간의 지지나 인기가 아니라 하나님의 역사라는 사실을 강조하고 있다.

2. 너를 도와주시고

2절에서 "성소에서 너를 도와주시고 시온에서 너를 붙드시며"라고 했다. 하나님께서 기도에 응답하시는 곳은 성소이며 시온이다. 성소란 하나님의 하늘 처소보다 예루살렘 성전을 가리킨다. 하나님의 도우심은 성소로부터 오며 시온으로부터 온다. 하나님께 예배하며 하나님께 영광을 돌릴 때에 하나님의 도우심이 그 곳에서부터 온다.

이스라엘 백성들은 연합군의 공격을 당하고 있었다. 그들에게는 하나님의 절대적인 도움이 필요하였다. 하나님은 누구신가? 강한 손으로 자기 백성을 지키시는 왕 중의 왕이시다. 어려움 가운데서 하나님의 손길을 간구하는 것이 하나님의 백성의 기본자세이다.

3. 기억하시며 받아 주시기를

3절에서 "네 모든 소제를 기억하시며 네 번제를 받아 주시기를 원하노라 (셀라)"라고 하였다. 왕은 제사를 드리고 제사장과 찬양대는 하나님을 찬양한다. 사람들은 소제와 번제를 하나님께 드린다. '소제'란 식물을 드리는 것으로 주로 밀가루로 만든 것을 드린다. 이런 것을 바칠 때는 번제나 피 흘리는 다른 제사를 드린 후에 바치는데 '생활의 감사'를 표현하는 것이다. 하나님께서 일상생활 속에서 고운 밀가루로 골고루 주신 것을 감사하는 것이다. '번제'란 제물을 제단에 태워 바치는 제사이며 예배자나 제사장이 아무것도 돌려받지 못한다. 소제는 제사를 드리고 남은 제물을 제사장이 취하지만 번제의 경우는 그렇지 못하다. 하나님께서는 이것을 기억하신다. 성경에서 기억한다는 것은 생각과 행동 모두를 포함한다(시 119:49). 하나님은 제물을 보시고 왕과 백성들의 간절한 마음을 보시며 도우시기를 원하신다.

하나님은 우리의 제물만 보시는 것이 아니라 거기에 담긴 우리의 정성과 소원을 보신다. 이 시의 형태에 제사와 기도가 함께 표현되고 있음을 볼 때에 그것이 더욱 분명히 나타난다. 전쟁의 위기에서 어려움을 겪을 때에 하나님이 우리를 도와주실 것을 간구하는 것이 중요하다. 하나님은 우리의 제물을 통해 우리의 소원을 보시고 나아가서 우리에게 도움의 손길을 펴시기 원하신다.

우리는 소제와 같은 생활의 감사를 드려야 한다. 밀가루를 골고루 뿌리듯이 우리의 생활에 하나님의 놀라운 축복으로 채워 감사를 드려야 한다. 우리의 생활은 '범사에 감사하는 삶'이어야 한다. 우리에게 고통과 역경이 오는 '환난 날'일지라도 하나님을 의지하며 또 감사하며 사는 것이 중요하다.

하나님께서는 우리의 예배를 받드시고 거기에 담긴 우리의 소원에 응답해 주신다. 이 소원과 열망으로 인해 힘들고 어려움이 온다 해도 하나님을 의지하는 삶을 살게 된다. 환난 날에 여호와를 바라보자.

마음의 소원대로 허락하시고

시편 20:4~6

4네 마음의 소원대로 허락하시고 네 모든 계획을 이루어 주시기를 원하노라 5우리가
너의 승리로 말미암아 개가를 부르며 우리 하나님의 이름으로 우리의 깃발을 세우리니
여호와께서 네 모든 기도를 이루어 주시기를 원하노라 6여호와께서 자기에게 기름 부
음 받은 자를 구원하시는 줄 이제 내가 아노니 그의 오른손의 구원하는 힘으로 그의
거룩한 하늘에서 그에게 응답하시리로다

환난의 날에 하나님의 도우심을 구하는 하나님의 백성은 소제와 번제를
드리며 제사가 열납되기를 소원한다. 생활 속에 베풀어 주시는 하나님의 은
혜에 감사하며 소제와 번제를 드린다. 하나님은 우리의 일상을 지켜 주시고
거기에 놀라운 축복과 사랑을 주신다.

이 은혜에 감사하여 하나님의 영광을 돌리는 삶을 살아가게 된다. 시인
은 이제 더욱 구체적인 기도를 드리게 된다. 군사 작전이 이루어지기를 바
라는 기도를 드린다. 연합군의 공격으로 인하여 환난을 겪고 있는 이스라엘
백성은 왕의 간구를 통하여 그들의 애절한 소원을 아뢰게 된다.

1. 마음의 소원대로

4절에서 "네 마음의 소원대로 허락하시고 네 모든 계획을 이루어 주시기
를 원하노라"고 하였다. 여기에 두 가지 기도 제목이 있다. 하나는 마음의

소원대로 되어지기를 구하고, 다른 하나는 모든 계획이 다 이루어지기를 기도한다. '마음의 소원대로'란 '당신의 마음을 따라서'라고 번역된 내용들을 보아서 하나님과 다윗과의 특별한 언약관계를 볼 수 있다. 다윗왕은 하나님의 선택을 받은 종이기에 하나님 앞에 담대히 기도할 수 있다. 하나님의 아들로서의 다윗은 자기와 그 백성의 소원을 하나님께 아뢴다. 다윗의 기도는 역사하는 힘이 있다. 하나님을 의지하고 간구할 때에 하나님께서 응답해 주심을 보이신다.

오늘의 우리들이 고통과 역경을 당할 때에 하나님께서 우리의 기도에 응답해 주신다는 확신을 가지고 하나님께 기도하면 우리에게 응답해 주신다. 또 하나님께서 '네 모든 계획을 이루어' 주신다. 여기서 '계획'이란 소원보다 더 구체적이며 곧 치러야 할 전쟁에 대한 작전 계획을 말한다. 전쟁의 모든 계획은 하나님의 손에 있고, 전쟁의 승리 역시 하나님의 주관 아래 있음을 나타내는 말이다. 그러니 왕의 생각이 하나님의 생각과 같기를 기도하는 내용이다.

우리는 우리의 소원이 하나님의 뜻 안에서 이루어지기를 소원한다. 이것은 잠언 16:9에서 구체적으로 나타난다. "사람이 마음으로 자기의 길을 계획할지라도 그곳으로 인도하시는 자는 여호와시니라"는 말씀에서 하나님이 우리의 인도자이심을 분명히 볼 수 있다.

우리의 삶이 하나님을 의지하고 하나님께 맡겨질 때에 우리의 삶은 하나님의 인도를 받는다. 이러한 소원을 하나님이 이루어 주신다. 이것이 우리의 소망이요 축복이다. 우리의 계획을 이루어 주시는 하나님을 의지하며 하나님의 역사하심을 기다리는 우리가 되어야 한다. 이것은 하나님의 백성들이 그 꿈을 이룰 수 있는 최고의 길이다.

2. 우리 깃발을 세우리니

5절에서는 "우리가 너의 승리로 인하여 개가를 부르며 우리 하나님의 이름으로 우리 깃발을 세우리니 여호와께서 네 모든 기도를 이루어 주시기를 원하노라"고 하였다. 백성들이 다윗을 위하여 기도했는데 하나님이 응답하셔서 승리하면 하나님 앞에서 같이 찬양하며 개가를 부르자는 것이다. 왜 그렇게 하느냐 하면 함께 기도하였기 때문이다. 기도의 응답은 기도의 대상자로만 기쁜 것이 아니라 기도한 사람에게도 무한한 기쁨을 준다.

또 '우리 하나님의 이름으로 우리 깃발을 세우리니'라고 하였다. 이것은 승리의 깃발을 하나님의 이름으로 세우겠다는 것이다. 이런 경우를 '여호와 닛시'라고 하는데(출 17:15), 이는 '하나님이 우리의 깃발이시라'는 뜻이다. 하나님은 자기 백성들의 승리를 통하여 하나님의 깃발을 드높이 세우시기를 원하신다. 하나님의 승리를 자랑스럽게 드러내고 많은 사람들에게 하나님 위대하심을 보이신다. 우리가 다른 사람을 위하여 기도할 때에 단순한 기도로 끝나는 것이 아니라 기도의 응답을 통하여 하나님의 깃발이 만방에 드러나며, 우리의 기쁨이 가득하게 된다.

3. 응답하시리로다

6절에서 "여호와께서 자기에게 기름 부음 받은 자를 구원하시는 줄 이제 내가 아노니 그의 오른손의 구원하는 힘으로 그의 거룩한 하늘에서 그에게 응답하시리로다"고 하였다. 시인은 왕을 위한 기도를 말하였고, 그 기도를 통하여 하나님이 승리를 주심을 확신하였고, 이제는 더 나아가 하나님의 백성의 진정한 승리를 노래하고 있다.

'여호와께서 자기에게 기름 부음 받은 자'라고 하였으니, 하나님의 백성은 우리가 누구에게 속하였는지를 분명히 해야 한다. 우리는 하나님께 속한 자이다. 우리는 하나님께 속한 자이다. 하나님의 백성은 하나님에게서 났고, 하나님으로 말미암아 새로운 힘을 얻는다.

요한은 하나님께 속한 자의 특성을 사랑으로 규정하였다. '사랑하는 자들아 우리가 서로 사랑하자 사랑은 하나님께 속한 것이니 사랑하는 자마다 하나님께로 나서 하나님을 알고 사랑하지 아니하는 자는 하나님을 알지 못하나니 이는 하나님은 사랑이심이라'(요일 4:7~8)고 하였다.

형제를 사랑하고 형제를 위하여 기도할 때에 우리가 하나님께 속하였다는 증거를 나타낸다. 사랑을 실천하는 사람은 하나님께 속하였고, 사랑을 실천하지 않는 사람은 하나님께 속하지 아니 하였다. 하나님께 속한 자는 세상을 이기었는데, 그 이김이 하나님에게서 났음을 우리에게 보이신다. '여호와께서 자기에게 기름부음 받은 자를'이라고 하였는데 여기서 기름부음 받은 자는 다윗 자신을 가리키지만 앞으로 오실 예수 그리스도를 예표하기도 한다. 다윗은 그리스도의 그림자이다. 다윗의 승리는 그리스도의 승리의 예표이다.

'그 오른손에 구원하는 힘으로 그 거룩한 하늘에서 저에게 응답하시는도다'고 하였는데, 이 말은 기름부은 자의 기도를 하나님께서 응답해 주신다는 뜻이다. 기름부은 자가 자신의 사명을 감당하기 위하여 기도할 때에 하나님께서 응답해 주신다. 우리는 하나님 앞에서 자기가 받은 사명을 바로 알고 이것을 실천하는 노력을 해야 한다. 하나님께서는 자기 백성들에게 사명을 주셨다. 이 사명을 감당하기 위하여 하나님께 기도하며 하나님의 뜻이 무엇인지를 분별해야만 한다.

우리의 소원과 계획을 아시고 이것을 이루어 주시기를 기뻐하시는 하나님이 우리에게 계신다. 이 하나님이 우리의 기도에 응답하시고 또 승리케 하여 주시니 어떤 상황에 처할지라도 우리는 소망을 가진다. 환난의 날에 우리에게 어려움이 몰아쳐 올지라도 우리의 힘이 되신 하나님이 우리와 함께 하시니 우리는 그 어려움을 이기게 된다. 이러한 확신 속에서, 하나님을 바라보고 그 하나님을 의지해야 한다. 하나님이 함께 하심이 우리에게 가장 큰 힘이요 소망이심을 마음 속 깊이 생각하며 감사해야 한다.

우리 하나님의 이름을 자랑하리로다

시편 20:7~9

7어떤 사람은 병거, 어떤 사람은 말을 의지하나 우리는 여호와 우리 하나님의 이름을 자랑하리로다 8그들은 비틀거리며 엎드러지고 우리는 일어나 바로 서도다 9여호와여 왕을 구원하소서 우리가 부를 때에 우리에게 응답하소서

왕은 하나님께 기도한 후에 백성들의 기도를 통해 힘을 얻고, 이제 이스라엘 회중들이 다 같이 신앙고백을 하며, 하나님을 찬양한다. 여기서부터 '우리'가 강조되고 있다. 우리는 하나님께 예배드리는 예배 공동체이다. 함께 예배드리며, 하나님께 기도하며 감사드린다.

우리들이 이 땅에서 살아갈 때에 '우리'라는 관념이 중요하다. 혼자서 사는 것이 아니라 함께 살며 더불어 살아가게 마련이다. 그래서 우리는 공동체를 형성하고 하나님의 뜻을 이루기 위해 함께 노력한다. 예배 공동체는 사랑의 공동체이다. 좋은 일이나 궂은 일이나 함께 나누어서 하나님의 백성 됨을 확인한다. 시인은 이러한 관념을 가지고 이스라엘 백성의 신앙고백을 노래하고 있다.

1. 하나님의 이름을 자랑하리로다

7절에서 "어떤 사람은 병거, 어떤 사람은 말을 의지하나 우리는 여호와 우리 하나님의 이름을 자랑하리로다"고 하였다. 이 말씀은 군사적 특성을

분명히 보여 주고 있다. 또 전쟁의 상황에서 거룩한 전쟁의 원리를 우리에게 보여 주고 있다. '혹은 병거 혹은 말을 의지하나'라는 말씀은 당시의 군사력을 묘사한 것이다. 병거란 오늘의 전차 즉 탱크와 같은 것을 말한다. 또 말이 병거를 몰고 가면 이것을 막을 자가 없다. 그러나 하나님의 백성은 하나님의 이름을 자랑하게 된다. 말과 병거와 비교하여 하나님의 이름이 강조되고 있다. 이방 민족들이 연합군을 이루어 공격할지라도 그것이 최선이 아니라는 것이다.

세상의 많은 사람들은 자기들이 가진 군사력이나 물질을 의지한다. 자기들이 가진 힘을 최고의 것으로 여긴다. 오늘날의 국제 정세도 이와 같다. 국가와 국가 사이는 군사력과 경제력으로 우열이 가리워진다. 그래서 국력 증강과 군비 증강에 온 힘을 기울인다. 하나님의 백성들은 하나님의 이름을 자랑한다. 모든 승리의 원천은 하나님께 있기에 이 하나님을 통하여 우리의 삶이 주관되고, 또 승리할 수 있음을 강조한다. 내가 이렇게 된 것은 나의 능력이 아니라 하나님의 은혜의 역사라는 것을 믿기에 이 하나님을 자랑하고 하나님의 이름을 더 높이는 역사가 일어나게 된다. 이것이 하나님의 백성의 자세이며 방향이다.

2. 일어나 바로 서도다

8절에서 "그들은 비틀거리며 엎드러지고 우리는 일어나 바로 서도다"고 하였다. 이 말은 원수들이 멸망하는 것을 묘사한다. 말을 의지하고 병거를 의지하던 자들이 다 망하였다. 이들의 군사적 패배를 가장 분명하게 그리고 있다. 말을 의지하고 병거를 의지하는 자들은 여호와의 이름 앞에 망하고 만다. 인간의 능력은 유한하고 일시적이기에 그 군사력이나 경제력은 아무 것도 아님을 우리에게 보여준다.

'우리는 일어나 바로 서도다'고 하였다. 우리는 굳게 서서 넘어지지 않는다. 왜냐하면 하나님의 이름을 의지하고 살기 때문이다. 이것은 역설적 비교이다. 저희는 엎드려져 멸망하고 하나님의 백성은 승리하게 된다. 하나님의 이름을 의지하는 자는 꿋꿋하게 서게 된다.

이 말씀은 오늘의 우리들에게 바른 삶의 방향을 제시한다. 이 세상의 권력이나 군사력 또는 경제력을 의지하는 자는 망하고 하나님의 이름을 의지하는 자는 승리한다. 그러기에 우리들은 하나님을 의지하며 하나님께 나아가야 한다.

3. 왕을 구원하소서

9절에서 "여호와여 왕을 구원하소서 우리가 부를 때에 응답하소서"라고 하였다. 이 말씀은 이 시의 마지막 기도로서 신앙고백이며 찬양이다. '여호와여 구원하소서'란 기도이며 신앙고백이다. 하나님이여 당신은 우리의 구원자이십니다 라는 고백이며 찬양이다. 하나님이 우리의 모든 것을 주관하시는 분이시며, 그분을 통하여 우리가 승리하게 된다. 우리가 부를 때에 응답하소서'라고 기도하고 있다. 우리들이 하나님을 부르며 호소할 때에 하나님께서 응답해 주시기를 간구한다. 이것은 하나님의 절대권력을 믿기에 가능하다. 하나님이 주장하시고 역사하시면 하나님의 승리가 우리의 것이 된다.

시인은 시편 20편에서 전쟁에서 가장 중요한 것은 군사력이나 경제력이 아니라 하나님의 임재에 있음을 강조하고 있다. 다윗은 왕으로 이스라엘 백성을 이끌어 전쟁하면서 하나님께 기도하고 제사를 드렸다. 인간의 관점에서 보면 참으로 어리석은 것 같이 보이지만 하나님의 절대 주권을 믿는 하나님의 백성의 신앙고백이다.

시인은 하나님을 '여호와 우리 하나님'이라고 부르면서 하나님의 엄위하심과 존귀하심을 강조하고 있다. 이것은 하나님의 백성의 기본 된 자세이며, 하나님을 향해 바른 역사를 이루는 방안이다.

우리는 시편 20편을 통하여 참된 전쟁이 어떤 것인지를 배우게 된다. 세계의 강대국가들은 군사력 증대에 힘을 모우고 이것 때문에 전쟁을 일으키는 경우들을 많이 보게 된다. 그러나 전쟁의 승리는 군사력에 있는 것이 아니라 하나님의 임재에 있다. 하나님이 함께 하시면 승리한다. 우리는 다윗과 골리앗의 싸움에서 그 특성을 볼 수 있다. 골리앗은 무력으로 나아갔으나 다윗은 여호와의 이름으로 나가 승리하였다. 이런 사례를 통하여 진정한 승리가 어디서 오는 지를 우리에게 밝히 보여 주고 있다.

우리는 국가 지도자들이 다윗처럼 하나님께 기도하며 하나님을 의지하는 자세를 가질 것을 바라고 있다. 이것은 하나님의 절대 주권을 신앙하는 삶의 자세이다.

시인은 '우리 하나님의 이름으로 우리 기를 세우리라'고 하였다. 하나님은 우리의 깃발이다. '여호와 닛시'라는 말씀에서 그 뜻이 분명히 나타난다. 하나님의 백성은 말이나 마병을 의지하지 않고 하나님을 의지한다. 승리를 통하여 깃발을 날리는 것은 매우 의미가 있다. 나라와 나라가 전쟁을 통해 고지를 점령하고 그곳에 자기 나라 깃발을 꽂는다는 것은 승리의 상징이다. 하나님의 백성들이 마귀의 세력과 새워 승리의 깃발을 날리는 것은 매우 의미 있는 일이다. 우리들은 하나님의 이름으로 이 세상에 대해 승리의 깃발을 꽂는다.

기독교는 승리의 종교이다. 죽음을 이기고, 사탄을 이긴 승리의 종교이기에 우리들도 이 세상을 향해 승리자의 삶을 살아야 한다. 예수님께서도 "적은 무리여 두려워 말라 너희가 세상을 이기었노라"(눅 12:32)고 하셨다. 우리는 이 세상을 이긴 자들인데 이것은 우리의 능력으로서가 아니라 하나님의 능력을 힘입어서 가능하다.

여호와의 이름으로 승리하며, 하나님의 깃발을 더 높이는 신앙의 자세가 우리에게 있어야 한다. 이것은 하나님의 승리를 노래하는 하나님의 백성의 기본된 자세이기에 우리는 이것을 지켜야 한다.

곧 영원한 장수로소이다

시편 21:1~6

1여호와여 왕이 주의 힘으로 말미암아 기뻐하며 주의 구원으로 말미암아 크게 즐거워하리이다 2그의 마음의 소원을 들어 주셨으며 그의 입술의 요구를 거절하지 아니하셨나이다 (셀라) 3주의 아름다운 복으로 그를 영접하시고 순금 관을 그의 머리에 씌우셨나이다 4그가 생명을 구하매 주께서 그에게 주셨으니 곧 영원한 장수로소이다 5주의 구원이 그의 영광을 크게 하시고 존귀와 위엄을 그에게 입히시나이다 6그가 영원토록 지극한 복을 받게 하시며 주 앞에서 기쁘고 즐겁게 하시나이다

시편 21편은 20편과 연속된 시이다. 20편에서는 다윗 왕이 환난 날에 하나님께서 시온에서, 성소에서 도와주시기를 기도하였다. 또 하나님께서 그의 소제와 번제를 받아 주시기를 구하였다. 이방 사람들은 말과 병거를 의지하지만 왕은 오직 하나님의 이름을 자랑한다고 하였다.

시편 21편에서는 20편의 기도가 응답되고 왕이 승리를 거둔 후 기뻐하는 모습을 묘사하고 있다. 온 백성이 다 모여서 하나님께서 왕에게 도움과 생명과 기쁨을 주신 것을 감사한다. 여기서 더 나아가 미래의 큰 승리를 바라본다. 20편의 축복을 통하여 하나님께 영광 돌리고 감사의 찬송을 드리는 하나님의 백성은 이 땅에서 하늘의 기쁨을 체험한다. 하나님께 기도하고 하나님의 뜻대로 갔더니 하나님께서 더 크신 축복으로 역사해 주셨음을 감사하였다.

1. 크게 즐거워 하리이다

1절에서 "여호와여 왕이 주의 힘으로 말미암아 기뻐하며 주의 구원으로 말미암아 크게 즐거워 하리이다"고 하였다. 이는 이스라엘 백성들은 왕을 위하여 기도하였고 하나님의 응답으로 왕이 승리하고 형통하자 기뻐하였다. 왕이 '주의 힘으로 말미암아 기뻐한다'고 하였는데 이것은 다윗이 하나님의 능력을 힘입어서 승리하였다는 의미이다. 철저히 하나님 중심의 원리를 지키고 하나님의 승리를 노래하고 있다. 또 '주의 구원을 인하여 크게 즐거워 하리이다'고 하였다. 이 말씀 역시 하나님의 능력을 받아 전쟁에서 승리하였음을 노래하는 것이다.

우리가 여기서 주목해야 할 것은 어떻게 해야 하나님의 힘이 나타나는가 라는 점이다. 다윗이 '여호와여'라고 부른 것에 주목할 필요가 있다. 여호와 하나님은 약속의 하나님이시며 자기 백성을 승리하게 하시는 분이시다. 다윗은 이 하나님을 자기의 '주'로 고백하였고, 여기서 하나님의 위대한 역사가 나타났다. 하나님의 놀라운 승리의 역사가 일어났다. 하나님을 믿고, 하나님과 동행하며 하나님의 뜻을 실천할 때에 승리가 온다. 오늘의 우리들도 이러한 하나님의 승리를 믿어야 한다. 하나님의 승리를 믿기에 오늘의 우리들도 승리하며 나아가게 된다.

2. 마음의 소원을 주셨으며

2절에서 "그의 마음의 소원을 들어 주셨으며 그의 입술의 요구를 거절하지 아니하셨나이다(셀라)"고 하였다. 왕은 하나님께 기도하였고 그 기도가 응답되었다. 시인은 이러한 기도의 응답을 '그의 마음의 소원을 들어 주셨으며' 라고 하였다. 즉 하나님께서 왕의 소원을 들어주셨다는 뜻이다. '마음의 소원'이란 '입술의 요구'와 병행을 이룬다. 하나님께서는 마음의 소원을 들어 주셨고, 입술의 요구를 거절하지 않았다. 그러니 다윗이 마음으로 원하고 입으로 구하는 소원을 하나님이 다 응답해 주신다. 하나님께 믿음으로 기도할 때에 하나님은 마음의 소원까지 응답해 주시고 우리로 하여금 하나님의 권능을 소망하게 한다. 그러므로 우리가 하나님께 기도드릴 수 있는 그 자체가 감사요 영광임을 기억해야 한다.

3절에서 "주의 아름다운 복으로 그를 영접하시고 순금 관을 그의 머리에 씌우셨나이다"고 하였다. '아름다운 복'이란 많은 복, 풍성한 복을 의미하며 하나님이 거저 주시는 축복을 말한다. 하나님께서는 자기 백성을 지옥의 고통에서 건져 주시는 것으로 끝나지 않고 이 땅에서 아름다운 복을 주신다. 하나님의 복은 생명과 연관 된다. 하나님께서는 왕에게 넘치는 복을 주시고, 그것을 통하여 생명이 더욱 자라는 것을 보여준다.

이러한 복으로 '그를 영접하시고'의 이 말은 '만나러 가다', '앞서 가다'라는 뜻을 가지고 있다. 하나님께 왕이 앞에서 나아가시는 모습을 말한다. 여기서 '앞서 가시는 은총'(preventing grace)라는 신학적 용어가 나왔다. 이 말은 범죄하지 않도록 막아주시는 은혜가 아니라 그리스도를 믿도록 우리 앞에 나아간 은혜이다. 즉 하나님의 은혜가 우리보다 앞서 간다는 뜻이다.

이러한 은혜를 주시고 '정금 면류관을 그 머리에 씌우셨다'. 이것은 왕의 위엄을 나타낸다. 왕관은 왕의 신분을 드러내는 것인데 중요한 것은 왕 스스로 왕관을 쓰는 것이 아니라 이것을 씌어 주어야 한다. 다윗은 스스로 왕관을 쓰려고 하지 않았으나 하나님이 그 권능의 관을 주셔서 왕의 권위를 가지게 하였다.

3. 그가 생명을 구하시매

4절에서 "그가 생명을 구하매 주께서 그에게 주셨으니 곧 영원한 장수로소이다"고 하였다. 여기서 우리들이 보아야 할 것은 그가 '구하매', 주께서 '주셨다'는 점이다. 이것은 기도의 응답을 강조해 준다. 하나님께 오래 살기를 기도하니 그것을 허락하셨다는 뜻이다. 다윗의 개인의 장수만이 아니라 왕조의 장수까지 체험하였다. 하나님께 장수를 소원하면 그것을 허락하시는 놀라운 은혜가 임한다. 우리의 모든 문제를 하나님께 기도하면 하나님께서 이 문제를 풀어 주시고 응답해 주심을 믿고 나아가야 한다.

5절에서 "주의 구원이 그의 영광을 크게 하시고 존귀와 위엄을 그에게 입히시나이다"고 하였다. 하나님께서는 다윗을 원수의 손에서 건지실 뿐만 아니라 영광과 존귀와 위엄을 주셨다. 이 모든 것이 하나님의 은혜의 결과이다. 다윗의 영광은 하나님의 도움으로 얻은 것이다. 하나님께서 다윗을 사랑하셔서 고난의 자리에서 건지시고, 나아가 왕으로서의 위엄을 가지게 하였다. 그러니 바울의 고백처럼 '나의 나된 것은 하나님의 은혜'라는 것이다. 오늘의 우리들도 우리의 능력으로 우리가 승리하는 것이 아니라 하나님의 은혜로 모든 죄악에서 이기고 원수의 도전에서 승리하게 된다는 사실을 확신하고 하나님께 나아가야 한다.

6절은 "그가 영원토록 지극한 복을 받게 하시며 주 앞에서 기쁘고 즐겁게 하시나이다"고 하였다. 왕은 하나님 앞에서 기쁨을 누리며 다른 사람에게도 복을 나누어 주는 존재가 되게 한다. 우리가 복을 받는 것은 자기 혼자만의 향락을 위한 것이 아니라 하나님의 백성들에게 이 복을 나누어 주어 하나님의 영광을 온 땅에 드러내는데 있다.

우리는 여기서 '섬김'과 '나눔'의 원리를 배운다. 하나님을 섬기는 자는 하나님의 놀라운 은혜를 체험하고 이것을 다른 사람에게 나누어 주는 은총의 사역을 한다. 우리들은 이런 은총에 감사하며 내가 받은 은혜를 귀하게 여겨야 한다. 하나님은 우리를 구원하셨고 또 우리의 기도대로 장수의 복을 주신다. 우리가 이 은혜를 감사하며 다른 사람에 게 나누는 복의 전달자가 되어야 한다. 이런 은총에 감격하는 뜨거움이 있어야 할 것이다.

여호와를 의지하오니

7왕이 여호와를 의지하오니 지존하신 이의 인자함으로 흔들리지 아니하리이다

사람들은 모든 것이 잘되고 번성할 때에 교만하기 쉽다. 모든 것이 자기 능력으로 된다고 생각하고 자만하게 된다. 처음에는 그렇지 아니하더라도 남들이 칭찬하고 주변에서 떠받들어 주면 그렇게 된다. 우리는 역사를 통하여 통치자들이 처음에는 겸손하게 국민을 섬기고 선한 정치를 하다가도 주변 사람들의 아부에 현혹되어 독재자가 되는 일들이 많았다. 그러나 다윗은 전쟁에서 승리하여 모든 적들을 물리쳤으나 자기를 자랑하지 아니하고 하나님을 의지하는 삶을 살았다. '왕이 여호와를 의지하오니'라고 하였는데 이것은 다윗의 신앙적 자세를 보여준다. 다윗은 하나님을 의지하였다. 전쟁의 승리도 하나님으로 말미암고, 이 세상에서의 통치도 하나님의 뜻에 달려 있음을 믿었다. 그래서 말이나 마병을 의지하지 아니하고 여호와의 이름을 의지하였다.

1. 여호와를 의지하는 것은

여호와를 의지하는 것은 인간이 하나님과 맺은 언약관계에서 가장 중요

한 일이다. 인간들은 하나님 의존사상이나 자율주의 중에서 하나를 택하기 마련이다. 자율주의에 빠진 자는 스스로의 능력을 과신하고 모든 것이 자기에 의해 이루어진다고 생각한다. 그래서 자신이 모든 문제를 해결자라는 망상에 빠진다. 이들의 마지막은 멸망이며, 다른 사람에게까지 피해를 주게 된다. 하나님을 의지하는 자는 하나님의 주권을 믿으며 하나님이 모든 일의 출발이며 종착이라는 것을 믿는다.

바울은 이것을 정확하게 묘사하였다. "이는 만물이 주에게서 나오고 주로 말미암고 주에게로 돌아감이라 그에게 영광이 그에게 세세에 있을지어다 아멘"(롬 11:36)이라고 하였다. 하나님을 의지하는 것은 단순한 순종이 아니라 하나님을 자신의 중심에 모시고 하나님의 인도하심과 섭리하심에 대한 절대적 순복을 의미한다. 하나님이 나의 모든 것이라는 사상이 하나님 제일주의의 기초가 된다.

다윗은 승리의 자리에서도 교만하지 아니하였고, 자신의 능력보다 여호와 하나님을 의지하는 자세를 가졌다. 이것은 자신이 별 수 없는 존재라는 것을 깨달을 때 가능하다. 자신을 향하신 하나님의 사랑이 무엇인지를 바로 알아 하나님의 위대하심을 자랑하게 된다. '왕이 여호와를 의지하오니'라는 짧은 문장 속에 다윗의 신앙 인격과 하나님을 의지하는 삶의 태도를 알 수 있다. 여호와를 의지하는 가운데 자신의 능력을 바로 보고 겸손한 삶을 살아가게 된다. '지존하신 이의 인자함으로 흔들리지 아니하리이다'고 하였다. 여기서 인자함과 그 앞에서 나오는 의지함은 짝을 이룬다. 하나님께서 인자함을 보이실 때에 왕은 하나님을 의지한다. 이것은 언약 관계의 가장 대표적 표현이다. 인자함과 의지함이 함께 어우러질 때에 하나님의 백성은 여기서 참다운 승리를 누리게 된다.

2. 하나님의 사랑을 의심치 않고

하나님을 의지한다는 것은 하나님의 사랑을 의심하지 않는다는 뜻이다.

자식이 아버지의 사랑을 의심하지 않는 것처럼 인간은 하나님의 사랑을 의지하고 소망한다. 이러한 사람은 요동하지 않는다. 견고하고 흔들리지 않는 모습을 보여주는데 이것은 악인의 모습과 대조적이다. 악인의 삶이란 요동하는 삶이며 대책 없이 살아간다. 그러나 하나님을 의뢰하는 자는 반석 위에 집을 지은 자같이 흔들림이 없는 삶을 산다.

하나님은 우리의 반석이시다. 우리에게 창수가 몰려올지라도 하나님은 우리의 힘이시기에 그 모든 것을 이기고 하나님의 승리를 체험한다. 그런데 흔들리지 않는 것은 하나님의 인자함을 인함이다. 이것은 하나님의 사랑을 받아 흔들리지 아니하는 것이다. 하나님의 사랑을 체험하며 그 사랑에 사로잡히기에 흔들리지 않는다. 우리에게 고통의 바람이 불어올지라도 우리는 흔들리지 않는다. 왜냐하면 하나님은 우리의 힘이시고 반석이시기 때문이다. 하나님이 계시니 우리는 담대히 하나님께 나아간다. 그래서 우리는 두려워하지 않고 하나님의 승리를 우리의 것으로 한다.

우리는 시편 21:7에서 언약 사상을 발견한다. 하나님과 우리 사이는 언약 관계 속에 있다. 하나님이 인간을 창조하실 때부터 하나님과 인간은 언약을 맺었다. 이것이 새 하늘과 새 땅의 영원한 세계에까지 연결되는데, 우리는 이런 언약을 옛 언약과 새 언약으로 나누어 생각한다. 언약관계에 나타나는 중요한 두 단어가 있다. 이것은 인자와 의지이다. 이것은 언약 신앙의 짝이며, 하나님의 영역과 인간의 영역을 보다 분명히 보여주고 있다. 하나님은 인간에게 인자 즉 사랑을 보이신다.

하나님의 인자는 하나님의 본성이다. 하나님은 자신의 본성이신 사랑을 인간들에게 나타내셨다. 당신의 독생자 예수 그리스도를 이 땅에 보내셔서 우리를 구원하시는 위대한 역사를 이루셨다. 이러한 하나님의 인자하심이 온 세상에 나타나며 그것을 통해 하나님의 위대한 역사를 우리에게 보이신다.

3. 하나님의 인자하심이

하나님의 인자하심에 대해 인간의 대응이 어떠해야 하는가? 그것은 하나님을 의지하는데 있다. 하나님의 인자하심에 대하여 전적으로 의지하는 자세가 중요하다. 이것은 하나님의 절대주권을 믿으며, 하나님의 사랑을 조금도 의심하지 않는 태도이다. 인자와 의지가 짝을 이룰 때에 하나님과 인간 사이의 언약관계는 더욱 아름답게 드러나게 된다. 이것은 우리들의 신앙의 축이며 기본 방향이다.

우리들이 이 땅에서 하나님을 의지하는 삶을 살아가야 한다. 이것은 하나님의 위대하심을 믿으며, 자신의 부족함을 깨닫게 된다. 하나님의 능력을 의지하게 된다. 다윗은 이것을 실천하였다. 자기가 배신을 당하고 원수들에게 모함을 당할 때는 말할 것도 없고, 전쟁에서 이기고 승리의 순간에도 하나님을 더욱 의지하였다. 이때는 교만하기 쉽고 자기도취에 빠지기 쉬우나 그는 더욱 겸손하여 지고 하나님의 능력을 의지하고 나아갔다.

오늘의 우리들도 모든 것이 잘되고 번성할 때에 하나님을 의지해야 한다. 자기 스스로의 자만심에 빠져 하나님을 외면하는 경우가 많겠으나 다윗처럼 하나님을 의지하는 자세를 가져야 한다. 하나님의 인자하심이 우리의 삶에 강하게 나타날 때에 우리는 그 하나님을 의지하며, 그 사랑에 감사하는 삶을 살아야 한다. 이것은 우리들의 삶의 자세이며, 하나님의 백성이 따라야 할 길이다.

하나님의 인자하심과 우리의 의지함이 짝을 이루어 하나님의 영광을 온 땅에 나타내어야 한다. 이것이 우리의 삶의 축복이요 영광이기에 이 사랑 앞에 감사해야 한다.

그들을 풀무불 같게 할 것이라

시편 21:8~12

8왕의 손이 왕의 모든 원수들을 찾아냄이여 왕의 오른손이 왕을 미워하는 자들을 찾아 내리로다 9왕이 노하실 때에 그들을 풀무불 같게 할 것이라 여호와께서 진노하사 그들을 삼키시리니 불이 그들을 소멸하리로다 10왕이 그들의 후손을 땅에서 멸함이여 그들의 자손을 사람 중에서 끊으리로다 11비록 그들이 왕을 해하려 하여 음모를 꾸몄으나 이루지 못하도다 12왕이 그들로 돌아서게 함이여 그들의 얼굴을 향하여 활시위를 당기리로다

하나님을 의지함으로써 하나님과의 언약관계를 확인시킨다. 하나님은 인자하심을 베푸시고 왕은 하나님을 의뢰한다. 이런 관계를 통하여 요동치 아니하는 하나님의 은혜를 체험한다. 하나님을 의지하는 삶을 통하여 하나님의 사랑을 체험하고 하나님의 은혜 속에서 강건하여진다. 이것은 하나님의 백성이 누리는 축복이다. 시인은 이것을 노래하며, 하나님의 영광을 드러내었다.

1. 왕의 오른손이

8절에 와서는 새로운 형식을 보이고 있다. 원수들의 멸망을 말하면서 하나님의 백성들이 어떻게 살아야 할 것인 지를 간접적으로 묘사하고 있다. 8절에서 "왕의 손이 왕의 모든 원수들을 찾아냄이여 왕의 오른손이 왕을 미

위하는 자들을 찾아내리로다"고 하였다. 여기서도 제 삼자 즉 백성들이 다 윗을 위하여 기도해 주는 형식으로 썼다.

하나님을 의지하고 요동치 아니하며 담대히 나아갈 때 원수를 발견하였다. 이것은 우리가 싸워야 할 대상이 누구인지를 분명히 보여주고 있다. 하나님의 백성은 육신으로 싸우는 것이 아니라 죄와 싸우며 사탄과 싸운다. 그래서 피 흘리기까지 죄와 싸우는 전투적 그리스도인이 된다. 그러나 하나님의 은혜를 깨닫지 못한 자는 죄와 싸우는 것이 아니라 이웃과 싸우고, 형제와 싸우며, 사람들을 향해 투쟁의 길을 간다.

다윗은 하나님을 의지하고 나서 원수를 발견했다. '왕의 오른손이 왕을 미워하는 자들을 찾아내리로다'고 하였다. 오른손이란 능력 있는 손을 의미하며 원수를 박멸하는 힘이다. 하나님이 주시는 능력으로 그 원수를 이기게 된다. 우리는 약하지만 하나님께서 능력으로 함께 하실 때에 힘을 얻고 승리하게 된다. 성경에는 이러한 사례들이 많이 있는데 기드온의 경우가 그러하다. 기드온은 하나님이 함께 하심을 체험하였기에 군사적 열세에도 불구하고 승리할 수 있었다.

우리는 하나님의 은혜를 체험할 때에 자기 자신의 실체를 볼뿐만 아니라 원수를 발견하게 된다. 우리의 원수는 죄이며 사탄이다. 우리는 이 원수들과 피 흘리기까지 싸워야 하며, 하나님의 능력을 힘입어 승리해야 한다.

2. 여호와께서 진노하사

9절에서 "왕이 노하실 때에 그들을 풀무불 같게 할 것이라 여호와께서 진노하사 그들을 삼키시리니 불이 그들을 소멸하리로다"고 하였다. 이 말씀은 왕이 그의 원수들을 멸망시키는 모습을 부각시키기 위하여 매우 강한 표현을 하고 있다. '그들을 풀무불 같게 할 것'이라고 하는데 이것은 '그들을 가마솥에 던지소서'라는 현대 번역에서 그 의미가 분명하게 나타난다. 하나님이 노함을 발할 때에 풀무 속의 쇠들이 녹는 것처럼 원수들이 다 멸망한다는 말씀이다. 하나님의 백성들은 하나님의 은혜로 문제가 풀리기를 바라야 한다. 자신의 힘으로가 아니라 하나님의 은혜로 모든 것을 이기기에 우리의 삶은 하나님의 중심으로 하나님을 의지해야 한다.

10절에서 "왕이 그들의 후손을 땅에서 멸함이여 그들의 자손을 사람 중에서 끊으리로다"고 하였다. 옛날의 전쟁에서는 원수만 멸하는 것이 아니라 후손까지 모두 멸하여 종족의 씨를 말렸다(애 2:20). 하나님을 거역하는 원수들은 자신만이 멸망하는 것이 아니라 후손의 씨까지 말리는 철저한 징계를 받는다. 왜냐하면 하나님은 악의 세력을 철저히 멸하시기 때문이다.

오늘의 우리들도 하나님을 전적으로 의지하고 나갈 때에 악의 세력, 사탄의 세력을 물리칠 수 있는 능력을 받게 되고, 악의 세력을 뿌리 채 뽑을 수 있게 하신다. 중요한 것은 우리가 하나님을 의지하느냐에 있다, 하나님을 전적으로 의지할 때에 하나님의 위대한 역사가 나타나고 마귀의 세력을 철저하게 물리친다. 그러므로 우리들은 하나님을 의지하는 삶을 살아야 한다. 먼저 간 믿음의 선현들은 이와 같은 자세로 살았다.

3. 이루지 못하도다

11절에서 "비록 그들이 왕을 해하려 하여 음모를 꾸몄으나 이루지 못하도다"고 하였다. '음모'란 속임수이다. 원수들은 어떻게 하면 다윗을 교묘하게 속일 수 있을까에 관심을 모은다. 악한 자들은 하나님의 백성을 해하려고 나쁜 계획을 세웠다 그러나 그들의 계교는 이루어지지 않는다. 왜냐하면 다윗은 하나님만 섬기는 바른 길로 가기 때문이다.

우리가 진리로만 걸어가면 계교에 빠지지 않는다. 계교란 일반적으로 지름길을 가르쳐 주는 것이다. 그렇게 둘러갈 것이 아니라 이렇게 가면 빨리 갈 수 있다고 가르쳐 준다. 이것이 마귀의 계교이다. 쉽고 빠른 길을 보이는 것 같으나 결국에 가서는 망하고 마는 길이다.

오늘날 일확천금을 노리는 사행심들이 사람들을 사로잡고 있다. 재물과 출세를 위하여 정상적이 아닌 방법으로 행하기를 유혹받는다. 그러나 하나님의 백성은 정도로 가야 한다. 비록 그 길이 멀고 험하여도 바른 길이면 그 길로 가야함을 보여준다. 하나님의 백성은 하나님의 원리대로 살아야 한다. 상황보다 원리를 바로 보아야 하며 그것을 지키고 실천하려는 노력을 해야 한다.

12절에서 "왕이 그들로 돌아서게 함이여 그들의 얼굴을 향하여 활시위를 당기리로다"고 하였다. 원수들의 계교는 이루어지는 것이 없다. 악행을 계획하고 함정을 만들었으나 실패하고 만다. 원수들이 계교를 품었으나 아무리 기다려도 그것이 이루어지지 않자 답답해서 돌아서게 된다. 여기서 그들의 본색이 나타난다. 이렇게 되자 "그들의 얼굴을 향하여 활시위를 당기리로다"고 하였다. 목표를 향하여 활을 날려 원수를 정확하게 맞추어 사탄의 계교를 철저히 파괴시킨다.

하나님의 원수를 물리치시되 철저하게 파괴시킨다. 등을 돌리고 도망치는 원수들을 활로 쏘아 원수의 세력을 물리치신다. 원수의 세력들을 물리치시는 하나님의 능력을 믿는 우리들은 이 땅에서 곤고한 일이 많을지라도 하나님의 승리를 의지해야 한다. 하나님은 하나님의 방법으로 자기 백성을 지키시고 다스리시기에 하나님의 위대하심을 바라야 한다.

오늘의 우리들은 고통과 역경이 올 때에 그 어려움만 바라보지 않아야 한다. 사탄의 계교에 흔들리지 않아야 하고 그 너머에서 역사하시는 하나님을 바라보아야 한다. 하나님이 제시하시는 원리에 따라 살아야 한다. 하나님의 길로 가면 승리한다. 사탄의 계교를 따르는 것이 아니라 하나님의 길을 따라야 한다. 비록 그 길이 멀고 힘들어도 하나님이 제시하신 길이기에 그것을 따라야 한다. 원수들의 패망을 통하여 하나님의 백성의 승리를 볼 수 있다. 우리는 그 승리에 감사하고 찬양하게 된다.

여호와여 높임을 받으소서

시편 21:13

13여호와여 주의 능력으로 높임을 받으소서 우리가 주의 권능을 노래하고
찬송하게 하소서

하나님의 백성들은 하나님의 돌보심을 감사하며 찬양한다. 이것은 하나
님의 백성들만이 누리는 최고의 축복이다. 시편의 시인은 하나님을 찬미하
는 삶을 살았다. 모든 것이 하나님에게서 나왔으니 하나님의 위대하심을 찬
양하며 영광을 돌린다. 하나님의 은혜를 체험한 사람은 자신의 부족함을 깨
닫게 되고, 하나님의 위대하심에 순복하는 삶을 살게 된다.

하나님께 순복하는 삶은 우리로 하여금 하나님을 바라는 최선의 길을 가
게 한다. 내가 무엇을 하는 것이 아니라 하나님의 뜻에 따라 인도함을 받기
에 선하신 하나님께서 귀하고 좋은 길로 인도하여 주신다. 이런 하나님을
믿는 것이 우리들에게 얼마나 큰 축복임을 깨닫게 되는 것이 은혜이다. 시
편의 시인 역시 이러한 원리를 정확하게 제시하고 있으니 우리들이 관심을
모아야 한다.

1. 찬송하게 하소서

13절에서 "여호와여 주의 능력으로 높임을 받으소서 우리가 주의 권능

을 노래하고 찬송하게하소서"라고 하였다. 이 말씀은 시편 21편의 마무리이며, 마지막 간청이다. 하나님께서는 왕에게 승리의 약속을 주었다(8~12절). 원수들을 철저히 멸하시고 하나님의 완전한 승리를 하게 하셨다. 이제 이스라엘 백성들이 하나님께 기도드린다. 이스라엘 회중들은 '여호와여 주의 능력으로 높임을 받으소서'라고 기도하며 찬양한다.

여기서 왕은 여호와 하나님을 높인다. 왕은 자신의 승리에 도취되거나 자기만족에 빠지지 않고 하나님의 능력을 높이며 찬송한다. '주의 능력으로 높임을 받으소서'란 말은 해석하기에 어려움이 있으나 현대 번역들을 통하여 보다 쉽게 알 수 있다. '힘을 떨쳐 일어나소서', '힘을 떨치고 일어나 주십시오' 등으로 번역되었기에 이해하기가 보다 쉽다.

사람의 힘으로 하나님을 높일 수 없기 때문에 하나님이 일어나셔서 역사해 주시기를 바라고 있다. 이것은 하나님의 절대주권에 대한 아름다운 신앙고백이다. 하나님께서 떨치고 일어나셔서 하나님의 영광스럽고 엄위하심을 나타내주시기를 소원하는 그 자세가 중요하다. 우리가 하나님을 높일 수 없다. 하나님의 엄위하시고 존귀하신 모습에 우리 모두가 겸손히 옷깃을 여미어야 한다. 하나님의 뜻에 순복하며, 높으신 하나님을 바라보아야 한다.

2. 하나님의 능력이 놀랍도다

"우리가 주의 권능을 노래하고 찬송하게 하소서"라고 하였다. 하나님을 찬양하되 '참으로 하나님의 능력이 놀랍도다'고 하는 것이다. 보잘 것 없고 부족한 나를 하나님이 부르셔서 사용하심에 대해 감사해야 한다. 우리는 하나님의 권능을 찬송해야 한다. 하나님은 자연계의 모든 역사를 통하여 영광받으신다. 하늘의 해와 달과 별을 통하여 받으시고, 꽃과 풀을 통해서 또 불어오는 바람을 통해서 하나님의 위대하심을 찬양한다.

수많은 풀벌레들은 각기 다른 곡조로 노래하는듯하나 이 모든 것은 하나님의 위대하심을 찬양하는 것에 귀결된다. 이것이 자연계의 특성이며, 존재 의미이다. 하물며 인간은 하나님의 권능을 노래하고 본연의 의무를 감당해야 한다. 우리의 입술로 또 우리의 삶을 통하여 하나님을 찬양하는 모습을 유지해야 한다.

시인은 우리가 하나님을 찬양하겠다고 고백하였다. 이것은 하나님의 백성들의 삶의 고백이며 신앙의 절정이다. 오늘의 우리들도 우리의 삶을 통하여 하나님을 찬양해야 한다. 이것은 우리들의 존재 의미이기 때문이다. 시인은 시편 21편에서 하나님의 엄위하심을 노래하고, 하나님의 인자하심과 인간의 의지함을 대비하여 언약 관계를 설명하고 있다. 다윗은 하나님의 능력을 받았고(1절), 하나님께 자유롭게 기도할 수 있는 특권을 가지고 있으며(2절), 하나님의 넘치는 복(3절)과 생명과 장수(4절), 왕권의 존귀와 위엄(5절)을 부여받았다.

3. 권위와 축복

이러한 권위와 축복을 받은 다윗은 원수들과 싸울 때에 거룩한 용사로 나아갔다. 원수들을 덮치며(8절), 풀무에 던지며(9절), 원수들의 후손을 땅에서 끊으며(10절), 그들의 얼굴을 향해 활시위를 당김으로써 완벽한 승리를 하였다. 다윗의 승리는 하나님의 승리이다. 하나님께서 승리케 하셨고, 하나님의 역사를 통하여 원수를 철저하게 물리치시는 놀라운 힘을 보여 주신다.

이 시편은 다윗의 위엄 있는 모습을 보여 주는 것으로 끝나지 않고, 예수 그리스도께서 죽음에서 부활하시고, 영광중에 승천하시며, 하늘에 앉으셔서 우주를 통치하시는 모습을 보여 준다. 그래서 다윗은 그리스도의 그림자로서의 역할을 하고 있다.

오늘의 우리들은 승리를 통하여 하나님의 위대하심을 나타내어야 한다. 우리 주위에 수많은 원수들이 진을 치고 공격할지라도 하나님이 함께 하시면 승리하게 된다는 사실을 분명하게 해야 한다. 하나님의 백성들은 승리의 백성이다. 흑암의 권세에서 승리한다. 사탄의 세력이 모략하고 공격할지라도 하나님의 백성은 흔들리지 않는다. 왜냐하면 반석되신 하나님께서 우리와 함께 하시기 때문이다.

하나님의 백성은 죽음의 권세에서 승리한다. 죽음이 우리를 압박할지라도 우리는 부활의 하나님을 믿기 때문에 그리스도의 부활을 따라 우리도 죽음의 세력을 무너뜨린다. 죽음에서 승리하였기에 우리에게는 영원한 생명이 있고, 찬란한 영광이 있다.

우리는 하나님을 찬양해야 한다. 우리의 입술로 하나님을 찬양해야 하는데 이것은 우리들이 누릴 수 있는 최고의 영광이다. 우리의 입술에서 나오는 모든 말이 하나님의 영광을 나타내는 것이 되기 위하여 날마다 은혜의 역사를 체험해야 한다.

우리는 우리의 재능을 통하여 하나님을 찬양해야 한다. 하나님께서는 자기 백성에게 각양 은사를 주셨다. 그러기에 그 은사를 통하여 하나님을 찬양하며 감사해야 한다. 우리가 가진 재능이 하나님의 찬양의 도구가 되어야 한다. 음악가는 음악으로, 미술가는 미술로, 작가는 작품으로 하나님을 찬양해야 하고, 학생은 공부로, 농부는 농사로 영광 돌려야 한다. 우리에게 주신 재능을 찬양의 도구가 되도록 은혜의 역사를 체험해야 한다.

우리는 삶을 통하여 하나님을 찬양해야 한다. 우리의 삶이 하나님의 영광의 도구가 되기 위해서 우리에게 역사하시는 하나님의 절대주권을 믿어야 한다. 우리의 삶은 하나님을 영화롭게 하는 도구이다. 이 귀한 삶을 아름답게 이루어 나가자. 우리는 하나님을 향해 '여호와여 높임을 받으소서'라고 고백해야 한다. 하나님이 높임을 받으시면 자기 백성들도 하나님의 은혜와 축복을 체험하게 된다. 시편이 주는 고귀한 진리를 우리의 삶에 바로 적용해 나가자.

내 하나님이여 어찌 나를 버리시나이까

시편 22:1~5

1내 하나님이여 내 하나님이여 어찌 나를 버리셨나이까 어찌 나를 멀리 하여 돕지 아니하시오며 내 신음 소리를 듣지 아니하시나이까 2내 하나님이여 내가 낮에도 부르짖고 밤에도 잠잠하지 아니하오나 응답하지 아니하시나이다 3이스라엘의 찬송 중에 계시는 주여 주는 거룩하시니이다 4우리 조상들이 주께 의뢰하고 의뢰하였으므로 그들을 건지셨나이다 5그들이 주께 부르짖어 구원을 얻고 주께 의뢰하여 수치를 당하지 아니하였나이다

많은 시편들은 각기 특성을 가지고 있다. 그 시들은 시인들의 신앙고백인 동시에 하나님의 백성들의 감사와 간구와 찬탄, 소원들이 어우러져 있다. 특히 시편 22편은 '구약의 십자가'로 불리울 정도로 그리스도의 구속사건을 예언한 것이다. 이 시는 애가 중의 애가요, 감사시의 절정이요, 신뢰의 노래 중 백미이다. 시인은 고통의 문제를 인간이 표현할 수 있는 최고의 언어로 아름답게 묘사하고 있다. 이 시편은 애통의 시로서 우리 가슴에 진한 감동으로 다가오고 있는데, 시인은 일반적 고통에서 시작하여 심각한 고통의 문제를 노래하고 있다.

시편 22편은 3연으로 되어 있는데 인간의 애통과 감사 그리고 신뢰의 노래로 엮어져 있고, 고통 중에 드릴 기도가 찬양으로 화하는 특성을 가지고 있다. 1~11절은 하나님께 버림받은 의로운 수난자에 대하여, 12~21절은 죽음의 땅에 버려진 의로운 수난자에 대하여, 22~31절은 죽음에서 살아난 의

로운 수난자에 대하여 노래하고 있다.

1. 간절한 호소

1절에서 "내 하나님이여 내 하나님이여 어찌 나를 버리셨나이까 어찌 나를 멀리하여 돕지 아니하시오며 내 신음소리를 듣지 아니하시나이까"라고 하였다. 이 말씀은 예수님께서 십자가 위에서 하신 "엘리 엘리 라마 사박다니"란 말씀의 근거이다. "나의 하나님 나의 하나님"이라고 두 번이나 간절히 부름으로써 시인의 간절함과 고통당하는 모습을 표현하고 있다. 하나님을 이렇게 부르는 것은 "나의 전능자시여 나의 전능자시여"라고 애절하게 호소하는 내용이다. 시인은 '우리 하나님'이라고 하지 않고 '나의 하나님'이라고 한 것에 주목할 필요가 있다. '어찌 나를 버리셨나이까'라고 하였다. 이것은 고통당하는 시인의 울부짖음이며, 하나님의 버림에 항의하고, 버림받은 고통을 호소하고 있다.

'버리셨나이까, 돕지 아니하십니까, 듣지 아니하시나이까'라는 삼중적 호소를 통하여 시인이 당하는 고통의 위중함을 강조하고 있다. 시인은 '신음하는 소리'를 발하고 있다. 이것은 비명이요 절망에서의 호소이다. 시인은 하나님께서 멀리 계시고, 숨어 계시고 돌아보지 아니하시는 분으로 생각하고 있었다. 이것은 하나님의 '초월'이 아니라 '유기'이기에 '나의 하나님 나의 하나님'이라고 절망의 호소를 하고 있다. 이러한 고통 속에서 인간을 버리시는 것이 아니라 그 격심한 고통 속에서 그리스도가 나타난다. 우리가 버림받은듯하나 그리스도는 우리와 함께 하시고 우리를 붙들어 주신다.

2. 밤낮의 호소

2절에서는 "내 하나님이여 내가 낮에도 부르짖고 밤에도 잠잠하지 아니하오나 응답하지 아니하시나이다"고 하였다. 시인은 계속하여 고통을 호소하고 있다. 시인이 당하는 가장 큰 고통은 하나님께서 그의 호소로부터 멀리 계신다는 것이다. 시인은 낮에도 하나님께 부르짖고 밤에도 하나님께 부르짖었다. 그러나 하나님은 아무런 응답을 하시지 않는 '대답 없는 이름'이요 '부르다가 내가 죽을 이름'이었다.

하나님께서는 이스라엘 백성을 밤낮으로 인도하신다. 광야 생활을 하는 이스라엘 백성들을 낮에는 구름기둥으로, 밤에는 불기둥으로 인도하셨다. 시인은 낮에도 하나님을 찾고, 밤에도 부르짖었으나 하나님은 응답지 아니하시고 침묵하였다. 하나님의 침묵이 시인에게 고통을 주고 고독의 심연으로 몰아넣었다. 그러면 왜 하나님께서 응답하시지 않으시는지에 대해서는 3절에서 말하고 있다.

3절에 "이스라엘의 찬송 중에 계시는 주여 주는 거룩하시나이다"고 하였다. 원문에는 '그러나'로 시작한다. 지금까지의 어조와는 달리 하나님의 역사하심을 말하고 있다. 시인은 '하나님은 거룩하십니다'고 하였다. 하나님은 나의 주인이며, 깨끗하신 분이시며, 완전하신 분이라고 고백하고 있다.

이렇게 거룩하신 하나님은 '찬송 중에' 계신다. 하나님의 백성의 찬송이 하나님의 보좌에 상달되는 모습을 그린다. 이스라엘의 찬양은 하나님께서 앉으신 보좌가 되고, 하나님은 찬송 중에 계신다. 왜 찬송하게 되느냐에 대해서는 4절에서 말하고 있다.

3. 응답받는 호소

4절에서 "우리 조상들이 주께 의뢰하고 의뢰하였으므로 그들을 건지셨나이다"고 하였다. 거룩하신 하나님은 인생을 초월하시나 하나님의 백성의 고통을 외면하지 않으시는 분이다.

시인은 열조들의 신앙을 예로 들었다. 아브라함, 이삭, 야곱, 모세 등 믿음의 열조들은 고통의 와중에서 하나님을 의지하였다. 하나님과 그 백성 사이에는 사랑과 의지라는 두 축이 짝을 이루고 있다. 하나님은 자기 백성을 사랑하고, 하나님의 백성은 하나님을 의지한다.

시인은 '주께 의뢰하였고 의뢰하였으므로'라고 이중적 고백을 하고 있다. 이스라엘의 열조는 하나님을 의뢰하고 또 의뢰하였다. 하나님을 의뢰하니 하나님께서 저희를 건져 주셨다. 힘들고 어려울 때에 우리가 할 수 있는 것은 하나님을 의뢰하는 일 뿐이다. 하나님을 의지할 때에 하나님께서 그 고통에서 건져주심을 열조들의 예를 들어 설명하고 있다. 그러면 하나님을 어떻게 의뢰할 것인지 그 방법에 대해 5절에서 말하고 있다.

5절에서 "그들이 주께 부르짖어 구원을 얻고 주께 의뢰하여 수치를 당하지 아니하였나이다." 시인은 4절에서 열조의 신앙에 대하여 말하였고, 여기서는 좀 더 구체적으로 말하고 있다. 4절과 5절에서 '의뢰하다'가 삼중적으로 강조되고 있다. 이것은 가장 강하고 중요한 표현이다. 하나님의 백성은 하나님을 의뢰하는 데서 그 진정한 가치가 나타난다. 하나님께 '부르짖고', '의뢰하여' 구원을 받았고 수치를 당하지 않았다. 이것이 하나님의 백성의 방법이다. 하나님께 기도하고, 하나님을 의뢰하는 믿음의 자세는 하나님의 백성의 삶의 원리이다. '하나님은 자신을 의지하는 자를 구원 하신다'는 것은 이스라엘 백성의 신앙의 명제이다. 하나님은 자기 백성을 구원하시기에 하나님의 백성은 하나님을 의지하고 하나님께 부르짖어야 한다.

우리가 이 땅에서 어려움을 겪고 말 할 수 없는 탄식 속에서 하나님께 버림받은 것 같은 상황에 빠질 때가 있다. 하나님은 응답지 아니하시고, 숨어 계시고 멀리 계신 듯한 자리에 이를 때가 있다. 이런 때에 우리는 좌절하고 낙망하기 쉽다. 우리의 어려움으로 인하여 더 이상 어쩔 수 없는 상황에 빠진다. 죽음 밖에 아무것도 다른 길이 없는듯하기도 하다.

우리는 이런 때일수록 하나님을 의지하고 기도해야 한다. 이것이 우리들이 사는 유일한 길이다. 하나님을 의지하고 부르짖으면 찬송 중에 거하시는 하나님이 우리의 기도에 응답하시고 모든 것을 허락하신다. 이것은 이스라엘의 열조를 통해 보여 주신 길이다.

나는 벌레요 사람이 아니라

시편 22:6~11

6나는 벌레요 사람이 아니라 사람의 비방거리요 백성의 조롱거리니이다 7나를 보는 자는 다 나를 비웃으며 입술을 비죽거리고 머리를 흔들며 말하되 8그가 여호와께 의탁하니 구원하실 걸, 그를 기뻐하시니 건지실 걸 하나이다 9오직 주께서 나를 모태에서 나오게 하시고 내 어머니의 젖을 먹을 때에 의지하게 하셨나이다 10내가 날 때부터 주께 맡긴 바 되었고 모태에서 나올 때부터 주는 나의 하나님이 되셨나이다 11나를 멀리 하지 마옵소서 환난이 가까우나 도울 자 없나이다

하나님의 백성은 어떤 상황에서도 자기를 돌아보며 자신의 모습을 점검한다. 이것은 자기성찰의 길이며 자기가 보다 바르게 나아가는 방안이다. 시인은 하나님 앞에서 자신의 모습을 돌이켜 볼 때 '나는 벌레요 사람이 아니라'고 하였다. 이것은 진정한 자기성찰의 모습이며, 여기서 하나님의 뜻을 분별하며 하나님께 나아가게 된다.

1. 나는 벌레요

6절에서 "나는 벌레요 사람이 아니라 사람의 비방거리요 백성의 조롱거리니이다"고 하였다. 하나님은 거룩하시고 이스라엘의 찬송 중에 거하시는 분이시며 하나님의 백성을 주장하시는 분이시다. 그러나 시인은 자신을 돌아볼 때에 사람이 아니라 벌레같은 존재라는 것을 깨닫게 되었다.

여기서 '벌레'는 '구더기'(출 16:20)일 수 있는데, 시인은 자기의 무가치함을 바로 보고 하나님 앞에서 자신의 존재가 무엇인지를 깨닫고 고백하였다. "나는 벌레요 사람이 아니라"고 하였다. 벌레는 사람의 발 밑에서 짓밟힘을 당하고, 멸시하는 존재이다. 그래서 시인은 자신의 존재가 인간의 존엄성을 잃어 버렸고, 인간으로서의 모습을 잃어버렸고(시 52:14, 53:3), 비참한 삶을 살아가는 것을 그리고 있다. 하나님이 돌보아 주시지 않으시면 인간은 벌레와 같은 존재가 되어버리고 사람들에게 천대와 조롱을 받게 된다. '사람의 훼방거리요 백성의 조롱거리'라는 표현처럼 훼방당하고 조롱당한다. 하나님의 백성의 삶은 하나님과 함께 있을 때에 그 진정한 존재 가치를 확인할 수 있다.

7절에서 "나를 보는 자는 다 나를 비웃으며 입술을 비쭉거리고 머리를 흔들며 말하되"라고 하였다. 원수들은 심한 말로 시인을 조롱하고 비웃는다. 입술을 비쭉이고 머리를 흔드는 것은 조롱하는 모습을 묘사한 것이다. 이들은 시인을 향해 빈정대고, 머리를 흔들면서 시인을 멸시하였다. 하나님이 지켜주지 아니하시면 인간들은 이러한 어려움을 겪을 수밖에 없다. 하나님이 우리의 삶을 주관하실 때에 인간의 참된 가치가 발휘된다는 사실을 명확히 해야 한다.

2. 여호와께 의탁하니

8절에서 "그가 여호와께 의탁하니 구원하실 걸, 그를 기뻐하시니 건지실 걸 하나이다"고 하였다. 이것은 원수들이 조롱하는 말을 그대로 인용한 것이다. 다윗이 왜 이와 같이 조롱을 당하여야 하는가? 그것은 하나님을 믿고 의지하였기 때문이다. 다윗은 진심으로 하나님을 섬겼으나 그에게 어려움이 계속되었다. 이런 상황을 원수의 눈으로 본다면 조롱거리가 아닐 수 없다. 하나님을 섬기는 사람에게 왜 이와 같은 어려움이 오는가라는 문제가 제기된다. 원수의 눈으로 보면 하나님께 버림받은 것처럼 보이기 때문이다.

이러한 조롱이 시인에게는 크나큰 고통이었다. 자신이 벌레처럼 보이는 것은 아무런 문제가 아니지만 하나님의 이름이 욕을 먹는 것은 하나님의 백성에게 큰 고통이 되기 때문이다.

9절에서 "오직 주께서 나를 모태에서 나오게 하시고 내 어머니의 젖을 먹을 때에 의지하게 하셨나이다"고 하였다. 시인은 '오직 주께서'라는 표현을 통하여 지금까지의 논리에서 벗어나는 새로운 전환점을 제시한다. 비록 원수들이 비웃을지라도 자신의 지난날의 신앙 체험을 바탕으로 하나님의 도우심을 간구한다.

원수들이 조롱하고 훼방하지만 하나님과 자신의 관계를 명확히 함으로써 진정한 삶이 무엇인지를 보이고 있다. '주께서 나를 모태에서 나오게 하시고'라고 했으니 이것은 안전하게 태어나게 하셨다는 뜻이다. 즉 어머니에게서 안전하게 태어나는 것이 하나님의 은혜요 축복이라는 것을 강조함으로써 하나님과의 관계를 설명하고 있다. 또 '내 어머니의 젖을 먹을 때에 의지하게 하셨나이다'고 했는데 이것은 어머니의 품에서 젖을 먹을 때에 하나님이 안전하게 보호해 주셨다는 의미이다. 시인은 자신이 태어남과 어릴 때부터의 모든 삶을 통하여, 하나님과의 관계가 정립되어짐을 강조하고 있다. 즉 시인의 삶은 하나님의 은혜로 되어졌다는 점이다.

3. 주께 맡긴 바 되었고

10절에서 "내가 날 때부터 주께 맡긴 바 되었고 모태에서 나올 때부터 주는 내 하나님이 되셨나이다"라고 하였다. 9절과 10절은 서로 연결되는 하나의 절로서 하나님의 은혜의 역사를 강조한다. '날 때부터 주께 맡긴 바 되었고'라는 말은 유대인들이 할례를 통하여 그 아들을 하나님께 헌상하는 것을 의미한다. 유대인들은 할례의 의식으로 아들을 하나님께 바치는데, 할례를 행하는 자체가 그 아이를 하나님께 헌상하는 증거이다. 그러니 시인은 태어날 때부터 하나님께 맡긴 바 된 하나님과의 바른 관계를 설명하고 있다. 비록 오늘의 삶이 고통스럽고 어렸다고 해도 하나님께 드린 바 된 하나님의 것이기에 이 고통을 이기고 나아간다. 출생과 성장에서 시작하여 오늘의 존재, 자체가 하나님의 은혜라는 사실을 명확히 해야 한다. 고통의 사실만 바라보는 것이 아니라 우리를 주관하시는 하나님의 역사를 바라보는 것이 고통을 이기는 비결이다.

11절에서 "나를 멀리하지 마옵소서 환난이 가까우나 도울 자 없나이다"고 하였다. 시인은 이제 하나님을 향하여 간청하고 있다. 어려움 속에서 원수들의 조롱을 받고 있으나 하나님을 향해 구원을 호소함으로써 이 곤경에서 벗어날 길을 찾고 있다. 시인은 '나를 멀리하지 마옵소서'라고 하였다. '멀리', '가깝고' 라는 공간 용어를 통하여 자신이 당하고 있는 위기를 강조하고 있다. 너무나도 힘들고 고통스럽기에 하나님을 향하여 '나를 멀리하지 마옵소서'라고 하였다. 환란이 가깝고 도울 자가 없는 여건에서 기도를 통해 하나님께 가까이 나아간다. 하나님은 어려움 중에 있는 자기 백성을 구하시는 분이시며, 기도하는 자기 백성에게 응답하신다.

고통 중에 있는 시인은 '나는 벌레요 사람이 아니라'고 하였다. 원수들이 조롱하고 훼방하기에 자신이 하나님의 영광을 가리는 존재가 될까싶어 이것을 가슴 아파하였다. 그러나 하나님은 시인의 출생에서부터 성장에 이르기까지 은혜로 지켜 주셨기에 하나님의 놀라운 사랑을 다시 한번 되새긴다. 그래서 하나님을 향해 기도하기를 '나를 멀리하지 마옵소서'라고 하였다. 이것이 고통에서 벗어나는 방법이요 하나님의 도움을 받는 길이다. 오늘의 우리도 고통의 바람이 불어올 때에 여기에만 매달리지 말고 도우시는 하나님의 도움을 받는 첩경이기에 모든 것을 아뢰는 신앙이 필요하다. 하나님이 함께 하지 아니 하시면, 우리는 벌레와 같은 존재일 뿐이다. 하나님의 도우심을 통해 이 고통을 이기는 진정한 그리스도인의 삶이 우리의 일상에서 이루어져야 할 것이다.

내 마음은 밀납 같아서

시편 22:12~18

12많은 황소가 나를 에워싸며 바산의 힘센 소들이 나를 둘러쌌으며 13내게 그 입을 벌림이 찢으며 부르짖는 사자 같으니이다 14나는 물 같이 쏟아졌으며 내 모든 뼈는 어그러졌으며 내 마음은 밀랍 같아서 내 속에서 녹았으며 15내 힘이 말라 질그릇 조각 같고 내 혀가 입천장에 붙었나이다 주께서 또 나를 죽음의 진토 속에 두셨나이다 16개들이 나를 에워쌌으며 악한 무리가 나를 둘러 내 수족을 찔렀나이다 17내가 내 모든 뼈를 셀 수 있나이다 그들이 나를 주목하여 보고 18내 겉옷을 나누며 속옷을 제비 뽑나이다

시편 22편은 '구약의 십자가 장'으로서 주님의 고난을 예언한 시이다. 구약에서 주님의 십자가를 구체적으로 예언한 곳은 이사야 53장과 시편 22편이다. 예수님께서 십자가에 고난을 당하였을 때의 모습을 마치 그림으로 그리듯이 묘사하였다.

시편 22편은 다윗의 고난 중에서 하나님께 기도하며 그 고통을 이겨 나갔던 내용을 기록하고 있다. 다윗의 고난은 자신만의 것이 아니라 다윗의 후손인 예수 그리스도의 고난을 예언한 것이다. 다윗은 하나님을 믿는 것이 원수들에게 조롱의 이유가 되었고, 그 고통 속에서 하나님의 도우심을 간구하였다. 11절에서 '나를 멀리하지 마옵소서'라고 호소하는 그 기도를 통하여 하나님의 돌보심을 간청하였다.

1. 나를 에워싸며

시인은 12절에서 "많은 황소가 나를 에워싸며 바산의 힘센 소들이 나를 둘러쌌으며"라고 하였다. '많은 황소'나 '바산의 힘센 소'는 상징적 묘사이다. 시인은 자신의 원수들을 잔인한 짐승에 비유하고 있다. 황소들은 자기의 적을 둘러 사고 뿔로 찌르며 공격하는 습관을 가지고 있다. 또 바산의 소는 힘세고 잘 생긴 것으로 유명하다. 원수들은 성난 짐승과 같이 하나님의 백성들을 공격하고 못살게 한다. 이것은 원수들의 특기이며 그들의 상투적 수단이다. 원수들이 성난 짐승처럼 시인을 짓밟으려고 하는 비극적 양상을 묘사하고 있다.

13절에서는 원수들을 보다 구체적으로 묘사하고 있다. "내게 그 입을 벌림이 찢으며 부르짖는 사자 같으니이다"고 하였다. 이것은 사자가 먹이를 움켜잡으려고 입을 벌리고 있는 것을 묘사하였다. 원수들은 굶주린 사자처럼 하나님의 백성을 공격하려고 한다. 사자가 먹이를 덮치고, 물고 찢는 것처럼 원수들은 하나님의 백성을 공격한다. 이 원수들은 그리 만만한 존재가 아니며, 시인의 목숨을 노리고 있다. 하나님의 백성들이 이 땅에서 신앙으로 살려고 할 때에 고통을 당하는 경우가 많다. 그래서 바울은 "무릇 그리스도 예수 안에서 경건하게 살고자 하는 자는 박해를 받으리라"(딤후 3:12)고 하였다. 구약에서의 원수에 대한 묘사는 오늘에도 그대로 적용된다. 원수들은 사자처럼 삼킬 자를 노리고 있기에 오늘의 우리는 하나님의 돌보심을 바라야 한다.

2. 물 같이 쏟아졌으며

14절에서 "나는 물 같이 쏟아졌으며 내 모든 뼈는 어그러졌으며 내 마음은 밀랍 같아서 내 속에서 녹았으며"라고 하였다. 이 말씀은 시인의 당하고 있는 고통을 잘 묘사하고 있다. 시인이 당하고 있는 고통은 마치 죽음에 직면한 사람과 같음을 그리고 있다. '물같이 쏟아졌으며'라는 말은 자기의 마음이 하나님께만 전적으로 기울어서 기도하였으나 하나님의 응답이 없었음을 그리고 있다. '내 모든 뼈는 어그러졌으며'라고 하였는데, 이 말은 자기 뼈의 마디마디가 다 아프다는 뜻이다.

그러니 심령의 고통만이 아니라 육체의 고통도 극심하여 비참한 자리에 빠지는 경우가 있음을 보여 준다. 시인은 '내 마음은 밀랍 같아서 내 속에서 녹았으며'라고 하였다. 이 말은 초가 녹아서 다 사라지듯이 그의 마음도 두려움과 아픔으로 다 녹아 버렸다는 뜻이다. 하나님의 백성들이 하나님의 말씀대로 살려고 할 때에 고통이 온다. 그 고난이 오래되고 그 해결이 늦어질 때에 인간들은 영육 간에 고통을 당한다. 이런 상황은 과거에도 있었고 앞으로도 있을 것이다.

15절에서 "내 힘이 말라 질그릇 조각 같고 내 혀가 입천장에 붙었나이다. 주께서 또 나를 죽음의 진토 속에 두셨나이다"고 하였다. 시인은 자기 몸이 전부 바싹 바싹 부스러지는 것으로 묘사하였다. 또 '내 혀가 입천장에 붙었나이다'고 하였으니 이것은 입이 메말라 말이 나오지 않는 상황을 그리고 있다. 이것은 고통의 극치를 말하며 하나님의 백성이 당하는 고통이다.

시인은 주님께서 자신을 '사망의 진토'에 두었다고 하였다. 이것은 죽음의 위협 속에서 하나님의 유기를 논한 것이다. 진흙 구렁텅이에서 발버둥 칠수록 늪에 빠지는 것처럼 말로 표현할 수 없는 고통을 겪고 있다. 16~18절에서 시인은 거의 죽은 것으로 묘사되고 있다. 들개 같은 원수들이 그를 물어뜯고, 그의 옷을 놓고 제비뽑는 일이 일어난다.

3. 개들이 나를 에워쌌으며

16절에서 "개들이 나를 에워쌌으며 악한 무리가 나를 둘러 내 수족을 찔렀나이다"고 하였다. 이 말씀은 예수님께서 십자가의 고난을 당하셨을 때의 모습을 연상할 수 있다. 여기서 '개'가 무엇이냐에 따라 본문의 해석이 달라진다. 들개로 보느냐 아니면 사냥개로 보느냐에 따라 다르지만 들개로 보는 것이 전후의 문맥의 특성과 맞다고 본다. 개들이 하나님의 백성을 공격하기 위하여 에워싸고 있으며 원수들은 온갖 방법을 동원하여 괴롭히는 양상들이 계속된다. 그래서 시인은 '악한 무리가 나를 둘러 내 수족을 찔렀나이다'고 하였다. 이것은 그리스도의 십자가 고난 때에 당했던 그리스도의 고통의 그림자이다.

17~18절에서 "내가 내 모든 뼈를 셀 수 있나이다. 그들이 나를 주목하여 보고 내 겉옷을 나누며 속옷을 제비 뽑나이다"고 하였다. 뼈를 셀 수 있다는 말은 뼈가 앙상하게 튀어 나왔기 때문에 뼈가 다 보인다는 뜻이다. 그러니 피골이 상접했다는 말이다. 너무나도 큰 고통이 계속되기에 피골이 상접하여 죽음의 문턱에서 고통을 겪는 상황을 그대로 묘사하고 있다. 원수들은 겉옷을 나누며 속옷을 제비 뽑는다. 겉옷과 속옷을 나눈다는 것은 인간이 겪을 수 있는 최대의 수모요 비극이며, 굴욕이다. 이런 묘사는 예수님의 십자가 고난에서 구체적으로 나타난다. 원수들은 예수님의 옷을 벗기고 그것을 제비 뽑는 일을 한 것을 볼 때에 시편 22편이 그리스도의 수난을 예언한 것을 구체적으로 보여주고 있다. 하나님의 백성이 고통을 당할 때에 좌절하고 낙망하기 쉽다. 원수들이 공격하는 것이 마치 사자나 들개가 물어뜯기 위하여 공격하는 듯하고, 그로 인하여 마음과 몸이 다 녹아내리는 듯한 양상이다.

그러나 우리에게는 하나님이 계신다. 이 하나님이 우리를 지켜 주시고, 우리의 억울함을 신원하여 주심을 고대하며 하나님께 기도해야 한다. 이러한 하나님의 백성의 삶이 승리의 길로 가기 위해서 날마다 하나님을 의지하는 삶을 살아야 한다. 이것이 하나님의 백성의 길이다.

나의 힘이시여 속히 나를 도우소서

시편 22:19~21

19여호와여 멀리 하지 마옵소서 나의 힘이시여 속히 나를 도우소서 20내 생명을 칼에서 건지시며 내 유일한 것을 개의 세력에서 구하소서 21나를 사자의 입에서 구하소서 주께서 내게 응답하시고 들소의 뿔에서 구원하셨나이다

구약의 시인은 힘들고 어려울 때에 그 고통의 장막에서 허우적대지 않고 그 고통 너머에서 역사하시는 하나님을 바라보았다. 의지할 곳이 없을 때에 하나님을 의지하는 것이 하나님의 백성의 기본 된 자세이다. 우리들이 이 땅에서 의지할 데가 어디 있는가? 사람의 계산으로 아무리 환산할지라도 진정한 의지할 곳은 하나님 밖에 없음을 알게 된다. 19절 이하에서 시인은 이 문제를 보다 깊이 설명하고 있다.

1. 나의 힘이시여

19절에서 "여호와여 멀리 하지 마옵소서 나의 힘이시여 속히 나를 도우소서"라고 하였다. 이것은 시인의 간절한 소원을 묶어 내는 것으로서 어렵고 절박한 상황에서 하나님만 의지하는 삶의 고백이다. 우리 말 성경에서는 '여호와여'라고 단순히 표현되어 있으나 히브리어 원문에는 '당신 여호와여'로 되어 있다. 두 번 하나님의 이름을 부르는 반복체로 되어 있다. '당신이여, 여호와여'라고 불렀다. '당신'이란 나와 너의 관계를 말하는 것이다.

하나님을 향하여 '여호와여 당신이여'라고 부르는 것은 '나에게 약속하셨던 당신'이라는 뜻이다. 하나님께서는 '환난 날에 나를 부르라 내가 너를 건지시리니 네가 나를 영화롭게 하리로다'고 하였다. 시인은 이것을 믿고 하나님께 '여호와여'라고 부르짖었다.

시인은 시편 22편에서 세 번에 걸쳐 하나님께서 자신을 멀리 하지 마시기를 기도하였다(1, 11, 19절). 또 '속히' 나를 도와주시기를 호소하였다. 시인은 하나님을 '나의 힘이시여'라고 하였는데 하나님의 약속이 바로 나의 힘이라는 뜻이다. 시인은 하나님께서 자신을 돌아보시면 어떤 역경이 와도 그것을 이기고, 그 역경이 변하여 하나님의 축복이 되리라는 것을 확신하였다. 하나님의 함께 함이 가장 중요하고 귀하기에 어떤 상황 속에서도 하나님의 임재를 기대해야 한다. 오늘의 우리에게 어려움이 올 때에 좌절하거나 낙망하지 말고 그것을 주장 하시는 하나님의 손길을 바라보아야 한다. '나의 힘이시여 속히 나를 도우소서'라고 호소해야 한다.

2. 칼에서 건지시며

20절에서 "내 생명을 칼에서 건지시며 내 유일한 것을 개의 세력에서 구하소서"라고 하였다. 시인은 하나님께 처절한 심정으로 기도하고 있다. 시인의 기도는 자신의 권력 회복이나 원수들을 보복하는 것이 아니라 '칼에서 건짐'을 받는 것 즉 죽음에서 구하여 주시기를 간구하였다. '내 영혼을 칼에서 건지소서'라고 하였는데, 이것은 육신의 환난을 통하여 내 영혼이 낙심하지 않도록 간구하는 것이다. 내 영혼이 낙심한다면 하나님의 영광을 가릴 수밖에 없기에 환난이 내 영혼을 해치지 못하게 해 달라고 기도하였다. 또 '내 유일한 것을 개의 세력에서 구하소서'라고 하였다. '유일한 것'은 여러 가지로 해석할 수 있으나 '내 생명'으로 보는 것이 가장 정확하다. 자신의 하나 밖에 없는 생명을 악마와 음부로부터 건져 주시기를 하나님께 기도하였다. 악의 세력이 하나님의 백성을 해칠 때에 우리는 낙망하고 좌절하고 만다. 그러나 하나 밖에 없는 생명을 하나님이 지켜 주실 때에 우리는 역경과 고통을 이기게 된다. '개의 세력'들은 온갖 방법을 동원하여 하나님의 백성을 해치려고 한다. 중요한 것은 이와 같은 어려움에서 하나님의 놀라운 역사가 일어나 우리들에게 생명의 역사를 일으키신다.

3. 사자의 입에서 구하소서

21절에서 "나를 사자의 입에서 구하소서 주께서 내게 응답하시고 들소의 뿔에서 구원하셨나이다" 여기서는 '사자'와 '들소'가 나온다. 조심하여 살펴보면 '사자의 입'과 '들소의 뿔'은 모두 무섭고 공격적인 무기이다. 시인은 하나님 앞에 기도하면서 '하나님께서는 사자 입에서 구하여 주시고 들소 뿔에서도 구원하실 것을 믿습니다'라는 신앙의 고백을 한다. 이런 믿음의 바탕이 역경을 이기는 비결이 된다. 고통의 바람 속에서 우리들이 어떻게 살아남을 것이며, 역경 속에서도 좌절하지 않는 길을 오직 하나님께 의지하는 것 뿐이다.

시인은 이 시를 통하여 하나님의 도우심을 호소하다. 오늘의 우리들이 이 땅에서 말로 다 할 수 없는 고통을 겪을 때에 우리는 좌절하기 쉽다. 그러나 거기서 벗어나는 길이 무엇인가? 인간의 노력으로는 한계 상황에 빠질 수밖에 없으나 하나님의 돌보심은 하나님의 백성의 위기를 극복하는 유일한 길이다. 그러므로 하나님의 백성들은 위기 상황에 함몰되는 것이 아니라 하나님의 도우심의 손길을 바라보고 도우심을 간구해야 하다.

시인은 '나의 힘이시여 속히 나를 도우소서'라고 호소하였다. 이것은 역경에 처한 하나님의 도우심으로 고통에서 벗어날 수 있다는 신앙고백이 깔려 있다. 오늘의 우리들도 역경을 당할 때에 낙심하기보다 그 역경을 변하게 하시는 하나님의 손길을 바라보아야 한다.

역경만 바라볼 때에 우리는 좌절하고 낙망하기 쉽다. 원수들이 개처럼 사자처럼 또 들소처럼 우리를 공격하고 있으며, 여기서 오는 고통은 형언할 수 없는 아픔으로 우리에게 다가오고 있다. 이제 우리는 고통의 언덕을 넘어 하나님의 도우심의 손길을 바라보아야 한다. 하나님은 우리를 향해 구원의 손길을 펴시기에 그 손길을 마주 잡고 하나님의 구원을 우리의 것으로 해야 한다.

시인은 온갖 고통 속에서 죽음의 문턱까지 와 있다. 원수들의 포위로 인하여 온갖 고통을 겪어야만 했다. 이때 그는 하나님을 향해 호소한다. "나의 힘이시여 속히 나를 도우소서"라고 기도한다. 하나님의 도움을 간구하며 그것을 통해 하나님의 놀라운 역사를 기대한다.

오늘의 우리들이 겪는 끝없는 고통은 단순한 아픔이 아니라 하나님의 도우심을 체험하는 계기이다. 그 고통을 통하여 하나님께 가까이 나아가며, 하나님의 손길을 의지하게 된다. 이 풍랑 인연하여서 주께로 더 가까이 나아가는 신앙인의 자비하심을 소망하게 된다. 고통만 보지 말고 고통을 통하여 역사하시는 하나님을 바라보자. 이것만이 우리들이 살아갈 유일한 길임을 가슴깊이 새겨야 한다.

고통의 바람 속에서 위대하신 하나님의 손길을 부여잡는 것이 우리들이 누릴 수 있는 최고의 영광이다. 그러기에 하나님이 우리의 구주가 되시고, 힘이 되신다는 놀라운 고백을 해야 한다. '나의 힘이시여, 속히 나를 도우소서'라는 호소가 오늘의 우리들이 부를 노래이며 기도가 되어야 한다. 여기서 승리의 길을 찾을 수 있기 때문이다

그에게 영광을 돌릴지어다

시편 22:22~24

22내가 주의 이름을 형제에게 선포하고 회중 가운데에서 주를 찬송하리이다 23여호와를 두려워하는 너희여 그를 찬송할지어다 야곱의 모든 자손이여 그에게 영광을 돌릴지어다 너희 이스라엘 모든 자손이여 그를 경외할지어다 24그는 곤고한 자의 곤고를 멸시하거나 싫어하지 아니하시며 그의 얼굴을 그에게서 숨기지 아니하시고 그가 울부짖을 때에 들으셨도다

시인은 22절에서 새로운 표현을 하고 있다. 지금까지 시인의 마음을 뒤덮고 있던 고통과 어둠이 사라지고 그 마음속에 기쁨이 가득하고 하나님께 감사와 찬양을 드리고 있다. 시인의 마음에는 하나님께서 기도에 응답하시고, 자신을 도와줄 것을 확신하였다. 이런 마음을 가진 시인은 하나님을 찬송하고 하나님께 영광을 돌리도록 모든 신앙공동체에 권면하고 있다. 그 권면은 자신을 향한 것이기도 하며 하나님의 백성이 지켜야 할 과제이다.

1. 주를 찬송하리이다

22절에서 "내가 주의 이름을 형제들에게 선포하고 회중 가운데서 주를 찬송하리이다"고 하였다. 시인은 어려움에서 구원을 받은 후에 자신의 영적 형제들에게 하나님의 위대하심을 선포하였다. 시인의 가슴 속에 가득히 감격을 믿음의 형제들에게 선포하는데, 그 주제가 '주의 이름'이다. 주의

이름이 무엇인가? 그 이름은 '여호와'이시다. 그분은 약속을 지키시는 분이시며, 그 약속은 어떤 경우에도 이루신다. 이런 하나님을 믿기에 그의 이름을 선포하며 회중 앞에서 찬송한다.

여기서 '회중'이란 하나님의 자녀들을 의미하며 하나님의 백성들의 모임인 교회를 가리킨다. 이 시편 22편 22절의 말씀이 히브리서 2:12에 인용되어 있는데 '이르시되 내가 주의 이름을 내 형제들에게 선포하고 내가 주의 교회 중에서 찬송하리라 하셨으며'라고 하였다. '회중'이란 신약에서 '교회'로 인용되었다. 그러니 우리 교회가 바로 회중이다. 하나님께로 부터 구원받은 성도들의 모인 무리를 교회라고 하기도 하고 회중이라고 한다.

이 시는 평범한 다윗의 체험시로 끝나는 것이 아니라 그리스도를 예표하고 그리스도의 그림자로서의 다윗을 묘사하고 있는 시이다. 고난에서 이기게 하신 그리스도의 영광을 찬양한다. 회중들과 하나님의 은혜를 찬양할 수 있는 그 기쁨은 하나님의 백성만이 누릴 수 있는 특별하신 축복이다. 시인은 이 시에서 두 가지를 강조하고 있다. 하나는 형제들에게 주님의 이름을 선포하는 것이며 다른 하나는 회중들과 주님을 찬양하는 것이다. 선포와 찬양이란 하나님의 백성의 특별한 영광이다. 우리가 받은 은혜를 형제들에게 증거하고, 그 은혜를 주신 하나님을 찬양하는 것은 어느 누구도 흉내 낼 수 없는 기쁨의 역사이다.

2. 그를 경외할지어다

23절에서 "여호와를 두려워하는 너희여 그를 찬송할지어다 야곱의 모든 자손이여 그에게 영광을 돌릴지어다 너희 이스라엘 모든 자손이여 그를 경외할지어다"고 하였다. 23절은 22절에 연결되어 있다. 하나님의 은혜를 경험한 하나님의 백성들에게 권면한다. 하나님의 백성들에 대한 칭호는 여러 가지이다. '여호와를 두려워하는 너희', '야곱의 모든 자손', '이스라엘 모든 자손'이라고 하였다. 이 모든 칭호는 참 신자를 가리킨다. 시인의 권면은 세 가지로 압축된다.

첫째, 여호와를 찬양하라고 하였다. 여호와를 두려워하는 자는 찬양하라고 하였다. 여호와를 두려워하는 것은 하나님이 무서워 벌벌 떠는 것이 아니라 하나님의 존귀하심을 깨닫기에 하나님의 엄위하심 통해 두려워 한다는 의미이다. 하나님을 너무나 존귀하게 여기고, 하나님을 너무나 사랑하고, 하나님을 너무나 귀하게 여기기에 하나님께 나아갈 때에 조심하고 두려움을 안고 있음을 의미한다. 이렇게 하나님을 경외하는 자들은 하나님을 찬양하여야 한다. 삶의 전부를 통하여 하나님의 존귀하심을 찬양하라는 의미이다. 오늘의 우리도 하나님을 찬양하는 삶을 살아야 한다. 하나님을 두려워하는 자들은 하나님의 존귀하심을 가슴에 새기면서 하나님을 찬양하는 가슴에 새기면서 하나님을 찬양하는 삶을 유지해야 한다. 우리의 주재이신 하나님을 찬양하는 것은 하나님의 백성의 최고의 영광이다. 위대하신 하나님을 바라 볼 때에 두려운 마음이 생기며, 이것을 바탕으로 하나님을 찬양해야 한다.

둘째, '야곱의 모든 자손이여 그에게 영광을 돌릴지어다'고 하였다. 야곱의 모든 자손이란 앞에 나오는 여호와를 두려워하는 자들과 같은 사람이다. 야곱의 자손이란 하나님의 백성이며, 참 신자들을 말한다. 야곱의 자손들에게 하나님께 영광을 돌리라고 하였다. 하나님의 백성들이 취해야 할 삶의 기본은 하나님께 영광을 돌리는 것이다. 이것은 성경 전체를 통해 우리에게 교훈하고 있는 주제이다. 바울은 "그런즉 너희가 먹든지 마시든지 무엇을 하든지 다 하나님의 영광을 위하여 하라"(고전 10:31)고 하였다. 이것은 하나님의 백성의 삶의 원리이다. 우리는 무엇을 하든지 하나님의 영광을 나타내는 근본 목적이다. 시인은 하나님의 백성들에게 권면하기를 모든 영광을 하나님께 돌리라고 하였다. 이 권면을 오늘의 우리도 중요한 교훈으로 가슴에 새겨야 한다.

셋째, '너희 이스라엘 모든 자손이여 그를 경외할지어다'고 하였다. 시인은 계속하여 권면하기를 찬송하고, 영광을 돌리고, 경외하라고 하였다. 하나님의 백성은 하나님을 경외하는 삶을 살아야 한다. 왜냐하면 우리의 모든 것이 하나님에게서 나왔고 하나님께로 돌아가기 때문이다. 하나님을 경외하는 것은 전인격을 통해 이루어지는 것이다. 하나님을 온몸과 마음을 다해 섬기는 삶이 있어야 한다. 우리의 전인격과 모든 삶을 통해 하나님을 나의 하나님으로 고백하고 그 하나님을 경외하는 역사를 이루어야 한다.

3. 울부짖을 때에

24절에서 "그는 곤고한 자의 곤고를 멸시하거나 싫어하지 아니하시며 그 얼굴을 그에게서 숨기지 아니하시고 울부짖을 때에 들으셨도다"고 하였다. 이 말씀은 하나님의 백성이 왜 주님을 찬양해야 하는 지를 보여준다. 하나님은 곤고한 자의 곤고를 멸시하지 않기 때문이다. 사람들은 자기보다 어려운 사람을 멸시한다. 남보다 권력이나 물질이나 힘이 조금 더 있으면 그렇지 못한 사람을 멸시한다.

그러나 하나님은 곤고한 자의 고통을 멸시하거나 싫어하지 않으시고 그들이 울부짖을 때에 들어 주시는 사랑의 하나님이시다. 하나님은 그들에게서 얼굴을 돌리시지 않으신다. 그들의 고통을 아시고 그 고통에서 벗어날 수 있도록 역사하시는 분이시다.

시인은 하나님의 백성들에게 구체적으로 권면하고 있다. 찬송하고 영광을 돌리며 경외하라고 하였다. 이것은 우리들의 삶의 원리이며 지표이다. 하나님의 백성은 자신이 받은 은혜를 형제들에게 선포하고, 회중들과 더불어 하나님을 찬양해야 한다. 우리들의 삶도 이러한 원리에 따라 이루어져야 한다.

하나님을 찬송하고, 영광 돌리며, 경외하여야 한다. 우리의 전인격을 통해 이러한 역사가 이루어지도록 날마다 경성하며 하나님께 나아가야 한다.

나의 서원을 갚으리이다

🌀 시편 22:25~26

25큰 회중 가운데에서 나의 찬송은 주께로부터 온 것이니 주를 경외하는 자 앞에서 나의 서원을 갚으리이다 26겸손한 자는 먹고 배부를 것이며 여호와를 찾는 자는 그를 찬송할 것이라 너희 마음은 영원히 살지어다

하나님의 백성이 누리는 축복 가운데 하나가 하나님의 이름을 찬양하는 것이다. 하나님을 찬송함을 단순한 음악의 차원이 아니라 신앙의 고백이며, 삶의 희열이다. 우리들이 하나님을 찬송함은 하나님께 최고의 영광을 돌리는 길이며 우리 삶의 축복이다.

1. 나의 찬송은

시인은 자신이 하나님을 찬양한 것에 대해 그 이유를 설명하고 하나님의 백성들이 어떤 축복을 받는 지를 말하고 있다. 25절에서 "큰 회중 가운데서 나의 찬송은 주께로부터 온 것이니 주를 경외하는 자 앞에서 나의 서원을 갚으리라"고 하였다. 시인은 자신이 어떻게 하나님 앞에서 찬송을 할 수 있게 되었느냐라는 이유를 제시하고 있다.

시인은 자신이 대중 앞에서 찬송하게된 것은 하나님이 은혜를 깨닫게 하여 감격을 주셨으니 이 축복이 나로 하여금 많은 사람 앞에서 부끄러워하지 않고 찬송하게 한 이유라고 하였다. 시인은 '나의 찬송은 주께로부터 온 것

이니'라고 하였다. 이 말은 내가 찬송할 수 있는 모든 이유가 하나님에게서 왔다는 뜻이다. 하나님이 나를 구원하셨기에 내가 하나님을 찬송한다는 말이다. 찬송이란 하나님의 은총에 대한 반응이다. 하나님께서 베푸신 은혜가 너무나 놀라와 우리의 전인격을 드려 하나님께 찬송을 한다. 하나님의 은총에 대한 성도의 반응은 곡조있는 찬송을 통화여 아름답게 나타난다.

시인은 '큰 회중 가운데'에서 한다고 하였는데, 큰 회중이란 큰 축제날에 모든 회중이 모이는 것을 말한다. 하나님의 백성들이 함께 모여 하나님께 찬송한다. '나의 서원을 갚으리이다'고 하였는데, 시인은 곤란 중에 서원을 드렸고(시편 50:14, 61:8, 66:13, 116:14, 18), 그 서원이 이루어진 후에 성전 뜰에서 감사제사를 드림으로써 서원을 갚는다.

우리는 여기서 주의해야할 것이 있다. 시인의 이와 같은 행동은 하나님과 거래하는 것이 아니다. 하나님이 이것을 해 주셨으니 내가 이것을 갚겠다는 의미가 아니다. 우리들이 기도할 때에 이와 같이 잘못 생각하는 경우가 많다. 하나님이 나의 기도에 응답해 주시면 내가 어떻게 하겠다는 식의 표현이다. 서원 속에는 하나님의 살아계심과 은총이 전제되어 있다. 하나님의 살아계심을 믿기에 그 하나님께 기도한다. 또 나의 기도에 응답해 주실 것을 믿기에 기도한다.

서원을 갚는다는 것은 자신이 구원받았다는 것을 공식적으로 알리는 것이며 하나님과의 관계가 새롭게 되었고, 지속된다는 것을 가리킨다. 하나님과의 새로운 관계 속에서 하나님의 은총을 찬미하며, 이것을 자기 혼자만 지키는 것이 아니라 대회 중 즉 많은 성도들과 함께 찬양하게 된다. 우리의 삶은 하나님을 바라는 '주 바라기' 삶이다. 우리 삶의 정점에 하나님이 계시고, 그 하나님으로 인하여 우리가 역경을 이기게 된다. 우리에게 고통의 바람이 불어와도 하나님을 의지하여 나아갈 때에 하나님께서 우리의 고통을 이기게 하시고, 그 고통 뒤에서 역사하시는 하나님을 바라보게 한다. 그리하여 우리들은 하나님의 은총을 찬미하며 감사의 제사를 드리게 된다.

2. 여호와를 찾는 자는

26절에서 "겸손한 자는 먹고 배부를 것이며 여호와를 찾는 자는 그를 찬송할 것이라 너희 마음은 영원히 살지어다"고 하였다. 이 말씀은 이스라엘의 축제와 관련이 있다. 고난을 당하던 시인이 이제 풍성함을 체험한다는 것은 놀라운 축복이 아닐 수 없다. '겸손한 자는 먹고 배부를 것이며'라고 하였는데 '겸손한 자'는 '가난한 자'를 의미한다. 축제 때에 가난한 사람이 식탁에 초대를 받고 배부르게 먹는 습관이 있었는데, 아마 시인은 가난한 사람들을 초대하여 식사를 함께하며 자기가 받은 은혜를 나눈듯하다.

겸손한 자는 자신의 존재를 알고 하나님의 도우심을 구한다. 그리하여 배부름을 체험한다. 예수님께서 산상수훈에서 "의에 주리고 목마른 자는 복이 있나니 그들이 배부를 것임이요"라고 하였다. 우리들이 주목해야할 것은 가난한 사람도 하나님의 구원을 체험한다는 점이다. 이들은 어려운 상황에서 하나님을 체험하고 하나님의 은혜에 감사하게 된다. '여호와를 찾는 자는 그를 찬송할 것이라'고 하였다. 시인은 사람들에게서 하나님께 버림받았다는 비웃음을 받았다. 원수들은 그를 멸시하였고 빈정대었다.

3. 하나님의 응답으로

그러나 이제는 하나님의 응답을 통하여 다른 하나님의 백성들과 함께 앉아 식사하고 하나님께 예배하게 되었다. 그리하여 '여호와를 찾는 자' 즉 겸손한 자요 가난한 자는 하나님을 찬송하게 된다. 왜냐하면 자신의 무능을 깨달았기 때문에 겸손하여지고 하나님을 찾을 수밖에 없다.

하나님의 은총을 체험한 자는 하나님의 영광을 찬양하게 된다. 시인은 '너희 마음은 영원히 살지어다'고 하였다. 이 말은 함께 식사를 하는 자들에게 축배를 드는 뜻이다. 함께 축하하고 기쁨을 나누는 자리를 가졌다. 어려움 속에서 고통당하고 사람이 하나님의 은혜로 구원을 받은 후에 그 은총에 감격하여 찬송할 뿐 아니라 다른 사람들과도 함께 하나님을 찬송하는 기쁨을 누린다. 이러한 감격이 우리들의 일상에서 구체화될 때에 하나님의 영광을 위한 삶이 있게 된다. 하나님께 서원하고, 그 서원을 이룰 때에 하나님의 은총을 체험한다.

이제 우리들의 삶에서 진정한 하나님의 은혜를 체험하고 감사의 영으로 가득한 삶을 살아야 한다. 그래서 그 삶이 자신에게만 제한되는 것이 아니라 다른 사람들과 나누는 역사가 일어나야 한다. 우리들은 하나님의 놀라운 은혜를 체험한다.

그 은혜 속에서 자신의 존재 의미를 발견하고 하나님 앞에서 신실한 삶을 살아가게 된다. 하나님을 찬송하는 삶이 우리의 생활 속에서 구체화될 때에 하나님을 찬양할 뿐 아니라 다른 형제들에게 생명을 전파하는 기회가 된다. 이전 생활을 통하여 새 힘을 얻고 하나님께 가까이 나아가게 된다. 이제, 가난하고 겸손한 자가 배부름을 얻고, 외로운 자가 위로를 받으며, 하나님을 의지하는 승리의 삶을 살게 된다. 이 모든 것은 하나님의 은총의 결과이다. 그래서 그 은총을 찬양하며 감사하게 된다. 하나님께 서원한 것은 해로울지라도 갚아야 한다.

이것은 거래가 아니라 감격의 표현이며, 우리의 축복이다. 너무나 감격하여 하나님의 뜻을 따라 우리의 삶을 살아가는 용단이 필요하다. 우리에게 풍성한 축복의 역사가 있기를 바라기 위해 하나님을 바라보고 의지하자.

나라는 여호와의 것이요

☀ 시편 22:27~31

27땅의 모든 끝이 여호와를 기억하고 돌아오며 모든 나라의 모든 족속이 주의 앞에 예배하리니 28나라는 여호와의 것이요 여호와는 모든 나라의 주재심이로다 29세상의 모든 풍성한 자가 먹고 경배할 것이요 진토 속으로 내려가는 자 곧 자기 영혼을 살리지 못할 자도 다 그 앞에 절하리로다 30후손이 그를 섬길 것이요 대대에 주를 전할 것이며 31와서 그의 공의를 태어날 백성에게 전함이여 주께서 이를 행하셨다 할 것이로다

하나님의 백성의 삶은 단순히 개인의 경험으로만 끝나지 않는다. 개인의 생각이 다른 사람에게 영향을 미치고 이것이 국가와 사회에 영향을 준다는 것을 알 수 있다. 시인의 관심은 개인에게 이웃으로 그리고 국가와 세계로까지 확산되고 있음을 보여 준다. 이것은 하나님을 사랑하는 자의 진정한 모습으로 우리가 추구해야 할 기본자세이다.

1. 여호와를 기억하고

27절에서 "땅의 모든 끝이 여호와를 기억하고 돌아오며 모든 나라의 모든 족속이 주의 앞에 예배하리니"라고 하였다. 여기서 시인의 우주적 관점을 볼 수 있는데 개인의 감사나 공동체의 감사를 뛰어넘어 세계를 바라보고 있다. '땅의 모든 끝이 여호와를 기억하고 돌아오며'라고 하였는데 이 말은

내가 생각지 못했던 이방인들과 믿지 않는 자들이 하나님께로 돌아온다는 뜻이다. 이방인과 믿지 않던 자들이 '하나님은 정말 약속을 지키시는 분이시구나 영생을 주시는 분이시구나'라는 진리를 깨닫고 하나님께로 돌아온다는 뜻이다.

온 땅의 백성이 하나님의 권세와 능력을 알고 그를 경외하기를 원하는데 이것이야말로 놀라운 은혜가 아닐 수 없다. '열방의 모든 족속이 주의 앞에 경배하리니'라고 하였다. 이방인들이 돌아와서 하나님께 경배를 한다. 하나님의 은혜를 생각하고 하나님께 나아와 경배한다. 이방인들은 하나님을 잊어버린 삶을 살았으나 하나님이 그들의 생각을 돌이키실 때에 그들이 바른 생각을 하고 회개하고 나아온다고 하였다. 이것은 하나님의 역사로만 가능하다. 여기에 대해 바울은 매우 구체적으로 설명하고 있다. '알지 못하던 시대에는 하나님이 간과하셨거니와 이제는 어디든지 사람에게 다 명하사 회개하라 하셨으니'(행 17:30)는 말씀에서 하나님이 이방인들을 깨닫게 하신 역사를 분명히 보여주고 있다.

28절에서 "나라는 여호와의 것이요 여호와는 모든 나라의 주재심이로다"고 하였다. 땅 끝의 열방이 다 하나님께로 돌아오는데 그들이 왜 돌아오는지 그 이유를 28절에서 설명하고 있다. 그 이유는 자신이 구원받은 사실에 있는 것이 아니라 궁극적으로 하나님께서 온 세상의 왕이시기 때문이다. 시인은 '나라는 여호와의 것'이라고 하였다. 세상의 왕들은 나라를 자기 것으로 생각하고 자기 마음대로 모든 것을 움직이려고 하지만 나라의 진정한 주인은 여호와이시다.

또 '여호와는 모든 나라의 주재심이로다' 고 하였다. 하나님께서는 나 자신만 주관 하시는 것이 아니라 세계를 다스리시는 주관자라는 사실을 보여준다. 온 세계는 하나님의 주권적 역사 속에 있으며 하나님의 능력과 권능에 의하여 통치되고 있음을 강조한다. 시인은 하나님의 절대주권을 믿고 있다. 우리의 삶이 하나님의 권능 아래서 이끌림 받고 있다고 믿는 기본 사상은 고통과 영광이라는 개인적 경험을 통하여 구체화되었다. 하나님은 시온에서 세상의 왕과 주재이시며 세상의 통치자라는 사실을 분명히 함으로써 하나님의 존귀하심을 더욱 드러내신다.

2. 세상의 모든 풍성한 자가

29절에서 "세상의 모든 풍성한 자가 먹고 경배할 것이요 진토 속으로 내려가는 자 곧 자기 영혼을 살리지 못할 자도 다 그 앞에 절하리로다"고 하였다. 여기서 '풍성한 자'란 주로 세상을 지도하는 사람들 즉 세상의 지도자를 말한다. 이들이 하나님의 은혜를 깨달아 하나님께 경배하게 된다. 그들은 잘살고 잘 지내는 상태에서 하나님을 경배한다. 여기에 반대되는 상황에 처한 자들 즉 '진토에 내려가는 자'도 하나님을 경외한다. 이들을 '자기 영혼을 살리지 못할 자'라고 하였는데 이 말은 너무 비천하고, 가난하고, 고통당하고, 병들어 죽을 수밖에 없는 사람들이라는 뜻이다. 이들도 하나님께로 돌아와 하나님을 경배한다고 하였다. 하나님을 경배하는 것은 세상의 지위와 권력 때문이 아니다. 세상을 다스리는 자들이나 어렵고 고통당하는 자들 모두가 하나님을 경외해야 함을 시인은 교훈하고 있다.

하나님의 백성들은 모든 것이 잘되고 번성할 때나 역경과 고난을 당할 때, 그 어느 때에든지 하나님을 섬기고 그분께 경배해야 한다. 이런 하나님을 믿기에 우리의 삶 전부를 통하여 하나님의 영광을 드러낸다. 우리들의 삶에서 모든 것이 잘되고 좋을 때에만 하나님을 경배하는 것이 아니며 반대로 역경과 어려움을 처할 때에만 하나님을 섬기는 것이 아니라 어느 때 어떤 상황에서도 하나님을 섬기는 신앙의 자세가 필요하다.

3. 후손과 대대에

30절에서 "후손이 그를 섬길 것이요 대대에 주를 전할 것이며"라고 하였다. 시인은 이제 후손의 문제를 거론하고 있다. 즉 구원받은 자의 후손이 하나님을 섬길 것이라고 말한다. 하나님께 경배하는 조상을 통하여 믿음의 후손이 일어나고 다시 그 후손들이 하나님을 섬기는 아름다운 신앙의 전통이 형성되어 가는 것을 가르쳐 주신다. 시대가 다르고 세대가 다를지라도 하나님을 향한 신앙이 각 세대의 고리가 되어 끊을 수 없는 신앙의 연결이 이루어진다. 그래서 시인은 '대대에 주를 전할 것이며'라고 하였다. 신앙이란 당대에서 이루어지고 끝나는 것이 아니다. 대를 이어서 아름다운 신앙의 전통을 형성하고 그 향기가 온 세상에 퍼지게 하는 아름다운 모습이 이루어져야 한다.

31절에는 "와서 그의 공의를 태어날 백성에게 전함이여 주께서 이를 행하셨다 할 것이로다"고 하였다. 하나님의 백성을 향하여 하나님이 어떻게 다스리는 지를 보여 주는데 장차 태어날 백성에게까지 하나님은 공의로 세상을 다스리신다는 것을 교훈한다. 하나님의 다스리심을 전파하는 것은 하나님의 통치와 존귀하심을 아울러 보여 준다. 우리의 신앙은 단순한 고백으로 끝나는 것이 아니라 대를 이어온 신앙의 아름다움이 온 세상에 전파되는 것이다.

시편 22편은 시인의 개인적 경험을 바탕으로 고통과 승리를 노래하였다. 시인은 하나님으로부터 철저히 버림받은 상태를 말하다가 죽음의 구덩이에서 고통당하였고, 나중에는 하나님의 구원을 통하여 하나님을 찬양하고 그것이 자기 대에서 끝나는 것이 아니라 오고 오는 세대에서 아름답게 계승됨을 노래하고 있다. 이 시는 예수 그리스도의 십자가의 죽음을 묘사하고 있다. 그래서 '메시야 예언서'라고 불리우며, 시인의 체험이 예수님의 체험이 된다.

우리는 이 시를 통하여 고난의 그리스도를 묵상하고 또 승리하신 그리스도를 바라보게 된다. 하나님이 진정한 기쁨과 역사를 체험함으로서 우리가 처한 자리에서 부활의 영광을 사모하게 된다.

목자 되시는 하나님

〰 **시편 23:1**

1 여호와는 나의 목자시니 내게 부족함이 없으리로다

시편은 인생의 희로애락을 하나님의 은혜로 살피며 거기서 하나님의 도우심을 체험한 고백이요 기록이다. 모든 시편의 바탕에는 우리를 주관하시는 하나님의 손길을 볼 수 있고 그것을 통해 우리의 삶이 하나님께 사로잡혀야 함을 배울 수 있다.

시편 23편은 가장 많이 애송되는 시이다. '신뢰의 노래'라고 부를 수 있는 이 시편은 단조롭고 특별한 언어적 묘사도 없으나 어린아이와 같은 단순함과 순진함을 통하여 우리의 영혼을 울려주고 있다. 이 시는 단순한 시가 아니라 한 말씀 한 말씀에서 우리 영혼을 위로하고 새로운 힘과 소망을 가지고 하나님께 나아가게 한다. 우리는 이 시편을 통하여 하나님의 위대하신 손길을 부여잡게 된다.

1. 나의 목자시니

1절에서 "여호와는 나의 목자시니 내게 부족함이 없으리로다"고 하였다. 이 말씀은 우리들의 신앙의 위대한 고백이며 우리에게 힘의 원천이다. '여호와'란 하나님의 이름이다. 여호와란 '스스로 계신 분', '영원 지존자'란 뜻이며 영어로는 'I am that I am'로 표현하고 있다. 영어의 표현이 매우 정확하다. '스스로 계신 분', '존재함으로 존재하시는 분'이라는 의미이다. 그러니 인간은 존재케 해서 존재하게 되었으나 하나님은 영원히 스스로 존재하시는 분이라는 말씀이다.

하나님에 대한 이름은 야훼 즉 여호와와 엘로힘이라는 단어를 많이 쓴다. 그러나 하나님과의 언약관계를 말할 때는 여호와라는 이름을 사용한다. 이것은 '약속을 지키시는 하나님'이라는 의미이다. 하나님은 약속을 반드시 지키시는 신실하신 분이시며, 그 약속을 통해 우리가 하나님의 자녀 됨을 다시 한 번 입증해 준다.

시인은 하나님을 '여호와'라고 부르면서 하나님의 진실하심과 사랑을 증명하고, '하나님은 나의 목자다'라고 외치게 된다. 하나님을 목자라고 부르는 것은 시인의 일상생활의 경험에서 나온 것이며 또한 이스라엘과 고대 근동 아시아의 전통 속에서 나온 것이다. 목자는 히브리인의 전통에서 하나님에 대한 가장 오래된 칭호 가운데 하나이다. 이스라엘 백성들은 그들의 삶을 통하여 하나님을 목자라고 불렀다. 대표적인 사례는 야곱이 요셉을 축복할 때에 '이스라엘의 반석인 목자'라고 하였다(창 49:24).

2. 권세와 자비로운 통치

이러한 호칭은 하나님의 권세있는 통치와 자비로운 통치를 함께 묘사하는 것이다. 그래서 하나님은 목자-왕(shepherd-King)이다. 이스라엘 이상적인 왕은 목자-왕이다(미 5:4, 겔 34:33). 목자는 양을 보호(protection)할 뿐 아니라 양에게 먹이를 주는(provision)것이 중심적 사역이다.

양떼를 보호하는 것이 목자의 첫째 직임이기에 목자는 이 일을 감당한다. 들판에서 양떼를 지킬 때에 늑대나 다른 맹수의 공격을 받게 된다. 목자는 맹수들에게서 양을 보호하기 위해 온 힘을 쏟는다. 또 목자는 양들이 필요로 하는 먹이를 준다. 그들에게 무엇이 필요한지를 알고 그 필요를 채위 준다. 그래서 목자는 양의 모든 것을 관찰하고 필요할 때마다 적절하게 채워 주신다.

우리는 이 시편의 표현에서 주목해야할 것은 '나의 목자'라는 표현이다. '나의'라는 말은 목적격적 소유격이다. 즉 '주님이 나를 기르신다'는 뜻이다. 시인은 목자와 양의 개인적 관계를 강조하고 있다. 목자는 양과 일대 일의 관계를 가지고 있기에 하나님을 나의 목자라고 부르면서 개인적 관계성을 강조하고 있다.

하나님을 '이스라엘의 목자'라고 하지 않고 '나의 목자'라고 하는 것은 개인적 친밀성을 강조하는 의미도 있다. '나의 목자'라고 부름으로써 직접적이고 개인적인 관계를 부각시키고 있다. 하나님은 나의 목자이시다. 이 하나님을 믿는 것이 우리에게 가장 소중하고 아름다운 일이다. 나의 하나님, 나의 목자이시기에 나를 보호하고 나에게 먹을 것을 주신다. 이 사랑을 생각할 때에 하나님의 자녀된 축복을 깨닫게 된다.

3. 부족함이 없으리로다

하나님이 나의 목자가 되시기에 '내게 부족함이 없다'. 이 표현은 '여호와는 나의 목자'라는 말의 결과이다. 즉 하나님이 나의 목자이시므로 나는 부족함이 없다는 뜻이다. '부족함이 없다'란 말의 뜻은 '감소하다' 혹은 '줄어들다'는 뜻을 가지고 있다. 그러니 물이 줄어들고, 양식이 감소하는 등의 의미이다. '내게 부족함이 없으리로다'는 말의 시제를 보면 미완료형이다. 영어 번역은 미래형으로 번역하고 있으나 우리 말 번역들은 현재형을 사용하고 있다.

이러한 시제들을 살펴보면 과거와 현재와 미래가 함께 만난다. 목자이신 하나님 때문에 '과거에 부족함이 없었고, 현재에도 부족함이 없으며 미래에도 없을 것이다'라는 표현이다. 그러니 이 표현 속에 과거에 대한 감사, 현재에 대한 만족, 미래에 대한 확신이 어우러져 있다.

시인은 이스라엘의 전통을 바탕으로 아름다운 시를 만들었다. '나의 목자'되신 하나님은 우리에게 필요한 양식을 공급해 주신다. 그 대표적 사례가 이스라엘 백성들이 광야생활을 할 때에 만나와 메추라기를 주셔서 날마다 먹이신 일이다. 그래서 성경은 "네 하나님 여호와께서 이 사십년 동안을 너와 함께 하였으므로 네게 부족함이 없었느니라"(신 2:7)고 하였다.

모세는 이스라엘 백성이 미래에 차지할 가나안 복지를 보고 그곳을 젖과 꿀이 흐르는 땅이어서 "네가 먹을 것에 모자람이 없고 네게 아무 부족함이 없는 땅이며"(신 8:9)고 하였다. 하나님은 '나의 목자'이다. 나를 어려움에서 보호하시고, 나에게 필요한 것을 공급하시는 분이시다. 우리에게 재난과 고통이 닥쳐 올 때에 하나님은 모른다고 외면하지 않으시고 우리를 고통에서 보호하여 주신다. 또 내가 필요한 것을 미리 아시고 풍성하게 주시는 하나님이시다.

이 목자가 우리에게 계시기에 날마다 우리에게 부족함이 없다. 과거에도 부족함이 없었고 현재에도 없으며 미래에도 없는 하나님의 돌보심을 체험하게 된다. '여호와는 나의 목자이시다'라는 고백은 내 삶의 전부를 하나님의 손길에 맡기는 위대한 고백이다. 우리는 이 하나님을 믿기에 어떤 어려움이 와도 이것을 이기고 하나님의 손길을 의지하게 된다.

오늘의 우리들도 하나님을 나의 목자로 믿고 고백하다. 이것은 단순한 고백이 아니라 우리의 전부를 하나님께 맡기는 양의 고백이다. 그리하여 우리에게 목자되신 하나님이 계심을 감사해야 한다. 우리로 하여금 부족함이 없게 하시는 그 하나님을 바라보고 오늘의 고통을 이기며 감사해야 한다. '하나님은 나의 목자이시기에, 과거나 현재 그리고 미래에도 부족함이 없습니다'고 고백하자.

인도하시는 하나님

2그가 나를 푸른 풀밭에 누이시며 쉴만한 물 가로 인도하시는도다

우리들의 삶은 누군가에게 인도를 받는다. 나 혼자의 힘으로 살아온 듯하나, 세월이 흐른 후에 보면 보이지 않는 손길이 나를 인도하신 것을 깨닫게 된다. 1절에서 하나님은 나의 목자라고 하였다. 목자되신 하나님은 우리를 보호 하시고 우리의 필요를 채워 주신다. 이러한 사상이 2-3절에 연결되어 있으며 그 문체는 히브리어의 독특한 형태이다. 앞에서 총체적 설명을 하고 이어서 그 문제에 대한 뒷받침을 하는 형태이다.

2절에 "그가 나를 푸른 풀밭에 누이시며 쉴만한 물 가로 인도하시는도다"고 하였다. '나의 목자'되신 하나님께서 나를 양처럼 먹이시고 인도하심을 강조하면서 시적 표현으로 구체적으로 묘사하고 있다. 목자의 두 가지 사역을 구체적으로 살펴볼 필요가 있다.

1. 푸른 초장에 누이시며

첫째, 푸른 초장에 눕게 하신다. 다윗은 베들레헴 근방에서 양을 많이 보았기에 양의 특성이나 기호를 누구보다도 잘 알기 때문에 아름답게 묘사하

고 있다. '푸른 초장'이란 '풀이 많은 초장'이며, '연한 풀이 있는 초장'이란 뜻이다. 성경 기자들은 하나님의 은총을 '연한 풀'(욥 38:26), '연한 풀 위의 가는 비'(신 32:2)이라고 묘사하고 있다. 이 초장에는 양이 먹을 것이 많으며, 양들은 이 부드러운 풀을 즐겨 먹는다.

시인은 이러한 분위기를 정확하게 알고 그것을 아름다운 문학으로 승화시켰다. 푸른 초장의 반대어는 메마른 초장이다. 이런 곳은 저주의 땅이며, 하나님의 임재를 체험할 수 없는 땅이다. 그러기에 푸른 초장이 더욱 돋보이고 귀하게 보인다. 푸른 초장에 '누이신다'고 하였다. 목자가 양을 눕게 한다(렘 33:12)는 것은 '양으로 하여금 눕는 동작을 하게 한다'는 뜻이다. 목자는 양을 푸른 초장에 눕게 한다. 그래서 평안한 자세로 푸른 초장에 누워 연한 풀을 마음껏 먹게 하신다.

하나님의 백성들이 누릴 수 있는 은혜 가운데 중요한 것은 안식이다. 쉼을 얻은 것은 영적으로나 육적으로 매우 소중한 것이다. 특히 심령의 안식은 진정한 쉼의 바탕이 된다. 목자되신 하나님께서는 자기 백성들에게 심령의 안식을 주신다. 푸른 초장으로 인도하여 편안히 눕게 하시고, 풍성한 양식으로 배불리 먹게 하신다. 하나님의 백성은 이러한 축복을 받았는데 그것을 감사히 여겨야 한다.

2. 물가로 인도하시도다

둘째, 쉴만한 물가로 인도하신다. 목자는 양으로 하여금 배불리 먹게 하시고 쉴만한 물가로 인도하신다. 여기서 쉴만한 물가란 '쉼의 물'이라는 뜻이며 구체적으로는 '잔잔한 물' '또는 쉼을 주는 물가'란 의미를 가지고 있다. '쉼'이란 두 가지 중요한 의미를 가지고 있는데 평안한 상태로서의 쉼(신 12:9, 룻 1:9)만이 아니라, 쉬는 장소로도 묘사되고 있다(민 10:33). 그 장소란 성전을 의미하는데 성전이란 문자 그대로 쉼의 장소이다.

우리의 삶에서 쉼이 필요하다. 하나님께서 천지를 창조하실 때에 엿새

동안 창조 사역을 감당하시고 이레 되는 날 쉬신 것처럼 하나님의 백성에게는 쉼이 있어야 한다.

그러나 우리의 현실에는 쉼이 없고 고통과 번민이 계속되는 경우가 많다. 사람들은 쉼을 얻기 위해서 다른 것을 찾아 헤매는 알코올이나 마약, 노름 등에 빠지는 사례들이 있다. 이런 것들은 쉼을 주는 것이 아니라 더 큰 고통에 빠지게 한다. 이런 인간들에게 진정한 복음의 메시지가 전해 졌다. 예수님께서 "수고하고 무거운 짐 진 자들아 다 내게로 오라 내가 너희를 쉬게 하리라"(마 11:28)고 하신 말씀에서 참 쉼의 원리와 방법을 찾을 수 있다.

'쉴만한 물가'란 하나님의 은총이 임하는 곳이며, 그 물이란 예루살렘 성전에 흐르는 물이라고도 볼 수 있다. 목자되신 하나님은 쉴만한 물가로 '인도하신다.' 양과 사슴은 풀을 많이 먹은 후에 물을 많이 마시는 것이 그들의 생리이다. 그러나 이들은 깊은 물을 무서워하기에 잔잔한 물가에서 쉬고 또 마시기를 즐겨한다고 하였다.

3. 우리를 인도하시는 하나님

목자가 양을 인도할 때에 온순하게 인도하는 것처럼 하나님께서는 우리를 부드럽게 인도하신다. 동방의 목자들은 양을 몰고 가지 않고 앞서서 인도해 간다. 우리의 목자되신 하나님께서 우리보다 한 걸음 앞서서 우리를 인도하신다. 하나님께서는 불기둥과 구름 기둥으로 자기 백성을 앞서서 인도하였듯이 오늘의 우리가 가야 할 길을 하나님께서 앞서서 인도하신다. 사람들은 하나님의 인도보다 자기의 힘으로 나아가는 것으로 착각하고 있다. 하나님께서 우리들보다 한 걸음 앞서서 우리를 인도하시기에 우리는 그분의 뒤를 따라 가면 된다.

시편 23:2이 보여 주는 의미를 주의 깊게 살펴 볼 필요가 있다. 푸른 초장이란 약속의 땅을 가리킨다. "주께서 구속하신 백성을 인도하시되 주의 힘으로 그들을 주의 거룩한 처소에 들어가게 하시나이다"(출 15:13)는 말씀과도 같이 하나님의 거룩한 초장으로 인도하신다. 오늘의 우리들이 하나님의 인도하심을 받고 살아가는 그 자체가 너무나도 큰 은혜요 축복이기에 우리는 이것을 더욱 귀하게 여기고 감사해야 한다.

우리의 힘으로 나아가는 것 같으나 하나님의 진정한 인도를 통하여 우리의 삶이 영위된다는 것을 깊이 깨달아야 한다. 하나님은 우리의 목자이시기에 우리들을 아신다. 나의 이름, 나의 형편, 나의 소원을 아시는 하나님은 우리들에게 필요한 것을 주시기 위해 우리를 푸른 초장과 잔잔한 물가에서 배불리 먹고 마시며 참다운 쉼을 누릴 수가 있다.

이 안식이 우리에게 큰 축복이며 그것을 통해 우리의 삶을 풍성하게 할 수 있다. 우리는 삶의 현장에서 인도하시는 하나님을 바로 보아야 한다. 그분은 우리보다 앞서 인도하시고 우리의 필요로 채워 주시는 분이다. 그러기에 우리는 목자되신 하나님의 인도에 따라 한 걸음 한 걸음 딛고 나아가게 된다. 세상의 모든 것을 주관하시고 자기 백성의 목자가 되신 하나님은 자기 백성들을 보호하시고 먹여 주실 뿐만 아니라 인도하여 주신다. 푸른 초장과 쉴만한 물가로 인도하셔서 우리에게 진정한 안식을 얻게 하신다.

한 치 앞을 볼 수 없는 예측 불가능의 시대에서 우리 뜻대로 움직이려고 하지 말고 하나님의 인도하심을 의뢰하자. 나보다 한 걸음 앞서 인도하시는 역경과 고통이 와도 이것을 이겨낼 수 있다. 우리의 목자 되시고, 나의 목자 되신 여호와는 내가 가야 할 길을 아시고 한 걸음 앞서 인도하시니 이 인도함을 따라 승리의 길을 가고, 진정한 쉼을 얻어야 한다.

소생케 하시는 하나님

시편 23:3

3내 영혼을 소생시키시고 자기 이름을 위하여 의의 길로 인도하시는도다

우리들이 이 땅에서 살아갈 때에 늘 힘있고 활기차게 사는 것이 아니라 좌절하고 낙망할 때도 있다. 우리의 영적 상태도 신앙이 식어지고 낙심과 불안 그리고 의심들이 가슴 밑바닥에서 모락모락 일어나는 경우도 있다. 이러한 상태에서 벗어나 새로운 힘을 얻는 방안이 무엇인가? 사람들에 따라 여러 가지 다른 방안을 제시한다, 명상, 수도, 요가 등으로 자기 마음을 다스리려고 하고 있다. 이러한 것들은 일시적인 효과가 있을지 모르나 근본적 문제의 해결책이 아니다.

시인은 자신의 체험을 바탕으로 우리가 새롭게 사는 길이 무엇인지를 제시하고 있다. 어려움을 딛고 일어나 새 힘을 얻는 길에 대한 구체적 방안을 배울 수 있다. 3절에서 "내 영혼을 소생시키시고 자기 이름을 위하여 의의 길로 인도하시는도다"고 하였다. 이 말씀에서 우리들이 새로운 힘을 얻는 길이 무엇인지를 찾을 수 있다.

3절의 말씀이 주는 영상이 양을 가리키는가 혹은 사람을 가리키는가에 대한 신학자들의 논쟁이 계속되지만 우리의 관심은 소생케 하시는 목자되신 하나님의 역사이다. 3절은 우리들에게 크게 두 가지 교훈을 하고 있다. 그 말씀은 우리들의 체험 속에서 구체화되어 감사의 영으로 넘치게 한다.

1. 영혼을 소생시키시고

첫째, 내 영혼을 소생시키신다고 하였다. 즉 목자 되신 하나님이 자신을 새롭게 한다고 하였다. 우리의 영혼이 좌절하고 낙망하는 경우가 많다. 우리의 삶의 여건이 우리 생각과 다르고 우리로 하여금 지치고 힘들게 하는 경우들이 있다.

하나님을 믿는데 가정에 어려움이 오고, 자녀들에게 문제가 생기고, 신체적 질병이 오며, 신앙적 좌절이 오는 경우들이 있다. 왜 이와 같은 일들이 일어나는가하고 의심할 수도 있다. 우리의 영적 상태나 신체적 상태에 지치고 힘든 경우가 생겼을 대에 나의 목자되신 '하나님께서 나를 새롭게 하신다'(God refreshes me).

하나님께서 우리의 연약함을 아시고 우리의 영혼을 소생시키신다. 여기 나오는 '소생시키신다'는 동사는 행동의 지속성과 확실성(룻 4:15) 그리고 활동의 복수성(나 2:5, 렘 1:17-20)을 보여준다. 하나님께서는 힘이 빠져 낙망하고 있는 나의 영혼에 활력을 주시고 새 힘을 얻어 나아가게 하신다. 하나님의 힘이 우리에게 큰 능력으로 나타나며 힘이 우리를 새롭게 하여 주신다. 우리들이 힘들고 지쳐 있을 때에 우리에게 새 힘을 주시는 하나님을 의지해야 한다.

그분만이 우리에게 능력으로 채워 주실 수 있기에 하나님의 손길에 의지하는 것이 무엇보다 중요하다. 우리의 힘으로 소생하게 되는 것이 아니라 하나님께서 소생케 하신다. 그 하나님은 나의 목자이시기에 우리로 하여금 넘치게 먹고 마시게, 하시고, 소생시켜 힘을 얻게 하시고, 충분한 활동과 즐거움을 가지게 하신다.

하나님이 주시는 힘의 능력을 의지하여 우리의 영혼이 새 힘을 얻는 것이 중요하다. 지치고 힘들 때에 하나님을 의지하자. 또 고통의 바람이 불어와 어찌해야 좋을지 모를 때에 하나님의 손길을 부여잡아야 한다. 우리가 좌절하고 낙망하였을 때에 가장 힘들고 고통스럽다. 그러나 그때가 우리들이 하나님을 만나며 하나님을 체험하는 절호의 기회이다. 지친 내 영혼이 편히 쉴 곳은 살아계신 하나님 밖에 없다. 그분을 통해 소생함을 얻고 새 힘을 얻는 것이 중요하다.

2. 의의 길로 인도하신다

둘째, 자기 이름을 위하여 의의 길로 인도하신다고 하였다. 나를 '소생'시키시는 것과 의의 길로 '인도'하는 것이 평행을 이루고 있다. 하나님께서는 우리의 지친 '영혼을 소생시키시고 우리를 의의 길로 인도하신다'고 하였다. 그러면 '의의 길'이 무엇인가라는 문제가 제기된다. 시인이 사용한 단어는 넓은 길(데렉)이 아니라 오솔길(마아갈)이라는 단어이다. 그러니 이 길이다(시 17:5, 65:11, 140:5, 2:9, 15). 하나님의 백성이 가야 할 길은 넓고 편한 길이 아니라 좁은 길이다. 아무나 가는 길이 아니라 하나님의 백성만이 가는 길이다. 그래서 예수님께서 좁은 길로 가라고 하셨다.

의의 길이 무엇을 의미하는가에 대해 여러 가지 논의가 있다. 구약에서 의란 '바르다', '정확하다'는 뜻으로 자주 사용되고 있다. 그러니 의의 길이란 '하나님의 언약 안에서의 삶을 가리킨다'. 의의 길 즉 의의 오솔길을 양의 행로와 연결하여 생각할 필요가 있다. 이 길이 좁고 험한 길이기는 하지만 위험이 없는 장소이며 곁길로 빗나가지 않는 길이다. 하나님의 백성들이 가야할 길이 바로 이 길이다. 사람들이 보기에는 험하고 가는 사람이 많지 않지만 하나님이 인도하시는 안전한 길이며, 이 길에 들어서면 곁길에 빠지지 않는 길이다.

하나님께서 자기 백성을 소생시키실 뿐만 아니라 의의 길로 인도하여 주신다. 그것도 앞서서 인도하심으로 양들은 그 뒤를 따르면 된다. 이것은 하나님의 백성의 길이다. 하나님께서 왜 이렇게 인도하시는가? 그 이유가 분명히 나와 있다. '자기 이름을 위하여'라고 하였다. 하나님은 자기 이름을 위하여 의의 기로 인도하신다.

그러면 '자기 이름을 위하여' 라는 뜻이 무엇인지에 대해 여러 가지 해석이 있다. '그 이름에 영광을 돌리도록'이라는 해석을 따를 수 있다. 시인은 '자기 이름을 위하여'와 '내 영혼을 소생시키시며'와 '의의 길로 인도하시는도다'라는 중간에서 이중적 기능을 발휘한다. 하나님은 자기의 이름 즉 영광을 위하여 의의 길로 인도하여 주신다.

우리의 존재 목적이 무엇인가? 그것은 주님의 이름을 위하는 것 즉 하나님을 영화롭게 하는데 있다. 웨스트민스터 소요리문답 제 1문에서 '사람의 제일 되는 목적은 하나님을 영화롭게 하고 영원토록 그를 즐거워하는 것이다'고 하였다. 하나님은 자기 백성을 지치고 좌절된 자리에서 소생시켜 새 힘을 주시고, 자기 이름을 위하여 의의 길로 인도해 주신다. 그렇게 하는 가장 중요한 이유는 하나님의 영광을 위해서이다.

이 세상에서 가장 중요한 것은 하나님의 영광이다. 우리들의 삶 전체를 통하여 하나님의 영광을 나타내어야 한다. 그래서 바울은 "그런즉 너희가 먹든지 마시든지 무엇을 하든지 하나님의 영광을 위하여 하라"(고전 10:31)고 하였다. 지치고 힘들 때에 우리를 소생케 하시는 하나님을 경험하자. 새 힘을 받아 의의 길로 인도하시는 하나님을 따르자. 오직 그분의 이름을 위해서 나아가자.

안위하시는 하나님

시편 23:4

4내가 사망의 음침한 골짜기로 다닐지라도 해를 두려워하지 않을 것은 주께서 나와 함께 하심이라 주의 지팡이와 막대기가 나를 안위하시나이다

우리들이 살아갈 때에 힘들고 어려운 일이 생기는 경우가 있다. 그때마다 누구의 도움이 필요하지만 우리를 도와 줄 사람이 없음을 알 수 있다. 그래서 구약의 시인은 "내가 산을 향하여 눈을 들리라 나의 도움이 어디서 올까"(시 121:1)라고 하였다. 이런 고백을 통하여 이 땅에서 도움 받을 길이 없는 우리의 형편을 알 수 있다.

그러나 시편 23편에서 이러한 문제에 대한 해답을 주고 있다. 시인은 그동안 주님과의 관계를 삼인칭으로 고백하였으나(2~3절) 4절부터는 이인칭으로 고백하고 있다(4~5절). 이것은 하나님과의 관계의 친밀성을 보여주는 것으로서 '주께서 나와 함께 하심이라'(4절 중)는 말씀에서 그 의미가 구체적으로 나타난다.

1. 음침한 골짜기로 다닐지라도

시인은 "내가 사망의 음침한 골짜기로 다닐지라도"(4절 상)라고 하였는

데, 이것은 깊은 의미를 가지고 있다. '사망의 음침한 골짜기'는 해석상 논의가 많은 구절이다. 많은 학자들은 히브리어의 '어둠'과 '죽음'이 하나의 단어로 합성되어 사용되는 것으로 보고 있는데, '죽음의 어두운 골짜기'라는 뜻이다. 죽음이란 '철저한 어두움'이라는 뜻이다. 깊은 어둠이 찾아오는 것이 바로 죽음이다. 시인은 이러한 처절한 표현을 통해 고통의 심각성을 묘사하고 그 반대의 의미가 무엇인지를 교훈한다. 욥기를 보면 욥이 겪는 고통을 '사망의 그림자'로 표현한 경우가 있다(욥 3:5, 10:21, 22, 12:22, 16:16 등). 시편에서는 공동체의 수치, 시련, 수욕 등을 묘사할 때에 이 단어를 사용하였다(시 44:19, 107:10, 14).

시인은 '사망의 음침한 골짜기'에서 고통을 겪는다. 시인은 사울 왕에게서 많은 핍박을 받았다. 사울은 다윗의 목숨을 노렸고, 수많은 위기를 경험하기도 하였다. 이러한 자신의 체험과 이스라엘 지방의 지리적 특성인 계곡, 그리고 양과 목자의 관계를 감안하여 생성된 것이 바로 이 시이다. '그러하지 않는다'고 하였다. 현대 한글판 번역들을 보면 '무서울 것이 없어라', '내게는 두려움이 없다', '재앙을 두려워하지 않는 것이니' 등으로 나타난다. 여기서 '해'란 위험과 상처를 뜻한다. 인간이 직면하는 모든 위험이며, 여기서 오는 수많은 상처가 '해'이다. 인간의 삶이란 '해'의 연속이다. 수많은 고통과 어려움이 오고, 이것으로 인하여 남모르는 눈물을 흘린다. 그러나 시인은 이런 고통 즉, 죽음과도 같은 고통이 와도 두려워하지 않는다고 하였다. 이것이 그의 순진함에서 오는 것일까? 그것을 시인의 믿음의 고백이며, 삶의 현실이다 시인은 왜 두려워하지 않는지 그 이유를 설명하고 있다.

2. 주께서 나와 함께 하심

첫째는 '이는 주께서 나와 함께 하심'이기 때문이다. 시인은 처음으로 하나님을 직접 부른다. 이 표현은 신뢰의 시에서 중심을 이루는 신앙고백이다. 지금까지 시인이 살아온 삶은 하나님과 함께 하심으로 이루어졌다. 온갖 어려움 속에서도 하나님이 자신을 버리시지 아니 하셨다는 것을 체험하였고, 그것을 통해 하나님의 사랑 속에서 살아 갈수 있었다. 시인은 고난과 죽음의 골짜기 같은 삶을 살 때가 많았다. 그때마다 하나님은 인도자 되셨고 위로자가 되셨다. 이 하나님이 계시기에 감사와 축복의 삶을 살 수 있었다.

하나님의 함께 하심이란 우리에게 놀라운 축복이다. 하나님은 우리와 함께 하신다. 그리스도의 다른 이름이 '임마누엘'이신데 이는 하나님이 우리와 함께 하시니 우리에게는 두려움이 없다. 하나님과의 관계가 정립될 때에 우리의 삶은 하나님 앞에서 축복의 삶을 산다. 하나님이 우리의 인도자 되시고, 그 하나님으로 인하여 위로함을 받는다. 이런 친밀한 관계의 유지가 우리의 미래에도 확실한 소망을 준다.

3. 나를 안위하심

둘째는, '주의 지팡이와 막대기가 안위'하시기 때문이다. 여기서 지팡이와 막대기가 같은 것이냐 아니냐는 크게 중요한 것이 아니다. '지팡이'로 번역된 단어는 구약에서 여러 가지 용도로 사용되고 있는데 주로 왕과 제사장과 지도자들의 법적 권위를 나타내는 '홀'로 번역되는 경우가 많고(창 49:10, 민 24:17, 시 45:7, 암 1:5 등), 사람을 치는 막대기, 태형을 가하는 도구로도 사용된다. 그중 의미심장한 것은 목자들이 사용하는 도구이다(미 7:14).

목자의 지팡이는 위가 구부러져 있고, 길이는 사람의 키보다 반이나 더 큰 것이 보통이다. 그 지팡이는 짚고 가는 곳만 사용되는 것이 아니라 양이 엇길로 갈 때에 그 지팡이로 잡아당기는 역할도 한다. 이러한 목자의 지팡이로 지켜 주시기 때문에 어떠한 해가 와도 두려워하지 않는다. 목자와 양의 관계를 바탕으로 자신을 지켜 주시는 하나님의 손길을 노래하고 있다.

'막대기'는 성경에서 여러 가지로 사용되고 있다. 병자가 짚고 일어나는 지팡이(출 21:9). 백성의 귀인들이 우물을 팔 때 사용한 지팡이(민 21:18) 등등 다양한 용도로 사용되고 있으나 시편 23:4에서만 '막대기'로 번역되고 있다.

이러한 성경의 가르침을 통하여 지팡이의 용도를 알 수 있다. 목자가 양을 지키다가 이리들이 양을 공격할 때에 막대기로 머리를 쳐서 양을 보호하는 역할을 한다. 시인은 "주의 지팡이와 막대기가 나를 안위하시나이다"고 하였다. 하나님은 위로의 하나님이시다. 하나님께서는 자기 백성을 고통에서 지키시고 위로하시는 분이시다. 하나님의 위로를 받는 자는 이 땅에서 고통과 역경이 와도 그것을 박차고 나아가게 된다. 하나님이 우리를 지키시고 위로하여 주심을 우리들이 받는 최고의 축복이다. 우리를 위로하시는 하나님을 믿으니 우리에게는 감사의 역사가 일어난다.

우리가 이 땅에서 수 없는 고통을 겪을 때에 우리와 함께 하시고 우리를 위로 하시는 하나님이 계시다는 사실은 인간의 말로 표현할 수 없는 축복이다. 하나님은 우리와 함께 하신다. 우리가 죽음의 골짜기 같은 어려움 속에 처해 있을지라도 우리의 피난처가 되시고 힘이 되신 여호와께서 우리와 함께 하시니 그 어떠한 해도 두려워하지 않는다.

하나님은 우리와 함께 하실 뿐만 아니라 우리를 안위하신다. 지팡이와 막대기로 인도하시고 보호하시며 우리에게 위로의 역사를 이루신다. 그러기에 우리는 하나님을 우리의 목자로 믿고 나아간다. 우리에게 고통의 바람이 불어와도 우리를 지켜 주시고 위로해 주시는 하나님이 계심으로 인하여 감사하자. 그분의 손을 잡고 하나님의 길을 가야 하리라.

축복하시는 하나님

시편 23:5

5주께서 내 원수의 목전에서 내게 상을 차려 주시고 기름을 내 머리에 부으셨으니 내 잔이 넘치나이다

하나님의 백성은 하나님의 축복 아래서 살아간다. 삶의 전부가 축복이기에 고통과 어려움과 감사의 눈으로 보게 된다. 우리의 삶에 이러한 원리가 정립되면 우리가 당면하는 모든 것에 대한 관점이 달라진다.

시인은 5절에 와서 새로운 무대를 설명한다. 처음에는 푸른 초장이 나오고, 다음은 음침한 사망의 골짜기가 나온다. 여기서는 풍요로운 잔치집이 무대가 된다. 그래서 시인의 초점은 목자에서 잔칫집 주인으로 바뀐다.

목자되신 하나님이 잔치집 주인이 되는 것에 대한 성경의 가르침에 주목할 필요가 있다. 그뿐 아니라 하나님께 대적하여 말하기를 "하나님이 광야에서 식탁을 베푸실 수 있으랴 보라 그가 반석을 쳐서 물을 내시니 시내가 넘쳤으나 그가 능히 떡도 주시며 자기 백성을 위하여 고기도 예비하시랴 하였도다"(시 78:19~20)고 하였다.

1. 잔치를 베푸시는 하나님

광야에서 이스라엘의 목자되신 하나님은 잔치를 베푸신 즉 하나님의 백성을 위한 잔치를 베푸신다. 이것은 기쁨의 축제이며 감사의 잔치이다. 하나님께서는 축복의 잔치를 통해 자기 백성을 풍성하게 하신다. "주께서 내원수의 목전에서 내게 상을 차려 주시고"라고 하였다. 하나님께서 축복의 잔치를 원수들이 보는 앞에서 베푸시는데, 이 말의 뜻은 단순한 위치만을 의미하는 것이 아니라 원수들을 '거슬려'라는 대립적 개념까지 포함하고 있다. 시인을 멸시하고 온갖 박해를 하던 원수들을 거슬려 축복의 하나님께서는 잔치를 베푸신다.

여기 나오는 '상'(床)이란 '상'(賞)이 아니다. 이것은 식탁을 말한다. 하나님께서는 '상을 차려주신다'. 하나님이 상을 차려 주신다는 것은 순서대로 진열하고 순서대로 준비하는 동작을 포함하고 있다. 하나님이 베푸시는 상은 단순한 밥상이 아니라 잔칫상이다. 축제의 상이요 축복의 잔칫상이다. 그래서 이것을 통하여 하나님의 풍성한 축복을 체험하게 되고 하나님께 감사드리게 된다.

우리는 식사를 통하여 감사를 느끼게 되고 바른 커뮤니케이션을 하는 일들이 많다. 함께 식사한다는 것은 단순히 함께 하며 커뮤니케이션한다는 뜻을 가지고 있다. 하나님은 자기 백성을 위하여 잔칫상을 베푸신다. 그것도 원수들이 보란 듯이 크고 풍성하게 베풀어 주신다. 이것은 하나님의 축복이며 은혜이다. 이런 은혜를 받은 사람은 하나님께 감사하게 되고 하나님의 영광을 드러내게 된다.

2. 기름으로 바르셨으니

"기름을 내 머리에 부으셨으니"라고 하였다. '기름을 부으시다'는 말의 뜻은 '살찌다' 등의 뜻을 가지고 있다. 이것은 잔치 전에 기름을 바르는 의식을 가리킨다고 할 수 있다. 잔치집 주인은 손님을 맞이하여 그의 머리에 기름을 발라 준다. 이것은 귀한 손님으로 영접한다는 의식이다. 동양인의 잔치에는 빠지지 않는다(암 6:5, 시 45:7, 눅 7:46 등). 이것은 잔치의 풍성함만이 아니라 잔치를 통해 손님을 귀하게 여기는 의미도 함께 있다. '기름을 바른다'는 말이 주는 은유는 생기를 회복시킨다는 뜻이다. 시편 92:10에서 '그러나 주께서 내 뿔을 들소의 뿔 같이 높이셨으며 내게 신선한 기름을 부으셨나이다'라고 하였는데 이것은 새 힘을 얻는 것과 연관된다.

'기름을 내 머리에 부으셨다'는 것은 잔치를 통하여 생기를 회복하는 것을 의미한다. 쇠진하고 고통을 당하는 영혼을 하나님께서 위로하시고 새 힘을 북돋아 주신다. 이러한 하나님의 사랑의 손길을 체험하며 하나님의 백성은 감사의 삶을 살게 된다. 하나님은 자기 백성을 위하여 큰 잔치를 베푸시고, 우리를 귀한 손님으로 대접하시며 또한 생기를 회복시켜 주신다. 이런 하나님의 사랑을 받게 되었으니 시인은 더욱 감격의 삶을 살게 된다.

"내 잔이 넘치나이다"고 하였다. 잔치의 주인은 시인을 귀한 손님으로 초청하고, 기름을 발라 원기를 북돋아 주실 뿐만 아니라 잔이 넘치도록 하여 주신다. '잔이 넘친다'는 것은 기쁨이 넘친다는 의미이다. 즉 넘치는 기쁨을 통하여 하나님의 역사를 깨닫게 된다. 왜 기쁨이 넘치는가? 그것은 하나님의 임재 때문이다. 하나님이 함께 하시기에 나의 삶에 기쁨이 있다는 뜻이다. 이 잔은 축제의 잔이다. 하나님이 돌보시고, 보호해 주셨기에 잔치를 통하여 축하한다는 뜻이다. 이런 축제의 잔을 통하여 하나님께 나아가며 하나님께 감사하게 된다.

시인은 다양한 삶의 경험을 통하여 하나님의 풍성한 축복을 체험하였다. 그의 삶 자체가 넘치는 축복이었다. 이것은 시인의 과거나 현재에 나타났고 미래에 있을 확신이다. 하나님께서는 자기 백성을 위하여 잔치를 베푸신다. 이것은 단순한 잔치가 아니라 연회이며 큰 잔치이다. 여기에 하나님의 백성이 초청을 받아 귀한 손님으로 대접을 받고, 원기를 회복하며 기쁨이 넘치게 된다.

3. 축제의 삶

오늘의 우리들도 이러한 축제의 삶을 산다. 우리와 함께 하시는 하나님을 통하여 우리에게 베푸시는 큰 잔치를 체험하게 된다. 원수들은 하나님의 백성을 여러 가지 방법으로 모략하고 핍박한다. 그러나 하나님은 우리의 피난처이시고 산성이시어 그 고통을 이기게 하시고, 우리의 목자가 되셔서 푸른 초장과 잔잔한 물가로 인도하여 주신다.

하나님은 원수들이 보란 듯이 잔치를 베푸셔서 자기 백성을 위로하시고 힘주시며 기쁨을 주신다. 그래서 하나님의 백성은 이런 감격 속에서 살아가게 된다. 우리는 단순히 이 땅에 왔다가 떠나는 무의미한 존재가 아니다. 하나님은 우리에게 생명을 주시고 고난을 이기게 하실 뿐만 아니라 우리를 인도하시고 축복의 잔치를 베풀어 주신다. 이러한 것은 하나님의 임재를 통하여 구체적으로 나타난다.

하나님은 과거에도 우리와 함께 하셨고, 현재도 함께 하시며, 미래에도 함께 하실 것을 우리는 확신한다. 이런 하나님의 임재를 통하여 우리는 하나님의 사랑을 체험한다. 시인의 고백처럼 우리의 삶은 모두가 축복이다. 모든 것이 잘 되어가는 것은 말할 것도 없고 역경과 고통도 우리를 향하신 하나님의 축복이다.

왜냐하면 우리의 존재 자체가 하나님의 축복이기 때문이다. 영적으로 육적으로 우리를 축복하시는 하나님을 바라보자. 우리에게 큰 잔치를 베푸시고 원수들이 보란 듯이 대우해 주시고 기쁨이 넘치도록 이끌어 주시는 하나님을 바라보자. 역경의 바람이 올 지라도 우리의 피난처요 산성이시요, 목자이신 하나님을 바라봄으로써 축복의 잔치를 즐기자.

함께 하시는 하나님

시편 23:6

6내 평생에 선하심과 인자하심이 반드시 나를 따르리니 내가 여호와의 집에 영원히
살리로다

시편 23편 그리스도인의 애송시 가운데 대표적 시이다. 이 시에서는 하
나님의 사랑과 축복으로 인하여 어떤 어려움이 와도 좌절하지 아니하고
이겨 나가는 신앙인의 자세를 노래하고 있다. 하나님은 우리의 목자가 되
서서 우리들을 푸른 초장과 잔잔한 물가로 인도하시며 우리로 하여금 풍
요롭게 하신다. 하나님은 우리들의 사망의 음침한 골짜기로 다닐 때에 우
리와 함께 하시고 지팡이와 막대기로 안위하신다. 하나님은 자기 이름 즉
존귀하신 이름을 위하여 자기 백성을 의의 길로 인도하시고 그들을 통하여
영광 받으신다.

하나님께서는 자기 백성을 위해 잔치를 베푸시고, 귀한 손님으로 영접해
주시고, 기쁨의 잔이 넘치게 하신다. 이러한 시는 단순한 지식의 산물이 아
니라 시인의 일상적 체험 속에서 우러난 신앙고백이요 삶의 모습이다. 그래
서 시인은 하나님을 '나의 목자'라고 부르고 그의 인도하심대로 살아가려
고 노력한다.

6절에 와서 시인은 더욱 감격한다. 지금까지의 모든 것보다 더 귀한 고백
을 하며 하나님을 향한 그의 감사를 피 같은 열정으로 토하고 있다. 6절은

두 가지 내용으로 구성되어 있다. 상반절은 확신으로, 하반절은 서원으로 되어 있어 시의 마지막을 장식하고 있다.

1. 시인의 확신

먼저 시인의 확신을 살펴보자. "내 평생에 선하심과 인자하심이 반드시 나를 따르리니 내가 여호와의 집에 영원히 살리로다"라고 하였다. '평생' 이란 한 평생 내가 사는 날 동안이라는 뜻을 가지고 있다. 또 '반드시'란 뒤에 나오는 말을 강조하는 것으로서 '나는 확신한다'로 번역할 수 있다. 시인이 확신하는 근거는 두 가지인데, 선하심과 인자하심이다. 선하심은 하나님의 의를 의미한다. 하나님을 공의로우신 분이시며 모든 것을 의로 다스리신다.

'인자하심'은 하나님의 사랑을 가리킨다. 하나님의 사랑은 놀랍고 위대하시기에 하나님의 백성은 이 사랑에 감격하는 삶을 살게 된다. '선하심'과 '인자하심'이 떨어져서 나오는 것이 일반적 현상인데 오직 여기서만 접속사로 이어져 나온다. 하나님의 의와 사랑은 하나님의 속성을 대표한다. 하나님은 이 두 가지 속성을 바로 활용하셔서 이 세상을 통치하신다. 자기 백성이 다른 길로 가지 않도록 하나님께서는 의와 사랑으로 이끌어 주신다.

시인은 '나를 따르리니'라고 하였다. 이 말은 뒤따라 가다, 가까이 시중하다, 안전하도록 뒤따르다 등의 의미를 가지고 있다. 그러니 선하심과 인자하심이 의인화된 하나님의 시종처럼 시인이 안전하도록 뒤따르며 지키고 있는 모습을 보여 준다. 이 구절과 비슷한 것으로서 '주의 빛과 주의 진리를 보내시어 나를 인도하시고 주의 거룩한 산과 주께서 계시는 곳에 이르게 하소서'(시 43:3)란 말씀이 있다. 여기서는 '주의 빛'과 '주의 진리'가 의인화되어 시인을 인도한다는 내용이다.

이 말씀들은 하나님의 의와 사랑이 시인을 뒤따라 수종들어 시인이 어려움에 빠지지 않도록 지켜 주신다는 뜻이다. 하나님의 사랑을 구체적으로 표현한 것이다. 시인은 이것을 확신하였다. 하나님의 임재를 통하여 자신을 지켜 주신다는 것을 확신하였다. 그 지키심이 단회적이거나 일시적인 것이 아니라 평생을 통하여 이루어짐을 확신하였다. 우리는 이런 확신 속에서 살아야 한다. 비록 우리들이 약하고 부족하여도 하나님이 우리를 지켜 주신다고 확신할 때에 그 약함을 극복해 나갈 수가 있다. 우리는 약할지라도 하나님의 강함으로 인하여 우리가 강하게 된다는 귀한 사실을 체험하게 된다.

시인은 지금까지 목자되신 하나님의 인도를 받아 축복의 삶을 살았다. 원수들의 핍박과 수 없는 도전 속에서 어려움을 겪기도 하였으나, 그 어려움 속에서 하나님의 임재를 체험하였고, 그로 인해 더욱 하나님께 가까이 나아가게 되었다. 지금까지 이끌어 주신 하나님은 오늘도 이끄시고 미래에도 이끌어 주실 것을 시인은 확신하였다. 이러한 신앙적 고백으로 인하여 그의 서원이 나오게 된다.

2. 시인의 서원

다음으로 시인의 서원을 살펴보자. "내가 여호와의 집에 영원히 살리로다"고 하였다. 그러니 시인은 여호와의 집 즉 성전에서 한 평생 하나님을 예배하고 싶다고 서원한다. 이것은 이 땅에서의 성전만이 아니라 하나님의 나라에서 영생을 누리는 것까지를 내다보게 한다. 시인은 하나님의 잔칫집에 손님으로 갔으나 이제 그 집의 식구가 되었다. 여기에는 더 깊은 교제가 있고 하나님과 가까이 함이 있다. 여호와의 집에 머무는 것은 장소가 가깝기 때문에 생기는 가까이 함이 아니라 하나님과의 교제를 통하여 영적으로 가까이 됨을 말한다.

하나님과 가까이함이란 큰 축복이다. 이것은 하나님의 임재를 통하여 하나님과 함께 함을 체험하고, 시인은 여호와의 집에 거함으로서 하나님과 깊은 교제를 하게 된다. 시인의 이러한 서원은 하나님의 백성들이 따라야 할 모범이다. 하나님께서 우리와 함께 하시고, 우리는 하나님의 전에서 하나님과 아름다운 교제를 하는 것이야 말로 하나님의 백성이 받을 수 있는 영광의 축복이다.

서원은 반드시 이루어야 하고 또 이루어진다. "서원한 것은 해로울지라도 변하지 아니하며"(시 15:4)는 말씀처럼 해로운 것을 지키는데 하물며 선하고 아름다운 것을 지키지 않을 것인가? 시인은 확신과 서원이라는 두 가지 고백으로 이 시를 마무리한다. 시편 23편은 목자와 양의 세계를 통하여 하나님의 백성의 신앙생활을 그리고 있다.

3. 시인의 신뢰

단순한 표현 속에 심오한 영적 의미가 담겨져 있으며, 시인은 양의 관점에서 이 시를 쓰고 있다. 양은 연약한 존재이다. 자기 길을 알지 못하는 존재이지만 목자의 인도와 사랑과 도움으로 자기가 가야할 길을 알게 된다. 그러기에 양은 목자를 바라보게 된다. 우리는 이 시를 통하여 하나님과 우리의 관계를 보게 된다. 하나님의 의도와 사랑과 보호를 받는 우리는 하나님을 향한 신뢰와 확신을 가지게 된다.

우리의 목자되신 하나님으로 인하여 우리가 보호와 위로를 받는다는 사실이 얼마나 귀중한가? 베드로는 "너희가 전에는 양과 같이 길을 잃었더니 이제는 너희 영혼의 목자와 감독되신 이에게 돌아왔느니라"(벧전 2:25)고 하였다.

우리는 목자되신 하나님께로 돌아가 목자의 인도를 받아야 한다. 시인은 쉽고 간편한 시를 통하여 우리들의 가슴에 무한한 감동을 준다. 그리하여 우리로 하여금 신앙의 자세로 확신과 서원을 하게 하신다. '내 잔이 넘치나이다'고 고백하는 삶이 우리의 일상에서 이루어져야 하리라.

다 여호와의 것이로다

시편 24:1~2

1땅과 거기에 충만한 것과 세계와 그 가운데에 사는 자들은 다 여호와의 것이로다 2여호와께서 그 터를 바다 위에 세우심이여 강들 위에 건설하셨도다

하나님의 백성들은 인간의 모든 삶이 하나님에 의해 주도되고, 하나님의 영광을 위하는 것이 목적이라고 고백한다. 이것은 하나님의 백성의 진정한 고백이며 삶의 표출이다. 시편 24편에 대해 여러 가지 해석들이 있다. 그러나 중요한 것은 음부로 '내려가는' 이미지가 아니라 천상으로 '올라가는' 이미지로 형성되었다는 점이다.

시편 24편의 배경은 다윗의 왕권과 연결된다. 다윗이 나라를 세우고 난 다음 하나님의 법궤를 예루살렘으로 모셔오는 일을 하였다. 거기에 대한 내용이 사무엘하 6장에 나온다. 다윗은 하나님의 놀라운 축복을 받아 예루살렘을 수도로 정하고 나라가 안정되었을 때에 법궤를 예루살렘으로 모셔 오려고 하였다.

이 법궤는 엘리 제사장 때에 홉니와 비느하스가 블레셋과의 전쟁에서 가지고 갔다가 빼앗기고 말았다. 블레셋 사람들은 법궤 때문에 수많은 고통을 당하다가 그것을 돌려보냈다. 이스라엘 사람들은 법궤를 제 자리에 두지 않고 블레셋 사람들이 돌려보낸 그 자리에 두었다. 오랫동안 방치되다시피 한 법궤를 왕이 된 다윗이 예루살렘으로 모셔 오려고 하였다.

다윗의 이러한 노력이 시편 24편의 배경이 되며 하나님의 궤를 모신 백성의 감사와 감탄이 이어지게 되었다. 시편 24:1~2은 하나님의 우주적 왕권을 찬양한다. 하늘과 땅 그리고 우주의 모든 것이 하나님의 것이기에 만물이 하나님의 이름을 찬양하고, 하나님께 영광을 돌리게 된다.

1. 다 여호와의 것이로다

1절에서 "땅과 거기에 충만한 것과 세계와 그 가운데에 사는 자들은 다 여호와의 것이로다"고 하였다. 이것은 위대한 선언이다. 세상의 모든 것이 하나님의 것이라는 선언은 하나님의 주권을 선포할 뿐만 아니라 하나님의 우주 통치의 정당성을 제시한다. 1절을 자세히 보면 '땅과 거기에 충만한 것'과 '세계와 거기에 충만한 것'이 짝을 이루고 있다. 이것은 성경 여러 곳에서도 나타나고 있다(신 33:16, 사 34:1, 미 1:2, 시 50:12 등).

땅은 하나님께서 만드시고 그 안에 사는 모든 것을 하나님이 채우셨다. 그 땅은 하나님의 복으로 가득하고 의와 사랑으로 충만하였다. 그러니 '충만한 것'이란 하나님의 피조세계 전부를 가리키는 말이다. 인간들은 땅과 거기 있는 것들을 자기의 소유물로 삼으려고 한다. 이것은 하나님의 절대적 주권보다 인간의 능력을 과시하는 잘못된 태도의 산물이다. 하나님은 이 땅을 인간들에게 관리하라고 하였지 소유하라고 하시지 않았다. 여기서 성경적 토지관이 나오고 그것을 바탕으로 하여 경제정의가 실현된다. 오늘의 시대에 경제정의가 서지 못하는 것은 이런 원리가 무너졌기 때문이다. 하나님은 소유주이시고 우리는 청지기이다. 이와 같은 바른 구조를 시인은 선언하고 있다. "다 여호와의 것이로다"라고 열정적으로 외치고 있다.

시인은 '세계와 그 가운데에 사는 자들은 다 여호와의 것이로다'고 하였다. 땅과 세계는 평행을 이룬다. '세계'로 번역된 단어는 혼란의 바다에서 개간된 땅으로서 사람이 거주하는 곳을 가리킨다. 따라서 '세계'와 '거민'이 짝을 이루는 경우가 많다. 이 시에 나타나는 땅은 '생산하는 땅'이다. 이 세계에는 사람이 살고 경작하며 농산물을 생산한다.

그러니 시어(詩語)에서 보면 땅은 넓은 개념이고, 세계는 좁은 개념이다. 땅은 피조된 세계의 물질적 내용을 가리키고, 세계는 생명 특히 사람을 가리킨다. 이 모든 것이 하나님의 것이다. 하나님이 주인이시고 온 세상의 하나님께 속하였다. 이것은 선언이요 고백이다. 하나님의 우주적 왕권을 선언한 것으로서 중요한 의미를 가진다.

이런 사상이 우리의 신앙의 바탕이 되고, 그것을 통해 기독교 세계관이 형성된다. 하나님의 백성은 하나님의 우주적 왕권을 찬양해야 한다. 그런 원리가 우리의 삶에서 구체화되어야 한다.

2. 세우심이여

2절에서 "여호와께서 그 터를 바다 위에 세우심이여 강들 위에 건설하셨도다"고 하였다. 원문에는 '왜냐하면 그는'으로 시작하여 1절에 대한 이유를 설명하고 있다. 이런 표현을 통하여 하나님의 우주적 왕권을 다시 한번 찬양하고 있다. 하나님께서 세상의 기초를 세우셨으니 하나님이 이 세상이 주인이라고 선언한다. 앞에서 말한 바대로 하나님의 백성들의 기본적 신앙이 구체적으로 선언되고 있어서 이것을 통하여 하나님의 절대주권을 고백한다.

1절에서는 '땅'과 '세계'가 짝을 이루고 있고, 2절에서는 '바다'와 '강'이 짝을 이룬다. 여기서 바다와 강은 지중해와 유프라테스강을 의미한다. 어떤 사람들은 홍해를 의미한다고 하기도 하지만 이것이 중요한 것은 아니다. 여기 나타나는 '바다'와 '강'은 고대 근동 아시아의 우주론을 바탕으로 하고 있다. 옛 사람들은 생각하기를 우리가 살고 있는 이 세계는 바다로 뒤덮여 있었는데, 하나님께서 우리들이 살고 있는 땅의 터를 바다와 강 위에 건설하였다는 것이다. 이런 생각의 바탕을 비추어서 이 시는 하나님의 위대하심을 찬양하는 내용이다.

3. 혼돈에서 질서로

하나님은 혼돈의 바다에서 질서의 세계를 만드셨다. 하나님은 세상의 터를 세우시고, 그 속에서 하나님의 위대하심을 선포하신다. 이런 하나님의 역사를 단순한 이야기에서 벗어나 하나님의 창조세계에 대한 노래로 연결시킨다. '세상의 모든 것이 하나님의 것이다'라는 선언은 하나님의 우주적 왕권을 찬양하는 고백이다. 우리의 삶이 하나님의 절대 주권 아래서 유지되어간다는 고백의 바탕이 여기서 형성된다.

'다 여호와의 것이로다'는 우리들의 고백이요 선언이다. 그래서 우리는 자연 속에서 하나님의 위대하신 손길을 느끼고, 그분의 사랑을 체험한다. '내 것'이 아니라 '여호와의 것'이기에 우리는 하나님의 주권을 믿고 따른다. 우리 시대에 생성하는 수많은 문제들은 하나님의 절대주권을 외면하는 데서 온다. '모든 것이 하나님의 것이다'라는 선언은 우리의 신앙인격과 삶의 원리가 된다. 하나님의 것이기에 주인이신 하나님의 뜻대로 살아야 하고, 그것을 관리하고 보존해야 한다. 그렇지 못하고 우리가 주인 행세를 할 때에 여기서 심각한 문제가 제기된다.

하늘과 땅, 강과 바다, 거기에 있는 모든 것의 존재 의미는 하나님의 영광에 있다. 이런 하나님을 믿기에 우리는 감사의 찬양을 하게 된다. 하나님의 것을 하나님의 것으로 하나님을 영화롭게 하는 신앙적 역사가 있어야한다. 그러기에 우리는 하나님의 깊으신 뜻을 위해 이 우주적 통치권을 선언하고 찬양하며 지키는 것이 우리 신앙의 기본 요소이다.

여호와의 산에 오를 자가 누구며

시편 24:3~6

3여호와의 산에 오를 자가 누구며 그의 거룩한 곳에 설 자가 누구인가 4곧 손이 깨
끗하며 마음이 청결하며 뜻을 허탄한 데에 두지 아니하며 거짓 맹세하지 아니하는
자로다 5그는 여호와께 복을 받고 구원의 하나님께 의를 얻으리니 6이는 여호와를
찾는 족속이요 야곱의 하나님의 얼굴을 구하는 자로다 (셀라)

하나님의 우주적 왕권을 찬양한 시인은 땅과 세계의 모든 것이 하나님의
것이라고 한다. 이것은 시인의 신앙고백이며 위대한 선언이다. 모든 것이
하나님의 것이라는 고백은 우리의 신앙 바탕이 되며 우리들의 가치관을 새
롭게 정비하게 한다.

1. 누구냐

3절에 와서 새로운 주제를 다룬다. "여호와의 산에 오를 자가 누구며 그
거룩한 곳에 설 자 누구인가"라고 질문한다. 3절에 '누구냐'라는 단어가 중
복되어 나오는 것에 주목할 필요가 있다. 3~6절은 하나님의 도덕적 왕권을
찬양한다. 3절은 앞뒤를 연결하는 고리가 된다. '장소'의 관점에서 1~2절과
연결되고, '사람'의 관점에서 4~6절과 연결된다. 시인은 '여호와의 산에 오
를 자가 누구며'라고 하였다. 이제 순례자는 여호와의 산에 올라간다. 여호
와의 산은 옛날 아브라함이 독자 이삭을 번제로 드리려고 했던 산이며(창

22:14), 예루살렘 성전이 세워진 언덕이다(시 2:6, 사 30:29).

여호와의 산은 거룩한 곳이다. 이곳은 하나님께서 태초에 혼돈의 물을 정복하고 질서의 세계를 세우심으로 하나님의 왕권을 세우신 곳이다. 이곳은 시온산이며 마지막 날에 하나님의 영광이 나타나 모든 나라들이 하나님의 말씀을 받기 위해 모여드는 시온산이다(사 2:3, 미 4:2).

'오르다'는 말은 언덕에 있는 성소까지 예배하기 위해 올라가는 행진을 말하는 전문용어이다(시 47:5, 112:4, 삼상 1:3, 22, 삼하 6:12, 15, 사 2:3, 38:22). 여호와의 산에 있는 그 존귀한 성전으로 올라가는 자가 누구인가?

3절에는 '오르다'와 '서다'가 병행으로 나타난다. 시인은 '누가 오르며, 누가 설 것인가?'라고 질문한다. 누가 우주의 왕권을 가지신 하나님께 나아갈 수 있는가? 누가 거룩한 시온에 설 수 있는가? 시인의 질문은 단순한 것이 아니다. 하나님의 존귀하심 앞에 우리가 어떻게 서며, 어떻게 나아갈 수 있을 것인 지에 대한 질문을 한다. 단순한 질문이 아니라 우리로 하여금 기대와 설렘으로 하나님의 영광을 사모하게 한다.

시인은 4~6절에서 여호와의 산에 오를 자와 그곳에 설 자가 누군지를 구체적으로 지적하고 있다. 4절에서 "곧 손이 깨끗하며 마음이 청결하며 뜻을 허탄한 데에 두지 아니하며 거짓 맹세하지 아니하는 자로다"고 하였다. 3절의 질문에 대한 대답이 나온다. 여기에 제시된 자격은 일반적 특성을 말하는 것이다. 마땅히 해야 할 적극적인 행동을 손과 마음으로 표현하고 있다.

'손이 깨끗하며 마음이 청결 하며'라고 하였다. 그러니 손은 외적 정결성을 의미하고, 마음은 내적 정결성을 말한다. 안팎으로 깨끗함을 추구하고 있다. 성경에 보면 '손'은 다양한 의미로 사용되고 있다. 신체의 단순한 한 지체 일뿐 아니라 힘, 일, 능력 등을 가리킨다. 여기서 '깨끗한 손'이란 '도덕적 삶'을 가리킨다. 인간의 손은 인간의 의지와 행동을 나타내는 의미가 강하다. 선과 악을 나타내는 도구라는 의미도 있다. 우리의 손은 우리의 삶을 나타내는 표현이기도 하다. 손이 가지는 상징적 의미를 정확히 보아야 한다.

2. 아니하며

4절에는 두 가지 금지 사항이 나온다. "뜻을 허탄한데 두지 아니하며 거짓 맹세치 아니하며"라고 하였다. '뜻을 허탄한 데에 두지 아니하며'란 것은 헛된 것 즉 허망한 데 뜻을 두지 않는다는 말이다. '허탄한 것'은 일시적이요 거짓된 것이며, 죄악된 것으로 이것은 헛된 신과 우상을 가리킨다(시 31:6). 그러니 참 하나님을 섬기는 자는 헛된 신을 불러서는 안 되며, 우상을 불러서는 안 된다는 뜻이다. 하나님의 산에 오를 자는 거짓 맹세치 않는 자여야 한다. 거짓 맹세를 하지 않는 것은 우상의 이름으로 맹세하지 않는다는 의미가 있다. 하나님을 경외하는 자는 오직 하나님만 의지하며 영광을 돌려야 한다.

5절에서 "그는 여호와께 복을 받고 구원의 하나님께 의를 얻으리니"라고 하였다. 하나님은 하나님을 바로 섬기는 자들에게 '복'과 '의'를 주신다. '복'은 생명력과 연결되어, 있고, '의'는 특별히 언약 안에서의 생활과 연관된다. 하나님을 진심으로 섬기는 자를 하나님께서 외면하지 않으시고 복과 의를 선물로 주신다.

하나님께서 자기 백성에게 복을 주시는 데 창조의 복과 아브라함의 복을 주신다. 또 출애굽의 구원의 놀라운 역사를 체험하게 하신다. 하나님을 섬길 때에 백성들의 신실한 삶이 요구된다. 바른 도덕적 삶을 통해 하나님의 영광을 나타낼 때에 하나님께서는 그 백성에게 축복의 역사로 충만케 하신다.

3. 하나님을 찾는 사람들

6절에서 "이는 여호와를 찾는 족속이요 야곱의 하나님의 얼굴을 구하는 자로다(셀라)"고 하였다. '여호와를 찾는 족속'이라고 하였는데 이것은 하나님을 찾는 사람들이라는 뜻이다. '족속'이란 민족적 의미가 아니라 세대라는 뜻을 가지고 있다. 그러니 하나님을 찾아 나오는 무리들이 공동체를 이루고 있음을 가리킨다. 가족과 세대가 하나님께 나아오고 그들이 하나님의 복과 의를 받게 되는 놀라운 역사가 일어난다.

6절에서 '찾는다'와 '구한다'라는 두 단어가 나오는 데 이것은 같은 의미이다. 성전 예배와 연관된 것으로서 하나님과의 언약관계 속에서 하나님을 찾는 자의 모습을 그리고 있다. 이 공동체가 '우리는 여호와를 찾는 족속이요 야곱의 하나님의 얼굴을 구하는 자'이다.

여기서는 도덕적 순결성을 강조하는 것이 아니라 하나님께 경배 드리는 것을 강조한다. 우리는 이 말씀에서 '우리는 예배드리기를 원한다'는 고백이 얼마나 중요한 지를 보여준다. 하나님께 예배하는 것은 인생 최고의 축복이기에 이것을 귀하게 여겨야 한다. 오늘의 우리들은 예배의 감격을 체험해야 한다. 하나님께 예배드리는 것이 우리들의 최고의 영광이며 축복의 계기이다. 그래서 우리의 예배가 하나님을 영화롭게 할뿐 아니라 우리에게는 감격의 순간이다.

시인은 하나님의 도덕적 왕권을 찬양하고 있다. 하나님의 산에 오를 자는 깨끗한 도덕적 삶을 유지해야 하고, 하나님을 찾아 경배하는 예배의 삶을 살아야 한다. 하나님의 백성의 삶에는 예배와 경건이라는 두 축이 항상 유지되어야 한다. 이것은 하나님의 영광을 이 땅에 나타내는 중요한 역사이다.

우리는 예배와 경건의 삶을 통해 하나님의 영광을 나타내어야 한다. 하나님께 예배하고, 도덕적으로 바른 삶을 살아가는 것이 축복의 길이다. 복과 의가 가득한 삶을 위해 바른 경배와 바른 도덕적 삶이 있어야 한다.

문들아 너희 머리를 들지어다

시편 24:7~10

7문들아 너희 머리를 들지어다 영원한 문들아 들릴지어다 영광의 왕이 들어가시리로다 8영광의 왕이 누구시냐 강하고 능한 여호와시요 전쟁에 능한 여호와시로다 9문들아 너희 머리를 들지어다 영원한 문들아 들릴지어다 영광의 왕이 들어가시리로다 10영광의 왕이 누구시냐 만군의 여호와께서 곧 영광의 왕이시로다 (셀라)

하나님의 왕권은 절대적이다. 우주의 주인이요 통치자로서 세상의 모든 것을 주장하시고 하나님의 백성들로부터 영광을 받으신다. 우주적 왕권을 가지신 하나님은 도덕적 권위를 발휘하신다. 하나님의 산에 오를 자는 바른 마음과 행동을 하는 자여야 하고 하나님의 얼굴을 찾는 예배자여야 한다. 하나님께서는 이들에게 복과 의를 주신다. 시인은 이제 하나님을 새로운 모습으로 찬양을 한다.

1. 너희 머리를 들지어다

7~10절은 하나님의 군사적 왕권을 찬양한다. 하나님은 '강하고 능한 여호와시요 전쟁에 능한 여호와'이시다. 하나님은 영광의 왕이시며 모든 백성들이 경배와 찬양을 한다.

7절에서 "문들아 너희 머리를 들지어다 영원한 문들아 들릴지어다 영광의 왕이 들어가시리로다" 라고 하였다. '문들아 너희 머리를 들지어다'에서의 문은 성전 문을 의미한다. 어떤 이들은 성문으로 보기도 하지만 성전 문으로 보는 것이 더 정확하며 앞뒤의 내용과 맞다. 이 말을 우리말로 바꾸면 '문을 활짝 열어라'는 뜻이 된다. 영적으로 해석하면 마음 문을 활짝 열고 영접하라는 의미이다. 하나님께서 우리의 마음속에 들어오시려고 할 때에 우리의 마음의 문들을 활짝 열고 높이 들라는 뜻이다. 여기서 우리는 주님을 향한 우리의 마음을 읽을 수 있다. 우리의 자세가 어떠해야 하는 지를 보여준다. 우리의 마음을 열고 하나님을 영접해야 한다. 그러니 하나님을 향한 열린 마음이 필요하다. 하나님의 은혜와 사랑을 갈망하는 그 마음이 우리에게 중요한 의미를 가진다. 하나님을 향한 뜨거운 사랑이 우리의 삶을 주장하고 하나님을 영접하는 열린 마음이 있어야 한다.

시인은 성전 문을 통하여 우리의 영적 자세가 어떠해야 할지를 교훈하고 있다. "영광의 왕이 들어가시리로다"고 강하게 말씀하고 있다. 여기서 하나님의 왕권이 나타난다. 하나님은 영광의 왕이시며, 7, 8, 9, 10절에서 계속 노래하고 있다. 왕에게는 원래 영광이 부여된다. 그러나 다윗과 솔로몬에게는 하나님께서 더 큰 영광을 주셨다(대상 29:28, 왕상 3:13). 그러니 하나님은 왕 중의 왕이시고, 모든 영광의 왕이심을 강조함으로써 하나님의 권위를 강조한다.

시편 24편에 나오는 '영광의 왕'이란 칭호는 하나님의 전투력과 연관된 표현이다. 거룩하신 용사이신 하나님이 개선하고 입성하시는 모습이 이 말씀의 배후에 깔려 있다. 역사적으로 보면 이 말씀은 다윗 시대에 법궤가 성소에 들어가는 모습을 보여준다. 법궤는 실로가 망한 후 사울 시대에 오랫동안 버려졌다가 다윗 시대에 예루살렘으로 돌아와(삼하 6:12~19) 안치되었다. 법궤가 예루살렘에 돌아온 것은 승리의 왕이시오, 전사이신 하나님이 거룩한 성 안으로 들어오는 것을 의미한다. 법궤와 하나님의 영광 사이에는 밀접한 관계가 있다. 법궤를 통하여 하나님의 영광이 나타나고 하나님의 존귀하심이 온 세상에 선포된다(삼상 4:22).

옛날 이스라엘 백성들은 땅의 성소에 들어가면 하늘의 성소에 들어가는 것을 느꼈다. 그들에게 있어서 땅의 성소는 하늘의 성소였다. 성전은 단순히 이 땅에 존재하는 곳이 아니라 하늘의 장소이며 그들에게 우주였다. 이러한 생각이 이스라엘 백성들로 하여금 하나님을 찬양하고 영광을 돌리게 한다.

2. 여호와시로다

8절에서 "영광의 왕이 누구시냐 강하고 능한 여호와시요 전쟁에 능한 여호와시로다"고 하였다. 성전의 문지기들은 성 밖에 대기하고 있는 자들에게 '영광의 왕이 누구냐?'고 질문한다. 이 질문은 대답을 강조하기 위한 질문이며 의식적인 질문이기도 하다. 이 말은 '그러면 누가 영광의 왕인가?' 라는 뜻이 된다. 성 밖에서 법궤를 매고 행진하던 제사장들이 한 목소리로 '강하고 능한 여호와시요 전쟁에 능한 여호와시로다'고 외친다. '강하고 능하다'라는 표현은 성경에서 여기만 나오는 것으로서 용사의 특징을 보여주는 표현이다.

하나님은 '전쟁의 용사'이시다. 자신을 대적하는 자들을 진멸하시고 영광의 깃발을 분명히 하신다. 이것은 승리의 왕이신 여호와께서 이 땅을 다스리시고 여호와의 왕권을 강하게 하신다는 사실을 강조한다. 영광의 왕이 누군가? 그는 여호와시요 만군의 여호와시다. 즉 '만왕의 왕'이라는 뜻이다. 이 세계를 통치하시고 원수들을 진멸하시는 능력의 왕이시다. 또 하나님을 영화롭게 하는 자기 백성들에게 큰 축복으로 함께 하신 왕이다. 9절에서는 7절에서 노래한 하나님의 군사적 왕권을 다시 한 번 찬양하고 10절에서도 영광의 왕을 노래한다. 이와 같은 중복된 강조를 통하여 하나님의 위대하심과 강하심을 찬양한다. 하나님이 누구신가? 하나님은 영광의 왕이시다. 그러기에 마음 문을 열고 그분을 영접해야 하며 하나님의 승리를 노래해야 한다.

3. 하나님의 영광과 왕권

시편 24편은 창조와 예배와 역사가 하나의 선으로 연결된다. 이러한 모든 것에서 하나님의 왕권이 실현되고 하나님의 영광이 나타난다. 하나님께서는 창조 사역을 통하여 혼돈에서 질서를 만드시고 하나님의 위대한 손길을 나타내셨다. 그래서 하늘과 땅의 모든 것이 하나님의 것이기에 하나님의 영광을 드러내게 된다. 이러한 하나님은 도덕적 왕권을 나타내신다. 우리의 삶에서 악을 제거하고 선을 세우시기를 원하신다. 손이 깨끗하고 마음이 청결한 삶을 살아야 하는데 이것이 바로 예배하는 삶이다.

예배는 우리가 하나님을 만나는 거룩한 채널이다. 하나님은 계시를 통해 우리를 찾으시고 우리는 예배를 통해 영광 돌린다. 그리하여 하나님의 백성들로 하여금 예배의 감격에 빠지게 하며 그것을 통하여 참된 기쁨을 누리게 하신다. 하나님은 군사적 왕권을 가지셨고 원수들을 멸하시고 이 땅의 모든 것을 통치하시는 영광의 왕이시다. 하나님의 백성들은 마음 문을 열고 이 영광의 왕을 맞아야 한다. 하나님의 거룩한 산 시온에서 만군의 왕으로 찾아오시는 하나님을 영접하여 감격을 누리는 자가 되어야 한다.

시편 24편은 초대교회 때부터 그리스도의 승천일에 읽혀졌다. 마귀 권세 부수시고 승천하신 그리스도께서 영광의 문으로 들어가신다. 죽음을 극복하신 그리스도의 역사가 나타나기에 우리는 영광의 주를 찬양한다. 우리는 영원한 문들을 활짝 열고 들어가시는 영광스러운 왕의 모습에서 죽음과 음부의 권세를 물리치시고 천성 문을 들어가시는 그리스도를 보게 된다.

우리도 첫 열매되신 그리스도를 따라 영원한 나라로 가게 된다. 영광의 왕을 찬양하는 기쁨의 역사를 가슴에 누리며, 우리도 영원한 문으로 들어가는 승리의 행진을 계속해야 한다. 그분의 뒤를 따라서.

주를 우러러 보나이다

시편 25:1~3

1여호와여 나의 영혼이 주를 우러러보나이다 2나의 하나님이여 내가 주께 의지하였사오니 나를 부끄럽지 않게 하시고 나의 원수들이 나를 이겨 개가를 부르지 못하게 하소서 3주를 바라는 자들은 수치를 당하지 아니하려니와 까닭 없이 속이는 자들은 수치를 당하리이다

사람이 살아갈 때에 남들이 알지 못하는 어려움이 있을 수 있다. 내면의 근심과 외부의 시련은 하나의 큰 고통으로 삶을 억누르는 경우가 많다. 이것이 남들의 눈에 띄지 않지만 겪는 사람의 마음에는 한없는 고통이며 외로움이다. 이러한 고통과 시련을 어떻게 이길 것인가라는 문제가 제기된다. 사람마다 여러 가지 방안들을 강구하지만 뜻대로 되지 않는 경우가 많다.

시인은 시편 25편에서 시련에 대한 애통과 하나님의 역사에 대한 신뢰와 확신 그리고 찬양을 하고 있다. 이것은 시련과 고통을 이기는 진정한 길이 무엇인지를 보여 주고 있다. 시편 25편은 시련과 역경 가운데서 하나님께 간구하는 내용으로 가득하다. 이 간구들은 역경을 이기는 인간의 길을 알게 하며, 하나님의 영광을 찬미하는 삶을 제시 한다.

1. 주를 우러러 보나이다

1절은 시편 25편 전체의 주제이다. "여호와여 나의 영혼이 주를 우러러

보나이다"고 하였다. 이 말은 '내가 기도드리나이다'라는 뜻이다. 이 구절은 가난한 사람이 하루의 일당을 간절히 바라보는 데에 사용된다(신 24:15). 시인은 손들고 기도하듯이 마음을 들어 하나님을 우러러 본다. 그러니 '신령과 진리로' 예배드리는 자세를 의미한다. 사모하는 마음으로 또 경외하는 마음으로 우러러 본다. 경외함으로 바라본다는 것은 진심을 다한다는 뜻이다.

'여호와를 경외하는 자'라는 표현이 12절과 14절에 나온다. 하나님을 바라보는 자는 여호와를 경외하는 자다. 이들은 진심으로 여호와를 섬기며 혼과 성을 다하여 여호와를 경외한다. '여호와여'라고 부른 것은 언약관계를 바탕으로 한다. 여호와는 '언약의 하나님'이다. 이스라엘 백성들이 '여호와여'라고 부를 때에 하나님의 사랑의 언약을 상기하며 사용한다. 그러니 '하나님께서 은혜로 약속해 주신 그대로 이루사 내게 긍휼을 베푸소서'라는 뜻을 가지고 있다. 이렇게 하나님을 부른 후에 '내 영혼이 주를 우러러 보나이다'고 하였다. 언약의 하나님, 사랑의 하나님을 믿기에 어렵고 힘들 때에 하나님의 도우심을 구하여 손을 들 듯이 하나님을 의지한다.

'내 영혼'이란 '심령 깊은 데서'라는 뜻이다. 마음 깊은 데서 하나님을 우러러 보며 문제의 근본적 해결을 간구한다. 문제의 해결은 오직 하나님을 통해서만이 가능하다는 말씀이다. 여호와는 자기를 우러러 의지하는 자에 힘을 주신다. '피곤한 자에게 능력을 주시며 무능한 자에게는 힘을 더 하시나니'(사 40:29)라는 말씀처럼 자기 백성을 이렇게 지키시는 언약의 하나님이시다. 우리들이 힘들고 어려울 때에 여호와 하나님을 우러러 보아야 한다. 언약의 하나님을 믿고 그 하나님을 통하여 근본적인 해결을 할 수 있기 때문이다.

2. 주께 의지하였사오니

2절에서 "나의 하나님이여 내가 주께 의지하였사오니 나를 부끄럽지 않게 하시고 나의 원수들이 나를 이겨 개가를 부르지 못하게 하소서"라고 하였다. 이 말씀은 1절의 일반적인 표현에 이어서 구체적인 간구를 하고 있다. 여기서는 '하나님'과 '나 자신'과 '원수'라는 삼각 관계가 제시되고 있다. 이런 구조 속에서 하나님의 역사와 영광을 바탕에 깔고 기도하였다. 시인은 '나의 하나님이여'라고 부른다. 이것은 하나님과의 언약 관계를 중심으로 부르는 칭호이다. 특히 '나의 하나님'이라고 함으로써 하나님과의 특별한 관계를 중심으로 표현하고 있다. 시인은 '내가 주께 의지하였사오니'라고 하였다.

시인은 하나님의 언약의 약속에 근거하여 하나님께 간청을 할 수 있다. 하나님은 약속을 지키시는 분이시기에 하나님께 간구할 수가 있다. 시인의 간구는 시인이 하나님을 의지하는 것으로 인하여 원수들에게서 부끄러움을 당하고 원수들이 시인을 이기어 개가를 부르지 못하게 해 달라고 간구한다. '개가를 부른다'는 것은 '승전가를 부른다'는 뜻이며 이것은 전쟁에서 이긴 후에 콧노래를 부르는 상태를 묘사하고 있다.

시인은 수많은 원수들에게 둘려 싸여 고통을 겪고 있기에 하나님이 돌보아 주시지 않는다면 낭패와 고통을 겪을 수밖에 없다. 시인은 이것을 알기에 하나님의 도우심을 간구하였다. 시인의 기도는 하나님의 백성들이 이 세상에서 수모를 당하지 않는 것을 호소한다. 하나님의 백성이 수치를 당하면 자신만의 수모가 아니라 하나님의 영광을 가리우게 된다. 시인은 이것을 염두에 두고 자신이 부끄러움을 당치 아니하도록 해 주기를 간구하였다. 하나님의 백성의 영광을 하나님의 영광이며, 하나님의 백성의 부끄러움은 하나님의 영광은 가리우는 것이다. 그러기에 우리의 삶이 하나님의 영광을 나타내는 것이어야 한다.

3. 주를 바라는 자는

3절에서 "주를 바라는 자는 수치를 당하지 아니하려니와 까닭 없이 속이는 자는 수치를 당하리이다"고 하였다. 3절은 2절에서 기도한 것들이 구체적으로 이루어지기 때문에 나타나는 결과이다. '주를 바라는 자'란 하나님께만 소망을 두고 하나님의 뜻이 이루어지기를 믿음으로 바라는 자를 가리킨다.

이 땅의 삶이 힘들고 여러 가지로 어렵다고 해도 하나님을 바라는 자에게 수치가 없다. 오직 하나님을 거역하는 자에게 수치가 올 뿐이다. 시인은 원수들을 '무고히 속이는 자'라고 하였다. 이들은 아무런 이유도 없이 고발을 자행하는 자들이다. 무고히 속이고 자신들의 이익을 위하여 모함을 서슴없이 하는 자들에게는 수치가 온다.

시인은 하나님의 언약을 확신하였기에 이러한 기도를 할 수 있었다. 하나님은 자기 백성과 맺은 언약을 지키시는 분이다. '주를 의지하고 바라는' 그 자세는 하나님의 백성의 기본된 자세이다. 오늘의 우리들이 안으로 근심이 생기고 밖으로 시련이 올 지라도 하나님만 바라보아야 한다. 이것은 하나님의 백성이 역경에서 벗어나는 유일한 길이다. 고통이나 주변의 문제만을 볼 때에 좌절하고 낙망하기 쉽다. 그러나 그 고통의 뒤에서 역사하시는 하나님을 바라볼 때에 문제 해결의 길이 열린다.

주를 우러러 바라보고, 주를 의지하는 자는 부끄러움을 당하지 않는다. 왜냐하면 하나님은 언약의 하나님이시기에 그 약속을 지키시는 분이시기 때문이다. 이런 믿음이 있을 때에 우리에게 오는 고통을 이길 수 있다. 하나님을 바라는 삶은 우리에게 축복의 길로 나아가는 첩경이 된다. 힘들고 어려워도 하나님을 바라고 의지할 때에 하나님은 그 역경을 해결하시고 축복의 길을 열어 주신다.

우리는 이러한 하나님을 믿는다. 그러기에 고통을 보는 것이 아니라 그 뒤에서 역사하시는 하나님을 바라보아야 한다. 이것이 바른 삶의 길이다.

주의 길을 내게 가르치소서

시편 25:4~7

4여호와여 주의 도를 내게 보이시고 주의 길을 내게 가르치소서 5주의 진리로 나를 지도하시고 교훈하소서 주는 내 구원의 하나님이시니 내가 종일 주를 기다리나이다 6여호와여 주의 긍휼하심과 인자하심이 영원부터 있었사오니 주여 이것들을 기억하옵소서 7여호와여 내 젊은 시절의 죄와 허물을 기억하지 마시고 주의 인자하심을 따라 주께서 나를 기억하시되 주의 선하심으로 하옵소서

어려움을 당할 때에 여기에 굴하지 아니하고 어려움을 통하여 역사하시는 하나님의 손길을 의지하는 것이 하나님의 백성의 자세이다. 어려움 속에 함몰되어 어쩔 수 없이 고통당하는 것이 아니라 그 고통이 하나님께 가까이 나아가는 계기가 되게 한다. 수많은 사람들은 고통 그 자체만을 바라본다. 그러나 이 고통의 이면을 보아야 하고, 그것을 넘어 하나님의 손길을 잡아야 한다(김남식, 〈고통과 소망의 신학〉; C.S.Lewis, 〈고통의 문제〉, 김남식 옮김 참조).

이제 시인은 그 어려움의 와중에서 하나님의 인도하심을 구한다. 하나님께서 모든 것을 주장하시고, 그것을 통해 영광 받으시기를 기도한다.

1. 내게 가르치소서

4절에서 "여호와여 주의 도를 내게 보이시고 주의 길을 내게 가르치소

서"라고 하였다. 시인은 '여호와여'라고 하였는데 이것을 언약의 하나님을 호칭하는 것이다. 이 호칭은 '언약의 하나님'이라는 뜻이며, '사랑의 은총의 하나님'이라는 의미이다. 시인은 '주의 도를 내게 보이시고 주의 길을 내게 가르치소서'라고 하였다. '주의 도'와 '주의 길'은 평행을 이루고 있다. 현대 번역들을 보면 '당신의 길', '당신의 행로' 등으로 번역되고 있다. 또 '주의 길'을 '어떻게 살아야 할지' 등으로 번역되어 매우 적절한 의미를 전하고 있다. 우리들이 날마다 실패하여 고통의 와중에 빠질 때에 하나님의 도우심을 받아 다시 일어날 때에 거기에서 좌절하지 말고 계속하여 하나님의 길을 걸어야 한다. 하나님의 백성은 하나님의 길을 가야 한다. 그래서 시인은 하나님의 백성은 하나님이 원하시는 길을 가야 한다. 시인이 강조하는 것은 우리가 '어떻게 살아야 할지'라는 주제이다. 하나님의 백성의 삶의 규범이 무엇인가라는 문제이다. 많은 그리스도인들은 이 주제에 관심을 가진다. 프랜시스 쉐퍼는 〈그러면 우리는 어떻게 할 것인가?〉라는 책을 통하여 하나님의 백성들의 삶의 규범과 자세를 논의하고 있다. 하나님께서는 자기 백성에게 삶의 규범을 제시해 주셨다. 어떻게 믿고, 어떻게 살 것인가라는 심각한 문제의 해결책을 제시해 주고 있는데, 이것을 바로 알고 따라야 한다.

2. 나를 지도하시고

5절에는 "주의 진리로 나를 지도하시고 교훈하소서 주는 내 구원의 하나님이시니 내가 종일 주를 바라나이다"고 하였다. 4절에는 '주의 길', '주의 도'라고 하였는데 5절에 와서 '지도하다', '교훈하다'는 문장이 평행을 이룬다. '주의 진리'란 하나님의 말씀 즉 믿을 수 있는 하나님의 말씀이란 뜻이다. 하나님의 진리로 나를 지도하고 교훈하여 주시기를 간구하고 있다. 이 간구는 하나님의 백성의 처절한 호소이며, 은혜를 체험한 사람들이 반드시 해야 할 길이다. '주는 내 구원의 하나님이시니 내가 종일 주를 바라나이다'고 하였다.

시인은 '주는 내 구원의 하나님'이라고 하였다. 하나님은 나를 건져 주시는 전능자이다. 그러니 하나님은 우리의 주인이시기에 하나님의 말씀에 따라 사는 것이 필요하다. 시인은 '내가 종일 바라나이다'고 했다. 하나님께서 자기 백성에게 요구하시는 것을 순종하도록 가르쳐 주시기를 구하고, 종일토록 하나님을 바라본다. 이것은 하나님의 백성의 삶의 자세이다. 고통의 와중에서 하나님을 바라보는 것이 중요하다. 하나님의 원리를 깨닫는 자는 어떤 상황이 되어도 하나님의 가르침에 따라 살아가며, 자신이 믿는 하나님의 원리를 가슴에 채우며 하나님의 영광을 바라본다. 우리에게 어려움이 올지라도 하나님은 우리가 가야 할 길을 제시해 주시기에 이 하나님을 바라보고 따라 가는 것이 중요하다.

3. 기억하소서

6절에서 "여호와여 주의 긍휼하심과 인자하심이 영원부터 있었사오니 주여 이것을 기억하옵소서"라고 하였다. 시인은 '여호와여'라고 다시 부른다. 하나님과의 언약을 기억하고 그렇게 부른다. 시인은 계속적으로 하나님의 진리에 따라 살고 싶지만 그에게는 뼈아픈 실패의 경험이 있었음을 고백한다. 지난날 하나님의 말씀대로 살지 못했던 것을 용서해 달라고 기도하고 있다. 6절과 7절에서 '기억하옵소서'라 삼중적으로 반복되고 있는데 이것은 히브리 문학 형태에 나오는 삼중강조법의 특성을 보여 준다.

또한 과거에 베풀어 주신 하나님의 긍휼과 인자하심을 기억해 주시기를 호소한다. 우리를 불쌍히 여기시는 하나님의 손길을 기억한다. 또 우리를 향하신 하나님의 사랑 즉 인자하심을 생각한다. 이러한 긍휼과 인자하심은 영원부터 있었다. 하나님은 영원부터 영원까지 계시는 분이시기에 하나님의 이러한 속성이 우리들에게 강하게 역사하신다. 하나님의 긍휼하심과 인자하심은 먼 옛날부터 변함없이 나타남을 강조하고 있다.

하나님은 시내산 언약을 통하여 긍휼하시고 인자하신 모습을 보여준다. 그래서 시인은 이 언약에 근거하여 하나님의 용서를 되새긴다. 하나님은 옛날부터 우리를 용서하시고 관계를 회복시키신 분이었다. 용서하시는 하나님의 언약은 영원히 변함이 없다.

7절엔 "여호와여 내 젊은 시절의 죄와 허물을 기억하지 마시고 주의 인자하심을 따라 주께서 나를 기억하시되 주의 선하심으로 하옵소서"라고 하였다. 시인은 좀 더 구체적으로 하나님께서 자신의 옛 죄를 기억하지 않으시기를 기도하고 있다. '내 젊은 시절의 죄'란 아직 성숙하지 못하고 '젊은 날 멋 모르고 지은 실수'를 말한다. 판단력 없이 지은 옛 죄를 용서해 주시기를 기도한다. 비록 중년이 되었으나 젊을 때의 그 죄책에서 벗어나지 못하고 있으니 이것을 용서해 주시기를 호소한다.

하나님은 용서의 하나님이시다. 회개하고 나아오는 자들의 죄를 용서하신다. 그러기에 우리들의 가슴 밑바닥에 남아 있는 죄의 찌꺼기를 철저히 회개하여 용서하시는 하나님의 은혜를 체험해야 한다.

시인은 끝으로 '주의 인자하심을 따라 나를 기억하시되'라고 하여 자신을 기억해 주시기를 호소한다. 즉 나의 죄를 기억하지 마시고 나를 기억해 주소서라고 호소한다. 이런 호소의 근거는 하나님의 선하심이다. 하나님은 선하시기에 우리의 죄를 용서하시고, 우리 자신은 자기 백성으로 기억해 주신다. 이러한 하나님을 믿기에 우리에게 힘든 일이 생기고 고통의 역사가 일어나도 하나님을 바라보는 신앙의 뿌리가 있다. 하나님은 우리의 지난날의 죄를 용서해 주시고, 오늘의 우리들을 기억하시기에 이 하나님의 선하심에 감사와 감격을 하게 된다.

하나님께서 주의 도를 우리들에게 가르치실 때에 우리는 종일토록 하나님을 바라보게 된다. 하나님은 우리를 구원하시는 구원의 하나님이시니 하나님의 긍휼과 인자하심에 감사를 드리게 된다. 이런 사랑의 역사를 기억하며 종일토록 주를 바라본다.

인자와 진리로다

시편 25:8~11

8여호와는 선하시고 정직하시니 그러므로 그의 도로 죄인들을 교훈하시리로다 9온유한 자를 정의로 지도하심이여 온유한 자에게 그의 도를 가르치시리로다 10여호와의 모든 길은 그의 언약과 증거를 지키는 자에게 인자와 진리로다 11여호와여 나의 죄악이 크오니 주의 이름으로 말미암아 사하소서

우리가 믿는 하나님은 어떤 분일까? 그저 우리를 사랑하셔서 우리의 필요를 무조건 채워 주시는 분이실까? 아니면 우리가 필요할 때마다 구하는 보험회사 사장 같은 분이신가? 사람마다 하나님에 대한 다양한 이미지를 가지고 있다. 이것은 각자의 신앙과 체험을 바탕으로 하고 있으며, 자칫하면 하나님의 원래의 이미지에서 벗어날 수 있다. 왜냐하면 개인적 생각이 원리보다 앞서기 때문이다. 시인은 이러한 오류에 빠지지 않고 하나님의 모습을 바로 그리고 있다. 하나님의 어떤 분이신 지에 대한 정확한 묘사를 함으로써 자신이 신앙을 고백하고 오늘의 우리들에게 바른 지침을 주고 있다.

1. 그러므로 그 도로

8절에서 "여호와는 선하시고 정직하시니 그러므로 그의 도로 죄인들을 교훈하시리로다"고 하였다. 시인은 '선하시고 정직하신' 하나님을 찬양하고 있다. 이 단어들은 하나님의 속성을 표현한 것으로써 얼핏 보면 서로 상

충되는 듯하다. 하나님이 정직하시다면 시인의 젊은 날의 죄를 간과하시지 않을 것이고, 하나님이 선하시다면 시인의 회개를 외면치 않으시고 문제 삼지 않을 것이다.

그러나 여기에는 아무런 문제가 없다. 하나님은 선하실 뿐만 아니라 의로우신 분이다. 하나님은 선하실 뿐만 아니라 공정하신 분이다. 하나님이 선하시기에 우리의 죄를 용서해 주신다. 하나님은 무조건 우리의 필요를 채워 주시는 박애주의자가 아니다. 하나님은 감상에 빠져 모든 것을 공급하시는 분은 더더욱 아니다. 하나님은 공의로우신 분이시기에 죄인을 바로 잡으시고 고치신다. 그러니 사랑과 공의가 항상 함께 있다.

시인은 '여호와는 선하시고 정직하시니'라고 하였다. 이것은 하나님을 향한 바른 표현이다. 하나님은 선하시고 정직하시기에 우리를 바로 잡기 위해 가르치신다. '그러므로 그 도로 죄인을 교훈하시리로다'고 하였다. 하나님은 죄인을 바로 잡으신다. 잘못된 길로 가는 자를 바로 잡아 바른 길로 가게 하신다. 하나님은 죄인들에게 바른 길을 가르치시는 데 '그 도' 즉 말씀을 통하여 그렇게 하신다.

하나님의 말씀은 살아 운동력이 있고 우리의 잘못을 해부하실 뿐만 아니라 진정한 삶이 무엇인지를 보여 준다. 그래서 시인은 '그 도로 죄인을 교훈하시리로다'고 하였다. 시인은 이 시를 통하여 자기성찰을 하고 있다. 원수들의 잘못을 지적하는 것이 아니라 자기 자신에게 말하고 있다. 시인은 자기 자신을 하나님의 용서가 필요한 존재라고 스스로의 죄인 됨을 고백하고 있다. 이전 고백을 바탕으로 하나님의 선하심과 정직하심을 노래하고 있다.

2. 그 도를 가르치시로다

9절에서 "온유한 자를 정의로 지도하심이여 온유한 자에게 그의 도를 가르치시리로다"고 하였다. 시인은 참 교사로서의 하나님을 찬양하고 있다. 여기서는 '온유한 자'를 가르치시는 하나님을 노래하고 있다. 새로운 번역본에서는 온유한 자를 '겸손한 자' 또는 '가난한 자'로 번역하고 있다. 온유한 자란 경제적으로 가난한 자를 의미하는 것이 아니라 억압을 받는 자 또는 가난한 마음을 가진 자를 말한다. 하나님은 이런 자들을 가르치신다.

하나님은 선하시고 의로우시므로 시인은 하나님께 구원과 인도하심을 동시에 구하고 있다. 하나님은 자기 백성에게 바른 길을 가르치신다. 이러한 하나님의 역사는 하나님의 언약에 근거한다. 선하심과 공의로우심은 하나님의 언약 용어이다. 하나님은 자기 백성에게 언약을 바탕으로 하여 바른 길을 가르치신다. 그래서 회개하고 하나님께 바로 서기를 교훈하신다. 시인은 위대한 교사이신 하나님을 찬양한다.

하나님은 선하시고 공의로우셔서 자기 백성이 바른 길을 가기를 원한다. 곁길로 잘못 가면 가르쳐서 바로 잡으시는데 이것은 하나님의 선하심의 역사이다. 오늘의 우리들도 선하시고 공의로우신 하나님의 가르침을 받아야 한다. 이것은 강제로 되어지는 것이 아니라 하나님의 도 즉 하나님의 말씀으로만 가능하다. 하나님의 말씀이 우리 속에 역사하실 때에 우리의 잘못을 깨닫고 바로 서게 된다.

3. 여호와의 모든 길은

10절에서 "여호와의 모든 길은 그의 언약과 증거를 지키는 자에게 인자와 진리로다"고 하였다. 여기서는 하나님의 언약적 성격을 더욱 분명하게 나타내고 있다. 하나님은 자신의 말씀을 지키는 자에게 인자와 진리를 베푸신다.

시인은 여기서 '여호와의 모든 길'을 말하고 있다. 이 길은 하나님께서 자기 백성을 다루시는 모든 방식이다. 하나님께서는 자기 방식대로 자기 백성을 다루시며 그 뜻에 따르는 자에게 은혜의 역사가 있다. '그의 언약과 증거를 지키는 자'라고 하였다. '언약과 증거'란 '언약과 계명'이라는 뜻이다. 그러니 '언약의 의무'라는 뜻이다. 하나님의 언약을 믿고 그 계명을 지키는 자라는 말이다. 이들에게 하나님의 모든 길은 '인자와 진리'이다. 하나님은 인자와 진리로 역사하신다. 즉 사랑과 공의로 세상을 다스리시는 분이시다. 이것은 자기 백성을 향한 하나님의 역사이며 다스리시는 방법이다. 그러기에 이 하나님을 믿고 따르는 것이 위대한 축복의 길이다.

11절에서 "여호와여 나의 죄악이 크오니 주의 이름으로 말미암아 사하소서"라고 하였다. 11절은 시편 25편의 중간 고리와도 같다. 앞의 내용과 뒤의 것을 연결시켜 주고, 변화시키는 단계이다.

11절에 와서 시인의 논리는 갑자기 바뀐다. 10절에서는 여호와는 모든 길을 여호와의 증거를 지키는 자에게 인자와 진리로 나타난다. 여호와는 자신의 증거를 지키는 자에게 인자를 베푸신다. 시인은 11절에서 우리가 범한 죄는 하나님의 은총으로 용서를 받을 수 있음을 강조한다. 하나님과 하나님의 백성 사이에는 용서가 있다. 우리의 죄를 자백하고 또 자백하는 자에게 용서의 은총이 있다. 시인은 죄인의 죄의 용서를 구하고 있다.

여기서 우리가 주목해야 할 것은 "주의 이름으로 말미암아 사하소서"라고 하였다. 시인의 자신의 명예 회복을 위하여 죄사함을 구한 것이 아니라 '주님의 이름' 즉 여호와의 명예를 위하여 용서해 달라고 하였다. 이것이 하나님의 백성의 자세이다. 하나님의 이름을 위하여, 하나님의 영광을 위하여 하나님의 용서를 간구하였다.

하나님 중심의 삶을 보여 주는 고백이다. 자신의 죄를 고백하고 그것을 용서하시는 하나님의 사랑을 간구하였다. 시인의 이러한 자세는 하나님의 이름을 위해서 나타난다. 우리의 삶이 하나님을 영화롭게 하기 위해 존재한다는 사실을 분명히 하고 있다.

그의 영혼은 평안히 살고

시편 25:12~14

12여호와를 경외하는 자 누구냐 그가 택할 길을 그에게 가르치시리로다 13그의 영혼은 평안히 살고 그의 자손은 땅을 상속하리로다 14여호와의 친밀하심이 그를 경외하는 자들에게 있음이여 그의 언약을 그들에게 보이시리로다

시인은 자신의 죄를 용서해 주시기를 기도하였다. 그것은 자신의 명예 회복이나 의로움을 위해서가 아니라 하나님의 이름을 위해서이다. 즉 하나님의 영광을 위해서 자신의 죄를 용서해 달라고 기도하고 있다. 이것은 하나님을 섬기는 자들의 기본 자세이다. 우리의 삶이 하나님의 영광을 위하여 존재하기에 우리의 범죄 때문에 하나님의 영광이 가리워져서는 안 된다. 우리의 삶이 하나님의 향기를 발하는 것이어야 하기에 시인은 젊었을 때의 죄를 용서해 주시기를 기도 하였다.

시인은 하나님의 영광을 제일 먼저 생각하고 하나님 제일주의의 삶을 살려고 하였다. 오늘의 우리들에게도 이것이 필요하다. 바울의 고백처럼 "먹든지 마시든지 무엇을 하든지 다 하나님의 영광을 위하여"(고전 10:31)라는 삶의 목표 정립이 필요하다. 우리가 용서함을 받음으로써 하나님의 뜻을 이루고, 하나님의 영광을 나타내며 다른 사람들에게 그리스도의 향기를 발하여야 한다.

1. 여호와를 경외하는 자

시인은 12절에서 "여호와를 경외하는 자 누구냐 그가 택할 길을 그에게 가르치시리로다"고 하였다. 시인은 자신의 믿음을 고백한 후 '이런 사람이 누구냐?'고 외친다. 이것은 단순한 질문이 아니라 수사학적 질문으로서 '바로 이런 사람이다'라는 뜻을 반어적(反語的)으로 표현한 것이다. 성경에는 이런 형태의 질문이 자주 나온다. '영광의 왕이 누구냐'(시 24:8-10), '여호와의 산에 오를 자 누구냐'(시 24:3) 이것이 바로 그것이다.

여기서 시인은 '누가 하나님을 진정으로 섬기는 자인가?' 라는 질문을 한다. 이것은 두려워서 하는 질문이 아니라 감사와 경외 그리고 찬탄의 의미를 담아서 질문한 것이다. 여호와를 경외하는 자는 하나님을 섬기고 하나님의 영광을 위해 살아가는 자이다.

시인은 12절 하반절에서 이러한 사람에게 주어진 복을 말하고 있다. "그가 택할 길을 그에게 가르치시도다"고 하였다. 여기서 '택할 길'이란 하나님의 도(道)이다. 즉 하나님의 말씀을 의미한다. 이것이 하나님의 길이다.

하나님의 길은 '지혜의 길'이다. '어떻게 믿고 어떻게 살 것인가'라는 원리와 방법을 제시하는 길이다. 그러니 지혜의 원천이신 하나님께서 제시하신 길이다. '지혜의 길'은 '언약의 길'이다. 하나님의 백성은 하나님과의 언약 관계 속에서 삶을 영위한다. 하나님은 나의 하나님이시고, 나는 그의 백성이 되는 언약의 삶이 나타난다.

그러니 하나님을 경외하는 자란 하나님이 가르치신 언약의 길을 따라 하나님의 영광을 위해 살아가는 자들을 의미한다. 이런 자들이 복을 받고 하나님의 영광을 최고의 것으로 여긴다.

2. 평안히 살고

13절에서 "그의 영혼은 평안히 살고 그의 자손은 땅을 상속하리로다"고 하였다. 이것은 여호와를 경외하는 자가 받을 축복이다. 하나님의 길을 따라 살아가면 하나님께서 복을 주신다는 것을 상기시키신다(시 34:10).

여호와를 경외하는 자가 받을 복을 두 가지로 요약하였다. 그 자신은 평안함을 얻으며, 그의 후손은 땅을 상속한다는 것이다. 이것이 바로 우리들이 사모해야 할 주제이다. '그의 영혼은 평안히 거하고'란 편안한 마음으로 사는 모습을 말한다. 이것은 단지 형통하거나 부자가 되는 것을 말하는 것이 아니라. 하나님을 의지하므로 편안히 사는 것을 가리킨다.

하나님을 섬기는 사람들은 하나님의 언약 가운데서 평안한 삶을 누리는 것을 소망한다. 이것은 우리의 노력으로 되어지는 것이 아니라 하나님의 은혜의 축복으로 되어진다.

하나님의 평안이 우리 속에 거할 때에 우리는 고통과 역경 가운데서도 하나님께 감사하게 된다. 그리스도께서는 '나의 평안을 너희에게 주노니'라고 하시면서 우리로 하여금 아무런 염려를 하지 말고 하나님의 은혜 가운데 평안할 것을 가르치신다.

또 '그의 자손은 땅을 상속하리로다'고 하였다. 시인이 받은 축복은 자기 자신에게서 끝나는 것이 아니라 그의 가족과 그 공동체에도 영향을 미친다. '자손'이란 후손을 의미하며, 그 약속의 땅에서 복을 누릴 것을 가리킨다.

하나님을 섬기는 삶을 살면 자신만이 아니라 후손과 그 공동체가 복을 받는다. 그래서 하나님은 아브라함에게 '복의 근원'이 되라고 하셨다. 하나님의 길을 따르는 백성들의 축복의 씨앗이다. 하나님을 섬기고 사랑하는 믿음의 역사를 이루기에 자신과 후손이 축복의 삶을 살게 된다.

3. 여호와의 친밀하심이

14절에서 "여호와의 친밀하심이 그를 경외하는 자들에게 있음이여 그의 언약을 그들에게 보이시리로다"고 하였다. 하나님을 경외하는 자는 마음의 평안을 얻고 땅의 기업을 복으로 누릴 뿐만 아니라 영적 축복까지 받게 된다. 그러니 복 가운데 가장 큰 축복이 영적 축복이라는 사실을 교훈한다.

'여호와의 친밀함이 경외하는 자들에게 있음이여'라는 말은 현대어 번역본에서는 '당신의 생각을 털어 놓으시고', '주께서는 주를 경외하는 사람과 의논하시고' 등으로 번역되어 있다.

'여호와의 친밀함'이란 하나님과의 우정이다. 이 단어는 '비밀을 나눈다'라는 뜻을 가지고 있는데 충고와 권면의 의미이다. 여호와를 경외하는 자는 하나님과의 깊은 교제를 나누며, 하나님의 임재를 경험하다. 하나님과 함께 하는 자는 뜨거운 가슴과 확신에 찬 삶을 살아간다. 세상의 비바람이 모질고 거칠어도 하나님의 임재를 믿기에 하나님만 의지하여 두려워하지 않는다.

이런 사람에게는 '그의 언약을 그들에게 보이시리로다'고 하였다. '언약을 보인다'는 것은 '언약을 확인한다'는 의미를 가지고 있는데, 언약이 진실함을 상기시키는 말이다. 하나님께서는 '내 언약이 진실하다'고 말씀하신다. 하나님과 맺은 언약은 거래의 조건이 아니라 하나님의 은혜의 축복이다. 주고받는 관계가 아니라 은혜의 역사이다. 언약이란 하나님과 교제하는 친밀한 관계요 특권이다. 이런 특권을 받았기에 하나님의 영광을 찬양하고 감사하는 삶을 살게 된다.

오늘의 우리들이 누리는 이 영광의 축복을 감사의 자세를 유지해야 한다. 그 축복이 있기에 하나님의 은혜에 감격한다. 시인은 하나님의 백성이 받을 복을 구체적으로 제시하였다. 마음에 평안이 있고, 후손들이 땅을 기업으로 받는다. 여기에 더하여 영적 축복을 받아 하나님과의 언약적 관계 속에서 하나님이 의논하시는 존재가 된다. 오늘의 우리들도 이러한 축복을 받았다. 그렇기에 우리의 삶은 감사와 영광의 삶이어야 하며, 받은 축복을 더욱 귀하게 여겨야 한다. '내 영혼이 평안히 거하는' 역사가 우리의 삶의 현장에서 구체화 될 때에 우리는 하나님의 향기를 발할 것이다.

나는 외롭고 괴로우니

시편 25:15~17

15내 눈이 항상 여호와를 바라봄은 내 발을 그물에서 벗어나게 하실 것임이로다 16주여 나는 외롭고 괴로우니 내게 돌이키사 나에게 은혜를 베푸소서 17내 마음의 근심이 많사 오니 나를 고난에서 끌어내소서

우리들이 이 땅에서 살아갈 때에 남들이 알지 못하는 외로움으로 고통할 때가 있다. 사람에 따라서 그 이유가 다양하지만 중요한 것은 관계의 단절이다. 사람과의 단절이나 하나님과의 단절이 외로움의 근원이 되기에 그 고통은 어느 누구도 이해하기 어렵다. 이러한 외로움에서 벗어나기를 원하는 것이 우리들의 소망이다.

하나님을 의지하고, 하나님과의 관계가 자연스러워져야 하고, 사람과의 관계가 제대로 이루어지기를 바라야 한다. 시인은 이와 같은 고통 속에서 하나님을 향해 뜨거운 노래를 부르고 있다. 이 시는 그의 가슴 밑바닥에서 나오는 것이며, 감사와 열정을 다하는 노래이다.

1. 여호와를 바라봄은

15절에서 "내 눈이 항상 여호와를 바라봄은 내 발을 그물에서 벗어나게 하실 것이로다"고 하였다. 시인은 하나님을 바라본다. 1~3절에서도 하나님을 우러러 본다고 하였다. 시인의 시선은 하나님께 고정되어

있다. 하나님을 바라본다고 하였으니 이것은 믿음으로 바라본다는 의미이다.

하나님을 바라보는 것은 하나님의 백성의 기본 자세이다. 하나님을 바라보는 것은 여러 가지 의미를 가지고 있다. 먼저, 하나님을 믿는다는 뜻이다. 믿음으로 바라보기에 이것은 믿는 자의 고백이요, 자기 표현이다. 단순히 시각적으로 보는 것이 아니라 그의 혼으로 보는 것이다. 믿음을 담아 존귀하신 하나님을 바라보며, 그것을 통해 '나의 하나님, 나의 아버지여'라고 부르는 것이다.

다음으로, 하나님의 도우심과 인도하심을 구하는 뜻이다. 하나님을 바라보는 그 눈동자에 하나님을 향한 간절함이 있고 온전히 의지하는 애절함이 있다. 하나님의 도우심을 구하는 자세는 마치 남종과 여종이 주인과 주모를 바라보는 것과 같다(시 123:2). 우리의 눈은 하나님을 바라보아야 한다. 세상의 그 무엇을 보는 것이 아니라 우리를 구속하시고, 보호하시고, 나아가 지키시는 하나님을 바라보아야 한다. 성경은 "믿음의 주시요 온전케 하시는 예수를 바라보자"(히 12:1)고 하였다. 우리의 삶은 하나님을 바라보아야 한다. 해바라기가 태양을 바라보며 살아가듯 우리는 하나님을 바라보는 '주 바라기'의 삶을 살아야 한다. '주 바라기'의 삶은 하나님 중심의 삶이며 하나님의 영광을 위한 삶이다.

하나님을 바라보면 '내 발을 그물에서 벗어나게 하실 것임이로다'는 결과가 온다. 여기서 시인은 자기에게 오는 위기를 그물로 묘사하였다. 시인은 마치 그물에 걸린 짐승처럼 원수의 올무에 빠져 있다(시 9:15, 31:4). 원수들은 시인을 죽이기 위하여 여러 곳에 올무를 치고, 그가 빠지기를 기다리고 있다. 그러나 시인은 과거에도 이 올무에서 벗어난 적이 있었다. 하나님의 도우심으로 구원을 받았으니 이제는 더욱 담대하여 하나님의 도움을 구한다. 하나님을 앙망하면 하나님께서 믿는 자의 위기를 벗어나게 해 주시고 이 땅에서 감사와 소망의 삶을 살게 해주신다. 이 소망이 있기에 우리는 감사하며 더욱 '주 바라기'의 삶을 살아가게 된다.

2. 은혜를 베푸소서

16절에서 "주여 나는 외롭고 괴로우니 내게 돌이키사 나에게 은혜를 베푸소서"라고 하였다. 시인은 자기의 형편을 '외롭고 괴롭다'고 하였다. 그는 격심한 외로움에서 고통을 겪고 있다. 그 이유가 무엇인지 정확하게 모르지만 아마도 친구들이 다 떠나고 홀로 외로움을 겪는 듯하다. 시인은 외로움 속의 고통 때문에 더욱 아픈 모습을 보이고 있다. 아무도 돌보아 주지 않는 병실에 홀로 누워 있는 환자를 생각하여 보라. 그는 병으로 인한 고통을 겪기도 하지만 그보다 더한 것은 외로움으로 인한 고통이다.

이런 상황에 처한 시인은 하나님께 호소한다. '내게 돌이키사 나에게 은혜를 베푸소서'라고 하였다. '내게 돌이키사'란 '나를 굽어보시고' 또는 '나를 돌아보시고'라는 뜻이다. 그러니 '나를 향해 얼굴을 돌려주소서'라는 호소이다. 시인의 호소는 하나님이 얼굴을 나에게로 향하여 나를 돌보아 주시기를 호소하고 있다. 하나님이 나를 보시고 나의 형편과 처지를 아시니 도움의 손길을 펴 주실 것을 호소하고 있다. 어려움 속에서 고통당하는 시인은 하나님의 무조건적인 사랑을 호소하고 있다.

하나님이 사랑의 눈길을 우리에게 향하시면 우리들은 고통과 어려움을 이기고 원수들의 온갖 올무에서 벗어나게 된다. 우리들이 고통을 당할 때에 의지할 곳은 하나님 밖에 없다. 사람들은 자기의 유익을 찾아 다 떠나 버리지만 하나님은 자기 백성을 끝까지 사랑하시고 돌봄의 은총을 베푸신다. 그리하여 오늘의 우리들도 힘들고 괴로울 때에 하나님을 앙망하자. 어느 누구도 나를 이해하지 못한다고 해도 우리는 하나님을 통해 위로를 받아야 한다. 시인이 "나를 긍휼히 여기소서"라고 하면서 하나님의 사랑의 손길을 의지한 것처럼 우리도 하나님의 손길을 부여잡자.

3. 고난에서 끌어내소서

17절에서 "내 마음의 근심이 많사오니 나를 고난에서 끌어내소서"라고 하였다. 시인은 '자기 마음의 근심이 많사오니 나를 고난에서 끌어내소서'라고 하였다. 사람의 마음마다 근심이 많은 것은 사실이다. 그러나 이것을 시인처럼 솔직하게 고백하는 사람은 많지 아니하다. 시인이 겪는 마음의 근심이 무엇인지에 대해서 구체적으로 나와 있지 않으나 인간이 직면하는 문제들이며 나아가 하나님을 섬기는 백성들이 겪는 고통일 것이다. 그래서 시인은 '나를 고난에서 끌어내소서'라고 호소한다. 이것은 '내 마음의 고통을 풀어주소서'라는 의미이다. 하나님께서 내 마음의 근심을 풀어 주시면 모든 문제가 해결된다. 예수님께서는 "너희는 마음에 근심하지 말라 하나님을 믿으니 또 나를 믿으라"(요 14:1)고 하셨다.

여기서 근심을 해결하는 원천적 방법을 찾을 수 있다. 하나님을 믿고 그리스도의 역사를 믿는 것이다. 이러한 믿음이 우리를 근심에서 해방시키시는데 이것은 하나님만이 하실 수 있는 위대한 방법이다. 우리가 하나님의 구하심을 기도하면 하나님은 우리의 근심을 면케 해 주신다. 시인은 외롭고, 괴롭고, 근심이 많았다. 인간이 겪는 온갖 어려움을 겪으면서 그가 할 수 있는 것은 오직 하나님을 앙망하고 하나님께서 그 고통에서 건져 주시기를 기도하는 것이다.

하나님을 의지할 때에 하나님께서 모든 문제를 해결해 주신다. 우리의 외롭고, 고통스럽고 또한 근심이 많은 그 형편들을 해결하기 위하여 하나님을 바라보자. '내 눈이 항상 여호와를 앙망하는' 주 바라기의 믿음을 가져야 한다. 그러할 때에 하나님은 우리에게 위로와 해방의 역사를 이루신다. 이 하나님을 오늘도, 내일도 항상 바라보자.

수치를 당하지 않게 하소서

시편 25:18~22

18나의 곤고와 환난을 보시고 내 모든 죄를 사하소서 19내 원수를 보소서 그들의 수가 많고 나를 심히 미워하나이다 20내 영혼을 지켜 나를 구원하소서 내가 주께 피하오니 수치를 당하지 않게 하소서 21내가 주를 바라오니 성실과 정직으로 나를 보호하소서 22하나님이여 이스라엘을 그 모든 환난에서 속량하소서

하나님을 앙망하며 살아갈 때에 비록 우리에게 고통이 올지라도 우리를 도우시는 하나님께서 위대한 손길을 펴서 그것을 막아 주신다. 시인은 외롭고, 괴롭고 또 근심이 많은 상황에서 낙망하지 아니하고 하나님의 도우심을 간구하였다. 이것은 하나님의 절대적 권위와 능력을 믿는 신앙의 소산이다. 우리가 하나님을 믿고 나아갈 때에 하나님은 긍휼하심을 베풀어 주신다.

하나님의 백성들의 삶은 하나님을 중심하여 이루어진다. 삶의 중심에 하나님이 계시니 모든 것을 하나님의 관점에서 풀어나가고, 하나님의 영광을 위하는 것을 최고의 목표로 한다. 그러기에 어려움이 몰려온다고 해도 어려움을 인하여 하나님께 가까이 나아간다. 시인은 하나님을 향해 처절한 심정으로 부르짖는다. 이것은 하나님의 절대 권위를 믿고 거기에 순종하는 자세에서 나온 것이다.

1. 내 모든 죄를 사하소서

18절에서 "나의 곤고와 환난을 보시고 내 모든 죄를 사하소서"라고 하였다. 시인은 환난과 곤고가 있을 때에 자기를 돌아보았다. 환난과 곤고가 우연히 오는 것이 아니기에 하나님 앞에서의 자기 모습을 돌아본다. 시인은 어려움을 맞았을 때에 자신을 돌아보았다. 하나님 앞에서의 부족이 무엇이 었는지를 살펴보고 자신의 죄를 사하여 달라고 호소하고 있다. 이것은 지금 당하고 있는 환난과 곤고가 자신의 잘못에서 연유했다고 보기 때문이다.

그러나 많은 사람들은 자신에게 어려움이 올 때에 그 책임을 다른 사람에게 돌린다. 누구 때문에 이렇게 되었다고 말하고, 자신과는 관계가 없고, 자신은 피해자라고 주장하는 경우가 많다. 하나님을 믿는 사람들의 자세는 이런 것이 아니라 모든 것이 자기 때문이라고 고백하고 하나님의 긍휼하심을 호소해야 한다. 자신의 부족을 아뢰이고 하나님의 사랑의 손길을 깊이 의지하는 자세를 가져야 한다. 우리는 이것을 다윗에게서 배울 수 있다.

2. 내 원수를 보소서

19절에는 "내 원수를 보소서 그들의 수가 많고 나를 심히 미워하나이다"고 하였다. 18절과 19절에서 '보소서'와 '많다'라는 단어가 계속 이어진다. 이것은 간절함과 절박함의 표현이다.

시인은 자신이 겪는 어려움이 죄의 결과라고 보고 죄를 사하여 주시기를 기도했다. '죄를 사한다'는 것은 '제거한다'는 뜻으로서 죄와 그 결과를 제거하는 것이다(슥 14:19). 그러니 이 무거운 죄의 결과를 해결하면 곤고와 환란에서 벗어날 것으로 믿고 이것을 간절한 마음으로 호소하였다. 시인의 곤고와 환난은 원수들의 작용과 이어진다. 원수들의 수가 많고, 그 많은 원수들이 시인을 매장하기 위하여 격심한 공격을 하였을 것이다. 그래서 시인은 '나를 심히 미워하나이다'고 하였다. '심히 미워한다'는 현대어 번역에서 '미워서 잡아먹을 듯하다', '불타는 증오심으로' 되어 있다. 그러니 이것은 단순한 미움이 아니라 폭력으로 이끄는 미움이다. 원수들은 죽이려고 하는 미움의 자세로 가까이 접근하고, 할 수 있는 모든 방법을 동원하여 시인을 죽이려고 하고 있다. 이것은 원수들의 행동이다. 그들은 하나님의 백성을 해치기 위해 갖은 방법을 동원하고, 자기들이 할 수 있는 최고의 일들을 도모한다. 이러한 때에 하나님의 백성은 어떻게 해야 할 것인가? 우리는 시인의 태도에서 우리들의 행동 원리를 배울 수 있다. 시인은 원수들의 박해 속에서 하나님께 기도하였다. 이것은 확신에 찬 기도였고, 하나님의 전능하심을 고백하는 기도였다. 시인의 기도를 하나씩 묵상해 보자.

20절에서 "내 영혼을 지켜 나를 구원하소서 내가 주께 피하오니 수치를 당하지 않게 하소서"라고 하였다. 하나님께서 자기의 영혼을 지켜 주시기를 기도한다. 하나님이 지키셔서 구원해 주시기를 호소하는 그 신앙과 열정이 시인의 가슴 밑바닥에서 나오고 있다. '내가 주께 피하오니'라고 하였다. 이 말은 '주님의 집에서 보호를 구한다'는 뜻이다.

시인은 주께 피하여 수치를 당치 않게 해달라고 호소한다. 하나님의 백성이 수치를 당하면 이것이 궁극적으로 하나님의 수치가 된다. 즉 하나님의 영광을 가리우는 것이 되기 때문에 자신을 구원해 달라고 호소한다. 시인의 마음에는 자기가 구원받는 것이 자신의 안전이나 명예회복이 목적이 아니라 하나님의 존귀하신 이름에 훼손이 올까 염려하는 마음에서 하나님께 기도하였다.

3. 나를 보호하소서

21절에서 "내가 주를 바라오니 성실과 정직으로 나를 보호하소서"라고 하였다. 시인은 하나님을 바라본다. 이것은 시인의 기본 자세이다. 처음에 하나님을 바라본 것 같이 다시 하나님을 바라본다. 하나님을 바라보는 것은 하나님께서 개입하셔서 모든 문제를 해결하여 주실 것을 호소하고 있다. 즉 하나님의 개입을 호소하는 것이다.

시인은 '성실과 정직으로 나를 보호하소서'라고 하였다. 여기에 대해서는 여러 가지 해석들이 있다. 현대어 번역에서는 '완전하고 올바르게 살아가도록 지켜 주십시오', '올바르고 흠이 없게 살게 하소서'라고 하였으니 이 단어의 뜻을 정확하게 전달하고 있다. 성경이 말하는 성실과 정직은 죄가 없다는 것이 아니다. 하나님은 솔로몬에게 '네 아비 다윗의 행함 같이 마음을 온전히 하고 바르게 하라'고 하였다. 다윗에게 죄가 있었으나 회개하고 하나님께 순종하기를 결심하였다(왕상 9:4). 이것이 바로 성경이 말하는 정직과 성실이다. 우리에게 죄가 없어서 정직하고 성실한 것이 아니라 하나님 앞에 회개하는 그 자세가 중요하다. 하나님은 죄의 상태보다 회개의 상태를 보다 중요하게 여기신다.

22절에서 "하나님이여 이스라엘을 그 모든 환난에서 속량하소서"라고 하였다. 시인은 이스라엘을 처음으로 말하고 있다. 이스라엘의 환난이 시인의 환난과 동일시된다. 시인은 하나님께서 이스라엘을 모든 환난에서 구하여 주시기를 기도하였으니 자신의 문제만이 아니라 공동체의 문제도 하나님 앞에 기도의 제목이 되고 있음을 주목해야 한다.

시인은 시편 25편에서 바른 길을 걷는 것이 얼마나 귀중한 지를 교훈하고 있다. 이것은 시편 1편의 가르침을 보충하는 의미도 있다. 시인은 삶의 현장에서 간절히 기도하고 있다. 원수들이 있고, 고통이 있으며, 외롭고 슬프기도 하다. 그래서 이것을 어떻게 헤쳐 나갈 것인 지를 고민하고 있다. 그는 자신의 '죄'에 초점을 맞춘다. 현재 당하고 있는 고통은 죄 때문에 온 것이기에 구속의 하나님께 죄를 사하여 주시기를 기도하였다. 모든 문제를 하나님 중심에서 보고 하나님을 바라보고, 간구하며, 감사하는 자세를 가졌으니 이것이 우리가 배워야 할 길이다.

주님을 의지하였나이다

〰 시편 26:1~3

1내가 나의 완전함에 행하였사오며 흔들리지 아니하고 여호와를 의지하였사오니 여호
와여 나를 판단하소서 2여호와여 나를 살피시고 시험하사 내 뜻과 내 양심을 단련하소
서 3주의 인자하심이 내 목전에 있나이다 내가 주의 진리 중에 행하여

시편 26편은 어려움을 겪고 있는 시인이 자신의 무죄함을 천명하며 하나
님의 은총과 회복을 구하는 시이다. 시인은 고발하는 자에게 쫓겨 성전에까
지 도망치며, 그곳에서 도피처를 찾고 자신의 무죄를 천명하고 있다. 시인
은 하나님을 '의로운 재판장'이라고 부르며 하나님의 판단을 구하고 있다.

1. 나를 판단하소서

1절에서 "내가 나의 완전함에 행하였사오며 흔들리지 아니하고 여호와
를 의지하였사오니 여호와여 나를 판단하소서"라고 하였다. 시인은 '나를
판단하소서'라고 하면서 핵심적인 문제를 제시하고 있다. '나를 판단하소
서'란 말을 현대어 번역에서는 '나의 무죄를 밝혀 주옵소서', '제 권리를 되
찾아 주소서'라고 번역하고 있다.

어려움을 겪을 때에 진정으로 문제를 해결해 주실 분은 하나님이시라는
기본적 신앙이 있기에 시인은 이런 기도를 드리게 된다. 사람의 힘으로 문
제를 해결하는 것이 아니라 전능자로 인하여 모든 것이 해결된다는 바른 자

세가 있어야 근본적 처방이 가능하다.

시인은 하나님께서 자신의 사정을 공정히 보시고 판단해 주시기를 호소하고 있다. 아마 시인은 성전 문 앞에 서서 하나님의 판단을 기다렸을 것이다. 구약의 제의법에 의하면 아무나 성전에 들어 갈 수 없으므로 시인은 자신을 '내가 나의 완전함에 행하였사오며'라고 하였다. 그러니 이 말은 앞에 나오는 '나를 판단하소서'라는 호소가 무엇인지를 설명하고 있다. 시인은 자신이 '완전함에 행하였다'고 했는데 이것은 '깨끗하게 살고', '올바르게 살았다'는 의미이다. 그러니 '진실한 마음으로 살았다'는 뜻인데 이것은 도덕적 의미로 사용되었다. 여기서 우리가 주목할 것은 시인이 자신의 완전함을 강조한 점이다. '완전함'이란 기본적으로 '전심으로 진실함'이란 뜻이다. 이것은 하나님 앞에서 죄가 없다는 뜻이 아니라 양심상 스스로 제외할 죄와 악이 없다는 의미이다. 그는 하나님 앞에서 살아갔고, 하나님의 말씀에 일치하려는 노력을 하였다. 그래서 이런 삶을 통하여 하나님과의 교제를 유지하고, 하나님의 영광을 드러내었다.

시인은 자신이 완전하게 행하였음을 고백하였다. 또 '내가 흔들리지 아니하고 주님을 의지하였다'고 하였다. 그가 지금까지 살아온 것은 하나님을 지속적으로 의지한 결과이다. 그는 흔들리지 않고 여호와 하나님만을 의지하였다. 시인은 하나님의 말씀이 가르치는 삶의 기본을 지켰다. 그래서 다른 길로 가지 않고 하나님 한 분만 의지하는 삶을 살았다. 이것이 바른 삶의 모습이다. 오늘의 우리들에게도 이런 자세가 있어야 한다. 하나님을 의지하며 흔들림이 없는 삶을 영위할 때에 하나님이 뜻을 이 땅에서 분명히 이룰 수가 있다.

2. 나를 단련하소서

2절에서 "여호와여 나를 살피시고 시험하사 내 뜻과 내 양심을 단련하소서"라고 하였다. 시인은 여호와께서 자기 자신을 조사하고 확인해 주시기를 기도하고 있다. '나를 살피시고 시험하소서'란 '나에게 공평한 재판의 기회를 주소서'란 뜻이다. '살피다'란 철저하게 조사하는 것을 말한다. 사람의 속까지 보시는 철저한 검증을 의미한다. '시험하사'란 경험이나 실험으로 알아보는 것이다. 하나님께서 자신을 철저히 조사하여 달리는 호소이다. 자신의 삶과 마음속까지 살펴서 하나님의 눈으로 관찰해 주시기를 호소하고 있다. 그리하여 '내 뜻과 내 마음을 단련하소서'라고 하였다.

'내 뜻'과 '내 마음'이란 '나의 전부'를 의미한다. 하나님께 내 삶의 전부를 단련하여 주시기를 호소하였는데, 이것을 통하여 하나님의 사랑을 체험하고 감사하며 살 것을 기대하였다. 시인은 악인과 자신을 대조하였다. 악인은 위선자이자만 시인은 진실하였다. 그것은 그의 말과 행동이 일치하였기 때문이다. 그는 여호와를 의지하고 살았기에 두려움이 없고 오직 하나님만 바라는 삶을 영위하였다. 원수들이 하나님의 백성을 해치려고 여러 가지 책략을 사용할지라도 하나님의 백성들은 하나님 한 분만을 바라고 그의 판단을 의뢰한다. 그래서 하님께서는 자기 백성을 정금과 같이 단련시키시고 귀하게 사용하신다.

3. 나를 지키소서

3절에서 "주의 인자하심이 내 목전에 있나이다 내가 주의 진리 중에 행하여"라고 하였다. 이 말은 '내가 하나님을 내 눈 앞에 모신다'는 뜻이다. 이것은 하나님을 의식하는 삶이다. 하나님의 백성은 Coram Deo (코람데오) 즉 하나님 앞에 사는 사람들이다. 하나님을 의지하고 하나님의 역사를 가슴에 새기는 사람들이다. 시인은 하나님을 모시는 삶을 통해 하나님을 기쁘시게 하려고 하였다. '내가 주의 진리 중에 행하였나이다'고 하였다. 이 말은 하나님의 진리를 따라 살았다는 뜻이다. 하나님의 백성들이 살아가는 길은 하나님의 진리를 따르는 것이다. 하나님의 진리를 따르는 것은 하나님과의 언약 관계를 말한다.

하나님은 우리의 하나님이 되시고, 우리는 그의 백성이 된다. 그래서 '하나님의 역사'를 가슴에 새기고 살아가게 된다. 하나님의 백성들은 하나님과의 언약을 귀하게 여기며 늘 하나님 앞에서 갈아간다. 하나님은 우리 편이 되시고 우리의 모든 것을 주장하신다.

하나님 앞에서 살아가는 삶은 얼핏 보면 규제가 많은 것 같이 보인다. 행동에 제약을 주는 것 같이 보이지만 이것은 규제가 아니라 진정한 자유함을 주는 것이다. 하나님 안에서의 자유함이란 하나님의 백성들이 누리는 기쁨이요 감사함이다.

오늘의 우리들은 원수들이 훼방하고 모략할지라도 하나님을 의지하는 삶을 살아야 한다. 또한 하나님 앞에서 사는 삶의 역사가 있어야 한다. 우리는 하나님의 눈 길 앞에서 좌절하거나 낙망하지 말고 하나님을 의지하는 삶을 살기 위해 노력해야 한다. 시인의 고백처럼 '내가 흔들리지 아니하고 여호와를 의지하였나이다'라고 고백 할 수 있어야 한다. 세상의 바람이 우리를 미혹하고 흔들지라도 여기에 휩쓸리는 것이 아니라 우리의 산성이신 하나님으로 말미암아 흔들리지 아니하는 믿음의 자세가 필요하다. 더 나아가 '여호와를 의지하였나이다'고 고백할 수 있어야 한다.

하나님을 의지하는 것이 우리들의 삶에서 가장 소중하기에 역경과 고통이 와도 여호와를 의지하는 삶을 살기위해 노력해야 한다. 어려움의 파도가 우리에게 몰아쳐도 '내가 주님을 의지합니다'고 고백할 수 있어야 한다. 하나님을 의지하면 하나님께서 모든 것을 해결해 주시며 우리로 하여금 하나님과의 언약 속에서 감사하며 살게 한다. 역경 가운데서도 하나님을 의지하는 삶을 통해 하나님의 영광을 나타내어야 한다.

행악자의 집회를 미워하오니

〰 시편 26:4~5

4허망한 사람과 같이 앉지 아니하였사오니 간사한 자와 동행하지도 아니하리이다 5내가 행악자의 집회를 미워하오니 악한 자와 같이 앉지 아니하리이다

하나님의 백성은 하나님의 자녀로서의 삶의 원리와 방법을 가지고 있다. 삶을 통하여 하나님의 백성의 특성을 나타내게 마련이다. 그래서 바울을 하나님의 백성들을 '그리스도의 향기'라고 부르고 있다. 삶의 현장에서 그리스도의 향기를 나타낸다. 아무것도 하지 않을지라도 존재 그 자체가 바로 향기이며 하나님의 뜻을 나타내게 된다. 하나님의 백성에게는 해야 할 일과 하지 말아야 할 일이 있다.

시편 1편에서 이것을 구체적으로 설명하고 있다. 복 있는 사람의 삶과 그렇지 못한 자의 삶의 자세를 구별하여 설명하고 있다. 시편 26편에서도 하나님의 백성이 피해야 할 일이 무엇인지를 보여주고 있다. 이것은 하나님의 백성이 살아가는 길이며 방향이기도 하다.

1. 허망한 사람과

4절에서 "허망한 사람과 같이 앉지 아니하였사오니 간사한 자와 동행하지도 아니하리이다"고 하였다. 이 말씀은 시편 1편의 말씀과 비슷하다. 하

나님의 백성들이 취해야 할 삶의 자세에 대해 말하고 있다. 어떤 사람들은 4~5절이 시인에 대한 원수들의 공격을 바탕으로 하고 있다고도 한다. 중요한 것은 하나님의 백성의 삶의 자세이다.

4절에는 '허망한 사람'과 '간사한 사람'이란 뜻이며, 여러 현대 번역들에서 '사기꾼들', '악인들', '무가치한 사람' 등으로 번역되고 있다. '간사한 자'란 '음흉한 자들', '외식자' 등의 뜻을 가지고 있는데 자기 생각과 동기를 숨기는 자를 말한다. '허망한 자'와 '간사한 자'가 짝을 이루었는데 욥기 26:4에서도 같은 형태로 나타난다.

이들의 특성은 비슷하다. 하나님을 섬기지 않고 자기 마음대로 행하는 자들이다. 거짓되고 사기꾼이며 헛된 것을 꿈꾸는 자들이다. 시인은 이런 자들과 '같이 앉지 않는다'고 하였고, 또 '동행'하지도 않는다고 했다. '앉지 않는다'란 문법적으로 '지속적인 완료형'으로서 한 인격체로 받아주고 교제하는 것을 말한다. '동행한다'는 말은 '들어가다'는 뜻으로, 어떤 사람의 집에 들어가서 교제하고 친분을 나누는 것을 의미한다.

하나님의 백성은 하나님의 율례에 따라서 사는 존재이다. 하나님의 법대로 살아야 하며, 하나님이 정하신 방향으로 나아가야 한다. 그래서 시인은 허망한 자와 간사한 자와 동행하지 않음을 분명히 하고 있다. 시편 1편에서 "복 있는 사람은 악인의 죄를 좇지 아니하며 죄인의 길에 서지 아니하며 오만한 자의 자리에 앉지 아니하고"(시 1:1)라고 하였다. 이것은 하나님의 백성들이 이 세상에 대하여 '아니오'(No)라고 외치는 부정적 선언의 원리이다. 하나님의 백성들은 아닌 것은 '아니오'라고 해야 한다. 불신의 원리에 따라 사는 것이 아니라 하나님의 원리대로 살아야 한다.

시편 1편이나 26편에서 교훈하는 것과 같이 허망한 자나 간사한 자와 교제하지 아니하고 오직 하나님의 원리를 따라야 한다. 이 말씀은 하나님의 백성들이 이 세계를 향하여 폐쇄적인 자세를 가지라는 것이 아니다. 그들과 담을 쌓고 우리들만의 성을 만들라는 것이 아니라 그들의 원리와 세계관을 따르지 말고 하나님 중심적 세계관으로 세상을 변혁시켜야 할 것을 교훈한다. 그러므로 우리는 소극적으로 허망한 사람이나 간사한 자와 동행하지 않아야하고 적극적으로는 그들을 하나님의 말씀으로 변화시켜야 한다. 이것이야말로 하나님의 백성들이 지켜야 할 삶의 원리이다.

2. 악한 자와

5절에서 "내가 행악자의 집회를 미워하오니 악한 자와 같이 앉지 아니하리이다"고 하였다. 4절은 악한 자 개인을 가리키는 것이나 5절에서는 하나의 무리를 말하고 있다. '집회'란 의인의 회중을 말할 때에 사용되지만 여기서는 악인의 무리에 대해서 묘사하고 있다. 시인은 하나님의 백성들만의 무리 즉 공동체를 이루고 있다고 생각하였다. 여기서 '집회'란 행악자의 집회를 말한다. 하나님을 떠나 악령의 인도를 받는 자들도 그들 나름의 집회를 형성하고 하나님의 백성들에게 도전한다.

'악한 자'란 하나님께 반역하는 자들이다. 이들은 하나님을 의지하며 살아가는 자들이 아니라, 자기 자신을 의지하고 하나님의 백성을 괴롭히며, 대적하는 자들이다. 하나님의 백성은 이런 자와 어울리는 것을 좋아하지 않는다. 이들의 사상과 행동을 따르지 아니하고 하나님의 원리대로 살기를 원한다. 하나님의 백성들의 삶은 악에 대하여 부정적이어야 하고 하나님의 법도에는 긍정적이어야 한다. 하나님의 규례를 따라 하나님께 순종하는 삶을 영위해야 한다.

3. 하늘 나라 시민과

그러면 이 세상에 대한 우리의 자세가 어떠해야 하는가? 악한 자들과 함께 하지 아니한다고 하여 우리가 이 세상을 떠나서 살 수 없다. 우리는 악한 자의 원리를 따르는 것이 아니라 하나님의 원리를 따라 이 세상을 변혁 시키는 변혁자의 삶을 살아야 한다.

하나님은 이 세상의 악의 권세를 깨트리시고 승리의 삶을 살도록 자기 백성을 인도하신다. 그러기에 하나님의 백성은 이 땅에 속한 자가 아니라 하늘나라의 시민이며, 실패자가 아니라 승리자의 삶을 살아가게 된다. 바울은 담대히 외치고 있다. "누가 우리를 그리스도의 사랑에서 끊으리요, 환난이나 곤고나 박해나 기근이나 적신이나 위험이나 칼이랴 기록된 바 우리가 종일 주를 위하여 죽임을 당케 되며 도살당할 양 같이 여김을 받았나이다 함과 같으니라 그러나 이 모든 일에 우리를 사랑하시는 이로 말미암아 우리가 넉넉히 이기느니라"(롬 8:35-37)고 하였다.

바울의 이와 같은 고백처럼 어떤 어려움이 와도 우리는 그리스도로 말미암아 이기게 되고, 이 세상에서 하나님의 향기를 드러내게 된다. 하나님의 백성은 악한 자와 어울리기보다 하나님의 백성과의 교제를 중요하게 여겨야 한다. 사도신경을 통해 신앙고백을 하듯이 '성도의 교통'을 귀하게 여기고 이것을 지키도록 노력해야 한다. 성도의 교제란 하나님의 백성이 이 땅에서 누릴 큰 축복 가운데 하나이다. 서로 섬기고, 나누며, 사랑의 실천을 통하여 이 땅에서 하나님의 사랑을 체험한다.

시편 1편의 교훈처럼 아닌 것은 분명히 아니라고 해야 하고, 긍정해야 할 것은 긍정적하는 믿음의 자세가 필요하다. 악인의 공동체에 참여하지 말고 하나님의 뜻에 따라 감사하며 순종하는 승리의 삶이 있어야 한다. 우리들은 미약할지라도 그리스도의 승리를 통해 승리한다는 귀한 역사 앞에 감사와 찬양을 해야 한다.

주의 영광이 거하는 곳을 사랑하오니

시편 26:6~8

6여호와여 내가 무죄하므로 손을 씻고 주의 제단에 두루 다니며 7감사의 소리를 들려
주고 주의 기이한 모든 일을 말하리이다 8여호와여 내가 주께서 계신 집과 주의 영광
이 머무는 곳을 사랑하오니

허망한 사람, 간사한 사람 그리고 행악자나 악한 자와 함께 하지 않는 하
나님의 백성들이 보다 적극적으로 무엇을 해야 하느냐라는 문제가 제기된
다. 사람마다 다양한 방안을 제시할 수 있으나 시인은 하나님의 백성의 긍
정적 자세를 말하고 있다.

시인은 8절에서 "여호와여 내가 주의 계신 집과 주의 영광이 거하는 곳
을 사랑하오니"라고 고백하고 있다. 하나님의 백성은 사랑해야 할 것이 하
나님의 사랑을 제시함으로서 이 땅에서의 우리의 삶의 어떠해야할 지를 교
훈하고 있다.

1. 내가 무죄하므로

6절에서 "여호와여 내가 무죄하므로 손을 씻고 주의 제단에 두루 다니
며"라고 했다. 이 말씀을 쉽게 이해하기 위해서는 출애굽기에 나오는 제사
지내는 성막에 대한 이해가 있어야 한다. '내가 무죄하므로 손을 씻고'란 말
은 이스라엘 백성들은 예배드리기 위해 손을 씻었으며(시편 24:4), 이것은

성전에 들어가기 위해서 반드시 필요한 것이었다. 손이 깨끗하게 되었을 때에 순례자는 성전 안으로 들어갈 수 있다. 그곳에서 단을 두루 다닐 수가 있게 된다. 손을 씻으므로 피 흘린 죄와 관계가 없어지고 깨끗한 존재가 된다. 그러니 손을 씻는 행동은 정결함을 상징한다.

신약 시대에 와서 우리는 그리스도의 피로 씻음받아 정결하게 되었다. 우리는 그리스도 안에서 새로운 피조물이 되었고 하나님의 영광을 위해 살아가는 존재가 되었다. 시인은 '여호와여 내가 무죄하므로'라고 하였다. 시인은 물로 씻었기 때문에 무죄하다는 것을 강조한다. 즉 내적 순결을 의미한다.

시인은 속죄의 제단에서 씻음을 받았기에 내가 무죄하다고 고백한다. 하나님으로 말미암아 정결케 된 하나님의 백성의 자세를 교훈하고 있다. 이것은 오늘의 우리에게 성화의 삶이 무엇인지를 교훈하고 있는데, 우리는 그리스도로 말미암아 거룩의 걸음을 걸어가야만 한다. '주의 단에 두루 다니며'라고 했는데 이 말은 '두루 다니리이다'라는 결심을 나타내는 의미이다. 이것을 문법에서 '결심의 권유법'이라고 부르기도 한다. 그러면 이 말이 무엇을 의미하느냐라는 문제가 제기된다. 여기에 대해서 여러 가지 해석들이 있는데 제단 주위를 두루 다니게 된 것은 하나님의 백성의 축복이다.

2. 주의 기이한 모든 일을

7절에서 "감사의 소리를 들려주고 주의 기이한 모든 일을 말하리이다"고 하였다. 이것은 하나님께서 죄를 사하여 주신 것을 감사하여 주님의 제단에 두루 다니면서 봉사하는 것을 의미한다. '감사의 소리를 들려주고'라고 했으니 그 의미가 정확하게 전달되지 않는다. 현대어 번역에서는 '감사의 노래를 소리 높여 부르며'라고 했는데 이것이 의미 전달을 정확하게 하고 있다. 속죄의 은혜에 감사하여 감사의 노래를 소리 높여 부르는 삶이 가장 의미있고 중요하다. 우리는 하나님의 은총을 소리 높여 찬양해야 한다.

내가 구속받았다는 그 놀라운 은총을 찬양해야 한다.

시인은 한 걸음 더 나아가 '주의 기이한 모든 일을 말하리이다'고 하였다. 이것은 각자가 체험한 구원의 초자연적 역사를 말한다. 하나님이 행하신 '기이한 모든 일'을 우리의 입으로 나타내게 된다. 우리의 구원은 하나님의 초자연적 역사이다. 하나님께서 우리를 구원하신 그 놀라운 사랑은 인간의 머리로는 계획할 수도 추진할 수도 있다. 정말 하나님의 '기이한 일'이다.

그러니 우리가 체험하는 기적 가운데 최고의 기적은 내가 하나님을 믿게 된 구원의 기적이다. 이것을 받았으니 우리는 감사하고 전파해야 한다. 우리가 구원받은 것은 하나님이 주신 기적이다. 우리가 그리스도를 영접한 것이 아니라 그리스도께서 우리를 찾아오셨으니 이것이 최고의 기적이요 축복이다. 그러기에 우리는 이것을 감사하고 하나님의 기이한 역사를 선포해야 한다.

3. 내가 사랑하오니

8절에서 "여호와여 내가 주께서 계신 집과 주의 영광이 머무는 곳을 사랑하오니"라고 하였다. 시인은 5절에서 '행악자의 집회를 미워한다'고 했으나 여기서는 '주의 계신 집과 주의 영광이 거하는 곳을 사랑한다'고 하였다. 진정으로 사랑이 무엇인지를 보여 주는 것으로서 우리의 가슴에 깊이 간직해야 할 말씀이다. '주의 계신 집'이란 하나님의 성전을 의미한다. 하나님이 계신 집을 사랑하는 믿음의 백성들의 자세는 성경과 기독교 역사에 구체적으로 나타내고 있다.

우리가 하나님의 전을 사랑하는 것은 그 건물의 웅장함이나 정교함에 있는 것이 아니라 그곳에 하나님이 계시기 때문이다. 하나님은 성전에만 계신 것이 아니라 세상 어디에도 계신다. 그러나 특별히 성전을 귀하게 여기는 것은 하나님의 특별하신 임재가 있기 때문이다. 시인은 성전을 '주의 영광이 드러나는 곳'이라고 하였다. 주의 영광이란 하나님의 속성을 나타낸다. 하나님의 영광은 세상 어디든지 나타낸다. 그러나 성경을 보면 하나님의 성막이나 성전에 그 영광이 나타낸다.

시인은 하나님의 집을 사랑하였다. 그 성전의 웅대함이 아니라 하나님의 임재와 영광을 보았고, 또 거기서 하나님의 보호를 체험하였기에 하나님의 집을 사랑하였다. 오늘의 우리들도 하나님의 전을 사랑해야 한다. 건물이 아니라 하나님이 임재하시는 곳이며, 거기서 하나님의 영광이 드러나고, 우리들이 하나님의 사랑을 체험할 수 있기 때문이다.

시인은 구속의 은총을 체험하고 이것에 감사하여 주의 제단에 다니며 섬김의 삶을 살았다. 우리가 받은 하나님의 은총은 최고의 축복이요 사랑이다. 이것을 받았으니 하나님의 귀한 역사에 감사하게 된다. 더 나아가 하나님의 은혜를 소리 높여 찬양하고 하나님의 놀라운 기적을 드러낸다. 하나님이 우리를 향해 베풀어 주신 기적은 세상의 어느 누구도 형언할 수 없는 놀라운 것이다. 이 기적을 체험하였으니 하나님께 감사하는 삶을 살게 된다. 시인인 하나님의 전을 사랑하였다. 하나님께서 임재하시고, 영광을 나타내시는 곳이기에 더욱 귀하고 소중한 곳이다.

우리는 하나님의 전에서 하나님께 경배하고 하나님이 주시는 은총을 체험하게 된다. 이런 기적의 삶이 하나님의 백성들의 삶이다. 진정으로 하나님을 사랑하여 하나님의 임재를 노래해야 한다. 우리를 향하신 하나님의 기적은 우리의 계산을 초월한 하나님의 주권적 역사이기에 이 기적을 주신 하나님을 향하여 "나의 힘이 되신 여호와여 내가 주를 사랑하나이다"(시 18:1)고 고백하자.

내 생명을 살인자와 함께 거두지 마소서

시편 26:9~10

9내 영혼을 죄인과 함께, 내 생명을 살인자와 함께 거두지 마소서 10그들의 손에 사악함이 있고 그들의 오른손에 뇌물이 가득하오나

우리들이 이 땅에서 삶을 영위할 때 힘들고 어려운 일이 있다. 원하지 않는 고통이 우리에게 오고, 그 고통으로 인해 우리 뿐만 아니라 다른 사람에게도 힘든 일이 생긴다. 그러나 우리는 그 고통만을 보는 것이 아니라 이 고통을 통하여 우리에게 주시는 하나님의 음성을 듣게 되고 하나님께 더욱 가까이 나아가게 된다.

우리들은 다른 사람과의 관계에서 그들로 인하여 피해를 보는 경우가 있다. 그래서 남을 원망하고 그 모든 책임을 다른 사람에게 돌리는 경우도 있다. 이제 우리는 어려운 여건 속에서 한 걸음 뒤로 물러서서 하나님의 섭리의 손길을 바라보며 우리를 향하신 하나님의 뜻이 무엇인지를 분별하는 지혜가 있어야 한다.

시인은 악한 무리들의 잔혹함을 바로 보았고, 하나님의 백성들은 여기에 휩쓸리지 않게 해 주시기를 뜨거운 심정으로 호소하고 있다. 이것은 시인의 호소로 끝날 것이 아니라 오늘의 우리들도 같이 간구해야 할 일이다.

1. 내 영혼을

시인은 9절에서 "내 영혼을 죄인과 함께, 내 생명을 살인자와 함께 거두지 마소서"라고 하였다. 이 말씀은 앞에 나오는 '행악자의 집회'와 관련이 있다. 시인은 악인들과 함께 있지 않았기에 이제 그들과 함께 멸망하는 일이 없게 해 달라고 기도하고 있다. 하나님께서는 죄인들을 반드시 징계하신다. 회개하지 않는 죄인을 반드시 징책하시는 분이다. 그래서 하나님은 공의의 하나님이다.

하나님의 대표적 속성은 사랑과 공의이다. 자기 백성을 사랑하시고 구원의 은총을 베푸시는 하나님은 하나님을 거역하고 회개하지 않는 자들에게 철저히 징계하시는 공의의 하나님이시다. 시인은 '죄인'과 '살인자'를 거론하였다. 이 단어들은 밀접한 관계를 가지고 있는데, 이들은 하나님의 법도를 어기는 자요, 자신의 목적을 이루기 위해서 무고한 자를 죽이는 자들이다. 당시의 형편으로 보면 사울을 염두에 둔 듯한 말씀이다. 사울은 하나님을 거역하고 자신의 목적 성취를 위해 다른 사람을 죽이고 해치는 자였다. 이런 자들과 함께 죽이지 말기를 호소하고 있다. 하나님의 백성들은 이 세상에서 성별된 삶을 살아야 한다. 우리가 부족하고 허물이 많아도 하나님의 기적적 은혜로 구원을 받았으니 이제는 새로운 피조물이요 하나님의 영광을 위한 존재이다.

우리는 하나님의 거룩하심을 바라보고 하루하루 성화의 길을 가야 한다. 하나님은 자기 백성들을 향하여 '내가 거룩하니 너희도 거룩하라'고 하셨다. 우리는 하나님을 닮아가는 신앙생활을 해야 하는데 이것이 성별의 삶이다.

시인의 기도에서 인간의 죽음 문제가 나온다. 죄인과 살인자와 함께 거두어 가지 말기를 호소하고 있다. 이것은 마지막 날에 하나님께서 은혜주시기를 호소하는 내용이다. 성도의 죽음은 복된 죽음이다. 이 땅에서 소멸되는 것이 아니라 영원하신 하나님의 나라로 '이주'하는 것이다. 그래서 그 생명은 영원을 누리고 하나님의 축복 속에서 지내게 된다. 시인은 악인의 죽음에 휩쓸리지 않기를 기도하였다. 악인들의 징계속에 끼어들어 같이 멸망하는 일이 없기를 기도한 것이다. 우리는 잘 살기 위해서 기도를 많이 한다. 그러나 '복된 죽음'을 위해서도 기도해야 한다. 하나님의 자녀로서 영원한 생명을 누리는 그 영광을 사모하고 바라야 한다.

2. 그들의 손에

10절에서 "그들의 손에 사악함이 있고 그들의 오른손에 뇌물이 가득하오나"라고 하였다. 9절에는 '죄인'과 '살인자'가 나오고 10절에는 '사악함'과 '뇌물'이 나온다. '사악함'이란 매춘과 우상숭배를 가리킨다(레 18:17, 19:29 등). 하나님을 섬기지 아니하고 우상을 섬기는 죄악 된 형태를 말한다. 우상숭배는 하나님이 가장 미워하시는 죄악이다. 하나님이 아닌 다른 신의 형상을 만들어 놓고 거기에 절하는 행위이다. 우상숭배는 우상을 만들어 섬기는 데만 있는 것이 아니다. 하나님보다 다른 것을 더 섬기고 귀하게 여기는 것이 넓은 의미에서의 우상숭배이다.

죄인과 살인자들은 다른 신을 섬기며, 하나님보다 자기 자신을 더 높이는 사악한 자들이다. 이들로 인하여 함께 죽는 일이 없게 해달라고 시인은 기도하고 있다.

'뇌물이 가득하다'는 말은 '뇌물만 집어주면'이라는 뜻이다. 악인들은 사회적으로 높은 자리에 있어서 뇌물만 받으면 공의를 왜곡시키는 자들이다. 이 말씀은 사회의 지도층의 부패를 지적한 것이다. 뇌물만 받으면 공의를 왜곡시키는 자들이다. 이 말씀은 사회의 지도층의 부패를 지적한 것이다. 뇌물로 인하여 공의가 왜곡되는 비극적 사회상을 지적하고 있다.

구약 시대의 현상이 그 시대의 것으로만 끝난 것이 아니다. 오늘의 사회에도 뇌물이 만연하여 공의가 붕괴되고 있음을 본다. 이런 현상은 사회 지도층이나 고위직에 있는 사람들에게도 심하게 나타내고 있다. 이런 현상은 이 사회를 멸망시키는 첩경이다. 하나님의 의로우심 보다 인간들의 간악함이 판을 치고 진정한 사회정의가 실종되어가고 있다.

3. 하나님의 공의를

예수님께서는 그리스도인들을 향하여 세상의 빛이요 소금이라고 하였다. 어두운 세상을 밝혀 주어야 하고 썩어가는 세상을 썩지 않게 해야 한다. 그리스도인들은 이 세상에서 빛으로 소금으로 살아가며 하나님의 공의를 바로 나타내어야만 한다.

하나님을 떠난 자들이 살아가는 비극적 모습은 종극에 가서 멸망의 자리에 이른다. 이것은 하나님의 공의의 법칙이다. 행한 대로 갚으시는 하나님이시기에 우리는 하나님의 역사를 바로 바라보며 하나님 앞에 살기를 원한다.

우리는 시인의 기도를 통하여 오늘의 우리들이 추구해야 할 삶의 자세가 무엇인지를 분명히 해야 한다. 우상숭배를 하고 뇌물로 사회의 공의를 왜곡시킬 때에 하나님의 심판이 온다는 사실을 분명히 해야 한다. 하나님의 백성들은 하나님의 법도대로 살기를 노력해야 한다. 하나님은 자기 백성들에게 바른 삶의 지침을 주셨다. 그러기에 하나님의 백성은 그 원리에 따라 살기를 노력하며, 영광의 역사를 사모하게 된다.

우리의 삶이 영광스러운 삶이 되기 위하여 하나님의 역사를 늘 가슴에 새기며 하나님 앞에서 사는 자세가 형성되어야 한다. 바른 삶이란 복된 죽음으로 가는 길에서 죽음이란 소멸이 아니라 영원한 세계로 이사하는 것이기에 우리는 그것을 사모하게 된다. 이 땅에서 우상숭배가 사라지고, 뇌물이 없어질 때에 하나님은 축복의 역사로 우리에게 충만케 해 주실 것을 믿기에 오늘도 우리는 하나님을 바라보고 달려간다. 복된 성도의 삶을 위해 하나님의 가르침을 가슴 깊이 간직하며 나아가야 할 것이다.

나를 구속하시고 긍휼히 여기소서

시편 26:11~12

11나는 나의 완전함에 행하오리니 나를 속량하시고 내게 은혜를 베푸소서 12내 발이 평탄한 데에 섰사오니 무리 가운데에서 여호와를 송축하리이다

사람들은 자신의 삶을 돌아보고 감사하기도 하고 회오(悔悟)에 잠기기도 한다. 스스로의 삶에서 부족함을 느끼고, 자신을 성찰하게 된다. 그러나 시편 26편의 시인은 하나님 앞에서 자신의 삶을 돌아보고 흔들리지 아니하고 하나님을 섬긴 것을 노래하였다. 이것은 보통 사람들이 흉내 낼 수 없는 것이며 하나님 앞에서 자신을 되돌아보며 산 사람들의 고백이다.

신약에서도 바울은 "믿음의 선한 싸움 다 싸우고 달려갈 길을 마쳤으니 이제 후로는 하나님의 상 주심을 바라본다"(딤후 4:7-8)고 하였다. 이 역시 놀라운 고백이 아닐 수 없다. 자신의 삶 전부를 하나님 위해 바친 후에 이제는 하늘의 상 주심을 바라보는 위대한 믿음의 고백이다.

하나님의 백성들은 하나님을 중심으로 살아간다. 비록 실패하고 낙망할 때가 있지만 이것으로 인하여 좌절하지 않고 하나님의 영광의 세계를 바라보며 나아간다. 시편 26편에서 이러한 간절함과 열정을 볼 수 있다.

1. 은혜를 베푸소서

시편 26:11~12은 서원이다. 이것은 1절의 서원을 다시 반복하는 특성을 가지고 있으며, 재확인하는 요소이기도 하다. 11절에서 "나는 나의 완전함에 행하오리니 나를 속량하시고 내게 은혜를 베푸소서"라고 하였다. 서원 형식으로 되어 있는 이 말씀은 시인의 열망을 담고 있다. 시인은 1절에서 '내가 나의 완전함에 행하였사오며'라고 서원하였기에 앞으로도 계속하여 완전한 삶을 살겠다는 서원이다.

그래서 시인은 '행하오리니'라는 표현을 하고 있다. 이것은 문법적으로 습관적 미완료형으로 계속하여 지켜 나가겠다는 결심이요 약속이다. 하나님의 백성들은 서원을 이루기 위해 노력한다. 그래서 '그 마음에 서원한 것은 해로울지라도 변치 아니하는'(시 15:4) 삶을 살아간다. 하나님 앞에서 완전하게 행하는 것은 쉬운 일이 아니다. 여기에는 자신을 되돌아보는 성찰이 있어야 하고, 하나님의 은혜의 역사가 있어야 한다.

시인은 '나를 구속하시고 긍휼히 여기소서'라고 호소하였다. 그는 의식적으로 정결을 체험하고 성전에 들어갈 수 있는 모든 여건을 갖추었으나 하나님을 경배하는 자는 하나님의 은총을 힘입어야 함을 보여 준다.

2. 긍휼히 여기소서

"긍휼히 여기소서"라고 하여 하나님의 지속적인 은총을 호소한다. 하나님의 백성은 하나님의 은총으로 살아간다. 삶의 원동력이 하나님의 은혜에서 나오고 하루하루가 은혜로 유지되어 가고 있음을 깨닫는 것이 하나님의 백성의 삶이다. 하나님의 긍휼하심이 있기에 나날이 감사의 삶을 산다. 우리가 살아가는 것은 자신의 능력으로 되어지는 것이 아니라 하나님의 은혜로 인한 것이다.

시인은 하나님께 '구속'을 호소하고 있다. 구속이란 죄인이 죽음의 자리에서 건짐을 받는 것이다. 이것은 하나님의 절대적 사랑에서 나온 것이며 하나님의 자비의 역사이다. 하나님의 사랑으로 죽음의 자리에서 구원을 받고 영원한 세계를 사모하며 살아가는 것 자체가 하나님의 은총이다.

그러므로 우리는 은총의 백성이다. 우리의 존재 자체가 축복이며 은총이라는 관점에서 모든 것을 보아야 한다. 시인의 간절한 서원은 하나님의 은혜 가운데서 완전한 삶을 사는 것이다. 이것이 오늘의 우리들이 지켜야 할 주제이기도 하다. 우리의 삶이 하나님의 은혜로 유지되는 것이 무엇보다도 중요하다. 우리들은 이러한 삶의 자세를 유지하기 위하여 말씀의 빛 앞에 자기를 비추이고 하나님의 은총을 사모하는 삶을 살아야 한다. 모든 것이 하나님의 은혜이기에 하나님께 영광 돌리는 기본적인 자세가 정립되어야 한다.

3. 송축하게 하소서

12절에는 "내 발이 평탄한 데에 섰사오니 무리 가운데서 여호와를 송축하리이다"고 하였다. 이 말씀은 1절과 연결이 되어 있다. '나는 흔들리지 않을 것'이라고 1절에서 말한 데 대하여 여기서는 평탄한 데 섰다고 하였다. 시인은 원수들의 공략으로 인하여 고통을 겪었다. 올무의 위험이나 원수의 공격에서 피하여 이제는 자유롭게 되었다. 그래서 자신이 평탄한 데 있음을 고백하였다.

'평탄한 데'라는 말은 이중적 의미를 가지고 있는데 장소적으로 보면 '견고한 땅'이나 '성전'을 의미하고, 은유적으로 보면 도덕적 완전함과 정직을 가리킨다. 시인은 자신이 평탄한 데 섰다고 했는데 여기서는 윤리적 결심을 말하고 있다. 하나님이 주신 은혜로 인하여 계속하여 하나님을 찬미하는 삶을 사는 것을 가리킨다.

하나님의 백성은 고통의 파도를 넘어 평탄한 데서 있어야 한다. 즉 윤리적으로 완전함을 추구하고 하나님 앞에 바로 서는 믿음의 자세가 필요하다.

이것은 우리의 노력으로 되는 것이 아니라 하나님의 은혜로만이 가능하다고 할 수 있다. '무리 가운데서 여호와를 송축하리이다' 고 하였다. '송축하다' 란 말은 '어떤 사람이 권세 있는 위치에 있으며 그가 위대함을 모든 예의를 다 갖추어 인정한다' 는 뜻이다. 그러니 '내가 여호와를 송축하겠습니다' 란 말이다. 시인은 현재만이 아니라 미래에도 하나님을 찬양하며 살 것을 고백하고 있다. 우리의 삶이 하나님을 찬양하는 것은 귀하고 아름다운 일이다. 우리의 모든 것이 하나님에게서 나왔으니 이 모든 것이 하나님에게서 나왔으니 이 하나님을 영화롭게 하며 찬양하는 것이 중요하다. 시인은 자신의 삶이 하나님을 영화롭게 하기를 원하였다. 이것은 과거의 일만이 아니라 현재도 그러하고 미래에도 하나님을 찬양하는 삶이 있기를 원하였다.

시인은 위기 가운데 있다. 원수들이 그를 모함하고 거짓 고발을 하였다. 그러나 이들은 허망한 자이며, 악인이며, 뇌물을 받는 자였다. 시인은 자신의 관심을 여기에 두지 않고 위대하신 하나님께 두었다. 시인은 하나님을 향해 신앙을 고백하고, 하나님의 은총을 찬양하였다. 시인은 자신의 온전함을 강조하고 앞으로도 이 온전함을 지켜 나갈 것을 서원하고 있다.

그러나 우리가 주목해야 할 것은 시인의 온전함이 아니라 하나님이 온전케 하셨고, 하나님이 이것을 확인시켜 주신점이다. 그래서 하나님의 제단 주위를 돌며 큰 소리로 하나님을 찬양하였다. 시인은 하나님의 집인 성전을 사랑하였다. 온갖 어려움과 고통 속에서도 하나님의 집을 사모하였고, 여기서 감사하며 찬양하는 놀라움을 체험한다.

오늘의 우리에게 어려움과 고통이 와도 하나님의 은혜를 사모하며, 하나님의 전을 사랑하고, 하나님을 찬미하는 삶을 살아가는 노력을 해야 할 것이다. 이것이 참 성도의 삶이다.

내가 누구를 두려워 하리요

시편 27:1~3

1여호와는 나의 빛이요 나의 구원이시니 내가 누구를 두려워하리요 여호와는 내 생명의 능력이시니 내가 누구를 무서워하리요 2악인들이 내 살을 먹으려고 내게로 왔으나 나의 대적들, 나의 원수들인 그들은 실족하여 넘어졌도다 3군대가 나를 대적하여 진 칠지라도 내 마음이 두렵지 아니하며 전쟁이 일어나 나를 치려 할지라도 나는 여전히 태연하리로다

한 평생 하나님의 아름다움을 앙망하며 사모하는 것은 귀하고 복된 일이다. 비록 어렵고 고통스러운 일이 계속될지라도 하나님을 사모하는 열망을 가지고 있으면 도리어 그것이 힘이 되어 하나님을 의지하게 된다.

시편 27편은 애가의 요소가 짙게 깔린 신뢰의 노래로서 고통 속에서 하나님을 확신하는 고백이다. 확신을 바탕으로 한 애가이기에 개인의 체험적 삶과 관계가 있으며 하나님의 역사를 사모하는 고백이 있다. 시인은 하나님의 집을 사모하는 열망을 그리고 있고, 그 성전에서 즐거운 제사를 드리겠다고 서원하고 있다. 이것은 하나님의 백성의 믿음의 자세를 가리키며 오늘의 우리들이 달려가야 할 삶의 자세이다.

1~3절은 믿음의 고백이다. 시인은 위기 상황에 처해 있고 원수들의 공격을 받고 있어도 여기에 굴하지 않고 하나님을 의지함으로써 두려워하지 않았다. 시인은 두려워하지 않는 자세를 네 번에 걸쳐 강조하고 있다. '내가 누구를 두려워 하리요'(1 상), '내가 누구를 무서워 하리요'(1 하), '내 마음

이 두렵지 아니하리라'(3상), '나는 여전히 태연하리로다'(3 하)라고 하였다. 이것은 하나님이 지켜 주실 것을 믿기 때문에 두려워하지 않으며, 하나님의 보호하심을 고백한다.

1. 내가 누구를 무서워 하리요

1절에서 "여호와는 나의 빛이요 나의 구원이시니 내가 누구를 두려워하리요 여호와는 내 생명의 능력이시니 내가 누구를 무서워하리요"라고 하였다. 시인은 하나님을 은유적으로 묘사하였다. 하나님을 '나의 빛', '나의 구원', '내 생명의 능력'이라고 하였다. 이것은 시인의 신앙고백이요 우리들이 지향해야할 길이기도 하다. 시인은 '여호와는 나의 빛'이라고 하였다. 빛은 어둠을 물리친다. 시인에게 어둠의 세력으로 공격하고 있는 원수들을 물리치는 의미를 가지고 있다. 시편 23:4에서 말한 것처럼 사망의 음침한 골까지로 다닐지라도 해를 두려워하지 않을 것은 하나님이 함께 하시기 때문이다.

하나님께서는 이러한 어둠을 물리치는 빛이시기에 하나님을 '나의 구원'이라고 하였다. 구원은 빛과 연결된다. 빛으로 인하여 어둠이 물러가면 구원의 역사가 일어난다. 구원은 하나님에게 있으며, 하나님으로 말미암아 진정한 승리를 얻을 수 있다. 시인은 하나님을 '내 생명의 능력'이라고 하였다. 빛은 구원의 길이요 생명을 밝혀 주는 길이다. 빛은 생명과 활력의 원천이다. 여호와로 말미암아 생명을 얻게 되고, 그로 인하여 하나님을 찬미하게 된다. 시인은 담대히 말한다. '내가 누구를 두려워 하리요', '내가 누구를 무서워 하리요'라고 하였다. 이것은 시인의 믿음의 고백인 동시에 온 세상을 향한 선언이기도 하다.

하나님이 지켜 주시는데 내가 누구를 두려워하느냐라는 선언이요 고백이다. 하나님이 함께 하시기에 어떤 어려움이 와도 여기에 굴복하지 않고 위대하신 하나님의 역사를 사모하게 된다. 하나님이 우리를 지켜 주시면 우리에게 두려움이 없다. 하나님의 능력을 힘입어서 승리의 삶을 살 수 있기 때문이다.

2. 악인들이 내게로 왔으나

2절에서 "악인들이 내 살을 먹으려고 내게로 왔으나 나의 대적들, 나의 원수들인 그들은 실족하여 넘어졌도다"고 하였다. 시인은 1절에서 하나님에 대하여 말하다가 2절에 와서는 원수에 대해 말하고 있다. 시인은 원수를 '나의 대적', '나의 원수', '악인'으로 표현하고 있는데 이것은 1절에서 하나님에 대해 묘사한 것과 좋은 대조가 된다. 2절은 과거의 승리에 대해서 말하고 있다.

원수들이 '내 살을 먹으려고' 왔다고 했으니 집어 삼키려고 달려온 모습을 말한다. 이것은 중상모략을 은유적으로 표현한 것이라고 볼 수도 있다. 시인을 뜯어 먹으려고 원수들이 공격을 한다. 원수들은 자기들의 먹이를 철저히 노략질하여, 머리끝부터 발끝까지 삼키려고 하고 있다. 그러나 그 원수들은 '실족하여 넘어졌다'. 이것은 완료형의 표현이다. 시인의 확신을 말한 것으로서 비록 앞으로 이런 공격이 있을지라도 하나님께서 구원자가 되시니 승리할 것이라는 담대한 고백이다. 미래의 승리를 확신하고 완료형의 고백을 하였다.

성도들에게 어려움과 고통이 와도 하나님께서 함께 하시면 승리한다. 과거에도 승리하였고, 현재도 승리하며, 미래에도 승리할 것이기에 시인은 '완료형'의 표현을 하고 있다. 중요한 것은 하나님의 함께 하심이다. 빛이요 구원이시며, 생명의 능력이신 하나님이 함께 하시면 승리의 삶을 살게 된다. 우리는 이 역사를 믿으며 하나님께 나아가야 한다.

3. 나는 태연하리로다

3절에서 "군대가 나를 대적하여 진 칠지라도 내 마음이 두렵지 아니하며 전쟁이 일어나 나를 치려할지라도 나는 여전히 태연하리로다"고 하였다. 시인은 여기서 원수들을 군대로 비유하고 있다. 이 군대가 실제 군대인지 은유인지는 정확하지 않아도 도전자요 공격자이며 시인을 대적하는 자들이다. 그들이 '진 치는 것' 즉 에워싸고 사방에서 공격할지라도 '내 마음이 두렵지 않다'고 하였다. 여기서 마음이란 정신적인 어떤 것을 가리키는 데 전인격 즉 전인(全人)을 의미한다.

군대와 같은 원수들의 공격이 있어도 하나님이 함께 해 주실 때에 전혀 두려워하지 않는다. 하나님의 임재 역사를 믿기 때문에 이것이 가능한 것이다. '전쟁이 일어나 나를 치려할지라도' 두려워하지 않는다. 군인들의 무장 공격이 고통의 역사이기는 하지만 위대하신 하나님이 함께 계시기에 그 고통과 두려움을 이기게 된다.

시인은 '나는 여전히 태연하리로다'고 하였다. 하나님이 함께 계시기에 전쟁의 위험 속에서도 마음의 평안을 누리고 있음을 고백한다. 시인은 자신보다 하나님께 관심을 모은다. 일반적으로 사람들은 자기 문제에 집착하고, 다른 사람에게 실패의 원인을 돌리는 경우가 많다. 또 자신의 실패에 대해 하나님을 원망하는 경우도 있다. 그러나 시인은 하나님께서 함께 하시기에 어떤 위기나 고통이 와도 여기에 좌절하지 않고 하나님으로 인한 승리를 노래하게 된다. 그래서 하나님을 '나의 빛, 나의 구원, 내 생명의 능력'이라고 표현하였다.

우리들에게 고통의 바람이 불어올지라도 그 고통만 바라보지 말고 이것을 제어하시는 하나님의 역사를 바라보자. 하나님의 함께 하심이 모든 승리의 기초가 되신다는 바른 신앙을 통해 우리의 승리를 '완료형'으로 고백해야 한다. 과거에 승리하였고, 지금도 승리하며, 미래에도 승리할 것이기에 두려워하지 않는다.

100

Meditation on Psalms

한 가지 일을 구하리니

시편 27:4~6

4내가 여호와께 바라는 한 가지 일 그것을 구하리니 곧 내가 내 평생에 여호와의 집에 살면서 여호와의 아름다움을 바라보며 그의 성전에서 사모하는 그것이라 5여호와께서 환난 날에 나를 그의 초막 속에 비밀히 지키시고 그의 장막 은밀한 곳에 나를 숨기시 며 높은 바위 위에 두시리로다 6이제 내 머리가 나를 둘러싼 내 원수 위에 들리리니 내가 그의 장막에서 즐거운 제사를 드리겠고 노래하며 여호와를 찬송하리로다

　　사람에게 하나의 소원을 말하라고 하면 각기 다른 것을 제시할 것이다. 자기의 열망이나 평소의 꿈을 담아 말할 것인데 이것이 인생에게 가장 중요한 문제이기도 하다. 사람에게 있어서 하나의 소원은 그 사람의 가치관이며 희망이다. 그러기에 이 소원이 무엇이냐가 중요하고, 사람들이 여기에 주목을 한다.

　　시인은 1~3절에서 담대한 신앙을 고백하다가 4~6절에서는 하나님을 향한 자신의 마음을 고백하고 있다. 이것은 시인의 열망이며 꿈이다. 평소에 그가 소망했던 것을 하나님 앞에 내어 놓고 간절한 마음으로 호소하고 있다.

1. 여호와의 집에 살면서

　　4절에서 "내가 여호와께 바라는 한 가지 일 그것을 구하리니 곧 내가 내

평생에 여호와의 집에 살면서 여호와의 아름다움을 바라보며 그의 성전에서 사모하는 그것이라"고 하였다. 시인은 '한 가지 일'을 하나님께 구하였다. 이것은 구약에서 한 번밖에 나오지 않는 표현으로서 매우 의미심장하다.

사람에게 한 가지 소원만 있다면 우리의 삶이 단순하고 명쾌할 것이나 사람들에게는 여러 가지 소원들이 있어서 우리의 삶이 복잡할 때가 많다. 시인은 '내가 여호와께 청하였던'이라고 하였다. 이 말은 하나님께 기도하는 것 이상의 열망을 담은 간구를 뜻한다. 하나님께 자신의 열망을 청하는 자세는 하나님의 백성에게 소중한 것이다.

시인이 하나님께 구하였던 것은 하나인데, 그것은 "내 생전에 여호와의 집에 거하는 것"이다. 즉 내가 사는 동안에 하나님 앞에서 살기를 간구한 것이다. 이 말은 '사는 동안에 하나님을 예배하기를' 원한다는 뜻이다. 한 평생을 하나님께 예배하는 자세로 살아가는 그 마음이 소중하다. 하나님을 가까이 모시고, 함께 함을 체험하고 사는 것이 중요하다. 하나님과 함께 하는 삶이 우리 생명이 다할 때까지 유지되는 것이 우리가 누릴 가장 큰 축복이다.

시인의 소원은 하나님 '앞에서', 하나님 '안에서' 그리고 하나님과 '더불어' 나아가는 것인데. 이것은 오늘의 우리들이 사모하고 그려야 할 주제이다. 그래서 '나로 내 생전에 여호와의 집에 거하여'라는 소원을 하게 했다. 또한 "여호와의 아름다움을 앙망하며"라고 하였다. '여호와의 아름다움'이란 하나님의 '사랑'과 '은총'을 의미한다. 하나님의 사랑과 은총은 우리들에게 큰 역사를 이루며 하나님과의 친밀함을 강조하고 있다. 사람들이 이 땅에서 하나님의 사랑과 은총을 앙망하는 것은 귀하고 아름다운 것이다.

우리의 힘으로 사는 것이 아니라 하나님의 사랑과 은총으로 사는 것이기에 하나님의 이 사랑에 감사하게 된다.

시인은 '그의 성전에서 사모하게 하실 것이라'고 하였다. 이 말은 성전에서 하나님과 의논하며 살아가는 것을 말하는데, 하나님께 예배하고, 기도하며, 인도함을 구하는 삶을 의미한다. 이 땅에서 생명이 다할 때까지 하나님께 예배하고, 기도하며 사는 것이 하나님의 백성의 최고의 축복이다. 시인의 한 가지 소원은 하나님의 전에서 하나님과 함께 하는 삶을 사는 것이다. 이 소원이 오늘의 우리에게도 그대로 실현되기를 바라고 있다. 소원이란 단순한 바람이 아니라 하나의 열망이며 꿈이다. 이 소원이 사람에 대한 것이 아니라 하나님과 함께 살기를 원하는 열망이기에 더욱 귀하고 소중하다.

2. 여호와께서 환난 날에

5절에서 "여호와께서 환난 날에 나를 그의 초막 속에 비밀히 지키시고 그의 장막 은밀한 곳에 나를 숨기시며 높은 바위 위에 두시리로다"고 하였다. '환난 날' 즉 재난의 날이 오면 여호와께서 자신의 장막과 피난처에 숨겨 주신다. 하나님께서는 자기 백성을 초막에 숨기시는데 이것은 '장막'이라는 말로 연결되고 있다. 그러니 하나님의 '성막'이라는 뜻이다.

하나님께서는 자기 백성이 고통을 당할 때에 외면하지 않으시고 초막과 장막에 숨기셔서 그 고통에서 보호해 주신다. 이것은 하나님의 특별하신 사랑이며 축복이다. 하나님께서는 자기에게 피하는 자를 외면하지 않으시고 보호해 주신다. "바위 위에 높이 두시리로다"고 하였다. 여기서 "바위"란 보호와 안전에 대한 상징이다. 바위 위에 있다는 것은 원수의 영향권 밖에 있다는 뜻으로서, 원수들이 하나님의 백성에 대하여 감히 도전하지 못한다는 의미이다.

우리는 5절에 나오는 세 단어에 관심을 가질 필요가 있다. '초막', '장막' 그리고 '높은 바위'라는 단어인데 이것들은 시온을 상징한다. 시온은 피난처이며, 외부의 적들이 쳐들어오기 어려운 요새였다. 산과 성으로 에워싸여 있기에 그곳을 공격하기에는 어려움이 있다. 하나님의 백성은 하나님이 계신 시온산에 숨는다. 이곳은 도피성이며, 보호자 되신 하나님이 지키시는 곳이다. 구약의 백성들은 이러한 하나님이 계신 곳을 귀하게 여기고, 이런 도피성이 있기에 감사하며 산다. 오늘의 우리들도 어려움과 고통이 올 때에 하나님께 피해야 한다. 원수들이 우리를 공략하고 박해할지라도 하나님을 우리의 피난처로 삼을 때에 우리는 새로운 생명을 얻게 된다.

3. 여호와를 찬송하리로다

6절에서 "이제 내 머리가 나를 둘러싼 내 원수 위에 들리리니 내가 그의 장막에서 즐거운 제사를 드리겠고 노래하며 여호와를 찬송하리로다"고 하였다. 시인은 하나님의 은혜에 감사하였고, 하나님의 돌보심으로 원수의 공략에서 승리를 거둘 것을 확신하였다. 이런 확신으로 인하여 하나님께 감사하고 찬송을 드리게 된다. '내 머리가 들리리니' 라는 말은 전쟁에서의 승리를 의미한다. 믿음으로 인한 승리를 의미한다. 믿음으로 인한 승리를 확신하였기에 자기 머리를 든다. 머리를 숙이는 것은 승리를 의미하기에 하나님의 백성의 승리에 대한 확신을 보여 준다. 우리에게 몰아쳐 오는 바람이 아무리 거세어도 하나님이 우리를 지켜 주실 때에 우리는 승리하게 된다. 승리하는 백성은 머리를 들게 되는데 이것은 하나님을 향한 용기있는 믿음을 의미한다.

시인은 '즐거운 제사'를 드린다고 하였다. 이것은 '기쁨의 제사'이며, '기쁨의 외침'을 의미한다. 하나님의 도우심을 받았기에 하나님 앞에 기쁨의 제사를 드린다. 뿐만 아니라 '노래하여 여호와를 찬송'한다. 하나님의 성호를 찬양하며 감사의 노래를 소리 높여 부른다. 시인은 하나님 안에서의 승리를 확신하였기에 미리 감사 제사를 드리고 기쁨의 노래를 불렀다. 오늘의 우리에게도 소원이 있다. 하나님과 함께 하며. 하나님의 보호하심으로 승리하며, 그 감격 속에서 기쁨의 찬송을 부를 수 있어야 한다. 왜냐하면 하나님은 승리의 주인이시기 때문이다.

내 부모는 나를 버렸으나

시편 27:7~10

7여호와여 내가 소리 내어 부르짖을 때에 들으시고 또한 나를 긍휼히 여기사 응답하소
서 8너희는 내 얼굴을 찾으라 하실 때에 내가 마음으로 주께 말하되 여호와여 내가 주
의 얼굴을 찾으리이다 하였나이다 9주의 얼굴을 내게서 숨기지 마시고 주의 종을 노하
여 버리지 마소서 주는 나의 도움이 되셨나이다 나의 구원의 하나님이시여 나를 버리
지 마시고 떠나지 마소서 10내 부모는 나를 버렸으나 여호와는 나를 영접하시리이다

우리 평생에 힘든 일도 있고, 어려운 일도 있다. 그때마다 이 어려움에서
벗어나 새로운 힘을 얻어 나아가기를 원하고 있다. 이러한 바람이 성취되기
위해서 날마다 하나님을 바라는 삶을 살아간다. 시인은 6절에서 그의 간절
한 서원을 드렸다. "여호와를 찬송하리로다"라는 열망의 서원을 드렸고, 한
평생 하나님을 찬미하는 삶을 살고자 하였다. 이런 과정을 겪은 후, 시인은
새로운 문제를 제시한다.

7절 이하에는 일반적 기도가 나온다(7~10절). 계속하여 구체적인 기도
(11~12절)를 하게 된다. 시인의 기도는 자신의 삶을 위한 것이었다. 그는 성
소에서 하나님께 기도하였는데 큰 소리로 기도하였다. 그는 응답받기 위해
기도하였고, 하나님의 은총과 자비를 간구하였다. 기도란 단순한 호소가 아
니다. 생명을 건 간구이며, 하나님을 향한 처절한 호소이다. 그러기에 자신
의 정성을 모아 응답하시는 하나님께 기도한다. 이 기도의 내용들을 음미해
가자.

1. 부르짖을 때 들으시고

7절에서 "여호와여 내가 소리 내어 부르짖을 때에 들으시고 또한 나를 긍휼히 여기사 응답하소서"라고 하였다. 시인의 기도는 일반적 기도 형태를 따른 것으로서 하나님의 긍휼을 구하고 있다. 시인은 '여호와여 내가 소리 내어 부르짖을 때에'라고 하였다. 하나님께 자신의 온 가슴을 열어 기도하는데. 이것은 큰 소리로 부르짖는 것을 말하는 것이 아니라 계속하여 부르고 애원한다는 뜻이다. 간절한 마음으로 구하는 시인의 기도는 계속적인 애원이 담겨 있다.

하나님께 기도하여 하나님의 위대하신 손길을 열망하는 간구가 있다. '나를 긍휼히 여기사 응답하소서'라고 하였는데, '응답하소서'란 '필요한 도움을 주소서'란 뜻이다. 그러니 구체적으로 재앙을 제거하여 주고, 하나님의 은총의 손길을 펴달라는 말씀이다. 우리가 살아갈 때에 어려움과 고통이 올지라도 하나님께 기도함으로써 그 위기를 극복하고 하나님의 도우심을 바라게 된다.

우리가 하나님께 기도할 수 있음을 우리에게 위로가 되고 축복이 되기에 하나님의 은혜에 감사하게 된다. 시인의 열망처럼 계속하여 부르짖는 신앙의 자세가 필요하다. 하나님께 애원하면 하나님이 응답해 주실 것을 믿기에 하나님을 소망하게 된다.

2. 주의 얼굴을 찾으리이다

8절에서 "너희는 내 얼굴을 찾으라 하실 때에 내가 마음으로 주께 말하되 여호와여 내가 주의 얼굴을 찾으리이다 하였나이다"고 했다. 시인은 모든 관심을 가지고 하나님의 얼굴을 찾는다. 하나님께 기도함으로써 하나님의 위로의 손길을 바라보게 된다. '여호와여 내가 주의 얼굴을 찾으리이다'라는 고백에서 시인의 신앙을 알 수 있다. 비록 죄 많고 허물이 많을지라도 하나님의 도우심으로 인해 하나님의 빛을 발견하게 된다. '내 얼굴을 찾으라'는 말씀은 '제사를 드리려고 하나이다'라는 의미이다.

신앙생활이란 하나님께 초점을 맞추고 하나님의 도우심을 바라는 열망으로 가득한 삶을 말한다. '주의 얼굴을 찾으리이다'라는 말은 '주님께 예배한다'는 뜻이다. 하나님께 예배드릴 수 있음이 우리에게 가장 위재하고 특별한 축복이다. 하나님의 전에 나아가 하나님을 '아버지여'라고 부를 수 있음이 귀하고 아름다운 축복의 역사이다.

예배란 단순한 종교 행위가 아니라 하나님과 함께 하는 신앙인의 고백이며 축복이다. 하나님께 영광과 찬양을 드리고, 하나님께 우리의 소원을 아뢸 수 있는 것이 귀하고 소중하다. 이런 우리에게 하나님은 응답하고 도우심의 손길을 펴 주신다. 시인은 예배를 통해 하나님의 영광을 찬미하는 위대한 고백을 하고 있다. 오늘의 우리도 바른 신앙고백을 통해 하나님의 영광을 찬양해야 할 것이다.

3. 나를 떠나지 마소서

9절에서 "주의 얼굴을 내게서 숨기지 마시고 주의 종을 노하여 버리지 마소서 주는 나의 도움이 되셨나이다 나의 구원의 하나님이시여 나를 버리지 마시고 떠나지 마소서"라고 하였다. 시인은 하나님께 "주의 얼굴을 내게서 숨기지 마옵소서"라고 기도하고 있다. 여기서 '얼굴을 숨긴다'는 것은 '은총을 거둔다'는 뜻이다.

하나님께서 분노하셔서 외면한다는 뜻이다. 시인은 어려움의 상황에서 하나님이 버리시지 말기를 간구하고 있다. 하나님이 버리시면 모든 것이 허사가 되기에 하나님의 도움의 손길을 바라는 것이다. 시인은 자신의 죄와 부족을 알고 있으며, 하나님이 버리시면 아무런 의미가 없는 존재가 될 수밖에 없음을 알고 있었다.

시인은 자신을 '주의 종'이라고 불렀다. 그것은 하나님께 속해 있음을 말하며, 영원히 하나님을 섬기겠다는 고백이기도 하다. 주의 종이기에 하나님의 영광을 위하여 버리지 말기를 호소하고 있다. 시인은 간절하게 기도하고 있다. '숨기지 마시고', '버리지 마소서', '버리지 마시고 떠나지 마소서'라고 호소하고 있다. 이것은 그의 생명 전부를 드린 애절한 기도이다. 하나님의 응답을 믿기에 시인은 하나님께 호소하고 있다. 우리의 삶에서 하나님의 버림을 받는 것은 가장 힘들고 어려운 일이다. 우리의 생명되신 하나님이 우리를 외면하시면 우리는 죽을 수밖에 없다. 그래서 시인은 '나를 버리지 마소서'라고 호소하고 있다.

10절에서 "내 부모는 나를 버렸으나 여호와는 나를 영접하시리이다"고 하였다. 시인은 부모가 '나를 버릴지라도'라고 했다. 이것은 하나의 사실이 아니라 가능성으로 말하고 있다. 부모가 자식을 버릴 수 있는가? 이것은 불가능한 일이다. 시인은 이 세상에서 있을 수 없는 일이 벌어진다고 해도 여호와는 나를 영접하신다고 하였다. 이 세상의 사랑은 부모의 사랑에 미치지 못한다. 이 세상의 사랑과 자비와 열정이 제 아무리 깊다고 해도 부모의 사랑에 비하면 아무것도 아니다. 이런 부모의 사랑도 하나님의 사랑 앞에서는 아무것도 아니다.

시인은 하나님의 아들로서 고통과 고독을 겪고 있다. 친척과 친구들도 그를 버리지만 하나님은 그를 사랑해 주시고 보호해 주신다. 하나님의 사랑은 부모의 사랑과 비교할 수가 없다. 하나님은 그 백성을 사랑하시고 지키신다. 오늘의 우리들이 이 땅에서 진정한 사랑을 배울 수 있는 것은 하나님을 통해서이다. 하나님은 부모의 사랑보다 더 큰 사랑을 가지고 자기 백성을 지키신다. 그리하여 우리는 하나님께 감사의 예배를 드리고 영원히 찬미하여 영광을 돌린다. 이 사랑을 가슴에 채우자.

주의 도를 내게 가르치시고

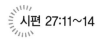

11여호와여 주의 도를 내게 가르치시고 내 원수를 생각하셔서 평탄한 길로 나를 인도하소서 12내 생명을 내 대적에게 맡기지 마소서 위증자와 악을 토하는 자가 일어나 나를 치려 함이니이다 13내가 산 자들의 땅에서 여호와의 선하심을 보게 될 줄 확실히 믿었도다 14너는 여호와를 기다릴지어다 강하고 담대하며 여호와를 기다릴지어다

우리들이 이 땅에서 누구의 가르침을 받는가라는 문제는 매우 중요하다. 가르침을 받은대로 살아가는 것이 인간의 기본 행로이다. 누구에게서 배운 것이냐 라는 문제에 대하여 바울은 "네가 누구에게서 배운 것을 알며"(딤후 3:14)라고 하였다. 시인은 하나님과의 깊은 관련을 강조 하면서 하나님의 백성이 누리는 최고의 기쁨은 하나님 안에서 사는 것이라고 하였다. 그래서 '여호와여 주의 도를 내게 가르치시고'라고 호소하며 고백하고 있다.

1. 주의 도를 내게 가르치시고

11절에서 "여호와여 주의 도를 내게 가르치시고 내 원수를 생각하셔서 평탄한 길로 나를 인도하소서"라고 하였다. 이 말씀은 하나님의 백성이 어떤 자세로 살아야 하는 지를 우리에게 보여 주고 있다. 인간은 예수님의 가르치심처럼 '먼저 그의 나라와 그의 의를 구하여야' 한다. 이것은 인간이 자기의 힘으로 살아가는 것이 아니라 하나님의 능력으로 살아가는 것을 의미한다.

시인은 '여호와여 주의 도를 내게 가르치시고'라고 하였다. 우리들이 어떤 상황에 처할지라도 하나님의 가르침을 따라 살아가야 함을 교훈한다. 시인은 '여호와여'라고 하나님을 부른다. 자신의 모든 소원을 담아 하나님을 부르는데 이것은 하나님과의 바른 관계를 보여 주는 것이다.

우리들은 아담의 범죄 이후에 전적으로 타락한 존재가 되어 바른 삶을 살아가기에 어려움이 있고, 사탄의 세력들이 우리를 유혹하기에 악의 구렁텅이에 빠지는 경우가 많다. 우리는 우리의 인도자 되신 하나님의 역사를 믿기 때문에 하나님의 가르침을 받아야 한다. 하나님이 우리를 인도하시기를 바라는 그 열망으로 인하여 우리의 삶이 하나님을 닮아가기를 원하고 있다.

시인은 하나님의 가르침으로 인하여 하나님을 닮아가는 삶을 살기를 원하였다. "내 원수를 생각하셔서 평탄한 길로 인도 하소서"라고 하였다. 이 말은 '원수들이 숨어서 나를 공격하지 못하도록'이라는 뜻이다. 원수들이 공격하는 여러 가지 일들이 있으나 하나님이 이것을 막아 주시기를 기도하였다. 시인은 단순히 평탄한 길을 원한 것이 아니다. 비록 힘들고 어렵다고 해도 하나님 앞에서 올바른 길이기에 '평탄한 길'이다.

시인은 원수의 일로 하나님께 기도를 드린다. 원수는 우리를 방해하는 존재이긴 하지만 이것을 통해 하나님께 더욱 가까이 나아가며 자신의 존재를 바로 보게 된다. 우리들에게 어려움과 고통이 없다면 우리들이 하나님께 기도하는 일에 등한히 할 때가 많다. 고통과 역경이 도리어 기도의 계기가 된 사실로 인하여 하나님을 더욱 의지하게 된다.

2. 내 생명을 내 대적에게 맡기지 마소서

12절에서 "내 생명을 내 대적에게 맡기지 마소서 위증자와 악을 토하는 자가 일어나 나를 치려 함이니이다"고 하였다. 시인은 하나님과의 바른 관계를 바탕으로 하여 원수들의 문제를 거론하고 있다. 원수들의 위증 즉 거짓말과 폭력의 문제를 하나님께 아뢰고 있다. '내 생명을 내 대적에게 맡기지 마소서'라고 하였는데 이 말은 '내 대적의 목구멍에 두지 마소서'라는 의미이다.

원수들은 시인을 파멸시키기 위하여 온갖 방법을 동원한다. 그들은 시인이 하나님으로 부터 버림을 받았다고 외치고, 위증하고 고소하며 비방을 계속하고 있다. 시인은 원수를 위증자 즉, 거짓 증거하는 자라고 하였다. 그들은 재판장에 나와서 거짓 증언을 한다. 하나님의 백성을 비방하고, 정죄하는 자들이다. 이들의 위증은 심각한 문제를 제시한다. 이들은 하나님의 백성을 해치기 위하여 온갖 방법으로 거짓말을 한다.

시인은 원수를 '악을 토하는 자'라고 하였다. 여기서 악이란 강한 폭력을 의미한다. 이런 폭력이 숨을 쉬듯이 계속되는 모습을 그리고 있다. 이런 원수들이 일어나서 하나님의 백성을 해치려고 하니 하나님께서 지켜 주시고 이런 원수의 공격에서 보호해 주시기를 호소하고 있다.

13절에서 "내가 산 자들의 땅에서 여호와의 선하심을 보게 될 줄 확실히 믿었도다"라고 하였다. 이리하여 악인들에게서 승리할 수 있었다. 하나님의 선하심을 믿기에 승리할 수 있음을 강조한다. '내가 산 자들의 땅에 있음이여'란 하나님의 백성이 이 땅에서 사는 것은 죽은 자의 땅이 아니라 산 자의 땅임을 보여 준다.

하나님의 백성에게 중요한 것은 하나님의 역사와 공의를 믿고 이것으로 인해 산 자의 삶을 산다는 것이다. 우리가 살고 있는 이 땅은 하나님이 함께 계시기에 산 자의 땅이다. 하나님이 역사하시는 곳이기에 하나님의 위대하신 손길을 믿고 있다. 그래서 우리는 산 자의 땅의 하나님을 신뢰한다.

시인은 '여호와의 선하심을 보게 될 것을 확실히 믿었도다' 고 하였다. 이것은 시인의 확신을 말한다. 그가 직면하는 여러 가지 문제들을 기도로 풀었고, 승리하였기에 여호와의 은혜를 체험하게 된다. 하나님을 믿고 의지하는 것이 가장 귀하고 아름답기에 하나님의 공의와 사랑을 체험하게 된다. 산 자의 땅에 살아계시는 하나님을 의지하는 것이 최고의 역사이다.

3. 여호와를 기다릴지어다

14절에서 "너는 여호와를 기다릴지어다 강하고 담대하며 여호와를 기다릴지어다"라고 하였다. 시인은 다른 사람들을 권면하고 있다. 자기가 믿음으로 승리하였기에 자신의 승리를 간증한다. 어려움이 올 때에 시인은 낙심하지 않고 하나님께 기도함으로써 문제를 풀어 나갔다.

시인은 하나님만이 진정한 도우심이요 승리의 길이라는 사실을 강조하고 이것을 다른 사람에게 권면하고 있다. 시인은 '강하고 담대하라'고 권면한다. 이것은 하나님께서 여호수아에게 주신 말씀이다(수 1:6, 10). 위기와 고통이 있을지라도 하나님 앞에서 강하고 담대하는 것이 필요하다.

오늘의 우리들도 여호수아에게 주신 하나님의 명령이나 시인의 권면을 받아 강하고 담대해야 한다. 우리에게 역경과 고통이 와도 여기에 좌절하지 않고 담대한 삶을 하나님 안에서 살아가야 한다. 시인은 어려운 상황 속에 있었다. 원수들이 죽이려고 공격할지라도, 또 중상모략을 할지라도 하나님을 의지하였다. 형제자매와 심지어 부모까지 버렸을지라도 마음 속에 한 가지 소원을 가지고 기도하였다.

오늘의 우리들은 하나님과의 깊은 관계를 통하여 하나님의 집에서 기쁨을 누리고 영적 체험을 해야 한다. 우리의 최고의 소원은 하나님과의 교제이기에 이것을 귀하게 생각해야 한다. 하나님께서 우리 길을 가르치실 때에 우리의 삶에는 풍요로움이 있고, 승리가 있다. 하나님 안에서의 진정한 승리를 체험해야 한다.

그들의 행위가 악한대로 갚으시며

시편 28:1~5

1여호와여 내가 주께 부르짖으오니 나의 반석이여 내게 귀를 막지 마소서 주께서 내게 잠잠하시면 내가 무덤에 내려가는 자와 같을까 하나이다 2내가 주의 지성소를 향하여 나의 손을 들고 주께 부르짖을 때에 나의 간구하는 소리를 들으소서 3악인과 악을 행하는 자들과 함께 나를 끌어내지 마옵소서 그들은 그 이웃에게 화평을 말하나 그들의 마음에는 악독이 있나이다 4그들이 하는 일과 그들의 행위가 악한 대로 갚으시며 그들의 손이 지은 대로 그들에게 갚아 그 마땅히 받을 것으로 그들에게 갚으소서 5그들은 여호와께서 행하신 일과 손으로 지으신 것을 생각하지 아니하므로 여호와께서 그들을 파괴하고 건설하지 아니하시리로다

시편 28편은 27편의 형태와 비슷하게 되어 있다. 1~5절은 애가 형태로 되었고, 6~9절은 찬양 형식의 감사시이다. 시인은 슬픔 속에서 하나님께 호소하다가 찬양과 감사로 이어진다. 확신과 찬양 그리고 간청이 교차하여 하나님의 위대하신 역사를 그리고 있다. 이것은 개인의 호소로만 끝나는 것이 아니라 이스라엘 공동체의 고백이며 찬양이다. 하나님의 백성은 슬픔의 자리에만 머무는 것이 아니라 그 애통을 딛고 일어나 하나님의 위대하심을 찬양한다.

1. 귀를 막지 마소서

1절에서 "여호와여 내가 주께 부르짖으오니 나의 반석이여 내게 귀를 막

지 마소서 주께서 내게 잠잠하시면 내가 무덤에 내려가는 자와 같을까 하나이다"고 하였다. 이 말씀은 서론적 기도로서 '부르짖음'의 문제에 초점을 맞추고 있다. 시인은 '여호와여'라고 부르고 또 하나님을 '나의 반석이여'라고 하였다. 이것은 하나님을 향한 찬양이다. 하나님을 '반석'이라고 하였는데 이 칭호는 이스라엘 백성들이 선호하는 것으로 하나님의 능력과 신실하심을 의미한다.

시인은 하나님께 부르짖었다. 이것은 시인의 간절한 심정을 나타내는 것으로서 하나님을 향한 간청을 의미한다. 시인의 부르짖음은 자신이 겪고 있는 고통을 극복하고 하나님의 역사를 이 땅에서 체험하고자 하는 열망이다.

시인은 '내게 귀를 막지마소서'라고 하였다. 이 말은 '새기다', '침묵하다', '귀 기울이지 않다'는 뜻이다. 현대 번역본들에서는 '귀를 막다', '외면하다', 또는 '포기하다'라고 번역되기도 한다. 하나님이 자신을 버릴지도 모르기 때문에 내적으로 깊은 고통과 불안을 안고 있으며, 하나님의 침묵이 그에게 크나큰 고통이 되었다. 그래서 하나님을 향하여 '귀를 막지 마소서'라고 호소하고 있다. 또 "주께서 내게 잠잠하시면 내가 무덤에 내려가는 자와 같을까 하나이다"고 하였다. '무덤'이란 구렁으로서 땅 안에 있는 구렁 또는 물을 담는 웅덩이를 뜻한다. '무덤에 내려가는 자'란 곧 죽을 자이거나 이미 죽은 자를 말한다. 그러니 하나님이 함께 하시지 않으면 죽은 자가 되고 만다는 것이다.

2. 간구하는 소리를 들으소서

2절에서 "내가 지성소를 향하여 나의 손을 들고 주께 부르짖을 때에 나의 간구하는 소리를 들으소서"라고 하였다. 시인은 하나님의 임재를 상징하는 지성소를 향하여 손을 들고 기도한다. 손을 드는 행동은 도움을 구하는 태도인데 훗날에는 예배 때에 기도하는 모습이 되었다. 손을 들고 기도하는 그 열망은 하나님께 간구하는 백성의 간절함을 나타낸다.

시인은 손을 들고 기도할 뿐만 아니라 '간구하는 소리'로 하나님께 부르 짖는 열망을 나타내었다. '나의 간구하는 소리를 들으소서'라고 애절하게 호소하고 있는데 이것은 애가의 중요한 요소라고 할 수 있다. 하나님의 백성은 단순하게 기도하는 것이 아니라 열정을 가지고 애절하게 하나님께 호소한다. 시인의 열망을 통하여 하나님의 역사하심을 호소하듯이 오늘의 우리도 하나님을 향해 애절한 기도를 드려야 한다.

3절에서 "악인과 악을 행하는 자들과 함께 나를 끌어내지 마옵소서 그들은 그 이웃에게 화평을 말하나 그들의 마음에는 악독이 있나이다"고 하였다. 시인은 하나님을 향해 애통하는 간구를 한다. 악인의 행악자의 모습을 구체적으로 설명하고 있다. 악인들은 한 마디로 거짓말하는 자들이다.

'그들은 그 이웃에게 화평을 말하나 그들의 마음에는 악독이 있나이다'고 하였다. 악인은 이웃에게 화평 즉, 샬롬을 말한다. 입으로는 이웃과 바른 관계를 유지하는 듯하지만 그 마음에는 이웃을 해하려는 악독함이 있다. 이러한 상태는 하나님을 향해 신뢰하지 않고, 이웃과의 관계에서 바른 삶을 유지할 수가 없다. 거짓되고 위선적이며, 겉과 속이 다른 말을 쓰고 있는 자이다.

시인은 이런 자들과 함께 이끌지 말기를 호소하고 있다. '끌지 마옵소서'란 '잡아채다'는 뜻인데 악인에게 주어진 멸망의 길로 나를 이끌지 말라는 의미이다. 악인의 길은 결국에는 망하고 만다. 하나님의 백성은 그러한 길에 빠지는 것을 원하지 않는다. 멸망의 길에서 벗어나 하나님이 정하신 영원한 세계로 가기를 원한다. 하나님의 백성은 하나님이 정하신 길로 가야만 한다.

3. 그들에게 갚으소서

4절에서 "그들이 하는 일과 그들의 행위가 악한 대로 갚으시며 그들의 손이 지은 대로 그들에게 갚아 그 마땅히 받을 것으로 그들에게 갚으소서"

라고 하였다. 시인은 악인들이 자기 손으로 행한 대로 갚으시기를 호소하고 있다. 악인들은 자기가 행한 대로 갚음을 당한다. 하나님께서는 그들이 행한 대로 보응하신다. 악인들의 행위는 그대로 갚음을 당하고 하나님의 공의의 심판을 나타내시기를 기도하고 있다. 하나님은 공의의 하나님이시다. 모든 행위를 그대로 갚으시는 분이시다. 하나님의 공의로우심을 통해 우리가 하나님을 의지하고 그 위대하심을 찬양하게 된다.

5절에서 "그들은 여호와께서 행하신 일과 손으로 지으신 것을 생각하지 아니하므로 여호와께서 그들을 파괴하고 건설하지 아니하시리로다"고 하였다. 시인은 4절에서 보응의 원리를 말하였다. 하나님께서는 행한 대로 갚으시는 분이심을 분명히 설명하고 있다. 5절에서는 악인들이 보응을 받아야 할 이유를 설명하고 있다. '그들은 여호와의 행하신 일과 손으로 지으신 것을 생각지 아니한다'고 하였다. 악인들은 하나님이 행하신 일을 생각지 않는다.

하나님이 행하신 일이란 하나님의 일반적인 구원 행동을 말한다. 하나님께서 인생의 바른 길을 인도하셨으나 악인들은 이것을 기억하지 않고 자신들의 방법대로 살아간다. 악인들은 하나님이 행하신 일 즉 하나님의 심판을 생각지 않는다. 하나님의 심판은 분명히 있을 것인데 악인들은 이것을 생각지도 않는다. '여호와께서 그들을 파괴하고 건설하지 아니하시리로다'고 하였다. 하나님께서 악인을 파괴하시면 다시는 세우지 않으신다. 하나님께서는 악인들을 철저히 부수신다. 그러면 다시는 일으키시지 않는다.

시인은 하나님께 애가의 형태로 기도하고 있다. 열정을 가지고 하나님께 호소하는데 하나님을 향해 손을 들고 기도한다. 하나님은 악인을 멸하시며 철저히 부수신다. 우리는 하나님의 엄위하심과 존귀하심을 가슴 깊이 새겨야 한다. 하나님의 위대하신 손길을 통해 우리의 가슴에 새로운 꿈과 소망을 주시기를 기도해야 한다. 하나님은 자기 백성의 기도를 들으시는 분이시며, 악인의 행함을 그대로 갚으시기에 이 하나님을 의지하자.

여호와는 그들의 힘이시요

시편 28:6~9

6여호와를 찬송함이여 내 간구하는 소리를 들으심이로다 7여호와는 나의 힘과 나의 방패이시니 내 마음이 그를 의지하여 도움을 얻었도다 그러므로 내 마음이 크게 기뻐하며 내 노래로 그를 찬송하리로다 8여호와는 그들의 힘이시요 그의 기름 부음 받은 자의 구원의 요새이시로다 9주의 백성을 구원하시며 주의 산업에 복을 주시고 또 그들의 목자가 되시어 영원토록 그들을 인도하소서

애가의 형태로 시작된 시편 28편은 뒷부분에 와서 찬양 형식으로 변한다. 악인들의 심판을 받아야 함을 강조한 후에 하나님의 역사를 찬양한다. 시인은 더 이상 애가를 부르지 않는다. 고통과 슬픔의 노래보다 하나님을 찬양함으로써 진정한 감사를 표현하게 된다. 그의 이러한 모습은 자기의 기도가 응답되었음을 보여주고 있으며, 하나님을 신뢰하는 것으로 가득 차 있다.

1. 찬송함이여

6절에서 "여호와를 찬송함이여 내 간구하는 소리를 들으심이로다"고 하였다. 시인은 이제 슬픔을 딛고 일어나 여호와를 찬양한다. 이것은 하나님의 백성이 취해야 할 기본적 자세이다. 지금까지 그가 겪고 있던 슬픔과 고통을 딛고 하나님의 위대하심에 대하여 소리 높여 찬양을 드린다. 시인은 그가 찬양을 드림은 '내 간구하는 소리를 들으심이로다'라는 이유 때문이다. 즉 기도의 응답을 받았기에 하나님을 찬양한다는 것이다. 여러 가지 고통에서 벗어나 여호와를 찬양할 수 있는 그 자체가 축복이며 감사의 제목이다. 하나님은 자기 백성의 기도를 들으신다. 믿고 구하는 그 기도에 응답하

시기에 하나님의 백성은 찬양을 하면 된다. 큰 소리를 높여서 하나님의 성호를 찬양하는데 이것은 기도의 응답이요 감사의 자세이다.

7절에서는 "여호와는 나의 힘과 나의 방패이시니 내 마음이 그를 의지하여 도움을 얻었도다 그러므로 내 마음이 크게 기뻐하며 내 노래로 그를 찬송하리로다"고 하였다. 시인은 여호와를 '나의 힘과 방패'라고 하였다. 이것은 군대 용어인데, 이 용어를 활용하여 거룩하신 하나님을 찬양하고 있다.

시인은 어려움으로 인해 고통을 받고 있기에 하나님의 도우심이 절박하였고, 하나님의 응답에 대해 감사의 노래를 부른다. 그래서 하나님을 '힘과 방패'라고 묘사하고 있다. 힘과 방패되신 하나님께서 우리와 함께 하시는 것 자체가 문제 해결의 첫 단계이다. 원수들의 공격이 제 아무리 강할지라도 하나님은 우리의 힘이 되시고 방패가 되시기에 그 공격을 이길 수 있다.

시인은 '내 마음이 그를 의지하여 도움을 얻었도다'고 하였다. 시인은 하나님을 의지함으로써 '도움을 얻었는데', 이 말은 '원기를 회복하다'는 뜻을 가지고 있다. 즉 하나님을 의지함으로써 하나님의 도움을 받았다는 것이다. 하나님은 자기에게 의지하는 자를 도와주시고 원기를 회복하게 하신다. 이것은 하나님의 위대하신 사랑의 역사이며 특유의 방법이다. 하나님의 도움을 받는 것은 최고의 축복이며 감사의 조건이다.

하나님께로부터 도움을 얻을 때에는 모든 문제가 해결된다. "그러므로 내 마음이 크게 기뻐하며 내 노래로 그를 찬송하리로다"고 하였다. '내 마음이 기뻐함'은 원수들에게 승리를 거두고 기뻐 날뛰는 모습을 묘사한 것이다. 하나님으로 말미암아 도움을 받으면 그 마음이 기쁨에 차게 되고 하나님의 성호를 찬양하게 된다. 그것도 자신의 진심에서 나오는 소리로 하나님을 찬양한다는 뜻이다. 우리는 자기의 노래로 하나님을 찬양해야 한다. 이것은 하나님의 백성이 누리는 최고의 영광이며 축복이기에 우리의 목소리로, 또는 우리의 진심을 모아 하나님을 찬양해야 한다.

하나님의 백성은 하나님을 찬양함으로써 자신의 존재 의미를 확인시킨다. 우리들이 살아있음은 단순한 열정이 아니라 하나님으로 말미암아 진정한 존재 의미를 알 수 있기 때문이다. 슬픔의 자리를 딛고 일어나 하나님을 찬양하는 것이야 말로 하나님의 백성들이 누릴 수 있는 최고의 영광이다. 시인은 이런 자세로 하나님을 찬양하였다.

2. 여호와는 그들의 힘이시요

8절에서 "여호와는 그들의 힘이시요 그의 기름 부음 받은 자의 구원의 요새이시로다"고 하였다. 시인은 자신의 한 평생에 여호와를 찬양하리라는 것을 자신의 개인적인 체험으로만 제한하지 않고 하나님의 백성의 언약의 공동체와 함께 하려고 하고 있다. 시인은 '여호와는 그들의 힘이시요'라고 하였다. 이것은 그의 신앙고백인 동시에 이스라엘 공동체의 고백이다. 하나님을 나의 힘으로 믿고 의지하는 그 고백에서 하나님의 백성의 하나 됨과 영원한 삶을 알 수 있다. 하나님을 자신의 힘으로 고백하는 것이 중요하다. "나의 힘이 되신 여호와여 내가 주를 사랑하나이다"(시 18:1)는 고백처럼 하나님을 사랑하고, 그 하나님이 나의 힘이 되심을 고백하는 것은 하나님의 백성이 누릴 최고의 영광이다. 하나님은 '그 기름 부음 받은 자의 구원의 산성'이다. 기름 부음 받은 자란 제사장이나 백성들을 가르치고 또 이스라엘 왕을 가르친다. 그러니 하나님을 이스라엘 백성을 지키시는 산성이라는 것이다.

하나님의 백성은 하나님의 성에서 구원을 받는다. 하나님은 자기 백성을 영원한 자리에서 보호하시고 영광의 역사를 이루신다. 힘이시고 산성이시기에 하나님의 위대한 능력이 나타난다.

3. 그들을 인도하소서

9절에서 "주의 백성을 구원하시며 주의 산업에 복을 주시고 또 그들의 목자가 되시어 영원토록 그들을 인도하소서"라고 하였다. 시인은 자신의 문제만 가지고 기도드린 것이 아니라 다른 사람을 위해서 기도드린다. 지난 날의 고통과 어려움을 딛고 일어나 하나님의 영광의 세계를 바라보며 기도 하는 것이 중요하다. '주의 백성을 구원하소서'란 기도처럼 하나님께 자신 의 간절한 마음을 호소하는데 이것은 '승리를 주소서'란 뜻이다.

시인은 고통스러운 과거를 이기고, 현재의 모든 문제는 하나님의 역사로 이겨가고 있다. 또 미래에도 하나님의 도우심을 받을 것이기에 그의 삶의 전부를 통해 하나님의 영광을 찬미한다. 시인은 '주의 백성'의 문제를 말한 후에 '주의 산업'의 문제를 말한다. 하나님의 위대한 능력이 나타난다.

9절에서 "주의 산업에 복을 주시고 또 그들의 목자가 되시어 영원토록 그들을 인도하소서"라고 하였다. 시인은 자신의 문제만 가지고 기도드린 것이 아니라 다른 사람을 위해서 기도드린다. 지난날의 고통과 어려움을 딛 고 일어나 하나님의 영광의 세계를 바라보며 기도하는 것이 중요하다. '주 의 백성을 구원하소서'란 기도처럼 하나님께 자신의 간절한 마음을 호소하 는데 이것은 '승리를 주소서'란 뜻이다. 시인은 고통스러운 과거를 이기고, 현재의 모든 문제는 하나님의 역사로 이겨가고 있다. 또 미래에도 하나님의 도우심을 받을 것이기에 그의 삶의 전부를 통해 하나님의 영광을 찬미한다.

시인은 '주의 백성'의 문제를 말한 후에 '주의 산업'의 문제를 말한다. 하 나님은 자기 백성만을 구원하는 것이 아니라 산업까지 축복하신다. 산업이 란 주로 땅을 의미하지만(시 79:1) 넓게는 이스라엘 백성의 전부를 말한다. 하나님은 자기 백성의 산업에 복을 주신다. 하나님의 백성의 삶이 바로 축 복의 삶이며 하나님의 영광을 위한 것이기에 이 산업에 복을 주신다. '그들 의 목자가 되시어 영원토록 그들을 인도하소서'라고 하였다.

시인은 하나님을 목자라고 부른다. '그들의 목자가 되사'란 '그들을 먹 이소서'란 의미이다. 하나님은 자기 백성을 먹이시고 이끄신다. 그래서 영 원한 목자이신 하나님을 먹이시고 이끄시며 자기 백성의 보호자가 되신다. 고통의 자리에서 슬픈 노래를 부르다가 하나님의 도우심으로 구원을 받은 후에 하나님을 찬양한 것처럼 우리도 고통을 딛고 일어나야 한다.

하나님께 영광

시편 29:1~2

1너희 권능 있는 자들아 영광과 능력을 여호와께 돌리고 돌릴지어다 2여호와께 그의
이름에 합당한 영광을 돌리며 거룩한 옷을 입고 여호와께 예배할지어다

시편은 여러 가지 독특한 형태로 되어 있다. 각 시마다 강조하는 내용
이 다르지만 그 공통점은 '하나님께 영광'이다. 시편 29편은 가장 순수
한 찬양시의 하나이다. 여호와의 위대하심을 찬양하는데 하늘과 땅 모든
부분에서 그러하다. 시인은 하나님의 영광을 찬미하는 순수한 심정을 쏟
아 붓고 있다. 즉 그가 가진 모든 가능성을 동원하여 위대하신 하나님의
영광을 선포한다. 인간의 삶에서 자신의 존재 의미를 보다 정확하게 아
는 것이 중요하다. 인간의 존재는 하나님의 영광을 위해 있다. 자신의 그
무엇을 바라는 것이 아니라 하나님의 영광을 선포할 때에 진정한 의미가
있다.

1. 영광과 능력을 여호와께

1절에서 "너희 권능 있는 자들아 영광과 능력을 여호와께 돌리고 돌릴지
어다"라고 하였다. 시인의 찬양은 힘찬 서주곡으로 시작된다. '너희 권능
있는 자들아'라고 하였는데 이들이 누구인가? 원어를 보면 '하나님의 아들

들'인데 한글 현대어 번역들에는 '하나님을 모시는 권능 있는 이들' 등으로 나와 있다. 이 단어는 '천상의 존재들'이라고도 할 수 있다. 천상에는 여러 영물들이 있고, 이들은 유일하신 하나님을 섬기며 찬양한다. 천상의 존재들은 영적 존재이다. 이들은 하나님을 찬양하고 영광을 돌린다. '영광과 능력을 여호와께 돌리고 돌릴지어다'고 하였는데 '영광과 능력'은 하나님의 속성으로 본다. 천상에 있는 영물들이 하나님께 영광을 돌리라고 하고 있다.

그러면 어떻게 하나님께 영광을 돌릴 것인가? 먼저 하나님을 높이는 행동으로 하고, 다음에는 찬양을 통해서 한다. 자신의 존재를 하나님께 드리고 입술의 찬양을 통해 하나님께 영광을 돌린다. 구체적인 방법은 사람이나 상황에 따라 다를 것이지만 우리의 존재 자체가 하나님의 영광을 나타내어야 한다. 하나님을 영화롭게 하는 것의 진정성은 우리가 하나님의 영광을 인식할 때만이 가능하다.

하나님을 영화롭게 하기 위해서 하나님의 존재 자체를 바로 이해하고 그분에게 영광을 돌리도록 해야 한다. 웨스트민스터 소요리문답에서 '사람의 제일 되는 목적이 무엇입니까'란 질문에서 '하나님을 영화롭게 하고 영원토록 그를 즐거워하는 것'이라고 하였다.

하나님을 영화롭게 하는 것이 인간 최고의 목적이다. 어떤 상황에서라도 하나님을 영화롭게 해야 하는데 바울은 "그런즉 너희가 먹든지 마시든지 무엇을 하든지 하나님의 영광을 위하여 하라"(고전 10:31)고 하였다. 바울의 이러한 교훈은 인간 최고의 목적이다.

먹고 마시는 것이 중요한 것이 아니라 어떤 일이라도 하나님의 영광을 위해서 하는 것이 중요하다는 교훈이다. 인간의 사명이 그러하거늘 하물며 하늘에 있는 영적 존재들이 하나님의 영광을 나타내는 것이 무엇보다 중요한 것은 두 말할 나위가 없다. 우리들은 하나님의 영광을 위해 존재하고 또한 나아가야 한다.

2. 거룩한 옷을 입고 여호와께

2절에서 "여호와께 그의 이름에 합당한 영광을 돌리며 거룩한 옷을 입고 여호와께 예배할지어다"고 하였다. '여호와의 이름에 합당한 영광'이란 여러 가지로 번역되고 있으나 '그 이름에 걸 맞는 영광'이라고 할 수 있다. 그러니 '하나님의 이름이 영광스럽다'는 의미이기도 하다. 구약 성경에서는 하나님의 이름이 하나님의 능력과 밀접한 연관을 가지는 경우가 많다. 그래서 하나님의 다양한 이름들이 나타나고 있다.

'여호와'란 '늘 자기 백성과 함께 하시며' 즉 '임마누엘'이란 의미이며 또한 '위기에 처해 있는 자기 백성을 돌보시고 구원하신다'는 뜻이기도 하다. 그러므로 하나님의 이름은 자기 백성들에게 힘과 승리의 원천이 된다. 하나님의 백성은 하나님의 이름으로 나아가 승리한다. 그 대표적 사례가 다윗과 골리앗의 싸움이다. 하나님의 이름으로 나아간 다윗의 승리는 하나님의 승리이기도 하다.

오늘의 우리들은 하나님의 이름에 합당한 영광을 돌려야 한다. 하나님은 영광의 왕이시고 영원한 존재이시다. 그 하나님께 합당한 영광을 돌리는 것이 무엇보다 중요하다. 또 '거룩한 옷을 입고 여호와께 예배할지어다'고 하였다. 이스라엘 백성들은 예배할 때에 거룩한 옷 즉 깨끗한 옷을 입었다. 하나님께서 베푸신 승리를 축하할 때에도 성별된 옷을 입었다. 하나님은 거룩하신 분이시므로 그에게 경배하는 자는 거룩한 옷을 입어야만 한다. 구약의 제사장들은 세마포 옷을 입고 하나님께 나아갔다.

이것이 신약시대에 와서는 단순한 옷의 개념을 넘어 '거룩한 행실' 또는 '거룩한 삶'을 의미하게 되었다. 우리 시대에 와서 하나님께 나아갈 때에 외형의 옷보다 거룩한 삶의 자세를 가져야 한다. 이것은 우리의 영적 힘의 원천이며 하나님을 영화롭게 하는 길이다. 그러면 우리들이 어떤 자세로 하나님께 나아가야 할 것인가? 여기에 대해서 여러 가지 답이 나오지만 중요한 몇 가지를 살펴보자.

3. 순종하는 자세로 여호와께

첫째, 회개하는 마음으로 나아가야 한다. 우리들의 삶에서 하나님의 뜻에 어긋난 모든 것을 진실로 회개하는 심정으로 하나님께 나아가야 한다. 하나님은 회개하는 영혼을 불쌍히 여기시고 그들을 용서해 주신다. 우리의 모든 것들을 용서해 주신다. 우리의 모든 것을 그대로 내어 놓고 진정한 회개를 할 때에 하나님은 우리의 경배를 열납하신다.

둘째, 신뢰하는 마음으로 나아가야 한다. 우리의 경배가 단순한 행동이 아니라 하나님을 의지하는 마음의 표현이어야 한다. 하나님의 역사를 믿고 의지하는 신실한 마음으로 하나님께 나아가는 것이 중요하다. 하나님을 전적으로 의지할 때에 하나님의 선하신 역사가 우리 속에 이루어지고 그것을 통해 하나님께서 영광을 받으신다.

셋째, 하나님께 순종하는 자세로 나아가야 한다. 어떤 상황에 처할지라도 이것이 하나님의 뜻이기에 순종한다는 믿음의 자세가 필요하다. 하나님의 백성은 하나님의 섭리에 순종해야 한다. 우리의 모든 것이 하나님의 뜻 안에 있기에 여기에 순종하는 것이 하나님의 백성의 삶이다. 우리는 '거룩한 옷' 즉 거룩한 삶으로 하나님의 영광을 나타내어야 한다.

우리의 존재 자체가 바로 하나님의 영광을 나타내는 것이기에 이것을 더욱 귀중히 여겨야 한다. 시인은 천상에서 영물들이 하나님께 영광 돌릴 것을 말한다. 이것은 예수님께서 탄생하실 때에 "지극히 높은 곳에서는 하나님께 영광이요"(눅 2:14)라고 노래한 천사들의 찬양과도 같다. 우리는 하나님의 영광을 위해 감사의 마음으로 하나님께 나아가자.

여호와의 소리가

시편 29:3~9

3여호와의 소리가 물 위에 있도다 영광의 하나님이 우렛소리를 내시니 여호와는 많은 물 위에 계시도다 4여호와의 소리가 힘 있음이여 여호와의 소리가 위엄차도다 5여호와의 소리가 백향목을 꺾으심이여 여호와께서 레바논 백향목을 꺾어 부수시도다 6그 나무를 송아지 같이 뛰게 하심이여 레바논과 시룐으로 들송아지 같이 뛰게 하시도다 7여호와의 소리가 화염을 가르시도다 8여호와의 소리가 광야를 진동하심이여 여호와께서 가데스 광야를 진동시키시도다 9여호와의 소리가 암사슴을 낙태하게 하시고 삼림을 말갛게 벗기시니 그의 성전에서 그의 모든 것들이 말하기를 영광이라 하도다

시편 29편에서 시인은 1~2절에서 서주곡으로 하나님께 영광을 돌리는 것을 노래한 후에 천둥 소리와 같은 하나님의 능력과 영광을 노래하고 있다. 3~9절에서 '여호와의 소리가'가 일곱 번 나온다. 이런 반복을 통하여 하나님의 위대하심을 노래한다. '여호와의 소리'란 구체적으로 천둥소리를 말한다. 고대 사람들은 천둥소리를 가장 인상적으로 보았고, 이 소리를 통해 하나님의 위엄과 능력을 듣게 되었다. 시인은 여호와의 소리를 천둥과 번개와 폭풍으로 묘사하고 있다. 구약에서는 여호와의 소리가 천둥으로 자주 묘사된다(시 18:13, 욥 37:4 이하, 사 30:30).

하나님께서 하늘에서 천둥소리로 그 위엄을 나타내신다. 여호와는 재판장으로서 천둥소리를 발하시면 백성들은 두려워 떨게 된다. 시인은 '여호와의 소리'를 일곱 번이나 말하고 있는데 그것을 세 부분으로 나눌 수 있다.

3~4절은 '혼돈의 물을 정복하시는 여호와의 소리', 5~6절은 '백향목을 꺾으시는 여호와의 소리', 7~9절은 '광야를 진동하시는 여호와의 소리'로 나눌 수 있다. 이 분류에 다라 '여호와의 소리'를 조명하여 보자.

1. 여호와의 소리가

3절에서 "여호와의 소리가 물 위에 있도다 영광의 하나님이 우렛소리를 내시니 여호와는 많은 물 위에 계시도다"고 하였다. 시인은 서론 부분에서 천상의 영적 존재들이 하나님의 능력과 영광을 찬양하는 것을 말하다가 이제는 땅 위의 존재들이 하나님께 영광을 돌려야 할 것을 말하고 있다. 3절에서는 '물' 즉, 바다를 다루고 있다. '여호와의 소리가 물 위에 있도다'고 하였다. 여기서 하나님을 '영광의 하나님'이라고 하였다. 구약에서 영광이란 인격을 가진 어떤 존재의 모든 속성이 다른 존재에게 체험될 수 있도록 드러나는 것을 말한다. 그러므로 '영광의 하나님'이란 하나님의 거룩과 지혜와 능력이 드러나는 것을 말한다.

여호와의 소리가 물 위에 있다고 하였는데 이것은 폭풍이 내려치는 바다에 천둥소리가 울리는 현상을 묘사하고 있다. 혼돈의 바다와 무서운 물들을 정복하시는 이는 하나님이라는 사실을 보여 준다. 큰 물이 세상을 휘여잡을지라도 하나님께서 소리를 발하셔서 세상의 모든 것을 통치하시는 여호와의 위대하심을 볼 수 있다.

시인은 망망한 바다와 강과 홍수를 하나님의 뇌성으로 잔잔케 하시는 것을 묘사하고 있다. 이것은 하나님의 강림이며 위대한 역사이기에 더 큰 의미를 가지고 있다.

2. 여호와의 힘있는 소리가

4절에서 "여호와의 소리가 힘 있음이여 여호와의 소리가 위엄차도다"고 하였다. 3절에 계속해서 '여호와의 소리'를 설명하고 있다. 여호와의 소리는 위엄차고 힘이 있음을 강조한다. 이것은 여호와의 능력을 말하는 것으로서 위엄있는 하나님의 위대하심을 드러낸다. 5~6절은 백향목을 꺾으시는 여호와의 소리를 말한다. 바다를 정복하신 하나님께서는 이제 산을 정복하신다. 특히 힘을 상징하는 레바논을 말하고 있다.

5절에서 "여호와의 소리가 백향목을 꺾으심이여 여호와께서 레바논 백향목을 꺾어 부수시도다"고 하였다. 뇌성으로 바다를 다스리신 하나님께서 레바논의 백향목을 꺾으신다. 레바논의 백향목은 모든 백향목 가운데 가장 뛰어난 것이다. 레바논의 백향목은 매우 강하고 쉽게 꺾어지지 않고, 아주 크고 높이 자란다. 이 나무가 너무나 크고 견고하여 세상의 왕들은 이 나무로 왕궁을 건축하였다. 그러니 이 나무는 번성하고 안정된 것, 또 높고 교만한 것을 상징한다. 그러나 이런 것도 하나님께서 소리를 발하시면 썩은 나무처럼 쓰러지고 마는데 여기서 하나님의 위대하심을 발견할 수 있다.

6절에서 "그 나무를 송아지 같이 뛰게 하심이여 레바논과 시룐으로 들송아지같이 뛰게 하시도다"고 하였다. 6절은 5절의 '레바논의 백향목' 보다도 강하게 묘사되었다. 하나님이 소리를 발하시면 흔들리지 않는 레바논의 산맥조차 놀라서 뛰어 논다고 하였다. '레바논'과 '시룐'이라는 두 지명이 나오는데 '시룐'은 페니키아 사람들이 헬몬산을 부를 때에 사용하는 이름이다(신 3:9, 대상 5:16). 헬몬산은 일 년 내내 눈으로 덮여 있는 만년설이다. 이 산은 굳건하여 기초가 흔들리지 않는 산을 대표한다.

그러나 하나님이 소리를 발하시면 이 산들도 들 송아지 같이 뛰게 된다. 시인은 이 세상에서 가장 견고한 것이 하나님의 뇌성 앞에 얼마나 무의미한 것인가를 묘사하고 있다. 이 세상에서 자랑하는 모든 것은 하나님의 뇌성 앞에 초라한 것이 되고 만다. 하나님이 소리를 발하시면 바다가 잠잠해지고, 백향목이 뽑히며, 산이 흔들리는 일들이 일어난다. 이런 하나님의 위대하심을 바로 알아야 한다.

3. 여호와의 위대한 소리가

7~9절은 '불'의 요소를 강조하고 있다. 하나님의 소리가 불을 다스리는 것으로 묘사되어 하나님의 위대하심을 나타낸다. 7절에서 "여호와의 소리가 화염을 가르시도다"고 하였다. 여호와의 소리가 번개와 지진과 함께 임하고 있다. 번개는 태우는 불길이다. 시편에는 하나님의 나타남을 묘사할 때에 천둥과 번개로 표현하는 경우가 많다.

'화염을 가른다'는 것은 돌을 쪼개어 낸다는 뜻이다. 즉 불로 바위를 뒤흔드는 것을 의미하는데, 하나님께서 단단한 바위를 깨트리시는 것을 묘사하고 있다.

8절에는 "여호와의 소리가 광야를 진동하심이여 여호와께서 가데스 광야를 진동시키시도다"고 하였다. 8절에는 '광야'와 '가데스 광야'가 같이 나온다. '광야'란 반 유목 지역으로 사람들이 계속하여 살 수 없는 곳인데 이런 곳에도 하나님의 위엄이 나타난다. '가데스 광야'는 구체적인 어떤 지역을 말하고 있다. 아마 오른테스 강가에 있는 가데스 광야일지 모른다.

9절에 "여호와의 소리가 암사슴을 낙태하게 하시고 삼림을 말갛게 벗기시니 그의 성전에서 그의 모든 것들이 말하기를 영광이라 하도다"고 하였다. 뇌성과 번개가 칠 때에 암사슴이 놀라서 낙태 즉 조산을 하게 된다. 이것은 하나님의 역사가 얼마나 놀라운가를 보여 주는 것이다.

"그 전에서 말하기를 영광이라 하도다"고 함으로써 하나님의 '영광'을 강조하고 있다. 하나님의 백성들이 성전에 모여 '하나님의 영광'을 찬미하는 것을 말한다. 여호와의 소리는 우주를 다스리신다. 산과 바다와 모든 생물들은 여호와의 소리 앞에 녹아지고 파괴된다. 그러나 하나님의 백성은 그전에 모여 '하나님의 영광'을 노래한다. 우리도 이러한 삶의 원리를 분명히 하여 하나님의 위대하심을 더욱 찬양하고, 우리 삶의 목적을 '하나님의 영광'에 두어야 한다.

평강의 복을 주시리로다

시편 29:10~11

10여호와께서 홍수 때에 좌정하셨음이여 여호와께서 영원하도록 왕으로 좌정하시도다
11여호와께서 자기 백성에게 힘을 주심이여 여호와께서 자기 백성에게 평강의 복을 주
시리로다

하나님은 우주를 다스리시는 전능자로서 모든 만물에게서 영광을 받으신
다. 천상의 영물들에게서 경배를 받으시고, 물과 바다를 정복하시고 이 세상
을 다스리신다. 이것은 하나님의 우주적 절대 주권을 보여 주시는 것이며,
이 우주적 통치를 통하여 만물이 하나님께 순복해야 함을 강조하고 있다.

인간을 비롯한 만물의 삶은 하나님의 절대 주권 아래 있다. 그럼에도 불
구하고 인간들은 하나님께 순복하기보다 자기 뜻대로 살다가 결국에는 망
하고 만다. 그러나 하나님을 믿고 의지하면 하나님께서 축복의 역사로 가득
하게 하심을 교훈하고 있다.

1. 여호와께서 홍수 때에

10절에는 "여호와께서 홍수 때에 좌정 하셨음이여"라고 하였다. 이 말씀
은 창조주 하나님에 대한 변증적 메시지를 담고 있다. '홍수'는 혼돈의 상징
으로 나타나고 있다. 여호와께서는 혼돈의 물을 물리치시고, 홍수를 정복하
심으로써 천상과 천하의 모든 것을 통치하시게 되었다. 여호와께서 홍수 때

에 좌정하셨다는 것은 무서운 혼돈도 하나님의 발 아래 있다는 의미이다. 하나님은 온 세상의 주인이시고, 하나님의 통치는 세상 각 영역에 어김없이 작용함을 가르쳐 주신다.

하나님은 홍수를 통하여 이 세상을 다스리신다. 그 대표적 예가 노아 시대의 홍수 심판이다. 노아 시대 사람들은 극도로 타락하였다. 하나님을 섬기지 않았고, 그들의 관심사는 '먹고 마시고 시집가고 장가가는 데' 있었다. 이 시대의 특성은 하나님을 배반하고 인간의 뜻대로 살려고 하는 인본주의 사회이다. 하나님은 이런 시대상을 보시고 사람을 지으신 것을 후회할 정도였다. 하나님은 홍수를 통하여 그 시대를 심판하셨다.

노아 시대의 홍수는 역사 세계에 하나의 경종이었다. 하나님께 불순종하면 이러한 심판이 올 것이라는 무서운 메시지를 담고 있다. 하나님께서는 그 무서운 홍수로 이 세상을 심판하셨고, 나아가서 그 홍수를 다스리셨다. 이 세상에 평화를 주시고 다시는 물로 심판하지 않겠다는 약속으로 무지개를 만드셨다.

홍수는 이 세상에서 무서운 혼돈의 세력이다. 홍수가 휩쓸고 지나가면 이 세상은 순식간에 폐허가 되고 만다. 하나님은 이러한 홍수마저 다스리시는 분이다. 하나님의 다스림은 우주적 영역 안에서 이루어진다. 자연과 초자연의 모든 영역을 다스리시고, 그것을 통하여 여호와의 위대하신 능력을 보여 주신다. 그러기에 인간들은 하나님의 위대하심을 찬양하고 그 섭리에 순복해야만 한다. 여호와께서 홍수 때에 좌정하심은 단순한 수사로 끝나는 것이 아니라 하나님의 절대적 능력을 보여 주는 놀라운 역사이기도 하다.

2. 평강의 복을 주시리로다

11절에는 "여호와께서 자기 백성에게 힘을 주심이여 여호와께서 자기 백성에게 평강의 복을 주시리로다"고 하였다. 이 말씀에는 '힘'과 '평강'이 있다. 하나님께서는 자기 백성들을 당신의 능력 안에서 다스리시는데 그 역사를 구체적으로 묘사하고 있다.

이 말씀에 대한 해석은 현재형, 미래형 그리고 기원형으로 번역될 수 있으나 그중 기원형으로 보는 것이 가장 적절하다. '여호와께서 축복해 주시기를 빈다'는 표현법이다. 이러한 원리에 따라 두 가지 기원을 살펴 볼 필요가 있다. 하나는 '여호와께서 자기 백성에게 힘 주시기를 빈다'는 말씀이다. 하나님은 힘의 원천이시기에 그 하나님에게서 힘을 얻어야 한다. 자기 마음대로 되는 것이 아니라 하나님의 능력을 통해 승리를 추구 할 수 있어야 한다. 하나님은 모든 힘의 원천이시기에 우리의 힘도 하나님에게서 나온다. 인간의 뜻대로 움직이는 것이 아니라 하나님의 힘을 통해 우리의 삶이 새롭게 되고 능력 있게 나아간다.

3. 하나님이 우리에게 힘 주시면

하나님이 우리에게 힘을 주시면 우리들이 하나님을 사랑하고 또 이 세상에서 이기게 된다. "나의 힘이 되신 여호와여 내가 주를 사랑하나이다"(시 18:1)란 고백과도 같이 하나님을 향해 사랑을 고백하게 된다. 이런 사람들은 이 세상에서 승리하게 된다. 하나님이 주시는 능력으로 이 세상을 이긴다. 하나님은 사탄의 권세를 이기셨고, 죽음을 이기셨고, 이 세상을 이기셨다. 그리하여 하나님을 믿는 백성은 이 세상에서 승리자의 삶을 살게 된다. 우리들은 하나님께서 우리에게 힘주시기를 기도해야 한다.

우리는 비록 연약할지라도 하나님의 강함을 통해 더욱 힘을 얻고 승리의 길로 나아가야만 한다. 또 시인은 '여호와께서 자기 백성에게 평강의 복을 주실 것을' 원한다. 하나님께서는 자기 백성에게 평강 즉 샬롬의 복을 주신다. 이 세상의 모든 혼돈을 뇌성으로 다스리신 하나님은 자기 백성에게 평강의 복을 주시기를 구한다. 평강이란 하나님과의 관계에서 이루어진다. 많은 것을 가지고 높은 지위에 오른다고 되어지는 것이 아니라 하나님의 평강이 우리 속에 임할 때에 우리들이 참된 평안을 누리게 된다. 우리들이 살아가는 이 세상에는 고통과 어려움이 있고, 참 평안을 찾아보기 어렵다. 그러나 하나님의 평안이 우리에게 임할 때에 진정한 기쁨을 누리게 된다. 예수님께서는 '나의 평안을 너희에게 끼친다'고 하셨다. 그리스도의 평안이 우리에게 임할 때에 우리들은 진정한 안식의 삶을 살게 된다. 시인은 하나님께서 자기 백성에게 평안의 복을 주시기를 기원하고 있다. 우리도 이러한 기쁨을 누리기 위해 하나님께 기도해야 한다.

하나님이 우리에게 평안의 복을 주시기를 기도해야 하며, 하나님과의 바른 관계를 통하여 참된 평안을 체험해야 한다. 하나님의 평안이 우리에게 임하기를 간구하는 삶의 자세는 우리로 하여금 하나님을 의지하는 삶을 살게 하는 방안이다. 이런 평강의 복이 우리에게 있기를 기도해야 한다. 하나님은 이 세상을 창조하셨을 뿐만 아니라 이 세상을 다스리시는 통치자이시다. 하나님은 천상의 영물들과 이 땅의 모든 것을 아울러 다스리시는 분이다. 하나님의 왕권은 자연계와 초자연계 모두에게 나타나고 역사하신다. 이런 하나님의 역사를 믿고 감사를 드리는 것이 우리의 삶이다.

시편 29편은 승리의 시이다. 하나님께서 승리하신 것을 찬양하는 시이며, 그 승리가 우리의 것이 됨을 믿고 고백한다. 홍수를 다스리시고, 천상의 물들을 다스리셔서 그들로 하여금 하나님을 찬양하게 한다. 오늘의 우리들도 하나님이 주시는 힘으로 이 세상을 이기고, 평강의 복을 받아야 한다. 하나님 안에서 누리는 참된 평안의 의미를 바로 알고 이것을 통해 하나님께 영광 돌려야 한다.

내가 주를 높일 것은

시편 30:1~3

1여호와여 내가 주를 높일 것은 주께서 나를 끌어내사 내 원수로 하여금 나로 말미암아 기뻐하지 못하게 하심이니이다 2여호와 내 하나님이여 내가 주께 부르짖으매 나를 고치셨나이다 3여호와여 주께서 내 영혼을 스올에서 끌어내어 나를 살리사 무덤으로 내려가지 아니하게 하셨나이다

시편 30편은 표제에 나와 있는 대로 '다윗의 시로서 성전 낙성가'이다. 시인은 병과 고통 중에서 하나님께 기도하였고, 하나님의 돌보심에 감사하고 있다. 시편 30편은 전체의 특성으로 볼 때에 '개인적 감사시'라고 할 수 있다. 이 시는 개인적 감사에서 한 걸음 더 나아가 공동체적 성격을 나타내고 있다.

하나님의 백성들이 하나님께 기도하며 그 응답을 통하여 하나님께 감사드리는 역사를 나타낸다. 고통 가운데서도 하나님의 도우심을 갈망하고 기도하는 것이 하나님의 백성의 자세이다. 역경에 빠져 그대로 휩싸이는 것이 아니라 하나님의 능력으로 그 역경을 딛고 일어나는 것이 중요하다.

1. 내가 주를 높일 것은

1절에서 "여호와여 내가 주를 높일 것은 주께서 나를 끌어내사 내 원수로 하여금 나로 말미암아 기뻐하지 못하게 하심이니이다"고 하였다. 시인

은 '내가 주를 높일 것은'이라고 하였는데 이 말은 '높다고 평가하다' 또는 '높이 평가하다'는 뜻이다. 나아가서 '찬송하다', '칭송하다'는 의미를 나타낸다. 하나님의 백성들은 하나님께 받은 구원을 높이 찬양하고, 하나님의 영광을 더 높인다. 이것이 하나님의 백성들의 삶의 자세이며, 기본적 방향이다.

하나님의 백성이 주를 높이는 이유는 '주께서 나를 끌어내사'에 있다. 하나님께서 우리를 건져 주셨기에 우리는 하나님의 은혜에 감사하고 그 이름을 더욱 높이게 된다. 시인은 죽음과 음부에 빠지는 어려움을 겪었으나 하나님이 건져 주셨다. 이것은 하나님의 놀라운 사랑이며 형언할 수 없는 축복이다. 절망의 수렁에 빠져 헤어날 길이 없는 인생을 하나님의 놀라운 은혜로 구원을 받았으니 이것이 크나큰 축복이다.

이와 같이 하나님의 은혜로 구원을 받았으니 원수들이 더 이상 기뻐하지 못하게 된다. 원수들이 기뻐한다는 것은 조롱한다는 의미이며 깔깔댄다는 뜻이다. 원수들은 하나님의 백성이 고통을 당하여 어려움을 겪으면 이것으로 인해 깔깔대며 하나님의 백성을 조롱한다. 하나님의 백성들이 고통당하는 것을 보고 원수들은 고소하게 생각한다. 성경을 보면 하나님의 백성들은 악인들의 몰락을 기뻐하고, 원수들은 하나님의 백성의 시련을 보고 즐거워하는 내용들이 많이 있다.

시인은 자기가 받은 구원을 통하여 원수들의 입을 막게 되고, 나아가 하나님의 영광을 가리우는 일이 없게 됨을 감사하게 생각하고 있다. 우리가 시련에서 벗어나는 것은 단순히 고통을 면하는 것으로 끝나지 않는다. 하나님의 영광이 드러나고 원수들의 비웃음에서 벗어나는 하나님의 승리를 입증하는 것이기에 더욱 중요한 의미를 가지고 있다.

2. 나를 고치셨나이다

2절에서 "여호와 내 하나님이여 내가 주께 부르짖으매 나를 고치셨나이다"고 하였다. 1절에서 '여호와여'라고 부른 시인은 2절에서 '여호와 내 하나님이여'라고 하였다. 이것은 하나님에 대한 고백이며, 진정으로 여호와를 나의 하나님으로 믿는 그 역사를 보여 주고 있다. '여호와 내 하나님이여'란 말씀은 도움을 구하며, 소리 지르는 모습이다. 시인은 자신이 당하는 어려운 문제들을 하나님께 내어 놓기 위해 하나님을 부르고 있다.

시인은 하나님이 '나를 고치셨다'고 하였다. 이것은 자신의 부르짖음에 응답 하시는 하나님의 역사를 간증하고 있는 것으로서 자신의 체험을 통하여 하나님의 영광을 드러내고 있다. '나를 고치셨나이다'란 표현은 하나님은 자기 백성을 치료하시는 분이라는 고백을 담고 있다. 하나님은 치료하시는 하나님이시기에(출 15:26), 우리의 모든 것은 하나님과의 관계에서 보아야 한다. 질병의 원인에 대해서 여러 가지로 해석할 수 있지만 하나님과의 관계라는 측면에서 이해해야 한다. 하나님과의 관계가 느슨해지면 우리의 믿음이나 건강에 문제가 생기기 마련이다. 그러나 회개하고 돌아오면 하나님께서 회복의 은혜를 베풀어 주신다.

또 '나를 고치셨나이다'라는 늦은 고백은 육신의 질병만을 고쳤다는 의미가 아니다. 영적 문제까지 표현한 전인적 치유를 의미한다. 육신의 질병은 말할 것도 없고 영적인 문제까지 해결해 주시는 것을 의미한다. 이사야는 이스라엘 백성의 죄를 병으로 표현하고, 구원을 치료로 묘사한 바 있다(사 1:4~6, 10:16). 이것은 전인 치유의 근본적 원리를 우리에게 보여 주는 것이다. 시인은 하나님께 부르짖고, 기도할 때에 하나님이 고쳐 주신 것을 말하고 있다. 우리에게도 역경과 고통이 올 때에 하나님께 부르짖는 것이 무엇보다 중요하다. 이는 하나님은 자기 백성의 기도에 응답하시는 분이시기 때문이다.

3. 나를 살리사

3절에서 "여호와여 주께서 내 영혼을 스올에서 끌어내어 나를 살리사 무덤으로 내려가지 아니하게 하셨나이다"고 하였다. 이 말씀에서는 '영혼과 무덤' 즉 '생명과 죽음'이 비교되고 있다. 시인은 하나님이 주신 생명과 인간의 죽음 문제를 다루고 있다.

시인은 자신을 '음부에서 끌어내어 주시기를' 호소하고 있다. 이것은 가장 절망적인 죽음의 자리에서 건져내어 주시기를 기도한다. '나를 살리사' 죽음의 자리로 내려가지 않게 해 달라고 간구하고 있다. 시인은 자기가 실제로 죽었는데. 여기서 살려달라고 호소하는 것이 아니다. 죽음과도 같은 시련에서 자신을 건져 주시기를 호소하고 있다. 시인은 치명적인 고통을 겪고 있어서 그의 생명에 위험이 있을 수 있다. 이런 어려움에서 구하여 주시기를 바라는 호소를 드린 것이다. '음부에서 끌어내어 나를 살려 주옵소서'라는 것은 자신에게 생명의 힘을 달라고 호소하는 것이다. 이것은 시인의 체험으로서 역경에서 건지시는 하나님을 간증하고 있다.

시인의 이와 같은 고백은 오늘의 우리들에게도 삶의 모범을 제시한다. 우리에게 고통이 오고, 질병으로 인하여 죽을 것 같은 힘든 일이 있어도 하나님의 도우심으로 구원을 받고 하나님의 영광을 드러내는 것이 무엇보다도 중요하다. 역경을 당할 때에 하나님께 부르짖는 삶을 살아야 한다. 이것은 하나님께 나의 전부를 드려 호소하는 것이요 하나님의 역사를 의지하는 삶이다. 하나님께 믿고 기도하면 하나님이 치료해 주신다. 문제는 우리가 하나님의 전능하심을 의지하는데 있다.

하나님이 우리를 구해 주시기를 기도할 때에 하나님의 놀라운 역사가 일어난다. 우리의 구원을 통하여 하나님을 높여야 한다. 이것은 우리의 존재 의미이며 삶의 방향이다. 우리는 하나님의 성호를 찬양하고, 그 능력을 믿고 기도하는 신앙자의 삶을 살아야 한다.

노염은 잠깐이요 은총은 평생이라

시편 30:4~5

4주의 성도들아 여호와를 찬송하며 그의 거룩함을 기억하며 감사하라 5그의 노염은 잠
깐이요 그의 은총은 평생이로다 저녁에는 울음이 깃들일지라도 아침에는 기쁨이 오리
로다

하나님의 백성들은 자기가 받은 은혜를 귀중하게 여길 뿐만 아니라 다른
사람들도 이 은혜를 받고, 하나님의 영광을 찬미하기를 바라고 있다. 시인
은 자신의 영적 구원만이 아니라 육신의 고통에서 치유 받은 것을 감사하
고, 이것을 통해 하나님의 영광을 찬미하는 놀라운 역사를 이루었다. 여기
서 더 나아가 다른 사람들도 하나님을 찬양하기를 바라고 있다. 하나님의
백성의 삶은 섬김과 나눔이라고 할 수 있다. 하나님을 섬기고, 이웃을 섬기
며, 받은 은혜를 다른 사람과 나누는 놀라운 삶을 살아야 한다.

1. 기억하며 감사하라

시인은 4절에서 "주의 성도들아 여호와를 찬송하며 그의 거룩함을 기억
하며 감사하라"고 하였다. 시인은 다른 사람들도 하나님을 찬양하며 영광
돌리기를 권하고 있다. 이 말씀에서 '여호와'와 '그 거룩한 이름'이 평행을
이루고 있다. 하나님의 백성들이 여호와 하나님을 찬송하라고 하였다. 주의
백성들이 해야 할 중요한 일은 하나님을 찬양하는 일이다.

시인은 하나님에게서 구원을 받았으니 너무 감사하여 이것을 간증하고 하나님을 찬양하였다. 이 찬양이 자기 혼자의 것으로만 끝나는 것이 아니라 다른 사람들에게도 함께 찬송하자고 한다. 찬양해야 할 사람을 '주의 성도들'이라고 하였다. 이들은 하나님께 전적으로 헌신한 자들이다. 성도들은 하나님과 바른 언약관계를 맺고 있다. 그래서 하나님을 섬기며 하나님의 인자하심을 늘 경험하고 있다.

성도란 하나님을 닮고 하나님을 배우는 자들이다. 하나님의 영광을 위하여 자신의 전부를 드리는 자들이며, 하나님을 위해 충성하는 하늘 백성들을 가리킨다. 이런 사람들은 자신의 삶의 목적을 하나님의 영광에 집중하고 있다. 하나님의 영광을 위해 자신의 전부를 드리는 믿음의 삶을 사는 자들이다. 시인은 이들에게 찬송과 감사로 하나님께 영광돌리기를 권하고 있다.

하나님의 백성은 하나님의 성호를 찬송해야 한다. 입술로의 찬송은 말할 것도 없고 삶 자체를 통하여 하나님의 성호를 찬양해야 한다. 찬송이란 우리의 단순한 행동이 아니라 하나님의 백성들의 기본적 삶의 자세이다. 우리들은 어떤 상황에서도 하나님의 성호를 찬양해야 한다. 바울과 실라가 빌립보 감옥에서 하나님의 성호를 찬양할 때에 기적과 역사가 일어난 것처럼 우리도 어려움의 자리에서 하나님께 찬송할 때에 놀라운 역사가 일어난다.

시인은 하나님의 '그 거룩한 이름을 위하여' 감사하라고 하였다. 이것은 감사 찬송과 같은 의미이기도 하지만 더욱 구체적으로는 하나님께 감사하라는 교훈이다. 바울의 표현처럼 '범사에 감사하는' 삶이 필요하다. 모든 여건이 평안할 때에 감사하는 것이 아니라 감사할 수 없는 여건 속에서도 감사하는 것이 하나님의 백성의 자세이다. 시인은 자신의 구원 체험이 단순한 개인사로 끝나는 것이 아니라 신앙 공동체의 유산으로 여겼다. 하나님의 백성은 모두가 함께 은혜를 나누며 감사하는 삶을 살아간다.

2. 은총은 평생이로다

5절에서 "그의 노염은 잠깐이요 그의 은총은 평생이로다 저녁에는 울음이 깃들일지라도 아침에는 기쁨이 오리로다"고 하였다. 5절은 4절에서 감사하는 찬송을 해야 할 이유를 구체적으로 지적하고 있다. 원문에 보면 "왜냐하면"으로 시작되고 있어서 찬송의 이유를 제시하고 있다. 시인은 '노염은 잠깐이요 그의 은총은 평생이로다'고 하였다.

5절에 나오는 단어들을 보면 좋은 대조가 있다. '노염과 은총', '잠깐과 평생', '울음과 기쁨', '저녁과 아침'이 조화를 이루고 있다. 이러한 대조를 통하여 하나님이 어떤 분이신 지를 우리에게 보여 주고 있다. 이것은 하나님의 속성을 더욱 분명하게 제시하는 것으로서 우리들에게 바른 가르침을 준다. 하나님은 노염의 하나님 즉 분노하시는 하나님이다. 하나님은 죄에 대해 분노하신다. 그래서 이것을 '노염'이라고 표현하고 있다. 하나님은 죄를 미워하시고 이것을 끝까지 척결하신다. 그런데 하나님의 노염은 은총과 균형을 이룬다. 은총이란 '기쁘게 너그럽게 다 받아 주고 품어주는 것'이다. 하나님은 회개하는 자기 백성을 너그럽게 포옹해 주신다. 이것은 하나님의 사랑을 말하며 하나님의 인자하심을 가리킨다.

이 시편에서 노염과 은총이 강한 대조를 이룬다. 노염의 결과는 죽음이며 은총의 결과는 생명이다. 그러니 죽음과 생명의 깊은 대조를 여기에 나타난다. 우리는 이 시에서 절묘하신 하나님의 섭리를 볼 수 있다. '그 노염은 잠깐이요 그 은총은 평생'이라고 하였으니 노염은 잠깐 즉 한 순간에 불과하고 은총은 평생이다. 그러니 노염은 순간적이요 은총은 지속적이다. 이 말씀에서 우리는 새로운 희망과 꿈을 가지게 된다. 하나님의 은혜는 우리에게 영원히 지속되기에 우리는 감사하고 하나님의 영광을 찬미한다.

3. 아침에 기쁨이 오리라

시인은 계속하여 "저녁에는 울음이 깃들일지라도 아침에는 기쁨이 오리로다"고 하였다. 이 말씀은 우리에게 새로운 소망을 준다. '아침'이란 '새벽'을 의미하는데 하나님의 구원의 역사가 새벽에 일어날 것을 보여준다. '저녁엔 울음이 깃들일지라도'라고 하였다. 하루의 곤한 삶을 마무리하는 저녁 울음이 우리에게 가득하다. 우리의 삶이 너무나 곤하기 때문에 우리에게는 눈물의 날이 계속된다.

우리의 일상에서 슬픔의 고통이 계속되어 눈물 흘리는 시간들이 많아진다. 그러나 하나님이 주시는 은혜를 통하여 '새벽'의 기쁨을 누린다. 깊은 밤에 하나님의 노염을 경험하지만 새벽이 되면 하나님의 구원을 체험하게된다. 어두운 밤에 고통의 바람이 우리에게 몰아칠지라도 하나님은 구원의 새벽을 주심으로 우리가 힘을 얻게 된다. 하나님의 구원은 새벽에 동이 트는 것처럼 갑자기 임하게 된다. 성경에 보면 하나님의 구원이 아침에 임하는 경우들이 많다(시 46:5, 90:14, 143:8). 그래서 우리는 구원의 새벽을 바라고 있다.

시인은 자신의 구원 체험을 바탕으로 하여 신앙 공동체가 하나님의 영광을 찬미하기를 권하고 있다. 여호와를 찬송하며 그 이름을 위하여 감사해야 한다. 이것은 하나님의 백성들의 놀라운 축복이요 은총이다. 시인은 감사와 찬송을 드려야 할 이유를 구체적으로 지적하고 있다. 하나님의 노염은 잠깐이요 그 은총은 평생이기 때문이라고 하였다. 비록 저녁에는 눈물로 잠들지라도 새벽에는 기쁨이 오기에 우리는 하나님께 감사하게 된다. 영원히 계속되는 하나님의 은총을 가슴에 깊이 새기고, 하나님의 성호를 찬양해야 한다.

내가 형통할 때에

시편 30:6~7

6내가 형통할 때에 말하기를 영원히 흔들리지 아니하리라 하였도다 7여호와여 주의 은혜로 나를 산 같이 굳게 세우셨더니 주의 얼굴을 가리시매 내가 근심하였나이다

사람들에게는 항상 자기를 되돌아보는 성찰(省察)의 삶이 필요하다. 이것은 역경을 당할 때만이 아니라 어떤 상황에서도 자기를 돌아보아 부족함을 깨닫고, 이것을 보충을 하는 작업을 해야만 한다. 시인은 자기가 받은 구원의 체험을 다른 사람에게 전하고, 하나님께 감사의 찬송을 드렸다. 이제는 한 걸음 물러서서 자신의 지난날을 되돌아보고 있다. 그는 자신이 어떤 과정을 거쳐 타락하였는지를 묘사하고, 이것을 통해 하나님의 위대하신 손길을 찾으려고 하고 있다.

우리는 어떤 문제에 직면할 때에 거기에만 빠지는 경우가 많다. 그러나 거기서 한 걸음 물러서서 자신의 실체를 바로 보는 것이 중요하다. 한 걸음 물러서서 보면 문제 전체를 볼 수 있고, 그것을 객관화시킬 수 있기 때문이다.

1. 내가 형통할 때

6절에서 "내가 형통할 때에 말하기를 영원히 흔들리지 아니하리라 하였도다”고 하였다. 시인은 자신의 과거를 그대로 드러내고 있다. 자기의 지난 날의 삶이 어떠하였느냐 라고 분석함으로써 진정한 구원의 역사를 노래하기 위함이다. ‘그러나 내가’라는 말로 시작한다. 자신의 전부를 나타내기 위하여 지난날의 삶을 점검한다. 앞에서 말한 여러 가지 간증과는 다르게 ‘그러나’로 시작하여 자기 성찰을 한다. 이것은 자신의 옛 모습을 내어놓는 것으로서 과거를 조명함으로서 현재의 모습을 규정하려는 것이다.

‘내가 형통할 때’라는 말은 성경에서 단 한번 여기에만 나오는데, 일반적으로 하나님의 복을 나타낸다(창 15:15). 이 말의 뜻은 ‘모든 것이 잘 될 때에’, ‘내가 어려움이 없을 때에’, ‘편히 지낼 때’ 등의 의미를 가지고 있다. 시인은 자기 자신을 되돌아 볼 때에 자기가 깊은 수렁에 빠지기 전 즉 평안하게 살 때에 하나님의 구원을 필요로 하지 않았고, 모든 것이 자신의 능력으로 되어진다고 생각하였다.

이것은 ‘거짓된 안정감’이다. 안정의 실체를 바로 알지 못하고 모든 것이 자신의 뜻대로 되어진다고 생각한다. 그래서 하나님을 의지하기보다 자기 능력을 더욱 의지하게 된다. 오늘의 우리들도 이러한 ‘거짓 안정감’에 빠질 때가 많다. 소위 ‘거품 문화’에 휩싸여 문제의 실체는 보지 못하고 외형에만 몰두하고, 자기만족에 빠지는 경우들이 많다.

시인은 ‘영원히 요동치 아니하리라 하였도다’고 하였다. 이 말은 두 가지 용도로 사용된다. 하나는 하나님을 의지함으로써 흔들림이 없는 삶을 사는 것을 말한다. 하나님을 의지하는 자에게는 흔들림이 없다. 왜냐하면 하나님은 우리의 반석이시기 때문이다. 다른 하나는 정반대의 의미로 사용된다. 하나님보다 자기 자신을 의지함으로써 흔들리지 아니한다는 자만에 찬 고백을 말한다. 자아도취와 자기교만은 통제하기 어려운 문제이다. 절대자의 힘보다 자신의 제한된 힘을 의지하기에 진정한 힘의 원리를 깨닫지 못하게 된다.

2. 주의 은혜로 나를

7절에는 "여호와여 주의 은혜로 나를 산 같이 굳게 세우셨더니 주의 얼굴을 가리시매 내가 근심 하였나이다"고 하였다. 이 말에 대해서는 깊이 생각할 필요가 있다. 이 말은 여러 가지로 번역될 수 있으나 '여호와의 은총으로 나는 태산보다 강하게 되었나이다'란 것이 가장 정확하게 의미를 전달한다.

시인은 자신이 이 자리에 선 것은 순전히 하나님의 은총이라고 말하고 있다. 바울의 고백처럼 '나의 나 된 것은 하나님의 은혜'라는 것이 바로 이런 표현을 말한다. 모든 것이 하나님의 은혜로 되어졌는데 시인은 이것을 깨닫지 못하고 자기도취에 빠졌다. 스스로 만족하였고, 자기가 세운 모든 공적들이 무너질 것이라고는 꿈에도 생각지 못하였다.

'주의 얼굴을 가리우시매 내가 근심하였나이다'고 하였다. 주님이 얼굴을 가리우시는 것은 하나님과의 언약관계에서 살펴보아야 한다. 언약관계에 어려움이 오면 하나님께서 얼굴을 감추신다(신 31:17, 32:20). 하나님께서 자기 백성의 고통을 외면하신다는 뜻이다.

여기서는 시인의 죄에 대한 심판으로 얼굴을 가리우시는 것을 말한다. 이것은 자기의 능력만을 의지하고, 자기 뜻대로 살아간 시인의 삶에 대한 하나님의 심판을 의미한다. 인간의 죄는 하나님을 의지하지 않고 자만하고 자족하며 자기중심적인 삶을 사는 데서 나온다. 이것은 하나님의 절대적 주권에 대한 도전이며, 하나님의 권능을 훼손하는 것이다.

3. 하나님께의 순복

세상의 인간들은 이러한 자기도취에 빠져 있다. 모든 것이 자기 뜻대로 된다고 생각하며, 하나님의 권능보다 자기 능력을 의지한다. 이것이 범죄의 출발이다. 우리는 하나님의 절대주권에 순복해야 한다. 이것은 하나님이 주시는 바른 교훈이며 이 땅의 인간들이 누려야 할 최대의 축복이다.

그러나 인간은 교만하고 심지어는 자기가 하나님의 자리에 오르려고 하다가 문제가 생긴다. 그 대표적 사례가 아담과 하와의 범죄이다. 하나님이 금하신 것을 자기 뜻대로 거역하다가 멸망의 자리에 빠졌다. 아담의 후손인 모든 인간들은 이러한 범죄를 계속하고 있다. 그것도 자신이 잘되고 형통할 때에 모든 것이 잘되는 것으로 착각하기 때문이다.

시인은 '내가 근심하였나이다'고 하였다. 하나님이 외면하자 그는 근심하게 된다. 이 말에는 애통과 신뢰가 아울러 있다. 스스로의 능력을 믿고 자기 뜻대로 지낸 날들에 대한 애통이 있고, 더 나아가 하나님께 대한 신뢰가 바탕에 있음을 보여 준다. 하나님이 외면하시면 인간에게는 말할 수 없는 고통과 시련이 온다. 자기만족으로 인한 그 고통이 어느 누구도 바꿀 수 없다. 이것은 하나님의 징계이기에 더욱 그러하다.

시인은 이 고통을 바로 보았다. 자기에게 고통을 어떻게 보느냐에 따라 그 사람의 삶이 달라진다. 고통을 주신 하나님께 대항하거나 아니면 자포자기하는 사람도 있다. 그러나 시인은 이 고통을 통해 자신을 교정하고자 하였다. 하나님의 징계는 하나님의 백성에게 자기를 되돌아보고 잘못된 것은 고치도록 하는 계기가 된다. 그 징계를 통해 회개하고 하나님의 도우심을 바라게 된다.

형통할 때에 하나님을 바라보아야 한다. 우리의 힘으로 모든 것이 되지 않기에 하나님의 도우심에 감사하는 믿음의 삶이 중요하다. 하나님이 외면하시면 우리는 별 수 없는 존재가 되니 우리는 하나님의 도우심을 항상 바라고 나아가야 한다.

진토가 어떻게 주를 찬양하며

시편 30:8~10

8여호와여 내가 주께 부르짖고 여호와께 간구하기를 9내가 무덤에 내려갈 때에 나의 피가 무슨 유익이 있으리요 진토가 어떻게 주를 찬송하며 주의 진리를 선포하리이까 10여호와여 들으시고 내게 은혜를 베푸소서 여호와여 나를 돕는 자가 되소서 하였나이다

시편 30편의 시인은 세상에 속한 거짓된 안정감에 빠져 살았다. 그는 자신의 건강과 성공에 만족하고 있었고, 아무리 세상이 변하여도 자신은 흔들리지 않으리라는 자만 속에 살았다. 이런 그에게 갑자기 병이 찾아오고 죽음의 위기에 처하자 인생은 죽을 수밖에 없는 존재임을 깨닫고 두려움에 빠진다.

시인은 하나님의 분노를 깨닫고 자신의 죄를 회개하며 이 세상의 성공은 아무것도 아님을 알고 하나님께로 돌아간다. 이것이 진정한 신앙이며 이 땅에서 하나님의 백성이 추구해야 할 삶의 기본 된 자세이다.

1. 내가 주께 부르짖고

시인은 8절에 "여호와여 내가 주께 부르짖고 여호와께 간구하기를" 이라고 하였다. 이 말씀은 2절을 다시 반복한 것이다. 좀 더 자세히 기도하였다. 이 구절에 대하여 현대 번역들은 '주님, 내가 주님께 부르짖었고, 주님께 은혜를 간구하였습니다'고 과거형으로 번역하고 있다. 그러나 개역개정 성

경은 현재형으로 표시하고 있다. 이 말씀은 시인이 지난날의 위기 가운데서 드린 기도이다. 그러나 기도 언어는 시간적 초월성을 지니고 있다. 과거의 기도가 현재의 고백이 된다.

시인은 미완료형의 표현으로 기도의 지속성을 강조하고 있다. 기도란 미완료형이다. 과거의 모든 어려움이 해소되었다고 우리의 기도가 끝나는 것이 아니다. 과거에 드린 기도가 지금의 기도가 되며 나아가 내일의 기도가 된다. 하나님의 백성들은 이러한 지속적 기도를 드려야 한다. 하나님의 백성에게 기도는 호흡이며 사람을 지탱하는 기둥이다. 그러기에 날마다 시간마다 영적 호흡을 하여야 한다.

시인은 "여호와여 내가 주께 부르짖고 여호와께 간구하기를"이라고 하였다. 하나님의 이름이 두 번 나온다. 학자들 중에는 이와 같은 표현이 어색하다고 말하는 사람도 있지만 이 표현은 시인의 간절함을 담은 것이다. 그래서 시인은 하나님께 부르짖고 하나님의 은총을 구한다. 하나님의 은총만이 모든 고통을 이기는 승리의 방편이라는 사실을 확신하고 하나님께 기도하고 있다.

오늘의 우리들도 간절한 마음으로 하나님께 기도해야 한다. 나의 주, 나의 하나님께 우리의 모든 것을 아룀으로써 역경에서 벗어나는 바른 길을 찾아야 한다. 이것이 하나님의 백성들이 가야할 길이기에 오늘의 우리가 따라야 할 길이다.

2. 어떻게 주를 찬송하며

9절에서 "내가 무덤에 내려갈 때에 나의 피가 무슨 유익이 있으리요 진토가 어떻게 주를 찬송하며 주의 진리를 선포하리이까"라고 하였다. 이 구절에서 '무덤'과 '진토'가 평행을 이루고 있다. 무덤이란 구덩이 즉 파멸을 의미한다. 진토란 하나님께서 아담을 만드실 때에 사용한 재료 즉 흙을 말하는데 이것은 철저한 패배와 육체적인 죽음을 의미한다. 무덤과 진토는 은유적 표현이다. 죽음이란 하나님과의 관계가 단절되는 것을 말하는데, 시인은 9절을 통하여 10절의 간구를 더욱 강하게 나타낸다.

시인은 구체적으로 '나의 피가 무슨 유익이 있으리요'라고 하였다. 사람들은 남의 피를 흘려 이익을 구하려고 하고, 뇌물을 받고 남의 피를 흘리게한다. '죽으면 나에게 무슨 유익이 있으리요'라고 하면서 찬송과 진리를 선언하는 일과 연결시킨다. 시인은 '내가 죽으면 누가 하나님을 찬송하며 누가 주의 진리를 선포하겠습니까?'라고 호소한다. 사람이 죽으면 하나님을찬양할 수 없다. 살아있는 자만이 하나님을 찬양한다. "오직 산 자 곧 산 자는 오늘 내가 하는 것과 같이 주께 감사하며"(사 38:19)라는 말씀처럼 산 자만이 하나님을 찬양할 수 있다.

여기서 인간의 생존 의미를 찾는다. 인간이 사는 것은 자신의 영광을 위한 것이 아니라 하나님의 영광을 위한 것이다. 웨스트민스터 소요리 문답제1문에 '사람의 제일 되는 목적은 하나님을 영화롭게 하는 것'이라고 하였다. 이것이 하나님의 백성의 존재 목적이다. 그러므로 산 자의 특권과 의무는 하나님을 찬양하는 것이다. 하나님의 영광을 찬양하는 것이 인간의 존재목적이기에 우리들의 삶의 전 영역에서 이것을 이루어야 한다.

하나님을 찬양하는 것은 입술로만 하는 것이 아니다. 우리 삶의 전부를드려 하나님을 찬양해야 한다. 그러니 우리의 생각, 말, 행동이 하나님을 찬양하는 도구가 되어야 한다. 인간은 살아있을 때에 하나님을 찬양해야 한다. 우리의 호흡의 찬양의 도구이고, 우리의 육신이 찬양의 방편이 되어야한다. 시인의 고백처럼 '내가 죽으면 누가 하나님을 찬양하리이까'라는 자세로 우리가 살아있는 동안 하나님을 찬양해야 한다.

3. 내게 은혜를 베푸소서

10절에서 "여호와여 들으시고 내게 은혜를 베푸소서 여호와여 나를 돕는 자가 되소서 하였나이다"고 하였다. '여호와여 들으소서' 또는 '긍휼히 여기소서'라고 한 시의 형태는 하나님의 백성들의 간구를 집약한 것이다. 하나님께서 우리의 기도를 들으시고 긍휼히 여겨달라는 그 호소는 하나님의 백성의 기본적 자세이다. 하나님만이 나의 모든 형편을 들으시는 분이라는 신앙의 고백이기도 하다.

시인은 하나님께 '나의 돕는 자가 되소서'라고 하였다. 이것은 아주 특별한 표현이다. 시인은 하나님의 도움을 구하고 있다. 왜냐하면 하나님 외에는 도와 줄 자가 없기 때문이다. 시인은 지난날 자신이 잘될 때에는 영원히 흔들리지 아니하리라고 생각하였다. 그래서 자신의 능력만을 믿고 기고만장하였으나 질병과 죽음의 바람이 그에게 몰려오자 어쩔 수 없는 존재임을 고백하고 하나님의 도움을 구한다. 자기가 모든 것을 할 수 있다고 생각하고 자만하던 그가 하나님의 도우심을 구하는 자가 되었다. 이것은 자신의 실체를 분명히 아는 자가 행하는 삶의 길이다. 하나님을 향하여 '나의 돕는 자가 되소서'라고 기도하는 것은 우리들의 기본 된 자세이다.

인간은 스스로의 힘으로 살아가는 것이 아니라 하나님의 도우심으로 살아간다. 그러기에 우리의 삶에서 하나님의 도움을 의뢰해야 한다. 이것은 우리 삶의 기반이며 바른 길이다. 하나님의 도움이 없이는 한 순간도 살 수 없기에 날마다 하나님의 도움을 구해야 한다. 우리가 살아가는 삶의 현장에서 하나님의 도우심을 구하는 것이 무엇보다 중요하다.

하나님은 우리의 힘이시며 산성이시기에 하나님의 도움을 통해 고통의 바다를 헤쳐 나가야 한다. 우리는 우리의 힘으로 사는 것이 아니라 하나님의 도우심으로 산다. 그러기에 하나님을 향해 '나의 돕는 자가 되소서'라고 기도하자.

슬픔이 변하여 춤이 되게

시편 30:11~12

11주께서 나의 슬픔이 변하여 내게 춤이 되게 하시며 나의 베옷을 벗기고 기쁨으로 띠 띠우셨나이다 12이는 잠잠하지 아니하고 내 영광으로 주를 찬송하게 하심이니 여호와 나의 하나님이여 내가 주께 영원히 감사하리이다

우리들의 삶은 슬픔과 기쁨이 교차된다. 기쁨의 분량이 많기를 원하나 실제의 삶은 슬픔으로 가득할 때가 많다. 기쁨과 슬픔의 교차 속에 살아가는 인간들은 기쁨의 영역이 확산되기를 바라고 있으나 우리의 현실은 그렇지 못하다.

시인은 자신의 경험을 통하여 하나님의 위대하신 변화를 말하고 있다. 즉 인간의 슬픔이 기쁨으로 변하는 것은 인간의 노력으로 되어지는 것이 아니라 하나님의 위대하신 손길에 의하여 가능하다는 것을 제시한다. 그리하여 슬픔이 변하여 기쁨이 되게 하시는 하나님의 역사를 노래한다. 이것은 그의 체험적 고백이며 하나님의 역사를 믿는 하나님의 자녀들의 찬양이다.

1. 슬픔이 변하여

11절에 "주께서 나의 슬픔이 변하여 내게 춤이 되게 하시며 나의 베옷을 벗기고 기쁨으로 띠 띠우셨나이다"고 하였다. 이 구절의 시제는 완료형이다. 시인은 자신이 겪은 시련을 말하고, 주님께 기도드린 후에 이미 받았던

구원의 소식을 전하고 있다.

시인이 전하는 구원의 소식은 2~3절에서 말한 것과 표현에 있어서 다르다. 앞에서는 자신이 고침을 받고 건짐 받은 것에 대해서 말하고 있으나 여기서는 자신이 기뻐하고 즐거워하는 것을 부각시키고 있다. 시인의 마음 자세는 진일보되었다. 고침 받음에서 기쁨으로 그의 초점이 바뀌었고, 여기서 하나님의 위대하심을 노래하게 된다. 이것은 같은 사건에 대해서도 관점의 차이가 주는 표현 양식이다. 시인이 강조하는 것은 '주께서 ~변하여'이다. 그가 슬픔에서 기쁨으로 바뀐 것을 내세우는 것이 아니라 '주께서 변하게' 하셨다는 사실을 강조한다. 이것은 단순히 사실을 묘사하는 것이 아니라 하나님의 백성의 신앙고백이다. 하나님이 모든 것을 주장하시고 변하게 하신다는 것이야말로 하나님의 주권적 역사를 신앙하는 것을 말한다.

하나님께서 개입하셔서 모든 것을 완전히 바꾸신다. 하나님은 지금까지 있는 사물의 틀을 바꾸시고, 만물이 가야 할 방향을 바꾸신다. 그것도 완전히 바꾸신다. 하나님은 자기 백성을 도우는 자이시며, 구원자이시다. 모든 것을 계획하시고 또 이루시는 분이다. 그러기에 하나님의 백성은 하나님의 주권적 역사 아래서 살아간다.

시인은 '주께서 변하게 하셨다'고 고백하였다. 이 고백에서 그의 신앙을 볼 수 있고 위대하신 하나님의 섭리를 읽을 수 있다. 시인은 '주께서 나의 슬픔을 변하여 춤이 되게 하시며'라고 하였다. 슬픔을 춤으로 바꾸시는 하나님이시다. '슬픔'이란 '통곡', '애곡'을 의미한다. 그러니 시인의 애곡을 춤으로 바꾸셨다는 것이다.

2. 노래하며 춤춘다

시인은 노래하며 춤을 춘다. '춤춘다'는 것은 축제에서 기쁨을 나타낼 때의 동작이다. 여기서의 춤이란 빙빙 돌면서 추는 춤으로 우리나라의 '강강수월래'와 같은 형태의 춤이다. 춤이란 온 몸으로 기뻐하는 것을 나타낸다.

그래서 시인은 온 몸과 마음으로 춤을 추며 기뻐하고 있다.

하나님께서 개입하셔서 주장하시면 슬픔이 변하여 춤이 되게 한다. 애곡하던 사람이 기뻐 뛰며 춤을 춘다. 이것은 하나님의 섭리이며 놀라운 역사이다. 이 일은 하나님이 역사하셔야만 가능하다. 시인은 "나의 베옷을 벗기고 기쁨으로 띠 띠우셨나이다"고 하였다. 하나님께서 그를 기뻐하셨으므로 애곡할 때에 입던 베옷을 벗기신다. 베옷은 장례식 때에 주로 입는 것으로서 '슬픔의 상복'을 의미한다.

시인은 회개할 때에 입은 베옷을 벗어버리고 기쁨으로 새 옷을 갈아입는다. 이 옷은 축제 때에 입는 옷으로서 기쁨의 상징이다. 이것은 시인의 기쁨이 절정에 달해 있음을 보여 주는 것이다. 고통과 좌절에서 헤매이던 사람을 하나님께 구하여 주시고 기쁨으로 가득하게 하시니 이보다 더 큰 하나님의 사랑이 있을 수 없다. 우리들이 하나님을 찬양하는 것은 우리를 향해 베푸시는 하나님의 은총에 대한 응답이다. 시인은 자신이 체험한 은혜의 역사를 기쁨의 옷을 입는 축복으로 묘사하고 있다.

하나님이 개입하시고 주장하시면 모든 것이 바뀌게 된다. 우리의 사람에 변화가 생겨서 슬픔이 변하여 춤이 되고, 베옷을 벗고 기쁨의 새 옷을 입게 된다. 이것은 하나님의 위대한 역사이며 하나님의 백성이 누리는 은총이다.

3. 영원히 감사하리이다

12절에서 "이는 잠잠하지 아니하고 내 영광으로 주를 찬송하게 하심이니 여호와 나의 하나님이여 내가 주께 영원히 감사하리이다"고 하였다. 시인은 하나님께 받은 은총이 너무나 놀라워 '잠잠하지 아니한다'. 기쁨이 가슴 가득히 차 있으니 어떻게 잠잠할 수 있을 것인가?

시인이 잠잠할 수 없는 것은 하나님의 은총이 너무나 놀랍기 때문이다. 그리하여 시인은 온 정성으로 주를 찬송한다. 자신이 할 수 있는 최고의 것을 드려 하나님을 찬송한다. 이것은 자신이 받은 은총에 대한 대응이며 감사의 역사이다.

시인은 '여호와 나의 하나님이여 내가 주께 영원히 감사하리이다'고 고백한다. 이것은 과거나 현재만이 아니라 미래에도 하나님을 찬양하는 삶을 살 것이라는 고백이다. 시인이 감사의 찬송으로 이 시를 마무리하고 있다. 이것은 하나님의 백성의 삶의 길이다. 자만하여 마음대로 살다가 죽음의 위기를 겪게 되고, 거기서 하나님의 진노를 본다. 이때 회개의 은혜를 받게 되고 그것을 통해 회복의 길을 간다.

하나님이 역사하셔서 회복의 삶을 살게 되면 지난날의 슬픔이 변하여 기쁨의 춤이 된다. 회개할 때에 입던 베옷을 벗어버리고 환희의 옷을 입는다. 이것은 하나님의 주권적 역사의 결과이다. 그래서 하나님께 감사하며 앞으로도 영원히 하나님의 은혜를 찬양하며 감사한다. 오늘의 우리들도 우리들이 겪는 슬픔이 변하여 기쁨이 되기를 원한다.

이것은 하나님의 직접적 역사로만이 가능한 것으로서 모든 것이 하나님의 손에 있음을 보고 깨달아야 한다. 이것은 하나님의 절대주권에 대한 신앙에서 이루어진다.

하나님께서 모든 것을 주장하고 회개하는 자기 백성의 삶을 새롭게 변화시키신다. 그리하여 하나님의 백성은 하나님의 영광을 찬미하게 된다. 우리의 삶에서 슬픔이 변하여 춤이 되는 역사가 있어야 한다. 회개의 베옷을 벗고 찬란한 영광의 옷을 입어야 한다. 이것은 우리의 힘으로 되어지는 것이 아니라 하나님의 주권적 개입으로만 가능하다. 그러기에 우리는 우리들의 삶에 하나님이 개입해 주시기를 바라야 한다. 이것은 하나님의 주권적 역사이며, 우리가 영광 돌려야 할 주제이다.

내가 주께 피하오니

1여호와여 내가 주께 피하오니 나를 영원히 부끄럽게 하지 마시고 주의 공의로 나를 건지소서 2내게 귀를 기울여 속히 건지시고 내게 견고한 바위와 구원하는 산성이 되소서 3주는 나의 반석과 산성이시니 그러므로 주의 이름을 생각하셔서 나를 인도하시고 지도하소서 4그들이 나를 위하여 비밀히 친 그물에서 빼내소서 주는 나의 산성이시니이다 5내가 나의 영을 주의 손에 부탁하나이다 진리의 하나님 여호와여 나를 속량하셨나이다

시편 31편은 '개인적 애가'로 불리운다. 이 시는 1~18절이 기도문이고, 19~24절이 감사와 찬양으로 되어 있다. 그러니 예배자가 개인적 슬픔을 기도하기 위해 나아오고, 하나님께서 자신의 기도를 들으셨다는 확신을 하고 그 결과 하나님께 감사와 찬송을 돌리는 예배를 드리는 것으로 이루어졌다.

이 시는 크게 두 부분으로 되어 있고 그 안에 여러 개의 작은 부분으로 이루어져 있다. 이 시에 사용된 언어들은 다른 시편과 공통적 표현들이 많으며, 요나서와 예레미야 애가의 표현들과 비슷하다. 1~5절은 '기도'의 서론이다. 시인은 어떤 구체적인 곤경을 당하여 하나님께 나아오며, 그 곤경에서 근원적으로 고쳐 주시기를 기도하고 있다. 그 곤경의 원천이 무엇인지 정확하게 알기 어려우나 시인의 문제인 것이 분명하다.

1. 내가 주께 피하오니

1절에서 "여호와여 내가 주께 피하오니 나를 영원히 부끄럽게 하지 마시고 주의 공의로 나를 건지소서"라고 하였다. 다윗은 극심한 어려움 속에서 하나님을 찾았다. '여호와여 내가 주께 피하오니'라고 하여 자신의 문제를 해결하기 위한 길을 하나님께 찾았다. 그의 기도는 '여호와여'로 시작된다. 이것은 신앙고백이며 기도의 첫 걸음이다.

시인이 하나님을 향한 호소는 언약의 하나님으로 부터 구원 행위를 유도하는 방식으로 표현된다. '하나님의 의'를 강조함으로써 언약을 통하여 자기 백성과 관련을 맺고 있는 하나님의 성품을 상기시킨다. '여호와여 내가 주께 피하오니'라고 하여 피난처 되신 하나님께 자신의 전부를 맡기는 전적 의존의 신앙을 보여주고 있다. 하나님을 의지하는 신앙적 자세로 당면한 문제를 해결하려는 자세가 바로 신앙인이 추구해야 할 기본적 원리이다. 시인은 자신의 능력을 의지하기보다 하나님의 의를 강조하였다. 하나님께서 구하여 주실 것을 바랐는데 그것도 하나님의 의로 구해달라는 것이다. 하나님의 자기 백성이 환난 날에 부르면 건져 주시기로 약속하셨다(시 50:15). 이것을 믿는 하나님의 백성은 지속적인 기도로 호소한다.

2. 산성이 되소서

2절에서 "내게 귀를 기울여 속히 건지시고 내게 견고한 바위와 구원하는 산성이 되소서"라고 하였다. 다윗은 이 기도에서 하나님을 의지하여 기도하는 자에게 관심을 쏟으시는 증거로서 어려움에서 빨리 건져 달라고 호소하고 있다. 이것은 자신의 고통이 심하다는 것을 보여 주고 있으며, 하나님을 인해 이 고통을 이기게 해 달라고 호소한다. 시인은 하나님께서 단순히 어려움에서만 건져 주시기를 바라는 것이 아니라 하나님이 '견고한 바위와 구원의 산성'이 되어 주시기를 호소하였다. 이것은 하나님의 구원과 보호

능력에 대한 신뢰를 의미한다.

하나님은 자기 백성의 산성이다. 즉 하나님이 함께 하시면 어떤 어려움이 와도 이길 수 있으니 이것은 보증수표와도 같다. 하나님과의 동행은 우리를 새롭게 하고 안전케 하는 첩경이다. 하나님이 우리의 구원이시기에 산위에 있는 견고한 바위와 같다. 이런 하나님을 믿고 의지하는 것이 하나님의 백성들이 가야 할 길이다.

3절에서 "주는 나의 반석과 산성이시니 그러므로 주의 이름을 생각하셔서 나를 인도하시고 지도하소서"라고 하였다. 시인은 하나님을 '나의 반석과 산성'이라고 표현하고 있다. 하나님은 자기 백성의 구원자이시다. 하나님은 이미 구원자가 되셨다. 그러기에 이 하나님을 믿고 의지하는 것이 인생의 최고의 축복이다.

우리가 여기서 주목해야 할 말씀은 '주의 이름을 생각하셔서'라는 구절이다. 하나님의 구원 행위의 근간은 하나님의 이름을 위한 것이다. 하나님의 영광을 드러내는 것이 구원 역사의 근본적 목적이다. 3절은 출애굽 사건을 암시하고 있다. 하나님은 자기 백성을 곤경으로부터 구원하시겠다는 약속을 하셨다. 그것도 하나님의 이름을 위해서이다. '주의 이름을 생각하셔서'라는 말은 현재의 구원 요청에 대한 선례로서 옛날의 출애굽 사건을 암시한다.

시인은 하나님의 인도와 지도를 바랐다. 이것은 그의 간절한 호소이며 하나님을 향한 자신의 심장을 내어 드리는 것이다. 단순히 구해 주시기만 바라는 것이 아니라 하나님이 인도하시고 지도해 주시기를 호소하였다. 이 호소는 삶의 전 영역에서 하나님의 주권이 역사해 주시기를 바라는 간구이다. 하나님이 인도하시고 지도하시면 더 이상 고통을 당치 않는다는 확신이 깔려 있다.

3. 그물에서 빼내소서

4절에서 "그들이 나를 위하여 비밀히 친 그물에서 빼내소서 주는 나의 산성이시니이다"라고 하였다. 여기서 하나님의 인도가 필요한 이유를 찾을 수 있다. 원수의 세력들이 하나님의 백성을 넘어지게 하는 방법은 다양하다. 신앙의 정도에 따라 시험이 오는데 여기서는 '비밀히 친 그물'이라고 하였다. '비밀히 친 그물'이란 유혹 즉 사탄의 유혹을 말한다. 성공의 지름길을 보여 준다고 하며 불법을 행하도록 유도하는 행위 같은 것이다.

다윗은 사탄의 유혹을 '비밀히 친 그물'이라고 하였다. 그물은 눈에 잘 보이지 않아서, 여기서 걸려 넘어지는 자가 많은 것처럼 사탄의 유혹은 그물처럼 잘 띄지 않는다. 이런 유혹에서 건져 주시기를 호소하고 있다. 이것은 하나님의 인도하심으로만 가능하다. 인간들의 탐욕은 사탄의 그물에 걸리게 하지만 하나님의 인도는 여기서 벗어나게 한다.

5절에서 "내가 나의 영을 주의 손에 부탁하나이다 진리의 하나님 여호와여 나를 속량하셨나이다"고 하였다. 여기서 시인은 확신의 예비적 단계에 도달한다. 그는 자신을 하나님의 손에 부탁한다. 이 말은 체념하고 운명에 따르겠다는 것이 아니라 하나님의 구원과 보호의 능력에 대한 신뢰를 의미한다.

시인의 기도는 현세적 의미를 가지고 있다. 그가 당하고 있는 어려움에서 건져달라는 호소이다. 현재의 고통이 주는 절박한 상황에서 하나님의 도우심을 간구하고 있다. 시인이 '구원'을 호소하였는데 이 말씀에서 출애굽 사건을 상기시킨다. 하나님은 출애굽 사건을 통해 자기 백성을 구원하고 인도하셨기에 이러한 역사를 이루어 주시기를 호소하고 있다. 시인은 하나님을 '진리의 하나님 여호와'라고 하였다. 하나님은 진리이시기에 변하지 않고, 한번 약속하신 것은 반드시 이루시는 분이시다. 이런 하나님을 믿는 것이 최고의 축복이다.

시인은 하나님의 구원과 인도하심을 기도하고 있다. 이것은 하나님을 향한 신앙고백이며 호소이다. 이 하나님을 믿는다는 것이 얼마나 큰 축복인가? 시인의 기도처럼 '진리의 하나님 여호와가 나를 속량하셨나이다'고 고백하며 찬양해야한다.

환난 중에 있는 내 영혼을 아셨으며

시편 31:6~14

6내가 허탄한 거짓을 숭상하는 자들을 미워하고 여호와를 의지하나이다 7내가 주의 인자하심을 기뻐하며 즐거워할 것은 주께서 나의 고난을 보시고 환난 중에 있는 내 영혼을 아셨으며 8나를 원수의 수중에 가두지 아니하셨고 내 발을 넓은 곳에 세우셨음이니이다 9여호와여 내가 고통 중에 있사오니 내게 은혜를 베푸소서 내가 근심 때문에 눈과 영혼과 몸이 쇠하였나이다 10내 일생을 슬픔으로 보내며 나의 연수를 탄식으로 보냄이여 내 기력이 나의 죄악 때문에 약하여지며 나의 뼈가 쇠하도소이다 11내가 모든 대적들 때문에 욕을 당하고 내 이웃에게서는 심히 당하니 내 친구가 놀라고 길에서 보는 자가 나를 피하였나이다 12내가 잊어버린 바 됨이 죽은 자를 마음에 두지 아니함 같고 깨진 그릇과 같으니이다 13내가 무리의 비방을 들었으므로 사방이 두려움으로 감싸였나이다 그들이 나를 치려 하여 함께 의논할 때에 내 생명을 빼앗기로 꾀하였나이다 14여호와여 그리하여도 나는 주께 의지하고 말하기를 주는 내 하나님이시라 하였나이다

시편 31편은 '개인적 애가'이다. 다윗이 역경을 겪으면서 하나님의 도우심을 간구한 시이다. 어려움 속에서 하나님을 구원자와 산성으로 고백하였고, 하나님께 자신의 구원을 위하여 기도하셨다. 5절의 "내가 나의 영을 주의 손에 부탁하나이다 진리의 하나님 여호와여 나를 속량하셨나이다"라는 고백은 예수님께서 십자가에서 운명하실 때에 드린 기도의 핵심이다. 그래서 시편 31편을 '메시야의 고난의 예언시'라고 부른다.

시편 31:6~14은 세 단락으로 구성된다. 6~8절은 '신뢰의 표현'이고, 9~13절은 '애가'이며, 14절은 '또 한번의 신뢰의 표현'이다. 시인은 하나님께 기도하면서 확신을 가졌고, 이제는 하나님을 향한 신뢰로 나타난다. 기도와

신뢰는 밀접한 관계가 있다. 5절에서 간절하게 기도하다가 6절에서는 우상들에 대한 증오를 나타냄으로써 신뢰를 표현하고 있다.

1. 여호와를 의지하나이다

6절에서 "내가 허탄한 거짓을 숭상하는 자들을 미워하고 여호와를 의지하나이다"고 하였다. 이것은 신앙인의 기본 된 자세이다. 거짓을 숭상하는 것으로 끝나는 것이 아니라 보다 적극적으로 여호와를 의지하여야 한다. 그러므로 6절은 신뢰의 표현이자 성실에 대한 선포이다. 시인은 언약 공동체의 일원으로서 여호와를 의뢰하였다. 하나님은 자기 백성들에게 신뢰를 요구하신다.

7절에서 "내가 주의 인자하심을 기뻐하며 즐거워할 것은 주께서 나의 고난을 보시고 환난 중에 있는 내 영혼을 아셨으며"라고 하였다. 다윗은 쫓겨 다니는 고난의 생활 속에서도 고백하였다. '주의 인자하심을 기뻐하며'라고 하였다. 역경 속에서 하나님의 사랑을 경험하는 것이야말로 하나님의 백성이 누리는 놀라운 축복이다. 시인이 하나님께 감사하는 것은 하나님께서 시인의 위기를 아셨기 때문이다. '주께서 나의 곤란을 감찰하사 환난 중에 있는 내 영혼을 아셨기'에 하나님께 감사하게 된다. 하나님은 우리들이 당하는 역경을 아신다. 그래서 자기 백성을 지키시고 역경에서 벗어나는 힘을 주신다.

8절은 "나를 원수의 수중에 가두지 아니하셨고 내 발을 넓은 곳에 세우셨음이니이다"고 하였다. 이것은 시적 효과를 위하여 대조법을 사용하였다. 기도의 서두인 1절에서 구원을 요청하였고, 자신을 하나님께 맡겼다. 8절에 와서 그는 결코 적의 수중에 들어가지 않으리라는 확신을 표시한다. 6~8절의 신뢰 표현은 미래에 대한 확신이다. 현재 시인에게는 고통이 있지만 하나님을 의뢰함으로써 그 고통에서 이길 것을 확신하였다.

2. 몸이 쇠하였나이다

9~13절은 '애가'이다. 시에 나타난 곤경의 표현을 축자적으로 해석할 것인지 비유적으로 해석할 것인지가 문제된다. 그러나 시이기에 시적 표현으로 이해하는 것이 좋을 것이다.

9절에서 "여호와여 내가 고통 중에 있사오니 내게 은혜를 베푸소서 내가 근심 때문에 눈과 영혼과 몸이 쇠하였나이다"고 하였다. 시인은 고통 중에 있고, 여기서 하나님의 긍휼하심을 간구한다. 시인은 고통으로 '눈과 영혼과 몸이 쇠하였다'. 이것은 신체적 고통만이 아니라 영혼까지 어려움을 겪기에 밑바닥까지 내려갔음을 호소한다.

계속하여 10절에서 "내 일생을 슬픔으로 보내며 나의 연수를 탄식으로 보냄이여 내 기력이 나의 죄악 때문에 약하여지며 나의 뼈가 쇠하도소이다"고 하였다. 시인은 9~10절에 육체적 고통을 겪고 있음을 고백한다. 이것은 죽음의 임박함을 보여 주는 것으로서, 인간이 겪는 가장 큰 어려움이기도 하다. 11절에서는 사회적 곤경을 말한다. "내가 모든 대적들 때문에 욕을 당하고 내 이웃에게서는 심히 당하니 내 친구가 놀라고 길에서 보는 자가 나를 피하였나이다"고 하였다. 시인은 친구들과 이웃에게서 비난을 받고, 길에서 마주치는 자가 피할 정도의 소외감을 겪고 있다. 그러니 이것은 사회적 곤경이라고 할 수 있다.

이런 결과가 12절에 나온다. "내가 잊어버린 바 됨이 죽은 자를 마음에 두지 아니함 같고 깨진 그릇과 같으니이다"고 하였다. 이것은 곤경으로 인하여 거의 죽게 된 상태를 묘사하고 있다. 사람들에게 잊어버린바 되고, '깨진 그릇'처럼 더 이상 쓸모없는 존재가 되었다고 하였다. 시인은 철저한 고통을 겪고 있다.

이것을 13절에서 더욱 구체적으로 묘사하고 있다. "내가 무리의 비방을 들었으므로 사방이 두려움으로 감싸였나이다 그들이 나를 치려고 함께 의논할 때에 내 생명을 빼앗기로 꾀하였나이다"고 하였다. 시인이 겪는 육체적, 사회적 고통에 대한 묘사인 9~12절이 13절 다음에 나온다면 해석하기가 더 쉬울지도 모른다. 13절에는 곤경 당하는 이유를 설명한다. 악한 무리들의 음모로 인하여 고통을 당하고, '사방에 두려움'이 있는 상황이 되었다. 시인은 적들의 음모로 인하여 고통당하고 있으며 거기서 오는 슬픔을 겪고 있다. 하나님의 백성들이 이러한 어려움을 겪는 것에 대해 그 원인을 분석할 필요가 있다.

3. 그러하여도 나는

그러나 시인은 14절에서 또 한 번의 신뢰를 표현하고 있다. "여호와여 그러하여도 나는 주께 의지하고 말하기를 주는 내 하나님이시라 하였나이다"고 하였다. 시인은 6~8절에서 했던 신뢰의 표현을 다시하고 있다. '여호와여 그러하여도'라고 하였다. 사람들이 비방하고 온 세상이 욕을 하여도 '나는 주께 의지하고' 또 '주는 내 하나님이시라'고 고백한다.

이것이 하나님의 백성들의 삶의 자세이다. 세상이 비웃고, 사람들이 외면할 지라도 오직 하나님만 의지하여 '하나님은 나의 하나님'이라고 고백하는 것이 중요하다.

'그러하여도'의 믿음이 중요하다. 역경을 인하여 하나님께 가까이 나아가고, 환난 중에서 하나님을 바라는 영적 눈이 열리는 것이 필요하다. 시인의 기도는 삶의 기도이다. 역경이나 세상의 평가에 짓눌리지 않고 전능하신 하나님을 의지하는 신앙이 있어야 한다. 하나님은 나의 주이시며 영광의 왕이시기에 하나님의 섭리를 바라는 것이 무엇보다 중요하다. '그러하여도' 하나님은 '내 하나님이시다'.

여호와를 바라는 너희들아 강하고 담대하라

시편 31:15~24

15나의 앞날이 주의 손에 있사오니 내 원수들과 나를 핍박하는 자들의 손에서 나를 건져 주소서 16주의 얼굴을 주의 종에게 비추시고 주의 사랑하심으로 나를 구원하소서 17여호와여 내가 주를 불렀사오니 나를 부끄럽게 하지 마시고 악인들을 부끄럽게 하사 스올에서 잠잠하게 하소서 18교만하고 완악한 말로 무례히 의인을 치는 거짓 입술이 말 못하는 자 되게 하소서 19주를 두려워하는 자를 위하여 쌓아 두신 은혜 곧 주께 피하는 자를 위하여 인생 앞에 베푸신 은혜가 어찌 그리 큰지요 20주께서 그들을 주의 은밀한 곳에 숨기사 사람의 꾀에서 벗어나게 하시고 비밀히 장막에 감추사 말 다툼에서 면하게 하시리이다 21여호와를 찬송할지어다 견고한 성에서 그의 놀라운 사랑을 내게 보이셨음이로다 22내가 놀라서 말하기를 주의 목전에서 끊어졌다 하였사오나 내가 주께 부르짖을 때에 주께서 나의 간구하는 소리를 들으셨나이다 23너희 모든 성도들아 여호와를 사랑하라 여호와께서 진실한 자를 보호하시고 교만하게 행하는 자에게 엄중히 갚으시느니라 24여호와를 바라는 너희들아 강하고 담대하라

시편 31편은 '개인적 애가'로서 고통과 어려움 중에서 하나님을 바라는 애절함이 있다. 시인은 '여호와여 그러하여도 나는 주께 의지하고 말하기를 주는 내 하나님이시라 하였나이다'고 고백하였다. 역경과 고난이 올지라도 하나님만 의지하겠다는 신앙의 열망이 시인의 가슴속에 가득하였다. 시인의 이와 같은 고백은 신앙인들의 표상이다. 고난을 믿음으로 이긴 욥은 '주께서 나를 죽이실지라도 나는 그를 신뢰하리라'고 했듯이 모든 것을 하나님께 맡기고 하나님의 인도하심에 따르겠다는 고백이다.

시편 31:15~24은 두 부분으로 되어 있다. 15~18절은 '기도의 결론'이며, 19~24절은 '감사와 찬양'이다. 환난 중에 드리는 믿음의 기도를 통하여 하나님의 도우심을 바라는 자세가 가득하다.

1. 나를 건져 주소서

15절에서 "나의 앞날이 주의 손에 있사오니 내 원수들과 나를 핍박하는 자들의 손에서 나를 건져 주소서"라고 하였다. 마지막 기도는 처음의 것과 비슷하다. 기도의 초점은 적들로부터 구원을 받는 것이다. 시인은 확신에 차 있다. '나의 앞날' 즉 '나의 미래'가 주님의 손 안에 있다고 하였다. 원수들이 공격하고 여러 가지 고통이 계속 될지라도 하나님의 도우심이 그에게 있고 또 이것을 확신하기에 하나님의 역사를 믿었다.

우리의 미래는 우리의 계획에 따른 것이 아니라 하나님의 손에 있다. 하나님께서 모든 것을 주장하시기에 이 하나님을 의지하고, 맡기는 것이 하나님의 백성의 삶이다. 그리하여 시인은 '내 원수와 핍박하는 자의 손에서 나를 건지소서'라고 호소하였다. 앞에서는 '주의 손'이 나오고. 뒤에는 '원수의 손'이 나온다. 이런 대구(對句)를 통하여 하나님의 강하신 역사를 노래하고 있다.

16절에서는 "주의 얼굴을 주의 종에게 비추시고 주의 사랑하심으로 나를 구원하소서"라고 하였다. 이와 비슷한 내용이 시편 4:6에 나온다. "여호와여 주의 얼굴을 들어 우리에게 비추소서"라고 하였다. 또 민수기 6:25~26에서도 "여호와는 그의 얼굴을 네게 비춰사 은혜 베푸시기를 원하며 여호와는 그 얼굴을 네게로 향하여 드사 평강 주시기를 원하노라"고 하였다. 이 말씀은 하나님께 우리를 보고 계시며 항상 우리 곁에 있기에 우리는 좌절하거나 낙심하지 않고 하나님의 도우심을 앙망한다는 것이다. 그리하여 주의 인자하심으로 우리를 구원하심을 호소한다.

2. 나를 부끄럽게 하지 마시고

17절에서 "여호와여 내가 주를 불렀사오니 나를 부끄럽게 하지 마시고 악인들을 부끄럽게 하사 스올에서 잠잠하게 하소서"라고 하였다. 여기서도 대칭적 표현을 하고 있다. '나를 부끄럽게 마시고 악인을 부끄럽게 하사'라고 하였다. '여호와여 내가 주를 불렀사오니'라는 호소는 하나님의 역사에 대한 응답이다. "환난 날에 나를 영화롭게 하리로다"(시 50:15)라는 약속에 대한 응답이다. 하나님을 부르면 하나님께서 구원하여 주심을 시인은 확신하고 있었다.

하나님은 믿는 자를 지켜 주실 뿐만 아니라 악인을 음부에서 잠잠케 하신다. 음부와 죽음의 특징은 침묵이다. 하나님의 백성을 해치려고 온갖 모함을 하지만 하나님이 역사하시면 침묵할 수밖에 없는 악인들이다. 그러므로 하나님의 백성들은 모든 것을 하나님께 맡겨야 한다. 하나님의 다스리심을 믿고 거기에 순종하는 삶의 자세를 가져야 한다. 하나님은 우리의 주관자이시기에 원수들이 아무리 발악한다고 해도 모든 것이 결론은 하나님의 손에 있음을 기억해야 한다.

18절에서 "교만하고 완악한 말로 무례히 의인을 치는 거짓 입술이 말 못하는 자 되게 하소서"라고 하였다. 이것은 악인들의 압제에 대한 시인의 증오심을 표현하고 있다. 그들의 입술을 봉하여 줄 것을 호소하고, 그들이 죽어 음부의 침묵 속으로 들어가게 되기를 구하였다. 시인은 하나님께서 악인을 철저히 징계해 주시기를 호소하였다. 하나님을 거역하고 하나님의 백성들을 해치는 자들에게 하나님의 징벌이 임하기를 간구하고 있다.

3. 베푸신 은혜가 어찌 그리 큰지요

19~24절에는 감사와 찬양이 있다. 기도와 애가로 시작된 이 시는 감사와 찬양으로 마무리 된다. 이렇게 갑자기 그 흐름에 바뀌는 것은 외부적인 배경이 있음을 암시한다. 아마도 하나님께서 시인의 기도를 들으시고 구원의 역사를 하신다는 제사장의 예언적 선포와 관련이 있을 것이다.

19절에서 "주를 두려워하는 자를 위하여 쌓아두신 은혜 곧 주께 피하는 자를 위하여 인생 앞에 베푸신 은혜가 어찌 그리 큰지요"라고 하였다. 하나님을 섬기고 따르는 자에게 베푸신 하나님의 은혜가 얼마나 크고 놀라운 지를 분명하게 보여 준다. 하나님께서는 자기 백성에게 은혜를 쌓아 두시고 베푸신다. 그리하여 그 은혜를 통해 하나님을 영화롭게 하고, 하나님의 영광을 찬양하게 한다.

20절에는 "주께서 그들을 주의 은밀한 곳에 숨기사 사람의 꾀에서 벗어나게 하시고 비밀히 장막에 감추사 말 다툼에서 면하게 하시리이다"고 하였다. 여기서 인생의 바른 길을 찾을 수 있다. 우리가 주의 은밀한 곳에 숨으면 하나님께서는 사람의 꾀에서 벗어나게 하신다. 이것은 시인의 고백이요 하나님의 백성의 삶의 방법이다. 여러 가지 구설과 문제가 생길 때에 인간의 힘으로 이것을 풀어가는 것이 아니라 하나님의 은밀한 곳에 숨는 신앙적 길이며 하나님을 영화롭게 하는 방안이다.

21절에서 "여호와를 찬송할지어다 견고한 성에서 그의 놀라운 사랑을 내게 보이셨음이로다"고 하였다. 시인이 비록 쫓겨 다니지만 하나님께서는 견고한 성에 보호하시고 그 놀라운 사랑을 보이신다. 하나님의 보호를 믿기에 하나님의 영광을 찬양한다.

22절에서는 하나님이 간구하는 소리를 들으심을 감사하고 있다. 시인은 너무 놀라서 하나님의 은혜에서 끊어진 것 같이 말하였으나 하나님은 간구를 들으시고 응답하여 주신다.

23절에서 "너희 모든 성도들아 여호와를 사랑하라 여호와께서 진실한 자를 보호하시고 교만하게 행하는 자에게 엄중히 갚으시느니라"고 하였다.

또 24절에서 "여호와를 바라는 너희들아 강하고 담대하라"라고 하였다. 이 말씀은 하나님의 백성들이 행해야 할 삶의 길을 제시한다. '여호와를 사랑하라'고 하였고 또 '강하고 담대하라'고 했다. 이것은 하나님의 백성들이 믿음의 삶을 살아가는 힘의 원천이다. 하나님을 사랑하고 또 이 땅에서 고통과 어려움이 와도 낙심하지 않고 강하고 담대해야 한다. '여호와를 바라는 너희들아 강하고 담대하라'라는 시적 표현에서 하나님의 백성의 활기찬 모습을 볼 수 있다.

허물의 사하심을 얻고

⟫⟫⟫ **시편 32:1~11**

1허물의 사함을 받고 자신의 죄가 가려진 자는 복이 있도다 2마음에 간사함이 없고 여호와께 정죄를 당하지 아니하는 자는 복이 있도다 3내가 입을 열지 아니할 때에 종일 신음하므로 내 뼈가 쇠하였도다 4주의 손이 주야로 나를 누르시오니 내 진액이 빠져서 여름 가뭄에 마름 같이 되었나이다 (셀라) 5내가 이르기를 내 허물을 여호와께 자복하리라 하고 주께 내 죄를 아뢰고 내 죄악을 숨기지 아니하였더니 곧 주께서 내 죄악을 사하셨나이다 (셀라) 6이로 말미암아 모든 경건한 자는 주를 만날 기회를 얻어서 주께 기도할지라 진실로 홍수가 범람할지라도 그에게 미치지 못하리이다 7주는 나의 은신처이오니 환난에서 나를 보호하시고 구원의 노래로 나를 두르시리이다 (셀라) 8내가 네 갈 길을 가르쳐 보이고 너를 주목하여 훈계하리로다 9너희는 무지한 말이나 노새 같이 되지 말지어다 그것들은 재갈과 굴레로 단속하지 아니하면 너희에게 가까이 가지 아니하리로다 10악인에게는 많은 슬픔이 있으나 여호와를 신뢰하는 자에게는 인자하심이 두르리로다 11너희 의인들아 여호와를 기뻐하며 즐거워할지어다 마음이 정직한 너희들아 다 즐거이 외칠지어다

시편 32편은 개인적 '감사시'로 분류된다. 다윗이 범죄하여 고통을 당하다가 회개한 후 새로운 은혜를 체험한 후에 하나님께 감사를 드린 내용이다. 사죄의 은총은 하나님의 특별하신 은혜이다. 이것을 체험한 하나님의 백성은 감사의 찬송을 드리며, 하나님께 영광을 돌린다.

시편 32편은 몇 개의 단락으로 구성되어 있다. 1~2절은 죄사함의 축복을, 3~5절은 개인적인 회개의 증거를, 6~8절은 경건한 자에게 기도를 권하고, 9~10절은 지혜의 결론, 그리고 11절은 결론적 찬양을 말하고 있다.

1. 복이 있도다

1~2절에서는 "허물의 사함을 받고 자신의 죄가 가려진 자는 복이 있도

다"고 하였다.

이 말씀은 시편 1편에서 교훈한 '복 있는 자'의 모습과 직결된다. 시인은 서두에서 죄 사함을 받은 자의 '축복된' 또는 '행복한 상태'에 대하여 말하고 있다. 여기서 우리가 주목해야 할 것은 '죄 없는 사람'이 아니라 '죄 용서함을 받은 사람'이라는 점이다. 시인은 인간을 죄 사함으로 인해 복 받을 가능성을 지닌 죄를 짓는 존재로 보았다. 이것이 하나님의 백성이 누리는 구원의 은총이며 감사이다.

이 시편에서는 인간의 죄를 세 가지 단어로 묘사하고 있다. 첫째는 허물이다. 이것은 하나님에 대하여 반역하는 행위를 말한다. 둘째는 죄이다. 이 단어는 가장 일반적인 용어로서 위법 행위 즉 올바른 길에서 벗어나는 것을 가리킨다. 셋째는 악이다. 이 말은 왜곡, 범죄성, 또는 하나님의 뜻을 존경하는 마음의 부재를 의미한다. 이러한 용어들이 동의어의 병행이라는 시적 구조 속에서 사용되었다. 그러기에 각 단어의 독특한 의미에 집착해서는 안 되고, 이 세 단어들이 인간의 악함을 완전하게 나타내어 주고, 한 사람이 하나님의 구원을 통해서 행복을 찾기 이전의 상황을 구체적으로 알려 준다.

이러한 단어에 더하여 2절에서 '간사함'이 나온다. 이것 역시 죄악이지만 여기서는 용서받은 것으로 언급되지 않는다. 간사함이란 용서가 주어지는 수단과 방법이라는 측면에서 고찰되어야 한다.

처음 세 개의 행이 암시되고 있는 용서는 회개와 고백을 전제로 하고 있으며, 그런 회개와 고백이 정직하고 간사함이 없을 때에야 비로소 행복한 용서의 상대를 경험할 수 있다는 것이다.

2. 여호와께 자복하리라

3~5절은 '개인적인 회개의 증거'에 대하여 말하고 있다. 시인은 3~4절에서 회개하지 않은 상태의 특징의 슬픔을 묘사하고 있다. "내가 입을 열지 아니할 때에 종일 신음하므로 내 뼈가 쇠하였도다 주의 손이 주야로 나를 누

르시오니 내 진액이 빠져서 여름 가뭄에 마름같이 되었나이다 (셀라)"라고 하였다. 회개하지 않은 자가 당하는 고통에 대하여 자세히 설명하고 있다.

그러나 5절은 앞의 내용과 대조적으로 회개와 고백에 따른 구원을 선포한다. "내가 이르기를 내 허물을 여호와께 자복하리라 하고 주께 내 죄를 아뢰고 내 죄악을 숨기지 아니하였더니 곧 주께서 내 죄악을 사하셨나이다 (셀라)"고 하였다. 이 부분에서 비록 표현 양식이 개인적이기는 하지만 이 구절들은 지혜시에 전형적으로 나타나는 대조법으로 이루어져있다. 마치 시편 1편에서 의인과 악인이 대조를 이룬 것과 같은 형태이다. 여기서는 회개하지 않은 죄인과 용서함을 받은 죄인을 대조시키고 있다.

3~4절에 나오는 회개하지 않은 상태는 '침묵'의 상태로 묘사된다. 여기서 침묵이란 고백의 부재 상태를 말한다. 회개하지 않은 침묵의 결과가 육체에 어떤 고통을 주는 지를 시적으로 표현하고 있다.

'신음'이란 죄의식과 짓눌린 양심을 가지고 살아가는 삶의 결과이다 '뼈가 쇠했다'는 것은 죄의 고백을 통하여 용서의 길을 찾기보다는 계속하여 침묵을 지키면서 악을 안고 있어서 건강한 영적 상태를 유지하지 못하는 것을 말한다. 또 '무거운 손'이란 회개의 필요성을 자각하지만 하나님께 굴복하기를 완강히 거부하는 상태를 말한다. 이런 상태에 있으니 사막에서 물이 떨어진 자의 상태처럼 혀가 메말라 오그라들게 되고, 고통의 자리에서 신음하게 된다. 여기서 벗어나기 위해서 하나님께 죄를 고백하고 회개해야 함을 강조한다. 회개하기를 거부하면 고통이 계속하여 있을 것임을 보여 주고 있다. 하나님께 자기 죄를 고백하는 자에게 용서의 은총이 넘치게 되는데 이것은 하나님의 백성의 축복이요 최고의 특권이다.

3. 모두를 위한 기도

6~8절에서는 경건한 자에게 기도를 권하는 내용으로 되어 있다. 이 부분은 삼중 구조로 되어 있다. 첫째, 시인은 자신의 경험을 회고하면서 경건한

사람에게 동일한 구원을 얻기 위한 기도에 참여할 것을 권유한다(6절). 둘째, 모든 경건한 사람들이 드리는 기도가 뒤따른다(7절). 셋째, 이 기도에 이어 제사장을 통하여 전달되는 하나님의 말씀이다(8절).

이 말씀들에서 하나님의 백성이 기도해야 할 것을 교훈하고 있다. 6절의 "이로 말미암아 모든 경건한 자는 주를 만날 기회를 얻어서 주께 기도할지라"는 말씀을 통해 '곤경의 때'에 기도해야 함을 교훈한다. 이 말씀은 3~4절과 연결하여 해석해야 한다. 죄를 회개하지 않음으로써 압박을 경험할 때에 그 사람은 회개의 기도를 통하여 하나님께 돌아와야 한다는 의미이다.

이 기도는 기도자가 전능자에게 구한 보호의 성격을 여러 가지 방법으로 구체화하고 있다. 하나님은 은신처가 되어 주시고, 구원자가 되어 주시기를 구한다. 그러나 이 기도에 대한 응답은 8절에 나오는데 가르침과 훈계를 약속하고 있다.

9~10절은 지혜의 결론이다. 9절은 비유법을 통하여 교훈한다. 스스로 질주하지 못하도록 구속되기를 요구하는 고집 센 말처럼 고집을 부리지 말라고 충고하고 있다. 그러나 하나님께 순종하면 10절의 말씀처럼 "악인에게는 많은 슬픔이 있으나 여호와를 신뢰하는 자에게는 인자하심이 두르리로다"는 역사가 나타난다. 죄를 고백하면 하나님의 사랑을 체험한다. 이것은 구속의 은총이요 하나님의 놀라운 축복이다. 회개하는 자에게 임하는 축복을 경험해야 한다.

11절은 결론적 찬양으로써 "너희 의인들아 여호와를 기뻐하며 즐거워할지어다 마음이 정직한 너희들아 다 즐거이 외칠지어다"고 하였다. 이 말씀은 전형적 감사시이다. 하나님께 회개하고 용서를 받은 사람들은 감사하며 즐거워 할 것을 교훈한다. 이런 표현을 통하여 시편 전체가 가르치는 의인의 삶에 대해 노래하고 있다.

시편 32편은 정교한 감사시로서 하나님 앞에서 회개함이 모든 축복의 근거가 된다는 사실을 강조하고, 회개자가 누릴 축복을 강조한다.

여호와를 즐거워하라

시편 33:1~3

1너희 의인들아 여호와를 즐거워하라 찬송은 정직한 자들이 마땅히 할 바로다 2수금으로 여호와께 감사하고 열 줄 비파로 찬송할지어다 3새 노래로 그를 노래하며 즐거운 소리로 아름답게 연주할지어다

시편 33편은 저자가 기록되어 있지 않다. 그러나 다윗의 시가 한 쪽으로 몰려 있는 것이 특징인데 34, 35, 36편이 다윗의 시이기에 33편도 다윗의 시로 보는 것이 일반적 해석이다.

이 시편은 이스라엘의 회중 예배에 사용된 것이 확실하다. 그러나 어떤 절기에 불렸는 지에 대하여 정확하게 알 수가 없다. 가을의 축제에 사용되었는지 언약과 관련된 축제인지 알 수가 없다. 이 시는 독특한 양식을 가지고 있다. 알파벳 순서로 이루어진 시이며, 구조와 균형에서 상당한 규칙성을 가지고 있다.

이 시의 주제는 '여호와를 즐거워하라'이다. 하나님을 찬송할 이유, 찬송하는 방법, 찬송의 내용 등에 대하여 구체적으로 설명하고 있다. 시편 33편을 통하여 하나님을 찬송하는 삶을 배우게 된다.

1. 여호와를 즐거워하라

1~3절은 찬양을 호소하는 내용이다. 1절에서 "너희 의인들아 여호와를 즐거워하라 찬송은 정직한 자들이 마땅히 할 바로다"고 하였다. 여기서 '의

인'들이란 정직한 자를 의미하는데, 의인들에게 하나님을 찬양하라고 요구하고 있다. 이와 같은 내용이 시편 32:11에도 나온다. "너희 의인들아 여호와를 기뻐하며 즐거워할지어다. 마음이 정직한 너희들아 다 즐거이 외칠지어다"고 하였다. 이 두 구절이 똑같이 시편 32편과 33편이 연결되어 있음을 보여 준다.

시인은 '너희 의인들아'라고 부르고 있다. 의인이 되는 것은 자신의 능력 때문이 아니라 하나님의 은혜로 되어진다. 이것은 구원의 은총이며, 하나님의 놀라운 축복이다. 이런 은혜를 받은 사람이 하나님을 찬양해야 한다.

'여호와를 즐거워하라'고 하였다. 이런 표현은 성경 여러 곳에서 볼 수 있다. 시편 37:4에는 "또 여호와를 기뻐하라 그가 네 마음의 소원을 네게 이루어 주시리로다"고 하였다. 이것은 여호와를 즐겁게 하라는 의미가 아니라 여호와가 즐거움의 본체가 되어야 한다는 말이다.

하나님의 백성들은 받은 축복으로 인하여 기뻐하는 것이 아니라 '여호와가 나의 아버지되신' 사실을 기뻐하라, 의인이 되게 하신 '여호와를 기뻐하라'는 의미이다. 우리의 노력으로 의인이 되었다면 우리가 하나님을 기뻐할 이유가 없다. 하나님의 은혜로 의인이 되었기에 그 하나님을 기뻐해야 한다. 이것은 우리들이 마땅히 취해야 할 삶의 자세이다.

시인은 '찬송은 정직한 자의 마땅히 할 바로다'고 하였다. 하나님의 백성은 하나님을 찬송한다. 찬송은 곡조 있는 기도이며, 하나님의 자녀들의 신앙 고백이다. 세상의 많은 음악가들 가운데 하나님을 찬양하는 작곡으로 유명해진 사람들이 있다. 그 대표적인 음악가가 헨델이다. 그는 원래 유행가를 작곡했던 사람이다. 유행가 작곡을 통하여 인기도 얻고 돈도 많이 벌었다. 그러나 그가 50세 때에 회개하고 하나님의 은혜를 깨달아 그의 음악을 하나님을 위해 사용하였다. 여기서 나온 작품이 유명한 '메시야'이다. 예수님의 일생을 예언으로부터 시작하여, 출생, 고난, 죽음, 부활, 영생까지 작곡하였다.

하나님은 자기 백성들의 찬송을 받으시기를 원한다. "이 백성은 내가 나를 위하여 지었나니 나를 찬송하게 하려 하이니라"(사 43:21)고 한 말씀에서 분명히 나타난다. 하나님께서 자기 백성을 구원하신 것은 하나님을 찬송하게 하기 위해서이다. 하나님의 백성의 입술에는 항상 찬송이 있어야 한다. 우리의 마음을 다해 하나님을 찬송하는 신앙의 고백이 계속되어야 한다. 찬송은 입술로만 하는 것이 아니라 온 정성을 다하여 온 몸으로 드려야 한다.

2. 여호와께 감사하라

2절에서 "수금으로 여호와께 감사하고 열 줄 비파로 찬송할지어다"라고 하였다. 여기서는 두 가지 악기가 나온다. 두 악기는 현악기로서 찬양의 반주로 사용되었다.

하나님께 수금과 열 줄 비파로 찬송하라는 것은 네가 가지고 있는 기술이나 재능으로 정성을 다하여 찬송하라는 의미이다. 하나님께 드리는 찬송의 핵심은 믿음과 정성이다. 단순한 음악적 기술로 찬송하는 것이 아니라, 하나님을 믿고, 온 정성을 다해 찬송해야 한다.

하나님께서는 인간들에게 목소리라는 최고의 악기를 주셨다. 이 세상의 어떤 악기도 사람의 목소리를 능가하지 못한다. 그러나 우리들은 악기 사용을 배제할 수 없다. 하나님을 찬양하는 도구로 활용되어야 한다.

오늘날 많은 사람들은 자신이 악기를 연주하거나 자녀들에게 악기를 가르친다. 이것을 배워서 하나님의 영광을 위해 사용하게 해야 한다. 인간의 궁극적 목적은 하나님을 영화롭게 하는데 있기에 우리의 찬송도 하나님의 영광을 나타내어야 한다.

3. 여호와께 노래하라

3절에서 "새 노래로 그를 노래하며 즐거운 소리로 아름답게 연주할지어다"고 하였다. 여기서 '새 노래'가 무엇인지는 정확하게 알 수 없다. 이 말은 종말론적 의미를 내포하고 있는데, 기본적으로 하나님의 왕권에 대한 찬양이 항상 신선함을 가지고 있다는 사실을 나타낸다(시 96:1, 98:1, 149:1). 새 노래를 찬송할 때의 자세에 대하여 구체적으로 가르치고 있다. '즐거운 소리로' 찬송해야 할 것을 가르치신다. 감사하는 마음, 마음에서 우러나오는 고마움 속에서 찬송하라는 것이다. 찬송은 억지로 하는 것이 아니라 즐거운 마음으로 해야 한다. 받은 은혜에 감사하는 마음으로 찬송하는 것이 하나님의 백성의 기본자세이다.

시인은 '아름답게 연주하라'고 하였다. 이 말은 익숙하게 음악적으로 부르라는 뜻이다. 어떻게 음악적으로 부르느냐라는 문제가 제기되지만 가장 기본적인 것은 곡조대로 부르는 것이다.

이러기 위해서는 꾸준히 연습하는 자세가 필요하다. 그냥 부르는 것이 아니라 하나님을 찬양하고, 즐거운 마음으로 또 음악적으로 불러야 한다. 이것은 자기의 음악 실력을 자랑하기 위해서가 아니라 하나님을 보다 구체적으로 찬양하기 위해서이다.

우리들이 하나님을 찬송할 수 있음이 감사하다. 곡조 있는 기도인 찬송을 통하여 우리의 뜨거운 심장을 하나님께 드려야 한다. 이것은 구속받은 하나님의 백성의 기본 된 자세이며, 우리들이 날마다 추구해야 할 방향이다.

오늘의 사회는 음악의 홍수를 이루고 있다. 어떤 때는 소음 공해가 될 지경이기도 하다. 그러나 이런 음악들이 하나님을 찬양하는 것이 아니고 어떤 것은 하나님을 거역하는 내용을 담고 있기도 하다.

이제 우리들은 새 노래를 부르자 하나님을 찬미하기 위해 우리의 전부를 드려 즐거운 마음으로 노래해야 한다. 그래서 '최고의 예술을 최고의 하나님께' 드리는 신앙의 음악을 해야 한다. 이것이 하늘 백성의 찬송이며 감사의 고백이다.

우리 영혼이 여호와를 바람이여

시편 33:4~22

4여호와의 말씀은 정직하며 그가 행하시는 일은 다 진실하시도다 5그는 공의와 정의를 사랑하심이여 세상에는 여호와의 인자하심이 충만하도다 6여호와의 말씀으로 하늘이 지음이 되었으며 그 만상을 그의 입 기운으로 이루었도다 7그가 바닷물을 모아 무더기 같이 쌓으시며 깊은 물을 곳간에 두시도다 8온 땅은 여호와를 두려워하며 세상의 모든 거민들은 그를 경외할지어다 9그가 말씀하시매 이루어졌으며 명령하시매 견고히 섰도다 10여호와께서 나라들의 계획을 폐하시며 민족들의 사상을 무효하게 하시도다 11여호와의 계획은 영원히 서고 그의 생각은 대대에 이르리로다 12여호와를 자기 하나님으로 삼은 나라 곧 하나님의 기업으로 선택된 백성은 복이 있도다 13여호와께서 하늘에서 굽어보사 모든 인생을 살피심이여 14곧 그가 거하시는 곳에서 세상의 모든 거민들을 굽어살피시는도다 15그는 그들 모두의 마음을 지으시며 그들이 하는 일을 굽어살피시는 이로다 16많은 군대로 구원 얻은 왕이 없으며 용사가 힘이 세어도 스스로 구원하지 못하는도다 17구원하는 데에 군마는 헛되며 군대가 많다 하여도 능히 구하지 못하는도다 18여호와는 그를 경외하는 자 곧 그의 인자하심을 바라는 자를 살피사 19그들의 영혼을 사망에서 건지시며 그들이 굶주릴 때에 그들을 살리시는도다 20우리 영혼이 여호와를 바람이여 그는 우리의 도움과 방패시로다 21우리 마음이 그를 즐거워함이여 우리가 그의 성호를 의지하였기 때문이로다 22여호와여 우리가 주께 바라는 대로 주의 인자하심을 우리에게 베푸소서

하나님의 백성은 여호와를 즐거워하는 삶을 산다. 하나님을 엔조이(enjoy God)하면 우리의 삶도 엔조이 한다(enjoy Life). 그리하여 하나님의 영광을 위하여 삶 전체를 드리는 하나님 중심적인 역사를 이룬다.

시편 33:4~22은 하나님을 찬양하는 삶에 대하여 구체적으로 말하고 있다. 4~9절은 여호와의 말씀에 대한 찬양, 10~12절은 여호와의 계획에 대한 찬양, 13~15절은 하나님의 눈에 대한 찬양, 16~19절은 하나님의 힘에 대한 찬양, 그리고 12~22절은 결론이다. 이 내용들을 간략하게 묵상하여 보자.

1. 하나님의 창조에 대한 찬양

4~9절은 '여호와의 말씀에 대한 찬양'을 말하고 있다. 4~5절은 찬양의 핵심 부분(4~19절)의 도입부분으로서 찬양의 이유를 제시한다. "여호와의 말씀은 정직하며 그가 행하시는 일은 다 진실하시도다 그는 공의와 정의를 사랑하심이여 세상에는 여호와의 인자하심이 충만하도다"(4~5절)는 말씀은 하나님의 백성들이 하나님의 인자하심을 찬양해야 함을 가리킨다.

시인은 "여호와의 말씀으로 하늘이 지음이 되었으며"(6절)라고 하여 하나님의 입에서 나오는 말씀에 의하여 우주의 창조가 이루어졌다고 고백한다. 이것은 근동 지방의 창조신화에서 나온 것이 아니라 창세기 1장 1절의 창조기록을 바탕으로 한다.

7~8절도 창조를 노래하고 있다. 그 내용은 승리의 노래이며 하나님께서 자기 백성인 이스라엘을 지으신 것을 기념하는 노래이기도 한 '바다의 노래'(출 15:1~18)와 비슷하다. "그가 바닷물을 모아 무더기 같이"(7절)라고 하였다. 이것은 하나님께서 홍해에서 행하신 일과 같다(출 15:8).

시인은 시편 33편에서 창조에 대해 두 가지 유형으로 설명하고 있다. 하나는 창세기 1장의 내용을 바탕으로 한 말씀에 의한 창조이며, 다른 하나는 '바다의 노래'와 비슷한 것이다. 하나님의 창조 역사는 사람들에게 두려움과 경외심을 가져다준다. 4~9절은 하나님께서 자연 세계를 창조하셨다는 사실뿐만 아니라 홍해에서 성취된 구원을 통하여 자신의 거룩한 나라를 창조하셨다는 사실도 암시하여 준다.

2. 하나님의 계획에 대한 찬양

10~12절은 '여호와의 계획에 대한 찬양'이다. 앞에서는 창조하신 하나님을 찬양하였으나 여기서는 인간의 역사를 통제하시는 하나님을 찬양하고 있다. 창조가 하나님의 말씀에 근거하고 있는 것에 반하여 역사는 하나님의

도모(계획 또는 지혜)와 심사(즉 설계)에 근거하고 있다. 인간의 도모와 사상(10절)은 그 모든 힘에도 불구하고 하나님의 지배아래 있다.

여호와의 도모와 심사는 강력하고 영구적이며 인간의 지배 아래 있는 것이 아니다. 10절과 11절은 대조를 이루고 있지만 12절에서 "여호와를 자기 하나님으로 삼은 나라 곧 하나님의 기업으로 선택된 백성은 복이 있도다"고 말씀하여, 그 나라의 존재가 인간의 야망에 근거한 것이 아니라 하나님의 도모와 심사에 근거하고 있음을 분명히 하고 있다.

하나님의 주권 아래서 창조와 역사는 밀접한 관계를 가지고 있다. 역사에 대한 하나님의 주권은 창조에 나타난 하나님의 주권을 전제하고 있다. 하나님께서 이 세상을 통치하시는 방안으로 자연의 힘을 사용하시는 경우에서 이것이 분명히 드러난다. 이스라엘 백성의 예배가 창조의 원천이었던 하나님의 말씀을 찬양하는 것에서 이 세상을 다스리시는 하나님의 계획을 찬양하는 것으로 나아가는 것은 당연한 일이다.

우리를 향하신 하나님의 계획이 무엇인지를 정확히 알고, 이 하나님을 찬양해야 한다. 하나님은 자신의 도모 즉 계획에 따라 이 세상을 이끄신다. 이것은 하나님의 절대 주권에 따른 것이며 우리는 이것을 찬양해야 한다.

13~15절은 "여호와의 눈에 대한 찬양"이다. '여호와의 눈'에 대해서는 18절에도 나오지만 분명하지 않다. 여기서 찬양의 초점이 되는 것은 하나님의 통찰력이다. 하나님은 '감찰하시고', '보셨으며'(13절), '지켜보셨고'(14절), '분별하신다'(15절). 하나님은 지배자의 자리 즉 '확고한 보좌'(14절)가 있는 하늘에서 바라보신다 이와 비슷한 표현이 '바다의 노래'에서도 나온다.

여기서 찬양의 초점은 모든 것을 바라보시는 하나님의 전지하심이다. 이 전지하심은 개별적인 인간들의 존재와 행위에 관련되어 있다. 따라서 이 시편은 우주(4~9절)에서 국제 문제(10~12절)로, 다시 개인의 삶의 문제를 다루고 있다. 하나님은 이 세상을 감찰하신다. 인간 삶의 전 영역을 살피시며, 그 속에서 하나님의 절대 주권을 나타내신다. 인간이 하나님을 찬양하여야 하며, 하나님의 영광을 드러내어야한다.

3. 하나님의 힘에 대한 찬양

16~19절은 "하나님의 힘에 대한 찬양"이다. 16~17절은 인간의 힘을 의지하는 것이 허망하다는 사실을 보여주고, 18~19절은 생명을 구원하시는 하나님의 힘을 보여준다. 16~17절은 이스라엘 초기 전쟁 시의 전승을 반영하고 있다. 군대(16절 상), 용사의 무용과 힘(16절 하), 군마(17절)도 위기에 처했을 때에 의지할만한 힘을 제공하지 못하고 승리도 가져다주지 못한다. 인간이 가진 힘이 아무리 강하다고 해도 이것은 제한적이며 진정한 승리를 가지고 오지 못한다.

시인은 하나님의 힘을 채차 강조한다. "여호와는 그를 경외하는 자 곧 그의 인자하심을 바라는 자를 살피사 그들의 영혼을 사망에서 건지시며 그들이 굶주릴 때에 그들을 살리시는 도다"(18~19절)고 하였다.

하나님은 그를 경외하는 자와의 언약적 특성인 인자하심을 보이신다. 하나님은 자기 백성의 복종과 헌신에 대하여 힘과 보호의 손길을 제공하심으로써 응답해 주신다. 시인은 죽음과 기근으로부터의 구원을 말하고 있다. 이 구원은 살아있는 사람에게 찾아오는 종말의 재앙으로부터의 구원일 뿐 아니라 하나님과의 관계를 통한 완전한 생명으로 들어가는 구원이다.

20~22절은 이 시의 결론이다. 찬양의 핵심 부분(4~19절)에서 여호와의 본성과 힘이 예배의 초점으로 제시되고 있다. 결론 부분은 예배자들이 자신들의 찬양이 가지고 있는 개인적 의미를 반성하고 있는 자기 분석적 회고의 내용을 담고 있다. "우리 영혼이 여호와를 바람이여 그는 우리의 도움과 방패시로다"(20절)는 말씀에서 갈망을 표현하고 있다. 하나님의 도움과 보호의 필요성을 강조하고 있다.

하나님의 백성들은 삶의 전 영역에서 하나님의 도움과 보호를 받아야 한다. 이것이 없으면 한 순간도 존재할 수 없다. 이 시편은 "여호와여 우리가 주께 바라는 대로 주의 인자하심을 우리에게 베푸소서"(22절)라는 기도로 마무리 된다. 인자하심의 축복은 그것과 더불어 언약 관계의 모든 특권을 가져다준다.

주를 경외하는 자에게는 부족함이 없도다

시편 34:1~8

1내가 여호와를 항상 송축함이여 내 입술로 항상 주를 찬양하리이다 2내 영혼이 여호와를 자랑하리니 곤고한 자들이 이를 듣고 기뻐하리로다 3나와 함께 여호와를 광대하시다 하며 함께 그의 이름을 높이세 4내가 여호와께 간구하매 내게 응답하시고 내 모든 두려움에서 나를 건지셨도다 5그들이 주를 앙망하고 광채를 내었으니 그들의 얼굴은 부끄럽지 아니하리로다 6이 곤고한 자가 부르짖으매 여호와께서 들으시고 그의 모든 환난에서 구원하셨도다 7여호와의 천사가 주를 경외하는 자를 둘러 진 치고 그들을 건지시는도다 8너희는 여호와의 선하심을 맛보아 알지어다 그에게 피하는 자는 복이 있도다

　시편 34편은 답관체 형식의 시이다. 답관체 형식의 시들은 몇 가지 공통점을 가지고 있는데 하나는 '연'들의 첫 자음이 히브리어의 알파벳순으로 시작되는 각 '행'이나 '연'은 거의 같은 길이를 가진 점이다.

　시편에서 답관체 형식으로 된 시는 9~10, 25, 34, 37, 111, 112, 119, 145편 등이다. 특히 34편은 답관체 구조 속에서 동일하거나 관련이 있는 단어들을 반복적으로 사용하여서 문학적으로 통일성을 이루고 있다.

　시편 34편은 두 단락으로 되어있는데 1~8절은 개인적인 감사시들과 관련이 있는 특성을 가지고 있고, 9~22절은 지혜시 또는 교훈시의 일반적 특성을 가지고 있다. 34편은 문학 형식에 있어서 25편과 비슷하다.

　이 시편에는 '다윗이 아비멜렉 앞에서 미친체 하다가 쫓겨나서 지은 시'라는 말이 나온다. 이것은 이 시가 지어진 배경을 설명하고 있는데 삼상 21:10~15에 나오는 사건이다. '아비멜렉'이란 블레셋 왕조(王朝)의 이름이

다. 사울이 다윗을 죽이려고 할 때에 다윗은 가드로 도망갔다. 가드라는 도시의 왕이 아비멜렉이었다. 다윗은 자기를 따르는 몇 사람과 함께 가드로 망명할 때에 그가 환영을 받으리라고 생각하였다. 그러나 다윗을 본 신하들은 이 사람은 '골리앗을 죽인 사람이'고 하면서 그를 그대로 두면 나라가 위험하니 죽이자고 하였다.

다윗은 이 말을 듣고 여기서 죽게 될 것 같아서 연극을 꾸몄다. 이럴 때에 하나님께서 다윗을 불쌍히 여겨 지혜를 주셨는데 미친체 하였다. 갑자기 미친 모습으로 침을 흘리고 대문짝에다 그적거리고 있으니 왕은 미친 사람을 데리고 왔다고 다윗을 내어 쫓았다. 다윗은 구사일생으로 살았고, 곰곰이 생각하니 사람을 의지하는 것이 너무나 허망하다는 것을 깨닫고 하나님을 의지하는 삶을 살아야 할 것을 결심한다. 이런 심정을 시로 엮은 것이 바로 이 시편이다.

1. 항성 송축함이여

1절에서 "내가 여호와를 항상 송축함이여 내 입술로 항상 주를 찬양하리이다"고 하였다. 다윗은 인간의 힘을 의지하려고 하였으나 실패하고 하나님의 존귀하심을 바라보게 된다. 시인은 여호와를 찬송하는데 여기서 주목해야 할 단어는 '항상'이다. 이 말은 늘이란 뜻을 가지고 있으며, 하나님의 백성이 취해야 할 신앙적 자세이다. '계속'이란 단어도 '늘'이라는 같은 의미를 가지고 있다.

어려움에서 벗어난 시인은 하나님을 늘 찬송한다. 계속하여 하나님의 성호를 찬양하고 영광을 돌린다. 하나님께 감사를 계속할 때에 하나님께서는 감사할 제목들을 더 부어 주신다. 다윗이 하나님께 감사한 것은 역경에서 벗어난 후이다. 그는 여호와 하나님을 앙망하였다. 여호와는 언약의 하나님이시며 자기 백성과 약속하신 것을 지키시는 분이시다.

2절에서 "내 영혼이 여호와를 자랑하리니"라고 하였다. 시인은 '내 영혼이'라고 하였는데 이는 심령에서 솟아나는 찬미란 뜻이다. 골수에서 나오는 찬미로 하나님께 영광을 돌렸다는 의미인데, 이것은 다윗이 건성으로 한 것이 아니라 그의 전인격을 드려 하나님을 찬미 했다는 말이다.

'여호와로 자랑한다'고 하였다. 이것은 여호와를 하나님으로 모신 것을 자랑한다는 말이다. 여호와로 인하여 자랑하는 것은 참 자랑이다. 바울은 "자랑하는 자는 주 안에서 자랑하라"(고전 1:31)고 하였다. 하나님의 백성의 자랑은 하나님으로 말미암아 이루어진다. 하나님께서 모든 것을 주장하시기에 이 하나님을 자랑의 바탕으로 삼아야 한다. 하나님의 역사를 자랑할 때에 '곤고한 자들이 이를 듣고 기뻐하리로다'고 하였다. 왜 그러 하였을까? 다윗은 하나님의 축복으로 곤고함에서 벗어났기 때문이다. 곤고한 자 즉 환난 중에 있는 자들이 하나님이 건져 주신다는 소리를 듣고 기뻐하는 역사가 나타난다.

3절에서 "나와 함께 여호와를 광대하시다 하며 함께 그의 이름을 높이세"라 하였다. '광대하시다' 란 말은 '위대하게 만들다' 란 의미이다. 사람이 하나님을 위대하게 만드는 것이 아니라 하나님의 위대성을 인정하고 공개적으로 선포하는 것이다. 이러한 찬양은 하나님의 본질을 바꾸어 놓는 것이 아니지만 다른 사람에게 하나님의 위대성을 일깨워 주는 역할을 한다. 그것은 깨달음의 표현으로서 하나님의 위엄과 영광에 대한 개인적 고백이기도 하다.

2. 나를 건지셨도다

4절에서 "내가 여호와께 간구하매 내게 응답하시고 내 모든 두려움에서 나를 건지셨도다"고 하였다. 시인은 하나의 원리를 제시하고 그 원리를 적용하는 형태를 취하였다. 하나님은 불변의 하나님이요, 광대하신 하나님이시다. 시인은 이 하나님께 구하였다. 사망의 음침한 골짜기에서 하나님께 구하였다. 언약의 하나님께서는 그 기도에 응답하시고 모든 두려움에서 건져 주셨다.

하나님께 기도할 때에 하나님은 응답 하신다. 또 두려움에서 벗어나 평안을 주신다. 이것은 하나님의 백성들의 체험을 통해 알 수 있는 사실이다.

5~8절은 5절의 '앙망하고'라는 명령문으로 시작하여, 8절의 '맛보아'라는 명령문으로 끝이 난다. 시인은 하나님의 은혜로운 구원을 직접적으로 체험하였기 때문에 다른 사람들도 자신의 경험에 참여하도록 초대하지 않을 수 없었다.

시인이 명령형으로 말한 것은 이미 찬양에 참여하도록 초대받은 곤고한 자(2절)에게 한 것이다. 명령문 사이에 시인의 개인적 증언이 나온다. 6절에서 "이 곤고한 자가 부르짖으매 여호와께서 들으시고 그의 모든 환난에서 구원하셨도다"고 하였다. 자신의 증언을 통하여 하나님께서는 기도에 응답하시고 환난에서 구하여 주셨다고 고백한다.

3. 여호와의 천사가

7절에서는 "여호와의 천사가 주를 경외하는 자를 둘러 진 치고 그들을 건지시는도다"고 하였다. 이것은 전투적 표현이다. '여호와의 사자'란 여리고에서 여호수아가 만난 하나님의 사자를 생각나게 한다(수 5:13~15). 이 말씀의 배경에는 군사적 상황이 깔려 있음을 알 수 있다.

8절에서는 "너희는 여호와의 선하심을 맛보아 알지어다 그에게 피하는 자는 복이 있도다"고 하였다. 하나님의 구원의 역사를 직접적으로 체험한 시인은 다른 사람들에게 '맛보아 알 것'을 권면하고 있다. 이 비유는 매우 강하게 표현되어 있다. 왜냐하면 하나님에게 속한 보다 큰 구원의 행동을 바로 알 것을 권유 받은 사람들에게 어떤 행동을 취할 것을 암시하기 때문이다.

하나님의 구원은 행동을 요구한다. 자신이 체험한 역사를 선포하는 위대한 사역을 다 하여야 한다. 그래서 구원의 역사를 행동화하고 이것을 통해 이 세계를 향한 위대한 선포를 할 수 있게 된다.

여호와의 눈은 의인을 향하시고

⎧⎧⎧⎧ 시편 34:9~22

9너희 성도들아 여호와를 경외하라 그를 경외하는 자에게는 부족함이 없도다 10젊은 사자는 궁핍하여 주릴지라도 여호와를 찾는 자는 모든 좋은 것에 부족함이 없으리로다 11너희 자녀들아 와서 내 말을 들으라 내가 여호와를 경외하는 법을 너희에게 가르치리로다 12생명을 사모하고 연수를 사랑하여 복 받기를 원하는 사람이 누구뇨 13네 혀를 악에서 금하며 네 입술을 거짓말에서 금할지어다 14악을 버리고 선을 행하며 화평을 찾아 따를지어다 15여호와의 눈은 의인을 향하시고 그의 귀는 그들의 부르짖음에 기울이시는도다 16여호와의 얼굴은 악을 행하는 자를 향하사 그들의 자취를 땅에서 끊으려 하시는도다 17의인이 부르짖으매 여호와께서 들으시고 그들의 모든 환난에서 건지셨도다 18여호와는 마음이 상한 자를 가까이 하시고 충심으로 통회하는 자를 구원하시는도다 19의인은 고난이 많으나 여호와께서 그의 모든 고난에서 건지시는도다 20그의 모든 뼈를 보호하심이여 그 중에서 하나도 꺾이지 아니하도다 21악이 악인을 죽일 것이라 의인을 미워하는 자는 벌을 받으리로다 22여호와께서 그의 종들의 영혼을 속량하시나니 그에게 피하는 자는 다 벌을 받지 아니하리로다

　　시편 34편은 두 부분으로 되어 있는데 1~8절은 개인적 감사시이며, 9~22절은 지혜시 또는 교훈시의 특징을 가지고 있다. 이 시는 히브리어의 알파벳 순서로 된 답관체 형식으로 되어 있는데 그 구조가 시편 25편과 비슷하다. 지혜시의 형태를 취한 9~22절의 부분은 하나님의 백성들이 어떻게 살아야 할 것인지에 대하여 교훈하고 있다. 그래서 교훈적인 지혜문학의 특성을 나타낸다.

1. 여호와를 경외하라

　　9절에서 "너희 성도들아 여호와를 경외하라 그를 경외하는 자에게는 부

족함이 없도다"고 하였다. 시인은 여호와 하나님을 경외하는 것으로서 이 시의 앞부분과 연결하고 있다. 이 시는 하나님의 백성 즉 성도들에게 구원을 주시고 모든 필요를 채워주시는 하나님을 경외할 것을 권면하고 있다(7, 9절). 이러한 권면을 통하여 하나님의 가르침을 따를 것을 말하고 있다. 왜냐하면 모든 지혜가 하나님의 말씀 위에 있기 때문이다.

여호와를 경외하는 것은 지혜의 기초이다. '경외'란 말은 '두려움' 또는 '존경심'이라는 뜻을 가지고 있다. 여호와를 경외하는 것은 개인의 영적, 도덕적 생활을 발전시키는 힘이 된다. 그래서 지혜자는 "여호와를 경외하는 것이 지식의 근본"(잠 1:7)이라고 하였다.

시인은 여호와를 경외하는 자에게는 부족함이 없다고 하였다. 왜냐하면 그들의 삶의 진정한 핵심은 하나님이시며, 이 하나님을 최고로 여기기 때문이다. 하나님을 최고로 여기는 삶에는 하나님의 임재를 통한 풍성함이 있다.

10절에서는 대조법을 통하여 이것을 강조한다. "젊은 사자는 궁핍하여 주릴지라도 여호와를 찾는 자는 모든 좋은 것에 부족함이 없으리로다"고 하였다. 이 대조법에서 힘이 센 젊은 사자가 경외하는 자에게는 부족함이 없다고 하였다. 짐승 중에 가장 강한 사자, 그것도 젊은 사자가 먹이를 구하지 못하는 경우가 없다. 비록 이런 사태가 일어날지라도 하나님의 백성에게는 부족함이 없다. 왜냐하면 하나님이 모든 것을 채워 주시기 때문이다. 하나님을 경외하면 부족함이 없다. 하나님께서 모든 것을 공급하시고 풍성하게 하여 주시기에 늘 감사의 삶을 살게 된다.

2. 내 말을 들어라

11절과 12절에서는 더욱 구체적으로 교훈하고 있다. "너희 자녀들아 와서 내 말을 들으라 내가 여호와를 경외하는 법을 너희에게 가르치리로다 생명을 사모하고 연수를 사랑하여 복받기를 원하는 사람이 누구뇨"라고 하였다.

시인은 여호와를 경외하는 것에 대해 가르친다. 히브리인들의 지혜 전승에서 지혜자의 역할 중 하나는 교육을 시키는 것이다. 교육의 대상은 '자녀들'인데 이 말은 자식을 가르치는 것이 아니라 '학생'을 가르친다. 히브리 전통에서 교사가 학생을 부를 때에 '자녀'라고 하였다. 계속하여 가르침의 내용이 나온다. 가르침의 주제는 여호와를 경외하는 것이다. 이것이 인생의 의미이며 사람이 살아가는 근본 목적이다. 여호와를 경외하는 법을 가르치는 것이 인생의 기본 문제를 풀어가는 단초가 된다. 그래서 시인은 여호와를 경외하는 것을 배우라고 하였다.

이러한 교육의 결과에 대해 12절은 세 가지로 말하고 있다. '생명을 사모한다', '장수한다', '복받는다'고 하였다. 하나님이 정하신 목적을 깨닫고 올바르게 나아가면 이와 같은 결과를 얻게 된다. 누가 이러한 결과를 얻게 되는가 하면 하나님을 바로 경외하는 법을 배운 사람이다.

바른 교육의 결과가 이렇게 중요하다는 것을 교훈한다. 교육의 기본은 여호와를 경외하는데 있기에 이 원리를 정확히 세우고 실천하는 것이 무엇보다 중요하다.

3. 찾아 따를지어다

13절과 14절은 12절의 질문에 이어서 명령문 형태로 되어 있다. 하나님을 경외하는 사람의 구체적 삶이 무엇인지를 교훈한다. "네 혀를 악에서 금하며 네 입술을 거짓말에서 금할지어다. 악을 버리고 선을 행하며 화평을 찾아 따를지어다"고 하였다.

이 말씀은 하나님의 백성의 도덕적 삶을 말하는데, 그 삶에는 말과 행동을 모두 포함한다. 말에 '악'이나 '거짓'이 있어서는 안 되고, 행동에서 악을 피하고 선을 받아 들여야 한다. 언어와 행동은 밀접한 관계가 있다. 언행의 순수성은 마음의 순수성에서 나오기 때문에 인간의 내적 의도가 말이나 행동으로 표출된다. 악한 말은 악한 행동만큼이나 파괴적일 수 있다. 따라서 혀는 강력한 악의 무기가 될 수 있으며(약 3:4~6), 인간의 마음에 다툼이 일어나게 한다(약 4:1).

시인은 구체적으로 언행에서 순수하라고 명령한다. 또 화평을 이루라고
한다(14절). 다툼이란 인간의 내부에서 생기고 악한 말과 행동으로 구체화
되기 때문에 이 모든 것을 버리고 하나님을 경외해야 한다.

15절과 16절에서는 의로운 자의 상태와 사악한 자의 상태를 대조하고 있
다. "여호와의 눈은 의인을 향하시고 그의 귀는 그들의 부르짖음에 기울이
시는도다 여호와의 얼굴은 악을 행하는 자를 향하사 그들의 자취를 땅에서
끊으려 하시는도다"고 하였다.

의로운 자는 축복과 보호를 받는다. 그들은 어디에 있을지라도 하나님의
눈에서 벗어나지 않고, 어떤 어려움이 와도 하나님의 도움을 받는 범위 안
에 있다. 그러나 16절에서는 악한 자를 향한 하나님의 성나신 모습이 나온
다. 하나님의 진노는 악인들의 악을 억제할 뿐만 아니라 그들에 대한 기억
까지도 이 땅에서 제거해 버리신다. 악인들은 자신의 도덕적 한계를 초월하
여 개인적 위대성을 부각하려고 하니 하나님은 이것을 제거하신다.

17절에서 "의인이 부르짖으매 여호와께서 들으시고 그들의 모든 환난에
서 건지셨도다"고 하였다. 하나님의 백성들은 환난의 시기에 회개하고 하
나님으로부터 구원을 얻는 것으로 묘사되고 있다.

18~20절은 의로운 자에 대한 하나님의 구원과 도움에 대하여 말하고 있
다. 18절에서 "여호와는 마음이 상한 자를 가까이 하시고 충심으로 통회하
는 자를 구원하시는도다"라고 하였고, 19절에는 "의인은 고난이 많으나"라
고 했다. 하나님의 백성이 마음이 상하고, 중심에 통회하고, 고난을 겪는 경
우도 있으나 하나님께서는 이 모든 어려움에서 구원하신다.

21절과 22절은 사악한 자와 의로운 자에 대한 또 다른 대조이다. 악한 자
의 종말이 자업자득의 결과임을 보인다. 하나님은 그의 종들의 영혼을 구속
하시고 저에게 피하는 자를 보호하여 주신다.

우리가 이 땅에서 마음 상하고, 고난을 겪기도 하지만 하나님은 우리를
끝까지 지키시며 보호의 손길을 펴 주신다. 그러기에 우리는 여호와를 경외
하는 삶을 살아야 한다.

여호와여 나와 다투는 자와 다투시고

시편 35:1~10

1여호와여 나와 다투는 자와 다투시고 나와 싸우는 자와 싸우소서 2방패와 손 방패를 잡으시고 일어나 나를 도우소서 3창을 빼사 나를 쫓는 자의 길을 막으시고 또 내 영혼에게 나는 네 구원이라 이르소서 4내 생명을 찾는 자들이 부끄러워 수치를 당하게 하시며 나를 상해하려 하는 자들이 물러가 낭패를 당하게 하소서 5그들을 바람 앞에 겨와 같게 하시고 여호와의 천사가 그들을 몰아내게 하소서 6그들의 길을 어둡고 미끄럽게 하시며 여호와의 천사가 그들을 뒤쫓게 하소서 7그들이 까닭 없이 나를 잡으려고 그들의 그물을 웅덩이에 숨기며 까닭 없이 내 생명을 해하려고 함정을 팠사오니 8멸망이 순식간에 그에게 닥치게 하시며 그가 숨긴 그물에 자기가 잡히게 하시며 멸망 중에 떨어지게 하소서 9내 영혼이 여호와를 즐거워함이여 그의 구원을 기뻐하리로다 10내 모든 뼈가 이르기를 여호와와 같은 이가 누구냐 그는 가난한 자를 그보다 강한 자에게서 건지시고 가난하고 궁핍한 자를 노략하는 자에게서 건지시는 이라 하리로다

시편 35편은 개인적 애가 또는 기도문이다. 다윗이 쓴 이 시는 역경 속에서 하나님의 도우심을 구하면서 "여호와여 나와 다투는 자와 다투시고 나와 싸우는 자와 싸우소서"라고 하였다.

이 시는 세 부분으로 되어 있다. 1~10절은 전쟁에서 하나님의 도우심을 구하고 원수의 몰락과 승리로 인한 찬양을 하였다. 11~18절은 왕의 적들을 묘사하고 구원을 요청한다. 19~28절은 적들을 향한 기도와 기도의 응답에 대한 확신이 있다.

왕은 전쟁의 위협을 받고 있다. 이방의 적들로부터 전쟁의 위협을 받고 또 전쟁으로 인한 어떤 조약의 위반 등으로 문제가 생긴 듯하다. 이 시에 나오는 군사 용어와 법률 용어가 이러한 문제를 바로 보여 주고 있다. 이 시는 전쟁의 위협 속에서 하나님께 기도하는 내용으로서 하나님의 백성들이 하나님

을 의지함으로써 위험을 극복하고 하나님께 나아갈 수 있음을 강조한다.

1. 나와 다투는 자와 다투시고

1절에서 "여호와여 나와 다투는 자와 다투시고 나와 싸우는 자와 싸우소서" 라고 하였다. 시인은 자신의 적들에 대항해서 하나님이 군사적으로 도와주실 것을 요청하는 기도로 시작하였다. 그는 하나님께서 자신을 위해서 '다투시고', '싸워주실 것'을 요청하고 있다.

이 두 단어가 단순히 시적 동의어에 불과한 것 같으나 '다투다'라는 말은 일반적으로 법률 용어로 사용되고 있다. 여기서 이 단어가 "싸우다"라는 말과 대구를 이루어 군사적 의미를 가지고 있음을 암시한다. 따라서 왕의 첫 번째 기도는 하나님께서 조약에 대한 자신의 법적인 입장을 이해해 주시고 자신의 싸움에 참여하여 대신 싸워 주실 것을 요청하고 있다.

2~3절에 나오는 기도는 왕의 마음에 군사적 위협이 가장 큰 비중을 차지하고 있음을 보여준다. 왕은 용사이신 하나님(출 15:3, 시 24:8)이 자신을 대신하여 일어나 주실 것을 기도한다. "방패와 손 방패를 잡으시고 일어나 나를 도우소서 창을 빼사 나를 쫓는 자의 길을 막으시고 또 내 영혼에게 나는 네 구원이라 이르소서"라는 말씀에서 하나님을 용사로 묘사하고 있다. 하나님을 손에 큰 방패와 작은 방패를 잡고 창과 단창으로 무장한 보병의 모습으로 묘사하였다. '나는 네 구원이라'이라는 말은 전장으로 떠나기 전에 제사장이 선포하는 예언이나 전장에서 외친 함성일 것이다.

그러나 이 말씀을 자세히 보면 하나님께서 시인을 대신하여 일어나실 때에 찾아올 승리의 기대이다. '나는 네 구원' 즉 '나는 너의 승리'라는 선포를 통하여 하나님의 백성은 하나님으로 말미암아 승리하신다는 위대한 원리를 보여 주고 있다.

4~8절에서 시인은 궁극적인 성공을 확신하면서 적에게 임할 운명을 선포하고 있다. 왕의 선포의 특징은 '~하소서'라는 기도의 형태로 되어 있는

점이다. 4절에서 "내 생명을 찾는 자들이 부끄러워 수치를 당하게 하시며 나를 상해하려 하는 자들이 물러가 낭패를 당하게 하소서"라고 하였다. 계속하여 5, 6, 8절에서도 '~하게 하소서'라고 기도 형태를 이루고 있다.

2. 천사가 뒤쫓게 하소서

5절에서 "그들을 바람 앞에 겨와 같게 하시고 여호와의 천사가 그들을 몰아내게 하소서"라고 하였다. 바람 앞의 겨란 아무것도 아닌 존재이며 무가치한 것이다. 성경에는 "겨가 어찌 알곡과 같겠느냐"(렘 23:28)고 하였다. 밀은 귀중한 양식이지만 겨는 무가치 한 것이다. 바람 앞의 겨와 같이 하기 위해서는 하나님의 역사가 필요하다 그래서 '여호와의 천사로 몰아내소서'라고 하였다. 이 말은 하나님의 간섭으로 '너는 무능한 자가 되었다'는 것을 원수가 깨닫게 해달라는 것이다. 이런 일이 사울에게 그대로 나타났다. 사울이 기도를 해도 응답이 없었고, 제사장에게 가서 물어보아도 아무런 응답이 없었다. 이것이 하나님의 사자의 간섭이 아닌가? 사울은 이로 인하여 자신이 아무것도 아니라는 것을 깨닫고 절망 상태에 빠졌다. 하나님의 직접적인 간섭으로 전쟁의 역사가 바뀌게 된다. 하나님이 함께 하실 때에 진정한 승리가 있으며 하나님이 승리자가 된다.

6절에서 "그들의 길을 어둡고 미끄럽게 하시며 여호와의 천사가 그들을 뒤쫓게 하소서"라고 하였다. 악인들의 길이 어둡고 미끄럽게 되어 누가 살짝 건드려도 넘어질 수밖에 없는데 여기에 더하여 여호와의 사자가 간섭하시면 그들이 멸망의 길에 빠질 수밖에 없음을 분명히 하고 있다.

7절에서 "그들이 까닭 없이 나를 잡으려고 그들의 그물을 웅덩이에 숨기며 까닭 없이 내 생명을 해하려고 함정을 팠사오니"라고 하였다. 원수들이 하나님의 백성을 해치기 위해 온갖 방법을 동원하고 그들의 지혜를 모은다. 악한 자는 악의 길에서 더욱 기승을 부리고 악의 강도를 높이지만 결국에는 어떻게 되는가?

그 대답이 8절에 나온다. "멸망이 순식간에 그에게 닥치게 하시며 그가 숨긴 그물에 자기가 잡히게 하시며 멸망 중에 떨어지게 하소서"라고 하였다. 이것은 자기가 친 그물에 자기 스스로가 잡힌다는 말이다. 하나님의 백성을 대적하여 온갖 방법을 동원하여 해치려고 해도 하나님이 간섭하시면 멸망할 수밖에 없음을 분명히 보이고 있다.

3. 그의 구원을 기뻐하리로다

시인은 9절과 10절에서 승리에 대한 예상을 하고 있다. 9절에서 "내 영혼이 여호와를 즐거워함이여 그의 구원을 기뻐하리로다"고 하였다. 시인은 여호와를 기뻐하는 것 즉 여호와를 기쁨의 본체로 삼았다. 하나님께서 기도를 들으시고 원수의 방해를 막아주시니 이 하나님으로 말미암아 구원의 역사를 체험한다. 여호와를 즐거워함으로써 하나님의 구원을 기뻐한다. 하나님이 나의 기쁨이 될 때에 하나님의 역사를 자랑하게 된다. 여호와를 즐거워하면 그 구원을 계속하여 맛볼 수 있다.

10절에서 "내 모든 뼈가 이르기를 여호와와 같은 이가 누구냐 그는 가난한 자를 그보다 강한 자에게서 건지시고 가난하고 궁핍한 자를 노략하는 자에게서 건지시는 이라 하리로다"고 하였다. 여기서 하나님을 비할 데 없는 분으로 표현하고 있고 이것은 승리의 노래(출 15:11)에서 특징적으로 나타난다. 하나님은 가난하고 궁핍한 자를 구원하시고 참 승리를 가져다주시는 분이심을 밝혀준다.

하나님의 승리는 하나님이 역사의 주인이심을 보여준다. 이 세상의 모든 역사는 하나님의 위대하신 섭리에 따라 이루어지고 있기에 이 하나님을 영화롭게 하는 것이 하나님의 백성의 자세이다. 우리가 곤경을 당할 때에 우리의 힘으로 이길 수가 없다. 오직 여호와 하나님께서 승리의 왕으로 역사하실 때에 진정한 승리가 있다. 그리하여 우리는 여호와를 즐거워하고, 여호와의 역사를 선포해야 한다.

내가 대회 중에서 주께 감사하며

시편 35:11~18

11불의한 증인들이 일어나서 내가 알지 못하는 일로 내게 질문하며 12내게 선을 악으로 갚아 나의 영혼을 외롭게 하나 13나는 그들이 병 들었을 때에 굵은 베 옷을 입으며 금 식하여 내 영혼을 괴롭게 하였더니 내 기도가 내 품으로 돌아왔도다 14내가 나의 친구 와 형제에게 행함 같이 그들에게 행하였으며 내가 몸을 굽히고 슬퍼하기를 어머니를 곡함 같이 하였도다 15그러나 내가 넘어지매 그들이 기뻐하여 서로 모임이여 불량배가 내가 알지 못하는 중에 모여서 나를 치며 찢기를 마지아니하도다 16그들은 연회에서 망령되이 조롱하는 자 같이 나를 향하여 그들의 이를 갈도다 17주여 어느 때까지 관망 하시려 하나이까 내 영혼을 저 멸망자에게서 구원하시며 내 유일한 것을 사자들에게서 건지소서 18내가 대회 중에서 주께 감사하며 많은 백성 중에서 주를 찬송하리이다

　　시인은 자신을 올무에 몰아넣는 원수들에 대하여 구체적으로 묘사한다. 1절에서 "여호와여 나와 다투는 자와 다투시고 나와 싸우는 자와 싸우소서" 라고 하면서 원수들의 공격에 대해 하나님이 나서서 막아 주시기를 호소하였다. 용사이신 하나님으로 인하여 승리를 확신한 시인은 여호와를 즐거워하며, 하나님의 영광을 나타내는 일에 최선을 다한다. 하나님의 개입은 승리의 원천이 되기에 하나님의 역사하심을 바라는 믿음의 고백이 필요하다.

　　시인은 11~18절에서 원수들의 실체가 무엇인지를 밝히고 있다. 이것은 악한 자들의 모습으로 바로 알므로 승리의 삶을 가져오는 계기를 마련하는 지혜를 준다.

1. 불의한 증인들이

　　11절에서 "불의한 증인들이 일어나서 내가 알지 못하는 일로 내게 질문

하며"라고 하였다. 여기서 '불의한 증인'이란 '거짓 증인'을 말한다. 거짓 증인이 일어나서 다윗이 알지도 못하는 일을 제기하고 문제를 삼고 있다.

하나님의 말씀대로 살려고 하면 남들에게서 오해도 받고 모함을 받는 경우도 있다. 왜 사람들이 오해하는가? 여기에는 여러 가지 이유가 있지만 중요한 것은 그 사람들의 사고방식이 삐뚤어져 있기 때문이다. 이 말씀에 나오는 불의한 자는 항상 다른 사람을 속이기도 하고 자신이 속기도 한다. 이것은 말세 인간의 특성이다. 그래서 바울은 "악한 자들은 속이기도 하고 속기도 하나니"(딤후 3:13)라고 하였다.

불의한 자들은 우리가 알지도 못하고 생각지도 못했던 문제를 제기하여 이것으로 하나님의 백성을 힐문한다. 악인의 논리가 하나님의 백성을 고통에 빠뜨린다.

12절에서 "내게 선을 악으로 갚아 나의 영혼을 외롭게 하나"라고 하였다. 여기서 시인의 고통을 볼 수 있다. 다윗은 선을 베풀기 위해 노력하였으나 악인들은 그것을 악으로 갚으려 하였다. 이런 어려움으로 인하여 '나의 영혼을 외롭게'한다고 하였다.

'영혼의 외로움'은 하나님의 백성이 겪는 큰 고통이다. 주변에 사람이 없어 외로운 것이 아니라 사람은 많지만 거짓으로 대하는 자들만이 있을 때에 겪는 고통이다. 그래서 '군중 속의 고독'이라는 말이 주는 의미와도 같다. 영적 외로움이 올 때에 이것을 어떻게 이겨 나가야 하는가? 가장 중요한 것은 하나님께 가까이 나아가는 것이다. 하나님으로 말미암아 문제를 해결하는 신앙적 자세만이 영적 외로움에서 벗어나는 길이다. 그 답이 13절에 구체화 되었다.

2. 내 기도가 내 품으로

13절에는 "나는 그들이 병들었을 때에 굵은 베 옷을 입으며 금식하여 내 영혼을 괴롭게 하였더니 내 기도가 내 품으로 돌아왔도다"고 하였다. 다윗

은 원수가 병들었을 때에 굵은 베 옷을 입었다. '굵은 베 옷'은 슬픔을 나타
내며, 애통한다는 뜻이다. 베 옷이란 슬픔의 옷이며 죄인이 입는 옷이다. 다
윗이 영적 외로움을 이긴 방법이 여기에 제시되어 있다. 원수들은 자기를
해치고 죽이려고 해도 그는 원수가 병들었을 때에 슬픔의 베 옷을 입었다.
다윗이 이러한 자세를 가진 이유가 무엇일까? 자기를 해치려는 자일지라도
그들이 멸망하지 않고 하나님 앞에서 바로 서기를 바라는 하나님 영광을 중
요시하는 믿음 때문이다.

시인은 굵은 베 옷만 입는 것이 아니라 금식하여 내 영혼을 괴롭게 하였
다. 하나님께 간절한 마음으로 나아가는 금식을 통해 자신의 육신을 깨고
하나님의 뜻을 이루려고 하였다. 이것은 원수를 위하여 간절한 마음을 가지
고 기도했다는 말이다. 자신의 영혼을 괴롭게 할 정도의 고통을 겪으면서
기도하였다. 남을 위해 기도한다는 것은 쉬운 일이 아니다. 그것도 원수를
위해 기도한다는 것이 더욱 어렵다. 그래도 시인은 기도하였다.

그 결과가 어떠하였는가? '내 기도가 내 품으로 돌아왔도다'이다. 울며
금식하며 기도하였으나 원수들이 받을 그릇이 준비되지 않았기에 그 축복
이 자기에게로 돌아왔다. 하나님의 백성들이 기도하는 자세를 여기서 찾을
수 있다. 다윗은 영적 외로움을 이와 같이 이겨 나갔다. 원수를 원망하고 저
주하는 것이 아니라 그들을 위해 기도함으로서 기도의 축복이 다윗의 품에
돌아왔다.

3. 친구와 형제에게 행함같이

14절에서 "내가 나의 친구와 형제에게 행함 같이 그들에게 행하였으며
내가 몸을 굽히고 슬퍼하기를 어머니를 곡함 같이 하였도다"고 하였다. 여
기서 다윗의 신앙적 자세를 볼 수 있다. 원수들에 대하여 '나의 친구와 형
제에게 행함 같이' 하였다. 자기를 해치려는 자를 비웃고 욕하기 쉬우나 다
윗은 친구와 형제에게 하는 것 같이 했다. 한 걸음 더 나아가 어머니가 돌아

갔을 때처럼 울었다. 자신을 낳아준 어머니가 돌아갔을 때에 슬피 애곡하는 것이 자식의 도리인데 원수에 대하여 이렇게 한다는 것은 상식적으로는 이해가 되지 않는다. 이것은 하나님의 은혜로 많이 가능한 일이며, 하나님으로부터 은혜 받은 자만이 할 수 있는 일이다.

15절에서는 "그러나 내가 넘어지매 그들이 기뻐하여 서로 모임이여 불량배가 내가 알지 못하는 중에 모여서 나를 치며 찢기를 마지아니하도다"고 하였다. 원수들은 다윗이 친구와 형제처럼 대했는데도 반대로 다윗의 환난을 기뻐하였다.

다윗이 '오직 내가 환난을 당하매'라고 하였듯이 하나님의 백성에게도 환난이 온다. 이 환난이 시험이 되기도 하지만 하나님께 더 가까이 나아가는 계기가 되기도 한다. 하나님을 거역한 자들은 시인의 고통에 쾌락을 느끼고 온갖 못된 계획을 한다. 그러나 하나님의 백성은 여기에 휘말리지 않고 하나님께 더욱 의지하게 된다.

16절에서도 악인들의 악랄한 모습이 그려져 있다. "그들은 연회에서 망령되이 조롱하는 자 같이 나를 향하여 그들의 이를 갈도다"고 하였다. 다윗을 죽이기 위해 이를 가는 그들의 모습을 볼 수 있다.

이런 상황 속에서 다윗은 하나님께 호소한다. 17절에서 "주여 어느 때까지 관망하시려하나이까 내 영혼을 저 멸망자에게서 구원하시며 내 유일한 것을 사자들에게서 건지소서"라고 하였다. 하나님께 호소하는 것이 문제 해결의 첩경이다. '주여 언제까지입니까?'라는 처절한 호소를 함으로써 하나님의 역사하심을 간구한다.

18절에는 "내가 대회 중에서 주께 감사하며 많은 백성 중에서 주를 찬송하리이다"고 하였다. 이 말씀은 다윗의 기도가 응답받아야 할 이유이다. 하나님을 찬송하기 위하여 응답받아야 한다. '대회 중에서' 즉 많은 사람들 앞에서 하나님의 성호가 찬송을 받기 위하여 하나님을 섬기는 자의 기도가 응답되어야 한다. 하나님의 영광을 자신의 고난 보다 먼저 생각하는 믿음의 본이 여기에 있다.

나의 혀가 주의 의를 말하며

시편 35:19~28

19부당하게 나의 원수된 자가 나로 말미암아 기뻐하지 못하게 하시며 까닭 없이 나를 미워하는 자들이 서로 눈짓하지 못하게 하소서 20무릇 그들은 화평을 말하지 아니하고 오히려 평안히 땅에 사는 자들을 거짓말로 모략하며 21또 그들이 나를 향하여 입을 크게 벌리고 하하 우리가 목격하였다 하나이다 22여호와여 주께서 이를 보셨사오니 잠잠하지 마옵소서 주여 나를 멀리하지 마옵소서 23나의 하나님, 나의 주여 떨치고 깨셔서 나를 공판하시며 나의 송사를 다스리소서 24여호와 나의 하나님이여 주의 공의대로 나를 판단하사 그들이 나로 말미암아 기뻐하지 못하게 하소서 25그들이 마음속으로 이르기를 아하 소원을 성취하였다 하지 못하게 하시며 우리가 그를 삼켰다 말하지 못하게 하소서 26나의 재난을 기뻐하는 자들이 함께 부끄러워 낭패를 당하게 하시며 나를 향하여 스스로 뽐내는 자들이 수치와 욕을 당하게 하소서 27나의 의를 즐거워하는 자들이 기꺼이 노래 부르고 즐거워하게 하시며 그의 종의 평안함을 기뻐하시는 여호와는 위대하시다 하는 말을 그들이 항상 말하게 하소서 28나의 혀가 주의 의를 말하며 종일토록 주를 찬송하리이다

시편 35편은 다윗이 사울에게 쫓겨 다니면서 여러 가지 어려움을 겪고 있을 때에 하나님께 간구한 내용이다. 개인적 애가의 특성을 가지고 있으며, 용사이신 하나님이 역사하셔서 원수의 올무에서 벗어나게 해 달라는 호소로 이루어졌다. 시인은 하나님께서 원수들을 몰락시켜 주실 것을 호소한다. 이것은 하나님의 주권과 섭리를 앞 세우는 하나님의 역사를 통하여 주의 의를 찬송하려는 열망으로 가득하다.

1. 나의 원수된 자가

19절에 "부당하게 나의 원수된 자가 나로 말미암아 기뻐하지 못하게 하

시며 까닭 없이 나를 미워하는 자들이 서로 눈짓하지 못하게 하소서"라고 하였다. 이 말씀에는 '부당하게'와 '까닭 없이'라는 단어가 나오는데 같은 의미를 가지고 있다. 즉 '까닭 없이'라는 뜻이다.

까닭 없이 다윗을 대적한 원수들을 다윗이 망하였을 때에 얼마나 기뻐할 것인가? 또 이렇게 되면 하나님의 공의가 드러나지 못하게 된다. 시인은 이런 일들을 염두에 두고 하나님의 공의가 무너지지 않게 해 달라고 기도한다. '무고히 나를 미워하는 자로 눈짓하지 못하게 하소서'라고 하였다. 여기서 '눈짓'이란 '조롱'을 의미한다. 죄 없는 시인이 원수들 앞에서 조롱을 당하면 이것이 하나님의 영광을 가리우는 일이 된다. 시인은 자신의 억울함을 풀기보다 하나님의 영광이 가리울 것을 더 염려하였다. 이것은 하나님 제일주의로 살아가는 하나님의 백성들의 삶의 태도이다. 하나님의 영광이 가리우는 것을 더욱 염려하기에 하나님의 역사를 호소하고 있다.

20절에서는 "무릇 그들은 화평을 말하지 아니하고 오히려 평안히 땅에 사는 자들을 거짓말로 모략하며"라고 하였다. '화평'이란 국제적 조약의 핵심 용어이기도 하고, 개인과 개인 사이의 원리이기도 하다.

사람과의 관계에서 화평을 말하는 것은 매우 중요하다. 사람의 마음 속에 증오가 가득하면 이것은 마음만의 문제가 아니라 신체적인 면에서도 큰 고통을 주고 있음이 의학적으로 증명되고 있다. 악인들은 화평을 말하지 않고 이 땅에서 평안히 거하는 자들을 거짓말로 모해한다. 이것은 사탄의 전술이며 악인들의 전형적인 방법이기도 하다.

21절에는 "또 그들이 나를 향하여 입을 크게 벌리고 하하 우리가 목격하였다 하나이다"고 하였다. 이 말은 시인의 실패가 원수의 즐거움이 되지 않게 해 달라는 호소이다. 원수들이 즐거워하게 되면 그들이 죄를 즐기는 자가 됨으로 가장 불쌍한 자가 된다. 그래서 원수들이 가는 불행한 길로 가지 않게 해달라고 요청하는 것이다. 왜냐하면 다윗은 원수들의 모함과 핍박이 있을 때에 하나님을 의지하고 더욱 기도하지만 악인들은 자기들의 잘못으로 인하여 악의 길로 가게 되고 결국은 멸망하게 되고 말기 때문이다.

2. 잠잠하지 마옵소서

22절에는 "여호와여 주께서 이를 보셨사오니 잠잠하지 마옵소서 주여 나를 멀리하지 마옵소서"라고 하였다. 하나님은 사람들의 기도를 들으시기 전에 이미 모든 것을 알고 계시는 분이다. 그래서 시인은 "여호와여 주께서 이를 보셨사오니 잠잠하지 마옵소서 주여 나를 멀리하지 마옵소서"라고 하였다. 하나님은 사람들의 기도를 들으시기 전에 이미 모든 것을 알고 계시는 분이다 그래서 시인은 '여호와여 주께서 이를 보셨사오니' 라고 하였다.

공의로우신 하나님께서 모든 것을 알고 계시니 하나님의 뜻대로 다스려 주시기를 간구한다. 하나님이 다스리셔서 하나님의 뜻을 이루고 하나님의 백성을 멀리 마시기를 호소한다.

23절에서는 "나의 하나님 나의 주여 떨치고 깨셔서 나를 공판하시며 나의 송사를 다스리소서"라고 하였다. 하나님께서 인간처럼 자고 있는 듯이 묘사되었으나, 이것은 하나님의 직접적인 간섭을 간청하는 말씀이다. '나를 공판하시며 나의 송사를 다스리소서'라고 했는데, 이 말씀은 시인이 어떤 자세를 가지고 있음을 보여준다. 자기는 이미 회개하였고 하나님의 사죄를 체험하였으니 원수와의 사이에 일어나는 일에 명확한 판단을 해 주시기를 바라는 말씀이다.

25절에서 "그들이 마음 속으로 이르기를 아하 소원을 성취하였다 하지 못하게 하시며 우리가 그를 삼켰다 말하지 못하게 하소서"라고 하였다. 악한 자들이 소원 성취를 하였고, 저를 삼켰다고 하면 하나님의 영광을 가리우는 일이기 때문에 악인들을 물리쳐 주시기를 간구하였다.

시인이 가장 관심을 가진 것은 자신의 실패로 인하여 하나님의 영광이 가리우는 것이다. 원수들이 승리하여 하나님의 백성이 곤경이 들어난다면 하나님의 영광에 훼손이 오기에 이것을 막아달라고 하나님께 기도하였다.

3. 부끄러워 낭패를 당하게 하시며

26절에 "나의 재난을 기뻐하는 자들이 함께 부끄러워 낭패를 당하게 하시며 나를 향하여 스스로 뽐내는 자들이 수치와 욕을 당하게 하소서"라고 하였다. 여기서도 시인은 악인의 멸망을 호소하고 있다. 우리가 주목해야 할 것은 하나님께서 악인을 영원히 죽여서 멸절시켜달라는 것이 아니라 그들로 하여금 부끄러움을 당하게 해달라는 것이다. 악인들이 자신의 부족을 바로 알고 부끄러움을 느끼는 것이 필요하다. 시인은 마음에는 악한 자라도 하나님께 회개하고 돌아오기를 바라는 마음이 있기에 이런 기도를 드리게 되었다.

27절에는 "나의 의를 즐거워하는 자들이 기꺼이 노래 부르고 즐거워하게 하시며 그의 종의 평안함을 기뻐하시는 여호와는 위대하시다 하는 말을 그들이 항상 말하게 하소서"라고 하였다. 다윗의 의가 무엇인가? 이것은 하나님 앞에서 바로 산 것을 말하는데 '의'라는 말은 '옳다'는 뜻을 가지고 있다. 다윗이 옳다는 것이 아니라 다윗이 하나님을 의지하는 것이 옳다는 뜻이다.

다윗이 믿음으로 사는 것을 보고 기뻐하고 즐거워하는 자들을 기꺼이 부르고 즐겁게 하여 달라고 간청하였다. 또 '하나님은 광대하시다'는 찬송을 항상 부르게 해 달라고 하였다. 악을 행하다가 멸망의 길로 가는 사람들이 많은 세상에서 다윗의 주변에 하나님을 의지하는 자들이 계속 일어나 하나님을 찬송하기를 바랐다. 하나님의 백성에게 중요한 것은 믿음의 힘을 합하여 하나님을 찬송하는 것이다. 이것도 여러 사람이 함께 할 때에 더 큰 역사가 일어남을 알 수 있다.

28절에는 "나의 혀가 주의 의를 말하며 종일토록 주를 찬송하리이다"고 하였다. 다윗은 하나님의 은혜를 입어 두 가지를 말하겠다고 하였다. 하나는 주의 의에 대한 '증거'이며 다른 하나는 하나님을 '찬송'하는 것이다.

하나님의 백성에게 증거와 찬송을 삶의 중심이 된다. 내가 하나님께로부터 받은 은혜를 증거하고, 그 하나님을 평생토록 찬송하는 것은 하나님의 백성의 축복의 삶이다. 그러므로 우리는 증거와 찬송을 통해 하나님의 위대하심을 선포하는 놀라운 역사를 이루어 가야 한다.

주의 인자하심이 하늘에 있고

시편 36:1~12

1악인의 죄가 그의 마음 속으로 이르기를 그의 눈에는 하나님을 두려워하는 빛이 없다 하니 2그가 스스로 자랑하기를 자기의 죄악은 드러나지 아니하고 미워함을 받지도 아니하리라 함이로다 3그의 입에서 나오는 말은 죄악과 속임이라 그는 지혜와 선행을 그쳤도다 4그는 그의 침상에서 죄악을 꾀하며 스스로 악한 길에 서고 악을 거절하지 아니하는도다 5여호와여 주의 인자하심이 하늘에 있고 주의 진실하심이 공중에 사무쳤으며 6주의 의는 하나님의 산들과 같고 주의 심판은 큰 바다와 같으니이다 여호와여 주는 사람과 짐승을 구하여 주시나이다 7하나님이여 주의 인자하심이 어찌 그리 보배로우신지요 사람들이 주의 날개 그늘 아래에 피하나이다 8그들이 주의 집에 있는 살진 것으로 풍족할 것이라 주께서 주의 복락의 강물을 마시게 하시리이다 9진실로 생명의 원천이 주께 있사오니 주의 빛 안에서 우리가 빛을 보리이다 10주를 아는 자들에게 주의 인자하심을 계속 베푸시며 마음이 정직한 자에게 주의 공의를 베푸소서 11교만한 자의 발이 내게 이르지 못하게 하시며 악인들의 손이 나를 쫓아내지 못하게 하소서 12악을 행하는 자들이 거기서 넘어졌으니 엎드러지고 다시 일어날 수 없으리이다

시편 36편은 분류에 따라서 개인적 애가, 국가적 애가, 지혜시 등의 다양한 견해가 있다. 12절의 짧은 내용이지만 1~4절은 애가조의 지혜시, 5~9절은 찬송시, 10-12절은 기도문에 속한다. 이런 내용의 다양성은 이 시편의 특성을 분류하는데 많은 어려움을 주고 있다. 그러나 전체적인 문학 구조에서는 통일성을 보이고 있다.

1. 사악한 자의 행위

1~4절은 '사악한 자의 행위'에 대하여 말하고 있다. 1절에서 "악인의 죄

가 그의 마음 속으로 이르기를 그의 눈에는 하나님을 두려워하는 빛이 없다 하니"라고 하였다. 여기서 '악인'이란 말은 극악한 자를 말한다. 하나님을 거역하는 자들을 말하는데 사울이나 그를 따르는 자들을 가리킨다. '악인의 죄'라고 하였는데 '악인의 마음'이란 '죄악된 마음' 또는 '죄로 가득 찬 마음', '죄로 오염되어버린 마음' 등을 가리킨다.

이러한 악인이 마음대로 내뱉는 말은 '그 목전에는 하나님을 두려워하는 마음이 없다'고 하였다. 악인들은 안하무인이어서 하나님을 경외함이 없고 자기 마음대로 행동하고 살아가려는 자들이다.

2절에서 "그가 스스로 자랑하기를 자기의 죄악은 드러나지 아니하고 미워함을 받지도 아니하리라 함이로다"고 하였다. '자랑한다'는 원래의 뜻은 '미끄럽게 지나간다'는 것이다. 그러니 악인들은 스스로 모든 것을 할 수 있다고 생각하고 자신은 괜찮은 존재라고 생각한다. 악인들은 '자기 죄악이 드러나지 아니하고 미워함을 받지도 아니하리라'고 생각하고 행동을 한다.

이 말은 죄의 결과를 다 지워버리고자 하는 것이다. 성경에는 죄를 숨기는 자는 형통하지 못하고, 죄를 회개하는 자는 형통해진다고 하였다. "자기의 죄를 숨기는 자는 형통하지 못하나 죄를 자복하고 버리는 자는 불쌍히 여김을 받으리라"(잠 28:13). 3절에서 "그의 입에서 나오는 말은 죄악과 속임이라 그는 지혜와 선행을 그쳤도다"고 하였다. 악인들이 가지고 있는 사상은 하나님을 거역하고 자기의 뜻대로 하고자 하는 것으로 가득하였다. 그 입에서 나오는 말은 죄악된 것과 궤휼 즉 교묘한 속임수뿐이다. 그 결과 지혜와 선행은 없어지고 악의 요소만이 더욱 많아진다.

4절에서 "그는 그의 침상에서 죄악을 꾀하며 스스로 악한 길에 서고 악을 거절하지 아니하는도다"고 하였다. 악한 자는 죄를 지을 때 우발적으로 하는 것이 아니라 누워서 조용히 쉴 때에 계획을 짜서 행동을 한다. 악한 자의 생각은 죄악에서 시작하여 죄악으로 나아간다. 그의 길은 불신앙이며 악을 싫어하지 않고 도리어 좋아한다.

2. 주의 인자하심

5~9절은 '주의 인자하심'에 대하여 말하고 있다. 5절에 "여호와여 주의 인자하심이 하늘에 있고 주의 진실하심이 공중에 사무쳤으며"라고 하였다. '주의 인자하심'과 '주의 진실하심'이 짝을 이루고 있다. 인자하심과 진실하심은 하나님의 기본적 특성이다. 이것이 '하늘에 있고', '공중에 사무쳤다'고 하였다. '하늘에'라는 표현은 거리를 암시하는 것이 아니라 경계나 한계가 없는 어떤 것을 암시하고 있다.

6절에서 "주의 의는 하나님의 산들과 같고 주의 심판은 큰 바다와 같으니이다 여호와여 주는 사람과 짐승을 구하여 주시나이다"고 하였다. 이 말씀은 인간과의 관계 속에서 하나님의 특성에 대한 극찬이다. '주의 의는 하늘의 산들과 같다'는 말은 '흔들리지 않는다', '변함이 없다'는 말이다. 하나님의 다스림이 어제와 오늘이 다른 것이 아니라 변함이 없는 역사라는 뜻이다. '주의 심판은 큰 바다와 같으니이다'는 말은 하나님이 의롭게 판단하셔서 '악한 자는 악하다', '잘못된 것은 잘못되었다' 하시고 '착하고 잘한 사람에게는 잘했다' 하시는 판단을 말한다. '바다와 같다'는 것은 깊고 오묘하여 사람으로는 다 측량할 수 없다는 뜻이다. 인간의 머리로는 하나님의 위대하심과 넓으심을 측량할 수 없다. 하나님의 독특하신 섭리에 따라 모든 것을 주장하시고 공정하게 판단하시니 우리는 그 하나님을 신뢰하는 삶을 살아야 한다.

7절에서 "하나님이여 주의 인자하심이"라고 하였다. 주의 인자하심으로 사람과 짐승을 보호하시기에 이것을 깨달은 사람은 '오 하나님의 보호하심은 보배입니다'고 감격의 고백을 하게 된다. 하나님이 보호의 손길을 내미신다는 사실은 때때로 성전의 그룹의 날개를 암시하는 것으로 생각되는 '주의 날개 그늘'이란 말로 표현되고 있다. 하나님의 인자하심을 깨달은 사람은 어떤 상황에서도 하나님의 품안에 안기게 된다. 어려울 때에 주의 품에서 위로를 받고, 즐거울 때에도 주의 품에서 안식을 한다. 모든 상황에서 하나님의 보호아래 있는 것이 최선의 길이다.

8절에서 "그들이 주의 집에 있는 살진 것으로 풍족할 것이라 주께서 주의 복락의 강물을 마시게 하시리이다"라고 하였다. 여기서 '집'이란 제사용 음식이 차려져 있는 예루살렘 성전을 의미한다. 하나님께서는 풍성한 음식으로 풍족케 하시고, 주의 복락을 강물처럼 마시게 하신다.

9절에는 "진실로 생명의 원천이 주께 있사오니 주의 빛 안에서 우리가 빛을 보리이다"고 했다. 여기서는 하나님을 생명의 원천으로 묘사하고 있다. 생명이 하나님에게 있으니 그것을 통하여 하나님의 다스리심, 보호하심을 경험하게 된다. '주의 광명'은 '당신의 얼굴 빛 속에서'라는 의미를 갖고 있다.

3. 보호를 위한 기도

10~12절은 하나님의 인자하심과 사악한 자로부터 보호해 주실 것을 구하는 기도이다. 10절에서 "주를 아는 자들에게 주의 인자하심을 계속 베푸시며 마음이 정직한 자에게 주의 공의를 베푸소서"라고 하였다. 시인은 이제 찬미적 묵상에서 벗어나 주를 아는 자들로 하여금 그와 같은 선하심을 영원히 경험하게 해 달라고 기도했다.

'주를 아는 자'란 '주를 사랑하는 자'로 번역할 수 있다. '마음이 정직한 자'는 마음 가운데 죄악이 자리잡고 있는 사악한 사람(1절 이하)과 대조를 이루고 있다. 시인은 하나님의 사랑을 계속하여 체험할 수 있게 해달라고 호소한다. 그 다음에 하나님의 공의를 체험하게 해 달라고 기도한다.

11~12절은 사악한 자에게서 보호해 주실 것을 기도한다. 시인은 1~4절에서 사악한 자의 성품에 대하여 묵상하였으나 여기서는 기도한다. 이는 사악한 자가 자신을 하나님의 인자하심으로부터 멀어지게 할 뿐 아니라 의로운 자의 생존에 위협적인 존재가 될 수도 있기 때문이다. 12절의 "악을 행하는 자들이 거기서 넘어졌으니 엎드러지고 다시 일어날 수 없으리이다"는 말씀은 사악한 자에 대한 본래의 신탁의 변형된 형태이다. 그러므로 하나님의 백성은 하나님의 인자하심을 사모하며 찬양해야 한다.

여호와를 기뻐하라

1악을 행하는 자들 때문에 불평하지 말며 불의를 행하는 자들을 시기하지 말지어다 2 그들은 풀과 같이 속히 베임을 당할 것이며 푸른 채소 같이 쇠잔할 것임이로다 3여호 와를 의뢰하고 선을 행하라 땅에 머무는 동안 그의 성실을 먹을 거리로 삼을지어다 4 또 여호와를 기뻐하라 그가 네 마음의 소원을 네게 이루어 주시리로다 5네 길을 여호 와께 맡기라 그를 의지하면 그가 이루시고 6네 의를 빛 같이 나타내시며 네 공의를 정 오의 빛 같이 하시리로다 7여호와 앞에 잠잠하고 참고 기다리라 자기 길이 형통하며 악한 꾀를 이루는 자 때문에 불평하지 말지어다

시편 37편은 답관체의 지혜시이다. 히브리어의 알파벳 순서에 따라 엮어 진 것으로서 시편에서 9, 10, 25, 34편 등이 대표적이다. 37편은 지혜 전승을 바탕으로 하고 있으며 '교육시'로서의 의미를 가지고 있다. 잠언처럼 고대 이스라엘의 교육기관에서 행한 교육과정의 견본이라고 할 수 있다. 이 시는 잠언과도 같은 격언집으로서 알파벳 순서대로 된 각 연은 각자의 교훈을 보 여주고 있다. 이와 같은 답관체의 형태는 기억하기에 매우 좋다. 시편 37편 에는 여러 가지 교훈들이 있으나 핵심적인 것은 '응보'와 '보상'이다. 이러 한 가르침은 하나님을 두려워하는 도덕적 삶의 방법을 가르쳐 주고 있으며, 부도덕한 자가 밖에서 보기에 번성한 것 같이 보여도 결국에 가서는 망하게 된다는 것을 교훈한다. 이 시는 하나님의 백성의 실제적 삶을 교훈한다. 이 론적 의미에서의 정의와 불의에 대한 교훈이 아니라 우리들의 일상생활에 서 어떻게 살아야 할 것인가를 제시한다.

1. 시기하지 말라

1~2절은 잠언 24:19, 23:17, 24:1과 연관이 있다. 악한 사람들의 성공을 보면 속이 뒤집히고 시기하려는 본능의 유혹을 받는다. 특히 하나님의 백성이 도덕적 생활에서 어려움을 당할 때에 더욱 그러하다. 그러나 악인의 성공이 피상적이기에 이것을 시기할 것이 되지 못한다고 교훈하고 있다. 1절에서 "악을 행하는 자들 때문에 불평하지 말며 불의를 행하는 자들을 시기하지 말지어다"고 하였다.

이 땅에서 악을 행하는 자가 번영하고 있는 것을 볼 때에 우리의 마음이 편치 못할 때가 많다. 열심히 일하는 자가 고통을 당하며 거짓과 불의를 일삼는 자가 안락을 누리는 비정상적인 사회 현상 속에서 그들을 불평하거나 투기하지 말라고 하였다. 투기할만한 일에 대해 투기하지 말라고 하였으니 이것은 쉬운 일이 아니다. 그러나 다윗은 자신의 경험을 바탕으로 하여 이렇게 권하고 있다. 다윗은 20여 년 동안 사울에게 쫓겨 다니면서 수없는 죽음의 고비를 넘기도 하였다. 그러나 궁극적으로 하나님께서 모든 것을 주관하신다는 사실을 체험하였기에 불평하거나 투기하지 말라고 하였다.

그 이유가 2절에서 구체적으로 제시되고 있다. "그들은 풀과 같이 속히 베임을 당할 것이며 푸른 채소 같이 쇠잔할 것임이로다"고 하였다. 이 말씀은 악인들이 이 땅에서 번성하는 것은 뿌리 없는 풀과 같기에 시험이 오면 말라 버린다는 뜻이다. 악인의 번영은 마지막 날의 멸망을 향한 번영이다. 비록 이 땅에서는 모든 것이 잘되는 것 같이 보여도 하나님의 심판의 바람이 불면 말라버리고 베임을 당하고 만다. 하나님의 백성은 이러한 악인의 번성에 대해 불평하거나 투기하지 말아야 한다. 죽음을 향해 나아가는 번성이란 우리들이 무시하고 외면해도 마땅한 일이다.

2. 하나님의 백성의 삶

3절 이하에서는 하나님의 백성들의 적극적인 삶의 자세를 보여 주고 있다. 3절에서 "여호와를 의뢰하고 선을 행하라 땅에 머무는 동안 그의 성실을 먹을거리로 삼을지어다"고 하였다. 악인의 번영을 바라보지 말고 하나님을 의지하는 것이 무엇인가? 이것은 믿음으로 하라는 것이다. 하나님을 믿는 것이 삶의 원리가 된다는 말이다. 선을 행한다는 것은 착한 일을 한다는 것 보다 더 나아가 하나님의 뜻대로 행한다는 말이다. 하나님을 믿고, 하나님의 뜻대로 살고자 하는 자는 '땅에 거하여 그 성실로 식물을 먹을거리로 삼아야' 한다. 우리의 처소가 아직도 땅이기에 근신하며 살아야 한다.

'성실'이란 말은 '착실하다'는 의미가 아니고 '진리'라는 뜻이다. 즉 하나님의 '진리'로 식물을 삼으라는 것이다. 우리들이 이 땅에 살면서 근신해야 하고, 하나님의 진리를 일용할 양식으로 해야 한다는 것이다. 식물이란 우리들의 삶에서 필수적이다. 육신의 양식을 날마다 먹듯이 하나님의 진리를 일용할 양식으로 해야 한다.

4절에는 "또 여호와를 기뻐하라 그가 네 마음의 소원을 네게 이루어 주시리로다"고 하였다. 여기서 '여호와를 기뻐하라'는 말은 '여호와를 기쁘게 하라'는 것이 아니라 '여호와를 기쁨의 본질로 삼으라'는 뜻이다. 여호와 하나님을 내 기쁨의 본체로 삼을 때에 우리의 삶에 비록 고통이 온다고 하여도 이것을 딛고 일어나는 힘을 얻게 된다. 여호와가 내 기쁨의 핵심일 때에 우리는 기쁨의 삶을 살게 된다. 그리하면 어떻게 되는가? '그가 네 마음의 소원을 이루어 주시리로다'고 하였다.

하나님께서는 자기 백성이 입을 열어 구하는 것은 말할 것도 없고 마음속의 소원까지 들어 주신다. "너희가 내 안에 거하고 내 말이 너희 안에 거하면 무엇이든지 원하는 대로 구하라 그리하면 이루리라"(요 15:7)는 주님의 말씀을 기억할 필요가 있다. 우리들의 마음의 소원을 들어 주시는 하나님이 계시기에 우리는 하나님을 의지하며 살아간다.

3. 여호와께 맡기라

5절에는 "네 길을 여호와께 맡기라 그를 의지하면 그가 이루시고"라고 하였다. "너의 행사를 여호와께 맡기라 그리하면 네가 경영하는 것을 이루리라"(잠 16:3)는 말씀처럼 살아있는 믿음이 무엇인지를 분명하게 보여 준다. 믿음이란 무엇인가? 하나님께 자신을 맡기고 신뢰하는 행위이다. 이것을 통하여 하나님의 능력이 역사하도록 하여 준다. 하나님을 의지하면 하나님께서 모든 것을 이루어 주신다.

6절에서 "네 의를 빛 같이 나타내시며 네 공의를 정오의 빛 같이 하시리로다"고 하였다. 5절에 연결된 말씀인데 하나님의 백성에게 비록 고난의 먹구름이 인다고 해도 하나님의 능력으로 그것을 걷어내고 정오의 빛과 같이 하여 주심을 가르친다. 하나님의 백성들이 가지고 있는 '공의'와 '정의'가 구름에 가릴 때가 있다. 그러나 그것이 없어지는 것이 아니라 하나님의 역사로 정오의 빛처럼 밝게 드러나게 된다.

7절에서 "여호와 앞에 잠잠하고 참고 기다리라 자기 길이 형통하며 악한 꾀를 이루는 자 때문에 불평하지 말지어다"고 하였다. 하나님의 백성은 하나님의 역사 앞에 잠잠하고 참고 기다려야 한다. 하나님의 역사는 이루는 때가 있다. 심을 때가 있고 거둘 때가 있는 것처럼 하나님의 때를 기다려야 한다. 무작정 아무것도 하지 않고 기다리는 것이 아니라 믿고 소망하며 기다려야 한다. 이렇게 하면 자기 길이 형통하게 된다. 조급한 우리들이 하나님 앞에서 참고 기다리는 신앙의 삶을 살아야한다.

하나님을 의지하는 백성들은 역경 속에서도 하나님을 바라본다. 그리하면 하나님의 때에 하나님께서 역사하여 주신다.

주께서 그를 비웃으시리니

시편 37:8~17

8분을 그치고 노를 버리며 불평하지 말라 오히려 악을 만들 뿐이라 9진실로 악을 행하는 자들은 끊어질 것이나 여호와를 소망하는 자들은 땅을 차지하리로다 10잠시 후에는 악인이 없어지리니 네가 그 곳을 자세히 살필지라도 없으리로다 11그러나 온유한 자들은 땅을 차지하며 풍성한 화평으로 즐거워하리로다 12악인이 의인 치기를 꾀하고 그를 향하여 그의 이를 가는도다 13그러나 주께서 그를 비웃으시리니 그의 날이 다가옴을 보심이로다 14악인이 칼을 빼고 활을 당겨 가난하고 궁핍한 자를 엎드러뜨리며 행위가 정직한 자를 죽이고자 하나 15그들의 칼은 오히려 그들의 양심을 찌르고 그들의 활은 부러지리로다 16의인의 적은 소유가 악인의 풍부함보다 낫도다 17악인의 팔은 부러지나 의인은 여호와께서 붙드시는도다

교훈시의 특성을 가진 시편 37편은 하나님의 백성들이 악인들의 번성에 대해 지나친 관심을 가지지 말고 하나님을 의지하며 살 것을 권면한다. '여호와를 의뢰하여 선을 행하라'는 교훈처럼 하나님을 바라는 신앙적 자세가 필요함을 강조하고 인간들이 자기의 힘만 믿고 살아갈 때에 하늘에 계신 하나님께서 웃으시는데 이것은 인간의 우매한 행동에 대한 비웃음이다. 하나님의 위대하신 섭리를 바라보기에 우리에게 고통이 온다고 해도 하나님의 신원해 주심을 바라보게 된다.

1. 분을 그치고

8절에 "분을 그치고 노를 버리며 불평하지 말라 오히려 악을 만들 뿐이라"고 하였다. 여기서 경계하고 있는 '분노'의 형태는 '하나님에 대한 분

노'이다. 사악한 자가 고통을 당하지 아니하고 도리어 번성하는 것을 볼 때에 하나님이 계신다면 왜 이런 일을 징계하지 아니하시는가라는 분노가 생기기 쉽다. 왜 이와 같은 분노를 버려야 하는가? 8절 하반절에 그 해답이 있다. '불평하지 말라 오히려 악을 만들 뿐이라'고 하였다. 분을 내고 불평을 하면 이것이 습관이 되어 악한 길에 빠지고 만다는 것이다.

신앙이란 좌로나 우로나 치우치지 않고 정도(正道)로 가는 것이다. 만약에 하나님의 백성이 악의 길에 치우친다면 큰 일이다. 분노와 불평을 하다가 하나님을 기쁘시게 하는 일을 하지 못하고 도리어 마귀가 좋아하는 일을 하게 된다.

9절에서 "진실로 악을 행하는 자들은 끊어질 것이나 여호와를 소망하는 자들은 땅을 차지하리로다"고 하였다. 이 말씀은 공의의 하나님께서 반드시 악한 자를 간섭하신다는 의미다. 하나님은 선을 행하는 자에게도 간섭하시지만 악을 행하는 자에게 반드시 보응하신다. '악을 행하는 자는 끊어질 것이나'라고 하였다. 행악에서 행악으로 발전하면 결국은 심판의 자리에서 멸망을 받게 죄에 대한 감각을 잃어버리는 자리에까지 이르면 하나님께서 직접 징계하신다. 이것은 개인이나 국가에게 모두 해당되는 것이다.

그러나 '여호와를 소망하는 자는 땅을 차지하게' 된다. 이것은 하나님께서 악을 제거하시고 하나님을 섬기는 자기 백성에게 땅을 주신다. 하나님의 백성은 하나님이 주신 땅을 바로 사용하여야 한다. 만물을 다스리고 정복하라(창 1:28)고 하신 하나님의 문화명령을 바로 지켜야 한다.

2. 악인이 없어지리니

10절에서 반복하여 설명하고 있다. "잠시 후에는 악인이 없어지리니 네가 그 곳을 자세히 살필지라도 없으리로다"고 하였다. 이 말씀은 앞에 나온 교훈을 더 발전시킨 것이다. '잠시 후' 악인이 없어진다고 하였는데 그 잠시가 언제인지 우리는 정확히 알 수가 없다. 다윗의 경우를 보면 사울에게 쫓겨 다닌 것이 짧게는 13년, 길게는 20년으로 볼 수 있지만 그가 왕으로 통치한 것이 40년이다. 그러니 인간의 연수가 하나님이 보시기에 '잠시'일 수 있다. 하나님께서 악인들을 다 징계하셔서 아무리 살펴보아도 아무도 없는 것을 볼 수 있다.

11절에는 "그러나 온유한 자들은 땅을 차지하며 풍성한 화평으로 즐거워하리로다"고 하였다. 여기서의 '온유한 자'와 9절의 '여호와를 기대하는 자'는 같은 의미이다. '온유하다'는 말의 원뜻은 '친절하다'는 뜻이다. 하나님께서 온유한 자에게 땅을 주신다고 하였다.

이것은 그들이 온유하기 때문에 땅을 받는 것이 아니라 하나님을 믿는 믿음으로 말미암아 주어지는 은혜이다. 믿는 자에게 기쁨과 평강을 주실 분은 하나님 한 분뿐이시기에 하나님으로 인하여 온유함이 생긴다. 예수님께서도 "온유한 자는 복이 있나니 그들이 땅을 기업으로 받을 것임이요"(마 5:5)라고 하였다. 이 말씀은 시편 37:11을 인용하신 것이다. 온유한 자는 땅을 기업으로 받고 '풍부한 화평'으로 즐기게 된다. 하나님은 땅만 주신 것이 아니라 마음의 화평을 주신다. 그래서 하나님께 감사하며 화평을 누리는 삶을 산다.

12절에서 "악인이 의인 치기를 꾀하고 그를 향하여 그의 이를 가는도다"고 하였다. 온유한 자가 하나님으로부터 축복을 받을 때에 악인들은 의인을 치려고 이를 가는 행동을 한다.

3. 그의 날이

13절에서 "그러나 주께서 그를 비웃으시리니 그의 날이 다가옴을 보심이로다"고 하였다. 악인들이 아무리 날뛰고 각종 계교를 부릴지라도 하나님이 보시고 웃으신다. 왜냐하면 그들의 마지막이 가까이 왔기 때문이다.

12~13절의 말씀은 개인적 애가에서 뚜렷하게 나타나는 신자들이 공통적으로 겪는 일이다. 사악한 자들이 이 땅에서 번영을 누리고 하나님의 백성을 해치는 계획을 한다. 그러나 하나님께서는 이 모든 것을 감찰하시고 사악한 자들의 날이 제한되어 있다는 사실을 백성이 위로와 희망을 가지고 인내하

게 된다.

14~15절에 "악인이 칼을 빼고 활을 당겨 가난하고 궁핍한 자를 엎드러뜨리며 행위가 정직한 자를 죽이고자 하나 그들의 칼은 오히려 그들의 양심을 찌르고 그들의 활은 부러지리로다"고 하였다.

이 말씀은 '자업자득의 원리'이다. 악인들이 가난하고 궁핍한 자를 핍박하고 정직한 자를 죽이려고 각종 방법을 동원하지만 그 칼이 자기를 찌르고 그 활이 부러진다. 그러니 부메랑 현상이 일어나 자기 칼에 자기가 죽는 비극적 양상이 일어난다.

16절에 "의인의 적은 소유가 악인의 풍부함보다 낫도다"고 하였다. 이것은 많은 재산이 비난의 대상이 되는 것이 아니고 가난이 경건의 고상한 상태가 아님을 보여준다. 여기서 교훈하는 것은 의인과 악인의 비교이다. 재산이 자신의 삶을 개선시켜 줄 것이라고 생각하는 것은 가난한 자들이 쉽게 저지르는 잘못이다.

재산을 모우는 것으로 인해 영적 증진을 훼손하는 일이 있어서는 안 된다는 교훈이다. 비록 가난할지라도 하나님을 섬기며 감사하는 것이 중요하다. 주신 것에 감사하며 모든 것을 하나님의 영광을 위해 사용하는 지혜가 있어야 한다.

17절에서 "악인의 팔은 부러지나 의인은 여호와께서 붙드시는도다"고 하였다. 하나님께서는 악인의 칼을 빼앗고, 활을 부수시고, 이제 그 팔마저 부러지게 하신다. 이것은 철저한 패배를 의미한다.

하나님을 거역하는 악인은 완전한 실패자가 되고 만다. 그러나 '의인은 여호와께서 붙드시는도다.' 하나님을 의지하는 의인은 여호와 하나님이 함께 하셔서 붙들어 주신다. '내가 너와 함께 한다'고 하시면서 힘들고 외로울 때에 위로하시고 새 힘을 주신다.

오늘의 우리들은 여호와를 의뢰하는 자가 되어야 한다. 여기서 참된 소망을 찾고 기쁨의 삶을 살아가게 된다. 그러기에 우리는 힘들고 외로울 때에 하나님을 바라본다.

넘어지나 아주 엎드러지지 아니함은

시편 37:18~24

18여호와께서 온전한 자의 날을 아시나니 그들의 기업은 영원하리로다 19그들은 환난 때에 부끄러움을 당하지 아니하며 기근의 날에도 풍족할 것이나 20악인들은 멸망하고 여호와의 원수들은 어린 양의 기름 같이 타서 연기가 되어 없어지리로다 21악인은 꾸고 갚지 아니하나 의인은 은혜를 베풀고 주는도다 22주의 복을 받은 자들은 땅을 차지하고 주의 저주를 받은 자들은 끊어지리로다 23여호와께서 사람의 걸음을 정하시고 그의 길을 기뻐하시나니 24그는 넘어지나 아주 엎드러지지 아니함은 여호와께서 그의 손으로 붙드심이로다

시편 37편은 다윗의 노년기의 작품으로서 답관체 형식의 교훈시이다. 다윗은 자신의 일생을 되돌아보면서 하나님이 베푸신 은혜에 감사하고 이것을 간증하였다. 다윗이 이 시편을 통하여 강조하는 것은 '여호와를 의뢰하라'이다. 하나님의 백성이 여호와를 의뢰하고 사는 것이 가장 기본적인 삶의 자세라는 것을 제시하였다. 하나님의 백성들이 역경이나 고통을 당할 때에 하나님을 의지하는 삶을 사는 것이 중요하다.

1. 온전한 자의 날

18절에는 "여호와께서 온전한 자의 날을 아시나니 그들의 기업은 영원하리로다"고 하였다. 여기서 '온전한 자의 날'은 '그들이 사는 날' 또는 '그

의 가는 모든 앞날'이란 뜻이다. 하나님께서는 앞날까지 아시고 그 앞날을 하나님의 보호의 손길 안에 두셨다는 것이다. 하나님이 '아시는' 것이 중요하다. 아신다는 것은 '내가 안다'는 정도의 의미가 아니라 '내가 인정한다'는 뜻이다. 하나님이 인정하시면 모든 것이 해결된다. 그래서 '그들의 기업이 영원함이로다'고 하였다.

하나님의 백성의 기업은 천국이다. 이것은 문자 그대로 영원한 기업이다. 하나님께서는 전적으로 의지하는 우리들에게 우리의 날을 아신다고 하였다. 또 하나님은 우리를 인정하셔서 '영원한 기업'을 영원히 누리게 하신다고 하였다. 우리의 삶이 70 혹은 80년인데 하나님은 자기 백성에게 영원한 삶을 약속하셨다. 이것이 하나님을 의지하는 자가 누리는 축복이다. 19절에서 "그들은 환난 때에 부끄러움을 당하지 아니하며 기근의 날에도 풍족할 것이나"라고 하였다. 하나님을 믿는 백성에게 환난이 찾아온다. 고비가 있고 험한 골짜기가 있다. 그러나 그들은 부끄럽지 아니하다. 왜냐하면 하나님을 의지하는 삶을 살았기 때문이다. 비록 역경이 와도 그 역경이 그를 사로잡지 못하게 하신다.

도리어 '기근의 날에도 풍족해' 진다. 이것은 소출이나 소유가 많아서 풍족한 것이 아니라 하나님이 주신 은혜 속에서 만족하고 감사하는 삶을 산다는 뜻이다. 바울은 이런 삶을 실천하였다. "내가 궁핍에도 처할 줄 알고 풍부에도 처할 줄 안다"(빌 4:12)고 하였다. 어떤 상황에서도 감사하며 사는 것이 하나님의 백성의 기본 된 자세이다. 소유의 과다가 아니라 감사의 유무가 중요한 문제이다. 그러기에 감사의 은총을 받아야 한다.

2. 악인들은 멸망하고

20절에서 "악인들은 멸망하고 여호와의 원수들은 어린 양의 기름 같이 타서 연기가 되어 없어지리로다"고 하였다. 여기서 악인이 누구인가? 살인이나 강도를 한 사람을 말하는 것이 아니라 하나님을 섬기지 않는 사람을 가리킨다. 왜냐하면 하나님이 주시는 은혜를 거절하기 때문이다. 이러한 악인은 열망한다. 하나님의 은혜를 거절하였기에 그들에게는 멸망만 따른다.

'여호와의 원수는 어린 양의 기름 같이 타서 연기되어 없어진다'고 하였다. '여호와의 원수'란 하나님을 대적하는 자들이다. 하나님의 섭리와 역사를 부인하는 자들이다. 이런 자들은 양을 잡아 제단 위에 피를 뿌리고 기름을 그 위에서 태운다. 깨끗하게 태우는데 이때 검은 연기가 나면서 완전히 타올라 버리고 아무것도 남지 않는 것처럼 된다. 이것은 하나님의 심판을 의미한다. 마지막 날에 철저하게 갚으시는 하나님의 역사를 보여 준다. 하나님은 사랑의 하나님이시며 또 보응하시는 하나님이시다. 하나님은 모든 것을 공의롭게 판단하신다.

21절에 "악인은 꾸고 갚지 아니하나 의인은 은혜를 베풀고 주는도다"고 하였다. 여기서 악인과 의인을 대조하고 있다. 악인은 꾸고도 갚지 않는다. 갚을 능력이 있는 데도 갚지 않고 떼어 먹는다. 이것은 하나님을 믿지 않는 자들이 다른 사람의 재물을 제 것으로 보는 탐욕에 쌓여 있다. 반대로 의인은 은혜를 베풀고 준다고 하였다. 이것은 받을 생각을 하지 않고 나누어 준다. 하나님께서 많이 주신 것은 혼자의 소유물로 여기라는 것이 아니라 가난하고 어려운 사람에게 나누어 주라는 것임을 깨닫고 이것을 생활에 실천하고 있다. 이 말씀은 의인의 생활 양상을 대조하고 있다. 의인은 주는 자이며 악인은 받는 자이다. 늘 받기만 하는 자는 저주를 받고 늘 주는 자는 축복을 받는데, 이 교훈을 히브리 언약에 나타나는 축복과 저주를 기억하게 한다(신 28:12, 44).

3. 복을 받은 자들은

22절에서 "주의 복을 받은 자들은 땅을 차지하고 주의 저주를 받은 자들은 끊어지리로다"고 하였다. 이 말씀도 21절과 같은 대조법을 사용하고 있다. 주의 복을 받은 자는 다른 사람에게 나누어 주고 베풀기에 하나님께서는 그 사람이 더 많이 나누어 주라고 땅을 축복으로 주신다. 그러나 악인은 저주를 받은 자들이며 그들은 땅에서 끊어진다. 하나님의 통치는 공정하다. 우연히 되는 일이 없고 행한 대로 갚으신다. 다른 사람을 위하여 베풀고 나누어 주면 하나님께서 더 많은 것을 주시고 반대로 자기만을 위하면 거두어 가시는 공정한 판단을 하신다.

23절에서 "여호와께서 사람의 걸음을 정하시고 그의 길을 기뻐하시나니"라고 하였다. 사람의 걸음을 하나님이 정하셨다. 하나님께 맡기고 살아가면 하나님이 그 길을 인도하여 주신다. 하나님이 정하신 길은 하나님이 '기뻐하시는' 길이다. 그 길이 '아름다운 길'이라는 의미이다. 하나님의 인도하심에 따라 가는 길은 하나님께서 축복하시고 역사하시는 길이다. 그래서 귀하고 아름다운 길이다.

24절에서 "그는 넘어지나 아주 엎드러지지 아니함은 여호와께서 그의 손으로 붙드심이로다"고 하였다. 하나님의 백성이 가는 길이 항상 평탄하지만 않다. 삶의 행로에 돌뿌리에 걸려 넘어지기도 하고 어려움을 겪기도 하나다. 이것이 인생의 길이다. 그러나 의인은 넘어질지라도 엎드러지지 않는다. 실수하여 넘어지는 경우가 있어도 완전히 실패하지는 않는다는 말이다. 왜냐하면 '여호와께서 손으로 붙드시기' 때문이다.

하나님은 언제나 자기 백성 곁에 계시고 손으로 그 백성을 붙들어 주신다. 하나님의 백성에게 위기가 와서 곧 망할 것 같이 보이나 하나님께서는 강하신 손으로 자기 백성을 붙들어 주신다. 인간의 모든 삶은 하나님의 섭리에 관련되어 있다.

하나님께서 모든 것을 주관하시기에 하나님의 백성은 궁극적으로 승리하게 된다. 비록 일시적인 실패같이 보여도 이것은 완전한 실패가 아니다. 우리는 하나님의 손에 붙잡혀 있기에 고통과 어려움을 이길 수 있다. 이 하나님을 바라는 것이 우리에게 최고의 감격이며 감사이다.

의인의 입은 지혜로우며

시편 37:25~40

25내가 어려서부터 늙기까지 의인이 버림을 당하거나 그의 자손이 걸식함을 보지 못하였도다 26그는 종일토록 은혜를 베풀고 꾸어 주니 그의 자손이 복을 받는도다 27악에서 떠나 선을 행하라 그리하면 영원히 살리니 28여호와께서 정의를 사랑하시고 그의 성도를 버리지 아니하심이로다 그들은 영원히 보호를 받으나 악인의 자손은 끊어지리로다 29의인이 땅을 차지함이여 거기서 영원히 살리로다 30의인의 입은 지혜로우며 그의 혀는 정의를 말하며 31그의 마음에는 하나님의 법이 있으니 그의 걸음은 실족함이 없으리로다 32악인이 의인을 엿보아 살해할 기회를 찾으나 33여호와는 그를 악인의 손에 버려 두지 아니하시고 재판 때에도 정죄하지 아니하시리로다 34여호와를 바라고 그의 도를 지키라 그리하면 네가 땅을 차지하게 하실 것이라 악인이 끊어질 때에 네가 똑똑히 보리로다 35내가 악인의 큰 세력을 본즉 그 본래의 땅에 서 있는 나무 잎이 무성함과 같으나 36내가 지나갈 때에 그는 없어졌나니 내가 찾아도 발견하지 못하였도다 37온전한 사람을 살피고 정직한 자를 볼지어다 모든 화평한 자의 미래는 평안이로다 38범죄자들은 함께 멸망하리니 악인의 미래는 끊어질 것이나 39의인들의 구원은 여호와로부터 오나니 그는 환난 때에 그들의 요새이시로다 40여호와께서 그들을 도와 건지시되 악인들에게서 건져 구원하심은 그를 의지한 까닭이로다

사람은 나이가 들면 지난 세월을 반추하면서 자신의 걸음을 통하여 감사와 회오를 느낀다. 다윗은 자신의 지난 날을 돌아보며 하나님의 백성들에게 진지한 교훈을 한 것이 시편 37편이다.

다윗은 37:1~7에서 하나님의 백성은 하나님을 의뢰하는 삶을 살아야 할 것을 교훈하였다. 악한 자가 번성하는 것을 시기하지 말고 하나님을 의뢰하는 삶을 살 것을 말씀한다. 8~17절은 악한 자가 발버둥칠지라도 하나님이 보시기에 가소로운 것이며, 하나님의 백성은 여호와를 기대하고 살 것을 교훈한다. 18~24절은 한 걸음 더 나아가 하나님 앞에서 완전한 자가 되라는 말씀이다. 완전한 자는 죄가 없는 자가 아니라 역경 가운데서 점점 훈련을

받아 하나님의 은혜로 강하여진 자를 가리킨다. 25절 이하에서 의인의 삶의 모습을 그리고 있다.

1. 의인의 후손

25절에 "내가 어려서부터 늙기까지 의인이 버림을 당하거나 그의 자손이 걸식함을 보지 못하였도다"고 하였다. 다윗은 자신의 개인적 경험을 바탕으로 구체적인 교훈을 하고 있다. 다윗은 어려서부터 늙기까지의 전 생애를 통하여 의인이 버림당하는 것을 보지 못하였도다고 했다.

여기서 의인이란 '하나님을 전적으로 의지함으로써 의를 얻은 자'를 말한다. 우리의 노력으로 의인이 되는 것이 아니라 하나님의 은혜를 입어야 의인이 된다. 의인은 하나님께로부터 버림을 당하지 않는다. 비록 사람에게는 버림을 당하고, 욕을 먹고 짓밟히기도 하지만 하나님은 결코 버리시지 않는다. 하나님은 자기를 의지하고 기대라는 자를 외면하거나 버리지 않는다. 하나님을 아버지로 믿고 따르는 자에게 사랑의 손길을 펴주신다.

시인은 '그 자손이 걸식함을 보지 못하였다'고 하였다. 하나님을 의지하는 의인의 자손은 어릴 때부터 말씀의 원리를 배웠기에 어려움이 있을지라도 하나님께 은혜 베푸심을 간구한다. 그리하면 하나님께서 좋은 것으로 채워주시기에 걸식하지 아니한다. 다윗은 자신의 생애를 통하여 의로우신 하나님의 손길을 깨달았고, 그것을 다른 삶들에게 가르치기를 노력하였다. 하나님의 은혜는 의인 한 사람에게만 국한되는 것이 아니라 자손들에게도 그대로 이루어짐을 교훈한다.

2. 의인의 삶

26절에는 의인의 삶이 나온다. "그는 종일토록 은혜를 베풀고 꾸어 주니 그의 자손이 복을 받는도다"고 하였다. 여기서 '종일토록'이란 하루라는 시간을 말하는 것이 아니라 생활에서 습관화되어 있다는 말이다. 의인은 남을 도와

주는 일에 습관화되어 있다. 가난하고 어려운 사람을 도와주는 것을 '꾸어준다'고 하였다. 이렇게 은혜를 베푸는 사람에게 하나님은 복을 주시되 그 자손들에게까지 주신다. 하나님의 뜻대로 나누어 주니 하나님의 약속대로 이루어진다는 말씀이다. 공평하신 하나님은 어김없이 모든 것을 갚아 주신다.

27절에는 "악에서 떠나 선을 행하라 그리하면 영원히 살리니"라고 하였다. '악에서 떠나 선을 행하는 것'은 하나님의 백성의 본분이다. 그러나 이것은 인간의 뜻대로 되는 것이 아니라 하나님의 특별하신 은혜로 되어진다. 시편 37:3에서 '여호와를 의뢰하고 선을 행하라'고 하였다. 이것은 믿음으로 선을 행하라는 것이다. '그리하면 영영히 거한다'고 하였다. 하나님의 뜻대로 살면 하나님께서 계속하여 함께 거하신다는 것이다.

28절에 "여호와께서 정의를 사랑하시고 그의 성도를 버리지 아니하심이로다 그들은 영원히 보호를 받으나 악인의 자손은 끊어지리로다"고 하였다. 하나님의 백성 즉 성도가 진리를 탐구하고 그 진리대로 살아가기를 노력할 때에 그는 하나님의 사랑을 계속 누린다. 하나님은 진리를 사랑하는 성도를 버리지 아니하시고 영원히 보호하신다. 그러나 악인의 자손은 끊어지고 만다.

29절에는 "의인이 땅을 차지함이여 거기서 영원히 살리로다"고 하였다. 하나님께서는 악인을 제거하시고 의인들로 하여금 땅을 차지하게 한다. 이 땅은 지상의 땅을 의미할 뿐 아니라 하나님나라의 영원한 땅을 말하고 있다. 믿음으로 사는 자에게 이러한 축복이 임한다.

3. 의인의 생각과 말

30절과 31절에서는 의인의 생각과 말에 대한 교훈이 있다. "의인의 입은 지혜로우며 그의 혀는 정의를 말하며 그의 마음에는 하나님의 법이 있으니 그의 걸음은 실족함이 없으리로다"고 하였다. 이 말씀은 생각과 말 사이의 관계를 가르친다. '언어는 사상의 발로'라는 언어철학(言語哲學)의 명제를 생각나게 한다. 의인은 '지혜'와 '공의'를 말한다. 지혜란 하나님의 은혜를 깨달아진 것을 말하고, 공의는 하나님의 진리 자체를 말한다. 의인은 이것을 선포한다. 의인의 마음에는 하나님의 법이 있으니 그가 실족하지 않는다. 하나님의 말씀을 가슴에 늘 채우고 있기에 그의 행위에 실족함이 없다. 하나님의 은혜와 말씀을 자기 삶의 안내자로 여기기 때문이다.

32절과 33절에는 의인을 보호하시는 하나님의 역사를 묘사하고 있다. "악인이 의인을 엿보아 살해할 기회를 찾으나 여호와는 그를 악인의 손에 버려두지 아니하시고 재판 때에도 정죄하지 아니하시리로다"고 하였다. 악인은 몰래 숨어서 의인을 죽이려는 계획을 할 수도 있다. 그러나 하나님은 모든 것을 아시기에 의인을 그대로 버리시지 않으시고 보호하여 주시며, 악인이 침범하지 못한다.

34절에 "여호와를 바라고 그의 도를 지키라 그리하면 네가 땅을 차지하게 하실 것이라 악인이 끊어질 때에 네가 똑똑히 보리로다"고 하였다.

'여호와를 바라고 그 도를 지키는 것'은 하나님의 백성의 삶의 원리이다. 하나님을 의뢰하고 그 말씀대로 살라는 이 교훈은 하나님의 백성들이 추구해야 할 일이다. 그리하면 땅을 기업으로 얻게 되고, 악인이 멸망하여 물러가는 것을 보게 된다. 이 말씀은 우리에게 번성의 원리를 제시하여 준다. '하나님을 바라고 그 도를 지키는 것'이 하나님의 백성들이 번성의 원리임을 기억해야 한다.

35~36절의 교훈은 시편 1:3의 말씀을 역으로 전개하고 있다. 시편 1편에서는 의로운 자가 물가에 심은 나무와 같이 번성하고 크게 자란다고 하였다. 그러나 여기서는 악인이 '그 본토에 선 푸른 나무의 무성함' 같이 번영을 누리는 것을 언급하고 있다. 그러나 그 다음에 보니 그 나무에 없어졌다. 왜냐하면 그 나무는 뿌리가 없기 때문이다.

37절에서 "온전한 사람을 살피고 정직한 자를 볼지어다 모든 화평한 자의 미래는 평안이로다"고 했다. '결국'은 하나님 안에서 평안을 누린다. 39~40절은 의로운 자의 궁극적 승리와 악인들로부터 구원받게 될 것을 명확하게 교훈하고 있다.

주의 노하심으로 나를 책망하지 마시고

시편 38:1~10

1여호와여 주의 노하심으로 나를 책망하지 마시고 주의 분노하심으로 나를 징계하지 마소서 2주의 화살이 나를 찌르고 주의 손이 나를 심히 누르시나이다 3주의 진노로 말미암아 내 살에 성한 곳이 없사오며 나의 죄로 말미암아 내 뼈에 평안함이 없나이다 4내 죄악이 내 머리에 넘쳐서 무거운 짐 같으니 내가 감당할 수 없나이다 5내 상처가 썩어 악취가 나오니 내가 우매한 까닭이로소이다 6내가 아프고 심히 구부러졌으며 종일토록 슬픔 중에 다니나이다 7내 허리에 열기가 가득하고 내 살에 성한 곳이 없나이다 8내가 피곤하고 심히 상하였으매 마음이 불안하여 신음하나이다 9주여 나의 모든 소원이 주 앞에 있사오며 나의 탄식이 주 앞에 감추이지 아니하나이다 10내 심장이 뛰고 내 기력이 쇠하여 내 눈의 빛도 나를 떠났나이다

시편 38편은 기도문이다. 이 기도는 질병을 경험한 사람이 하나님과 사람으로부터 따돌림을 당한다고 느끼면서 그의 마음에서 우러나오는 기도이다. 이 기도의 특별한 요소는 서론(1절)과 결론(21~22절) 부분에 나와 있다. 이 기도문의 핵심 부분(2~20절)은 애가 형태를 띠고 있다. 시인은 이 시를 통해서 질병과 그것이 주변 사람들에게 미치는 영향에 대하여 쓰고 있고, 시인은 개인적 관점에서 하나님과 사람들에게서 소외되고 고립되었다는 감정을 노래하고 있다.

이 시의 표제 밑에 '다윗의 기념하는 시'가 붙어 있다. 이와 같은 표현은 시편 70편의 제목에서도 사용된다. '기념하는'이란 단어는 레위기 2:2과 24:7에 나오는 '기념제'(아제카라)와 관련이 있다. 문자 그대로 기념한다는

의미일 수도 있다. 즉 자신의 곤경에 대해 하나님의 기억을 상기시키면서 고난자 자신이 정기적으로 사용하기 위한 기도문이다. 이 시의 제목은 하나님의 백성이 역경 가운데서 하나님이 자기를 버리셨다고 느끼면서 그래도 하나님을 의지하는 믿음의 자세를 보여 주고 있다.

1. 나를 책망하지 마시고

1절에서 "여호와여 주의 노하심으로 나를 책망하지 마시고 주의 분노하심으로 나를 징계하지 마소서"라고 하였다. 이것은 '시작 기도'로서 시편 6:2과 거의 같다. 시인은 자신의 질병을 하나님의 징계와 책망에 속한 것으로 생각하고 있다. 그러나 그의 이러한 인식이 정확한 것만 아니다. 여기서 질병에 대한 기본적 이해가 무엇인지를 분명히 알아야 함을 교훈한다. 성경에는 질병에 대한 논의들을 나타내는 내용들이 많다. 특히 욥기, 시편 6편이 그러하고 오늘의 본문인 시편 38편에서 그러하다.

시인은 "여호와여 주의 노하심으로 나를 책망하지 마시고 주의 분노하심으로 나를 징계하지 마소서"라고 하면서 여호와의 징계와 책망하시는 것은 달게 받겠으나 단지 '노와 분노로 나를 징계하지 마소서'라고 호소하고 있다. 2~10절은 시편 기자의 '질병 묘사'이다. 1절의 기도에서 자연스럽게 이어지는 이 부분은 질병이 하나님께로부터 비롯되었다는 것을 비유적으로 묘사함으로써 시작하고 있다.

2절에서 "주의 화살이 나를 찌르고 주의 손이 나를 심히 누르시나이다"고 하였다. 시인은 주님께서 자기를 치시는 징계의 내용을 말하고 있다. 하나님이 어떻게 나를 징계하시는가? 시인은 '주의 화살이 나를 찌른다'고 했는데, 이것은 하나님께서 나를 예리하게 간섭하신다는 뜻이다. 또 "주의 손이 나를 심히 누르시나이다"고 하여 하나님의 직접적 간섭의 표를 묘사하였다.

2. 주의 진노로 말미암아

3절에서 "주의 진노로 말미암아 내 살에 성한 곳이 없사오며 나의 죄로 말미암아 내 뼈에 평안함이 없나이다"고 하였다. 시인은 하나님의 진노로 인하여 자기에게 성한 곳이 없다고 하였다. 즉 만신창이가 되었다는 것이다. 이것은 우리들의 일상생활에서 찾아 볼 수 있는 일이다. 몸의 어느 한 부분이 아플 때에 그 부분만 아픈 것이 아니라 온 몸이 아픈 것과 같은 현상이다. 우리가 3절에서 주목해야 할 것은 죄와 벌 사이의 관계이다. 시인은 하나님의 진노와 인간의 되가 육체적 질병에 대한 영적 진단으로 나타나고 있다.

4~5절에서는 인간의 죄가 문제의 유일한 근원이라고 강하게 설명하고 있다. 4절에서 "내 죄악이 내 머리에 넘쳐서 무거운 짐 같으니 내가 감당할 수 없나이다"고 하였다. 시인은 자신이 당하는 고난의 이유가 '죄'라고 분명히 하고 있다. '죄악이 내 머리에 넘쳐서' 즉 죄가 너무 많아서 감당할 수 없다고 하였다.

5절에서는 "내 상처가 썩어 악취가 나오니 내가 우매한 까닭이로소이다"고 하였다. 이 말씀에서 그의 질병이 오래 되었음을 알 수 있다. 시인은 자신의 형편을 '우매한 자'로 보았다. 왜 그렇게 되었는가? 하나님 앞에 나아가면 모든 것이 해결되는데 그렇지 못한 자신의 처지를 묘사하였다. 시인은 질병에 대한 시적 묘사를 통하여 질병의 원인이 무엇인지를 규명하려고 하였다. 그는 심각한 고통 중에 있었는데 그 양상이 구체적으로 묘사하고 있다.

3. 내가 아프고

6절에서 "내가 아프고 심히 구부러졌으며 종일토록 슬픔 중에 다니나이다"고 하였다. 시인은 자신이 얼마나 아팠는지 '심히 구부러졌다'고 하였다. 계속해서 시인이 겪고 있는 질병의 양상들이 나와 있다. 시인은 마음 속으로 고통을 겪는 것만 아니라 외부에 드러난 상처들이 있다. 겉으로 드러난 상처, 쑤시는 허리(7절), 마비, 충혈, '불안한 가슴'(8절), 심장이 두근거림, 눈의 이상(10절) 등 여러 가지 질병의 증세들이 나타나고 있음을 지적하고 있다. 그의 몸은 만신창이였다. 그의 몸과 마음은 형언할 수 없는 고통에 빠져 있고, 몸의 각 부분에는 절박한 어려움이 있었다. 이런 상황에서 하나님을 향한 기도문을 쓴다는 것은 쉬운 일이 아니다. 하나님의 전능하심을 의지해야만 가능한 일이다. 시인이 겪고 있는 증상이 오늘의 우리들에게 한꺼번에 온다면 얼마나 힘들고 어려울까? 이때에는 하나님을 의지하기보다 자포자기하는 경우가 많을 것이다. 그가 겪는 고통이 너무나 극심하기에 자신의 힘으로는 도저히 이길 수 없기 때문이다. 질병에 대한 경험은 사람마다 다르다. 다행인 것은 질병이 인생에 있어서 일시적이란 점이다. 단기간에 치유함을 받을 수 있기에 우리는 소망을 가진다.

질병에 관한 다른 시들인 시편 6편과 22편은 질병의 종결과 건강의 회복에 초점을 맞추고 있다. 그러나 이따금 건강이 회복되지 못하는 경우도 있고, 도저히 나을 수 없는 것 같이 보이기도 한다. 여기서 영적 고통과 육체적 고통이 오고 이것을 극복하기 위하여 발버둥 친다. 이와 같은 상황에서도 하나님의 백성에게는 소망이 있다. 우리의 치유자 되신 그리스도께서 우리에게 힘을 주시고 소망을 주시기 때문이다. 그리스도를 통한 치유는 우리가 당면하는 고통을 이기는 첩경이다. 시인은 온갖 질병으로 고통을 당하였다. 영적 고통이 있고, 육체적 곤고함이 있었다. 사람의 힘으로는 도저히 이겨낼 수 없는 고통이었다.

그러나 시인은 모든 초점을 하나님께 맞추었다. 하나님이 역경 속에서도 지켜 주시기에 좌절하거나 낙망하지 않고 하나님을 의지하는 것이다. 질병의 고통에서 살아가는 우리일지라도 하나님을 바라고 의지하는 믿음의 소망을 가지자. 이것이 문제 해결의 방안이며, 우리가 살아가는 길이다. 하나님을 바라는 것이 질병을 이기는 길이기에 우리는 더욱 하나님을 우러러 의지하게 된다.

속히 나를 도우소서 주 나의 구원이시여

시편 38:11~22

11내가 사랑하는 자와 내 친구들이 내 상처를 멀리하고 내 친척들도 멀리 섰나이다 12 내 생명을 찾는 자가 올무를 놓고 나를 해하려는 자가 괴악한 일을 말하여 종일토록 음모를 꾸미오나 13나는 못 듣는 자 같이 듣지 아니하고 말 못하는 자 같이 입을 열지 아니하오니 14나는 듣지 못하는 자 같아서 내 입에는 반박할 말이 없나이다 15여호와여 내가 주를 바랐사오니 내 주 하나님이 내게 응답하시리이다 16내가 말하기를 두렵건대 그들이 나 때문에 기뻐하며 내가 실족할 때에 나를 향하여 스스로 교만할까 하였나이 다 17내가 넘어지게 되었고 나의 근심이 항상 내 앞에 있사오니 18내 죄악을 아뢰고 내 죄를 슬퍼함이니이다 19내 원수가 활발하며 강하고 부당하게 나를 미워하는 자가 많으 며 20또 악으로 선을 대신하는 자들이 내가 선을 따른다는 것 때문에 나를 대적하나이 다 21여호와여 나를 버리지 마소서 나의 하나님이여 나를 멀리하지 마소서 22속히 나 를 도우소서 주 나의 구원이시여

시편 38편은 질병의 고통 속에서 하나님께 기도한 기도문이다. 시편 38 편은 질병을 다룬 다른 시편들과는 차이가 있다. 시편 6편은 제의적 배경에 대한 강력한 바탕이 나타나지는 않지만 임박한 치유에 대한 선포가 있다. 그 배경에는 예배와 제사장의 존재를 암시하는 것이 있다. 그러나 시편 38 편은 어조상 아무런 변화가 없고 치유를 예상한 감사가 나타나지도 않다. 38편은 기도로 시작하여 기도로 끝을 맺고 있으며, 병자의 현상에 대한 논 의에 초점을 모우고 있다.

11~20절은 시인의 질병에 대한 친구들과 친지들의 반응이 묘사되어 있 다. 시편 38편이 교훈하는 질병의 결과는 첫째, 죄의식과 하나님으로부터의

거리감을 느끼는 것이며, 둘째는 11~20절에서 묘사된 것처럼 동료들로부터 소외당했다는 느낌이다. 시인이 당하는 소외감은 부분적으로 편집증에 의한 것이다. 악한 사람들이 시편 기자의 약해진 상태를 이용하려고 하는 데서 그 모습을 찾을 수 있다.

1. 내 상처를 멀리하고

11절에 "내가 사랑하는 자와 내 친구들이 내 상처를 멀리하고 내 친척들도 멀리 섰나이다"고 하였다. 11절은 편집증에 가까운 면을 보여 주고 있다. 그는 친구들과 사랑하는 사람까지 등을 돌린다고 말하고 있다. 비록 그들이 밖으로 들어난 상처의 악취나 전염을 피하기 위하여 등을 돌렸을지라도(5절), 그들의 행위는 환자에게 더 깊은 고통을 가져다 준다.

12절에서는 좀 더 구체적으로 말하고 있다. "내 생명을 찾는 자가 올무를 놓고 나를 해하려는 자가 괴악한 일을 말하여 종일토록 음모를 꾸미오나"라고 하였다. 이 말씀은 실제와 더 가깝다. 왜냐하면 강한 사람이 약해졌을 때에 다른 사람들이 이득을 취하려고 맹수처럼 다가오는 것은 우리들의 삶속에서 실제 일어나는 일이기 때문이다. 악한 자들은 자기들의 악한 방법을 통하여 스스로를 자랑하고, 하나님의 백성을 올무에 몰아넣으려고 온갖 방법을 동원하고 있다.

13~15절은 12절의 마지막 행인 "괴악한 일을 말하여 종일토록 음모를 꾸미오나"라는 말씀을 더욱 발전시켜 해석해야 한다. 시인은 적들의 거짓 이야기에 귀를 기울이기 보다는 차라리 귀머거리와 벙어리처럼 행동하려고 하였다.

13절에 "나는 못 듣는 자같이 듣지 아니하고 말 못 하는 자 같이 입을 열지 아니하오니"라고 하였다. 그는 듣지 못하고 말하지 못하는 자처럼 그들과 따지기를 거부한다. 그는 욥처럼 자신의 생각을 솔직하게 말하고 있고, 하나님의 응답을 구하는 자세를 가지고 있었다. 이것은 14절에서도 계속하여 이어지고 있다. 15절은 좀 더 구체화된 시인의 소망이 담겨 있다. "여호와여 내가 주를 바랐사오니 내 주 하나님이 내게 응답하시리이다"고 하였다. 이 말씀은 시인의 뜨거운 가슴과 열망을 보여 주고 있다.

2. 내가 주를 바랐사오니

"여호와여 내가 주를 바랐사오니"라는 말씀은 역경 중에서 문제를 해결해 주시는 하나님을 바라는 시인의 신앙고백이다. 하나님의 백성이 사방에서 어려움을 당하여도 하나님은 우리의 보호자요 도와주시는 분이심을 제시하고 있다. 시인은 "내 주 하나님이 내게 응답하시리이다"고 하였다. 시인은 하나님을 '나의 주 나의 하나님이여'라고 부르면서 문제의 해결자이신 하나님의 역사를 강조하고 있다.

16절에서 "내가 말하기를 두렵건대 그들이 나 때문에 기뻐하며 내가 실족할 때에 나를 향하여 스스로 교만할까 하였나이다"고 하였다. 16절 상반절에서 인용한 말은 시편 기자가 치료받기 위해서 드린 서두의 기도를 반영한다. 하나님의 백성이 실족할 때에 악한 자들이 활기를 띄고 스스로 잘난 체하는 행동을 한다는 말이다. 적들의 기쁨이 하나님에게 부정적 영향을 미치지 않고 하고 또 치유의 능력을 의심하지 않도록 하기 위하여 하나님의 영광을 나타내는 기도를 드린 것이다.

17절에는 "내가 넘어지게 되었고 나의 근심이 항상 내 앞에 있사오니"라고 하였다. 이 말은 문제가 너무 오래가고 응답을 속히 안주시면 슬퍼할 수밖에 없다는 의미이다. 시인은 계속적으로 고통 속에 있을 수는 있지만 하나님과의 사람으로부터 소외당했다는 느낌을 갖는 것을 원하지 않았다.

18절에서 "내 죄악을 아뢰고 내 죄를 슬퍼함이니이다"고 하여 자신이 지은 죄에 대한 회개와 슬픔을 나타내었다. 시인은 자신의 전부를 드러내어 하나님의 역사하심을 간구하였다. 그는 기도를 통해 자신의 심정을 토로하고 하나님께 가까이 나아가기를 원하였다.

19절에는 "내 원수가 활발하며 강하고 부당하게 나를 미워하는 자가 많으며"라고 하였다. 시인은 자기의 기도가 빨리 응답받아야 할 이유는 원수의 날뜀이라고 했다. 원수들이 이와 같이 왕성하기에 하나님의 특별한 간섭이 필요하다는 것이다.

20절에는 "또 악으로 선을 대신하는 자들이 내가 선을 따른다는 것 때문에 나를 대적하나이다"고 했다. 시인의 주위에는 이유 없이 그를 미워하고 해치려는 자들이 가득함을 토로하면서 하나님의 도우심을 구하고 있다.

3. 나를 버리지 마소서

21~22절은 마지막 기도이다. 21절에 "여호와여 나를 버리지 마소서 나의 하나님이여 나를 멀리하지 마소서"라고 했다. 시인은 하나님에게서 버림받았다는 느낌(21절 상)은 수많은 적들이 가까이 있다는 느낌으로 인하여 더욱 심하였다. 이 기도에서 하나님으로부터 버림받았다는 느낌과 질병의 고통은 밀접하게 연결되어 있다. 그래서 "나의 하나님이여 나를 멀리하지 마소서"라고 하나님이 가까이 계시다는 인식이 회복되기를 요청한다. 그런 인식이 회복되면 위기의 때에 그에게 도움이 될 것이다.

22절은 "속히 나를 도우소서 주 나의 구원이시여"라고 기도함으로써 하나님의 도움을 구하는 시인의 애절함이 드러나고 있다. 시인은 오랫동안 질병으로 고통을 당하였기에 하나님에게서 멀어지고, 하나님의 사랑보다는 진노가 더 뚜렷해지면, 하나님께서 고난당하는 자를 버린 것 같다는 인생이 생기게 된다. 또 사람들과도 멀어진다. 사랑의 행위가 미움으로 왜곡되고 적의 수가 실제보다 많아 보인다. 그러나 이 모든 것은 질병의 과정의 일부분이다. 육체의 고통으로 마음의 고통이 더하여 가지만 시인은 하나님을 바라본다.

절망의 상황에서도 하나님을 향해 기도하고, 그 기도가 응답받으리라는 확신을 가지고 있다. 이 확신이 어려움을 겪는 시인을 이기게 하고 오늘의 우리들에게 새로운 힘을 부어 주는 근원이 된다.

나의 종말과 연한이 언제까지인지 알게 하사

시편 39:1~6

1내가 말하기를 나의 행위를 조심하여 내 혀로 범죄하지 아니하리니 악인이 내 앞에 있을 때에 내가 내 입에 재갈을 먹이리라 하였도다 2내가 잠잠하여 선한 말도 하지 아니하니 나의 근심이 더 심하도다 3내 마음이 내 속에서 뜨거워서 작은 소리로 읊조릴 때에 불이 붙으니 나의 혀로 말하기를 4여호와여 나의 종말과 연한이 언제까지인지 알게 하사 내가 나의 연약함을 알게 하소서 5주께서 나의 날을 한 뼘 길이만큼 되게 하시매 나의 일생이 주 앞에는 없는 것 같사오니 사람은 그가 든든히 서 있는 때에도 진실로 모두가 허사뿐이니이다 (셀라) 6진실로 각 사람은 그림자 같이 다니고 헛된 일로 소란하며 재물을 쌓으나 누가 거둘는지 알지 못하나이다

시편 39편은 '개인적 애가'이다. 이 애가에는 슬픈 성찰과 기도가 깔려 있다. 시편 39편은 개인적 경험을 바탕으로 한다. 시인이 겪고 있는 고통이 무엇인가에 대해서는 학자들에 따라서 논란이 많다. 어떤 이들은 시편 38편과 같이 질병이 배경이라고 하지만, 이것은 부수적인 것에 불과하고 늙음에 대한 인식이 배경이라고 본다. 시인에게 질병이란 오랜 세월에 걸쳐 이루어진 경험의 일부이다.

인간이란 날 때가 있고 죽을 때가 있는 존재이다. 죽음이란 어느 누구도 피할 수 없다. 이것을 어떻게 맞을 것인가란 사람에 따라 다르다. 시인은 죽음이 가까지 왔으며 그것을 피할 수 없다는 사실을 인식하고 한탄과 기도를 드리게 되었다.

시인의 고백은 개인적인 애가이기도 하지만 모든 인간들이 겪어야 하는 공통적인 것이다. 그래서 시인의 기도가 우리의 기도가 되기 위하여 하나님

의 위대하신 섭리의 손길을 바라보아야 한다.

시편 39편의 표제가 '인도자를 따라 여두둔 형식으로 부르는 노래'라고 되어 있다. 여두둔은 개인의 이름으로 특히 아삽이나 헤말과 함께 일한 다 윗의 중요한 악사 가운데 한 사람이라고 일반적으로 보고 있다(대상 9:16, 16:28, 41). 그러나 히브리어 '야다'에서 파생된 것으로 보아 '감사', '고백' 등으로 해석하는 이도 있다. 시편 39편은 몇 단락으로 되어 있다. 1~3절은 시편 기자의 마음 상태, 4~6절은 인간 존재의 무상함, 7~13절은 시인의 기 도로 되어 있다.

1. 내 입에 재갈을

1절에서 "내가 말하기를 나의 행위를 조심하여 내 혀로 범죄하지 아니하 리니 악인이 내 앞에 있을 때에 내가 내 입에 재갈을 먹이리라 하였도다"라 고 하였다. 시인은 서두에서 자기 자신에게 말하고 있다. 자기에게 무슨 일 이 일어나든지 침묵을 지키겠다고 마음 속으로 결심하고 있음을 말한다. 시 인은 자기가 한 사람이 겪을 수 있는 모든 고통을 겪었고 고뇌에 빠졌음을 인식하고 더 이상 악한 것을 말함으로써 문제를 더욱 복잡하게 하기를 원치 아니하였다. 그래서 비유로 '입에 재갈을 먹인다'고 하였다.

2절에서는 "내가 잠잠하여 선한 말도 하지 아니하니 나의 근심이 더 심하 도다"고 하였다. 침묵을 지키려는 결심은 말하고 싶은 충동을 전제로 하고 있 다. 시인이 말하고 싶은 충동을 가지는 것은 악한 자들이 계속 도발하기 때문 이다. 즉 악인이 존재한다는 것 자체가 사실을 말하고 싶은 충동을 자아낸다 는 의미이다. 악한 자의 존재가 시인으로 하여금 말하고 싶은 충동을 일으키 고 또 침묵 할 수 있도록 훈련을 하였다. 왜냐하면 그가 하는 어떤 말도 악한 것이 될 위험이 있기 때문이다. 시인이 겪는 고통의 바탕에는 욥이 겪은 고통 과 비슷한 것이 있다. 이것이 욥의 악인의 번영에 대하여 문제를 제기한 것(욥 21:7~16)과 같은 것이다. 그러나 이러한 것은 더 큰 문제를 제기하기도 한다.

2. 내 속에서 뜨거워서

3절에서 "내 마음이 내 속에서 뜨거워서 작은 소리로 읊조릴 때에 불이 붙으니 나의 혀로 말하기를"이라고 하였다. 모든 일에 침묵하려고 했으나 그의 마음이 불타오르게 되었다. '내 속에서 뜨거워서'라고 하였다. 이 표현은 신명기 19:6에서는 사랑하는 사람이나 친척이 살해된 것을 알게 된 사람의 분노와 억제할 수 없는 반응을 묘사하였다.

시인의 가슴에도 이러한 열기가 끓어올랐다. 이것은 억제할 수 없는 반응이었으며, 결국에는 그 격렬한 불평이 성숙한 말로 바뀐다.

시인은 4절에서 "여호와여 나의 종말과 연한이 언제까지인지 알게 하사 내가 나의 연약함을 알게 하소서"라고 하였다. 시인은 자기의 혀를 지키고, 현실의 문제에 대한 논의를 참고 있다. 그러나 자신의 존재 의미에 대한 설명을 요구하고 있다.

시인의 말에는 인간 존재의 무상함에 대한 느낌이 깔려 있다. 나의 종말이 언제이며 내가 언제까지 살 것인가라는 심각한 문제를 제기하고 있다. 나의 종말이 언제인가? 이것은 삶과 죽음을 가름하는 매우 중요한 주제이다. 이것을 아는 것이 문제 해결의 첩경이기에 더욱 중요하다.

3. 나의 날이 한 뼘 길이

5절에서 "주께서 나의 날을 한 뼘 길이만큼 되게 하시매 나의 일생이 주앞에는 없는 것 같사오니 사람은 그가 든든히 서 있는 때에도 진실로 모두가 허사뿐이니이다(셀라)"라고 하였다. 시인은 그의 날들이 손 넓이에 지나지 않는다고 하였다. '손 넓이'(왕상 7:26 그 치수는 네 손가락의 넓이이다, 렘 52:21)는 히브리의 척도 체계에서 볼 때에 아주 작은 것에 지나지 않는다.

이러한 인간의 연한을 5절 하반절에서 인류 전체로 확장시키고 있다. 인간이 아무리 발버둥치고 자기가 잘난 체 하지만 하나님 앞에서는 실체가 없고 안개와 같은 존재이다. 손 넓이만한 인생이 이 세상 모두를 주장하는 것 같이 보이나 하나님 앞에서는 아무것도 아니다.

여기서 시인의 인생관을 볼 수 있다. 자랑할 것이 많고 두고두고 영화를 누리고 살 것 같은 인생이지만 하나님 앞에서는 아무 것도 아니고 실체가 없는 안개와 같은 존재이다.

6절에서 더욱 구체적으로 설명하고 있다. "진실로 각 사람은 그림자 같이 다니고 헛된 일로 소란하며 재물을 쌓으나 누가 거둘는지 알지 못하나이다"고 하였다. 시인의 가슴에 불같이 끓어오르는 분노는 그 근거가 없는데서 출발한다. 악한 자들이 이 땅에서 잘되고 형통한 것 같으나 그들은 그림자 같이 실체가 없는 삶을 살아간다.

악인들은 헛된 일에 바쁘다. 요동치는 물결같이 안정되지 못하고 죽을 일을 위해 바쁘게 지낸다. 그들이 많은 물질을 모을지라도 그것이 종국에 누구의 손에 들어갈 것인지를 알지 못한다. 이런 것을 위해 싸우고 모함하고, 시기하고, 질투한다.

인간에게는 영구성이 없다. 아침 안개처럼 뿌옇게 세상을 덮고 있지만 아침 햇살이 비치면 사라지고 마는 허상이다. 이런 인생 때문에 고통을 당하는 인간의 모습을 바로 볼 필요가 있고, 여기서 인간의 참 의미를 찾아야 할 것이다.

우리의 연한이 언제까지일까? 이것은 하나님의 섭리에 속한 일이다. 그러나 인간은 손 넓이 같이 짧은 삶을 살아가며, 아침 안개 같은 허망한 삶을 산다. 우리의 마지막이 하나님의 손에 있음을 날마다 깨달아야 한다. 눈에 보이는 우리의 삶이란 풀같이 시들어 버리나 하나님의 영원하심을 늘 가슴에서 사모해야 한다. 오늘이 하나님의 날이기에 하나님의 역사를 더 깊이 생각하고 하나님의 섭리에 순종하는 믿음의 삶을 하루하루 살아가야 하리라.

여호와여 나의 기도를 들으시며

시편 39:7~13

7주여 이제 내가 무엇을 바라리요 나의 소망은 주께 있나이다 8나를 모든 죄에서 건지시며 우매한 자에게서 욕을 당하지 아니하게 하소서 9내가 잠잠하고 입을 열지 아니함은 주께서 이를 행하신 까닭이니이다 10주의 징벌을 나에게서 옮기소서 주의 손이 치심으로 내가 쇠망하였나이다 11주께서 죄악을 책망하사 사람을 징계하실 때에 그 영화를 좀먹음 같이 소멸하게 하시니 참으로 인생이란 모두 헛될 뿐이니이다 (셀라) 12여호와여 나의 기도를 들으시며 나의 부르짖음에 귀를 기울이소서 내가 눈물 흘릴 때에 잠잠하지 마옵소서 나는 주와 함께 있는 나그네며 나의 모든 조상들처럼 떠나나이다 13주는 나를 용서하사 내가 떠나 없어지기 전에 나의 건강을 회복시키소서

시편 39편은 인간의 죽음에 대한 깊은 성찰과 애가를 다루고 있다. 시인은 인간의 존재가 한시적으로 비영구성을 가지고 있음을 깨닫고 하나님 앞에 기도하기 시작한다.

인간이 어떤 문제에 직면하였을 때에 처음에는 자신의 힘으로 모든 것을 해결하려고 하지만 자신이 아무것도 아님을 깨달은 후에는 하나님의 절대적 능력을 의지하고 하나님 앞에 기도하게 된다. 이것은 기도가 문제 해결의 핵심적 방법이라는 것을 분명하게 보여 준다. 시인은 악인의 번성에 대하여 무대응의 자세를 취하면서 하나님의 위대하신 역사가 일어나기를 바랐다. 하나님이 함께 하실 때에 모든 것이 하나님의 뜻대로 되어짐을 노래하고 있다.

1. 나의 소망은 주께

7절에서 "주여 이제 내가 무엇을 바라리요 나의 소망은 주께 있나이다" 고 하였다. 이것은 기초적 원리로서 하나님의 백성의 기본적 자세를 말한 다. '주여 내가 무엇을 바라리요?' 물질적으로 부자가 되는 것인가? 이 세 상에서의 성공인가? 적들에 대한 승리인가? 아니면 박해로부터의 자유인 가? 이 모든 것은 진정한 소원이 될 수 없다. 이것들은 일시적이요 제한적 인 요소들이다. 시인의 고백처럼 진정한 소원은 하나님께 있다. '나의 소망 은 주께 있나이다'고 하였는데 여기에 시인의 신앙고백이 있다.

8절에는 "나를 모든 죄에서 건지시며 우매한 자에게서 욕을 당하지 아니 하게 하소서"라고 하였다. 시인은 자기 자신을 바라보니 모든 것이 죄 투성 이라는 것을 알았다. 시인은 깊은 성찰을 통하여 새로운 관점을 가지게 된 다. 지금까지 그를 괴롭힌 외부의 적은 이제 문제가 되지 않고, 내적 고통의 원인인 죄에 대한 인식이 생기게 된다. 인생이 그토록 무상하고 하나님이 내 삶의 최고 목적이라면 범죄가 인간 존재의 의미와 잠재력을 말살시키지 않도록 하는 것이 중요하다. 그래서 시인은 '나를 모든 죄에서 건져주옵소 서'라고 하였다. 이것은 하나님의 사랑과 권능을 믿는 것을 기반으로 한다. 자신의 죄과를 아는 것으로 되는 것이 아니라 거기서 용서함을 받는 것이 무엇보다 중요하다. 그래서 하나님의 구원이 필요하다.

시인은 또 "우매한 자에게 욕을 당하지 아니하게 하소서"라고 하였다. 여기서 우매한 자가 누구인가? 하나님의 뜻을 깨닫지 못하는 자들이다. 우매한 자는 남의 실패를 보고 저주와 악담을 하는 자들이다. 그러니 이런 자들에게서 욕을 보지 않게 해 달라고 하였다. 시인은 신앙의 사람임을 자처하였다. 그러나 적들로 인한 압박과 죽을 수밖에 없는 인생의 올무로 말미암아 삶의 초점을 잃게 되었는데 아무리 우매한 자라도 그것을 알 수 있다.

2. 내가 잠잠하고

9절에서 "내가 잠잠하고 입을 열지 아니함은 주께서 이를 행하신 까닭이 니이다"고 하였다. 우매한 자라도 인생의 관점에는 동의하지 않을 것이다. 오히려 이중적 기준으로 인하여 그를 비난할 것이다. 그래서 시인은 다시 침묵하게 된다. 시인은 자신에게 고통의 채찍이 오고 고난이 오는 것에 이유가 있다고 생각하였다. 하나님이 나를 간섭하시고 채찍으로 때리셨으니 하나님의 역사하심을 의지하여야 한다. 하나님의 섭리를 믿고 침묵하면서 기다리는 신앙적 자세가 필요하다. 이 침묵은 악한 말을 삼가기 위해서 스스로 하는 자기 통제가 아니라 깨달음의 침묵을 말한다. 왜냐하면 하나님이 어떻게 행동하시는 지를 보았기 때문이다.

10~11절에서 시인은 기도한다. "주의 징벌을 나에게서 옮기소서 주의 손이 치심으로 내가 쇠망하였나이다. 주께서 죄악을 책망하사 사람을 징계하실 때에 그 영화를 좀먹음같이 소멸하게 하시니 참으로 인생이란 모두 헛될 뿐이니이다 (셀라)." 시인은 하나님의 섭리 속에서 지난날의 고난이 그로 하여금 통찰력과 이해력을 제공해 주었다고 깨달으면서 하나님의 긍휼을 위해서 기도한다. '쇠망'이라는 단어는 질병이나 재난을 가리킨다(시 38:12). 그러나 여기서는 비유적 의미를 더욱 나타내고 있다.

11절에는 하나님의 역사의 일반적 원리를 나타내고 있는데, 시인은 이것을 개인적 차원에서 이해하고 있다. 사람들은 너무나 쉽게 욕망들을 가지기 때문에 그것은 사악하고 하나님의 계명(제 10계명)을 어기는 것이 된다. 이런 욕망들은 인간의 존재 의미와 목적이 될 정도로 또 인생의 무상함을 잊을 정도로 인간의 삶을 지배한다. 그러나 하나님의 연단은 그러한 욕망들을 '좀먹음 같이' 소멸한다. 이러한 소멸은 욕망과 야망에 기초해서 자신들의 인생을 설계하는 자들에게 무서운 심판이 된다. 그러나 무상한 인생에서 유일한 영원한 의미는 하나님과의 관계 속에서 발견되어야 한다는 사실을 잊지 않고 욕망을 피하는 자들에게는 축복이 된다.

3. 나의 기도를 들으시며

12~13절은 마지막 기도이다. "여호와여 나의 기도를 들으시며 나의 부르짖음에 귀를 기울이소서 내가 눈물 흘릴 때에 잠잠하지 마옵소서 나는 주와 함께 있는 나그네이며 나의 모든 조상들처럼 떠도나이다 주는 나를 용서하사 내가 떠나 없어지기 전에 나의 건강을 회복시키소서"라고 하였다. 시인은 그의 기도가 시작된 부분에 비하면 엄청난 영적 여행을 하였다. 시편 39편은 8절에 나타나듯이 눈물로 특정 지어지는 회개의 기도였다. 그의 삶의 의미가 땅에 관련된 것이 국한되는 것이 아님을 깨달았다.

시인은 자신이 이 세상에서 덧없이 지나가는 나그네라고 보았다. 나그네가 가야할 고향은 하나님이다. 그러니 시편 39편은 '땅의 기업'을 강조하는 37편과 대조를 이룬다. 37편이 젊은이들에게 한 이야기라면 39편은 노인의 지혜를 나타낸다. 인생은 나그네이다. 나그네는 땅 주인의 허락을 받고 그곳에 살았으나 그곳은 영원히 거하는 처소가 아니다. 그곳 백성들로부터 보호와 특권을 부여받았으나 완전한 법적 지위를 얻지 못했다(신 24:17~22 참조).

"주는 나를 용서하사"라는 말은 '나에게서 눈길을 돌리소서'라는 뜻이다. 그러니 내가 평화롭게 살다가 죽을 수 있도록 '분노와 훈계의 얼굴을 돌리소서'라는 호소이다. "내가 떠나 없어지기 전에"란 노년기에 인생의 무상함을 깨닫고 평온하게 죽음을 맞을 수 있는 사람의 호소이다. 그리하여 "나의 건강을 회복시키소서"라고 소망한다.

시편 39편의 핵심적 관심사는 각 사람이 자신의 짧은 인생을 살아가는데 합당한 '관점'이다. 인생을 어떤 눈으로 보아야 하는가? 수입, 지위, 권력이 대상이 아니라 하나님이 진정한 대상이다. 하나님을 진정한 대상으로 삼는 삶이 있어야 하기에 시인의 지혜를 배워야 한다.

여호와를 기다리고 기다렸더니

시편 40:1~10

1내가 여호와를 기다리고 기다렸더니 귀를 기울이사 나의 부르짖음을 들으셨도다 2나를 기가 막힐 웅덩이와 수렁에서 끌어올리시고 내 발을 반석 위에 두사 내 걸음을 견고하게 하셨도다 3새 노래 곧 우리 하나님께 올릴 찬송을 내 입에 두셨으니 많은 사람이 보고 두려워하여 여호와를 의지하리로다 4여호와를 의지하고 교만한 자와 거짓에 치우치는 자를 돌아보지 아니하는 자는 복이 있도다 5여호와 나의 하나님이여 주께서 행하신 기적이 많고 우리를 향하신 주의 생각도 많아 누구도 주와 견줄 수가 없나이다 내가 널리 알려 말하고자 하나 너무 많아 그 수를 셀 수도 없나이다 6주께서 내 귀를 통하여 내게 들려 주시기를 제사와 예물을 기뻐하지 아니하시며 번제와 속죄제를 요구하지 아니하신지라 7그 때에 내가 말하기를 내가 왔나이다 나를 가리켜 기록한 것이 두루마리 책에 있나이다 8나의 하나님이여 내가 주의 뜻 행하기를 즐기오니 주의 법이 나의 심중에 있나이다 하였나이다 9내가 많은 회중 가운데에서 의의 기쁜 소식을 전하였나이다 여호와여 내가 내 입술을 닫지 아니할 줄을 주께서 아시나이다 10내가 주의 공의를 내 심중에 숨기지 아니하고 주의 성실과 구원을 선포하였으며 내가 주의 인자와 진리를 많은 회중 가운데에서 감추지 아니하였나이다

시편 40편은 '왕의 간구'를 담은 시이다. 이 시는 일반적으로 두 개의 단편이 연결된 복합적 시이다. 1~10절과 11~17절이 연결되어 있는데 앞부분은 '개인적 감사'가, 뒷부분은 '개인적 애가'가 주제이다. 이 시는 '왕의 탄원적 기도'를 주제로 한 것인데 하나님께서 자신의 삶을 지켜 주신 것을 감사하고 앞으로 다가올 위기에 대하여 하나님께 기도한 내용이다. 이 시편은 하나님의 과거의 구원 행위들에 대한 감사로 시작된다.

1. 기다리고 기다렸더니

1절에서 "내가 여호와를 기다리고 기다렸더니 귀를 기울이사 나의 부르

짖음을 들으셨도다"고 하였다, 시인은 이러한 도입적 감사 행위를 통하여 찬양의 바른 모습을 제시하고 있다. 시인은 자신의 생명과 나라를 위협하는 위기에서 구원해 주시기를 기도하였다. 이것은 단순한 기도가 아니라 모든 문제의 해결은 하나님의 장중에 있다는 신앙에서 나온 것이다. 시인은 지난 날의 기도들이 끝없는 인내 속에서 응답되어졌듯이 지금도 위기 속에서 하나님의 도우심을 기도하고 있다.

2절에서는 더 구체적인 기도를 하고 있다. "나를 기가 막힐 웅덩이와 수렁에서 끌어올리시고 내 발을 반석 위에 두사 내 걸음을 견고하게 하셨도다"고 하였다. 여기서 하나님의 구원을 받기 전의 상황을 볼 수 있다. '기가 막힌 웅덩이와 수렁'이라고 하였는데, 이전의 구원이 극심한 질병으로부터의 구원(시 30:3~4 참조)일 수 있지만 여기서는 군사적 위기를 의미하는 것 같다. 그러한 위기에서 건져 주셨으므로 '내 발이 반석 위에 있고, 내 걸음에 견고케 하였다'고 고백한다.

계속하여 3절에서 찬양이 나온다. "새 노래 곧 우리 하나님께 올릴 찬송을 내 입에 두셨으니 많은 사람이 보고 두려워하여 여호와를 의지하리로다"고 하였다. 찬양은 하나님의 구원뿐만 아니라 관찰자들에 대한 승리의 충격을 축하하는 것임이 확실하다. 홍해 바다에서 큰 승리를 얻은 이후에 많은 이방 나라들이 두려워했듯이(출 15:14), 많은 사람들이 하나님의 역사를 보고 두려워한다. 하나님의 승리로 인간으로 하여금 하나님에 대한 외경을 하게 하고, 나아가서 하나님의 섭리의 손길 앞에 순종하는 힘을 나타낸다.

2. 복이 있도다

4절에서 "여호와를 의지하고 교만한 자와 거짓에 치우치는 자를 돌아보지 아니하는 자는 복이있도다"고 하였다. 하나님의 절대주권을 믿고 그것을 의지하는 자는 복이 있다. 이것은 축복의 근거이다. 우리의 복은 물질이 많고, 지위가 높은 데 있는 것이 아니라 하나님을 의지하는 데 있다. 하나님은 모든 힘의 근원이시고 우리 삶의 바탕이시기에 이 하나님을 의지하는 자가 복이 있다.

5절은 하나님의 기적적 역사를 더욱 분명하게 말씀하고 있다. "여호와 나의 하나님이여 주께서 행하신 기적이 많고 우리를 향하신 주의 생각도 많아 누구도 주와 견줄 수가 없나이다 내가 널리 알려 말하고자 하나 너무 많아 그 수를 셀 수도 없나이다"고 하였다. 하나님이 '행하신 기적'은 출애굽 역사에서 나타난 승리의 찬양에서 축하한 놀라운 일들과 비슷하다(출 15:11). 이러한 승리는 하나님의 백성들이 탄원하는 선례가 될 뿐 아니라 하나님의 위대하심과 지난날의 역사에 대한 공개적 선포가 된다.

하나님은 우리를 향하여 많은 기적을 베푸셨고 우리를 생각하는 내용도 많다. 하나님의 생각 속에 우리가 있음이 얼마나 귀하고 감사한 일인가? 하나님이 우리를 생각해 주심이 우리에게 최고의 축복이다.

6절에서 "주께서 내 귀를 통하여 내게 들려주시기를 제사와 예물을 기뻐하지 아니하시며 번제와 속죄제를 요구하지 아니하시다 하신지라"고 하였다. 이것은 고대 이스라엘의 희생 제사를 비난하는 것이 아니라 왕이 지금 탄원 기도를 드리고 있음에 주목해야 한다. 시인은 왕으로서 자신의 모든 임무를 충실하게 수행한 후에야 그러한 제사에 참예할 수 있다. 왕의 임무에는 희생 제사를 드리는 것이 포함되어 있다. 그러나 이것으로 만족하지 않고 그 이상의 것 즉 '왕의 율법'인 토라가 필요하다.

3. 내가 왔나이다

7절에서 "그 때에 내가 말하기를 내가 왔나이다 나를 가리켜 기록한 것이 두루마리 책에 있나이다"고 하였다. 시인은 신명기의 율법과 그 율법이 요구하는 왕의 제의적 의무를 말하고 있다. 이처럼 신명기의 율법이 왕에게 특정한 의무를 부과하지만 그것들은 보다 깊은 영적 차원을 가지고 있다.

그 율법은 왕에게 여호와를 두려워해야 한다는 것을 가르치기 위한 것이 있고, 사람들 가운데서 겸손하게 만들기 위함이다(신 17:19~20). 따라서 시편40편도 왕에게 제사나 희생 제물만을 요구하는 것이 아니라 그것보다 더 높은 차원의 영적 자세를 요구하고 있다.

8절에서 "나의 하나님이여 내가 주의 뜻 행하기를 즐기오니 주의 법이 나의 심중에 있나이다 하였나이다"고 하였다. 시인은 한 걸음 더 나아가 자신의 가슴 속에 하나님의 법이 있음을 고백한다. 그는 하나님의 법이 그에게 더 큰 것을 요구하고 있음을 말한다. 단순히 율법에 순종하는 것으로만 끝나는 것이 아니라 하나님 앞에서 사랑의 실천을 통해 율법의 성취를 노래해야 한다. 율법은 단순한 규제가 아니라 하나님 앞에 더 큰 사랑을 실천하도록 하는 촉매제이다. 하나님의 법을 깨달은 자는 하나님을 더욱 의지하고 사랑하게 됨을 우리에게 교훈한다.

9절에는 "내가 많은 회중 가운데에서 의의 기쁜 소식을 전하였나이다 여호와여 내가 내 입술을 닫지 아니할 줄을 주께서 아시나이다"고 하였다. 시인은 과거의 구원에 대하여 감사하고, 왕의 외적 의무만이 아니라 내적 의무도 굳게 지켰음을 확인한 후에 대회 즉 큰 회중 가운데서 하나님의 의로움을 공개적으로 선포하게 된다. 여기서 '큰 회중'은 예배를 드리는 실제적 회중일 수도 있고 또 상징적으로 모든 백성을 의미할 수 있다. 하나님의 의로우심을 과거에 선포했다는 것(9 상, 10 상)은 그 자체가 새로운 현세적 선포가 될 수 있다.

10절에서 "내가 주의 공의를 내 심중에 숨기지 아니하고 주의 성실과 구원을 선포하였으며 내가 주의 인자와 진리를 많은 회중 가운데에서 감추지 아니하였나이다"고 하였다. 하나님의 의로우심은 하나님의 구원 행위 안에서 받아들여지고 경험된 이스라엘의 찬양이 된다.

시인은 2~3절의 개인적 감사를 공개적으로 선포한다. 그리고 그 의로우심은 공동체 전체의 재산이 된다. 찬양의 중심이 되는 단어들인 9절의 '의' 10절의 '성실', '구원', '인자' 등은 하나님의 백성으로 선택된 사람들을 향한 하나님의 계약의 성격과 그분의 행위를 나타내는 것들이기에 더욱 귀하다.

하나님으로 인하여 감사하고 찬양하는 신앙인의 삶을 우리의 현실에 나타내어야 한다.

나는 가난하고 궁핍하오나

시편 40:11~17

11여호와여 주의 긍휼을 내게서 거두지 마시고 주의 인자와 진리로 나를 항상 보호하소서 12수많은 재앙이 나를 둘러싸고 나의 죄악이 나를 덮치므로 우러러볼 수도 없으며 죄가 나의 머리털보다 많으므로 내가 낙심하였음이니이다 13여호와여 은총을 베푸사 나를 구원하소서 여호와여 속히 나를 도우소서 14내 생명을 찾아 멸하려 하는 자는 다 수치와 낭패를 당하게 하시며 나의 해를 기뻐하는 자는 다 물러가 욕을 당하게 하소서 15나를 향하여 하하 하하 하며 조소하는 자들이 자기 수치로 말미암아 놀라게 하소서 16주를 찾는 자는 다 주 안에서 즐거워하고 기뻐하게 하시며 주의 구원을 사랑하는 자는 항상 말하기를 여호와는 위대하시다 하게 하소서 17나는 가난하고 궁핍하오나 주께서는 나를 생각하시오니 주는 나의 도움이시요 나를 건지시는 이시라 나의 하나님이여 지체하지 마소서

시편 40편의 뒷부분은 '개인적 애가'이다. '개인적 감사'에 이어서 '개인적 애가'를 통해 하나님께 기도하고 있다. 인간의 삶은 고통 가운데서 자신의 참 모습을 보고 더 나아가 하나님을 의지하게 된다. 이것은 고통이 가져다주는 진정한 의미이다. 고통이 단순한 고통으로 끝이 난다면 인간의 삶은 처참하기 그지없다. 그러나 그 고통을 통하여 자신을 성찰하고 또 하나님을 바라보는 것은 고통이 변하여 축복이 됨을 가르친다. 시인은 이제 자신의 문제를 하나님 앞에서 기도한다.

1. 나를 항상 보호하소서

11절은 다음에 나오는 12~17절의 애가로 가는 하나의 전환점이다. "여호

와여 주의 긍휼을 내게서 거두지 마시고 주의 인자와 진리로 나를 항상 보호하소서"라고 했다. 기도 전체의 핵심은 '오십시오'라는 명령형에서 찾아야 한다(한글 개역개정 성경에는 나오지 않는다). 왕은 다가오는 위기 가운데서 하나님께서 함께 해 주실 것을 요청하는 기도를 드린다. 지난날의 위기를 승리로 바꾸어 놓은 것은 바로 하나님의 임재였기 때문이다. 하나님의 임재는 위기에서 필요한 보호를 주며(11 하) 승리 안에서 절정을 이루게 될 하나님의 특성들 즉 자비, 인자, 진리를 가져다준다.

12~16절은 다가올 위기에 대한 애가이다. 12절에서는 외적 고통을 말하고 있다. 수많은 재앙이 나를 둘러싸고 나의 죄악이 나를 덮치므로 우러러 볼 수도 없으며 죄가 나의 머리털 보다 많으므로 내가 낙심하였음이니이다"고 하였다. 외적 고통이란 14~15절에 비추어 볼 때에 아마도 외국의 적대자들일 것이다. 시인은 자신이 당하고 있는 처지를 놓고 하나님께 기도한다. 근거는 자신에게 크나큰 위기가 되는데 그 위기를 하나님의 은혜로 극복하기를 바라는 간절한 마음이 있다.

시인이 겪는 위기의 다른 근거는 '악한 행위'들이다. 자신이 지난날 범한 악한 죄들이 그에게 위기의 요소가 된다는 말이다. 이것은 시인의 영적 성숙도를 보여 주는 표현이다. 지난날의 잘못을 깨닫고 그것을 자신의 위기로 생각하는 것은 영적 성숙을 체험한 사람의 자세이다. 시인은 지난날의 잘못이 하나님 앞에서 용서를 받았으나 자신이 지금 겪고 있는 위기의 원인이 될 수 있다고 인식하고 있다. 그는 자신의 지극히 많은 잘못들에 대해 인식을 하고 있기에 불안감이 생기기도 한다.

2. 은총을 베푸사

그래서 13절에서 구원을 호소한다. "여호와여 은총을 베푸사 나를 구원하소서 여호와여 속히 나를 도우소서"라고 간절하게 호소한다. 시인은 애가의 중심에 자신의 간구를 두고 있다. 밖으로부터 원수들이 공격하고 안으로 자신의 지난날의 죄에 대한 잘못을 느낄 때에 그는 위기 상황에 처하게 된다. 이 위기에서 건져 주실 분은 하나님 한 분 밖에 없다는 것을 인식하고 하나님께 구원을 호소한다.

14~15절은 애가의 핵심 부분이다. 그러나 이 부분은 애가와 확신 사이에서 배회한다. 14절에서 "내 생명을 찾아 멸하려 하는 자는 다 수치와 낭패를 당하게 하시며 나의 해를 기뻐하는 자는 다 물러가 욕을 당하게 하소서"라고 하였다. 시인은 자신의 죽음과 멸망을 자라는 자들을 의식하고 있다. 그들은 하나님의 백성의 멸망을 통하여 하나님을 경멸하려는 자들이다. 하나님의 백성이 멸망을 하며 이것은 하나님의 백성의 일로 끝나는 것이 아니라 하나님의 영광을 가리우는 것이기에 하나님의 백성은 더욱 조심하게 된다.

15절에서는 "나를 향하여 하하 하하 하며 조소하는 자들이 자기 수치로 말미암아 놀라게 하소서"라고 하였다. 이것은 악한 자들이 철저하게 망하고, 하나님의 위대하심이 나타나는 것을 소망하는 확신의 표현이다. 비록 원수들이 도전한다고 해도 하나님이 역사하시면 그들을 물리쳐 주실 것을 확신한다.

애가와 확신 사이의 배회는 이 시인의 일만이 아니다, 오늘의 우리들도 당면한 위기에 대해 염려하기도 하고 다른 한 편으로는 하나님이 이 위기에서 구원해 주실 것이라는 확신이 긴장 속에 존재한다. 시인처럼 우리의 죽음과 패망이 다가올 것이라는 위기가 있는가 하면 하나님의 능력으로 원수들이 궤멸되는 역사가 일어날 것을 확신하게 된다. 이러한 모순적 긴장 관계는 우리로 하여금 자신을 성찰하고 하나님을 더욱 의지하도록 하는 촉매제 구실을 한다. 이것은 하나님 중심의 삶을 살아가는 자의 자세이다. 우리의 삶에 위기란 항상 있다. 그러나 그 위기를 기회로 삼는 믿음의 지혜가 필요하다. 애가와 확신 사이의 긴장이 16절에 와서 해소된다. "주를 찾는 자는 다 주 안에서 즐거워하고 기뻐하게 하시며 주의 구원을 사랑하는 자는 항상 말하기를 여호와는 위대하시다 하게 하소서"라고 하였다. 시인은 승리에 뒤따르게 될 기쁨의 표현과 하나님에 대한 찬양 속에서 승리를 노래한다. 14~15절의 '그들'은 왕과 민족의 대적자들이며, 16절에 나오는 자는 하나님의 도움을 구하여 승리 가운데서 그 도움을 발견하게 될 하나님의 백성이다. 하나님의 백성은 위기 가운데서 애절하게 기도하는 경우도 있고, 외부의 공격과 내면의 갈등으로 인하여 힘들어 할 때도 있다. 그러나 이 모든 것은 하나님을 믿는 믿음 속에서 극복되어야 할 주제이다. 우리에게 위기가 있지만 하나님의 능력으로 이것을 딛고 일어나며 승리의 노래를 부를 수 있다.

3. 가난하고 궁핍하오나

17절은 마지막 기도이다. "나는 가난하고 궁핍하오나 주께서는 나를 생각하시오니 주는 나의 도움이시요 나를 건지시는 이시라 나의 하나님이여 지체하지 마소서"라고 하였다. 왕과 그의 백성은 비록 가난하고 궁핍하지만 승리 안에서 기뻐하게 될 것이다. 그러나 이들은 자신의 힘으로 승리를 하는 것이 아니라 하나님의 능력으로 되어진다.

시인의 기도는 개인적이다. 그러나 그는 기도할 때에 자기 어깨에 온 민족의 짐을 지고 기도하였다. 그는 끈기있게 하나님께 기도하였고, 그 긴박성으로 말미암아 '나의 하나님이여 지체하지 마소서'라고 하였다. 이것은 시인의 신앙고백이요 열망이다. 하나님께 기도함으로써 모든 문제가 해결된다는 확신을 가지고 위기를 극복하려고 했다.

시편 40편에서 우리가 주목해야 할 것은 '한 사람'과 '많은 회중'의 관계이다. 한 사람은 왕이며 많은 회중은 그 나라의 백성이다. '대회'(9, 10절)라는 표현 속에는 미래의 기쁨에 대한 예상이 언급된다(16절). 힘들고 어려울 때에 좌절하고 위기감을 가질 때가 있다. 그러나 하나님의 도우심으로 이것을 이기고, 기쁨의 찬송을 부르는 것이 시인의 열망이며, 우리의 소원이다.

나를 고치소서

시편 41:1~13

1가난한 자를 보살피는 자에게 복이 있음이여 재앙의 날에 여호와께서 그를 건지시리로다 2여호와께서 그를 지키사 살게 하시리니 그가 이 세상에서 복을 받을 것이라 주여 그를 그 원수들의 뜻에 맡기지 마소서 3여호와께서 그를 병상에서 붙드시고 그가 누워 있을 때마다 그의 병을 고쳐 주시나이다 4내가 말하기를 여호와여 내게 은혜를 베푸소서 내가 주께 범죄하였사오니 나를 고치소서 하였나이다 5나의 원수가 내게 대하여 악담하기를 그가 어느 때에나 죽고 그의 이름이 언제나 없어질까 하며 6나를 보러 와서는 거짓을 말하고 그의 중심에 악을 쌓았다가 나가서는 이를 널리 선포하오며 7나를 미워하는 자가 다 하나같이 내게 대하여 수군거리고 나를 해하려고 꾀하며 8이르기를 악한 병이 그에게 들었으니 이제 그가 눕고 다시 일어나지 못하리라 하오며 9내가 신뢰하여 내 떡을 나눠 먹던 나의 가까운 친구도 나를 대적하여 그의 발꿈치를 들었나이다 10그러하오나 주 여호와여 내게 은혜를 베푸시고 나를 일으키사 내가 그들에게 보응하게 하소서 이로써 11내 원수가 나를 이기지 못하오니 주께서 나를 기뻐하시는 줄을 내가 알았나이다 12주께서 나를 온전한 중에 붙드시고 영원히 주 앞에 세우시나이다 13이스라엘의 하나님 여호와를 영원부터 영원까지 송축할지로다 아멘 아멘

시편 41편은 다양한 형식으로 되어 있다. '개인적 감사의 시'로 분류하는 사람도 있고, '개인적 애가'로 보는 사람도 있다. 이렇게 다른 분류가 나오는 것은 이 시편이 지혜 전승과 비슷한 교훈적인 서문(1~3절), 기도(4,10절), 애가(5~9절), 확신과 찬양(11~13절) 등이 포함되어 있기 때문이다. 이 시편의 주제는 '병자를 위한 기도'이다. 이 시는 제사장이 병든 자에게 말한 것으로 시작하고, 또 병자의 치료를 간구하는 것으로 구성된 애가가 나온다. 병들고 어려움을 겪는 사람들이 하나님의 도우심을 간구하는 것은 인생의 보편적 자세이기에 더욱 이 문제에 관심을 가져야 한다.

1. 복이 있음이여

1~3절은 '제사장의 서론적 말'이다. 1절에서 "가난한 자를 보살피는 자에게 복이 있음이여 재앙의 날에 여호와께서 그를 건지시리로다"고 하였다. 이 서두는 전형적인 지혜시의 교훈을 띠고 있다. 1절은 시편 1:1과 대조할 때에 교훈적 성격을 분명히 알 수 있다. 그러나 그 말은 제사장의 축복이라는 성격을 가졌고, 주변 환경에서 이 말씀의 배경을 발견하여야 한다. 병자는 하나님의 치료를 간청하기 위하여 성전으로 온다. 병자가 간구하기에 앞에 제사장으로부터 하나님의 축복과 치료를 구할 수 있는 사람의 기본적 성품에 관해서 들어야 한다. 제사장의 첫 말은 하나님의 구원을 요청하는 자는 약한 자들과 가난한 자들의 필요에 대해서 적극적으로 배려하는 자라야 한다는 점을 강조한다. 즉 이웃을 도와준 적이 없는 자는 위기의 때에 하나님의 도움을 구할 자격이 없다는 것이다. 1절에 나타나는 가난한 자들과 약한 자들에 대한 관심은 계약 공동체로서 온 이스라엘에게 부여된 의무일 수도 있다(신 10:18-19, 24:17~18). 제사장의 말에 포함되어 있는 일반적인 원리는 약한 자들에 대하여 관심을 가진 적이 있는 자가 자신이 약해졌을 때에 정당하게 하나님께 축복을 구할 수 있다는 것이다.

2절에서 "여호와께서 그를 지키사 살게 하시리니 그가 이 세상에서 복을 받을 것이라 주여 그를 그 원수들의 뜻에 맡기지 마소서"라고 하였다. 이 말씀은 하나님의 축복의 일반적 성격 즉 보호, 장수, 풍요로움 등을 의미한다. '여호와께서 저를 보호하사 살게 하시이니'라고 하였는데 이것이 인간 삶은 하나님의 손 안에 있기에 이것을 바로 보는 것이 중요하다. 병자는 하나님의 도우심을 기대할 수 있다.

3절에서 "여호와께서 그를 병상에서 붙드시고 그가 누워 있을 때마다 그의 병을 고쳐 주시나이다"고 하였다. 여기서 병자는 치유의 은혜를 체험한다. 하나님이 병자의 자리를 다 고쳐 펴시는데, 이 말은 하나님을 간호사에 비유한 말이다. 하나님은 계속 침상을 고쳐 펴주시며 병자에게 위안과 위로를 제공해 주신다.

2. 나를 고치소서

4~10절은 병자의 말이다. 제사장의 선언을 들은 병자는 하나님께 기도하면서 자신의 절박한 관심을 나타낸다. 4절에서 "내가 말하기를 여호와여 내게 은혜를 베푸소서 내가 주께 범죄하였사오니 나를 고치소서 하였나이다"고 하였다. 이러한 기도는 예배자가 제사장의 말을 바로 이해했다는 것을 전제한다. 이 기도의 내용을 살펴보면 기도자는 두 가지 사실을 염두에 두고 있다. 그것은 죄와 질병이다. 따라서 그는 하나님의 자비와 하나님의 치료를 위하여 기도한다.

4절에서 "내가 말하기를 여호와여 내게 은혜를 베푸소서 내가 주께 범죄하였사오니 나를 고치소서 하였나이다"고 하였다. 병자의 마음 속에는 죄와 질병이 상호관련을 가진 것으로 나타난다. 실제로는 그렇지 않을 수도 있다. 즉 질병의 원인이 죄 때문이 아닐 수도 있다. 그러나 병자의 기도는 매우 적합하게 드려진다. 왜냐하면 완전한 치료는 몸과 영혼을 모두 포함하는 전인적 치료여야 하기 때문이다. 5~9절에서 시인은 탄식의 말을 한다. 이 애가는 질병에 초점을 맞추지 않고 병자의 원수들에게 맞춘다.

5절에는 "나의 원수가 내게 대하여 악담하기를 그가 어느 때에나 죽고 그의 이름이 언제나 없어질까 하며"라고 하였다. 원수들은 그의 죽음을 기다리기를 병상을 맴도는 독수리 같다. 원수들은 하나님의 백성의 멸망을 고대한다. 이런 원수들은 더욱 악한 행동을 하고 있다. 6~8절에서 구체적으로 설명하고 있다. "나를 보러 와서는 거짓을 말하고 그의 중심에 악을 쌓았다가 나가서는 이를 널리 선포하오며 나를 미워하는 자가 다 하나같이 내게 대하여 수군거리고 나를 해하려고 꾀하며 이르기를 악한 병이 그에게 들었으니 이제 그가 눕고 다시 일어나지 못하리라 하오며"라고 있다.

방문객들은 병자의 방에 와서 일상적인 농담을 한다. 그러나 병자는 이 모든 것을 진담으로 받아들인다. 방문객들은 밖에 나가 자신들의 생각을 말하면서 '그는 다시 일어나지 못하리라'고 한다.

가장 큰 배신의 감정이 9절에 나와 있다. "내가 신뢰하여 내 떡을 나눠 먹던 나의 가까운 친구도 나를 대적하여 그의 발꿈치를 들었나이다"고 하였다. 자기와 함께 기쁨의 식사를 하던 친한 친구들조차 '발꿈치를 들었다', 즉 적의에 차 있다는 것이다.

10절에서는 "그러하오나 주 여호와여 내게 은혜를 베푸시고 나를 일으키사 내가 그들에게 보응하게 하소서"라고 했다. 시인은 다시 한번 하나님의 자비와 치료를 요청하는 기도를 하였고, 하나님의 역사하심을 호소하였다.

3. 나를 기뻐하시는 줄

11~13절은 '마지막 확신의 진술'이다. 11절에서 "내 원수가 나를 이기지 못하오니 주께서 나를 기뻐하시는 줄을 내가 알았나이다"고 하였다. 여기 나오는 '~하시는 줄은' 앞에서 말한 제사장의 신탁의 선포에 대한 열쇠가 된다. 병자에게 기쁨에 대한 지식을 제공해 주는 것은 그 말씀이다. 하나님으로부터 나오는 말씀은 적대자들로부터 승리의 외침의 가능성을 제거한다.

12절에서는 "주께서 나를 온전한 중에 붙드시고 영원히 주 앞에 세우시나이다"고 하여 하나님의 응답이 어느 정도는 병자의 완전함을 나타내는 것을 보여 준다. 이러한 확신은 아직 경험하지 못한 장차 올 치료에 대한 확신이다. 병자는 하나님 앞에 서게 될 것을 확신하였다.

13절은 "이스라엘의 하나님 여호와를 영원부터 영원까지 송축할지로다 아멘 아멘." 이것은 시편 제1권의 송영이기도 하다. 병들고 어려울 때에 하나님의 도우심을 구하는 신앙의 자세가 필요하다. 원수들이 비방하고 모략할지라도 하나님께서 치료해 주시기를 아멘 아멘 하였으니 하나님의 치유를 바라는 신앙이 있어야 한다. 질병 가운데서 하나님을 바라보자. 이것이 완전한 치유의 길이다.

사슴이 시냇물을 찾기에 갈급함 같이

시편 42:1~11

1하나님이여 사슴이 시냇물을 찾기에 갈급함 같이 내 영혼이 주를 찾기에 갈급하니이다 2내 영혼이 하나님 곧 살아 계시는 하나님을 갈망하나니 내가 어느 때에 나아가서 하나님의 얼굴을 뵈올까 3사람들이 종일 내게 하는 말이 네 하나님이 어디 있느뇨 하오니 내 눈물이 주야로 내 음식이 되었도다 4내가 전에 성일을 지키는 무리와 동행하여 기쁨과 감사의 소리를 내며 그들을 하나님의 집으로 인도하였더니 이제 이 일을 기억하고 내 마음이 상하는도다 5내 영혼아 네가 어찌하여 낙심하며 어찌하여 내 속에서 불안해 하는가 너는 하나님께 소망을 두라 그가 나타나 도우심으로 말미암아 내가 여전히 찬송하리로다 6내 하나님이여 내 영혼이 내 속에서 낙심이 되므로 내가 요단 땅과 헤르몬과 미살 산에서 주를 기억하나이다 7주의 폭포 소리에 깊은 바다가 서로 부르며 주의 모든 파도와 물결이 나를 휩쓸었나이다 8낮에는 여호와께서 그의 인자하심을 베푸시고 밤에는 그의 찬송이 내게 있어 생명의 하나님께 기도하리로다 9내 반석이신 하나님께 말하기를 어찌하여 나를 잊으셨나이까 내가 어찌하여 원수의 압제로 말미암아 슬프게 다니나이까 하리로다 10내 뼈를 찌르는 칼 같이 내 대적이 나를 비방하여 늘 내게 말하기를 네 하나님이 어디 있느냐 하도다 11내 영혼아 네가 어찌하여 낙심하며 어찌하여 내 속에서 불안해 하는가 너는 하나님께 소망을 두라 나는 그가 나타나 도우심으로 말미암아 내 하나님을 여전히 찬송하리로다

많은 사람들은 시편 42편과 43편이 하나의 시편으로 이해하고 있다. 많은 히브리 사본들이 이 시편들을 하나의 단위로 표현하고 있고, 시편 43편에 제목이 없는 것 등의 공통점들이 있다. 시편 42편과 43편은 '개인적 애가'이다. 이 시편은 개인이 겪는 고통을 말하고 있는데, 그 배경이 정확하지 못하다. 여러가지 가능성들이 있지만 질병이 고통의 원인일 수 있다. 질병이 시인으로 하여금 예루살렘 성전에서의 예배와 참여하는 것을 가로막았기 때문이다.

시편 42편은 애가와 후렴 형태로 되어 있다. 첫 번째 애가(1~4절)에 이어

후렴(5절)이 있고, 두 번째 애가(6~10절)에 이어 후렴(11절)이 있다. 이것이 예배드리는 언약 공동체의 신앙적 특성을 보여 준다.

1. 첫 번째 애가

1~4절은 첫 번째 애가이다. 1절에서 "하나님이여 사슴이 시냇물을 찾기에 갈급함 같이 내 영혼이 주를 찾기에 갈급하니이다"고 하였다. 시인은 자연으로부터 이끌어 온 비유를 통하여 자신의 곤경을 서술하기 시작하였다. 시인은 자신의 '영적 목마름'을 강렬하게 전달하고 있다. 시인은 메마른 평온을 생각하면서 목말라 물을 찾는 사슴을 상상한다. 그 비유는 사슴에 초점을 맞추고 있지만, 이 시편 전체를 관통하는 주제는 '물'이다. 메마른 지역에 있는 목마른 동물처럼 시인은 하나님을 목말라 한다.

2절에서 "내 영혼이 하나님 곧 살아 계시는 하나님을 갈망하나니 내가 어느 때에 나아가서 하나님의 얼굴을 뵈올까"라고 하였다. 그가 갈망하는 것은 구체적으로 성전에서 드리는 예배이다. 2절 하반절에서 하나님의 얼굴을 갈망하는데 이것은 하나님의 임재를 암시하는 것이다. 시인은 하나님 앞에서 예배드리는 것을 갈망하였다. 하나님의 얼굴을 대하는 믿음의 자세가 그의 소원이 되었다.

3절은 은유로 표현되고 '물'이라는 주제로 연결된다. "사람들이 종일 내게 하는 말이 네 하나님이 어디 있느뇨 하오니 내 눈물이 주야로 내 음식이 되었도다"고 하였다. 물을 갈망하는 시인은 눈물이라는 '쓴 물'을 맛보았다. 사람들이 종일하는 말이 '네 하나님이 어디 있느냐'이다. 하나님의 백성이 곤경을 당할 때에 사람들은 하나님에게서 버림을 받은 것으로 오해한다. 질병이나 고통의 절망적 상황에서 하나님이 떠나버리신 것 같이(시 22:2 참조) 보였을 것이다.

4절에서 "내가 전에 성일을 지키는 무리와 동행하여 기쁨과 감사의 소리를 내며 그들을 하나님의 집으로 인도하였더니 이제 이 일을 기억하고 내 마음이 상하는도다"고 하였다. 이렇게 하나님으로부터 버림받고 성전 예배에 참예하는 것에 제외되었다고 느낀 시인은 지난날의 좋았던 시대를 회상하고 있다.

시인은 순례자들과 함께 큰 절기의 예배에 참석하기 위하여 예루살렘에 올라갔던 일을 회상한다. 그러나 이런 회상이 현실을 대신할 수 없다. 지난날의 신앙적 모습과 오늘의 현실을 비교할 때에 더욱 가슴이 아파오고 있으니 이것이 그에게 큰 고통이 된다.

2. 애가의 후렴

5절은 후렴이다. "내 영혼아 네가 어찌하여 낙심하며 어찌하여 내 속에서 불안해 하는가 너는 하나님께 소망을 두라 그가 나타나 도우심으로 말미암아 내가 여전히 찬송하리로다"고 하였다. 시인은 이 후렴을 통하여 힘들고 어려움이 계속될지라도 하나님을 바라라고 노래하고 있다.

절망과 좌절의 고통이 우리를 에워쌀 때에 우리가 어떻게 해야 하는가? 아무리 발버둥쳐도 우리의 힘으로는 어쩔 수 없을 때에 하나님을 바라는 것이 우리들이 취할 수 있는 최선의 길이다. 고통의 절벽만 바라보지 말고 그 고통 너머에서 역사하시는 하나님을 바라볼 때에 우리는 모든 힘든 것을 이겨내고 하나님의 위대하신 손길을 붙잡을 수 있다.

3. 두 번째 애가와 후렴

6~11절은 두 번째 애가와 후렴이다. 6절에서 "내 하나님이여 내 영혼이 내 속에서 낙심이 되므로 내가 요단 땅과 헤르몬과 미살 산에서 주를 기억하나이다"고 하였다. 두 번째 애가는 후렴의 말로 시작하나 한 걸음 더 나아간다. 시인은 자신이 여전히 낙심한 상태에 있음을 인식하고 4절에서처럼 지난날을 다시 한번 회고한다. 시인은 곤경 가운데서 하나님이 계시지 않다는 느낌이 들었다. 그래서 이것을 버리기 위하여 옛날을 회상하였다. 여기에 헤르몬, 요단, 미살 산 등이 나오는 데 이것을 구체적으로 해석하기는 어렵다. 그러나 이런 장소들은 시인이 하나님의 임재를 경험했던 곳이

며, 이 경험들이 하나님이 나와 함께 하신다는 것을 다시 한번 깨닫게 한다. 메마른 들판에서 물을 찾는 사슴처럼 그의 영혼도 하나님을 갈망한다. 지난 날을 회상하면서 하나님의 역사를 가슴으로 느끼는 열정이 남아 있기에 이 고통을 딛고 일어나려고 한다.

7절에서 "주의 폭포 소리에 깊은 바다가 서로 부르며 주의 모든 파도와 물결이 나를 휩쓸었나이다"고 하였다. 시인의 마음을 지배하는 것은 파도와 폭포이다. 그는 자신을 상쾌하게 해 줄 물을 갈망하였다. 그러나 혼돈의 물이 그를 에워싸기에 그는 어려움을 겪고 고통 중에서 힘들어 한다.

8절은 "낮에는 여호와께서 그의 인자하심을 베푸시고 밤에는 그의 찬송이 내게 있어 생명의 하나님께 기도하리로다"고 하였다. 8절은 앞에서 말한 것과 연결이 되지 않는 것처럼 보이지만 지난날의 회상을 통하여 새 힘을 얻고자 한다. 그 때는 하나님과 좋은 관계를 맺고 있었고, 하나님의 인자하심을 체험하였다. 옛날에는 좋았다. 그 후로는 하나님의 파도에 휩쓸려서 어려움을 겪었다. 하나님께서 자기를 잊으신 것 같기에 더욱 힘들어 한다.

그렇다면 그것은 무엇을 의미하는가? 9~10절은 시인의 기억을 통하여 되살린 무서운 상황을 보여 주고 있다. 자기의 기억을 더듬어 볼 때, 그는 하나님께서 자기를 잊으셨다고 결론을 내릴 수밖에 없었다. 그는 하나님의 인자하심을 알고 있었지만(9절) 이제는 적들의 비웃음만을 알고 있다(10절). 적들은 계속하여 "내 대적이 나를 비방하여 늘 말하기를 네 하나님이 어디 있느냐 하도다"(10절)고 했다. 이것은 시인이 겪는 고통이 얼마나 큰 지를 보여준다.

11절은 다시 후렴이다. "내 영혼아 네가 어찌하여 낙심하며 어찌하여 내 속에서 불안해 하는가 너는 하나님께 소망을 두라 나는 그가 나타나 도우심으로 말미암아 내 하나님을 여전히 찬송하리로다." 시인은 낙망 중에서 불안해 한다. 그러나 여기에 좌절하지 않고, 하나님을 바라며 오히려 하나님을 찬송하려고 한다. 우리에게 영적 목마름이 있을 때에 생명의 물을 사모하여야 한다. 우리로 하여금 고통의 언덕 너머 소망의 세계를 바라보게 하는 힘의 역사가 하나님을 통해 있어야 하기 때문이다.

너는 하나님께 소망을 두라

시편 43:1~5

1하나님이여 나를 판단하시되 경건하지 아니한 나라에 대하여 내 송사를 변호하시며 간사하고 불의한 자에게서 나를 건지소서 2주는 나의 힘이 되신 하나님이시거늘 어찌하여 나를 버리셨나이까 내가 어찌하여 원수의 억압으로 말미암아 슬프게 다니나이까 3주의 빛과 주의 진리를 보내시어 나를 인도하시고 주의 거룩한 산과 주께서 계시는 곳에 이르게 하소서 4그런즉 내가 하나님의 제단에 나아가 나의 큰 기쁨의 하나님께 이르리이다 하나님이여 나의 하나님이여 내가 수금으로 주를 찬양하리이다 5내 영혼아 네가 어찌하여 낙심하며 어찌하여 내 속에서 불안해 하는가 너는 하나님께 소망을 두라 그가 나타나 도우심으로 말미암아 내 하나님을 여전히 찬송하리로다

인간의 삶이란 고통과 역경 중에 있을 때보다 건강하고 안락할 때에 긍정적인 자세를 가지게 된다. 이것이 인간의 일반적 태도이며 관행이다. 그러나 하나님의 백성은 그 역경 가운데서 하나님의 역사를 바라보고 더 큰 세계를 소망하게 된다.

시편 43편은 42편과 연결되어 있다. 42편의 5절과 11절에서 찬송의 후렴처럼 나오는 "내 영혼아 네가 어찌하여 낙심하며 어찌하여 내 속에서 불안해 하는가 너는 하나님께 소망을 두라 나는 그가 나타나 도우심으로 말미암아 내 하나님을 여전히 찬송하리로다"고 한 말씀이 43:5에도 그대로 나온다.

시인은 이 시를 통하여 하나님을 바라는 삶의 자세를 노래하고 있다. 시인은 곤경 속에서 자신의 형편을 하나님께 내어놓고 간절하게 호소하고 있다. 1~3절은 시인의 이러한 간구가 주류를 이루고 있으며, 4~5절에서는 이

런 호소가 찬양으로 변한다. 1절에서 "하나님이여 나를 판단하시되 경건하지 아니한 나라에 대하여 내 송사를 변호하시며 간사하고 불의한 자에게서 나를 건지소서"라고 하였다. 시인은 여기서 '하나님이여' 즉 '엘로힘'이라고 부른다. 이것은 '전능자여', '전능하신 분이시여'라는 의미이다. 이런 하나님께 자기 자신을 판단해달라고 간구한다. 하나님 판단해 주기를 호소한다. 시인은 자신의 행위가 하나님 앞에 거리낌이 없도록 하나님이 자기를 살펴 주시기를 호소한다.

1. 나를 건지소서

하나님이 자신의 심령과 행위를 살펴주심으로써 하나님의 위대하신 손길을 깨닫고 하나님을 의지하는 삶을 살아가게 된다. 전능하신 하나님이 모든 것을 확실하게 하여 주실 때에 우리의 삶은 하나님의 영광의 도구가 된다. 시인은 구체적으로 하나님께 호소한다. '경건하지 아니한 나라에 대하여 내 송사를 변호하시며'라고 하였다. 시인은 경건하지 아니한 나라를 향하여 하나님께 송사하였다. 이것이 바른 것임을 하나님께서 그들을 간섭하심으로써 보여 달라고 하였다. 여기서 '경건하지 아니한 나라'라고 하였는데 이것은 어떤 국가를 지칭하기 보다는 경건하지 않는 세력을 말하고 있다. 그러니 경건하지 아니한 세력이 지배하는 나라 즉, 사탄의 세력을 가리킨다.

시인은 이런 상황에서 하나님께 기도한다. '하나님이여 저 경건하지 아니한 세력은 꺾어 주시옵소서. 경건하지 아니한 세력을 하나님께서 간섭하여 주옵소서'라고 기도한다. 시인은 계속하여 "간사하고 불의한 자에게서 나를 건지소서"라고 기도하였다. '경건하지 아니한다'고 말한 다음에 계속하여 '간사하다, 불의하다'고 하였다. '간사하다'는 말은 '거짓이다'는 뜻이다. 속으로는 아닌데 겉으로는 그런 척하거나 존경하지 않는 데도 자기의 이익을 위하여 아부하는 그런 태도를 말한다.

시인은 이러한 자리에서 건져 주시기를 기도하였다. '건져 주소서'란 말은 '주여 내게 경건히 살 수 있게 하옵소서'라는 뜻이다. 이것은 하나님의 뜻이 아니면 불가능하다는 것을 가르친다. '경건하다'는 것은 하나님께 굴복하고 하나님을 의지하는 생활을 말한다. 이것이 인간의 노력으로 되어지지 않고 하나님의 은혜로만 가능하다는 것을 보여 준다.

2. 주는 나의 힘

2절에서 "주는 나의 힘이 되신 하나님이시거늘"라고 하였다. 시인은 2~3절의 기도에서 자신이 믿는 하나님에 대한 신앙을 고백한다. 시인은 주님과의 교제에 모든 가치의 근거를 두고, 하나님 안에서의 삶을 구하고 있다. '주는 나의 힘이 되신 하나님이시거늘'이라고 신앙을 고백하였다. 여기서 '힘'이란 말의 원 뜻은 '피난처'이다. 하나님과 함께 있어야 모든 것이 가능하다는 그의 신앙을 고백하였다.

3절에서 "주의 빛과 주의 진리를 보내어 나를 인도하사 주의 거룩한 산과 주께서 계시는 곳에 이르게 하소서"라고 하였다. 여기서 문제 해결의 길은 오직 하나님임을 보여 준다. 하나님만이 문제의 해결자 라는 사실을 강조한다. '주의 빛과 주의 진리를 보내어 나를 인도하사'라고 하였다. "주의 말씀은 내 발에 등이요 내 길에 빛이니이다"(시 119:105)란 말씀을 통하여 이 말씀의 참 뜻을 깨달을 수 있다. 하나님의 빛으로 인도하사 '주의 성산과 장막에 이르게 하소서'라고 호소하였다. '주의 거룩한 산과 주께서 계시는 곳'은 하나님의 성전을 말한다. 이것은 하나님과의 실질적인 교통이 있게 해달라고 간구하는 내용이다.

하나님의 장막에 올라가 하나님의 성호를 찬양하고 하나님 앞에 예배를 드릴 수 있음에 너무나 큰 축복임을 시인은 고백하고 있다. 하나님이 빛과 진리를 보내어 하나님의 백성을 주의 성전으로 인도하는 것이 최고의 영광이며 축복이다. 하나님의 백성이 가진 열망은 자신의 부귀나 영광이 아니다. 존귀하신 하나님과의 교제를 통하여 하나님 앞에 사는 존재가 되고 이 것으로 영원한 생명을 누리는 것이다.

3. 주를 찬양하리이다

4절에서는 "그런즉 내가 하나님의 제단에 나아가 나의 큰 기쁨의 하나님 께 이르리이다 하나님이여 나의 하나님이여 내가 수금으로 주를 찬양하리 이다"고 하였다. 2~3절의 기도가 새로운 형태의 감사로 바뀐다. 시인은 하 나님의 제단에 나아간다. 제단이란 제물이 죽는 곳이다. 그러니 죄인을 대 신하여 짐승이 죽는다. 그러니 시인이 제단에 나아가는 것은 '내가 죽겠습 니다. 나는 없어지겠습니다. 나는 희생되겠습니다'라는 뜻이다. 은혜의 제 단 앞에 나아가 '큰 기쁨의 하나님' 즉 '아주 즐거운 하나님'께 찬양을 한 다. 하나님의 위대하심과 존귀하심을 고백하고 그를 찬양한다. 그래서 '나 의 하나님이여 나의 하나님이여'라고 하여 개인적 은총을 더 높이 찬양을 하게 된다. 시인은 '수금'으로 하나님을 찬양하게 된다. '수금'이란 현악기 인데 보통 현악기는 심금을 울릴 때에 사용한다.

5절은 시편 42:5, 11의 말씀의 반복이다. 시인은 '너는 하나님을 바라라' 고 하였다. 하나님만 소망하고 바라보게 될 때에 하나님의 놀라운 역사를 체험한다. '도우시는 하나님'을 찬양하는 위대한 역사가 일어난다. 오늘의 우리들에게도 힘들고 어려운 일들이 생긴다. 이때 우리는 좌절하고 낙망하 게 된다. 그러나 하나님을 바라야 한다. 그에게서 삶의 힘이 나오고 위대한 역사를 체험하는 하나님의 축복이 오기 때문이다. 낙망 가운데서 하나님을 바라고 도리어 찬양하자.

주는 나의 왕이시니

시편 44:1~8

1하나님이여 주께서 우리 조상들의 날 곧 옛날에 행하신 일을 그들이 우리에게 일러 주매 우리가 우리 귀로 들었나이다 2주께서 주의 손으로 뭇 백성을 내쫓으시고 우리 조상들을 이 땅에 뿌리 박게 하시며 주께서 다른 민족들은 고달프게 하시고 우리 조상들은 번성하게 하셨나이다 3그들이 자기 칼로 땅을 얻어 차지함이 아니요 그들의 팔이 그들을 구원함도 아니라 오직 주의 오른손과 주의 팔과 주의 얼굴의 빛으로 하셨으니 주께서 그들을 기뻐하신 까닭이니이다 4하나님이여 주는 나의 왕이시니 야곱에게 구원을 베푸소서 5우리가 주를 의지하여 우리 대적을 누르고 우리를 치러 일어나는 자를 주의 이름으로 밟으리이다 6나는 내 활을 의지하지 아니할 것이라 내 칼이 나를 구원하지 못하리이다 7오직 주께서 우리를 우리 원수들에게서 구원하시고 우리를 미워하는 자로 수치를 당하게 하셨나이다 8우리가 종일 하나님을 자랑하였나이다 우리는 하나님의 이름에 영원히 감사하리이다 (셀라)

시편 44편의 표제에 '고라 자손의 마스길, 인도자를 따라 부르는 노래'라고 되어 있다. 고라 자손의 개인의 이름이 누구인지 정확하게 알 수 없으나 그의 조상은 하나님을 대적하다가 징계를 받았지만 그 후손은 하나님께 봉사하였고 특히 성전의 찬양대로 하나님께 영광을 돌렸다.

'마스길'이라고 했는데 이 말은 '교훈'이라는 뜻이다. 그러니 이 시의 내용은 교훈적이며, 하나님의 백성들이 따라야 할 원리를 제시하고 있다.

이 시의 1~8절은 서론적 특성을 가지고 있고, 9~26절은 본론이다. 1~8절의 말씀은 필요한 무엇을 달라는 것이 아니라 지난날 무엇을 달라는 것이 아니라 지난날 하나님께서 베풀어 주신 은혜에 감사하고, 그것을 되새기는 내용들이다. 우리들의 일상생활에서 지난날 베풀어 주신 하나님의 은혜에 감사하기보다 새로운 것을 간청하는 소원만을 기도할 때가 많다. 그러나 시인은 지난날의 은혜를 되새김으로써 하나님의 사랑을 감사하였다. 시인은 지난날의 은혜에 감사드려 자신의 신앙을 일깨웠다.

1. 우리 조상의 날

1절에서 "하나님이여 주께서 우리 조상들의 날 곧 옛날에 행하신 일을 그들이 우리에게 일러 주매 우리가 우리 귀로 들었나이다"고 하였다. 여기서도 하나님은 '엘로힘'으로 표현된다. 그러니 '전능하신 분이시여'라는 의미이다. 나의 주인이 되신 전능하신 하나님을 부르며 그 하나님의 역사에 감사를 하게 된다. '우리 조상들의 날 곧 옛날에 행하신 일을 그들이 우리에게 일러 주매'라고 하였다.

이 말은 조상이 자기들에게 하나님이 하신 일을 가르쳐 주었다는 뜻이다. 우리나라의 경우에는 후손들이 조상의 이름을 더럽히게 하지 않으려고 노력을 하고 이것은 가문의 전통으로 삼으려고 한다. 그러나 성경이 가르치는 조상관은 다르다. 그들의 조상이 위대한 것이 아니라 그 조상을 활용하셨던 '하나님이 대단하시고', '놀라우신 분'이라고 하여 하나님을 높이는 믿음의 자세를 보여주고 있다.

이러한 신본주의적 사상을 가져야 진정한 가계의 전통을 유지할 수 있다. 하나님이 주관하시고 활용하셨다는 그 원리를 분명히 하여야 한다. 그러면 열조들이 무엇이라고 가르쳤는가? 여기에 대해서는 2절 이하에 구체적으로 제시하고 있다.

2. 주의 손으로

2절에서 "주께서 주의 손으로 뭇 백성을 내쫓으시고 우리 조상들을 이 땅에 뿌리박게 하시며 주께서 다른 민족들은 고달프게 하시고 우리 조상들은 번성하게 하셨나이다"고 하였다. 여기서 우리가 주목해야 할 것은 '주께서'가 주제이지 '조상'이 주제가 아니다. 주인공은 하나님이시지 인간이 아니다. '주께서 주의 손으로'라고 하여 하나님의 주권적 역사를 강조하고 있다. 시인은 하나님 중심의 삶의 원리를 제시하고 있다. 주께서 모든 것을 주장하시고 모든 것이 하나님의 뜻으로 되어졌다는 사실이 강조되고 있다.

2절의 표현은 비교법이다. "주께서 주의 손으로 뭇 백성을 내쫓으시고 우리 조상들을 이 땅에 뿌리 박게 하시며"라고 사실을 비교하고 있다. 하나님께서는 자기 백성을 위하여 이방 나라와 민족들을 징계하셨다.

'주께서 다른 민족들은 고달프게 하시고'라고 하였다. 하나님께서는 이스라엘을 위하여 가나안 칠족을 쫓으셨다. 여리고성의 함락도 이스라엘 백성이 싸운 것이 아니라 하나님이 대신 싸우신 '여호와의 전쟁'이다. 이스라엘이 한 것이 무엇인가? 오직 하나님의 말씀에 순종하여 따라 간 것뿐이다.

승리의 원리가 여기 있다. 우리가 싸우는 것이 아니라 하나님이 싸우시고 우리는 하나님을 믿고 따라가면 된다. 하나님께서는 다른 민족을 쫓으시고 '우리 조상들은 번성하게 하셨나이다.' 나무를 심듯이 하나님의 뜻대로 심으셨는데, 이것은 하나님의 주권과 섭리에 따라 움직이는 인간의 자세를 보여주고 있다. '주께서 민족들은 괴롭게 하시고 열조는 번성케 하셨다.' 하나님이 심으신 곳에 그대로 있으면 하나님께서 번영을 주시고 번성케 하여 주신다. 많은 민족들이 하나님의 백성에게 대적할지라도 하나님께서 모든 것을 주관하신다.

3. 주의 얼굴 빛으로

3절에서 그 방법이 구체적으로 묘사되어 있다. "그들이 자기 칼로 땅을 얻어 차지함이 아니요 그들의 팔이 그들을 구원함도 아니라 오직 주의 오른손과 주의 팔과 주의 얼굴의 빛으로 하셨으니 주께서 그들을 기뻐하신 까닭이니이다"고 하였다. 이 말씀에서 하나님께서 모든 것을 주관하시고 승리의 길로 인도하심을 보여 준다.

사람의 힘으로 이기는 것이 아니라 하나님의 오른손과 팔과 얼굴빛이 역사할 때에 승리가 있다. 이것은 '주께서 그들을 기뻐하신 연고'이다. 이 말씀을 바로 알아야 한다. 우리가 뛰어나서 하나님이 기뻐하는 것이 아니다. 신명기 7:8에는 "여호와께서 다만 너희를 사랑하심으로 말미암아"라고 하였고, 신명기 9:6에는 "그러므로 네가 알 것은 네 하나님 여호와께서 이 아름다운 땅을 기업으로 주신 것이 네 공의로 말미암이 아니니라"고 하였다. 인간이 착하기 때문에 선택하신 것이 아니라 하나님의 '기뻐하신 연고'로 되어졌다. 이것이 하나님의 예정이며 섭리이다.

4절에서 "하나님이여 주는 나의 왕이시니 야곱에게 구원을 베푸소서"라고 하였다. 이것을 히브리어 원문에서 직역하면 '당신 오직 당신이 나의 왕이시니'라는 말이다. 하나님이 왕이시고 그 하나님으로 인하여 위대한 승리의 역사가 나타난다.

시인은 '야곱에게 구원을 베푸소서'라고 기도하였다. 하나님은 야곱을 사랑하고 에서를 미워하였는데 이것은 하나님의 절대적 주권의 산물이다. 그러기에 하나님의 주권 아래서 사랑하여 달라는 것이다.

5절에서 "우리가 주를 의지하여 우리 대적을 누르고 우리를 치러 일어나는 자를 주의 이름으로 밟으리이다"고 하였다. 이 말씀은 하나님을 의지하는 자는 반드시 승리한다는 뜻이다. 구원의 하나님께서 역사하시는 이것을 믿고 나아가는 자에게 능력과 승리가 있다는 의미다. 6절에서 시인은 활이나 칼을 의지하지 아니하고 하나님을 의지할 것을 고백하고 있다. 7절에서도 하나님의 승리를 노래하고 하나님께 감사하는 믿음의 자세를 보여 준다. 시인의 진솔한 고백이 8절에 나와 있다. "우리가 종일 하나님을 자랑하였나이다 우리는 하나님의 이름에 영원히 감사하리이다 (셀라)"고 하였다. 우리의 모든 것이 하나님으로 되었으니 하나님을 자랑하고 하나님께 감사하는 믿음의 자세가 고백되고 있다. 시인의 가슴에는 '주는 나의 왕이시니'라는 하나님 중심주의가 가득하다. 하나님으로 살고, 승리하고 감사하는 자세가 우리에 소중한 자산이며 기쁨의 원천이다.

일어나 우리를 도우소서

시편 44:9~26

9그러나 이제는 주께서 우리를 버려 욕을 당하게 하시고 우리 군대와 함께 나아가지 아니하시나이다 10주께서 우리를 대적들에게서 돌아서게 하시니 우리를 미워하는 자가 자기를 위하여 탈취하였나이다 11주께서 우리를 잡아먹힐 양처럼 그들에게 넘겨 주시고 여러 민족 중에 우리를 흩으셨나이다 12주께서 주의 백성을 헐값으로 파심이여 그들을 판 값으로 이익을 얻지 못하셨나이다 13주께서 우리로 하여금 이웃에게 욕을 당하게 하시니 그들이 우리를 둘러싸고 조소하고 조롱하나이다 14주께서 우리를 뭇 백성 중에 이야깃거리가 되게 하시며 민족 중에서 머리 흔듦을 당하게 하셨나이다 15나의 능욕이 종일 내 앞에 있으며 수치가 내 얼굴을 덮었으니 16나를 비방하고 욕하는 소리 때문이요 나의 원수와 나의 복수자 때문이니이다 17이 모든 일이 우리에게 임하였으나 우리가 주를 잊지 아니하며 주의 언약을 어기지 아니하였나이다 18우리의 마음은 위축되지 아니하고 우리 걸음도 주의 길을 떠나지 아니하였으나 19주께서 우리를 승냥이의 처소에 밀어 넣으시고 우리를 사망의 그늘로 덮으셨나이다 20우리가 우리 하나님의 이름을 잊어버렸거나 우리 손을 이방 신에게 향하여 폈더면 21하나님이 이를 알아내지 아니하셨으리이까 무릇 주는 마음의 비밀을 아시나이다 22우리가 종일 주를 위하여 죽임을 당하게 되며 도살할 양 같이 여김을 받았나이다 23주여 깨소서 어찌하여 주무시나이까 일어나시고 우리를 영원히 버리지 마소서 24어찌하여 주의 얼굴을 가리시고 우리의 고난과 압제를 잊으시나이까 25우리 영혼은 진토 속에 파묻히고 우리 몸은 땅에 붙었나이다 26일어나 우리를 도우소서 주의 인자하심으로 말미암아 우리를 구원하소서

시편 44편은 고라 자손이 쓴 교훈적인 시이다. 시인은 어떤 잘못을 범하지도 않았는데 고통을 겪고, 죽음의 고비를 체험하였다. 이런 와중에서 하나님의 도우심을 간구하고, 하나님께서 모든 문제를 풀어 주실 것을 호소하였다. 하나님의 백성이 당하는 고통은 힘들고 어려워서 사람들의 일반적 감정으로는 이해하기 어렵다. 그러나 하나님의 백성들은 그 고난 뒤에 오는 하나님의 축복을 바라보고, 고통을 이기며 승리의 길을 달려간다.

1. 우리를 버려

9절에서 "그러나 이제는 주께서 우리를 버려 욕을 당하게 하시고 우리 군대와 함께 나아가지 아니하시나이다"고 하였다. 여기서 '그러나'란 말은 '지난날에 큰 은혜와 큰 승리를 체험하였으나'란 뜻이다. 하나님께서는 기도에 즉각적으로 응답하여 주시고 승리하게 하신 지난날의 체험을 말하고 있다. 지난날에는 하나님이 은혜를 주셔서 우리를 이기게 하셨는데 지금은 우리를 버려 욕을 당하게 하신다고 하였다.

'우리를 버려 욕을 당하게 하시고'란 말은 하나님의 이름으로 나가서 전쟁을 했는데 전쟁에서 패했기 때문에 이런 말을 하게 되었다. 인간의 생각으로는 전쟁만 하면 하나님께서 함께 하셔서 승리를 하리라고 보지만 하나님이 우리 군대와 함께 나아가지 않는 경우를 볼 때에 낙심하기 쉽다. 이것은 우리에게 주시는 하나님의 연단이라고 할 수 있다. 연단이란 고통스러운 것이지만 하나님을 향한 믿음의 훈련이다.

10절에서 "주께서 우리를 대적들에게서 돌아서게 하시니 우리를 미워하는 자가 자기를 위하여 탈취하였나이다"고 하였다. '돌아서게 한다'는 말은 전쟁에 나갔다가 적들 앞에서 쫓겨가게 되었다는 뜻이다. 전쟁에서 쫓겨나가니 가진 것을 다 빼앗기는 상황에 빠진다. 이때에는 하나님의 도움의 소중함을 알게 된다. 칠흑과 같이 깊은 밤에 빛이 얼마나 귀하다는 것을 깨닫듯이 하나님의 백성들이 이 땅에서 어려움을 겪을 때에 지금까지 베풀어 주신 하나님의 은혜를 감사하게 된다. 시인은 현재의 고통을 통하여 하나님의 도우심에 대한 감사의 역사를 다시 한번 기억하게 된다.

11절에서는 "주께서 우리를 잡아먹힐 양처럼 그들에게 넘겨주시고 여러 민족 중에 우리를 흩으셨나이다"고 하였다. '양'이란 연약한 존재이고 특히 '잡아먹힐 양'이란 돌보아 주는 사람이 없는 양이란 뜻이다. 그러니 이방 나라 중에 흩으신 양이기에 언제 누구에게서 고난을 당할 지 알 수 없는 존재이다. 양이 언제 가장 귀하고 아름다울까? 양이 목자의 인도를 받을 때에 가장 귀하다. 하나님께서 흘으신 양은 죽음의 길을 갈 수 밖에 없었다. 시인은 자신이 당한 고통을 계속하여 말하고 있다. 이것은 하나님이 자기를 버리신 것에 비유하여 설명하고 있다.

2. 헐값으로 파심이여

12절에서는 "주께서 주의 백성을 헐값으로 파심이여"라고 하였고, 13절에서는 사람들이 조소하고 조롱한다고 하였다. 이와 같은 어려움은 하나님의 백성으로 하여금 어떻게 살 것이냐 하는 기본 원리를 발견하게 한다. 하나님의 백성은 이 땅에서 역경을 겪고, 사람들에게서 조롱당할 때가 많다. 이런 고통 속에서 좌절하거나 낙망할 것이 아니라 하나님의 도우심을 구해야 한다. 이스라엘 백성들이 전쟁에서 패함으로 하나님이 함께 하시지 않음을 생각하고 다른 민족들에게 동정과 비웃음의 대상이 되었다(13~14절). 전쟁의 패배로 인하여 이스라엘 백성이 수치를 당하고 왕 역시 부끄러움을 겪을 수밖에 없었다(15~16절).

하나님의 대리자인 왕은 하나님께서 승리를 가져다 주셔야만 했던 전투에서 패배했기 때문에 특별히 수치를 느꼈다. 이것은 대표자로서의 수치와 당혹감이다. 현실에서의 당혹감은 17~22절에서 확실하게 나타난다. 만일 왕과 민족의 불행하게도 하나님에 대한 언약의 의무를 이해하지 못했다면 전투의 패배가 그것을 입증할 수 있다. 그러나 그들은 충실하였다. 언약관계에서 온전함을 유지하였으며(17절), 하나님께서 설정하신 것을 정직하게 행했다(18절). 그들은 첫 번째 계명을 어기지 않았으며(20절), 하나님에 대한 어떤 숨김도 없었다(21절). 그런데 하나님과의 언약 관계에 의하면 하나님은 그들과 함께 하셔서 그들에게 승리를 가져다주어야만 했다. 그러나 하나님은 그들을 상하게 하시고(19절), 그들이 살육 당하도록 허락하셨다(22절). 이와 같은 어려운 상황에서 하나님의 백성들은 어떻게 해야 하는가? 사람의 방법으로는 어떤 해결책이 나오지 않는다. 시인은 이 상황에서 하나님께 마지막 기도를 한다.

3. 우리를 버리지 마소서

23절에서 "주여 깨소서 어찌하여 주무시나이까 일어나시고 우리를 영원히 버리지 마소서"라고 기도하였다. 하나님이 주무시는 것 같이 생각되는 상황이기에 너무나 답답하여 '주여 깨소서'라고 호소하였다.

24절과 25절도 같은 사상을 보여주고 있다. 하나님의 도우심을 간구하는 애절함이 깔려있다. 하나님의 도움이 없으면 인간이 무엇을 할 수 있는가? 아무것도 할 수 없는 무가치한 존재이다.

26절에 와서 시인의 애절한 호소는 절정을 이룬다. "일어나 우리를 도우소서 주의 인자하심으로 말미암아 우리를 구원하소서"라고 하였다. '일어나 우리를 도우소서'란 말은 처절한 호소이며, 하나님의 역사하심을 바라는 간구이다. 우리가 주목할 단어는 '주의 인자하심을 인하여'이다. 우리가 잘나고 훌륭해서가 아니며 어떤 조건이 있어서 도와달라는 것이 아니다. 오직 하나님의 인자하심에 의하여 우리를 도와달라는 것이다. 하나님의 인자하심은 하나님의 독특한 성품이다. '하나님의 인자와 긍휼로 나를 도와주십시오'라는 호소이다. 자신의 공로를 내세우는 것이 아니라 하나님의 인자하심을 바탕을 하여 '우리를 구속하소서'라고 호소한다. 우리들이 살아갈 때에 까닭 없이 어려움을 겪고, 남들에게서 원망과 조롱을 받고, 짓밟힘을 당할 때가 있다. 이럴 때에 우리들이 어찌해야 하는 지에 대해 이 시편을 통해 배우게 된다.

우리들은 자기를 되돌아 보아야 하는데 지난날 베풀어 주신 은혜를 생각해야 한다. 하나님이 이 은혜를 왜 베푸셨는지를 살펴야 한다. 이때 하나님의 은혜를 받은 자답게 살지 못했을 경우에는 회개해야 한다. 가장 중요한 것은 하나님께 기도드리는 것이다. 이 기도는 하나님의 인자하심에 근거하는 것으로서 하나님의 자비와 사랑에 호소하는 것이다. 앞이 보이지 않는 어려움이 올 때에 좌절하고 낙망하는 것이 우리들의 일반적 태도이다. 그러나 하나님을 바라보고 하나님을 향해 기도하자. "주여 일어나 우리를 도우소서."

서기관의 붓 끝과 같도다

시편 45:1~8

1내 마음이 좋은 말로 왕을 위하여 지은 것을 말하리니 내 혀는 글솜씨가 뛰어난 서기관의 붓끝과 같도다 2왕은 사람들보다 아름다워 은혜를 입술에 머금으니 그러므로 하나님이 왕에게 영원히 복을 주시도다 3용사여 칼을 허리에 차고 왕의 영화와 위엄을 입으소서 4왕은 진리와 온유와 공의를 위하여 왕의 위엄을 세우시고 병거에 오르소서 왕의 오른손이 왕에게 놀라운 일을 가르치리이다 5왕의 화살은 날카로워 왕의 원수의 염통을 뚫으니 만민이 왕의 앞에 엎드러지는도다 6하나님이여 주의 보좌는 영원하며 주의 나라의 규는 공평한 규이니이다 7왕은 정의를 사랑하고 악을 미워하시니 그러므로 하나님 곧 왕의 하나님이 즐거움의 기름을 왕에게 부어 왕의 동료보다 뛰어나게 하셨나이다 8왕의 모든 옷은 몰약과 침향과 육계의 향기가 있으며 상아궁에서 나오는 현악은 왕을 즐겁게 하도다

시편 45편은 우리들에게 여러 가지 아름다운 교훈을 준다. 서두에 '고라 자손의 마스길, 사랑의 노래, 인도자를 따라 소산님에 맞춘 것'이라고 표시 하였다. '마스길'이란 '교훈적 시'라는 뜻이다. 그러니 이 시는 자연의 서정 적 특성을 노래한 시가 아니라 사람들에게 하나님의 뜻을 알리기 위해 쓴 시이다. 또 '사랑의 노래'라고 되어 있다. 애정시란 뜻이다. 그래서 혼인식 에서 부르는 '혼인시'라고 부른다.

결혼의 분위기가 가지는 기쁨과 희열과 즐거움이 두루 나타난다. 이 시 는 단지 왕의 결혼만을 노래하는 것이 아니라 이스라엘을 구원하고 다스리 신 왕이신 메시야의 예언이라고 할 수 있다.

1. 사랑의 노래

서두에 있는 '소산님'은 백합화 곡을 의미한다. '백합화 곡'은 유대인들

이 들으면 누구나 아는 곡으로 아름다운 선율로 되어있다. 백합은 사랑스러운 신랑을 상징한다. 이 시는 왕으로서 신랑된 자를 높이고 찬양하는 노래이다.

델리취(Delitzsch)는 요람왕과 아달리아의 결혼에 관한 시라고 하고, 칼빈은 솔로몬왕의 결혼, 어떤 학자는 솔로몬왕과 두로 공주의 결혼식에 관한 시라고 한다. 정확히는 알 수 없으나 다윗 계통에 속한 어떤 왕의 결혼이 45편의 배경이라고 볼 수 있다.

시인은 가슴에 찬 감동으로 왕을 향한 칭송을 하고 있다. "내 마음이 좋은 말로 왕을 위하여 지은 것을 말하리니 내 혀는 글 솜씨가 뛰어난 서기관의 붓끝과 같도다 왕은 사람들보다 아름다워 은혜를 입술에 머금으니 그러므로 하나님이 왕에게 영원히 복을 주시도다"(1~2절)라고 하였다.

학자들은 시편 45편을 메시야 예언의 시로 본다. 모든 인간보다 더욱 탁월하고 영원히 찬양받으실 분은 예수 그리스도 한 분 밖에 없기 때문이다. 히브리서 기자는 시편 45:6~7을 그대로 인용하면서 하나님의 아들이신 예수님을 전하고 있다(히 1:8~9).

시편 45편의 왕은 이스라엘의 영원하신 왕이신데 그분은 메시야이시고, 메시야는 세상에 나타나실 예수 그리스도이시다. 그 왕은 어떤 분이신지 3~4절에서 설명되고 있다.

메시야는 전능하신 분으로 세상을 다스리신 영화와 위엄을 가지고 계신다. 왕은 진리와 온유와 공의를 위하여 위엄있게 말을 타고 승천 할 것이다 (3~4절). 예수님은 평화의 왕이시다. 폭정과 억압으로 군림하는 왕이 아니라고 진리와 온유와 공의를 실천하신다(요 14:6, 마 11:29, 계 19:11-13).

"왕의 화살은 날카로워 왕의 원수의 염통을 뚫으니 만민이 왕의 앞에 엎드러지는 도다"(5절). 이스라엘의 왕이신 메시야는 악한 마귀와 싸워 이기신다. 왕의 놀라운 역사로 인하여 '아 주님께서는 온유하시고 부드러우시지만 한번 간섭하실 때는 철저하게 간섭하시는구나'라고 깨닫고 왕 앞에 엎드리게 된다.

하나님은 천천히 역사하시는 것 같으나 철저하게 다스리신다. 우리는 조급하고 눈에 보이는 것을 추구하지만 하나님은 끝까지 철저하게 주관하신다는 사실을 기억해야 한다.

하나님은 사랑만 많으신 분이 아니라 공의로우신 분이다. 그러므로 하나님이 은혜를 베푸실 때 감사하는 마음으로 순종하여야 한다.

2. 사람들 보다 아름다워

2절에서 말하였듯이 '왕은 사람들보다 아름다워' 영원한 생명을 가지시고 사람을 변화시키신다. 이러한 메시야이신 우리 왕을 따르는 것이 무엇보다 소중하고 귀하다. '사람보다 아름다워 은혜를 입술에 머금'는 하나님의 사랑을 깨달아야 한다.

6절에 "하나님이여 주의 보좌는 영원하며 주의 나라의 규는 공평한 규이니이다"고 하였다. 왕은 하나님이 보내신 왕이고 하나님이 세우신 왕이다. 그래서 '주의 보좌가 영원하다'고 하였다. 따라서 왕도 영원하다는 말이다. '보좌가 영원하며' 라는 말은 다스리심이 영원하다는 말이다. 보좌란 지위를 말한다. 왕의 지위, 왕의 자리가 변하지 않는다는 의미이다. 즉 왕의 다스림은 영원하고 변하지 않는다는 것을 가르친다.

세상의 지도자는 교체되어야하나 하나님의 통치는 영원하다. 인간 지도자는 아무리 훌륭하여도 한계가 있고 그의 제한점이 있다. 그러나 하나님은 영원히 다스리시는 왕이시다. '주의 나라의 규는 공평한 규이니이다'고 하였는데 이 말은 왕이 다스리는데 규를 가지고 내어밀면 백성들이 들어갈 수 있고, 내어 밀지 않으면 못 들어가는 것이다. 이 규는 허락을 나타내거나 거절을 나타내는 것인데 개역에는 '홀'이라고 번역되고 있다.

주님의 규는 공평하다. 하나님은 공평한 분이시기 때문에 가정, 국가, 교회를 올바로 다스리신다. 인간은 그렇게 할 수 없다. 영원하지도 않고 공평하지도 않다. 인간은 아첨하는 말에 솔깃해져 바른 판단을 하지 못하다가 결국은 망하고 만다. 하나님은 인간들의 아첨에 흔들리지 않으시는 분이다. 왜 그런가 하나님은 인간의 외식을 모두 아시는 분이시기 때문이다. 그러므로 하나님의 백성은 공의로우시고 공평하신 하나님을 믿고 의지해야 한다.

3. 정의를 사랑하고

7절에는 "왕은 정의를 사랑하고 악을 미워하시니 그러므로 하나님 곧 왕의 하나님이 즐거움의 기름을 왕에게 부어 왕의 동료보다 뛰어나게 하셨나이다"고 하였다. 하나님의 뜻대로 다스리시는 왕이시기 때문에 하나님이 기뻐하셔서 기름을 부어 다른 왕보다 능력있게 하셨다고 시인은 기록하고 있다. "왕은 정의를 사랑하고 악을 미워하시니"라고 하였는데 하나님이 바로 이렇게 하신다. 하나님은 정의를 사랑하고 악을 미워하신다. 하나님이 세우신 왕이 이렇게 할 때 왕이 기뻐하시며 더 큰 능력을 주신다는 말씀이다.

8절에는 "왕의 모든 옷은 몰약과 침향과 육계의 향기가 있으며 상아궁에서 나오는 현악은 왕을 즐겁게 하도다"고 하였다. 이 말은 예수 그리스도의 고귀한 인격을 말하는 것이다.

유대 사회에서는 의복을 보면 그 사람의 사회적 지위를 알 수 있다고 한다. 의복은 그 사람의 신분과 직위를 말해준다. "왕의 모든 옷은 몰약과 침향과 육계의 향기"가 있다. 이것은 그것들이 옷에 묻어있다는 말이다.

예수님은 화려한 옷을 입으시지 않으셨으나 그에게서 생명과 사랑의 향기가 나셨다. 이것은 하나님의 구원 역사가 주는 놀라운 향기이다.

'상아궁에서 나오는 현악은 왕을 즐겁게 하도다'고 하였다. 이스라엘 왕들은 상아궁을 화려하게 지었다. 거기서 현악으로 연주하면 그것을 듣는 마음이 즐거웠다고 했다. 주님의 옷에서 나오는 향기를 통하여 우리의 생명이 새로워지고 다른 사람에게 위대한 손길을 펼 수 있게 된다. 그러므로 우리는 하나님의 위대하심을 자랑하고 나아가서 이것을 다른 사람에게 전파해야 한다.

딸이여 듣고 보고

시편 45:9~17

9왕이 가까이 하는 여인들 중에는 왕들의 딸이 있으며 왕후는 오빌의 금으로 꾸미고 왕의 오른쪽에 서도다 10딸이여 듣고 보고 귀를 기울일지어다 네 백성과 네 아버지의 집을 잊어버릴지어다 11그리하면 왕이 네 아름다움을 사모하실지라 그는 네 주인이시니 너는 그를 경배할지어다 12두로의 딸은 예물을 드리고 백성 중 부한 자도 네 얼굴 보기를 원하리로다 13왕의 딸은 궁중에서 모든 영화를 누리니 그의 옷은 금으로 수 놓았도다 14수 놓은 옷을 입은 그는 왕께로 인도함을 받으며 시종하는 친구 처녀들도 왕께로 이끌려 갈 것이라 15그들은 기쁨과 즐거움으로 인도함을 받고 왕궁에 들어가리로다 16왕의 아들들은 왕의 조상들을 계승할 것이라 왕이 그들로 온 세계의 군왕을 삼으리로다 17내가 왕의 이름을 만세에 기억하게 하리니 그러므로 만민이 왕을 영원히 찬송하리로다

시편 45편은 '고라 자손의 마스길, 사랑의 노래, 인도자를 따라 소산님에 맞춘 것'이라고 되어 있다. 이 시는 마스길 즉 '교훈시'이다.

시인은 시의 주제를 신랑에게서 신부인 왕비에게로 옮겨간다. 왕비는 궁전에서 그 땅의 여성 가운데 가장 고상한 여인들 사이에 서 있는 것으로 묘사되고 있다. 결혼식에서 주인공은 신랑과 신부이다. 이들은 그날 행사의 중심이며 모든 사람들보다 뛰어난 존재로서 중요한 위치를 차지한다.

1. 왕비의 귀함

시인은 왕비를 귀하게 묘사하고 있다. 9절에서 "왕이 가까이 하는 여인들 중에는 왕들의 딸이 있으며 왕후는 오빌의 금으로 꾸미고 왕의 오른쪽에

서도다"고 하였다. 왕비 중에 왕들의 딸이 있다고 하였다. 이것은 존귀한 출신이 있다는 말이다.

이들이 시집을 와서 어떻게 되었는가? '오빌의 금으로 꾸민다'고 하였다. 오빌의 금은 당대 최고의 가치를 가진 금이다. 왕비가 장식하고 있는 금은 분명히 장식품이다. 그러나 시인은 금이라는 시각적인 요소를 취하여 암시를 통해 그것을 왕비의 내면적 가치에 적용시킨다. 성경에서 금의 산지로 언급되는 오빌이 어디인지 정확하게 알 수가 없다. 최근의 고고학적 발굴에 의하면 메카와 메디나 사이에 있는 마다드 다함이 솔로몬 시대의 오빌 금광의 유적 일 수 있다는 주장이 나오고 있다.

이렇게 금으로 치장한 왕비는 '왕의 우편'에 선다. 성경의 표현대로 하면 우편은 '능력의 자리'이다. 이것은 하나님의 백성의 위치를 암시한다. 하나님의 자녀는 하나님으로 인하여 새로운 존재 즉 왕비요 왕자이다. 하나님의 자녀가 되는 것은 신분의 최고의 상승이며, 세상의 모든 사람이 부러워하는 삶의 영광이다.

2. 왕비의 삶

10절에서 "딸이여 듣고 보고 귀를 기울일지어다 네 백성과 네 아버지의 집을 잊어버릴지어다"고 하였다. 이 말씀에서 왕비의 삶의 자세가 나온다. '듣고 보고 귀를 기울일지어다'고 하였다. 이것은 진지한 삶의 자세를 말하는 것으로서 듣고, 생각하고 귀를 귀울이는 진지한 자세가 필요하다. 왕비에게 "네 백성과 네 아버지의 집을 잊어버릴지어다"고 하였다. 시인은 왕비의 마음 속에 있는 외로움과 향수의 감정을 포착하고 그녀에게 부모의 집을 떠난 것을 한탄하지 말라고 권하고 있다. 시집온 새색시는 시집에 적응하는 과정에서 외로움과 향수를 느끼게 된다. 이것을 어떻게 극복하느냐가 새로운 삶을 살아가는 힘이 된다. 시인은 11절에서 그 방안을 제시한다. "그리하면 왕이 네 아름다움을 사모하실지라 그는 네 주인이시니 너는 그를 경배할지어다"고 하였다. 고향과 친정에 대한 향수에서 벗어나 신랑을 생각하고 그에게서 새로운 사랑을 찾으라고 권면하고 있다. 왕을 바라보고 새로운 사랑을 찾으면 왕이 '왕비의 아름다움'을 사모하게 된다. 이것은 외모를 말하는 것이 아니라 내면적 아름다움을 의미한다. 진정한 아름다움은 일시적이 되기 쉬우나 내면적 아름다움은 진정한 향기를 발한다.

12절에서 "두로의 딸은 예물을 드리고 백성 중 부한 자도 네 얼굴 보기를 원하리로다"고 하였다. 왕비는 결혼을 하였고 새로운 지위에 오르게 되었다. 그녀는 더 이상 부모의 딸이 아니라 왕비가 되었다. 이러한 신분의 변화는 사회적 여건을 바꾼다. 두로의 딸과 백성 중 부한 자들이 은혜를 구한다. 두로의 딸은 이방인이다. 그들마저 와서 은혜를 구한다. 하나님의 자녀들이 새로운 나라 백성이 되면 하나님께서 영광을 받으시게 만드는 원리가 여기에 있다.

시인은 13절과 14절에서 왕비의 성품에 대해 다시 말한다. 13절에서 "왕의 딸은 궁중에서 모든 영화를 누리니 그의 옷은 금으로 수 놓았도다"고 하였다. 시인은 왕비의 육체의 아름다움을 말하지 않는다. 시인은 왕비가 입은 옷에 대해 말함으로써 왕비의 내면적 인격의 가치와 온전함을 묘사하고 있다.

계속하여 14절에서도 "수 놓은 옷을 입은 그는 왕께로 인도함을 받으며 시종하는 친구 처녀들도 왕께로 이끌려 갈 것이라"고 하였다. 왕비는 시녀들의 수종을 받으며 왕께로 나아가고 있다. 이 광경은 신랑 되신 그리스도에게로 나아오는 하나님의 백성들의 모습을 연상시킨다. 최고의 영화로운 옷을 입은 하나님의 백성이 하나님께로 나아가는 혼인 잔치와도 같은 역사를 우리의 가슴에 심어 주신다.

3. 왕비의 영화

15절에서 "그들은 기쁨과 즐거움으로 인도함을 받고 왕궁에 들어가리로다"고 하였는데 이것은 왕비가 누리는 최고의 영화를 말한다. 왕비는 단순한 여인이 아니라 새로운 신분을 모은 하나님의 백성이며 영화로운 존재이다. 16절과 17절은 왕에게 드리는 마지막 말이다. 이 부분에서 다시 신랑에 관한 이야기를 하고 있으며 왕조의 연속성이라는 측면에서 귀한 의미를 가지고 있다. 16절에서 "왕의 아들들은 왕의 조상들을 계승할 것이라 왕이 그들로 온 세계의 군왕을 삼으리로다"고 하였다. 그들에게서 자녀가 생산되고 그 자녀들이 왕위를 계승함으로 미래의 통치를 책임지게 되었다. 17절은 "내가 왕의 이름을 만세에 기억하게 하리니 그러므로 만민이 왕을 영원히 찬송하리로다"고 하였다. 시인은 '내가 왕의 이름으로'라고 하여 자신의 저작을 통하여 그 땅에서 왕에 대한 기억을 영원히 지속시키려고 노력하였다.

17절은 예언적 선포로 해석할 수 있다. 그러면 하나님이 주어가 된다. 하나님은 자녀들을 통하여 왕에 대한 기억을 지속시키실 것이다.

시편 45편은 그 본래 의미가 분명하다. 왕과 왕비의 결혼을 축하하는 노래이다. 이 시편의 본래적 의미와 맥락을 볼 때에 메시야적 시가 아닌 것이 분명한데, 초대교회에 와서 탁월한 메시야적 시편으로 인정되었다. 히브리서 1:8~9의 말씀에서 분명히 나타난다. 이 말씀은 시편 45:7~8의 인용이기 때문에 메시야적 특성을 강조하게 되었다. 또한 그리스도와 교회를 신랑과 신부로 비유하는 방식으로 더욱 발전하게 되었다.

시편 45편은 아가서의 적극적 알레고리와 호세아 1~3장은 소극적 알레고리를 보충한다. 시편 45편은 그 이차적 의미에서 사랑의 알레고리뿐 아니라 왕권의 알레고리를 발전시키고 있다. 왕되신 그리스도는 하나님에 의하여 왕위에 올라갔으며(6절), 의로 통치하신다. 신부인 교회는 집을 떠나서 그 왕을 예뻐하도록 요청받는다(11절). 그러나 결혼의 궁극적 축복은 미래의 세대들인 자녀들의 축복이다(16절). 그들을 통하여 그 나라는 번영하게 된다. 이러한 원리가 하나님의 백성의 삶 속에 구체화되어야 하는데 이것이 귀중한 축복이다. 왕의 결혼 축하의 시간 하나님의 백성에게 영원한 생명의 씨앗이 되고 있음을 기억해야 한다.

하나님은 우리의 피난처요

시편 46:1~11

1하나님은 우리의 피난처시요 힘이시니 환난 중에 만날 큰 도움이시라 2그러므로 땅이 변하든지 산이 흔들려 바다 가운데에 빠지든지 3바닷물이 솟아나고 뛰놀든지 그것이 넘침으로 산이 흔들릴지라도 우리는 두려워하지 아니하리로다 (셀라) 4한 시내가 있어 나뉘어 흘러 하나님의 성 곧 지존하신 이의 성소를 기쁘게 하도다 5하나님이 그 성 중에 계시매 성이 흔들리지 아니할 것이라 새벽에 하나님이 도우시리로다 6뭇 나라가 떠들며 왕국이 흔들렸더니 그가 소리를 내시매 땅이 녹았도다 7만군의 여호와께서 우리와 함께 하시니 야곱의 하나님은 우리의 피난처시로다 (셀라) 8와서 여호와의 행적을 볼지어다 그가 땅을 황무지로 만드셨도다 9그가 땅 끝까지 전쟁을 쉬게 하심이여 활을 꺾고 창을 끊으며 수레를 불사르시는도다 10이르시기를 너희는 가만히 있어 내가 하나님 됨을 알지어다 내가 뭇 나라 중에서 높임을 받으리라 내가 세계 중에서 높임을 받으리라 하시도다 11만군의 여호와께서 우리와 함께 하시니 야곱의 하나님은 우리의 피난처시로다 (셀라)

시편 46편은 '하나님은 우리의 피난처' 라는 주제를 강력하게 말한다. '고라 자손의 시, 인도자를 따라 알라못에 맞춘 노래' 라고 하였는데 인도자는 찬양대 지휘자를 말하고 알라못은 곡조 이름인데 오늘날 어떤 곡인지는 알 수가 없다.

이 시편은 일반적으로 찬양의 성격을 가지고 있으며, 하나님께서 제공해 주신 피난처와 보호가 그 찬양의 핵심을 이룬다. 그러나 이 시의 형식을 보면 '하나님을 찬양하라'는 서론적 권고가 없기 때문에 내부적으로 독특한 성격을 가지고 있다.

구조상으로 이 시는 세 부분으로 되어 있다. 각 부분의 길이가 비슷하고 '셀라'라는 말로 분리되고 있다. 첫째, 자연적 현상에 대한 하나님의 피난처 (1~3절). 둘째, 세계 열방들에 대한 하나님의 피난처(4~7절). 셋째, 자연의 힘과 이방 나라들의 세력이라는 두 가지 세력에 대한 하나님의 피난처(8~11절)로 분류할 수 있다. 이 세 부분의 구조는 단어들의 특별한 용법에 의해서 밀접하게 연관된다. 핵심 단어가 세 부분에 모두 나오고 있는데(2, 6, 8, 9, 10절) 전체적 통일성을 부여해 주는 '땅'이란 단어이다.

1. 우리의 피난처

1절에서 "하나님은 우리의 피난처시요 힘이시니 환난 중에 만날 큰 도움이시라"고 하였다. 이 말씀은 이 시편 전체의 주제를 소개하고 있다. 이 주제는 이 시편의 전체적인 구조를 마련해 주는 후렴(7, 11절)에 다시 나타난다.

'하나님은 우리의 피난처이다'란 말씀은 하나님의 백성의 위대한 고백이다. '하나님이 천지를 창조하셨다'는 고백처럼 우리의 삶 전체를 주장하시는 하나님의 위대하심과 사랑하심을 보이고 있다. 하나님은 환난 중에 만난 큰 도움이다. 이 말의 원어적 뜻은 '환난 중에 도움으로 철저히 증언된 분이시라'란 의미이다. 이것은 우리가 어려움을 겪을 때에 하나님께서 그곳에 계셔서 우리를 지켜 주시고 도와주시는 분이시라는 뜻이다.

2. 두려워하지 아니하리로다

2절과 3절에서 "그러므로 땅이 변하든지 산이 흔들려 바다 가운데에 빠지든지 바닷물이 솟아나고 뛰놀든지 그것이 넘침으로 산이 흔들릴지라도 우리는 두려워하지 아니하리로다(셀라)"라고 하였다. 시인은 환난의 때 즉 자연 세계나 인간 세계에서 혼돈이 질서를 능가하려고 시도하는 때에 하나님의 보호하시는 역사가 능력 가운데 나타나는 것을 확증하고 두려워하지 않는다고 하였다.

시편 기자는 지진의 무서운 양상을 감동적으로 묘사하고 있다. 산들이 바다 속으로 무너져 버리고 대양의 격랑과 조수의 파도가 남아 있는 산들을 흔든다. 비록 그 언어가 시적이고 엄밀하게 묘사되어 있지는 않지만 그것은 요단강 상류로부터 남쪽 아라바에 이르는 대협곡을 둘러싸고 있는 지역에 살고 있던 사람들에게는 낯설지 않는 지진을 묘사하고 있다. 이 시편에서 사용된 언어는 히브리 시인들이 흔들리는 땅(사 24:19, 20), 떠나고 있는 산(사 54:10), 땅과 바다의 동시적 붕괴(학 2:6)를 보여주고 있다. 시인은 깊은 생각속에서 하나님의 창조 질서를 위협하는 혼돈의 세력에 대하여 말하고 있다. 그러나 이 혼돈의 세력에 직면할지라도 두려움이 없다. 왜냐하면 하나님께서 창조시에 혼돈을 정복하셨기 때문이다. 시인이 고백하는 확신의 언어는 창조에 근거하고 있다. 왜냐하면 하나님의 질서는 태초의 혼돈으로부터 나타났기 때문이다(창 1:1~2). 하나님의 창조는 혼동을 극복하시는 위대한 역사 속에서 더욱 귀하게 나타나고 있다. 홍해를 육지같이 갈라서 이스라엘 백성을 구원하신 하나님의 역사는 하나님의 승리이다(출 15:1~10).

시편 기자는 자연의 여러 가지 위협에서 구원하시는 하나님의 승리를 시적 언어로 표현하였고 승리의 확신을 노래하였다. 시인은 혼돈의 세력에서 생긴 확신으로부터 이방 나라들의 위협에서 생긴 확신을 4~7절에서 말하고 있다.

4절에서 "한 시내가 있어 나뉘어 흘러 하나님의 성 곧 지존하신 이의 성소를 기쁘게 하도다"고 하였다. 시인은 1절에서 하나님을 보호의 근원으로 묘사하고 있는데 비하여 4절에서는 보호의 직접적인 장소로 하나님의 성을 묘사하고 있다. 하나님은 성은 안전하다. 왜냐하면 하나님의 임재를 체험할 수 있는 곳이 바로 하나님의 '거룩한 처소'이기 때문이다. 여기서 '시내' 즉 '강'과 그 '줄기'에 대한 언급이 있는데 이것은 가나안의 신화를 상기시켜 주는 언어로서 하나님의 성을 묘사하고 있다.

3. 새벽에 하나님이 도우시리로다

5절에서 "하나님이 그 성 중에 계시매 성이 흔들리지 아니할 것이라 새벽에 하나님이 도우시리로다"고 하였다. 물줄기가 에워싸도 하나님이 함께 계시니 요동치 아니한다. 하나님의 임재는 우리에게 안정의 기반이 되고 있기에 우리는 하나님의 함께 하심을 더욱 생각하여야 한다. 하나님께서는 자신의 권리를 주장하려는 혼돈의 세력들이 주장하는 새벽에도 그 성을 안전하게 지킨다는 의미이다.

6절에는 "뭇 나라가 떠들며 왕국이 흔들렸더니 그가 소리를 내시매 땅이 녹았도다"고 하였다. 시편 46편의 핵심은 6절의 '이웃나라'와 '왕국'에 대한 언급이다. 혼돈의 힘으로 위협하는 것은 이러한 인간의 세력들이다. 그들은 산들처럼 '요동친다' 그러나 하나님의 성은 요동치지 않는다. 여기서 하나님의 보호는 안전으로 묘사되고 있다. 막강한 열방도 본질적으로는 불안정하다. 하나님께서 말씀하시니 땅이 녹는다(6절 하).

7절에서 "만군의 여호와께서 우리와 함께 하시니 야곱의 하나님은 우리의 피난처시로다(셀라)"라고 하였다. 여기서 하나님의 칭호에 대하여 주목할 필요가 있다. '만군의 여호와', '야곱의 하나님'이라는 칭호는 이스라엘의 역사적 신앙을 전승해 주는 특성을 보이고 있다. 이스라엘을 열방의 위협에서 지켜 주시는 분은 '만군의 여호와'이며, '야곱의 하나님'이라는 칭호는 하나님의 '보호하시는' 성품을 상기시켜 준다.

8~11절은 자연의 힘과 이방 나라들의 세력에서 하나님의 피난처되심을 강조한다. 8절에서 "와서 여호와의 행적을 볼지어다 그가 땅을 황무지로 만드셨도다"고 하였다. '와서 보라'는 시적인 초대가 이 시편의 마지막 부분을 시작하고 있는데 여기에는 앞부분의 두 가지 주제가 절정을 이룬다.

예배자들은 자연세계에서 하나님의 지배를 나타내는 이 땅에서의 하나님의 행적(8절)을 볼 수 있고, 또 화평을 이루시고, 전쟁 무기들을 파괴하시며(9절), 그러한 일을 통해 역사의 세계에 대한 지배를 나타내시는 하나님께서 인간적인 세력들에게 행사하신 것을 '볼 수' 있다. 하나님의 말씀(10절)은 모든 혼돈의 세력이 하나님의 찬양의 도구로 변화되는 것을 암시한다. 하나님을 하나님이시라는 것을 아는 것은 자연과 역사에 대한 하나님의 주권을 아는 것이고, 또 그것을 통해서 보호자로서의 하나님의 능력을 인식한다.

하나님을 찬송하라 찬송하라

시편 47:1~9

1너희 만민들아 손바닥을 치고 즐거운 소리로 하나님께 외칠지어다 2지존하신 여호와는 두려우시고 온 땅에 큰 왕이 되심이로다 3여호와께서 만민을 우리에게, 나라들을 우리 발 아래에 복종하게 하시며 4우리를 위하여 기업을 택하시나니 곧 사랑하신 야곱의 영화로다 (셀라) 5하나님께서 즐거운 함성 중에 올라가심이여 여호와께서 나팔 소리 중에 올라가시도다 6찬송하라 하나님을 찬송하라 찬송하라 우리 왕을 찬송하라 7하나님은 온 땅의 왕이심이라 지혜의 시로 찬송할지어다 8하나님이 뭇 백성을 다스리시며 하나님이 그의 거룩한 보좌에 앉으셨도다 9뭇 나라의 고관들이 모임이여 아브라함의 하나님의 백성이 되도다 세상의 모든 방패는 하나님의 것임이여 그는 높임을 받으시리로다

　　시편 47편은 '찬송시'이다. 이스라엘 민족뿐만 아니라 이방 민족인 '백성'(1절)들은 하나님의 왕권을 찬양하라는 요청을 받는다. 이 시편은 정교하게 문학 작품으로 구성되어 있고, 각 연이 '찬송하라'는 요청을 반복하고 있다. 시편 47편을 문학적으로 보면 첫째, 찬송의 내용(2~7절)과 종결 선언(9절 하)을 조직적으로 형성하고 있다. 둘째, 찬송 부분을 도입하고 있는 두 절(2, 7절)은 모두 왕과 온 땅을 사용하고 있다. 셋째, 이 시의 첫 연은 양괄식 장치에 의하여 완성되고 있다. 넷째, 이 시 전체를 통하여 백성, 왕, 땅, 등의 단어를 사용함으로써 통일성을 유지하고 있다.

　　'즉위시'의 형태로 되어진 이 시는 독특한 교훈을 한다. 즉위시는 특별한 '승리의 찬가' (출 15:1~18)로 시작하여 일반적인 승리의 찬가(시 29:)로 발전하고 결국에는 하나님의 왕권에 대한 일반적 찬양(시 47:)으로 확대되어 진다.

1. 즐거운 소리로

1절에는 "너희 만민들아 손바닥을 치고 즐거운 소리로 하나님께 외칠지어다"고 하였다. 이 시편에서 '찬송하라'는 요청은 그 말을 듣는 사람의 입장에서 볼 때에 특이하다. 이스라엘의 하나님을 찬송해야 할 사람은 '열방' 또는 '만민'이다. 전쟁에서 패하고(3절), 그들의 대표자들과 방백들이 실제로 하나님의 왕권을 축하하는 의식에 참여해야 한다고 생각하는 그런 민족이다(9절). 그 배경은 이스라엘의 초기 군사적 확장과 제국의 세력에 대한 하나님의 언약과 관계가 있다.

1절의 '찬양하라'는 권유는 시적(詩的) 의미가 있기도 하지만 문자 그대로 하나님께 찬송하라는 것으로 해석하는 것이 옳을 것이다. 이스라엘과 그 백성들은 하나님의 궁극적 주권과 하나님의 나라를 찬송해야 한다는 관점에서 예배가 시작된다.

2~5절은 하나님의 승리에 대한 찬송이다. "지존하신 여호와는 두려우시고 온 땅에 큰 왕이 되심이로다"(2절)는 말씀에서 하나님의 칭호에 대한 교훈을 찾을 수 있다. '지존하신 여호와'(야훼 엘욘)에서 여호와는 하나님의 고유명사이고, '지존하신'이란 용어는 히브리인과 이방인이 함께 나타나는 칭호이다. 또 '큰 왕'은 하나님을 지칭하는 일반적 칭호로서 이 단어는 이스라엘 신앙의 언약적 특성을 나타내 보인다.

하나님 대한 찬양의 근거가 3절에 나온다. "여호와께서 만민을 우리에게, 나라들을 우리 발 아래에 복종하게 하시며"라고 하였다. 이 말씀에서 시편의 군사적 배경과 하나님의 군사적 배경을 강조하고 있다.

2. 야곱의 영화

4절에서 "우리를 위하여 기업을 택하시나니 곧 사랑하신 야곱의 영화로다 (셀라)"고 하였다. 여기서 '기업'과 야곱의 '영화'는 시적 표현으로 병행하고 있으며, 이것은 약속된 땅만이 아니라 다윗의 치세 기간과 그 후에 정복된 국가들의 주변 땅을 가리킨다. 하나님은 자기 백성을 위하여 언약을 이루시고 기업으로 풍성케 하여 주신다. 이것은 하나님의 주권적 역사이며 사람들이 사모해야 할 원칙이다.

5절에서 "하나님께서 즐거운 함성 중에 올라가심이여 여호와께서 나팔 소리 중에 올라가시도다"고 하였다. 이 말씀은 시적 언어로서 군사적 승리에 뒤따른 언약궤의 승리의 행진을 가리키는 것 같다. '여호와께서 나팔 소리 중에 올라가심이여'란 말은 전쟁에서 하나님의 임재의 상징인 언약궤가 하나님의 승리를 기뻐하는 사람들의 외치는 소리와 나팔 소리에 휩싸인 채 올라간다는 의미이다. 하나님의 승리는 단순히 이스라엘에게만 영광이 아니라 하나님 자신의 영광과 직결된다. 그리하여 하나님의 백성은 하나님의 영광을 위하여 승리를 쟁취해야 한다.

6절은 다시 찬송의 요청이다. "찬송하라 하나님을 찬송하라 찬송하라 우리 왕을 찬송하라"고 하였다. 두 번째 연도 '찬송하라'로 시작된다. 이것은 '만민'에게 해당되는 것이 아니라 예배에 초청받은 사람에게 해당된다. 7절에서 "하나님은 온 땅의 왕이심이라 지혜의 시로 찬송할지어다"고 하였다. 이 말씀에 나오는 '온 땅'에 대한 하나님의 왕권은 2절에 나오는 찬송의 시적 부분의 주제를 반복하고 있다.

하나님의 백성들은 하나님께서 온 땅의 왕이시라는 사실을 바로 알고 이 하나님을 찬송하는 삶을 살아야 한다. 이것은 하나님의 절대적 주권에 대한 순복이며 경배이다. 우리들이 할 수 있는 최고의 정성으로 하나님을 찬송해야 한다.

3. 하나님이 다스리시며

8절에서 "하나님이 뭇 백성을 다스리시며 하나님이 그의 거룩한 보좌에 앉으셨도다"고 하였다. '하나님이 다스리신다'(말라크 엘로힘)는 표현은 가장 보편적 의미를 우리들에게 제시하고 있다. 하나님이 이 땅의 열방을 지배하신다는 의미이다.

하나님의 통치는 단순히 이방인들에 대한 승리로 말미암아 확립된 것이 아니다. 오히려 하나님의 승리는 백성과 열방에 대한 하나님의 궁극적 주권 때문에 가능하다. 보좌에 앉아 계신 하나님에 대한 언급(8절 하)은 하나님의 통치(8절 상)와 시적으로 병행을 이루고 있다. 하나님의 통치를 믿고 바라는 하나님의 백성은 하나님의 위대하신 손길 앞에 감사를 해야 한다. 하나님의 하나님 되심을 인정하고 여기에 순복하는 것은 하나님의 백성에 가야 할 최고의 길이다.

9절은 "뭇 나라의 고관들이 모임이여 아브라함의 하나님의 백성이 되도다 세상의 모든 방패는 하나님의 것임이여 그는 높임을 받으시리로다"고 하였다. 이방 나라들의 방백들 즉 이스라엘의 대표자들이 모여 하나님의 주권을 인정한다. 이러한 승인을 위한 실제적인 축제가 예루살렘에서 어떤 형태로든지 거행되었을 것이다 이 의식을 통하여 '하나님의 하나님되심'이 더욱 강하게 나타났을 것이다. 이 시편은 하나님의 왕권과 하나님의 대행자인 왕의 권력에 대한 묘사이다. 이것은 예수님의 가르치심 가운데 나타난 '하나님의 나라'라는 주제의 배경을 형성한다.

시편 47편은 신약 시대의 '하나님의 나라'의 한 측면을 보여준다. 처음에는 종말론적 특성이 강하지 않지만 시간이 갈수록 이것이 강조되고 있음에 주목할 필요가 있다.

9절은 고대 찬미가의 절정을 이룬다. 이스라엘과 전 세계 사람들이 하나님을 인정할 때에 또 다른 절정이 있게 된다. 하나님의 백성은 하나님의 주권을 인정하고 찬송해야 한다. 온 정성을 다하여 인정할 때에 하나님의 위대하신 역사가 나타난다. 시인의 권유처럼 '여호와를 찬송하자.' 정성을 다하여 찬송하자.

여호와는 위대하시니

시편 48:1~14

1여호와는 위대하시니 우리 하나님의 성, 거룩한 산에서 극진히 찬양 받으시리로다 2 터가 높고 아름다워 온 세계가 즐거워함이여 큰 왕의 성 곧 북방에 있는 시온 산이 그 러하도다 3하나님이 그 여러 궁중에서 자기를 요새로 알리셨도다 4왕들이 모여서 함께 지나갔음이여 5그들이 보고 놀라고 두려워 빨리 지나갔도다 6거기서 떨림이 그들을 사 로잡으니 고통이 해산하는 여인의 고통 같도다 7주께서 동풍으로 다시스의 배를 깨뜨 리시도다 8우리가 들은 대로 만군의 여호와의 성, 우리 하나님의 성에서 보았나니 하 나님이 이를 영원히 견고하게 하시리로다 (셀라) 9하나님이여 우리가 주의 전 가운데 에서 주의 인자하심을 생각하였나이다 10하나님이여 주의 이름과 같이 찬송도 땅 끝까 지 미쳤으며 주의 오른손에는 정의가 충만하였나이다 11주의 심판으로 말미암아 시온 산은 기뻐하고 유다의 딸들은 즐거워할지어다 12너희는 시온을 돌면서 그 곳을 둘러보 고 그 망대들을 세어 보라 13그의 성벽을 자세히 보고 그의 궁전을 살펴서 후대에 전하 라 14이 하나님은 영원히 우리 하나님이시니 그가 우리를 죽을 때까지 인도하시리로다

시편 48편은 찬송시이다. 좀 더 정확히 말하면 그것은 찬송시 중에서도 '시온의 노래'에 속한다. 시온의 노래는 일반적으로 찬양하라는 서두적 권 고를 가지고 있지 않지만 1절 상반절을 그러한 형태로 설명하여야 한다.

시온의 노래의 내용은 거룩한 성내에 있는 시온산에 대한 찬양으로 볼 수 있다. 좀 더 깊이 본다면 그 내용은 하나님의 임재와 보호가 거룩한 산과 성소에 의해 상징되는 하나님에 대한 찬양이다.

시편 48편은 다음과 같은 네 가지로 구성되어 있다. 첫째, 하나님께서 찬 양받으시기에 합당하는 것을 표현하는 짧은 찬양의 서문(1절 상), 둘째, 시 온산의 영광에 대한 찬양인 중심 부분(1절 하~8), 셋째, 회중이 하나님께 직

접 말함(9~11절), 넷째, 산을 순행하라는 예배자들에 대한 권고이다(12~14
절). 이 시편은 제의적 배경에서 해석되어야 한다. 또 이것은 대규모의 제의
적 의식의 일부로 간주해야 한다. 이 시편의 일반적 배경은 시온산 그 자체
이며, 특별한 배경은 성전 내에서 일어나고 있는 예배이다(9절). 이 시편은
기독교 예배에서 성령 강림절에 적합한 시편 중의 하나로 사용되었고, 시온
산의 의미를 더욱 분명하게 한다.

1. 여호와는 위대하시니

1절 상반절에서 "여호와는 위대하시니"라고 하였다. 이 말씀은 하나님
의 광대하심에 대한 찬양이라는 것을 암시하여 준다. 이 찬양의 특별한 표
현은 시온산의 상징적 표현 안에서 반영된 하나님의 광대하심이다. 하나님
은 위대하시고 능력이 있으신 분이다. 이 하나님을 찬양하는 것이 하나님의
백성의 임무이다.

1절 하반절에서 8절까지는 '시온산의 영광'에 대한 기록이다. 1절 하반
절에서 "우리 하나님의 성, 거룩한 산에서 극진히 찬양 받으시리로다"고 하
였다. '우리 하나님의 성'은 예루살렘이고, '거룩한 산'은 그 높음이 아름다
운 시온산이다. 그 산이 인간에게 기쁨이 된다. 하나님의 백성은 하나님의
성, 거룩한 산에서 찬송해야 한다. 이것은 하나님을 섬기는 자의 삶의 자세
이다. 우리가 하나님을 찬양하고 영화롭게 할 때에 하나님의 위대한 역사가
우리에게 나타난다.

2절에서 "터가 높고 아름다워 온 세계가 즐거워함이여 큰 왕의 성 곧 북
방에 있는 시온산이 그러하도다"고 하였다. 시온산이 높다고 하는데 문자
적이고 물리적 측면에서 높다는 것이 아니다. 이것은 하나님을 특별한 방법
으로 알 수 있고 경험할 수 있는 장소로서 종교적 의미와 관련이 있다.

3절에서 "하나님이 그 여러 궁중에서 자기를 요새로 알리셨도다"고 하
였다. 예루살렘 성에는 궁전이 하나만 있는 것이 아니고 여름 궁과 겨울 궁

이 있었다. 하나님은 당신의 피난처로 삼는 사람은 복있는 사람임을 우리에게 교훈하신다.

2. 그들이 보고 놀라고

4~8절은 두 가지 이상의 놀라운 대조를 통하여 해석해야 한다. 세상의 '열왕'(4절)이 예루살렘에 와서 한 가지를 '보았다'(5절). 순례자들이 예루살렘에 와서 또 다른 한 가지를 보았다(8절). 대조의 핵심은 3절에 교훈된 '피난처'이다. 시온산은 하나님께서 그곳에 임재하심으로 피난처 즉 요새가 되었다.

5절에 보면 침공하는 대군의 왕들이 요새를 보고 그 난공불락의 모습에 놀랐다고 한다. "그들이 보고 놀라고 두려워 빨리 지나갔도다"고 하였다. 시적 언어로 강조된 것은 요새의 군사적 힘이 아니라 요새 안에 계셔서 보호하시는 하나님에 대한 열왕의 인식이다. 열왕의 두려움은 두 가지로 묘사되었다. 하나는 '해산하는 여인처럼' 몸부림치는 것(6절)이고, 다른 하나는 거센 동풍으로 몰아치는 폭풍의 비유이다(7절). "주께서 동풍으로 다시스의 배를 깨뜨리시도다"고 하였다. 여기서 '다시스'가 어디인가에 대한 논란이 있다. 페니키아의 식민지인 스페인의 타르테수스(Tartessus)라고도 하고 또 '공해'라는 의미가 있다고 하기도 한다. 이러한 비유의 의미는 거센 동풍이 원양 항해선을 산산히 부순 것처럼 시온의 모습이 세계의 막강한 왕들을 두렵게 했다는 의미이다.

8절에서 "우리가 들은 대로 만군의 여호와의 성, 우리 하나님의 성에서 보았나니 하나님이 이를 영원히 견고하게 하시리로다(셀라)"고 하였다. 겁에 질린 열왕들이 본 광경은 순례자들이 예루살렘 성에 나아갔을 때 그들을 두렵게 만든 것과 동일한 광경이다. 그들이 인식한 것은 난공불락의 성채가 아니라 그들에게 기쁨과 보호를 주시는 하나님이 세우신 영원한 성이었다.

3. 하나님이여

9~11절은 예배자의 말이다. 그곳에 모인 예배자들은 하나님께 직접 말한

다. 그들은 '하나님이여'라고 하나님을 부르면서 말한다. 이 시편의 앞부분에서는 하나님을 3인칭으로 부르지만 여기서는 2인칭으로 기록하고 있다. 예배자들이 말하는 내용은 찬양의 형식으로 이루어져 있으며, 그 초점을 '인자하심'(9절), '정의'(10절), '판단'(11절) 등 하나님의 언약적 특성에 관한 것이다. 이런 말들은 의식의 절차를 나타내 보인다. 의식의 도중에 백성들은 잠시 멈추고 궁극적으로 하나님의 인자하심에 근거하고 있는 것들의 의미를 되새겼을 것이다.

11절에는 "주의 심판으로 말미암아 시온산은 기뻐하고 유다의 딸들은 즐거워할지로다"고 하였다. 이제 시온산이 주어가 되었고 하나님의 '판단'으로 기뻐한다. '유다의 딸들'은 유다의 마을 또는 성읍을 가리키는 관용적 표현이다.

12~14절은 시온산을 순행하라는 권유이다. 이 시편은 집권하는 제사장이 예배자들에게 권유한 내용으로 끝을 맺는다. 이 시편은 이 말씀으로 마무리되지만 의식은 계속되었으며 순례자들은 권유에 응답하여 일어나 그 성전을 떠났을 것이다.

예배의 앞부분에 초점이 되었던 시온산은 이제 감각적 경험의 초점이 되었다. 예배자들은 그 산을 순행하면서 '망대', '성벽', '궁전'을 보았을 때 집으로 돌아가 자식들 즉 후대들(13절)에게 전할 시온의 실체에 대한 인상을 받았을 것이다. '이 분이 하나님이시니' 즉 어떤 의미에서 이 산의 하나님이다. 물론 산 그 자체가 하나님이 아니다. 시온산을 통하여 하나님의 역사를 깨닫고 신앙을 하게 된다.

이 시편은 하나님의 백성들이 예배에서 중요한 의미를 가지고 있다. 하나님을 경외하는 자들은 하나님의 광대하심을 깨닫고 이 하나님께 경배를 드리게 된다. 살아계신 하나님이 참 예배의 대상이 되시기에 우리는 이 하나님을 영화롭게 하는 경배를 드린다. 시온산은 하나님의 임재를 체험하는 거룩한 산이다. 이 산에서 하나님의 영광을 나타내어야 한다.

사람은 존귀하나 장구하지 못함이여

시편 49:1~12

1뭇 백성들아 이를 들으라 세상의 거민들아 모두 귀를 기울이라 2귀천 빈부를 막론하고 다 들을지어다 3내 입은 지혜를 말하겠고 내 마음은 명철을 작은 소리로 읊조리리로다 4내가 비유에 내 귀를 기울이고 수금으로 나의 오묘한 말을 풀리로다 5죄악이 나를 따라다니며 나를 에워싸는 환난의 날을 내가 어찌 두려워하랴 6자기의 재물을 의지하고 부유함을 자랑하는 자는 7아무도 자기의 형제를 구원하지 못하며 그를 위한 속전을 하나님께 바치지도 못할 것은 8그들의 생명을 속량하는 값이 너무 엄청나서 영원히 마련하지 못할 것임이니라 9그가 영원히 살아서 죽음을 보지 않을 것인가 10그러나 그는 지혜 있는 자도 죽고 어리석고 무지한 자도 함께 망하며 그들의 재물은 남에게 남겨 두고 떠나는 것을 보게 되리로다 11그러나 그들의 속 생각에 그들의 집은 영원히 있고 그들의 거처는 대대에 이르리라 하여 그들의 토지를 자기 이름으로 부르도다 12사람은 존귀하나 장구하지 못함이여 멸망하는 짐승 같도다

이 시편은 일반적으로 '지혜시'의 범주에 속한다. 그러나 이 시편은 지혜 전승에 기초하여 일반적으로, 도덕적 주제를 다루고 있는 다른 지혜시의 유형과는 다르다. 시편 49편의 주제는 죽음인데 그것도 인간적 부와 권세의 배경을 지닌 죽음이다.

지혜 문학은 일반적으로 두 범주로 나누어진다. 첫째. 지혜 전승의 도덕적 요소가 교훈 형식으로 표현된 기본적 범주인데 잠언이 그 대표적 본보기이다. 둘째. 도덕적 문제를 탐구하는 보다 이론적인 작품이다. 시편 49편은 그 가운데 두 번째 범주에 속한다. 또 이것은 욥기와 비슷한 주제를 가지고 있다.

시편 49편에서는 12절과 20절에 결론적인 강조를 하고 있다. 12절에는 "사람은 존귀하나 장구하지 못함이여 멸망하는 짐승 같도다"고 하였다. 20절에는 "존귀하나 깨닫지 못하는 사람은 멸망하는 짐승같도다"고 하였다.

사람이 아무리 존귀하여도 은혜를 입지 못하여 깨닫지 못한다면 짐승 같은 존재가 되고 만다.

1. 귀를 기울이라

1~4절은 지혜 교사의 서문이다. 서문은 본질적으로 광범위하고 내용과 범위에서 국제적인 지혜 전승에 어울리는 상당히 폭넓은 성격을 띠고 있다.

1절에서 "뭇 백성들아 이를 들으라 세상의 거민들아 모두 귀를 기울이라"고 하였다. 지혜의 말을 들어야 할 사람은 '백성들'과 세상의 '거민들'이다. 이것은 선언될 지혜가 나라와 민족에 상관없이 모든 인류에게 적용된다는 사실을 암시한다.

2절에서는 "귀천 빈부를 막론하고 다 들을지어다"고 하여 이 지혜는 그들의 실제적 지위나 빈부에 상관없이 적용됨을 보여 준다. 귀천빈부를 막론하고 모든 사람이 하나님의 가르침에 귀를 기울이고, 그것을 따라야 함을 강하게 교훈한다.

3, 4절은 지혜자가 한 말이다. "내 입은 지혜를 말하겠고 내 마음은 명철을 작은 소리로 읊조리리로다 내가 비유에 내 귀를 기울이고 수금으로 나의 오묘한 말을 풀리로다"고 하였다. 지혜자가 한 말은 '지혜'와 '명철'이다(3절). 그것은 '격언' 또는 '오묘한 말'(4절)과 관련이 있다. 이 '오묘한 말'은 수수께끼와 같은 것으로 지혜자가 이것을 풀려고 노력하였다(4절 하).

2. 어찌 두려워하랴

5~12절은 '부유한 사람을 두려워하는 것에 대한 지혜'이다. 5절에서 지혜자는 예비적 질문을 한다. "죄악이 나를 따라다니며 나를 에워싸는 환난의 날을 내가 어찌 두려워하랴" 하였다. 지혜자의 지혜를 얻고자 찾아 왔던 사람들의 두려움을 말로 표현한 것이다.

죽음의 위협을 받는 환난의 때에 자신들의 부와 지위 때문에 그와 비슷한 위협에도 잘 견뎌내는 것 같고 강력한 원수들을 두려하지 않는다는 것은 어려운 일이다. 지혜자는 '왜 그러한 원수를 두려워해야 하는가?' 라고 묻는다. 그들의 상황은 어떠한가? 그들의 힘에 대한 스스로의 평가는 약한 사람들을 사로잡고 있는 두려움과는 관련이 없다고 생각한다. 그들은 재물을 의지하고 부를 자랑한다(6절). 그러나 그들이 죽음의 문제에서 자유로울 수 있는가?

7~8절에서 "아무도 자기의 형제를 구원하지 못하며 그를 위한 속전을 하나님께 바치지도 못할 것은 그들의 생명을 속량하는 값이 너무 엄청나서 영원히 마련하지 못할 것임이니라"고 하였다. 사람은 모든 재물을 주고도 자신을 구할 수가 없다. 이 세상의 어떤 부자라도 그의 속전을 바칠 수 없다(7절). 이러한 언급의 배경이 죽음임을 확실히 보여 준다. 궁극적으로 모든 인간을 동등하게 만들어 주는 죽음에 직면하였을 때에 재산은 아무런 소용이 없다. 물질이란 우리의 삶을 영위하기 위한 수단으로 중요하다. 그러나 죽음 앞에서는 그것이 우리의 삶을 보증할 수 없으며 인간의 무의미함을 깨닫게 하여 준다. 8절에서 "그들의 생명을 속량하는 값이 너무 엄청나서 영원히 마련하지 못할 것임이니라"고 하였다. 구원은 돈으로 살 수가 없고, 이 문제에 대한 탐구는 포기되어야 함을 암시하고 있다. 만약 돈이 죽음의 기준이라면 부자는 영생을 얻고 결코 '무덤'을 보지 않을 것이다(9절). 돈으로 영생을 산다는 것은 분명히 불합리한 일임에도 불구하고 가난하고 고통받는 자에게는 그것이 불합리하게 보이지 않는다. 죽음의 위협을 받고 또 가난 때문에 상처를 입은 시편 기자에게 부자는 자신들을 위해서 쓸 수 있는 모든 것을 가지고 있는 것처럼 보인다. 지혜자가 깨뜨리려고 한 것은 부자들의 이러한 잘못된 시각이다.

3. 지혜있는 자도 죽고

죽음이란 문제는 모든 사람에게 동등하다 10~11절에 이것을 묘사하고 있다. "그러나 그는 지혜있는 자도 죽고 어리석고 무지한 자도 함께 망하며 그들의 재물은 남에게 남겨두고 떠나는 것을 보게 되리로다"고 하였다. 지혜자는 자신도 죽어야 할 사람으로 표현하고 있다. 그러나 이 말 속에는 역설이 있다. 왜냐하면 기술적인 의미에서 지혜있는 자들은 고대 이스라엘의 지혜 교사이었지만 일반적 의미에서 이들은 부유하고 권세 있는 사람이었기 때문이다. 그러나 사람이 자신의 위치를 정확하게 인식하든 그렇지 않든 간에 모든 사람은 죽음으로 종말을 맞이하게 된다. 모든 사람에게 '무덤'은 영원한 집이다. 망하지 않으리라는 헛된 소망으로 자기 문패를 높이 붙인 부자의 집도 결국은 다른 사람의 손에 넘겨지게 된다.

12절은 첫 번째 후렴이다. "사람은 존귀하나 장구하지 못함이여 멸망하는 짐승 같도다"고 하였다. '장구하다'는 말은 '밤을 세워 유하다'라는 뜻이다. 따라서 이 말도 반어법(反語法)으로 사용되었다. 부자들은 이 세상에서 자기 자신을 위한 견고한 처소를 마련하기 위해 많은 시간을 투자하였다. 그러나 현실은 무덤이 그들의 영원한 처소이다. 사람과 짐승은 죽음으로 그들의 생명이 단절되는 점에서 동일하다.

인간에게 죽음이란 무엇인가? 빈부귀천을 막론하고 누구에게나 찾아오는 이 죽음은 피할 수가 없다. 죽음이란 소멸이나, 멸절이 아니라 새로운 세계로 옮겨 가는 것이다. 그리고 모든 사람이 반드시 거쳐야 할 과정이다. 이 땅의 부자들과 권세자들은 이 땅에서 영원히 살 것이라는 착각 속에서 자기 집을 높이 세우고 오만에 차 있다. 그러나 '사람은 존귀하나 장구치 못하다.' 하나님의 백성의 기본 자세가 여기 있다. 하나님 안에서의 삶을 통하여 참 생명을 누리는 것이다.

역사적으로 보면 많은 사람들이 죽음을 극복하려고 온갖 시도를 하였으나 아무런 결실도 맺지 못하였다. 그러나 그리스도께서 '나는 부활이요 생명이니'라고 선언함으로써 죽음을 이기는 생명의 역사를 우리들에게 제시하였다. 죽음을 딛고 영생을 맛보는 그리스도인의 삶을 체험해야 한다.

하나님은 나를 영접하시리니

시편 49:13~20

13이것이 바로 어리석은 자들의 길이며 그들의 말을 기뻐하는 자들의 종말이로다 (셀라) 14그들은 양 같이 스올에 두기로 작정되었으니 사망이 그들의 목자일 것이라 정직한 자들이 아침에 그들을 다스리리니 그들의 아름다움은 소멸하고 스올이 그들의 거처가 되리라 15그러나 하나님은 나를 영접하시리니 이러므로 내 영혼을 스올의 권세에서 건져내시리로다 (셀라) 16사람이 치부하여 그의 집의 영광이 더할 때에 너는 두려워하지 말지어다 17그가 죽으매 가져가는 것이 없고 그의 영광이 그를 따라 내려가지 못함이로다 18그가 비록 생시에 자기를 축하하며 스스로 좋게 함으로 사람들에게 칭찬을 받을지라도 19그들은 그들의 역대 조상들에게로 돌아가리니 영원히 빛을 보지 못하리로다 20존귀하나 깨닫지 못하는 사람은 멸망하는 짐승 같도다

시인은 부자들에 대한 두려움과 죽음에 직면하였을 때에 그들이 갖게 되는 외면상의 유익을 말한 다음에 그의 관심을 그들의 어리석은 삶의 방식에 돌린다. 그런 어리석음을 깨닫게 하기 위해서 그는 죽음을 막기 위한 수단으로 부를 추구하려는 유혹을 제거하고자 한다.

왜 이 땅의 권력자와 부자들이 어리석은가? 그것은 12절에서 교훈하는 인간의 유한성을 깨닫지 못하였기 때문이다. 자기는 영원히 살 것이라는 생각 속에서 지냈으나 결국은 멸망의 길 밖에 남은 것이 없었다.

1. 어리석은 자들의 길

13절에서 "이것이 바로 어리석은 자들의 길이며 그들의 말을 기뻐하는

자들의 종말이로다(셀라)"고 하였다. '그들의 행위'는 6절 이하에 계속하여 나왔던 어리석은 자, 깨닫지 못하는 자의 삶을 말하며, 그들의 행위를 가르친다. 6절에 보면 "재물을 의지하고 풍부함으로 자긍했다"고 하였다. 자기가 가진 물질로 인하여 다른 사람을 무시하고 스스로 높아지는 그런 모습을 가리킨다. 이러한 우매한 행위를 보고도 후세 사람들이 칭찬하고 그 길을 따라 간다. 어리석음을 보고 그것을 고쳐야 하는데 도리어 그 뒤를 따라가는 삶을 후세 사람들이 산다.

14절에서 "그들은 양 같이 스올에 두기로 작정되었으니 사망이 그들의 목자일 것이라 정직한 자들이 아침에 그들을 다스리리니 그들의 아름다움은 소멸하고 스올이 그들의 거처가 되리라"고 하였다.

사람들은 물질을 모으고 이 땅에서 그것을 누리면 행복하고 영원히 살 것으로 생각하였다. 그러나 하나님께서는 '양같이 음부에 두기로' 작정하였다. 양은 쉽게 끌려 다니며 끌리는 대로 따라간다. 이 양을 음부에 두기로 작정하였다는 것이다. '사망이 그들의 목자일 것이라'고 하였다. 양은 목자가 끄는 대로 가는데 여기서 사망을 의인화하여 목자로 묘사하였다. 하나님의 백성에게는 하나님이 목자되신다(시 23편). 그러나 하나님을 거역하는 자에게는 사망이 목자가 되니 그 비교를 통해 그 결과가 어떠한지를 알 수 있다.

시인은 14절에서 시적 감동을 귀하게 표현하고 있다. 음부에 보내진 양 같은 존재들인데 그들은 자기가 어디로 가는 지도 알지 못하고 있으니 안타깝다. 죽음이 그들을 스쳐가기에 그들의 삶이 지향하는 곳은 아름다운 곳이 아니라 죽음의 장소이다. 시편 기자는 이러한 부자의 운명에 대한 비참한 묘사와 대조시켜 확신의 말을 한다.

2. 나를 영접하시리니

15절에서 "그러나 하나님은 나를 영접하시리니 이러므로 내 영혼을 스올의 권세에서 건져내시리로다(셀라)"라고 하였다. '하나님이 나를 영접하시리니'라고 하여 구원의 확신을 노래한다. 하나님이 자기의 영혼을 음부의 권세에서 구속하여 주시기에 이 확신을 가지고 살아가는 것이 하나님의 백성의 특권이다. 모든 사람이 죽어갈 때에 하나님의 백성은 부활의 생명을 가진다. 그리스도께서 '나를 믿는 자는 죽어도 살겠고'라고 하였는데 그 삶이 바로 하나님의 백성의 영광이다.

16절에서 "사람이 치부하여 그의 집의 영광이 더할 때에 너는 두려워하지 말지어다"고 하였다. 이것은 하나님을 믿지 않는 자들이 돈을 벌고 권세를 얻어 이른바 성공하였다고 할 때에 하나님의 백성은 그것을 보고 두려워하지 말아야 한다. 왜냐하면 그것은 일시적이고 단편적인 것이며 진정한 생명의 삶이 아니기 때문이다.

17절에서 "그가 죽으매 가져가는 것이 없고 그의 영광이 그를 따라 내려가지 못함이로다"고 하였다 죽음이란 이 땅의 삶을 종결시키고 명예와 부는 최후의 여정에 동행할 수 없다.

시인은 16절에서 지적하였듯이 다른 사람들이 부자가 되었을 때에 자신이 부를 가지지 못한 것을 두려워하지 말라고 하였다. 죽음을 두려워하는 이유는 여러 가지이다. 그러나 재산이나 명예가 죽음에 직면한 자에게 전연 고려의 대상이 아니다.

17절에서 말한 것처럼 인간이 죽을 때에 가지고 가는 것이 없다. 또 그 영광도 아무런 소용이 없게 된다. 우리의 생명에는 물질이 중심이 아니라 하나님이 핵심을 이룬다. 지혜자가 타파하고 싶어 하는 것은 성공한 삶이 죽음에 어떤 유익을 가져다 줄 것이라는 잘못된 확신이다.

3. 자기를 축하하며

18절에서 "그가 비록 생시에 자기를 축하하며 스스로 좋게 함으로 사람들에게 칭찬을 받을지라도"라고 하였다. 사람들 가운데 생시에 스스로를 축하하여 그의 생전에 받은 축복을 자랑한다. 또 사람들이 그를 찬양하여 높이기에 자긍할 수 있다. 그러나 이 모든 것이 어떤 의미를 가지고 있는 가? 이 땅의 부귀와 영화가 그의 죽음에 무엇을 기여하였는가? 여기에 대한 많은 논의가 그 답을 하고 있다.

"그들은 그들의 역대 조상들에게로 돌아가리니 영원히 빛을 보지 못하리로다"고 하였다. 아무리 재물과 권세를 자랑할지라도 종국에는 열조에게로 돌아간다. 이것은 죽음을 말한다. 자기가 아무리 자랑을 해도 죽음 앞에서는 아무것도 아님을 보여 준다.

디모데는 부자들에게 많은 교훈을 하였다. 디모데전서 6:17에 "네가 이 세대에 부한 자들을 명하여"라고 하였다. 그는 '마음을 높이지 말라'고 하였다. 즉 교만하지 말라고 하였다. 또 '정함이 없는 재물에 소망을 두지 말고 오직 우리에게 모든 것을 후히 주자 누리게 하시는 하나님께 두며'라고 했다.

여기서는 하나님의 백성의 삶의 모델을 찾을 수 있다. 이 땅의 것에 집착하여 살지 말고 하나님의 역사를 바라보며 하나님을 의지하는 삶을 살아야 한다. 디모데의 권면처럼 '선을 행하고 선한 사업을 많이 하는'(딤전 6:18) 삶을 살도록 노력해야 한다.

20절에서 후렴이 다시 나온다. 그것도 변형된 형태이다. "존귀하나 깨닫지 못하는 사람은 멸망하는 짐승 같도다"고 하였다. 이것은 제 딴에 잘나고 훌륭하고, 성공한 것 같으나 하나님의 역사를 깨닫지 못한다면 그 사람은 짐승과도 같은 존재란 말이다.

하나님의 은혜와 축복을 깨닫지 못하는 자는 짐승과 같다. 인간의 존재 가치는 물질이나 지위에 있는 것이 아니라 하나님과의 관계에 있다. 이 땅에서의 부자와 권세자의 진정한 어리석음은 죽음의 세계를 이해하지 못하는데 있다. 죽음을 이해하지 못하기에, 삶도 이해하지 못한다. 그러기에 지혜자는 인간의 어리석음을 지적하고 바른 삶을 살아야 할 것을 강조하는데 그것은 하나님의 임재를 통해서이다. 하나님의 임재를 통해 우리는 새 생명을 얻고 죽음을 극복한다. 이 소망을 널리 알려야 한다.

감사로 하나님께 제사드리며

시편 50:1~15

1전능하신 이 여호와 하나님께서 말씀하사 해 돋는 데서부터 지는 데까지 세상을 부르 셨도다 2온전히 아름다운 시온에서 하나님이 빛을 비추셨도다 3우리 하나님이 오사 잠 잠하지 아니하시니 그 앞에는 삼키는 불이 있고 그 사방에는 광풍이 불리로다 4하나님 이 자기의 백성을 판결하시려고 위 하늘과 아래 땅에 선포하여 5이르시되 나의 성도들 을 내 앞에 모으라 그들은 제사로 나와 언약한 이들이니라 하시도다 6하늘이 그의 공 의를 선포하리니 하나님 그는 심판장이심이로다 (셀라) 7내 백성아 들을지어다 내가 말하리라 이스라엘아 내가 네게 증언하리라 나는 하나님 곧 네 하나님이로다 8나는 네 제물 때문에 너를 책망하지는 아니하리니 네 번제가 항상 내 앞에 있음이로다 9내가 네 집에서 수소나 네 우리에서 숫염소를 가져가지 아니하리니 10이는 삼림의 짐승들과 뭇 산의 가축이 다 내 것이며 11산의 모든 새들도 내가 아는 것이며 들의 짐승도 내 것 임이로다 12내가 가령 주려도 네게 이르지 아니할 것은 세계와 거기에 충만한 것이 내 것임이로다 13내가 수소의 고기를 먹으며 염소의 피를 마시겠느냐 14감사로 하나님께 제사를 드리며 지존하신 이에게 네 서원을 갚으며 15환난 날에 나를 부르라 내가 너를 건지리니 네가 나를 영화롭게 하리로다

　　시편 50편은 아삽의 시이다. 아삽의 시는 다양한 형식과 문학 양식을 보 여주고 있는데 시편 50편은 제사 의식과 윤리 문제를 교훈하고 있다. 이 시 는 고대 이스라엘에서 벌어진 언약 갱신의 의식과 관련된 제의적 기도문이 다. 이 시편의 예언적 성격은 주요 부분이 하나님의 말씀의 특성을 강하게 나타내고 있다. 이 시편은 서론 부분(1~6절)과 두 가지 주요 부분(7~15절, 16~23절)으로 구성되어 있다. 처음 여섯 절은 예배에의 부름으로 하나님의 아들들을 이중으로 묘사하면서 감동적으로 시작하고 있다.

1. 해 돋는 데서부터

1절에서 "전능하신 이 여호와 하나님께서 말씀하사 해 돋는 데서부터 지는 데까지 세상을 부르셨도다"고 하였다. 여기서 하나님의 이름이 두 가지로 나온다. '전능하신 자' 즉 '엘'이라는 단어가 나오고, 또 '하나님' 즉 '엘로힘'이라는 단어가 나온다. 이것은 14절의 '지극히 높으신 자'라는 단어와 결합하여 출애굽과 시내산의 하나님을 묘사하고 있다. '해 돋는 데서부터 지는 데까지'라는 표현은 다소 모호하다. 그 대상이 세상이라고 하다면 그 표현은 '동쪽'에서 '서쪽'즉 세상 전체를 의미할 것이다.

그러니 이 표현은 시간의 경과를 암시한다고 보는 것이 타당할 것이다. 세상은 해 뜰 때부터 해질 때까지 온종일 일어나는 사건의 목격자로 소환되고 있다. 하나님은 '세상을 부르셨다.' 세상은 인간 삶의 목격자이다. 하나님이 모든 것을 보시고 이것을 주관하시는 하나님의 역사를 깨닫게 된다. 2절과 3절은 하나님의 현현에 대한 말씀이다. "온전히 아름다운 시온에서 하나님이 빛을 비추셨도다 우리는 하나님이 오사 잠잠하지 아니하시니 그 앞에는 삼키는 불이 있고 그 사방에는 광풍이 불리로다"고 하였다.

이 말씀은 언약의 율법이 처음으로 이스라엘에게 주어진 시기인 최초의 시내산 현현(출 19:16-19)을 보여 준다. 그러나 여기에 해가 동쪽에서 떠오르는 순간에(1절) 하나님께서는 시온으로부터 빛을 발하셨다. 그러므로 이 기도문은 시내산의 율법을 주시는 하나님의 현현을 극적으로 상징화한 자연적 사건과 일치하도록 그 시간이 정해져 있다.

하나님의 나타남의 중심 부분에는 '하나님의 말씀'이 있다. 오랫동안 침묵하셨던 하나님이 이제 막 말씀하시려고 하신다(3 상). 하나님이 말씀하시면 모든 것을 바로 잡으시고 하나님의 공의의 역사를 나타내신다.

2. 자기의 백성을 판결하시려고

4절에서 "하나님이 자기의 백성을 판결하시려고 위 하늘과 아래 땅에 선포하여"라고 하였다. 하나님께서는 그 백성을 판단하기 위하여 하늘과 땅을 소환하신다. 하늘과 땅의 역할은 모세의 '언약의 노래' 서문에서 분명이 나타난다. "하늘이여 귀를 기울이라 내가 말하리라 땅은 내 입의 말을 들을지어다"(신 32:1)라는 말씀에서 분명해진다. 하나님은 하나님의 백성들과의 언약 관계의 갱신에서의 증인으로서 하늘과 백성들을 중심으로 하나님의 역사를 이루신다. 하늘과 땅은 그 증인이다.

5절에서 "이르시되 나의 성도들을 내 앞에 모으라 그들은 제사로 나와 언약한 이들이니라 하시도다"고 하였다. 하나님의 백성은 신탁의 형태로 하나님 앞에 모이라는 명령을 받는다. 여기서 '성도'라는 단어는 특별한 언약관계에서 하나님께 자신을 바친 사람들을 가르킨다. '나와 언약한 자들'이란 '나와 언약을 맺은 사람들'이라는 뜻이다. 하나님은 성도들을 소환하여 언약을 체결하거나 공포할 것이다(6절).

7~15절은 제사의 참된 의미를 말하고 있다. 7절에서 하나님의 비장한 선언이 나온다. "내 백성아 들을지어다 내가 말하리라 이스라엘아 내가 네게 증언하리라 나는 하나님 곧 네 하나님이로다"고 하였다. 이 말씀에서 '들을지어다'고 하였는데 이것은 '순종하라'는 의미이다. 또 이 말씀은 십계명의 서문과 비슷하다.

하나님은 자신을 가리켜서 '나는 하나님 곧 네 하나님이라'고 하였다. 이러한 표현은 '나는 너의 하나님 여호와라'고 한 말씀과 너무나 비슷하다. 하나님은 우리의 하나님이 되심을 보다 구체적으로 나타내 보인다. 이것은 우리의 믿음의 바탕이요 우리가 의지해야 할 삶의 길이다. 하나님이 '우리 하나님'이 되실 때에 우리의 모든 문제가 해결되어진다. 우리가 하나님을 '우리 하나님'이라고 부르는 순간에 우리의 삶은 영원한 길로 나아간다. 이 말씀의 요지는 제사의 의미와 목적에 관한 것이다. 하나님께 제사를 드리기 전에 제사의 참 뜻을 아는 것이 무엇보다 중요하다. 하나님은 제사를 원치 아니 하셨고 사람들이 제사를 원하였다. 하나님은 이 세상의 모든 동물과 새와 산 짐승과 가축을 소유하셨다(10~11절).

하나님은 먹을 양식이 없어서 수소나 염소를 필요로 하신 분이 아니다. 13절에서 "내가 수소의 고기를 먹으며 염소의 피를 마시겠느냐"고 하였다. 하나님은 세상의 모든 것을 소유하고 계시기에 배가 고파 다음의 제사를 애타게 기다리는 그런 신이 아니다. 제사의 본질은 '감사'와 '서원'에 있다.

3. 감사로 하나님께

14절에서 "감사로 하나님께 제사를 드리며 지존하신 이에게 네 서원을 갚으며"라고 하였다. 하나님의 언약 공동체는 근본적으로 성전을 위하여 존재하는 것이 아니라 하나님께 예배와 감사를 드리는 수단으로 존재한다. 언약은 하나님과의 관계이다. 하나님에 대한 감사로 인하여 표현될 수 있으며 그것을 통하여 하나님과의 관계를 더욱 풍성하게 한다.

우리들이 하나님께 예배를 드리고 하나님께 감사할 때에 하나님의 은혜를 체험하게 되는데 이것이 15절에 묘사되어 있다. "환난 날에 나를 부르라 내가 너를 건지리니 네가 나를 영화롭게 하리로다"고 하였다. 하나님과의 관계가 확고할 때에 비록 환난이 우리에게 올지라도 확신을 가지고 하나님을 찾을 수 있고 하나님의 구원을 경험할 수 있다.

우리가 어려움을 당할 때에 하나님을 부르자. 그리하면 하나님께서 그 어려움의 자리에서 우리를 건져 주신다. 이것이 하나님의 위대하신 구원행위이다. 그렇게 되면 하나님의 백성은 하나님을 영화롭게 하게 된다.

우리들이 하나님께 감사의 제사를 드리게 될 때에 우리는 하나님과 깊은 관계를 유지하게 된다. 하나님이 우리 하나님이 되시고 구원의 역사를 이루시기에 우리는 서원을 행하게 된다. 이런 관계를 바탕으로 하여 어려움이 올 때에 하나님께 부르짖자. 그리하면 하나님은 구원의 손을 펴서 자기 백성을 구원하시고 생명의 위대한 역사를 나타내신다. 이것을 믿고 하나님께 나아가자.

내가 하나님의 구원을 보이리라

시편 50:16~23

16악인에게는 하나님이 이르시되 네가 어찌하여 내 율례를 전하며 내 언약을 네 입에
두느냐 17네가 교훈을 미워하고 내 말을 네 뒤로 던지며 18도둑을 본즉 그와 연합하고
간음하는 자들과 동료가 되며 19네 입을 악에게 내어 주고 네 혀로 거짓을 꾸미며 20
앉아서 네 형제를 공박하며 네 어머니의 아들을 비방하는도다 21네가 이 일을 행하여
도 내가 잠잠하였더니 네가 나를 너와 같은 줄로 생각하였도다 그러나 내가 너를 책망
하여 네 죄를 네 눈 앞에 낱낱이 드러내리라 하시는도다 22하나님을 잊어버린 너희여
이제 이를 생각하라 그렇지 아니하면 내가 너희를 찢으리니 건질 자 없으리라 23감사
로 제사를 드리는 자가 나를 영화롭게 하나니 그의 행위를 옳게 하는 자에게 내가 하
나님의 구원을 보이리라

　　하나님의 백성은 하나님과의 언약관계에서 그 진정한 가치를 찾을 수 있
다. 하나님을 '우리의 하나님'이 되시고, 우리는 그의 백성이 될 때에 하나
님의 백성은 참 모습을 볼 수 있다. 하나님의 백성은 하나님께 감사의 제사
를 드리고, 하나님의 영광을 위한 삶을 살아간다. 이것은 하나님의 백성이
누릴 최고의 축복이다. 그러나 하나님의 말씀을 알고도 지키지 않는 자들이
있는데 시인은 이것을 구체적으로 지적하고 있다.

1. 네가 어찌하여

　　16절에서 "악인에게는 하나님이 이르시되 네가 어찌하여 내 율례를 전

하며 내 언약을 네 입에 두느냐'고 하였다. 하나님은 하나님의 율법을 알고도 지키지 않는 악인들에게 말씀하신다. 하나님의 언약의 공동체 안에서 사람들 사이의 위선과 위험에 대하여 경고하신다. 그들 중에는 율례를 암송하고, 언약에 대하여 논하는 자들이 있다. 하나님의 말씀을 입에 달고 다니지만 이것은 위선에 불과하다. 이들의 죄악된 모습이 17~20절에 구체적으로 묘사되어 있다. 이것은 하나님의 심판의 형식으로 모든 사람에게 선언되었다. 이 말씀을 자세히 보면 제 7계명, 8계명, 9계명들에 대한 교훈이다.

17절에서 "네가 교훈을 미워하고 내 말을 네 뒤로 던지며"라고 하였다. 이것은 하나님의 말씀에서 떠난 자들의 삶의 양태이다. 18절에 보면 도적과 간음하는 자들의 무리와 교제를 나누고 기뻐한다고 하였다. 또 19~20절은 피를 나눈 형제들에게 악한 말을 하는 죄를 지적하고 있다. 이 모든 것은 하나님의 백성이 피해야 할 범죄이다. 하나님의 백성은 하나님의 영광을 위한 삶을 살아가야 한다.

하나님의 백성의 존재 의미는 하나님과의 관계에서 나타난다. 하나님이 우리의 구주가 되시고 인도자가 되심을 믿고 이 하나님을 의지하는 삶을 살아가는 것이 무엇보다도 중요하다. 우리는 이것을 '관계성'의 자리에서 분석하여야 한다. 하나님과 우리의 관계는 믿음과 언약의 관계이며 이것을 통하여 우리의 바른 삶이 영위되어진다.

2. 내가 너를 책망하여

21절에서는 하나님의 행위에 대한 하나님의 해석이 나온다. "네가 이 일을 행하여도 내가 잠잠하였더니 네가 나를 너와 같은 줄로 생각하였도다. 그러나 내가 너를 책망하여 네 죄를 네 눈앞에 낱낱이 드러내리라 하시는도다"고 하였다.

죄인들의 악행에 대한 하나님의 침묵은 마치 하나님이 그들과 비슷하셔서 그러한 악행에 대하여 크게 꾸중하지 아니하는 것으로 잘못 생각할 수 있다. 그러나 악에 대한 하나님의 침묵은 일시적인 현상에 불과하다. 이제 예언자의 예언을 통한 하나님의 말씀으로 그 침묵이 깨어졌다.

21절 하반절에 보면 하나님은 책망하고 죄상을 밝히라고 선언하신다. 이 것은 언약 갱신의 행사가 있기 전에 반드시 악인이 처벌되어야 한다는 것을 암시하고 있다. 21절에서 구체적으로 나타나고 있다.

22절에서는 하나님의 자세가 나온다. "하나님을 잊어버린 너희여 이제 이를 생각하라 그렇지 아니하면 내가 너희를 찢으리니 건질 자 없으리라" 고 했다. 율법의 말씀을 입에 달고도 그 말씀을 순종치 아니하는 것은 하나 님을 잊어버리는 것과 동일하다. 그리고 이러한 행위는 심판의 예언에 비춰 볼 때 죄인들에게 회개의 명령으로 보아야 한다. 회개하지 아니 할 때에 찢 어지는 위험을 겪게 된다. 하나님은 자기 백성에게 회개의 역사를 주신다. 이것은 하나님의 은혜로만 가능한 일이다. 하나님이 은혜를 주실 때에 우리 는 회개하게 된다. 하나님의 백성들은 자기의 잘못을 바로 깨닫고 하나님께 돌아오는 자다. 그러나 악인들은 그렇지 못하며 자신의 욕망 속에서 살아가 게 된다. 범죄하는 것도 문제이지만 이것을 돌이키는 것이 더 큰 문제이다. 하나님께서 회개의 영을 주실 때에 이것이 가능하니 우리들은 하나님의 은 혜의 역사를 바라야 한다.

3. 감사로 제사드리는 자가

23절에서 "감사로 제사를 드리는 자가 나를 영화롭게 하나니 그의 행위 를 옳게 하는 자에게 내가 하나님의 구원을 보이리라"고 하였다. 이 말씀은 14절의 내용을 재차 강조하고 있다. 언약 갱신의 행사에서 제사와 율법 암 송의 진정한 의미는 '감사'에서 발견되고, 하나님의 구원이 계시된 거룩한 순종의 길을 확고한 걸음으로 걸어가는 가운데서 발견된다.

시편 50편은 하나님의 언약이 중심 주제이다. 이것은 이스라엘 백성의 신앙의 핵심이며, 신약에서는 하나님과 이스라엘의 관계로 나타난다. 이 관계는 언약 공동체 전체에게 미치고, 죄인들에게까지 나타난다.

하나님의 백성은 언약관계 속에서 살아간다. 삶의 모든 영역에서 하나님의 언약관계가 존재하며 하나님께서는 자기 백성에게 이 언약을 갱신시키신다. 하나님의 언약은 자기 백성을 향한 하나님의 사랑이다. 하나님 자신을 위한 것이 아니라 인간을 향한 하나님의 역사이다. 그러므로 개인 생활에서나 사회생활에서 하나님의 역사를 믿고 나아가는 것이 주요하다. 그러면 우리들이 살아가는 현실에서 언약의 본질이 무엇인지 생각해 볼 필요가 있다. 이것은 '관계성'이다. 하나님은 자기 백성과 언약관계를 맺으시고 이것을 지켜 나가신다. 하나님의 백성은 하나님을 '나의 하나님'이라고 부르며 하나님과의 깊은 관계 속에서 살아간다.

이런 생활에서 필요한 것이 '예배'와 '감사'이다. 우리는 하나님께 예배를 통하여 언약관계를 확인하고, 감사를 통해 표현한다. 그러기에 우리가 드리는 예배가 최고로 귀중한 것이며 하나님을 영화롭게 하는 길이다. 이렇게 하는 자에게 '내가 하나님의 구원을 보이리라'고 하였다. 우리를 향하신 하나님의 구원은 하나님의 축복이며 언약의 열매이다. 우리는 이것을 받았기에 하나님께 영광 돌리는 삶을 살게 된다.

이제 우리들은 하나님의 백성 즉 언약의 공동체 일원으로서 하나님과 바른 관계를 맺고 살아야 한다. 하나님은 나의 하나님이 되고, 우리는 그의 백성이 된다. 이러한 삶의 자세가 우리를 새롭게 하고 영원한 세계를 사모하며 살게 한다. 바로 우리에게 고통의 바람이 불어와도 하나님의 구원을 보이시기에 우리는 더 큰 위로와 소망을 가지게 된다. 우리의 삶에서 하나님과의 바른 관계를 통해 새로운 언약의 기쁨을 누려야 한다. 그래서 예배와 감사가 우리의 생활 속에 묻어 나와야 하고, 이것으로 하나님의 역사를 드러내어야 한다. 이것이 오늘의 우리가 누리는 위대한 축복이다.

나를 정결케 하소서

시편 51:1~11

1하나님이여 주의 인자를 따라 내게 은혜를 베푸시며 주의 많은 긍휼을 따라 내 죄악을 지워 주소서 2나의 죄악을 말갛게 씻으시며 나의 죄를 깨끗이 제하소서 3무릇 나는 내 죄과를 아오니 내 죄가 항상 내 앞에 있나이다 4내가 주께만 범죄하여 주의 목전에 악을 행하였사오니 주께서 말씀하실 때에 의로우시다 하고 주께서 심판하실 때에 순전하시다 하리이다 5내가 죄악 중에서 출생하였음이여 어머니가 죄 중에서 나를 잉태하였나이다 6보소서 주께서는 중심이 진실함을 원하시오니 내게 지혜를 은밀히 가르치시리이다 7우슬초로 나를 정결하게 하소서 내가 정하리이다 나의 죄를 씻어 주소서 내가 눈보다 희리이다 8내게 즐겁고 기쁜 소리를 들려 주사 주께서 꺾으신 뼈들도 즐거워하게 하소서 9주의 얼굴을 내 죄에서 돌이키시고 내 모든 죄악을 지워 주소서 10하나님이여 내 속에 정한 마음을 창조하시고 내 안에 정직한 영을 새롭게 하소서 11나를 주 앞에서 쫓아내지 마시며 주의 성령을 내게서 거두지 마소서

　　시편 51편은 일곱 편의 전통적인 참회 시편들 중에서 가장 잘 알려진 것이다(6, 12, 38, 51, 102, 130, 143편). 이 시는 일반적으로 '개인 탄식시'로 분류되고 있다. 죄에 대한 철저한 고백이 있고 이 고백을 통하여 하나님의 은혜를 구하는 간절한 자세가 있다. 그러니 '개인 탄식시'의 형태이지만 좀 더 구체적으로는 개인의 죄 고백과 용서의 기도이다.

　　이 시편의 표제는 다윗이 밧세바를 범하고 그녀의 남편인 우리아를 죽인 후 선지자 나단과 맞대면하는 장면(삼하 11~12장)과 결부시킨다, 이 시편은 사무엘하 12장의 정황과 연결된다. 시편 51편을 크게 두 단락으로 나눌 수 있다. 1~11절까지와 12~19절까지로 나눈다. 이 구절들은 서로 연결되어 있는 특성을 가지고 있다.

1. 은혜를 베푸시며

1~2절은 이 시의 표제이다. 1절에서 "하나님이여 주의 인자를 따라 내게 은혜를 베푸시며 주의 많은 긍휼을 따라 내 죄악을 지워주소서"라고 하였다. 이 내용은 사무엘하 11:4에 기록된 다윗과 밧세바의 동침 후에 다윗의 계획대로 우리아가 죽고 밧세바가 아이를 낳은 후에 나단이 다윗을 찾아간 상황(삼하 12:1~14)과 연결된다. 다윗은 자신의 죄를 고백하고 하나님께 용서를 탄원하는 기도를 이 시를 시작하고 있다. 다윗은 '하나님이여'라고 부르짖고 있다. 이 말은 '전능자여' 또는 '전능하신 분이여'라는 뜻이다. 이런 전능하신 하나님께 개인의 죄를 고백하고 정결케 해 주시기를 호소하고 있다.

시인은 '주의 인자를 좇아 나를 긍휼히 여기시며'라고 하였다. 주의 인자 즉 하나님의 사랑을 알지 못하고는 회개가 없다. 하나님의 사랑을 뜨겁게 체험할 때에 이 사랑에 감사하여 하나님께 회개하게 된다. 하나님의 사랑으로 불쌍히 여겨달라는 호소이다. 시인은 계속하여 '주의 많은 긍휼을 따라 내 죄악을 지워주소서'라고 하였다. 자기가 지은 죄를 없는 것 같이 깨끗케 해달라는 호소이다. 하나님께서는 회개하는 자의 죄악을 정결케 해 주시기에 시인은 이것을 믿고 하나님의 용서를 구하고 있다. 2절에서도 계속하여 "나의 죄악을 말갛게 씻으시며 나의 죄를 깨끗이 제하소서"라고 하였다. 다윗은 자기의 죄를 물로 씻듯이 깨끗하게 해달라고 호소하였다.

2. 내 죄과를 아오니

3~4절은 '용서의 기도'이다. "무릇 나는 내 죄과를 아오니 내 죄가 항상 내 앞에 있나이다 내가 주께만 범죄하여 주의 목전에 악을 행하였사오니 주께서 말씀하실 때에 의로우시다 하고 주께서 심판하실 때에 순전하시다 하리이다"고 하였다.

여기서 죄와 용서에 관한 단어가 특별하다. '나를 긍휼히 여기소서'란 말은 어여삐 여겨서 은혜를 베풀어 달라는 소원을 표현하는 말로서 일반적으로 아랫사람이 윗사람에게 보이는 행위를 나타낸다. 이 기도는 하나님의 긍휼히 여기심과 받을 자격이 없는데 주시는 은총을 바라는 기도이다. 기도자는 하나님의 '인자'와 '자비'에 의지하여 하나님의 긍휼을 호소하고 있다. 일반적으로 '인자'(헤세드)란 특정한 사람의 도움에 의존해 있어서 그 도움이 없이는 살아갈 길이 막막한 사람을 위하여 그 특정한 사람이 부담하는 의무를 가리킨다. '자비'(라하밈)란 말은 어머니가 아기에게 느끼는 모성애를 암시한다. 그러니 하나님의 자비로우신 긍휼을 가리킨다.

용서를 탄원하는데 세 가지 단어가 나온다. 첫째는 하나님께 도말해 주기를 탄원하는 것은 두루마리 또는 서판에 쓰여진 것을 지운다는 개념이 바탕에 있다. 시인은 하나님께 도말해 주기를 기도하였다. 둘째는 4절 상반절의 '씻다'라는 단어이다. 세탁하는 데서 유래되었는데 더러운 옷을 씻듯이 깨끗하게 씻어달라는 간청이다. 셋째는 4절 하반절의 '나의 죄를 깨끗이 제하소서'이다. 이 단어는 물리적으로 깨끗케 하는 데 사용된다. 용광로의 불순물을 제거하듯이 자신의 죄를 사하여 달라는 것이다.

용서를 탄원하는 세 가지 동사는 3~4절에 나오는 죄에 세 가지 단어와 짝을 이룬다. 첫째는 '하나님에 대한 의도적이고 독선적' 도전을 의미하는 '반역'(페샤아)이다. 둘째는 구부리거나 비틀다는 뜻을 가진 '아온'이라는 단어이다. 셋째는 보통 '죄'로 번역되는 핫타이트리다. 이 모든 단어들이 뜻하는 것은 '죄란 하나님이 우리로 하여금 걷기를 원하시는 길에서 벗어나는 의도적 행위'이다.

3. 죄의 고백

5절과 6절 상반절은 '죄의 고백'이다. "내가 죄악 중에서 출생하였음이여 어머니가 죄 중에서 나를 잉태하였나이다 보소서 주께서는 중심이 진실함을 원하시오니"라고 하였다. 이 고백은 자기 스스로를 잘 알고 있다고 솔직하게 진술하고 있다. 시인은 자기가 어머니 배 속에서부터 죄인이었음을 고백한다. 이것은 자신의 어머니를 욕하고자 하는 것이 아니라 자신은 근본적으로 죄인이란 점을 강조하고 있다. 자신의 죄가 항상 자기 앞에 있음을 고백함으로써 인간의 근본적 모습을 그리고 있다.

7절에서 "우슬초로 나를 정결하게 하소서 내가 정하리이다 나의 죄를 씻어주소서 내가 눈보다 희리이다"고 하였다. 이것은 하나님께서 깨끗하게 해 주시기를 바라는 간청이다. 레위기 14장에 나오는 한센병 환자의 정결되는 예식과 관련이 있는데 그들이 깨끗하게 되듯이 정결케 만들어 달라는 호소이다.

8절에는 "내게 즐겁고 기쁜 소리를 들려 주시사 주께서 꺾으신 뼈들도 즐거워하게 하소서"라고 하였다. 이 구절은 매우 난해하며 여러 가지 해석들이 있다. 이 말씀은 '주여, 참으로 당신은 나를 불쌍히 여기셨습니다. 내가 죄를 회개하지 않고는 못 배기도록 만드셨습니다.'라는 의미이다.

9~11절은 '용서의 기도'이다. "주의 얼굴을 내 죄에서 돌이키시고 내 모든 죄악을 지워주소서 하나님이여 내 속에 정한 마음을 창조하시고 내안에 정직한 영을 새롭게 하소서 나를 주 앞에서 쫓아내지 마시며 주의 성령을 내게서 거두지마소서"라고 하였다.

하나님께서 정결하게 만들어 주실 것을 재차 호소하는데 하나님이 새롭게 만들어 주시기를 간구하는 청원으로 이루어진다. 하나님께서 '정한 마음'을 창조하시고, '정직한 영'을 새롭게 하여 달라는 간구이다. 시인은 하나님께서 죄로부터 얼굴을 가리우고 하나님의 영으로 새롭게 되며 하나님 중심의 삶을 살아갈 수 있도록 도와주시기를 간청한다.

죄인은 우리들에게 하나님의 영이 역사하셔서 회개의 은혜를 베풀어 주실 때에 우리는 다시 한번 새 존재가 된다. 이것을 믿기에 우리의 있는 그대로 하나님께 나아가며 하나님의 역사를 고대하게 된다. 하나님의 백성은 모든 것을 하나님 위주로 살아간다. 우리의 죄악된 것도 하나님의 영으로 새롭게 된다.

주여 내 입술을 열어주소서

시편 51:12~19

12주의 구원의 즐거움을 내게 회복시켜 주시고 자원하는 심령을 주사 나를 붙드소서 13 그리하면 내가 범죄자에게 주의 도를 가르치리니 죄인들이 주께 돌아오리이다 14하나 님이여 나의 구원의 하나님이여 피 흘린 죄에서 나를 건지소서 내 혀가 주의 의를 높 이 노래하리이다 15주여 내 입술을 열어 주소서 내 입이 주를 찬송하여 전파하리이다 16주께서는 제사를 기뻐하지 아니하시나니 그렇지 아니하면 내가 드렸을 것이라 주는 번제를 기뻐하지 아니하시나이다 17하나님께서 구하시는 제사는 상한 심령이라 하나님 이여 상하고 통회하는 마음을 주께서 멸시하지 아니하시리이다 18주의 은택으로 시온 에 선을 행하시고 예루살렘 성을 쌓으소서 19그 때에 주께서 의로운 제사와 번제와 온 전한 번제를 기뻐하시리니 그 때에 그들이 수소를 주의 제단에 드리리이다

시편 51편의 두 번째 단락은 회복에 초점을 맞춘다. 첫 번째 단락이 고백 중심이었고, 그 고백으로 인해 하나님의 회복의 은혜를 체험하게 된다. 시 인은 다른 예배자들과 함께 절기를 지키며 건강한 삶의 기뻐하고 즐거워하 는 소리를 듣게 해달라고 탄원한다.

10절은 12절 이하의 말씀과 연결이 되어 있는데, 10절에서 탄원자는 '마음'(레브)과 '영'(루아흐)의 회복을 위하여 기도하고 있다. 12절에서 "주의 구원의 즐거움을 내게 회복시켜 주시고 자원하는 심령을 주사 나를 붙드소 서"라고 하였다. 시인은 '주의 구원의 즐거움'을 회복시켜 주시기를 탄원한 다. 하나님의 구원하시는 임재에 대한 즐거운 안식이 회복되기를 바랐다. 여기서 '구원'이라는 단어는 '돕다', '구원하다' 등의 의미가 있다. 이 단어 가 가지는 의미는 매우 넓어서 구원이나 도움만이 아니라 그 결과로 생겨나 는 구원의 상태를 포함하는 총괄적 의미이다.

이 시편에서는 시인을 공격하고 있는 원수들과 관련하여 하나님의 도우심을 빌거나 받는 것에 대해서 자주 사용되고 있다. 여기서는 하나님이 주시는 포괄적 도우심과 구원을 가리킨다. 12절 하반절에 나오는 '자원하는 심정'은 기도자의 마음의 자세를 교훈한다. '너그러운' 또는 '관대한'이라는 의미를 가지고 있다. 시인의 마음이 관대하여 하나님만 의지하려는 것이다.

1. 나를 붙드소서

12절에는 영의 본질에 관한 문제가 생긴다. 하나님의 거룩한 영인가 아니면 사람 속에 있는 새로운 영인가라는 문제이다. 그러니 '주의 너그러운 영으로 나를 붙드소서'라고 할 수 있다. 하나님의 백성은 하나님의 영의 인도함을 받는다. 하나님의 영은 우리들의 삶을 주장하고 바른 길로 인도하신다. 그러므로 하나님의 인도하심대로 살아가는 삶의 자세가 필요하다.

13절은 죄인을 가르치겠다는 서약이다. "그리하면 내가 범죄자에게 주의 도를 가르치리니 죄인들이 주께 돌아오리이다"고 하였다. 하나님께서 자기 백성을 용서하시고 회복시키시며, 은사를 주시는 목적은 다른 사람들을 바로 가르치고 하나님께 찬양하는 헌신을 위함이다. 시인은 패역한 죄인들에게 하나님의 '도'를 가르치겠다고 약속하였다. '도'(즉 길, 데레크)라는 단어의 어원은 확실하지 않지만 '도로', '길', '거리', '작은 길' 등의 개념을 나타내는 것으로 구약에서 가장 널리 사용되고 있다.

이 단어가 하나님과 관련하여 사용될 때에는 하나님의 행동 노선, 하나님이 자신의 뜻과 계명에 비추어 인간에게 요구하시는 행동, 하나님이 인정하시는 길 등의 의미로 사용된다. 하나님께서 회복의 은혜를 주시면 죄인들에게 하나님의 은혜로써 죄인들을 용서하시고 회복시킬 것이라는 것을 가르치겠다는 다짐이다. 이것은 구원받은 사람이 마땅히 하여야 할 과제이다. 하나님이 주시는 구속의 은혜를 체험하면 이것을 보다 널리 전파하는 것이 하나님의 백성의 자세이다.

2. 높이 노래하리이다

14절 이하는 하나님을 찬양할 능력을 구하는 기도이다. "하나님이여 나의 구원의 하나님이여 피 흘린 죄에서 나를 건지소서 내 혀가 주의 의를 높이 노래하리이다"고 하였다. 시인은 '하나님이여 나의 구원의 하나님이여'라고 부른다. 이것은 하나님에 대한 간절한 호소이며 뜨거운 심장으로 나아가는 자세이다.

'피 흘린 죄에서 나를 건지소서'라고 하였는데, 이 말은 죽을 수밖에 없는 죄에서 건지소서라는 의미이다. 죽음으로 책임을 질 수밖에 없는 범죄에서 구하여 달라고 간절하게 호소하고 있다. 그리하면 '내 혀가 주의 의를 높이 노래하리이다'고 다짐한다. 이 말은 너무나 기뻐서 소리를 지르며 그 기쁨을 나타내는 것이다. '내 혀가 한껏 기뻐하리라'는 뜻인데, 하나님의 구원이 너무나 감사하여 마음껏 찬양하는 자세이다. 우리의 마음에 감사의 영이 가득하면 하나님을 찬양하게 된다. 너무나 큰 사랑이 있기에 하나님의 사랑과 은총을 감사한다. 하나님의 구원만큼 크고 놀라운 일이 어디 있는가? 시인은 이것을 찬양하려고 하였다.

15절에 "주여 내 입술을 열어 주소서 내 입이 주를 찬송하여 전파하리이다"고 하였다. 이 말은 두 가지 의미를 교훈한다. 하나는 하나님의 도움으로 가르치고 전할 수 있는 능력을 달라는 것이고, 다른 하나는 사람을 옥죄고 제한하는 범죄로 인한 결과에서 해방되어 하나님을 찬양하게 해 달라는 것이다.

3. 하나님이 구하는 제사

16절과 17절은 기도하는 이유를 제시하고 있다. "주께서 제사를 기뻐하지 아니하시나니 그렇지 아니하면 내가 드렸을 것이라 주는 번제를 기뻐하지 아니하시나이다 하나님께서 구하시는 제사는 상한 심령이라 하나님이여 상하고 통회하는 마음을 주께서 멸시하지 아니하시리이다"고 하였다.

이 말씀은 3~4절에 나오는 긍휼과 용서를 위한 탄원과 대조된다. 오직 제사만으로 하나님의 긍휼을 받지 못한다. 하나님이 열납하시는 제사는 상하고 통회하는 마음의 제사이다. 16절에 보면 하나님은 통상적인 제사를 기뻐하지 않는다고 하였다. 여기서 '기뻐하다'는 말은 '받아들인다'는 뜻을 가지고 있다.

하나님은 '상한 영'과 '참회하는 마음'의 제사들을 받으신다(17절). 형식으로 드리거나 외형으로 드리는 것이 아니라 진실한 마음으로 드리는 것을 원하신다. 그러니 이것은 우리의 자아와 아집이 죽고 하나님께 항복하는 것을 의미한다. 내가 죽을 때에 내 속에서 그리스도께서 사시고 그의 영광의 역사를 체험하게 된다. 하나님이 원하시는 것이 바로 이런 자세이다. 상한 영과 참회하는 영으로 나아가야 한다.

18절과 19절은 이스라엘의 공동체적 경험에 비추어 해석해야 한다. "주의 은택으로 시온에 선을 행하시고 예루살렘 성을 쌓으소서 그때에 주께서 의로운 제사와 번제와 온전한 번제를 기뻐하시리니 그때에 그들이 수소를 주의 제단에 드리리이다"고 하였다.

시인은 하나님께 '시온을 선대해 달라'고 청한다. 시온에 대한 하나님의 행위 변화 즉 심판에서 회복으로의 변화를 말한다. '예루살렘 성벽을 재건하소서'라고 간청한다. 그리하면 하나님의 백성들이 진정한 감사를 드리겠다고 서원한다. 시편 51편은 고백과 회복이라는 두 가지 주제에 초점을 맞춘다. 고백은 하나님을 향해 이루어지고 하나님의 심판이 의롭고 깨끗하고, 용서하시는 것임을 받아들여야 한다. 또 고백은 고통스럽지만 자신의 죄를 정직하게 대면할 수 있어야 한다. 개인적으로 죄를 철저히 나타내어야 한다.

회복은 하나님의 은혜로만이 가능하다. 하나님의 용서를 통하여 재창조가 이루어지고, 새로운 존재로 변화가 된다. 하나님의 영으로 용서하는 창조 사역이 이루어져야 한다.

나는 하나님의 집에 있는 푸른 감람나무 같음이여

시편 52:1~9

1포악한 자여 네가 어찌하여 악한 계획을 스스로 자랑하는가 하나님의 인자하심은 항상 있도다 2네 혀가 심한 악을 꾀하여 날카로운 삭도 같이 간사를 행하는도다 3네가 선보다 악을 사랑하며 의를 말함보다 거짓을 사랑하는도다 (셀라) 4간사한 혀여 너는 남을 해치는 모든 말을 좋아하는도다 5그런즉 하나님이 영원히 너를 멸하심이여 너를 붙잡아 네 장막에서 뽑아 내며 살아 있는 땅에서 네 뿌리를 빼시리로다 (셀라) 6의인이 보고 두려워하며 또 그를 비웃어 말하기를 7이 사람은 하나님을 자기 힘으로 삼지 아니하고 오직 자기 재물의 풍부함을 의지하며 자기의 악으로 스스로 든든하게 하던 자라 하리로다 8그러나 나는 하나님의 집에 있는 푸른 감람나무 같음이여 하나님의 인자하심을 영원히 의지하리로다 9주께서 이를 행하셨으므로 내가 영원히 주께 감사하고 주의 이름이 선하시므로 주의 성도 앞에서 내가 주의 이름을 사모하리이다

시편 52편의 배경에 대해서는 표제 밑에 구체적으로 나와 있다. '다윗의 마스길'이라고 하였는데, 마스길이란 '교훈'이란 뜻을 가지고 있다. 그러니 '교훈시'이다. 시인은 자기가 깨닫고 난 다음, 후에 오는 성도들에게 이것을 깨달아 실천하도록 하고 있다. 또 '인도자를 따라 부르는 노래'라고 하였는데 인도자란 찬양대 지휘자를 말한다.

이 시를 쓰게 된 동기와 배경을 말하고 있는데 '에돔인 도엑이 사울에게 이르러 다윗이 아히멜렉의 집에 왔더라 말하던 때에'라고 하였다. 다윗의 생애에서 수치스러운 일이라면 그가 우리아의 아내 밧세바를 취하여 하나님 앞에서 큰 채찍을 맞은 때일 것이다.

다윗에게 또 다른 비애가 있었는데 그것은 시편 52편의 배경이 되는 사건이다. 다윗이 거짓말을 한 마디 하였는데 이것으로 인하여 제사장 85명이 죽고 또 많은 사람이 죽었다. 그 배경은 사무엘상 21:1~9에 있다. 사울이 다윗을 죽이려고 했다. 사울은 자기의 사위이기도한 다윗을 자신의 왕권을 보호하려는 목적 때문에 죽이려고 하였다. 사울이 보낸 사람들이 다윗을 죽이려고 밖에 기다리고 있을 때에 사울의 딸 미갈이 다윗을 창문을 넘어 도망가도록 하였다. 도망가는 다윗은 처참한 자리에 있었다. 제사장은 놀라서 '왜 혼자 다니느냐?'고 하자, 다윗은 은밀한 임무를 담당한다고 거짓말하고 음식과 무기를 공급받는다.

이 일 때문에 사울은 노하여서 도엑으로 하여금 제사장을 치게 하였더니 도엑은 85명의 제사장을 죽이고, 아이와 여자 그리고 짐승들까지 죽였다. 한 사람의 거짓말로 인하여 이와 같은 문제가 생기게 되었다. 한 사람으로 인하여 무고한 자가 고통당하는 어려움이 있을 때에 어떤 태도를 취해야 하는가?

1. 스스로 자랑하는가

1절에서 "포악한 자여 네가 어찌하여 악한 계획을 스스로 자랑하는가." 도엑은 아히멜렉이 하는 것을 자세히 보고 있다가 이것을 임금에게 고하고 제사장들을 죽일 계획을 하였고 또 실천하였다. 악한 자들은 악한 생각을 가지고 있고 이것을 행동화하기 위하여 온갖 방법을 동원한다. 그러니 악한 행동은 악한 사상에서 나오며 그것을 통해 다른 사람을 괴롭힌다.

시인은 이 시편의 서두에서 악인에 대한 고발 형식을 취하고 있다. 그리고 '하나님의 인자하심은 항상 있다'고 하였다. 자신의 거짓말로 무고한 사람들이 죽었는데 하나님은 자기에게 인자하심을 보이셨다고 하였다.

2절에서 "네 혀가 심한 악을 꾀하여 날카로운 삭도 같이 간사를 행하는도다"고 하였다. 여기서의 악한 자는 도엑이다. 악한 말을 하려고 악한 계획을 하는데 삭도같이 날카로운 것으로 다른 사람을 해치려고 한다. 자기가 높아지려고 다른 사람을 해치는 일을 서슴없이 하는 자이다.

3절에서 "네가 선보다 악을 사랑하며 의를 말함보다 거짓을 사랑하는도다"고 하였다. 심판 아래 있는 이 사람은 선한 것을 거부하고 해로운 것을 좋아하는 전도된 가치관을 가지고 있다. 그들은 선하고 건설적인 말을 하는 것이 아니라 거짓말을 더 좋아하고 특히 다른 사람에게 상처를 주는 악의적인 말을 더 사랑한다.

2. 간사한 혀여

4절에서 "간사한 혀여 너는 남을 해치는 모든 말을 좋아하는도다"고 하였다. 악인의 언어생활은 사람을 죽이고 해치는데 치중되고 있다. 남을 격려하고 칭찬하는 것이 아니라 해치는 데 집중하고 있다. 하나님께서 사람들에게 말을 통해 바른 관계를 유지하도록 하였다. 언어는 사상의 표현이기에 말로 사람을 죽이기도 하고 살리기도 한다. 〈칭찬은 고래도 춤추게 한다〉는 책 제목처럼 다른 사람을 격려하는 언어생활을 해야 하는데 악인은 그렇지 못하고 있다.

5~7절은 '심판의 고지'이다. 5절에서 "그런즉 하나님이 영원히 너를 멸하심이여 너를 붙잡아 네 장막에서 뽑아내며 살아있는 땅에서 네 뿌리를 빼시리로다"고 하였다. 심판의 예고는 엄하면서도 직설적인 말로 표현되어 있다. 자화자찬과 거짓말과 파괴적인 행위 위에 세워진 악인의 평안은 하나님께서 쓸어버리시고 처참한 결과를 보게 된다. 이들은 허물어진 집같이 무너져 내리고 장막에서 뿌리를 뽑히고 만다. 이들은 '생존하는 땅' 즉 신앙공동체에서 추방되는 고통을 겪게 된다. 이 고통은 죽음 이전에 일어나는 고통이다.

3. 의인이 보고 두려워하며

6~7절은 심판의 예고에 대한 의인들의 반응이다. "의인이 보고 두려워하

며 또 그를 비웃어 말하기를 이 사람은 하나님을 자기 힘으로 삼지 아니하고 오직 자기 재물의 풍부함을 의지하며 자기의 악으로 스스로 든든하게 하던 자라 하리로다" 하였다. 처음에 의인들은 하나님께서 하시고자 하는 일을 보고는 놀라움을 금치 못하였다. 그러나 곧 그들의 두려움은 기쁨으로 변하며 웃음과 찬양이 되어 나온 것이다. 시인은 악인의 어리석음을 비웃으시는 하나님의 웃음에 의인들이 함께 한다.

여기서 웃음이란 단순히 원수의 몰락을 고소해 하는 것이라기보다는 교만하고 압제하는 자의 운명을 반전시켜 놓은 하나님의 역사를 알고 난 후의 반응이다. 하나님의 백성은 복수 정신으로 고소해하는 것이 아니라 하나님의 역사를 목격하고 기뻐해야 한다. 성경은 우리에게 "네 원수가 넘어질 때에 즐거워하지 말며 … 여호와께서 이것을 보시고 기뻐하지 아니하사"(잠 24:17~18, 참조 욥 31:29)라고 하였다.

8~9절은 '감사'를 나타낸다. "그러나 나는 하나님의 집에 있는 푸른 감람나무 같음이여 하나님의 인자하심을 영원히 의지하리로다 주께서 이를 행하셨으므로 내가 영원히 주께 감사하고 주의 이름이 선하시므로 주의 성도 앞에서 내가 주의 이름을 사모하리이다"고 하였다. 하나님의 인자하심을 신뢰함으로써 시인은 하나님의 집에 있는 푸른 즉 번성하는 감람나무 같이 되었다. 열매를 맺는 암녹색의 감람나무는 많은 의미를 우리에게 준다. 감람나무는 오랫동안 열매를 맺는 상록수로서 이스라엘의 경제에 도움을 줄 뿐만 아니라 생명, 다산, 힘을 상징한다. 그러니 하나님의 축복을 우리에게 보여주는 의미를 가지고 있다. 이 시편의 마지막 절은 하나님께서 행하신 일로 인하여 하나님을 찬양하고 하나님의 신실한 예배자 앞에서 하나님의 선한 이름을 선포하겠다는 맹세로 되어 있다.

하나님의 백성은 하나님과의 관계를 통하여 건강한 구원의 힘과 생명력을 가진다. 그러나 하나님을 거역하는 자에게는 수치와 몰락이 있을 뿐이다.

어리석은 자는 그 마음에 이르기를

시편 53:1~6

1어리석은 자는 그의 마음에 이르기를 하나님이 없다 하도다 그들은 부패하며 가증한 악을 행함이여 선을 행하는 자가 없도다 2하나님이 하늘에서 인생을 굽어살피사 지각이 있는 자와 하나님을 찾는 자가 있는가 보려 하신즉 3각기 물러가 함께 더러운 자가 되고 선을 행하는 자 없으니 한 사람도 없도다 4죄악을 행하는 자들은 무지하냐 그들이 떡 먹듯이 내 백성을 먹으면서 하나님을 부르지 아니하는도다 5그들이 두려움이 없는 곳에서 크게 두려워하였으니 너를 대항하여 진 친 그들의 뼈를 하나님이 흩으심이라 하나님이 그들을 버리셨으므로 네가 그들에게 수치를 당하게 하였도다 6시온에서 이스라엘을 구원하여 줄 자 누구인가 하나님이 자기 백성의 포로된 것을 돌이키실 때에 야곱이 즐거워하며 이스라엘이 기뻐하리로다

시편 53편은 시편 1편과 비슷한 특성을 가지고 있다. 시편 53편은 네 군데에서 '야훼' 대신에 '엘로힘'을 사용하고 있는 점이 다르다. 두 시편은 '예언의 말씀'이라는 일반적 양식에 속한다. '예언의 말씀'은 두 가지 기본적 특징을 가지고 있는데, 첫째는 개인 또는 사회의 상황과 관련한 시인의 탄식이며, 둘째는 야훼의 말씀에 대한 언급 또는 인용하는 점이다.

시편 53편에 나타나는 어리석은 자는 이스라엘 백성이 아니라 하나님을 무시하는 이방인들이다. 하나님이 그들을 버리셨다(5절). 이러한 어리석은 자에 대한 하나님의 심판이 선포된다.

1. 하나님이 없다 하도다

1절에서 "어리석은 자는 그의 마음에 이르기를 하나님이 없다 하도다 그들은 부패하며 가증한 악을 행함이여 선을 행하는 자가 없도다"고 하였다. 여기서 어리석은 자의 존재를 말하고 있다, 이것은 지혜나 지식의 문제가 아니라 인간의 존재론적 문제이다. 어리석은 자의 양태가 몇 가지로 나오고 있다.

첫째, '그 마음에 이르기를 하나님이 없다'고 하였다. 이들은 무신론자이며 하나님을 부인하는 자들이다. "또한 그들이 마음에 하나님 두기를 싫어하매 하나님께서 그들을 그 상실한 마음대로 내어버려두사"(롬 1:28)란 말씀에서 그들의 실상을 알 수 있다.

둘째, '그들은 부패하며'라고 했다. 하나님을 거역함으로써 하나님과의 관계가 단절되었다. 생명에서 끊어졌기에 그때부터 썩어지게 된다. 이것은 전적 타락이요 전적 부패이다. 하나님을 거역하는 자의 특성이 바로 이것이다.

셋째, '가증한 악을 행한다'고 하였다. 모든 선은 하나님과의 관계에서 시작된다. 어리석은 자는 하나님이 없다고 하니 선의 위치에서 버림을 받았고 전적으로 부패하였으니 선을 행할 수가 없다. 어리석은 자는 부패한 행실들을 특정으로 한다. 선을 행하고 하나님의 뜻을 따르는 지혜로운 자의 생활과는 정반대의 길을 걸어간다. 그들은 의도적으로 악한 길을 가고 하나님을 거역하는 삶을 살아간다.

2절에서 "하나님이 하늘에서 인생을 굽어살피사 지각이 있는 자와 하나님을 찾는 자가 있는가 보려 하신즉"이라고 하였다. 하나님은 사람을 찾는 것이 아니라 지각이 있어 하나님을 섬기는 자를 찾으신다. 하나님을 섬기는 자는 자신의 모습을 철저히 조명한다. 자기가 죄인임을 깨닫고 하나님의 절대적 권위 아래 자신을 맡기는 자이다. 하나님 앞에서 겸손히 엎드릴 줄 아는 자가 바로 이들이다. 하나님을 '아버지여'라고 부를 수 있는 자가 하나님의 백성이며, 하나님이 찾으시는 자이다.

2. 한 사람도 없도다

3절에서 "각기 물러가 함께 더러운 자가 되고 선을 행하는 자 없으니 한 사람도 없도다"고 하였다. 하나님이 세상을 두루 살피시나 하나님을 섬기는 자가 없는 비극적 양상이 나타난다. "선을 행하고 전혀 죄를 범하지 아니하는 의인은 세상에 없기 때문이로다"(전 7:20)고 하였다. 인간은 스스로의 힘으로 아무것도 할 수 없다. 예수님은 "나를 떠나서는 너희가 아무것도 할 수 없음이라"(요 15:5)고 하신 말씀처럼 우리의 존재 의미는 하나님 안에 있고, 우리의 모든 선한 행동은 하나님으로 말미암아 이루어진다는 사실을 명확히 할 수 있다. 인간은 하나님을 떠나 더러운 자가 되고, 선을 행할 수 없게 된다. 이것은 하나님과의 관계 단절에서 오는 비극적 현상이다.

하나님을 '아버지'라고 부를 수 있는 은혜를 받은 사람은 하나님의 영광을 나타내는 선한 일을 하게 된다. 이러한 근원이 단절된다면 인간은 아무 것도 아니요 부패하여 멸망하고 만다. 하나님의 백성은 하나님을 믿고 하나님 안에 있을 때에 진정한 가치를 발견하게 된다. 4절에서 죄인들의 모습을 묘사하고 있다. "죄악을 행하는 자들은 무지하냐 그들이 떡 먹듯이 내 백성을 먹으면서 하나님을 부르지 아니하는도다"고 하였다. 죄악을 행하는 자들이 왜 깨닫지 못하는가? 하나님의 역사를 체험하지 못했기 때문이다. 이렇게 된 자들은 '하나님의 백성을 떡 먹듯이 먹는다'. 이 말은 하나님의 백성을 떡 먹듯이 핍박하고 괴롭히고 짓밟는다는 의미이다. 이것이 악한 자들의 생활이다. 악한 자들은 하나님의 백성을 핍박하고 또 하나님을 부르지 아니한다. 악한 자들이 어리석은 이유는 그들의 언행 때문이기도 하지만 분명히 임하게 될 하나님의 징벌을 두려워하지 않고 무시하기 때문이다.

3. 크게 두려워하였으니

5절에서 "그들이 두려움이 없는 곳에서 크게 두려워하였으니 너를 대항하여 진 친 그들의 뼈를 하나님이 흩으심이라 하나님이 그들을 버리셨으므로 네가 그들에게 수치를 당하게 하였도다"고 했다. 어리석은 자들은 두려움이 없는 곳에서 크게 두려워했다. 겉으로는 아무것도 아닌 체 하였으나 속으로는 두려움 속에 있는 것이 이들의 생활이다. 하나님께서는 '너를 대하여 진 친 저희의 뼈를 흩으신다'. 하나님의 속성은 사랑과 공의이다. 사랑의 하나님이시기에 죄인된 우리들이 하나님께 나아가 '아버지여'라고 부르며 회개할 수 있게 된다. 이것이 하나님의 은혜이며 축복이다. 하나님께서 악인을 버리신고로 그들이 수치를 당한다. 하나님이 버리시면 아무것도 할 수 없는 것이 인간이다. 하나님이 함께 하실 때에 우리의 진정한 존재 의미가 나타난다.

6절에서 "시온에서 이스라엘을 구원하여 줄 자 누구인가 하나님이 자기 백성의 포로된 것을 돌이키실 때에 야곱이 즐거워하며 이스라엘이 기뻐하리로다"고 하였다. 이 말씀은 '구원을 위한 기도'이다. 이 시편은 야훼의 구원이 야훼의 임재의 장소이자 도우시고 축복하기 위하여 나오시는 장소인 시온으로부터 올 것이라는 강한 소원으로 끝이 난다. 6절은 바벨론 포로에서의 귀환을 연상시켜 주기도 하지만 이것은 단순한 포로 귀환이 아니라 죄악에서의 해방을 보여주고 있다. 죄악에서 해방되면 하나님의 백성이 기뻐하고 즐거워하게 된다.

시편 53편은 14편과 비슷한 메시지를 전한다. 하나님이 없다고 하는 무신론자들의 삶을 지적하고 있다. 이들은 이론상의 무신론자라기보다 실제적 무신론자들이다. 하나님의 뜻은 안중에도 없이 하나님을 무시하고 이웃에게 악을 행하는 자들을 가리킨다. 이들이 가장 심각한 문제들이다.

하나님의 백성은 하나님 중심주의로 살아야 한다. 우리의 생각과 행동의 바탕에 하나님이 계셔야 하고, 이 하나님의 영광을 위하여 우리의 삶을 영위해 나가야 한다. 하나님이 없다고 하는 어리석은 자가 아니라 하나님을 바라는 백성의 삶이 있어야 한다.

하나님이여 주의 이름으로

시편 54:1~7

1하나님이여 주의 이름으로 나를 구원하시고 주의 힘으로 나를 변호하소서 2하나님이여 내 기도를 들으시며 내 입의 말에 귀를 기울이소서 3낯선 자들이 일어나 나를 치고 포악한 자들이 나의 생명을 수색하며 하나님을 자기 앞에 두지 아니하였음이니이다 (셀라) 4하나님은 나를 돕는 이시며 주께서는 내 생명을 붙들어 주시는 이시니이다 5 주께서는 내 원수에게 악으로 갚으시리니 주의 성실하심으로 그들을 멸하소서 6내가 낙헌제로 주께 제사하리이다 여호와여 주의 이름에 감사하오리니 주의 이름이 선하심이니이다 7참으로 주께서는 모든 환난에서 나를 건지시고 내 원수가 보응 받는 것을 내 눈이 똑똑히 보게 하셨나이다

　　시편 54편은 52편의 배경과 비슷하다. 개인적 탄식시라는 일반적 범주 속에 속한다. 이 시편에 나타나 있는 상황은 예배자가 무자비한 대적들로부터 강한 공격을 받고 있는 형편이다.

　　시편 54편은 다윗이 피난 생활 속에서 하나님의 은혜를 구하는 내용이다. 이 시편은 은혜를 구하는 내용이다. 이 시편의 구조는 복잡하지 않다. 도움을 구하는 기도, 곤경의 형편, 원수를 심판해 달라는 기도, 그리고 희생제사를 드리겠다는 서약과 확신으로 구성되어 있다. 이 시는 사무엘상 23장에 나오는 사건들을 바탕으로 한다. 다윗의 생애에 나타난 사건과 연결된다. 사울이 다윗을 죽이려고 하는 행동 속에서 하나님의 도우심을 호소한다.

1. 주의 이름으로

1절에서 "하나님이여 주의 이름으로 나를 구원하시고 주의 힘으로 나를 변호하소서"라고 하였다. 시인은 '하나님이여'라고 부르면서 시를 시작하였다. 히브리어로 '엘로힘'인데 '전능하여'라는 의미이다. 하나님의 이름을 부르는 것은 탄식시들의 특징이다. 이 시편의 독특한 요소는 야훼의 이름에 의거하여 구원해 달라는 기도이다.

하나님의 이름은 하나님의 본질적 속성과 권능을 나타낸다. 하나님의 이름을 부르는 것은 하나님의 임재를 부르는 것이다. 하나님께서는 초월과 임재라는 두 가지 특성을 보존하시는 방법으로 이름을 부르게 한다. 시인은 '주의 이름으로 나를 구원하시고'라고 하였다. 여기서 '구원하다'란 말의 원 뜻은 '돕다, 구출하다, 구조하다'이다. 하나님께서 당신의 이름으로 자기 백성을 구하여 달라고 시인은 호소하고 있다.

또 '주의 힘으로 나를 변호하소서'라고 하였다. '변호'란 단어는 사법적 배경과 관련이 있다. '주의 힘으로'라는 말은 '주의 공의로'라는 뜻인데 자기를 판단해 달라고 호소하였다. 시인은 하나님 앞에서 자신의 모습을 보이고 하나님의 변호를 구하였다.

2절에서는 "하나님이여 내 기도를 들으시며 내 입의 말에 귀를 기울이소서"라고 하였다. 같은 내용을 반복적으로 표현하고 있다. 하나님께서 기도에 응답해 주시기를 간구하면서 이것을 간절하게 반복한다. 하나님의 백성은 간절한 마음으로 기도해야 한다. 이것은 일과성의 행동이 아니라 우리의 지속적이며 간절한 소원이어야 한다. 기도하는 자의 자세가 어떠해야 하는지를 밝히 보여주는 말씀이다.

3절에서 "낯선 자들이 일어나 나를 치고 포악한 자들이 나의 생명을 수색하며 하나님을 자기 앞에 두지 아니하였음이니이다(셀라)"고 하였는데, 이것은 곤경에 대한 묘사이다. '낯선 자'란 이방인을 말하는데 여기서는 민족적 이방인이 아니라 영적 이방인 즉, 하나님을 섬기지 않고 하나님의 백성을 괴롭히는 이스라엘 백성들을 포함하는 말씀이다. 이런 낯선 자들이 일어나 하나님의 백성을 치려고 한다. 그 이유는 하나님을 자기 앞에 두고 섬기지 않고 무자비하게 행동하는 자들이 낯선 자들이기에 그들의 모습을 통해 하나님의 심판을 구하게 된다.

2. 나를 돕는 이시며

4절에서 "하나님은 나를 돕는 이시며 주께서는 내 생명을 붙들어 주시는 이시니이다"고 하였다. 4~5절은 심판을 위한 기도이다. 시인은 하나님을 '나의 돕는 자'라고 하였다. 시인은 하나님께서 기도를 성취케 한다는 사실을 확신하고 하나님께 기도하였다. 우리의 도움은 하나님께로부터 온다. "내가 산을 향하여 눈을 들리라 나의 도움이 어디서 올까 나의 도움은 천지를 지으신 여호와에게서로다"(시 121:1~2)는 말씀처럼, 하나님께서 우리를 도우시기에 우리는 하나님을 의지하고 나아간다. 하나님은 여러 가지 방법을 통하여 우리를 도우신다. 이 하나님을 믿고 나아가는 것이 하나님의 백성의 기본 된 자세이기에 나를 도우시는 하나님을 바라야 한다.

5절에서 "주께서 내 원수에게 악으로 갚으시리니 주의 성실하심으로 그들을 멸하소서"라고 하였다. 시인은 원수들에게 내리는 재앙을 하나님께서 허락하실 것을 믿었다. 또 하나님은 자기를 의지하는 자들에 대한 성실하심(또는 신실하심)을 나타내 보이신다. 시인은 원수를 징벌해 달라고 하나님께 호소한다. 원수들의 악을 되갚아 주시기를 호소한다. 하나님의 공의 속에서 악인들의 행위를 심판함으로써 하나님이 살아계심을 보이시는 위대한 역사를 나타낸다.

3. 주의 이름이 선함이니이다

6~7절은 서약과 확신을 진술하고 있다. 6절에서 "내가 낙헌제로 주께 제

사하리이다 여호와여 주의 이름에 감사하오리니 주의 이름이 선하심이니이다"고 하였다. 여기서 '낙헌제'란 자발적이고 즐거운 마음으로 하나님께 예물을 드리는 제사이다. 시인은 여기서 말하는 것은 어떤 율법적 요구나 희생 제사의 어떤 형태가 아니라 감사의 형식으로 제사를 드리는 것을 말한다. 하나님께 자발적으로 예물을 드리고 하나님의 성호를 찬양하는 감사의 제사이다. 하나님의 백성은 억지가 아니라 감사함으로 경배드리고 하나님께 제사해야 한다. 이것이 오늘의 우리가 드려야 할 바른 예배이다. 시인은 하나님께 서원한다. 하나님께 감사의 예배를 드리겠다고 다짐하며, '주의 이름에 감사한다'고 하였다. 선하신 하나님의 이름에 감사드리는 믿음의 자세가 필요하다. 이것은 하나님의 전능하심을 믿는 신앙의 바탕에서 이루어진다. 이 믿음으로 여호와의 성호를 찬양하자.

7절에서는 "참으로 주께서는 모든 환난에서 나를 건지시고 내 원수가 보응 받는 것을 내 눈이 똑똑히 보게 하셨나이다"고 하였다. 이것은 확신의 진술이다. 이미 일어나고 있는 구원과 승리에 관한 강력한 진술을 하고 있다. 시인은 이미 일어나고 있는 승리에 대한 확신을 가지고 있다. 원수들의 괴멸을 의기양양하게 바라보는 자신의 모습을 이미 일어난 일로 생각하고 있다. 이것은 미래의 승리를 단순한 기대가 아니라 확신으로 고백된다.

시편 54편이 강조하는 것은 하나님의 이름에 모든 힘이 모여 있음을 나타낸다. 여호와 하나님은 이 세상에 보이지 않는 것 같지만 믿음으로 그의 이름을 부르는 자들에게 임재의 역사를 보이신다. 이 시편의 메시지는 아주 분명하다. 여호와의 이름은 위기 때에 호소하는 자를 실망시키지 않는다. 원수들은 결코 이기지 못하며, 하나님은 행위대로 반드시 갚으시는 분이라 사실을 명백히 하고 있다.

이 세상에서 하나님의 '성실'(5절)이 승리할 것이라고 선포하고 있다(7절). 우리가 살고 있는 이 땅이 비록 어둡고 협착해도 하나님의 이름으로 승리할 수 있다는 사실을 우리의 가슴에 새기자. 하나님께는 심판의 때가 있고, 용서의 때가 있다.

내가 비둘기 같이 날개가 있다면

시편 55:1~11

1하나님이여 내 기도에 귀를 기울이시고 내가 간구할 때에 숨지 마소서 2내게 굽히사 응답하소서 내가 근심으로 편하지 못하여 탄식하오니 3이는 원수의 소리와 악인의 압제 때문이라 그들이 죄악을 내게 더하며 노하여 나를 핍박하나이다 4내 마음이 내 속에서 심히 아파하며 사망의 위험이 내게 이르렀도다 5두려움과 떨림이 내게 이르고 공포가 나를 덮었도다 6나는 말하기를 만일 내게 비둘기 같이 날개가 있다면 날아가서 편히 쉬리로다 7내가 멀리 날아가서 광야에 머무르리로다 (셀라) 8내가 나의 피난처로 속히 가서 폭풍과 광풍을 피하리라 하였도다 9내가 성내에서 강포와 분쟁을 보았사오니 주여 그들을 멸하소서 그들의 혀를 잘라 버리소서 10그들이 주야로 성벽 위에 두루 다니니 성 중에는 죄악과 재난이 있으며 11악독이 그 중에 있고 압박과 속임수가 그 거리를 떠나지 아니하도다

이 시의 배경에 대하여 학자들 사이에 많은 논란이 있지만 이 시편은 강력한 확신과 권면들이 있어서 감사시의 형태를 보이고 있으나 내용면에서는 개인 탄식시이다.

이 시편은 다윗의 경험과 관련이 있다. 압살롬의 반란 시기에 다윗과 아히도벨의 관계를 언급하고 있다. 사무엘하 15장에 나오는 그 당시의 상황이 상세하게 기록되어 있다. 다윗은 자기가 철석같이 믿었던 아히도벨이라는 머리 좋은 장군이 압살롬의 반란에 관여하여 배반을 당하였다. 다윗은 배반 당한 고통을 가슴에 새기며 이것을 시로 표현한 것이 이 시편이다.

사람이 사람을 의지할 때에 자신의 전심을 바친다. 그러나 배신이라는

쓴잔을 마실 때에 그 고통이란 이루 말할 수 없고, 사람을 의지하는 것이 무의미하다는 것을 깨닫게 된다. 다윗의 시를 통해 배신당한 인간의 심정을 살펴볼 수 있다.

1. 내 기도에 귀를 기울이시고

1절에서 하나님을 부른다. "하나님이여 내 기도에 귀를 기울이시고 내가 간구할 때에 숨지 마소서"라고 하였다. 시인은 하나님께서 자신의 기도를 들어주시도록 강력하게 호소한다.

'하나님이여'라고 부르는 것은 단순한 호칭이 아니다. 그는 인간으로서는 견딜 수 없는 처지에 있다. 사무엘하 15장에서 18장까지를 읽어보면 그가 얼마나 격심한 고통을 겪고 있는 지를 알 수가 있다. 심지어는 맨발로 도망을 가야 할 정도였기에 그의 처지는 비참하였다. 이때 다윗은 하나님께 기도함으로써 문제를 풀어나가려고 하였다. 다윗은 하나님께서 자기 기도에 귀를 기울여 달라고 호소하였다. 절대절명의 위기에 있는 다윗은 하나님께 기도함으로써 문제를 풀어가려고 하였다. 이것은 그의 신앙인 동시에 그가 살아가는 유일한 길이다.

2절 상반절은 1절에 계속하여 "내게 굽히사 응답하소서"라고 하였는데 하나님에 대한 간절한 청원을 다시금 강조하고 있다. 하나님께서 '굽혀주셔서' 즉 긍휼을 베풀어 주셔서 나에게 응답해 주소서라는 열망이다. 2절 하반절과 3절에서는 "내가 근심으로 편하지 못하여 탄식하오니 이는 원수의 소리와 악인의 압제 때문이라 그들이 죄악을 내게 더하며 노하여 나를 핍박하나이다"고 하였다. 이 표현에서 팽팽한 긴장감을 느낄 수 있다. 왜 이와 같은 고통이 왔는가? 그것은 악인의 위협과 핍박 때문이다. 원수들은 분명히 사람이지만 그들은 악행을 하는 자들이며 하나님의 백성을 철저히 핍박하는 자들이다. 그들에게는 마귀가 가진 사악성이 나타난다.

2. 내 마음이 심히 아파하며

4절에서 "내 마음이 내 속에서 심히 아파하며 사망의 위험이 내게 이르렀도다"고 하였다. 이것은 원수의 핍박이 어느 정도인지를 보여주고 있다. 목숨이 경각에 달릴 정도의 위험을 겪고 있다는 말이다. 시인은 공포에 질려 떨고 있는 상황인데 그 원수가 누구인지를 직시하지 않고 있다.

사람들은 격심한 고통을 당할 때에 죽음으로 문제를 해결하려고 하는 경우가 있다. 그래서 이 땅에 자살이 번져가고 있다. 하나님의 백성은 절망의 자리에서 하나님을 바라본다. 죽을 것 같은 상황이지만 하나님을 바라봄으로써 문제를 풀어가려고 하는 것이 기본적 자세이다. 시인은 5절에서 자신의 현재의 마음 상태를 설명하고 있다. "두려움과 떨림이 내게 이르고 공포가 나를 덮었도다"고 하였다. 4절에서 말한 사망의 위험이 그를 공격하니, 자기의 마음이 두렵고 그 두려움이 자기를 떨게 한다고 하였다. 시인은 두려움으로 인하여 자기가 어떻게 해야 할지를 알지 못하며 공포 속에서 떨고 있다. 이것은 죽음의 공포와 같은 절박함이며, 자칫하면 심리적 공황상태에 빠지게 한다.

6절과 7절에서 "나는 말하기를 만일 내게 비둘기 같이 날개가 있다면 날아가서 편히 쉬리로다 내가 멀리 날아가서 광야에 머무르리로다 (셀라)"고 하였다. 시인은 격심한 고통 속에서 비둘기같이 날개가 있다면 날아가 편히 쉬기를 소원하고 있다. 여기서 비둘기라는 상징을 선택한 것은 비둘기가 인적이 닿기 어려운 낭떠러지의 바위 틈새들에 둥지를 틀고서 도시의 혼란과 폭풍을 피하는데 연유한다. 광야란 비옥한 정착지역과 사막지역의 가운데 있는데, 이곳은 반불모(半不毛)의 땅으로 사람이 정착하거나 곡식을 재배하기에 적합지 않은 곳이다. 그러니 광야란 영구적인 또는 반영구적인 정착지에 가까운 목초지 또는 준목초지를 가리키는 전문 용어이다.

시인은 멀리 날아가서 사람들이 많지 않은 광야에 살고 싶어 했다. 그곳에서 먹고 잘 곳만 있다면 난장판 같은 도시를 떠나 그곳에 살고 싶어 했다. 너무나 고통스럽기에 이런 간구를 하게 되었다.

3. 나의 피난처로 속히 가서

8절에서는 "내가 나의 피난처로 속히 가서 폭풍과 광풍을 피하리라 하였도다"고 했다. 시인은 광야에서 돌풍을 만나 피난처로 달려가는 여행객처럼 그러한 곳으로 하루 빨리 달려가기를 소원하였다.

9절에서 "내가 성내에서 강포와 분쟁을 보았사오니 주여 그들을 멸하소서 그들의 혀를 잘라버리소서"라고 하였다. 이 말씀은 도시의 악인들에 대하여 하나님께서 행동하실 것을 열성적으로 탄원하는 내용이다. 이 기도에는 바벨탑으로 인해 언어의 혼돈이 온 것(창 11:5~9)이 암시되어 있다. 시인은 바벨탑 사건에서와 비슷한 혼잡과 파괴를 염두에 두고 있음을 알 수 있다(참조 삼하 15:31). 도시의 추잡한 상황을 열거하고 하나님께서 이것을 정리해 주실 것을 호소한다.

9절에서 11절까지에는 도시에서 생기는 일곱 가지 악의 특성이 제시되었다. 강포, 분쟁, 죄악, 잔해함, 악독, 압박, 궤사가 바로 이것이다.

많은 죄악의 요소들이 도시에 가득하다. 정치와 사회 등 각 분야에서 문제가 생기고, 이런 문제들은 도시의 죄악을 상징적으로 나타낸다. 시인은 고통의 와중에서 죽을 것 같은 상황에 처해 있다. 그러나 여기서 좌절하지 아니하고 하나님을 바라는 신앙의 역사를 경험한다. 우리에게 고통의 바람이 몰려 올 때에 우리는 거기에 함몰되어 어찌 해야 좋을지 알지 못하는 경우가 많다. 그러나 다윗처럼 하나님을 바라야 한다. 가장 믿었던 사람에게 배신당하여 고통의 골짜기에 헤맬지라도 하나님은 우리에게 힘과 소망을 주신다. 시인은 얼마나 고통스러웠으면 '비둘기 같이 날개가 있다면' 여기서 떠나고 싶어한다. 우리들에게도 이러한 어려움이 올 수 있다. 그때에 하나님을 바라보자. 이것이 살길이다. 속이고 속는 오늘의 시대에서 하나님을 의지하여 이 고통을 이겨야 한다. 하나님은 우리에게 새로운 힘으로 함께 하시기에 하나님의 역사를 바라야 할 것이다.

네 짐을 여호와께 맡기라

시편 55:12~23

12나를 책망하는 자는 원수가 아니라 원수일진대 내가 참았으리라 나를 대하여 자기를 높이는 자는 나를 미워하는 자가 아니라 미워하는 자일진대 내가 그를 피하여 숨었으리라 13그는 곧 너로다 나의 동료, 나의 친구요 나의 가까운 친우로다 14우리가 같이 재미있게 의논하며 무리와 함께 하여 하나님의 집 안에서 다녔도다 15사망이 갑자기 그들에게 임하여 산 채로 스올에 내려갈지어다 이는 악독이 그들의 거처에 있고 그들 가운데에 있음이로다 16나는 하나님께 부르짖으리니 여호와께서 나를 구원하시리로다 17저녁과 아침과 정오에 내가 근심하여 탄식하리니 여호와께서 내 소리를 들으시리로다 18나를 대적하는 자 많더니 나를 치는 전쟁에서 그가 내 생명을 구원하사 평안하게 하셨도다 19옛부터 계시는 하나님이 들으시고 그들을 낮추시리이다 (셀라) 그들은 변하지 아니하며 하나님을 경외하지 아니함이니이다 20그는 손을 들어 자기와 화목한 자를 치고 그의 언약을 배반하였도다 21그의 입은 우유 기름보다 미끄러우나 그의 마음은 전쟁이요 그의 말은 기름보다 유하나 실상은 뽑힌 칼이로다 22네 짐을 여호와께 맡기라 그가 너를 붙드시고 의인의 요동함을 영원히 허락하지 아니하시리로다 23하나님이여 주께서 그들로 파멸의 웅덩이에 빠지게 하시리이다 피를 흘리게 하며 속이는 자들은 그들의 날의 반도 살지 못할 것이나 나는 주를 의지하리이다

시편 55편은 시인을 에워싼 근심과 고통들에 대한 생생한 묘사를 하고 있다. 시인의 고뇌(5~6절)은 세 가지 상황에 뿌리를 두고 있는데, 핍박과 위협(4절), 시인이 살고 있는 성읍의 사회적 상황(10 하~12절), 의지했던 친구의 배신(13~15절)이 그것이다. 이러한 여건 속에서 하나님을 앙망하는 믿음의 자세를 볼 수 있고, 배신의 아픔을 신앙으로 극복하는 생명 있는 삶을 찾게 된다.

1. 시인의 고뇌

12절에서 "나를 책망하는 자는 원수가 아니라 원수일진대 내가 참았으

리라 나를 대하여 자기를 높이는 자는 나를 미워하는 자가 아니라 미워하는 자일진대 내가 그를 피하여 숨었으리라"고 하였다. 시인은 자신이 당하는 고뇌를 말하고 있다. 시인을 책망한다는 것은 다른 사람에게 비판받는다는 뜻이다. 그러니 원수가 비웃고 조롱한다면 도리어 참기가 쉬웠을 것인데, 가장 가까운 사람의 배신이 그를 아프게 한다는 의미이다. '나를 대하여 자기를 높이는 자가 나를 미워하는 자가 아니라'는 말씀에서 압살롬의 배신과 그를 향한 아버지의 사랑을 볼 수 있다. 그는 압살롬이 반역하였을 때에도 그를 미워하지 아니하였고 오히려 그를 불쌍히 여기기를 바랐을 정도이다.

13절에서 "그는 곧 너로다 나의 동료, 나의 친구요 나의 가까운 친우로다"고 했다. 이 말씀은 히브리인의 삼중강조법을 보여 준다. 한 가지 일을 세 번 강조함으로써 자신의 뜻을 강하게 나타내고 있다. 가장 가까운 사람들의 배신을 묘사하고 있는데 '나의 동료'라고 했는데 같이 일해 왔던 사람이며, '나의 친구'라 했으니 정이 통하고 감정이 통했던 사람을 의미하며, '나의 가까운 친우로다'고 했으니 단순한 친구가 아니라 네 속에 있는 모든 것을 내어 놓을 수 있는 그런 사이의 친구이다. 이런 사람에게 배신을 당했으니 고통이 더욱 크고 그 아픔은 이루 말할 수 없을 정도이다. 가까운 사람의 배신을 통하여 하나님만 의지하라는 메시지를 받게 된다.

2. 시인의 친구

14절에서 그 친구가 어떤 자인지를 보여주고 있다. "우리가 같이 재미있게 의논하며 무리와 함께 하여 하나님의 집 안에서 다녔도다"고 하였다. 이 것은 단순한 우정이 아니라 늘 함께 하는 사이로서 생활의 교제도 하고, 신앙의 교제도 했다는 말이다. '재미있게 의논했다고 했으니 취미도 통하고 신앙도 통하는 사이이다. 이런 절친한 친구가 누구인지는 구체적으로 지적하고 있지 않으나 인간이 겪는 고통의 공통성을 알 수가 있다. 가까운 사람에게서 배신을 당하고, 그 배신으로 아픔을 겪는 인간의 모습이 바로 그것이다. 타락한 인간은 서로 배신하고, 자기의 이익을 위해서는 형제에게 등을 돌리는 그런 잔인한 일들을 서슴지 않는다.

15~16절에서는 "사망이 갑자기 그들에게 임하여 산 채로 스올에 내려갈지어다 이는 악독이 그들의 거처에 있고 그들 가운데에 있음이로다 나는 하나님께 부르짖으리니 여호와께서 나를 구원하시리로다"고 하였다. 이 말씀은 심판을 위한 기도이다. 본문은 단수형에서 복수형으로 바뀌는데 이런 현상은 저주하는 대목들에서 흔히 나타난다(시 7:23, 17:11~12, 109:5~6 등). 복수형은 표현의 격렬성을 나타내는데 주목할 필요가 있다. 시인은 '그들로 산채로 음부에 내려가게 하소서'라고 하였다. 이 표현은 고라와 그 자손들을 상기시킨다(민 16:31-35). 땅이 입을 벌려서 사람들을 음부에 삼키는 것 같이 신속하게 그들로 멸망하게 하소서라는 호소이다.

16~19절은 하나님의 신실하심에 대한 증언이다. 16절에서 "나는 하나님께 부르짖으리니 여호와께서 나를 구원하시리로다"고 하였다. 시인은 자신을 배반한 자를 자기가 징계하겠다고 하지 않았다. 하나님께 부르짖는다고 하였는데 이것은 하나님만이 구원자이시고 심판자라는 사실을 고백하는 것이다. 자신의 힘으로 응징하는 것이 아니라 하나님의 권능으로 판단하여 달라는 호소이다.

3. 시인의 탄식

17절에서 "저녁과 아침과 정오에 내가 근심하여 탄식하리니 여호와께서 내 소리를 들으시리로다"고 하였다. 여기서 저녁, 아침, 정오는 이스라엘 백성들이 하루를 계산하는 순서이다. "저녁이 되고 아침이 되니 이는 첫째 날이라"(창 1:5)고 한 표현 그대로이다. 이스라엘 백성들은 하루 세 번식 기도하였는데 이것이 그들의 신앙생활의 규칙이 되었다. 이렇게 기도할 때에 하나님께서 응답해 주신다. 하나님은 자기 백성들의 호소에 귀를 기울이시고 응답하시는 분이다. 그러니 우리의 간구를 들으시는 분이다.

18절에서 "나를 대적하는 자 많더니 나를 치는 전쟁에서 그가 내 생명을 구원하사 평안하게 하셨도다"고 하였다. 자기를 공격하는 자가 많기에 홀로 감당할 수 없으니 하나님이 간섭하지 않고서는 살 길이 없다는 말이다. 하나님이 구원하셔서 삶의 길을 열어 주셨으니 평안을 누리게 된다. 구속이 없으면 진정한 평안이 없다. 그리스도의 구원을 통하여 진정한 평안을 누리는 것이 하나님의 백성의 가장 큰 축복이다.

19절에서 "옛부터 계시는 하나님이 들으시고 그들을 낮추시리이다 (셀라) 그들은 변하지 아니하며 하나님을 경외하지 아니함이니이다"고 하였다. 이 말은 기도를 들으시는 하나님은 변치 않는 하나님이란 뜻이다. 하나님은 어제나 오늘이나 영원토록 동일하신 분이다(히 13:8). 하나님의 은혜도 변하지 않으며 진리도 변하지 않고 심판도 변하지 않는다. 그러니 하나님을 경외하지 않는 자를 하나님이 심판하신다.

20~21절은 신실하지 못한 친구에 대한 묘사이다. "그는 손을 들어 자기와 화목한 자를 치고 그의 언약을 배반하였도다 그의 입은 우유 기름보다 미끄러우나 그의 마음은 전쟁이요 그의 말은 기름보다 유하나 실상은 뽑힌 칼이로다"고 하였다. 이들은 서로 사이좋게 지내자고 해놓고 언약을 배반한다. 그 입은 우유 기름으로 닦아 놓은 것 같이 반질반질하여 청산유수와 같이 말을 할지라도 한 마디의 말 속에 비수를 품고 있는 자이다.

이런 상황에서 시인은 하나님을 신뢰하는 믿음을 갖도록 22~23절에서 격려를 받는다. "네 짐을 여호와께 맡기라 그가 너를 붙드시고 의인의 요동함을 영원히 허락하지 아니하시리로다 하나님이여 주께서 그들로 파멸의 웅덩이에 빠지게 하시리이다 피를 흘리게 하며 속이는 자들은 그들의 날의 반도 살지 못할 것이나 나는 주를 의지하리이다." 모든 짐을 하나님께 맡기고 하나님을 의지하는 삶을 살아가는 것이 하나님의 백성이 누리는 최고의 축복이기에 비록 가까운 자가 배신하고 위협을 가할지라도 하나님을 의지하는 삶을 살아가려는 의지와 결단이 시인에게 있으니 이것을 오늘의 우리들이 닮아가야 할 일이다.

하나님을 의지하고

시편 56:1~13

1하나님이여 내게 은혜를 베푸소서 사람이 나를 삼키려고 종일 치며 압제하나이다 2내 원수가 종일 나를 삼키려 하며 나를 교만하게 치는 자들이 많사오니 3내가 두려워하는 날에는 내가 주를 의지하리이다 4내가 하나님을 의지하고 그 말씀을 찬송하올지라 내가 하나님을 의지하였은즉 두려워하지 아니하리니 혈육을 가진 사람이 내게 어찌하리이까 5그들이 종일 내 말을 곡해하며 나를 치는 그들의 모든 생각은 사악이라 6그들이 내 생명을 엿보았던 것과 같이 또 모여 숨어 내 발자취를 지켜보나이다 7그들이 악을 행하고야 안전하오리이까 하나님이여 분노하사 뭇 백성을 낮추소서 8나의 유리함을 주께서 계수하셨사오니 나의 눈물을 주의 병에 담으소서 이것이 주의 책에 기록되지 아니하였나이까 9내가 아뢰는 날에 내 원수들이 물러가리니 이것으로 하나님이 내 편이심을 내가 아나이다 10내가 하나님을 의지하여 그의 말씀을 찬송하며 여호와를 의지하여 그의 말씀을 찬송하리이다 11내가 하나님을 의지하였은즉 두려워하지 아니하리니 사람이 내게 어찌하리이까 12하나님이여 내가 주께 서원함이 있사온즉 내가 감사제를 주께 드리리니 13주께서 내 생명을 사망에서 건지셨음이라 주께서 나로 하나님 앞, 생명의 빛에 다니게 하시려고 실족하지 아니하게 하지 아니하셨나이까

이 시는 다윗이 사울을 피하여 이스라엘의 적대국인 블레셋으로 망명 갔던 시절에 지은 것으로 추측된다(삼상 27~29 참조). 시편 56편을 소개하면서 '다윗의 믹담'이라고 하였는데, '믹담'으로 '금언적 시'라는 뜻이다. 그러니 황금과 같은 시라는 의미이다.

다윗의 생애에서 일어났던 사건과 연관하여 지은 시로서 자신의 신앙을 고백하고 하나님을 신뢰함으로써 역경을 이기는 믿음의 시이다.

1. 탄원과 고소

1~2절은 긍휼히 여겨달라는 탄원과 고소이다. "하나님이여 내게 은혜를 베푸소서 사람이 나를 삼키려고 종일 치며 압제하나이다"라고 하였다.

시인은 원수들이 자기를 집요하게 쫓아다니며 비방하고 공격하기에 하나님께서 자기를 긍휼히 여겨달라고 부르짖는다. 이것은 탄식시들이 가지는 특징으로서 하나님의 돌보심을 호소한다. 시인은 '하나님이여'라고 하였다. 이 말은 '전능하신 분이여'라는 뜻인데 하나님의 전능하심을 믿기 때문에 이렇게 하나님께 신앙을 고백한다. 이런 하나님을 향하여 '긍휼히 여기소서'라고 호소한다. 왜냐하면 원수들이 자기를 해치려고 온갖 계교를 부리기에 하나님의 돌보심이 있어야 하기 때문이다.

3~4절은 찬양과 신뢰의 고백이다. "내가 두려워하는 날에는 내가 주를 의지하리이다 내가 하나님을 의지하고 그 말씀을 찬송하올지라 내가 하나님을 의지하였은즉 두려워하지 아니하리니 혈육을 가진 사람이 내게 어찌 하리이까"고 하였다. 시인은 하나님을 의지함으로써 두려움을 극복한다(3절). 두려워하는 날에는 좌절하고 낙망하기 쉬운데 시인은 하나님을 의지함으로써 그 고통을 이기게 된다. 찬양의 대상은 하나님의 말씀인데(4절) 여기에 대해서는 구체적으로 설명되지 않고 있다. 그러나 여기서 말씀이란 일반적인 의미에서의 하나님의 약속들이거나 시인이 기대하고 있는 구원의 신탁일 것이다. 본문의 형태를 보면 하나님으로부터의 구체적인 응답이라는 형태로 된 하나님의 도우심 또는 인도하심을 구하는 것으로 보인다. 시인은 하나님으로부터 긍정적인 응답을 기대하고 유한한 인간들이 하나님을 의지하는 자를 이길 수 없다는 사실을 인하여 찬양 드린다.

2. 원수에의 고소

5~6절은 원수에 대한 고소이다. "그들이 종일 내 말을 곡해하며 나를 치는 그들의 모든 생각은 사악이라 그들이 내 생명을 엿보았던 것 같이 또 모여 숨어 내 발자취를 지켜보나이다"고 하였다. 원수들은 악한 의도를 가지고 함께 모여 해악을 끼치고자 하는 마음으로 모의하고 기회를 엿보면서 시인의 말을 비꼰다. 5~6절은 왕 또는 다른 지도자의 내적인 어려움들을 보여

주는데 원수들은 반역이나 쿠데타를 통하여 그를 죽일 기회를 호시탐탐 노리고 있다. 원수들은 어떻게 하면 시인에게 해를 입힐 것인가를 궁리하고 있다. 이들은 '행인을 덮쳐서 살해하기 위하여 행인이 다가 오기를 기다리며 매복해 있는 자와 같이' 몰래 숨어서 시인의 행동 하나 하나를 지켜본다. 이러한 원수의 행동을 하나님께 고소한다.

7절은 심판을 위한 탄원이다. "그들이 악을 행하고야 안전하오리이까 하나님이여 분노하사 뭇 백성을 낮추소서"라고 했다. 7절에서 백성들 또는 민족들이라는 복수형을 사용하고 있는 것은 하나님의 백성을 공격하고자 하는 여러 나라뿐만 아니라 이방인들이든 국내인이든 악한 백성 전체를 의미한다고 볼 수 있다.

8~9절은 '하나님께서 기억하고 계시는 기도'이다. "나의 유리함을 주께서 계수 하셨사오니 나의 눈물을 주의 병에 담으소서 이것이 주의 책에 기록되지 아니하였나이까 내가 아뢰는 날에 내 원수들이 물러가리니 이것으로 하나님이 내 편이심을 내가 아나이다"고 하였다. 시인은 자신이 정처없이 다니는 유리하는 세월을 하나님께서 세어 보셨다고 하였다. 얼마나 많은 세월을 정처없이 다녔는지를 생각할 때에 오직 하나님만이 이것을 아신다고 믿고 하나님께 기도하고 있다.

이 시에서 우리의 가슴에 깊은 감동을 주는 것은 '나의 눈물을 주의 병에 담으소서'라는 표현이다. 아름다운 시적 표현인데 이 말씀에서 시인의 깊은 신앙과 고통의 삶을 읽을 수 있다. 얼마나 많은 눈물을 흘렸는지 하나님께서 그것을 병에 담아 기억하여 달리는 의미이다. 하나님의 백성은 믿음으로 살기 위하여 수없는 눈물을 흘린다. 하나님은 이것을 모두 기억하신다. 그래서 '내가 아뢰는 날에 내 원수가 물러가리니'라고 믿는데 이것은 자신의 힘으로 되어지는 것이 아니라 '하나님이 내 편이심을 내가 아나이다'란 고백으로 표현된다. 우리에게 문제가 있고 고통이 있을지라도 하나님이 우리를 도와주시면 우리는 이것을 이기게 된다. 하나님의 도우심이 우리의 힘의 원천이라는 사실을 굳게 믿어야 한다.

3. 신뢰와 찬양

10~11절은 신뢰와 찬양이다. "내가 하나님을 의지하여 그의 말씀을 찬송하며 여호와를 의지하여 그의 말씀을 찬송하리이다 내가 하나님을 의지하였은즉 두려워하지 아니하리니 사람이 내게 어찌하리이까"고 하였다. 이 말씀은 3~4절과 같고 후렴 형태로 되어 있는데, 이런 형태를 교차대구법적 구조라고 부른다. 하나님의 백성은 하나님을 의지하고 하나님을 찬양한다. 이것은 단순한 것 같으나 하나님의 백성의 기본적 자세이다. 의지하고 찬양할 때에 하나님의 역사가 나타난다.

11절에서 그것을 표현하였다. '내가 하나님을 의지하였은즉 두려워하지 아니하리니 사람이 내게 어찌하리이까'라는 고백에서 하나님을 신뢰하는 자의 담대함이 배어 있다. 하나님을 의지할 때에 두려움이란 사라진다. 이 원리를 굳게 믿고 나아가는 것이 하나님의 백성의 아름다운 삶이다.

12~13절은 서원과 감사제를 드리려 하는 열망이다. "하나님이여 내가 주께 서원함이 있사온즉 내가 감사제를 주께 드리리니 주께서 내 생명을 사망에서 건지셨음이라 주께서 나로 하나님 앞, 생명의 빛에 다니게 하시려고 실족하지 아니하게 하지 아니하셨나이까"라고 하였다. 시인은 하나님 앞에 서원한 것을 인정하고 그 서원을 기꺼이 행할 준비가 되어 있음을 밝힌다. 서원들은 찬양과 감사제를 통하여 행하여진다. 감사제는 병에서 치유 받은 자들이나 고통에서 구원받은 자들이 제사를 위해 모인 가족이나 친지들에게 간증의 기회가 된다.

하나님이 사망에서 건지셨으니 하나님 앞 즉, 생명의 빛에 다닐 것을 확신하고 감사를 드린다. 비록 고통이 올지라도 하나님께서 이 고통을 이기게 하신다는 확신이 있을 때에 하나님을 바라보며 감사의 삶을 살아가게 된다. 시인의 이러한 자세가 우리에게 힘과 용기가 되도록 하나님을 의지하는 삶을 살아야 한다.

내가 새벽을 깨우리로다

시편 57:1~11

1하나님이여 내게 은혜를 베푸소서 내게 은혜를 베푸소서 내 영혼이 주께로 피하되 주의 날개 그늘 아래에서 이 재앙들이 지나기까지 피하리이다 2내가 지존하신 하나님께 부르짖음이여 곧 나를 위하여 모든 것을 이루시는 하나님께로다 3그가 하늘에서 보내사 나를 삼키려는 자의 비방에서 나를 구원하실지라 (셀라) 하나님이 그의 인자와 진리를 보내시리로다 4내 영혼이 사자들 가운데에서 살며 내가 불사르는 자들 중에 누웠으니 곧 사람의 아들들 중에라 그들의 이는 창과 화살이요 그들의 혀는 날카로운 칼 같도다 5하나님이여 주는 하늘 위에 높이 들리시며 주의 영광이 온 세계 위에 높아지기를 원하나이다 6그들이 내 걸음을 막으려고 그물을 준비하였으니 내 영혼이 억울하도다 그들이 내 앞에 웅덩이를 팠으나 자기들이 그 중에 빠졌도다 (셀라) 7하나님이여 내 마음이 확정되었고 내 마음이 확정되었사오니 내가 노래하고 내가 찬송하리이다 8내 영광아 깰지어다 비파야, 수금아, 깰지어다 내가 새벽을 깨우리로다 9주여 내가 만민 중에서 주께 감사하오며 뭇 나라 중에서 주를 찬송하리이다 10무릇 주의 인자는 커서 하늘에 미치고 주의 진리는 궁창에 이르나이다 11하나님이여 주는 하늘 위에 높이 들리시며 주의 영광이 온 세계 위에 높아지기를 원하나이다

시편 57편은 56편과 같이 개인적 탄식시로 분류된다. 이 시편들은 계속되는 내용으로서 하나님의 돌보심을 간구하는 내용으로서 하나님의 돌보심을 간구하는 시인의 자세를 볼 수 있다.

시인은 시의 첫 부분을 긍휼을 바라는 전통적인 기도로 시작하지만 계속하여 하나님의 응답에 대한 확신으로 옮겨 가고 있다. 이 시편은 다윗이 사울을 피해 동굴에 숨은 때와 관련이 있다. 위험했던 다윗의 초기 생애와 연관하여 생각할 때에 오늘의 우리들도 비록 힘들고 어려울지라도 하나님을

의지하는 삶을 살아야함을 교훈받는다. 이 시편은 다른 탄식시와 같이 성전은 말할 것도 없고 가정이나 소집단에서 즐겁게 부를 수 있는 시편이다. 그래서 역경 속에서도 하나님을 의지하는 신앙인의 모습을 그리게 된다.

1. 기도와 호소

1~3절은 긍휼히 여겨 구원해 달라는 기도이다. 1절에서 "하나님이여 내게 은혜를 베푸소서 내게 은혜를 베푸소서 내 영혼이 주께로 피하되 주의 날개 그늘 아래에서 이 재앙들이 지나기까지 피하리이다"고 하였다. 이것은 다윗이 기도할 때에 가장 많이 사용하는 형태로서 '하나님이여' 즉 '전능자시여'라고 부르면서 기도한다.

시인은 '긍휼히 여기소서'라고 간청하고 있다. '긍휼히 여기다'(하난)란 단어를 사용하는 것은 기도자의 충성과 하나님의 자비로운 응답에 대한 요청의 의미를 가지고 있다. 하나님께서 자격이 없는 자들에게 자비를 베푸시는 것이 바로 긍휼이다.

다윗은 자신의 무엇을 자랑하지 않고 하나님의 긍휼을 간구하였다. 하나님은 전능하신 분이기에 나를 불쌍히 여겨 주옵소서라고 호소하는 자세를 가졌다. 이렇게 하여 '내 영혼이 주께로 피하되 주의 날개 그늘 아래에서 재앙들이 지나가기까지 피하리이다'고 하였다. 여기 나오는 날개란 하나님의 능력을 상징하는 것으로서 하나님을 의지하는 자의 자세를 그리고 있다.

기도의 두 번째 부분(2~3절)은 지극히 높으신 하나님께서 원수들과 대항하여 싸우심과 동시에 인자와 진리를 보내어 자기를 안전하게 지키실 것이라는 시인의 확신을 표현하고 있다. "내가 지존하신 하나님께 부르짖음이여 곧 나를 위하여 모든 것을 이루시는 하나님께로다 그가 하늘에서 보내사 나를 삼키려는 자의 비방에서 나를 구원하실지라(셀라) 하나님이 그의 인자와 진리를 보내시리로다"고 하였다. 여기서 하나님의 시종(侍從)을 인자와 진리로 의인화하고 있다. 하나님의 종이 와서 도우실 것이라는 뜻이 된다. 하나님께서는 자기 백성을 구하기 위하여 당신의 종들을 보내신다. 어려움 속에서 건지시는 하나님의 역사를 바라는 것이 하나님의 백성의 기본된 자세이다.

2. 고소와 탄원

4~6절은 고소와 탄원이다. 시인은 4절에서 커다란 위험에 대한 고소를 표현하고 있다. "내 영혼이 사자들 가운데에서 살며 내가 불사르는 자들 중에 누웠으니 곧 사람의 아들들 중에라 그들의 이는 창과 화살이요 그들의 혀는 날카로운 칼 같도다." 원수들은 악독한 이빨로 먹이를 덮치기위해 기다리다가 사람을 잡아먹는 사자들에 비유된다. 창과 화살과 날카로운 칼로 하나님의 백성을 해치려고 만반의 준비를 하고 있다.

5절에서 "하나님이여 주는 하늘 위에 높이 들리시며 주의 영광이 온 세계 위에 높아지기를 원하나이다"고 하였다. 여기서 시인은 하나님께 위로 높이 솟아서 그의 영광을 크게 나타내 보이시라고 청한다. 이것은 신의 현현(顯現)을 표현하는 것으로서 하나님의 놀라운 역사를 갈망하는 호소이다. 하나님의 나타나심은 하나님의 백성에게 최고의 영광이다. 이 나타나심으로 인하여 원수들을 물리치고, 하나님의 위대하심을 높이게 된다.

6절에서 "그들이 내 걸음을 막으려고 그물을 준비하였으니 내 영혼이 억울하도다 그들이 내 앞에 웅덩이를 팠으나 자기들이 그중에 빠졌도다(셀라)"고 하였다. 시인은 여기서 고소로 되돌아가 원수들이 웅덩이를 파고 하나님의 백성들을 빠지게 하려고 하나 도리어 그들이 빠지고 만다. 이것이 바로 하나님의 역사이다.

3. 찬송과 감사 그리고 서원

7~10절은 찬송과 감사의 탄원 그리고 서원이다. 시인은 하나님에 대하여 진실하고 충성하겠다는 마음이 확정되어 있음을 스스로 느끼고, 새벽이 와서 자기가 준비한 감사를 드리게 되기를 간절히 바라고 있다.

7절에서 "하나님이여 내 마음이 확정되었고 내 마음이 확정되었사오니 내가 노래하고 내가 찬송하리이다"고 하였다. 하나님의 진리를 깨닫고 난 후 찬양으로 그 감사를 나타내게 됨을 강조한다. 하나님을 바라보며 찬양하고 찬양하는 것이 하나님의 백성이 누리는 최고의 영광이다.

8절부터는 찬양의 내용이 나온다. "내 영광아 깰지어다 비파야, 수금아, 깰지어다 내가 새벽을 깨우리로다"고 하였다. 다윗의 상황은 극도로 비참하였다. 숨어 다녀야 하고 잡히면 죽을 수밖에 없는 존재이지만 하나님이 눈동자 같이 지키시는 하나님의 자녀이기에 영광스러운 존재가 된다는 의미이다. 우리의 존재가 하나님의 것이기에 하나님을 찬양하며 하나님께 영광을 돌린다.

그리하여 이른 새벽부터 하나님의 역사를 찬양한다. 여기서 새벽이란 시간을 나타내는 말로 해석하기도 하지만 이 단어는 의인화하여 이중적 배경을 가지고 있다. 하나는 가나안들이 가진 '샤하르'(새벽)와 '샬림'(황혼)이라는 신의 개념에서 다산(多産)을 나타내는 것이고, 다른 하나는 여호와의 개입과 도우심에 기대하는 말씀이다(시 46:6, 90:14, 143:8). 새벽이란 개념은 시작, 새로움, 미래의 것 등이라는 의미를 가지고 있다. 이런 새벽을 기대하며, '새벽의 사람'으로 살아가는 것이 귀하고 아름답다는 사실을 알게 된다.

9절에서 "주여 내가 만민 중에서 주께 감사하오며 뭇 나라 중에서 주를 찬송하리이다"고 하였다. 시인은 하나님께 감사드리며 열방 중에서 하나님을 찬양하는 놀라운 모습을 보여 준다. 주께 감사하며 주를 찬송하는 그 자세가 가장 소중하다.

10절에서 "무릇 주의 인자는 커서 하늘에 미치고 주의 진리는 궁창에 이르나이다"고 하였다. 왜 감사하고 찬송하는가? 주의 인자와 진리 때문이다. 이것이 있기에 감사하고 영광을 돌리게 된다.

11절은 마지막 탄원이다. "하나님이여 주는 하늘 위에 높이 들리시며 주의 영광이 온 세계 위에 높아지기를 원하나이다." 이 말씀은 5절을 되풀이하고 있는데 이것은 이 시편의 청중들이 화답하는 것으로 볼 수 있다. 하나님의 영광이 온 세상에 나타날 때에 하나님의 백성들이 큰 은혜와 사랑을 체험하며 하나님의 영광을 선포하는 삶을 산다.

진실로 땅에서 판단하시는 하나님이 계시다

시편 58:1~11

1통치자들아 너희가 정의를 말해야 하거늘 어찌 잠잠하냐 인자들아 너희가 올바르게 판결해야 하거늘 어찌 잠잠하냐 2아직도 너희가 중심에 악을 행하며 땅에서 너희 손으로 폭력을 달아 주는도다 3악인은 모태에서부터 멀어졌음이여 나면서부터 곁길로 나아가 거짓을 말하는도다 4그들의 독은 뱀의 독 같으며 그들은 귀를 막은 귀머거리 독사 같으니 5술사의 홀리는 소리도 듣지 않고 능숙한 술객의 요술도 따르지 아니하는 독사로다 6. 하나님이여 그들의 입에서 이를 꺾으소서 여호와여 젊은 사자의 어금니를 꺾어 내시며 7그들이 급히 흐르는 물 같이 사라지게 하시며 겨누는 화살이 꺾임 같게 하시며 8소멸하여 가는 달팽이 같게 하시며 만삭되지 못하여 출생한 아이가 햇빛을 보지 못함 같게 하소서 9가시나무 불이 가마를 뜨겁게 하기 전에 생나무든지 불 붙는 나무든지 강한 바람으로 휩쓸려가게 하소서 10의인이 악인의 보복 당함을 보고 기뻐함이여 그의 발을 악인의 피에 씻으리로다 11그 때에 사람의 말이 진실로 의인에게 갚음이 있고 진실로 땅에서 심판하시는 하나님이 계시다 하리로다

시편 58편은 공동체 탄식시로 분류되지만 좀 더 세밀히 관찰하면 예언적 심판의 말씀이다. 이 시편은 지도자들과 재판관들의 부패에 대한 통렬한 규탄임과 동시에 그들을 심판해 달라는 격렬한 요구이다. 이 시편은 하나님의 공의를 천명하는 것으로 끝난다.

공의를 거스리는 자에 대해 하나님께 호소하는 것으로 되어 있는 이 시편에서 하나님의 공의가 이 땅에 강물처럼 흐르도록 우리의 삶을 정결케 해야 함을 배우게 된다.

1. 불의한 지도자

1~2절은 불의한 지도자들에 대한 규탄이다. "통치자들아 너희가 정의를

말해야 하거늘 어찌 잠잠하냐 인자들아 너희가 올바르게 판결해야 하거늘 어찌 잠잠하냐 아직도 너희가 중심에 악을 행하며 땅에서 너희 손으로 폭력을 달아 주는도다"고 하였다.

'인자들아'란 말은 사울과 사울의 주위에 있는 사람들을 말한다. 이들은 높은 지위에 있고 나라를 다스려야 할 위치에 있다. 이들은 당연히 공의를 말해야 되는데 그렇지 못한 데서 문제가 생긴다. 잠언 기자는 "경우에 합당한 말은 아로새긴 은쟁반에 금사과니"(잠 25:11)라고 하였다. 그러나 이렇게 하지 못하고 '오히려 중심에 악을 행하였다.' 중심에 악을 행하는 것은 중심에서부터 부패하여 그 행동이 악하게 나타내는 것을 말한다. '땅에서 너의 손의 강포를 달아주는' 잘못된 행위들이 계속하여 나타낸다.

이런 현상이 왜 나타났는가? 당연히 말해야 할 것을 하지 않는 침묵 때문이다. 잘못이라고 해야 하고 죄는 죄라고 해야 한다. 이것을 하지 못하면 죄악을 용인하고, 하나님의 공의를 실천하지 못하는 문제가 생긴다.

3~5절은 악인의 본질을 말하고 있다. '악인들'(레샤임)은 시편에 자주 나오는 용어이다. 이 말의 기본적 의미는 법적 전승들로 소급되는데, 공동체에서 어떤 죄를 지은 것으로 판결을 받은 자를 말한다. 3절에서 "악인은 모태에서부터 멀어졌음이여 나면서부터 곁길로 나아가 거짓을 말하는도다"고 하였다. 그러니 악인은 모태에서부터 하나님과 멀어지며 나면서부터 바른 길을 가지 않고 '제 길'(사 53:6)로 가고 말았다. 그래서 그의 말은 모두 거짓이며 진실과는 거리가 먼 삶을 살아간다.

4~5절에서 "그들의 독은 뱀의 독 같으며 그들은 귀를 막은 귀머거리 독사 같으니"고 하였다. 하나님을 떠나 제 길로 가서 자기 마음대로 살았기에 그의 마음에는 독이 가득하다. 귀 없는 독사처럼 되어서 아무리 귀하고 좋은 말도 귀에 들어오지 않는다. 이 말은 통치자들과 재판관들이 너무 부패하여 어떤 의롭고 옳은 말이라도 듣지 않고 그들의 악한 행실을 그만 두지 않는 자들이란 의미이다.

2. 심판을 위한 기도

6~9절은 심판을 위한 기도이다. 6절에서 "하나님이여 그들의 입에서 이를 꺾으소서 여호와여 젊은 사자의 어금니를 꺾어내시며"라고 하였다. 시인은 앞에서처럼 '하나님이여' 즉 '전능자여'라고 하나님을 부른다. 이것은 악인의 세력이 아무리 기세등등할지라도 하나님의 역사를 바라보며 하나님을 향해 호소하는 자세이다. 독사의 이빨을 꺾으시고 사자의 어금니를 부수어 주기를 호소하고 있다. 이것은 하나님의 위대하신 능력으로 악인의 세력을 물리쳐 달라는 탄원이다.

7~8절에서 "그들이 급히 흐르는 물 같이 사라지게 하시며 겨누는 화살이 꺾임 같게 하시며 소멸하여 가는 달팽이 같게 하시며 만삭되지 못하여 출생한 아이가 햇빛을 보지 못함 같게 하소서"라고 하였다. 악인의 힘을 무력화해 달라는 기도는 7~8절에서 네 가지 비유로 말하고 있다. (1)메마른 와디(Wadi)에서 물이 신속히 사라지듯이 그들의 힘도 말라 버리게 해 달라는 것, (2)화살들을 엉뚱한 곳에 쏘는 전사처럼 그들이 자신의 힘을 탕진하게 해 달라는 것, (3)그들이 달팽이처럼 녹아 없어지게 해 달라는 것, (4)그들을 유산된 태아 같이 되게 해 달라는 것, 즉 그들이 정상적인 인간이 되지 못하게 해 달라는 내용이다.

7~9절에 나오는 악담들은 저주의 범주에 속하는 것으로서 그 집행은 하나님의 책임이다. 하나님을 거역하는 자들은 인간으로서의 본분을 다하지 못하고 악의 세계를 더욱 번창하게 한다. 9절에서 "가시나무 불이 가마를 뜨겁게 하기 전에 생나무든지 불 붙는 나무든지 강한 바람으로 휩쓸려가게 하소서"고 하였다. 사막을 가로지르는 대상(隊商)들이 식사 때가 되어 불을 붙이는데 가시나무나 생나무도 불에 잘 탄다. 그러나 불이 가마를 덥게 하기도 전에 바람이 불어서 불을 꺼버리는 것을 말한다. 이것은 악인을 멸하시는 하나님의 역사를 말한다. 악인들이 아무리 날쳐도 하나님의 바람이 불어오면 순식간에 없어지고 마는 것을 묘사한다. 악인의 삶은 이와 같이 보

잘 것 없으며 하나님의 광풍 앞에 촛불과 같은 존재이다.

3. 의인의 확신

10~11절은 의인들의 확신이다. "의인이 악인의 보복 당함을 보고 기뻐함이여 그의 발을 악인의 피에 씻으리로다 그 때에 사람의 말이 진실로 의인에게 갚음이 있고 진실로 땅에서 심판하시는 하나님이 계시다 하리로다"고 하였다. 이 기도는 매우 과격한 표현을 한 것 같이 보인다. 그러나 악인의 멸망에 대한 의인의 확신이 있다. 이 말씀에서 의인과 악인을 대조하고 있음에 주목해야 한다. 의인은 강한 자들의 힘으로부터 구원과 신원을 받아 기뻐하게 될 것임을 확신한다. 악인의 멸망을 강하게 표현하였는데, 그 의미는 이 땅의 강한 심판을 통하여 모든 것들이 바로잡히고, 하나님의 공의에 의하여 세상이 다스려진다는 사실을 강조하고 있다.

우리가 살고 있는 이 세상은 악인들이 마음대로 통치하는 것처럼 보인다. 인간의 삶도 악인의 부패된 원리에 따라 움직여지는 것 같지만 하나님이 역사하시면 망할 수밖에 없음을 분명히 하고 있다. '이 땅에서 판단하시는 하나님이 계시다'는 것은 하나님의 통치를 우리에게 보여 주는 것이다. 사람들이 이 땅에서 자기 마음대로 살려고 하나 결국은 하나님의 계획대로 되어진다는 사실을 분명하게 나타낸다.

하나님의 백성은 비록 죄악의 세상에 살지라도 하나님의 원리에 따라 움직여야 하고, 원수들이 에워싸서 공격할지라도 하나님만 바라보아야 한다. 이것은 오늘의 우리들이 추구해야 할 삶의 원리이다.

하나님은 이 땅에서 당신의 뜻을 이루신다. 그러기에 우리들은 하나님의 역사를 바라보며 고통의 세월을 이겨 나가야 한다. 하나님이 계시기에 우리는 승리의 삶을 살게 되고 하나님의 영광을 드러내게 된다. 이 역사를 가슴 깊이 간직해야만 한다.

하나님은 나의 산성이시니

시편 59:1~17

1나의 하나님이여 나의 원수에게서 나를 건지시고 일어나 치려는 자에게서 나를 높이 드소서 2악을 행하는 자에게서 나를 건지시고 피 흘리기를 즐기는 자에게서 나를 구원하소서 3그들이 나의 생명을 해하려고 엎드려 기다리고 강한 자들이 모여 나를 치려 하오니 여호와여 이는 나의 잘못으로 말미암음이 아니요 나의 죄로 말미암음도 아니로소이다 4내가 허물이 없으나 그들이 달려와서 스스로 준비하오니 주여 나를 도우시기 위하여 깨어 살펴 주소서 5주님은 만군의 하나님 여호와, 이스라엘의 하나님이시오니 일어나 모든 나라들을 벌하소서 악을 행하는 모든 자들에게 은혜를 베풀지 마소서 (셀라) 6그들이 저물어 돌아와서 개처럼 울며 성으로 두루 다니고 7그들의 입으로는 악을 토하며 그들의 입술에는 칼이 있어 이르기를 누가 들으리요 하나이다 8여호와여 주께서 그들을 비웃으시며 모든 나라들을 조롱하시리이다 9하나님은 나의 요새이시니 그의 힘으로 말미암아 내가 주를 바라리이다 10나의 하나님이 그의 인자하심으로 나를 영접하시며 하나님이 나의 원수가 보응 받는 것을 내가 보게 하시리이다 11그들을 죽이지 마옵소서 나의 백성이 잊을까 하나이다 우리 방패 되신 주여 주의 능력으로 그들을 흩으시고 낮추소서 12그들의 입술의 말은 곧 그들의 입의 죄라 그들이 말하는 저주와 거짓말로 말미암아 그들이 그 교만한 중에서 사로잡히게 하소서 13진노하심으로 소멸하시되 없어지기까지 소멸하사 하나님이 야곱 중에서 다스리심을 땅 끝까지 알게 하소서 (셀라) 14그들에게 저물어 돌아와서 개처럼 울며 성으로 두루 다니게 하소서 15그들은 먹을 것을 찾아 유리하다가 배부름을 얻지 못하면 밤을 새우려니와 16나는 주의 힘을 노래하며 아침에 주의 인자하심을 높이 부르오리니 주는 나의 요새이시며 나의 환난 날에 피난처심이니이다 17나의 힘이시여 내가 주께 찬송하오리니 하나님은 나의 요새이시며 나를 긍휼히 여기시는 하나님이심이니이다

시편 59편은 개인적 탄식시이지만 공동체 탄식시의 요소도 약간 있다. 아마 개인적 탄식시가 국가적 사용을 위한 집단적 탄식시로 활용되었다고 볼 수 있다. 이 시편의 배경에 대해서는 '사울이 사람을 보내어 다윗을 죽이려고 그 집을 지킨 때에'라고 하였다. 그러니 56편은 블레셋 가드에 갔을 때, 57편은 다윗이 굴에 숨었을 때에 쓴 것임을 볼 때, 59편은 이 보다 빠른

시기에 기록되었다. 사울은 다윗을 사위로 삼았다. 그러나 다윗을 죽이기 위해 노력 했는데 그 배경이 삼상 19장이다.

사무엘 상 18장에서 다윗이 골리앗과 싸워 이기고 돌아왔을 때에 사람들이 "사울이 죽인 자는 천천이요, 다윗은 만만이로다"(삼상 18:7)고 노래하였다. 사울은 노하였고, 그 후 다윗을 주목하기 시작하였다. 이런 와중에서 다윗을 죽이고자 하는 계획이 추진되고 시편 59편의 배경이 되는 사건이 나온다. "사울이 사자들을 다윗의 집에 보내어 그를 지키다가 아침에 그를 죽이게 하려 한지라 다윗의 아내 미갈이 다윗에게 말하여 이르되 당신이 이 밤에 당신의 생명을 구하지 아니하면 내일에는 죽임을 당하리라"(삼상 19:11)고 하였다. 이러한 위기 상황에서 다윗은 어떤 행동을 하였는지 주목할 필요가 있다. 이것은 하나님의 백성들이 취해야 할 삶의 자세이며 위기 극복의 능력이기도 하다.

1. 탄원과 고소

1~5절은 탄원과 고소이다. 시인의 어려운 상태를 구체적으로 묘사하고 있다. 일어나 치려는 자(1 하), 행악자들(2 상), 살인자들(2 하), 매복자들(3 상), 시인에게 음모를 꾸미는 자들(3 하), 공격하려고 준비하는 자들(4 상), 그리고 악한 사기꾼들(6 하) 등 일곱 가지로 묘사되어 있다.

1절에 보면 "나의 하나님이여 나의 원수에게서 나를 건지시고 일어나 치려는 자에게서 나를 높이 드소서"라고 하였다. 시인은 '나의 하나님이시여'라고 하였다. 이것은 개인적 탄식시의 성격을 보여 주는 것이며, 하나님과의 개인적 관계를 강조하고 있다.

시인은 '원수의 손에서 건지시고'라고 하였다. 하나님의 전능하신 능력으로 생명을 건져 주신 것같이 원수의 악행에서도 건져 달라고 탄원한다. 시인의 관점은 원수들이 얼마나 강하느냐에 있는 것이 아니라 하나님의 전능하심에 있다. 그래서 원수의 공격을 막아 주실 뿐만 아니라 자기를 높이 들어 많은 사람에게 하나님이 보호해 주신다는 것을 입증해 달라고 기도하였다. '나를 높이 드소서'는 단순하게 악인들에게서 건져 달라는 것이 아니라 높이 들어 사용하시고 하나님의 영광을 나타내는 도구가 되게 해 달라는 것이다.

2절에서 "악을 행하는 자에게서 나를 전지시고 피 흘리기를 즐기는 자에게서 나를 구원하소서"라고 하였다. 시인은 악인들의 행동 즉 사악을 행하고 피 흘리기를 즐기는 그들에게서 구원해 달라고 호소하였다.

3절에서 그들의 죄악 됨을 그리고 있다. "그들이 나의 생명을 해하려고 엎드려 기다리고 강한 자들이 모여 나를 치려하오니 여호와여 이는 나의 잘못으로 말미암음이 아니요 나의 죄로 말미암음도 아니로소이다." 이 말씀에 악인들의 행동을 그대로 묘사하고 자신의 결백을 주장한다. 이러한 항의는 하나님께서 행동하시도록 하는 동기 부여의 역할을 한다. 그것이 4절에 묘사되어 있다. "내가 허물이 없으나 그들이 달려와서 스스로 준비하오니 주여 나를 도우시기 위하여 깨어 살펴 주소서"고 하였다. 시인은 만군의 하나님께서 일어나 역사하도록 분발을 호소하였다.

5절에서 "주님은 만군의 하나님 여호와, 이스라엘의 하나님이시오니 일어나 모든 나라들을 벌하소서 악을 행하는 모든 자들에게 은혜를 베풀지 마소서(셀라)"고 하였다. 시인은 기도의 대상인 하나님을 향해 '만군의 하나님 여호와'라고 불렀다. 최고 하나님께 최고의 존칭을 드린 것이다. 이 하나님이 이스라엘의 하나님이시며 자기 백성을 구원하시는 분이시다.

2. 원수들에 대한 묘사

6~13절은 원수들에 대한 묘사, 탄원자의 확신, 그리고 심판을 위한 탄원들로 되어 있다. 6~7절에는 원수들의 모습을 그리고 있다. "그들이 저물어 돌아와서 개처럼 울며 성으로 두루 다니고 그들의 입으로는 악을 토하며 그들의 입술에는 칼이 있어 이르기를 누가 들으리요 하나이다." 원수들은 밤에 먹이를 찾아 마을을 어슬렁거리며, 입에 침을 흘리고, 이빨을 대신하는 칼을 가진 것같이 으르렁거리며 물어뜯는 개들로 묘사하였다. 여기서 개란 애완용이 아니라 들개들을 말한다. 사람의 행동이 아닌 개 같은 행동을 하는 자들이다.

8~10절은 시인의 신뢰와 확신이 묘사되어 있다. "여호와여 주께서 그들

을 비웃으시며 모든 나라들을 조롱하시리이다"(8절)고 하였다. 악인들의 이와 같은 행위를 하나님이 보시고 웃으신다. 하나님이 악인의 행동을 비웃으시고 하나님이 놀라운 역사를 이루어 주신다.

한 걸음 더 나아가 시인의 신앙고백이 9절에 나온다. "하나님은 나의 요새이시니 그의 힘으로 말미암아 내가 주를 바라리이다"고 하였다. 시인은 여유를 가지게 된다. 하나님이 나의 편이 되셔서 역사해 주시니 이 하나님을 믿고 나아간다. 시인은 원수들에 대한 어떤 적절한 하나님의 응답을 기다리고 있다(10절). 적들에게 승리하실 강력한 하나님을 만나게 될 것임을 확신하고 있다.

11~13절은 원수들의 형벌을 위한 기도이다. "그들을 죽이지 마옵소서 나의 백성이 잊을까 하나이다 우리 방패되신 주여 주의 능력으로 그들을 흩으시고 낮추소서"라고 했다(11절). 시인은 자기 백성을 죽이지 말 것을 호소하고 백성들이 기억하지 못할까 염려하였다.

12절은 원수들이 자신들의 거만한 자존심에 의해 포로가 되도록 해 달라는 간구와 함께 보복이라는 인과응보, 자업자득이라는 것을 보여주고 있다. 하나님은 불의를 간과하는 것이 아니라 반드시 징계하시는 분이심을 보여준다.

3. 찬양의 맹세

14~17절은 원수들의 묘사와 찬양의 맹세이다. 14~15절에서 원수들을 울부짖는 개라고 하였으나 15절에서 다르게 표현한다. "그들은 먹을 것을 찾아 유리하다가 배부름을 얻지 못하면 밤을 새우려니와"라고 했다. 그러니 개들은 먹이를 찾아 헤매고 먹이를 찾지 못하면 깽깽거리며 울 것이라는 뜻이다.

이런 와중에서 하나님의 전능하심을 믿고 하나님께 찬양을 한다. 16~17절에 그 찬양이 구체적으로 나와 있다. "나는 주의 힘을 노래하며 아침에 주의 인자하심을 높이 부르오리니 주는 나의 요새이시며 나의 환난 날에 피난처심이니이다 나의 힘이시여 내가 주께 찬송하오리니 하나님은 나의 요새이시며 나를 긍휼히 여기시는 하나님이심이니이다." 이렇게 고난 중에도 찬양하며, 하나님을 우러러 바라보아야 하리라.

주를 경외하는 자에게 깃발을 주시고

시편 60:1∼12

1하나님이여 주께서 우리를 버려 흩으셨고 분노하셨사오나 지금은 우리를 회복시키소서 2주께서 땅을 진동시키사 갈라지게 하셨사오니 그 틈을 기우소서 땅이 흔들림이니이다 3주께서 주의 백성에게 어려움을 보이시고 비틀거리게 하는 포도주를 우리에게 마시게 하셨나이다 4주를 경외하는 자에게 깃발을 주시고 진리를 위하여 달게 하셨나이다 (셀라) 5주께서 사랑하시는 자를 건지시기 위하여 주의 오른손으로 구원하시고 응답하소서 6하나님이 그의 거룩하심으로 말씀하시되 내가 뛰놀리라 내가 세겜을 나누며 숙곳 골짜기를 측량하리라 7길르앗이 내 것이요 므낫세도 내 것이며 에브라임은 내 머리의 투구요 유다는 나의 규이며 8모압은 나의 목욕통이라 에돔에는 나의 신발을 던지리라 블레셋아 나로 말미암아 외치라 하셨도다 9누가 나를 이끌어 견고한 성에 들이며 누가 나를 에돔에 인도할까 10하나님이여 주께서 우리를 버리지 아니하셨나이까 하나님이여 주께서 우리 군대와 함께 나아가지 아니하시나이다 11우리를 도와 대적을 치게 하소서 사람의 구원은 헛됨이니이다 12우리가 하나님을 의지하고 용감하게 행하리니 그는 우리의 대적을 밟으실 이심이로다

시편 60편은 다윗의 '믹담' 즉 황금시 금언시이다. 이 시를 지은 때는 '다윗이 아람 나하라임과 아람소바와 싸우는 중에 요압이 돌아와 에돔을 염곡에서 쳐서 일만 이천을 죽인 때에'라고 길게 설명하고 있다. 그러니 한편으로 전쟁을 하면서 승리의 소식을 들을 때에 지은 시이다.

이 시의 배경은 사무엘 하이다. 삼하 8:3에 "르홉의 아들 소바 왕 하닷에셀이 자기 권세를 회복하려고 유브라데 강으로 갈 때에 다윗이 그를 쳐서"라고 하였고 계속하여 전쟁 기사가 나오고 있다. 다윗의 전쟁은 승승장구의 전쟁이 아니라 어려움을 안고 있었다. 어려움 속에서 하나님의 도우심을 간구하고 하나님의 인도하심을 열망하였다.

1. 도움을 구하는 간구

1~5절은 불평 그리고 도움을 구하는 간구이다. 1절에서 "하나님이여 주께서 우리를 버려 흩으셨고 분노하셨사오나 지금은 우리를 회복시키소서"라고 하였다. 다윗은 시편 59:11에서 "그들을 죽이지 마옵소서 나의 백성이 잊을까 하나이다 우리 방패 되신 주여 주의 능력으로 그들을 흩으시고 낮추소서"라고 기도한 바 있다.

여기서는 '하나님이여 주께서 우리를 버려 흩으셨고'라고 하였다. 하나님의 백성에게 징계가 오고 고통이 임할 때가 있다. 이것은 하나님의 주권적 역사에서 되어지는데 이때에 하나님의 역사하심을 간구해야 한다. 그래서 시인은 '지금은 우리를 회복시키소서'라고 호소하고 있다. 이것은 하나님의 도움의 필요성을 간구하는 것으로서 현재 당면하고 있는 고통을 이기는 최선의 방법이다.

2~3절에서 대적의 침입으로 생긴 혼란을 말하고 있다. "주께서 땅을 진동시키사 갈라지게 하셨사오니 그 틈을 기우소서 땅이 흔들림이니이다 주께서 주의 백성에게 어려움을 보이시고 비틀거리게 하는 포도주를 우리에게 마시게 하셨나이다"고 하였다.

대적의 침입은 지진처럼 땅을 흔들어 놓았다. 그 두려움은 지진으로 인해 땅이 갈라질 때에 생기는 두려움과 비슷하다. 이러한 상황에서 할 수 있는 일이란 하나님께 기도하는 것 밖에 없다. '그 틈을 기우소서' 즉 갈라진 땅의 틈을 메워달라는 것이다. 백성들이 당하는 고통은 사람의 능력의 한계를 넘어선다. 백성들이 겪은 충격은 마치 포도주를 마시고 비틀거리는 것같이 혼미하다. 이러한 고통을 주신 분이 바로 하나님이라고 하였다.

4절에서 "주를 경외하는 자에게 깃발을 주시고 진리를 위하여 달게 하셨나이다(셀라)"고 하였다. 이 말씀은 요새화된 도시의 성벽이 주는 안전성을 알리고 이곳으로 도피하도록 알리는 깃발을 내거는 일을 통해 하나님의 구원을 설명하고 있다(렘 4:6 참조). 이것은 하나님의 구원과 승리를 보여주는 것으로서 하나님의 백성에게 소망을 준다.

5절에서 "주께서 사랑하는 자를 건지시기 위하여 주의 오른손으로 구원하시고 응답하소서"라고 하였다. 이것은 하나님께서 구원해 달라는 기도이다. 백성들이 당하는 크나큰 고통에서 하나님의 응급치료가 필요하기에 '우리에게 응답하소서, 우리를 구원하소서'라고 간절하게 부르고 있다.

2. 거룩한 약속

6~8절은 거룩한 약속이다. 이 부분의 신탁(시 108편에도 나온다)은 앞에 나오는 불평에 대한 반응이다. 6절에서 "하나님이 그의 거룩하심으로 말씀하시되 내가 뛰놀리라 내가 세겜을 나누며 숙곳 골짜기를 측량하리라"고 하였다. 다윗이 하나님께 기도하니 하나님께서 응답하시기를 '내가 뛰놀리라'고 하였다. 즉 하나님께서 함께 하셔서 다윗이 뛰논다. 즉 담대하게 걸어갈 수 있다는 것이다. 또 '나누고 측량한다'고 하였는데 이 말은 자기 자신이 하나님의 능력을 받아서 순종으로 얻게 하신 그곳에 가서 땅을 재어 보고 하나님이 주신 그 골짜기를 규모있게 점령해 간다는 말이다.

7~8절에서 그 점령 지역이 넓어감을 설명하고 있다. "길르앗이 내 것이요 므낫세도 내 것이며 에브라임은 내 머리의 투구요 유다는 나의 규이며 모압은 나의 목욕통이라 에돔에는 나의 신발을 던지리라 블레셋아 나로 말미암아 외치라 하셨도다"고 하였다. 다윗이 점령하는 곳이 넓어지는데 이것은 하나님의 역사로 인해 되어지는 것이다.

3. 현재의 참담함

9~10절은 과거의 약속과 대조되는 현재의 참담함을 말하고 있다. 9~10절에 나오는 현재의 실체는 6~8절에 나타나는 이상주의와 상반된다. "누가 나를 이끌어 견고한 성에 들이며 누가 나를 에돔에 인도할까 하나님이여 주께서 우리를 버리지 아니하셨나이까 하나님이여 주께서 우리 군대와 함께 나아가지 아니하시나이다." 현재의 상황은 참담하고 절망적이었다. 사람의

힘으로는 그 무엇도 할 수 없는 비참한 상황이다. 여기서 하나님의 백성이 해야 할 일이 무엇인지 깊이 생각할 필요가 있다.

11~12절은 구원을 구하는 기도이다. "우리를 도와 대적을 치게 하소서 사람의 구원은 헛됨이니이다 우리가 하나님을 의지하고 용감하게 행하리니 그는 우리의 대적을 밟으실 이심이로다." 재난으로부터 구원 받는 것은 하나님께로부터만 나온다. 사람이 아무리 노력할지라도 진정한 구원을 얻을 수 없다.

인간의 도움은 헛된 것이며 하나님의 역사만이 진정한 가치를 이룬다. 그래서 하나님이 함께 하시면 승리하게 되는데 시인은 이것을 들 황소가 대적을 누르고 짓밟는 것에 비유하여 '우리가 우리 대적들을 당신의 이름으로 밟으리이다'고 하였다. 이 시편은 하나님의 백성들의 절망적인 상황을 묘사하고 있다. 이 상황은 사람의 힘으로는 벗어날 수 없는 매우 절박한 것이다. 이것을 이기는 방법이 무엇인가? 시인은 '우리에게로 돌아오소서'(1 하)와 '우리를 회복시키소서'(2 하)라는 표현으로 집약한다.

힘들고 어려운 상황이 하나님의 백성에게도 몰려온다. 여기서 함몰하여 어떻게 해야 좋을지 모르고 또 사람의 노력으로 이것을 해결하고자 하나 불가능하다. 길은 오직 하나이다. 하나님께 나아가는 것이 그것이다. 하나님께 기도하며 하나님의 도우심을 바라는 신앙을 가지고 나아가는 것이 문제를 근본적으로 해결하는 길이다. 이것은 "네 하나님 여호와를 기억하라 그가 네게 재물을 얻을 능력을 주셨음이라"(신 8:18)는 말씀에서 분명히 나타난다.

우리에게 고통의 바람이 몰아쳐 온다고 해도 여기서 좌절하거나 낙망하지 말고 하나님을 바라며 의지해야 한다. 하나님은 우리의 절망을 소망으로 바꾸시고, 우리의 고통을 치유해 주시며, 위기를 축복의 기회로 삼으신다.

그리하여 하나님의 깃발을 굳게 세워야 한다. 참다운 안식을 구하는 자들에게 소망을 주는 표시이기 때문이다. 고통의 심연에서 하나님을 바라보고 기도하자. 그리하면 하나님은 우리에게 나음을 주시고 새롭게 역사하여 주심을 믿고 나아가야 한다.

내가 주의 날개 아래로 피하리이다

시편 61:1~8

1하나님이여 나의 부르짖음을 들으시며 내 기도에 유의하소서 2내 마음이 약해 질 때에 땅 끝에서부터 주께 부르짖으오리니 나보다 높은 바위에 나를 인도하소서 3주는 나의 피난처시요 원수를 피하는 견고한 망대이심이니이다 4내가 영원히 주의 장막에 머물며 내가 주의 날개 아래로 피하리이다 (셀라) 5주 하나님이여 주께서 나의 서원을 들으시고 주의 이름을 경외하는 자가 얻을 기업을 내게 주셨나이다 6주께서 왕에게 장수하게 하사 그의 나이가 여러 대에 미치게 하시리이다 7그가 영원히 하나님 앞에서 거주하리니 인자와 진리를 예비하사 그를 보호하소서 8그리하시면 내가 주의 이름을 영원히 찬양하며 매일 나의 서원을 이행하리이다

시편 61편은 개인 탄식시로 분류된다. '다윗의 시, 인도자를 따라 현악에 맞춘 노래'라고 하였고, 현악기로 반주한 노래이다. 찬양대가 악기를 사용할 때에 관악기를 쓸 경우에는 주로 승리에 관한 내용이 중심이고, 현악기를 쓸 경우에는 애절하고 고통에 사로잡힌 내용으로 되는 경우가 많다.

시편 61편은 다윗의 시 가운데 걸작으로 꼽힌다. 다윗의 걸작 시들은 다윗이 사울에게 쫓김을 당할 때에 쓴 것과, 밧세바와의 범죄 후에 회개할 때에 지은 시들이 많다. 시편 61편은 그 다음의 부류에 속하는데 다윗이 압살롬에게 쫓겨 다니다가 하나님의 은혜로 회복된 때에 지은 시이다. 그러니 다윗의 대표작들이 가지는 특성은 역경 가운데서 하나님의 돌보심을 앙망하는데 있다. 고난을 통하여 자신을 바로 발견하고 하나님의 진리를 통하여 은혜를 체험하는 역사에서 진술한 고백이 나온다.

1. 도움을 구하는 기도

시편 61편은 하나님 앞에서 회복을 간절히 구하는 내용이다. 많은 학자들은 이 시편은 다윗이 압살롬에게 쫓겨 갈 때에 지은 시라고 규정한다. 1~4절은 '도움을 구하는 기도'이다. 1절에서 "하나님이여 나의 부르짖음을 들으시며 내 기도에 유의하소서"라고 하였다. 시인은 하나님을 향해 직접적이고 강력하게 호소하고 있다. '하나님이여'라고 하여 '전능자여'라고 부르면서 자신의 뜨거운 심장을 드리고 있다.

2절에서 "내 마음이 약해 질 때에 땅 끝에서부터 주께 부르짖으오리니 나보다 높은 바위에 나를 인도하소서"라고 하였다. '땅 끝'이란 외딴 지역들 즉 잘 알려진 주변 지역들에서 먼 장소를 지적하는 지정학적 용어로 사용된다(시 19:5, 46:10, 135:7, 신 28:49, 사 5:26 등). 여기서 '땅 끝'이란 글자 그대로 '땅의 끝'이라고도 볼 수 있고, 시인의 고통을 겪었던 어느 지역이라고도 할 수 있다.

시인은 어려움 가운데서 하나님께 부르짖고 '나보다 높은 바위에 나를 인도하소서'라고 호소한다. 이것은 마치 지진이 일어나는 듯 한 땅에서 서 있기에 나보다 높은 바위 즉 움직이지 않는 기초에 나를 인도해 주시기를 기도하고 있다.

3절에서 "주는 나의 피난처시요 원수를 피하는 견고한 망대이심이니이다"고 하였다. '주는 나의 피난처'라고 명확하게 고백하고 있다. 하나님은 우리의 피난처이시기에 어떠한 어려움이 와도 이것을 이기며 나아가게 된다.

4절에서 "내가 영원히 주의 장막에 거하며 내가 주의 날개 아래로 피하리이다 (셀라)"고 하였다. 3~4절에서 세 가지 비유가 나오는데, '견고한 망대' '장막' '날개'가 그것이다. '견고한 망대'란 거대한 건축물을 떠올리는 탑, 성곽 등을 의미하며, 피난처가 되기도 하고 외부의 적이 쳐들어오는지 감시하는 장소가 되기도 한다. 또 여기서 희생제물을 드리는 경우도 있었다(왕하 3:27, 렘 19:23, 습 1:5). 하나님의 '장막'에 거한다는 것은 하나님의 호의와 전적인 주인의 보호와 현존에 대한 은유이다. 장막은 하나님의 거주처이며 또 성전을 의미한다. '날개 그늘'이란 새가 자식을 보호하는 것과 같이 하나님의 보호를 보여준다.

2. 왕을 위한 기도

5~7절은 '왕을 위한 기도'이다. 5절에서 "주 하나님이여 주께서 나의 서원을 들으시고 주의 이름을 경외하는 자가 얻을 기업을 내게 주셨나이다"고 하였다. 5절은 3절에 연결된다. 3절의 '키 하이타'와 5절의 '키 아타'라는 단어에 관심을 가질 필요가 있다. 이것은 이 시편의 두 번째 단락으로 넘어가는 고리 역할을 하며, 8절과 연결되어 5~8절의 종두병행을 형성한다.

시인은 자신의 유업이 야훼의 이름을 경외하는 자들이 얻는 유업이라고 인식하고 있다. 그러므로 간구자는 하나님을 두려워하며 신실하게 행하는 자이다. 이 기원에서 '서원들'이 무엇인지 명확하지 않으나 어떤 행동과 신앙에 관련된 것이다. 서원이란 기도를 통하여 간구한 요청을 하나님께서 허락하신다면 하나님께 무언가를 드리겠다는 약속이다.

6절에서 "주께서 왕에게 장수하게 하사 그의 나이가 여러 대에 미치게 하시리이다"고 하였다. 왕을 위한 기도에서는 생명의 연장(6절)과 통치가 영원하도록 해 달라는 간구(7 상반절)에 집중된다. 왕의 장수에 대한 기도는 히스기야의 기도(왕하 20:1~7)를 생각나게 한다. 이것은 백성의 안녕이 왕과 관련이 있음을 보여 주고 있다.

왕의 장수는 단순한 생명의 연장이 아니다. 7절에서 구체적으로 묘사되고 있는데 "그가 영원히 하나님 앞에서 거주하리니 인자와 자비를 예비하사 그를 보호하소서"라고 하였다. 이것은 하나님의 백성이 추구해야 할 삶의 길이다. 생명을 연장시켜 주시면 하나님 앞에 영원히 거하려는 것이다. 즉 하나님의 말씀을 따라 하나님을 의지하는 삶을 살아가겠다는 결심이요 서원이다. 이런 자에게 '인자와 진리를 예비하사 그를 보호하소서'라는 기도를 드리게 된다. 즉 하나님의 사랑으로 보호해 주시고, 하나님의 변치 않는 말씀으로 그를 보호해 달라는 것이다.

우리는 여기서 하나님의 백성의 삶의 자세를 배울 수 있다. 우리의 생명이 연장되는 것은 단순한 수명의 연장이 아니라 하나님을 영화롭게 하는 방법이기에 연장해 달라는 것이다.

3. 서원의 기도

8절은 서원이다. "그리하시면 내가 주의 이름을 영원히 찬양하며 매일 나의 서원을 이행하리이다"고 하였다.

이 서원은 하나님께서 앞에 드린 기도에 응답하실 때에 기도하는 하나님의 이름에 대한 찬양을 표시하고, 그 찬양의 기간이 영원할 것을 강조하고 있다. 서원의 이행은 일회적 사건이 아니다. 생명이 다 할 때까지 하는 일이다. 시인은 두 가지를 말하고 있는데 '찬양'과 '순종'이다. 하나님을 영원히 찬양하고, 서원한 것을 반드시 이룬다는 순종의 자세가 있다.

시편 61편에서 우리는 다윗의 신앙과 삶을 배운다. 역경 속에서도 하나님 앞에서 잃어버린 은총을 회복하기 위해 하나님 앞에 간절히 나아가고 또 간절히 부르짖었다. 시인은 하나님을 의지하였다. 모든 것을 하나님의 은혜 안에서 이루어 주실 것을 믿고 나아간다. 그래서 시인은 기도를 통한 믿음과 하나님을 찬양하는 두 가지 원리를 강조하고 있다.

오늘의 우리들에게 역경과 고난이 와도 하나님의 역사하심을 믿는 믿음 안에서 모든 것을 풀어 나가야 한다. 고난에 함몰되는 것이 아니라 이것을 통하여 하나님의 역사를 바라보고 하나님께 찬양하며, 서원을 이루는 역사를 나타내어야 한다.

고통의 바람이 불어올 때에 하나님의 날개 그늘 아래 피하는 신앙적 자세가 있어지기 위해 최선을 다하는 삶을 영위하도록 하루하루 하나님만 바라보아야 한다.

하나님만 바라라

1나의 영혼이 잠잠히 하나님만 바람이여 나의 구원이 그에게서 나오는도다 2오직 그만
이 나의 반석이시요 나의 구원이시요 나의 요새이시니 내가 크게 흔들리지 아니하리로
다 3넘어지는 담과 흔들리는 울타리 같이 사람을 죽이려고 너희가 일제히 공격하기를
언제까지 하려느냐 4그들이 그를 그의 높은 자리에서 떨어뜨리기만 꾀하고 거짓을 즐
겨 하니 입으로는 축복이요 속으로는 저주로다 (셀라) 5나의 영혼아 잠잠히 하나님만
바라라 무릇 나의 소망이 그로부터 나오는도다 6오직 그만이 나의 반석이시요 나의 구
원이시요 나의 요새이시니 내가 흔들리지 아니하리로다 7나의 구원과 영광이 하나님께
있음이여 내 힘의 반석과 피난처도 하나님께 있도다 8백성들아 시시로 그를 의지하고
그의 앞에 마음을 토하라 하나님은 우리의 피난처시로다 (셀라) 9아, 슬프도다 사람은
입김이며 인생도 속임수이니 저울에 달면 그들은 입김보다 가벼우리로다 10포악을 의
지하지 말며 탈취한 것으로 허망하여지지 말며 재물이 늘어도 거기에 마음을 두지 말
지어다 11하나님이 한두 번 하신 말씀을 내가 들었나니 권능은 하나님께 속하였다 하셨
도다 12주여 인자함은 주께 속하오니 주께서 각 사람이 행한 대로 갚으심이니이다

시편 62편은 하나님을 향한 기도보다 간증과 교훈이 중심이 되고 있다.
또 제목에 "다윗의 시, 인도자를 따라 여두둔의 법칙을 의지하여 한 노래"
라는 말이 나온다. 이 시편을 노래할 때에 찬양대 지휘자가 선창을 하면서
함께 불렀다는 말이다. 여두둔은 사람의 이름으로 시편 39편과 77편에도 이
시편과 같이 '여두둔의 법칙에 의지하여'라고 되어 있다. 역대상 16:41~43
에 여두둔이 나온다. "또 여호와의 인자하심이 영원하시므로 그들과 함께
헤만과 여두둔과 그리고 택함을 받아 지명된 나머지 사람을 세워 감사하게
하였고 또 그들과 함께 헤만과 여두둔을 세워 나팔과 제금들과 하나님을 찬
송하는 악기로 소리를 크게 내게 하였고 또 여두둔의 아들에게 문을 지키게

하였더라 이에 뭇 백성은 각각 그 집으로 돌아가고 다윗도 자기 집을 위하여 축복하려고 돌아갔더라"고 하였다. '다윗 시대에 하나님을 찬양하기 위하여 특별히 세웠던 헤만이나 여두둔이란 사람이 나온다. '여두둔의 법칙을 의지하여'라는 말은 여두둔이 만들었던 곡조를 당시 사람들이 잘 알고 있었고, 여두둔의 음계에 따라서 노래를 불렀다는 의미이다. 이 시의 저작 배경은 잘 알 수가 없다. 아마 압살롬에게 쫓겨서 맨발로 기드론 시내를 건너 요단강 쪽으로 가는 때에 쓴 듯하다.

1. 신뢰의 고백

1~2절은 신뢰를 고백하고 있다. "나의 영혼이 잠잠히 하나님만 바람이여 나의 구원이 그에게서 나오는도다 오직 그만이 나의 반석이시요 나의 구원이시요 나의 요새이시니 내가 크게 흔들리지 아니하리로다"고 하였다. 이 말씀에서 시인이 갖는 확신을 나타내고 있다. 그것은 그의 영혼이 겪었던 영적 투쟁을 바탕으로 하여 그의 고통을 극복하는 것을 하나님께로 돌아감으로써 가능하다는 것을 고백한다. 시인은 '나의 영혼이 잠잠히 하나님만 바람이여' 라고 하였다. 이것은 인간적인 수단이나 방법을 다 포기하고 하나님만 전적으로 의지한다는 자세이다. 그래서 '구원이 그에게서 나오는도다' 고 고백한다. 이것은 시인의 신앙고백인데 2절에서 더 구체화 되고 있다. '오직 그만' 즉 하나님만이 나의 반석, 구원, 산성이라고 하였다. 이 말씀은 하나님의 절대적 권능을 강조하고 있으며 이 하나님을 믿는 시인의 자세가 나온다.

3~4절은 대적들을 향한 고발이다. "넘어지는 담과 흔들리는 울타리같이 사람을 죽이려고 너희가 일제히 공격하기를 언제까지 하려느냐 그들이 그를 그의 높은 자리에서 떨어뜨리기만 꾀하고 거짓을 즐겨 하니 입으로는 축복이요 속으로는 저주로다(셀라)".

대적들은 시인을 박해하는 사악한 친구들로 묘사되어 있다. 이들은 공격적이고 음해적일 뿐만 아니라 거짓말을 즐겨하는 사람들이다. 이들은 자신들이 공격하는 사람의 높은 지위나 권위에 대해 어떤 존경심도 가지고 있지 않다(4 상). 그들은 파괴를 목적으로 한 행동을 하고 상대방을 기습적으로 공격을 한다. 이 구절에서는 입으로는 축복을 하고 있지만 마음 속으로는 저주를 퍼붓고 있는 이중적 행동을 묘사하고 있다. 이것이 악인의 대표적 표상이다. 겉과 속이 다르게 행동을 하는 자들이기에 시인은 이들을 고발한다.

2. 확신과 권고

5~8절은 확신과 권고를 말한다. 5~6절에서 "나의 영혼아 잠잠히 하나님만 바라라 무릇 나의 소망이 그로부터 나오는도다 오직 그만이 나의 반석이시요 나의 구원이시요 나의 요새이시니 내가 흔들리지 아니하리로다"고 하였다. 여기에 나오는 잠잠한 기다림, 소망 그리고 안위라는 표현은 1~2절에 나오는 말씀과 평행을 이룬다. 이것은 하나님을 향한 신앙을 다시 한 번 고백하며 하나님만이 나를 건지시고 보호하시는 분이심을 나타낸다.

7절에서 "나의 구원과 영광이 하나님께 있음이여 내 힘의 반석과 피난처도 하나님께 있도다"고 하였다. 이것은 하나님께서 자기를 구원하시는 것으로 그치는 것이 아니라는 의미이다. 하나님은 구원해 주실 뿐만 아니라 영광의 도구로 사용하신다는 말이다. 시인은 '내 힘의 반석'이라고 하였다. 이것은 하나님은 '내 힘의 기초'라는 뜻이다. 이 세상을 살아갈 때에 하나님으로 인하여 더욱 힘을 얻는 것을 교훈한다. 하나님이 함께 해 주지 아니하시면 우리가 가진 모든 것이 무의미함을 말한다.

8절에서 "백성들아 시시로 그를 의지하고 그의 앞에 마음을 토하라 하나님은 우리의 피난처시로다 (셀라)"고 하였다. 시인은 자신이 경험한 위대한 역사를 자가 혼자만이 가지는 것이 아니라 백성들에게 내어 놓는다. 백성들을 향하여 '시시로' 란 '때때로' 라는 말이 아니라 단절이 없는 '언제나' 라는 의미이다. 언제나 하나님을 의지할 뿐 아니라 '그 앞에 마음을 토하라' 고 하였다. 이 말은 '물을 쏟는다' 라는 뜻인데 가슴 속에 있는 모든 것을 하나님 앞에 쏟아 놓으라는 말이다. 하나님은 우리의 피난처이시기에 우리들이 쏟는 어려움을 다 받으시고 해결하여 주신다. '하나님은 우리의 피난처시라' 는 말은 시인의 개인적 신앙이 공동체적인 것으로 확장시켜 나가는 열쇠가 되는 표현이다. 백성들은 시인을 따라서 하나님을 신뢰하도록 격려를 받고 있다.

3. 인간과 하나님

9~12절은 인간의 연약함과 하나님의 강하심을 말한다. 이 시편의 마지막 주요 부분은 8절에서 나왔던 교훈을 계속 진행시키고 있다. 9~10절에서는 "아, 슬프도다 사람은 입김이며 인생도 속임수이니 저울에 달면 그들은 입김보다 가벼우리로다 포악을 의지하지 말며 탈취한 것으로 허망하여지지 말며 재물이 늘어도 거기에 마음을 두지말지어다" 고 하였다.

9절은 인간의 근본적 본성에 대하여 언급하고 있고, 10절에서는 압박의 결과물들 즉 포학과 탈취물 등을 의지하지 말라는 경고가 나온다. 이 말씀은 8절과 더불어 평행절을 형성한다. 9절은 긍정적인 8절과 부정적인 10절 사이에서 고리가 된다. 인간의 부요함에 집착하는 것은 어리석은 일이다. 왜냐하면 인간의 근본적 본질은 하루살이처럼 짧기 때문이다(9절). 저울에 달면 입김보다 가벼운 것에 집착하는 인간의 나약함이 그려져 있다.

11~12절에서 "하나님이 한두 번 하신 말씀을 내가 들었나니 권능은 하나님께 속하였다 하셨도다 주여 인자함은 주께 속하오니 주께서 각 사람이 행한 대로 갚으심이니이다" 고 하였다. 11절은 앞에서 말한 확신의 근거를 말한다. 하나님의 메시지가 도착하였다. 한두 번 재 확인 된 메시지의 내용은 '권능은 하나님께 속해 있다' 는 것이다. 12절은 마지막 진술로서 11절의 계시를 보충하고 있다. 하나님의 권능은 그의 인자하심과 연결되어 있으며, 그의 권능은 각 사람이 행한 대로 갚으시는 그 분의 신실하심에 연결되어 있다. 이 시편에서 6번 나오는 '아크'(그럼에도 불구하고 오직)라는 단어가 믿음의 순수성을 보여 주고 있다.

내 입술이 주를 찬양할 것이라

시편 63:1~11

1하나님이여 주는 나의 하나님이시라 내가 간절히 주를 찾되 물이 없어 마르고 황폐한 땅에서 내 영혼이 주를 갈망하며 내 육체가 주를 앙모하나이다 2내가 주의 권능과 영광을 보기 위하여 이와 같이 성소에서 주를 바라보았나이다 3주의 인자하심이 생명보다 나으므로 내 입술이 주를 찬양할 것이라 4이러므로 나의 평생에 주를 송축하며 주의 이름으로 말미암아 나의 손을 들리이다 5골수와 기름진 것을 먹음과 같이 나의 영혼이 만족할 것이라 나의 입이 기쁜 입술로 주를 찬송하되 6내가 나의 침상에서 주를 기억하며 새벽에 주의 말씀을 작은 소리로 읊조릴 때에 하오리니 7주는 나의 도움이 되셨음이라 내가 주의 날개 그늘에서 즐겁게 부르리이다 8나의 영혼이 주를 가까이 따르니 주의 오른손이 나를 붙드시거니와 9나의 영혼을 찾아 멸하려 하는 그들은 땅 깊은 곳에 들어가며 10칼의 세력에 넘겨져 승냥이의 먹이가 되리이다 11왕은 하나님을 즐거워하리니 주께 맹세한 자마다 자랑할 것이나 거짓말하는 자의 입은 막히리로다

시편 63편에는 '다윗의 시, 유다 광야에 있을 때'라는 말이 표제에 있다. 이 시가 다윗의 작품임을 보여 주고, 그가 유다 광야에 있을 때에 이 시를 썼다는 의미이다. 그러면 '유다 광야에 있을 때'가 언제인가가 문제인데 여기에 대한 논란이 많다. 사무엘상 23장과 24장에 보면 다윗이 사울에게 쫓겨 갈 때에 십 황무지에 있었다. 이곳도 '광야'라고 할 수 있다. 이 시편은 다윗의 광야 생활과 연관이 있으며, 그 생활을 통하여 하나님의 역사를 바라보는 영적 삶의 실체를 그리고 있다.

1. 하나님의 임재

1~4절은 하나님의 임재에 대한 갈망이다. 1절에 "하나님이여 주는 나의 하나님이시라 내가 간절히 주를 찾되"라고 하였다. 여기서 '하나님'이란 히브리어로 엘로힘인데 '전능자'라는 뜻을 가지고 있다. 그러니 '주는 나의 전능자이십니다'라는 표현이다. 이러한 전능자를 찾는데, 여기서 '찾다'라는 단어는 '열심히 찾다', '간절히 찾다'는 등의 뜻을 가지고 있다.

시인은 하나님의 임재하심에 대하여 아주 강력하고 간절한 소망을 표현하면서 '물이 없어 마르고 곤핍한 땅에서'라는 은유적 표현을 하고 있다. 다윗은 이 시를 쓸 때에 육신적으로도 곤핍함을 겪었고 또 영적으로도 외로움을 느꼈다. 영적 외로움이란 하나님이 멀리 계신 듯한 느낌에서 온다. 하나님의 임재에서 소외된 그 상황이 바로 이것이다.

2절에서 "내가 주의 권능과 영광을 보기 위하여 이와 같이 성소에서 주를 바라보았나이다"고 하였다. 1절에서의 갈망은 뒤이어 나오는 구절들에서 확신의 고백으로 변한다. 2절에서 시인은 과거의 경험 즉 성소에 있었던 하나님의 힘과 영광을 회상한다. 이것을 통하여 현재 있는 곳을 성소로 만들고 오직 하나님만 바라보겠다는 고백을 한다.

왜 이와 같이 되느냐에 대한 이유가 3~4절에 나온다. "주의 인자하심이 생명보다 나으므로 내 입술이 주를 찬양할 것이라 이러므로 나의 평생에 주를 송축하며 주의 이름으로 말미암아 나의 손을 들리라"고 하였다. 하나님을 바라보는 이유는 '주의 인자가 생명보다 낫기' 때문이다. 역경 가운데서 하나님을 바라보는 것은 하나님의 사랑이 있기 때문이다. 하나님의 사랑으로 우리의 생명이 지켜지고 있기에 이 하나님을 귀하게 여기고 바라보게 된다.

이런 과정을 통하여 평생토록 하나님을 찬양하리라고 하였다. 시인은 하나님을 찬양하는 것이 잠시 하고 말 것이 아니라 평생토록 할 것이라 하였다. 또 '내 손을 들리라'고 하였는데, 이것은 이스라엘 백성들의 기도의 한 형태이다. 손을 드는 것은 '항복'을 의미하기도 하는데 하나님 앞에 항복하고 나아온다는 뜻이다. 또 손을 드는 것은 하나님이 주시는 복으로 가득 차게 될 것을 믿고 기다리는 표현이기도 하다.

2. 하나님의 도우심

5~8절은 하나님의 도우심에 대한 만족을 노래하고 있다. 5절에서 "골수와 기름진 것을 먹음과 같이 나의 영혼이 만족할 것이라 나의 입이 기쁜 입술로 주를 찬송하되"라고 하였다. 하나님의 임재가 초래하는 생동감 있는 능력은 풍요로운 음식이 주는 영양분과 만족감으로 비유되고 있다. 풍요로움 속에서 하나님을 찬양하며 하나님의 영광을 나타내는 것이 무엇보다 소중하다.

6절에서 "내가 나의 침상에서 주를 기억하며 새벽에 주의 말씀을 작은 소리로 읊조릴 때에 하오리니"라고 하였다. 하나님의 임재하심이 가져다주는 좋은 것들은 밤에 침상에 들어가 개인적으로 회상되고 묵상된다. 하루의 삶을 마무리 하며 침상에서 하나님을 기억하는 습관이야 말로 하나님의 백성이 누리는 축복이다.

7절에서 "주는 나의 도움이 되셨음이라 내가 주의 날개 그늘에서 즐겁게 부르리이다"고 하였다. 이 말씀은 하나님이 이처럼 도와 주셨음을 깨닫게 되었으니 기쁨으로 찬미를 드리게 되리라는 말이다. 하나님은 우리의 도움이 되신다. 그러기에 하나님을 찬양한다. 힘들고 어려운 상황이 계속되어도 하나님을 바라보고 그 하나님을 의지할 때에 진정한 찬미가 나온다.

8절에서 "나의 영혼이 주를 가까이 따르니 주의 오른손이 나를 붙드시거니와"라고 하였다. 이 말씀은 헌신과 신뢰에 대한 확고한 표현이다. 시인은 하나님을 가까이 따른다. 즉 '확고하게 매달린다'는 뜻이다. 그렇게 되니 하나님의 오른손이 나를 붙드신다. 여기에 사용된 '붙든다'는 단어는 '절대 실패하지 않을 소속감'이라는 뜻이다. 하나님의 '오른손'이 시인을 꼭 붙들고 있기에 어떤 어려움이 와도 이것을 이길 수 있다. 하나님의 백성은 하나님의 도우심으로 살아간다. 하나님이 함께 하시기에 역경을 통해 위대한 세계를 바라보게 된다.

3. 대적들의 운명

9~11절은 대적들의 운명에 대한 기록이다. 9절에서 "나의 영혼을 찾아 멸하려 하는 그들은 땅 깊은 곳에 들어가며"라고 한 것처럼 대적들은 멸망할 것이며 땅 깊은 곳으로 들어간다. 하나님을 거역하는 자의 종말은 이와 같다.

10절에서 "칼의 세력에 넘겨져 승냥이의 먹이가 되리이다"고 하였다. '칼의 세력에 붙인 바' 된다는 것은 전쟁이 일어나서 맞아 죽는다는 뜻이다. 적들은 땅의 깊은 곳 즉 죽은 자의 영역인 스올 속으로 들어가고, 적들의 묻히지 않는 시체는 승냥이의 밥이 된다. 땅에 묻히지 못하고 나뒹구는 시체는 불행의 절정이다. 이것은 하나님을 거역하는 자들이 겪는 고통의 절망을 보여 주고 있다. 자신의 힘과 권세를 믿고 자기 마음대로 살아가며, 하나님과 하나님의 백성을 공략하는 자의 비참함을 표현한다.

11절에서 "왕은 하나님을 즐거워하리니 주께 맹세한 자마다 자랑할 것이나 거짓말하는 자의 입은 막히리로다"고 하였다. 하나님의 섭리하심을 깨달았기에 왕은 즐거워한다. 여기서 우리가 주목해야 할 것은 '하나님을 즐거워한다'는 말이다. 이것은 하나님이 내 즐거움의 대상이 된다는 말인데 웨스트민스터 소요리 문답 제1문에 나오는 원리이다.

주로 맹세한 자 즉 서원한 자들은 그 좋은 결과로 인하여 하나님을 자랑한다. 하나님의 귀한 역사를 자랑함으로써 하나님의 영광을 드러낸다. 그러나 거짓말하는 자들은 멸망하고 만다. 비록 우리의 삶에 고통과 역경이 와도 하나님을 의지하는 삶을 살아가는 자들은 하나님의 도우심을 입게 된다. 이 하나님이 우리에게 힘을 주시고 위대한 손길로 승리를 주신다. 하나님의 오른손이 우리를 붙드시기에 우리는 감사하며 하나님을 찬양하게 된다. 이 찬양이 우리의 삶 속에서 구체적으로 이루어지도록 우리의 힘과 정성을 모아 하나님을 바라보아야 한다.

의인은 여호와로 말미암아 즐거워하며

시편 64:1~10

1하나님이여 내가 근심하는 소리를 들으시고 원수의 두려움에서 나의 생명을 보존하소서 2주는 악을 꾀하는 자들의 음모에서 나를 숨겨 주시고 악을 행하는 자들의 소동에서 나를 감추어 주소서 3그들이 칼 같이 자기 혀를 연마하며 화살 같이 독한 말로 겨누고 4숨은 곳에서 온전한 자를 쏘며 갑자기 쏘고 두려워하지 아니하는도다 5그들은 악한 목적으로 서로 격려하며 남몰래 올무 놓기를 함께 의논하고 하는 말이 누가 우리를 보리요 하며 6그들은 죄악을 꾸미며 이르기를 우리가 묘책을 찾았다 하나니 각 사람의 속 뜻과 마음이 깊도다 7그러나 하나님이 그들을 쏘시리니 그들이 갑자기 화살에 상하리로다 8이러므로 그들이 엎드러지리니 그들의 혀가 그들을 해함이라 그들을 보는 자가 다 머리를 흔들리로다 9모든 사람이 두려워하여 하나님의 일을 선포하며 그의 행하심을 깊이 생각하리로다 10의인은 여호와로 말미암아 즐거워하며 그에게 피하리니 마음이 정직한 자는 다 자랑하리로다

　　시편 64편은 일반적으로 개인적인 애가로 구분되며, 하나님에 대한 불평과 대적들의 묘사 그리고 확신의 표현들로 되어 있다. 이 시편의 배경을 찾기가 매우 어렵지만 다윗의 고난의 때에 지은 것이 분명하다. 사울에게 쫓겨 다닐 때나 압살롬의 반란의 때에 지은 것으로 보인다.

　　3절에 보면 "그들이 칼 같이 자기 혀를 연마하며 화살 같이 독한 말로 겨누고"라고 하였다. 이것은 원수들이 말로써 다윗을 매장시키려 하는 것을 보여 준다. 사무엘하 16장에 보면 다윗을 저주하는 자가 나온다. 베냐민 지파 시므이가 다윗이 압살롬에게 쫓겨 갈 때에 '가거라 가거라 이새의 자식아'라고 조롱하고 저주한 내용이다. 아마 이러한 배경과 연결되어 이 시를 쓴 듯하다. 이 시편은 원수들이 쏘는 화살과 하나님께서 쏘시는 심판의 화

살을 묘사하고 있다. 이 부분들은 '피테옴'(갑자기)이라는 단어로 표시되어 있는 것이 특성이다.

1. 기도

1~2절은 기도이다. "하나님이여 내가 근심하는 소리를 들으시고 원수의 두려움에서 나의 생명을 보존하소서 주는 악을 꾀하는 자들의 음모에서 나를 숨겨 주시고 악을 행하는 자들의 소동에서 나를 감추어 주소서"라고 하였다. 시인은 '나의 근심하는 소리를 들으시고'라고 하여 자신의 형편이 인생의 밑바닥에 있음을 강조한다. 즉 인간의 힘으로서는 회복이 불가능함을 말한다. 이런 상황에서 하나님을 바라본다. '하나님이여' 즉 '전능하신 분이여'라고 부른다. 비록 밑바닥을 헤매는 인생이라도 하나님을 부를 수 있다면 다시 한번 일어나는 힘을 얻는다.

시인은 하나님을 향하여 애절하게 호소한다. 하나님께서 구원의 손길을 펴 주시기를 기도한다. '주는 나를 숨기사'라고 하였다. 당시 다윗은 적에게 노출된 상태였다. 주께서 숨겨 주시기를 바랐다. 하나님의 숨겨 주심으로 인하여 행악자들의 손에서 구원하여 주시기를 바랐다. 시인은 악한 자의 교묘한 꾀와 죄악을 짓는 자의 요란에서 벗어나게 해 달라고 하였다. 악인들은 굉장한 세력으로 공격해 오기에 그들의 폭동에서 건져 달라고 하였다.

위기 상황에서 건짐을 받는 길이 무엇인가? 시인은 '기도'를 통하여 문제를 해결하려고 하였다. 하나님께서 자기 백성의 기도를 들으시고 응답하여 주신다. 그러기에 원수가 급박하게 움직이면 하나님의 백성도 급박하게 기도해야 한다.

2. 행악자들의 모습

3~6절은 행악자들의 모습이다. 3절에서 "그들이 칼 같이 자기 혀를 연마

하며 화살 같이 독한 말을 겨누고"라고 하였다. 여기서 행악자들은 파괴적 언어를 사용한다는 특징을 보인다. 그들은 자신의 혀를 칼날처럼 날카롭게 만들고 독화살 같은 말들을 활시위에 걸어 잡아당긴다. 행악자들의 언어 형태는 빈정거리고 삿대질하며 비방과 거짓말을 일삼는다. 그의 마음에 진실이 없기에 하나님을 섬기는 마음이 없고, 또 그에게서 나오는 말들은 하나님을 거역하고 형제를 죽이는 것뿐이다.

4절에서 "숨은 곳에서 온전한 자를 쏘며 갑자기 쏘고 두려워하지 아니하는도다"고 하였다. 행악자들의 공격들은 사악한 모임과 회동을 통하여 정교하게 계획된 것들이고, 그 공격은 아무런 경고도 없이 갑작스럽게 이루어진다. 그러니 악인들은 기습 작전을 펴고 있으며 거리낌 없이 이런 일을 자행한다. 이것은 인간이 가지고 있는 악마적 본성을 보여 준다. 다른 사람을 헤치는데 거리낌이 없고 기습적인 방법을 사용하여 큰 어려움을 준다.

5절에서 그들은 악한 목적으로 서로 격려하며 남몰래 올무 놓기를 함께 의논하고 하는 말이 "누가 우리를 보리요"라고 했다. 악인들은 악한 목적을 이루기 위해 서로 격려한다. 또 자기들이 작당하여 설치한 올무가 발견되지 않을 것을 말하고 있다. 악한 자들은 작당을 하여 다른 사람을 해치려고 한다. 그래서 그들끼리 범죄의 비밀 모임을 만들고 '누가 보리요'라고 소리친다. 악인들은 사람의 눈만을 의식한다. 사람들이 모르고 넘어가면 모든 것이 간단하다고 본다. 그러나 하나님의 백성은 사람의 눈보다 하나님을 먼저 생각한다. 이것은 세계관 즉 가치관의 차이이다.

하나님의 백성들은 하나님 중심의 삶을 살지만 악인들은 사람의 눈만 생각한다. 이런 차이는 인생을 구분하는 중요한 기준이 된다. 하나님의 백성에게 고통과 역경이 와도 하나님을 의지하는 믿음으로 이것을 이긴다. 하나님이 우리 삶의 주장자라는 사실을 믿기 때문이다.

6절에서 "그들은 죄악을 꾸미며 이르기를 우리가 묘책을 찾았다 하나니 각 사람의 속 뜻과 마음이 깊도다"고 하였다. '그들이 죄악을 도모한다'. 즉 그들은 죄를 짓기 위하여 작당하고 계획했다. 이것은 고의적으로 죄를 지었다는 것이다. 이들의 죄악은 우연히 또는 실수에서 온 것이 아니라 고의적으로 지은 죄이다. 이들은 자기들의 행동을 자랑스럽게 생각한다.' 우리가 묘책을 찾았다'고 자찬한다. 자신들의 죄악된 행동을 자찬하고 여기에 도취되어 살아간다. 이 구절에서 행악자들이 가지는 악마적 능력과 자세를 볼수 있다. 하나님을 믿지 않기에 사람을 해치는데 그들의 관심을 모으고, 이것을 도리어 자랑하는 자들이다.

3. 징계를 소망

7~9절은 징계를 소망하는 내용이다. 시인은 여기서 대적들을 하나님이 다루어 달라고 호소한다. 7절에서 "그러나 하나님이 그들을 쏘시리니 그들이 갑자기 화살에 상하리로다"고 하였다. 하나님께서는 그 대적들을 징벌하신다. 하나님의 징벌은 두 가지 형태로 나온다.

첫째, 하나님께서 뜻하지 않는 시점에서 화살을 쏘아서 대적들로 하여금 갑자기 상처를 입게 하는 것이다. 행악자의 운명은 자기가 사용하는 방법대로 보응을 받는다(4절). 둘째, 행악자의 행동에서 직접 나타나는 결과이다(8절). 8절에 "이러므로 그들이 엎드러지리니 그들의 혀가 그들을 해함이라 그들을 보는 자가 다 머리를 흔들리로다"고 하였다. 그들의 사악한 말들은 결국 그들 위로 엎어져서 그들을 망하게 만들 것이다.

이 징계의 구체적인 내용이 나오지 않지만 9절을 보면 "모든 사람이 두려워하여 하나님의 일을 선포하며 그의 행하심을 깊이 생각하리로다"고 하였다. 행악자의 멸망으로 이와 같은 결과가 생기게 된다.

10절은 마지막 진술이다. "의인은 여호와로 말미암아 즐거워하며 그에게 피하리니 마음이 정직한 자는 다 자랑하리로다"고 하였다. 이 말씀은 탄원과 확신 그리고 미래에 대한 소망이 함께 있다. 탄원과 심판의 내용을 담고 있는 이 시편은 악인의 죄성과 악랄함을 보여주고, 하나님의 주권 아래 모든 것이 처리됨을 교훈한다.

그 싹에 복을 주시나이다

시편 65:1~13

1하나님이여 찬송이 시온에서 주를 기다리오며 사람이 서원을 주께 이행하리이다 2기도를 들으시는 주여 모든 육체가 주께 나아오리이다 3죄악이 나를 이겼사오니 우리의 허물을 주께서 사하시리이다 4주께서 택하시고 가까이 오게 하사 주의 뜰에 살게 하신 사람은 복이 있나이다 우리가 주의 집 곧 주의 성전의 아름다움으로 만족하리이다 5우리 구원의 하나님이시여 땅의 모든 끝과 먼 바다에 있는 자가 의지할 주께서 의를 따라 엄위하신 일로 우리에게 응답하시리이다 6주는 주의 힘으로 산을 세우시며 권능으로 띠를 띠시며 7바다의 설렘과 물결의 흔들림과 만민의 소요까지 진정하시나이다 8땅 끝에 사는 자가 주의 징조를 두려워하나이다 주께서 아침 되는 것과 저녁 되는 것을 즐거워하게 하시며 9땅을 돌보사 물을 대어 심히 윤택하게 하시며 하나님의 강에 물이 가득하게 하시고 이같이 땅을 예비하신 후에 그들에게 곡식을 주시나이다 10주께서 밭고랑에 물을 넉넉히 대사 그 이랑을 평평하게 하시며 또 단비로 부드럽게 하시고 그 싹에 복을 주시나이다 11주의 은택으로 한 해를 관 씌우시니 주의 길에는 기름 방울이 떨어지며 12들의 초장에도 떨어지니 작은 산들이 기쁨으로 띠를 띠었나이다 13초장은 양 떼로 옷 입었고 골짜기는 곡식으로 덮였으매 그들이 다 즐거이 외치고 또 노래하나이다

이 시편은 고통 중에 쓴 앞의 몇 편의 시와 대조를 이룬다. 하나님이 주신 승리의 삶을 감사하고, 풍족케 하신 하나님의 은혜를 감사하는 내용이다. 이 시편이 가지는 문학적 특성들은 '시온의 하나님이여'와 '기도를 들으시는 주여'라는 1~2절의 표현과 '복이 있나이다' 등의 말씀에서 나타난다. 이 시편은 찬양에 근거한 탄원이라고 볼 수 있으며 비와 한 해의 풍요를 위한 기도이기도 하다.

1. 죄의 용서를 위한 기도

1~4절은 죄의 용서를 위한 기도이다. 1~2절에서 "하나님이여 찬송이 시

온에서 주를 기다리오며 사람이 서원을 주께 이행하리이다 기도를 들으시는 주여 모든 육체가 주께 나아오리이다"고 하였다.

시인은 '하나님이여' 즉 '전능하신 분이여' 라고 부르면서 기도한다. '찬양'이란 단어는 하나님을 향한 찬송의 일반적 지칭이다. 1절의 배경은 정확하지 않지만 절기를 축하하기 위하여 시온산에 온 예배자들과 연관이 있는 것으로 볼 수 있다. 하나님의 백성들이 시온에 모여 하나님의 영광을 찬미하는 모습이다. 시인은 시온에 계신 하나님께 노래한다. 시온은 티로포이(Tyropean) 골짜기와 기드론 골짜기 사이에 위치했던 이스라엘 성전이 건축되어 있는 고대 예루살렘 언덕을 가리키는 것으로 오늘날에는 반석의 돔 사원(The dome the rock)이 있는 곳이다. 다윗이 이스라엘 사람들을 위하여 이 지역을 정복하였다(삼상 5:7). 그래서 시온이라는 이름은 광범위한 지역을 말하고 이스라엘(시 149:2, 사 46:73)과 유다(렘 14:19)와 동의어로 사용되기도 한다.

시인은 '사람이 서원을 주께 이행하리이다'고 하였다. 하나님의 백성은 하나님 앞에서 약속한 것을 시행하여야 한다. 이것은 억지가 아니라 감사함으로 또 순종함으로 이루어져야 할 일이다. 시인은 '기도를 들으시는 주여'라고 하였다. 하나님은 자기 백성의 기도를 들으시는 분이며 모든 육체가 다가갈 수 있는 분이다(2절). 여기서 '모든 육체'란 표현은 모든 이스라엘 백성을 의미하지만 이 시편의 문맥을 보면 온 인류를 의미한다고 할 수 있다. 모든 육체가 하나님께 오는 것은 종말론적인 이동으로 이해할 수 있다. 시온은 온 인류가 재집결할 수 있는 장소가 된다.

3절에서 "죄악이 나를 이겼사오니 우리의 허물을 주께서 사하시리이다"고 하였다. 이것은 죄와 처절한 투쟁을 한 사람의 고백이다. 인간의 힘으로는 도저히 죄를 이길 수 없으나 하나님께서 우리의 죄과를 사하여 주신다는 기본적인 고백을 하고 있다. 죄악이 우리를 삼키려고 할 때에 하나님께 나아가 고백하면 하나님이 죄를 이기시고 또 우리로 하여금 이기게 하신다는 의미이다.

4절에서 "주께서 택하시고 가까이 오게 하사 주의 뜰에 살게 하신 사람은 복이 있나이다 우리가 주의 집 곧 주의 성전의 아름다움으로 만족하리이다"고 하였다. 4절은 산상보훈의 팔복 형태의 선언과 같다. 하나님께 가까이 가도록 선택되어 하나님의 성전 뜰에 거하는 자들의 복된 상태를 말하고 있다. 하나님께 선택함을 받은 자는 하나님의 은혜로 하나님께 가까이 나아간다. 이들은 하나님의 성전 뜰에서 안식과 기쁨을 누린다.

'우리가 주의 집 곧 주의 성전의 아름다움으로 만족하리이다'고 하였다. 택함을 받아 하나님의 집에 거하는 자는 하나님과 교제를 한다. 하나님과의 교제는 하나님의 백성들이 누릴 최고의 축복이다. 하나님의 신적 축복을 누리고 감사와 찬미의 제사를 드리게 된다.

2. 만사를 바르게함의 기도

5~8절은 엄위하신 일들로 만사를 바르게 하시기를 하나님께 기도하는 내용이다. 5절에 "우리 구원의 하나님이시여 땅의 모든 끝과 먼 바다에 있는 자가 의지할 주께서 의를 따라 엄위하신 일로 우리에게 응답하시리이다"고 하였다. 시인은 '우리 구원의 하나님이시여'라고 부르짖는다. 하나님은 우리를 구원하시는 분이다. 이 하나님께서 세계 모든 곳의 하나님의 백성들로 하여금 자기 백성으로 삼으신다. '엄위하신 일들'이란 하나님의 원수들에게 행하신 공포와 위협을 초래하는 하나님의 행위를 묘사하는 단어이며(시 47:3, 76:8, 89:8 참조), 하나님이 행하신 위대한 일로서의 '의'(righteousness)는 우리의 구원의 하나님께 적합한 의의 행동이며 승리를 통하여 증명되는 하나님의 구원의 능력을 말한다.

6~7절은 하나님의 활동에 대한 묘사이다. 하나님은 산을 좌정시키시고 파도의 광포와 사람들의 혼란을 잠잠케 하시는 분이다. 산들은 온 세상 혹은 세상의 안정을 묘사하고 있고, 격노하는 바다를 잠잠케 함은 혼돈을 극복하시는 하나님의 능력을 나타낸다.

8절에서 "땅 끝에 사는 자가 주의 징조를 두려워하나이다 주께서 아침이

되는 것과 저녁 되는 것을 즐거워하게 하시며"라고 하였다. 5~8절의 기도
는 하나님의 놀라운 일들이 두려움 즉 예배를 드리게 할 것이며 온 세상에
거하는 자들 가운데 기쁨이 있게 한다.

3. 비를 구하는 기도

9~13절은 일 년의 풍요를 결정하는 비를 구하는 기도이다. 5~8절에 나오
는 찬송적 특징은 다른 형태이긴 하지만 여기서도 지속된다. 9절에서 "땅을
돌보사 물을 대어 심히 윤택하게 하시며 하나님의 강에 물이 가득하게 하시
고 이같이 땅을 예비하신 후에 그들에게 곡식을 주시나이다"고 하였다. 이
스라엘 지방에는 비가 오지 않는 때가 많아 사람들이 고통을 겪는다. 이 때
하나님께 회개하고 하나님의 용서를 구한다. 하나님은 이스라엘을 간섭하
시는 증거로 비를 내려 주신다.

10절에는 비를 내려 달라는 직접적인 기도가 있다. "주께서 밭고랑에 물
을 넉넉히 대사 그 이랑을 평평하게 하시며 또 단비로 부드럽게 하시고 그
싹에 복을 주시나이다"고 하였다. 하나님께서 한 해의 풍요를 결정하는 비
를 풍족하게 내려 주시기를 간구한다. 이것은 하나님의 은혜의 역사이다.
하나님은 우리에게 풍요로움을 주시기에 이것을 통하여 감사의 역사를 경
험하게 된다. 하나님의 선물로 한 해를 마무리 하는 것(11절)은 가을 축제를
생각나게 한다. '년사(年事)에 관 씌우시니' 라고 했는데 '년사'란 농사일을
말한다. 농사가 잘 되어 오곡백과가 축 늘어진 모습을 말하는데 이것이 마
치 관을 씌운 것 같다는 말이다. 하나님의 은혜로 풍년을 맞은 하나님의 백
성들은 하나님께 감사하는 삶을 살아간다.

이 시편은 세 단락으로 통하여 두 가지 방향으로 이끈다. 하나는 하나님
의 능력을 설명하는 찬가 형식의 찬양시(hymnicpraise) 이고, 다른 하나는
기도를 들으시는 하나님의 능력이 역사하시기를 호소하는 간구이다. 그래
서 삶의 전 영역에서 하나님의 영광을 드러내는 위대한 결실을 거둔다.

주의 이름을 노래하리이다

시편 66:1~20

1온 땅이여 하나님께 즐거운 소리를 낼지어다 2그의 이름의 영광을 찬양하고 영화롭게 찬송할지어다 3하나님께 아뢰기를 주의 일이 어찌 그리 엄위하신지요 주의 큰 권능으로 말미암아 주의 원수가 주께 복종할 것이며 4온 땅이 주께 경배하고 주를 노래하며 주의 이름을 노래하리이다 할지어다 (셀라) 5와서 하나님께서 행하신 것을 보라 사람의 아들들에게 행하심이 엄위하시도다 6하나님이 바다를 변하여 육지가 되게 하셨으므로 무리가 걸어서 강을 건너고 우리가 거기서 주로 말미암아 기뻐하였도다 7그가 그의 능력으로 영원히 다스리시며 그의 눈으로 나라들을 살피시나니 거역하는 자들은 교만하지 말지어다 (셀라) 8만민들아 우리 하나님을 송축하며 그의 찬양 소리를 들리게 할지어다 9그는 우리 영혼을 살려 두시고 우리의 실족함을 허락하지 아니하시는 주시로다 10하나님이여 주께서 우리를 시험하시되 우리를 단련하시기를 은을 단련함 같이 하셨으며 11우리를 끌어 그물에 걸리게 하시며 어려운 짐을 우리 허리에 매어 두셨으며 12사람들이 우리 머리를 타고 가게 하셨나이다 우리가 불과 물을 통과하였더니 주께서 우리를 끌어내사 풍부한 곳에 들이셨나이다 13내가 번제물을 가지고 주의 집에 들어가서 나의 서원을 주께 갚으리니 14이는 내 입술이 낸 것이요 내 환난 때에 내 입이 말한 것이니이다 15내가 숫양의 향기와 함께 살진 것으로 주께 번제를 드리며 수소와 염소를 드리이다 (셀라) 16하나님을 두려워하는 너희들아 다 와서 들으라 하나님이 나의 영혼을 위하여 행하신 일을 내가 선포하리로다 17내가 나의 입으로 그에게 부르짖으며 나의 혀로 높이 찬송하였도다 18내가 나의 마음에 죄악을 품었더라면 주께서 듣지 아니하시리라 19그러나 하나님이 실로 들으셨음이여 내 기도 소리에 귀를 기울이셨도다 20하나님을 찬송하리로다 그가 내 기도를 물리치지 아니하시고 그의 인자하심을 내게서 거두지도 아니하셨도다

이 시편에는 찬양적, 감사 기도적 형태들이 혼합되어 있다. 1~12절은 찬양의 복수 명령형의 부름을 비롯한 찬양에 관계된 말씀으로 되어 있고, 13~15절은 서원을 이루는데 대해 하나님께 말하고 있고, 16~19절은 하나님의 도움에 대한 간증이다. 그러니 이 시편을 통하여 하나님께 찬양해야 할 하나님의 백성의 자세와 우리의 삶에서 하나님의 도우심을 어떻게 체험하며 간증해야 함을 배울 수 있다.

12절에서 "불과 물을 통과하였더니 주께서 우리를 끌어내사 풍부한 곳에 들이셨나이다"고 하였다. 이 말씀을 보면 하나님께서는 자기 백성을 보호하고 축복하시려고 이 세상의 모든 것을 다스리신다는 것을 알 수 있다.

1. 하나님을 찬양하라

1~7절은 하나님과 그의 경외로운 역사들을 찬양하라는 부름이다. 이것도 두 부분으로 나눌 수 있는데, 1~4절과 5~7절로 나눈다. 첫 부분은 복수 명령형의 반복적 사용이 특징이다. 뒷부분은 또 다른 복수 명령형인데, 즉 와서 인류에게 보여 주시는 야훼의 놀라운 역사를 알도록 모든 자들에 대한 초대이다.

1절에서 "온 땅이여 하나님께 즐거운 소리를 낼지어다"고 하였다. 여기서 '온 땅'이란 땅 덩어리가 아니라 '온 세상'을 의미한다. 그러니 '온 세상 사람들아', '모든 인생들아'라는 의미이다. 왜 하나님을 찬양해야 하는가? 그는 선하시고 전능하신 분이기 때문이다. 그의 전능하신 능력으로 우리를 다스리시는 분이다.

2절에서 "그의 이름의 영광을 찬양하고 영화롭게 찬송할지어다"고 하였다. 이 말씀은 1절의 '즐거운 소리'를 구체적으로 설명하고 있다. 하나님의 이름의 영광을 찬양해야 한다. 하나님의 이름이 영광스러운 이름인데 그 이름의 의미와 그분의 인격과 일치한다는 말이다. 다시 말하면 하나님의 이름은 '전능하신 자'인데 하나님의 역사 또한 전능하시더라는 의미이다. 하나님의 이름의 영광을 찬미하는 것은 하나님의 백성의 최고의 축복이다. 우리가 아무리 높여도 다 높여 드리지 못하는 이름이다. 그러나 최고의 하나님께 최고의 영광을 돌리는 것이 우리들에게 필요하다.

3절에는 "하나님께 아뢰기를 주의 일이 어찌 그리 엄위하신지요 주의 큰 권능으로 말미암아 주의 원수가 주께 복종할 것이며"라고 하였다. '하나님께 아뢰기를'이란 말은 하나님의 이름을 찬양하는 방법을 의미한다. 찬양의 내용이 뒤이어 나오는데, 하나님의 역사의 엄위하심을 노래하고 있다. 엄격하고 정확하신 하나님의 역사는 우리의 정성을 다하여 찬양해야 할 주제이다.

4절에서 "온 땅이 주께 경배하고 주를 노래하며 주의 이름을 노래하리이다 할지어다 (셀라)"고 하였다. 여기서도 '온 땅'이 나오는데 이것은 1절에 나온 말씀과 같은 단어이다. '찬양하라'고 했는데 이 말은 '목소리를 높여라, 즐거운 소리를 내라, 노래하며 즐겁게 외치라'는 의미를 가지고 있다. 하나님의 백성은 하나님께 경배하고 주님을 찬양해야 한다. 이것은 우리들이 이 땅에서 누릴 수 있는 최고의 축복이며 영광이다. '경배와 찬양'은 우리들의 신앙고백인 동시에 우리의 삶을 윤택케 하는 길이다.

5~7절은 둘째 부분으로서 다른 복수 명령형으로 되어 있다. 5절에 보면 "와서 하나님께서 행하신 것을 보라 사람의 아들들에게 행하심이 엄위하시도다"고 하였다. 이 말씀은 와서 인류들에게 보여 주시는 야훼의 놀라운 역사를 알도록 모든 자들에게 대한 초대이다. '와서 보라'는 말씀은 초대와 명령을 함께 나타낸다. 16절에는 '다 와서'라고 말하고 있다. 와서 하나님의 역사를 보라는 것이다.

6절은 출애굽기 14~15장의 사건 즉, 홍해를 육지 같이 건넌 이스라엘 백성의 놀라운 경험을 말하고 있다. 위기 상황에서 어찌 할 바를 알지 못 하였을 때에 하나님의 놀라운 역사를 체험한다. 그 결과 '우리가 거기서 주로 말미암아 기뻐하였도다'고 하였다.

과거의 역사를 통하여 현재의 삶을 진단하고 미래를 전망하는 것이 중요하다. 이스라엘 백성에게 베푸신 하나님의 기적적 사건은 단순히 옛날 일로 끝나는 것이 아니라 현재와 미래에도 하나님의 역사가 임할 것임을 예시하는 내용이다.

7절은 열방들의 행위를 관찰하시는 하나님의 진행 중인 능력과 힘을 표현하는 말씀이다. 하나님을 완강히 거부하는 자들에게 '교만하지 말라'고 경고 하신다.

2. 자기 백성을 돌보시는 하나님을 찬양하라

8~12절은 살아 있는 자들 가운데서 자기 백성들을 돌보시는 하나님을 찬

양하라는 부름이다. 8절의 "만민들아 우리 하나님을 송축하며 그의 찬양소리를 들리게 할지어다"는 찬양의 부름이다. '송축하다'는 '찬미하다' 혹은 '칭찬하다'는 뜻을 가지고 있다. 하나님의 백성은 하나님을 '찬미해야' 한다.

9절은 이 시편의 핵심이다. "그는 우리 영혼을 살려두시고 우리의 실족함을 허락하지 아니하시는 주시로다"고 하였다. 하나님은 우리를 살아있는 자들로 지켜 주시고 우리 발이 실족지 않게 하시는 분이다. 여기서 실족이란 일반적으로 불행해지는 것(시 20:6, 55:33, 121:3)을 말하지만 본문의 문맥을 보면 사후 세계에 죽음에 빠지는 것으로도 볼 수 있다.

10~12절은 하나님의 측면에서 시험하여 정결케 하는 사역을 제시한다. 10절의 제련의 상징들은 11절에서의 역사적인 상징들과 통합이 된다. 10절의 '시험하다'란 동사는 금속을 제련하고 시험하는 것을 말하지만 하나님과의 관계에서 행동을 통한 시험이나 확신을 의미한다. 하나님의 시험의 목표는 자신이 원하는 모습을 드러내고 발전시키는 것이다. 그래서 자기 백성들을 시험의 제련과 경험을 통과시켜 보다 성숙한 존재로 만드신다.

3. 서원과 구원에 대한 간증

13~19절은 서원의 성취와 하나님의 구원 사역에 대한 개인적 간증이다. 13절에서 개인의 감사 기도가 시작된다. 시인은 하나님 앞에서 고난의 시기에 서원한 것을 이루려고 한다. 서원을 이루기 위하여 일반적으로 희생제사를 드린다. 희생제사는 화목제사의 형태로 동물의 기름과 일부분만 태워지고 나머지의 고기는 감사의 제사에서 사람들이 먹기 위해 예배자에게 반환된다.

이 단락의 두 번째 부분은 16절의 '와서 들으라'로 시작된다. 이것은 하나님을 경외하는 모든 자에게 주시는 명령이다. 16~19절에서 시인은 간구자의 기도를 들으시고 그의 필요에 응답하셨던 하나님과의 개인적 경험에 대하여 간증한다. 18절은 하나님께 기도 드렸던 무죄의 조건과 탄식의 시에서 무죄의 선언을 상기시킨다. 19절은 이 시편의 종결절이다. "하나님을 찬송하리로다"고 했는데, 이 말은 '하나님이 찬송 받으시다'라는 뜻이다. 예배와 감사의 시이기에 우리 모두가 음미해야 한다.

하나님이 우리에게 복을 주시리로다

시편 67:1~7

1하나님은 우리에게 은혜를 베푸사 복을 주시고 그의 얼굴 빛을 우리에게 비추사 (셀라) 2주의 도를 땅 위에, 주의 구원을 모든 나라에게 알리소서 3하나님이여 민족들이 주를 찬송하게 하시며 모든 민족들이 주를 찬송하게 하소서 4온 백성은 기쁘고 즐겁게 노래할지니 주는 민족들을 공평히 심판하시며 땅 위의 나라들을 다스리실 것임이니이다 (셀라) 5하나님이여 민족들이 주를 찬송하게 하시며 모든 민족으로 주를 찬송하게 하소서 6땅이 그의 소산을 내어 주었으니 하나님 곧 우리 하나님이 우리에게 복을 주시리로다 7하나님이 우리에게 복을 주시리니 땅의 모든 끝이 하나님을 경외하리로다

시편 67편은 저자에 대한 언급이 없다. 그러나 많은 사람들은 이 시가 다윗의 시라고 한다. 왜냐하면 시편 65편까지 다윗의 시가 연속으로 나왔고 68편부터도 다윗의 시가 계속되기에 66, 67편에 저자의 이름이 없을지라도 다윗의 시가 아닐까 라고 생각 한다.

이 시편은 구약 전체를 통틀어서 세계적 의미를 가지고 있다. 유대인만의 하나님으로 생각하기 쉬운 구약의 여건에서 온 세상 백성들의 하나님이라는 폭 넓은 개념을 제시하고 있다. '민족으로 찬송케 하소서'라고 하였는데 이것은 세계를 향하신 하나님의 섭리를 보여 주는 것이다.

1. 처음의 간구

1절은 처음의 간구이다. "하나님은 우리에게 은혜를 베푸사 복을 주시고

그의 얼굴 빛을 우리에게 비추사 (셀라)"고 하였다. 시인은 자기 자신이 먼저 하나님의 긍휼과 은혜를 입게 해 달라고 기도하였다.

1절은 민수기 6:22~27에 나오는 아론의 축복과 비슷하다. 차이점이 있다면 1절에 시인은 복을 받는 사람과 동일시한 점이다. 시인은 '우리를 긍휼히 여기시고 복을 주소서'라고 호소하였다. 시인은 하나님의 긍휼을 바랐다. 이것은 아무런 의도 공로도 없는 인간들이 하나님의 긍휼을 입어야 하나님께 나아갈 수 있다.

인간이 누리는 최고의 축복이 무엇인가? 여러 가지로 생각할 수 있으나 1절에서 말하는 '그의 얼굴 빛을 우리에게 비추사'일 것이다. 자기 백성들 가운데서 하나님의 얼굴의 빛남은 그의 선하신 뜻과 복에 대한 은유이다 (시 4:7, 31:17, 44:4, 80:4, 119:135 참조). 번쩍이는 밝은 얼굴은 선한 성품의 인격을 드러내며 내적 기쁨의 표시이다.

민수기 6:26에서 "여호와는 그 얼굴을 네게로 향하여"라고 하였다. 아론의 축복에 나오는 이 구절과 이 시편의 말씀을 비교하여 보면 하나님의 얼굴을 대하는 것이 축복의 근거임을 우리에게 보여주고 있다.

2. 찬양의 핵심

2~5절은 찬양의 핵심이다. 2~3절은 감사의 찬양을 하라는 요청의 근거를 제공한다. "주의 도를 땅위에 주의 구원을 모든 나라에게 알리소서 하나님이여 민족들이 주를 찬송하게 하시며 모든 민족들이 주를 찬송하게 하소서"라고 하였다. 주의 도 즉 하나님의 말씀을 땅위에 알리기를 호소한다. '주의 구원을 만방 중에 알리소서'도 같은 의미이다. 하나님의 말씀은 인간이 가야 할 바른 길을 제시한다. 여기서 '안다'는 것은 지적 인식에만 국한되는 것이 아니라 경험적 앎과 행동을 포함한다. '주의 도'는 여러 가지 개념을 가지고 있다. 이것은 물리적인 길이나 여행과 관련이 있고, 깊은 의미로는 행동과 능력 등과 관련이 있다. 영적으로는 하나님의 구원 사역과 연

관이 있다. 세상의 모든 백성들이 하나님의 길 즉 주의 도와 이스라엘의 구원 사역을 알 때에 그들은 감사와 찬양으로 화답해야 한다. '모든 민족'으로 하나님을 찬송케 하여 달라고 하였다. 여기서 복음 확장의 놀라운 역사를 볼 수 있다. 구원의 역사가 땅 끝까지 퍼지면 하나님의 백성들이 영광의 찬양을 한다. 이스라엘에서의 그리고 이스라엘을 통한 하나님의 사역은 열방의 칭찬을 받는다.

기뻐하고 찬양해야 할 두 번째 이유가 4절에 나온다. "온 백성은 기쁘고 즐겁게 노래할지니 주는 민족들을 공평히 심판하시며 땅 위의 나라들을 다스리실 것임이니이다 (셀라)"고 하였다. 하나님은 공평히 판단하시는데 하나님의 역사는 잘못된 것을 바르게 한다. 사람들이 하나님을 잘 모를지라도 세상에서 사람들의 때를 통하여 백성들을 인도하신다(사 45:1~4). 하나님이 세상을 인도하시는 것은 목자가 양을 인도하듯이 하신다(시 23:3). 하나님의 통치에 순복하는 것이 축복이다. 하나님의 통치는 위대하시고 공정하시기에 이것을 바라고 의지하는 자에게 하나님의 복이 임한다.

5절에서 "하나님이여 민족들이 주를 찬송하게 하시며 모든 민족으로 주를 찬송하게 하소서"라고 하였다. 이것은 3절 말씀과 같다. 이것은 반복되는 것은 강조하는 의미이다. 모든 민족이 하나님을 찬송케 하는 위대한 역사가 일어나기를 바라는 것이다.

3절과 5절이 강조하는 것은 선교나 사역의 목적이 하나님을 찬송하는데 있다는 것이다. 이것이 기독교 세계관이다. '하나님을 영화롭게 하는 것'이 하나님의 백성의 존재 목적이기에 우리의 모든 사역이 하나님의 영광에 귀결되어야 한다. 그래서 바울은 "그런즉 너희가 먹든지 마시든지 무엇을 하든지 다 하나님의 영광을 위하여 하라"(고전 10:31)고 하였다.

이것을 우리의 삶에 적용해야 한다. 우리의 사역이 단순히 우리의 생계를 위한 수단이 아니라 하나님의 영광을 위한 도구이어야 한다. 그래서 하나님의 역사를 더욱 드러내는 위대함을 이루어야 한다.

3. 결론적 탄원

6~7절은 결론적 탄원이다. "땅이 그의 소산을 내어 주었으니 하나님 곧 우리 하나님이 우리에게 복을 주시리로다 하나님이 우리에게 복을 주시리니 땅의 모든 끝이 하나님을 경외하리로다"고 하였다. 하나님의 복을 구하는 기도가 6절 하반절과 7절 상반절에 다시 나타난다. 6절에 복을 구하는 기도의 새로운 근거가 제시된다.

야훼가 수확을 가능케 그의 복으로 더하게 하신다는 이해 하에 땅은 일반적으로 수확을 낸다. 6절의 '소산'은 '땅의 확대' 또는 '땅의 소산'이라는 의미이다. 이 말은 농업의 생산성을 가리킬 때에 사용되는 말이다. 여기서는 가정의 소유나 부를 의미하는 것 같다. 하나님의 축복으로 인하여 땅이 열매를 맺는다는 역사적 개념을 전달하고 있다고 볼 수 있다.

모든 추수는 여호와의 약속의 성취이며(레 26:4), 하나님의 축복의 증거였다. '우리 하나님이 우리에게 복을 주시리로다 하나님이 우리에게 복을 주시리니'라는 기도는 지속적으로 복의 과정에 있기를 바라는 것이다. 지상의 산물들이 축복은 온 세상 거민들의 존경을 받는 야훼의 복의 전 영역에 대한 가시적 표현이다. 땅의 모든 끝이 하나님을 경외하는 놀라운 역사가 나타난다.

이 시편은 세상 백성들에 대한 복과 야훼의 생명을 주시는 지식의 확산이라는 두개의 중요한 주제를 포함하고 있다. 하나님이 복을 주심으로써 인간들의 바른 존재 의미가 정립되고 하나님의 영광을 드러내게 된다. 하나님의 복은 구약에서 예배의 상황과 밀접한 관련이 있다. 복을 받기 위한 가장 좋은 장소와 때는 하나님의 전이며 축제의 마지막 날이다(삼하 6:18, 레 9:22).

이 시편은 이스라엘에서의 야훼의 구원 사역과 온 피조 세계에서 하나님의 축복 사역 사이의 관계를 설명하고, 세상 사람들에게 하나님을 찬양케 하는 메시야적 관점을 갖게 한다.

그의 거룩한 처소에 계신 하나님은

시편 68:1~6

1하나님이 일어나시니 원수들은 흩어지며 주를 미워하는 자들은 주 앞에서 도망하리이다 2연기가 불려 가듯이 그들을 몰아내소서 불 앞에서 밀이 녹음 같이 악인이 하나님 앞에서 망하게 하소서 3의인은 기뻐하여 하나님 앞에서 뛰놀며 기뻐하고 즐거워할지어다 4하나님께 노래하며 그의 이름을 찬양하라 하늘을 타고 광야에 행하시던 이를 위하여 대로를 수축하라 그의 이름은 여호와이시니 그의 앞에서 뛰놀지어다 5그의 거룩한 처소에 계신 하나님은 고아의 아버지시며 과부의 재판장이시라 6하나님이 고독한 자들은 가족과 함께 살게 하시며 갇힌 자들은 이끌어 내사 형통하게 하시느니라 오직 거역하는 자들의 거처는 메마른 땅이로다

시편 68편을 해석하는데 난점이 많다. 시편의 내용 분해나 해석에서 논의가 많고 학자들에 따라 다양한 해석을 하고 있다. 그러나 이 시편 전체를 살펴보면 하나님이 같이 하심으로 은혜주신 승리의 삶을 기록하고 있어서 '승리적 찬송'이라고 부른다.

이 시편의 저작 시기에 대해서는 여러 가지 논란이 있다. 어떤 학자들은 오벧에돔에 있던 법궤를 예루살렘으로 모셔 오면서 너무나 감격하여 하나님께서 자기와 이스라엘 역사 속에서 함께 하시고 지금까지 지켜 주시고 인도하시고 승리케 하신 은혜에 감사하여 찬양을 드린 것이라고 주장한다. 그때 다윗이 너무 감격하여 춤을 추고 노래를 부른 것이 사무엘하 6장에 나와 있다. 어떤 이들은 아람과 암몬 족속을 쳐서 승리하고 돌아올 때에 감격해서 부른 찬송이라고 하여 사무엘하 10장과 11장을 배경으로 설명하고 있다.

어느 것이 정확한지 알 수 없으나 하나님의 백성이 하나님의 은혜로 승리하여 하나님을 찬양한 내용임은 분명하다. 승리케 하신 하나님을 찬양하는 하나님의 백성의 고백이라고 할 수 있다.

1~6절은 서론적인 내용으로서 매우 중요하다. 하나님께서 자기 원수를 몰아내어 달라고 간구하고 있다. 다윗이 원수에 대하여 이렇게 기도할 수 있었던 것은 다윗의 원수가 하나님의 원수였기 때문이다. 시인은 원수가 연기가 몰려감 같이, 불 앞에 밀이 녹음같이 하나님께서 놀라운 능력을 나타냄으로 승리를 주셨다는 증거를 확실히 주시면서 승리케 하시기를 간절히 기도하였다.

1. 일어나시라 기원

1~3절은 하나님께서 심판하시기 위해 일어나시라는 기원이다. 1절에서 "하나님이 일어나시니 원수들은 흩어지며 주를 미워하는 자들은 주의 앞에서 도망하리이다"라고 하였다. 첫 마디가 하나님께서 일어나셔서 원수를 간섭해 달라고 하였다. 이 시편은 하나님께서 자신의 원수들에게 신현적 심판의 선언으로 일어나시기를 바라는 기원의 형태를 가진 탄원으로 시작된다. 하나님께서 '일어나시는 것'은 능력을 나타내어 달라는 것이다.

이렇게 기도를 드린 바탕이 무엇인가? 자신의 무능을 바로 보았기 때문이다. 다윗이 어린 시절에 골리앗을 이겼으나 이것은 자신의 힘으로 된 것이 아니라 하나님의 능력으로 이겼음을 바로 알았기에 하나님이 일어나시기를 간구한 것이다. 시인은 원수를 흩으시고 주를 미워하는 자로 도망가게 해 달라고 하였다. 여기서 말하는 원수는 개인적 원수가 아니라 하나님을 거역하고 미워하는 자를 말한다. 그러니 이 원수는 바로 하나님의 원수이다. 이들을 흩으시고 물리쳐 달라고 하였다.

2절에서 "연기가 불려 가듯이 그들을 몰아내소서 불 앞에서 밀이 녹음같이 악인이 하나님 앞에서 망하게 하소서"라고 하였다. 하나님이 일어나서 원수들을 궤멸하시는데 마치 바람에 흩날리는 연기나 불 앞에 녹아내리는 밀랍처럼 그분 앞에서 분산되고 도망가게 하소서라고 하였다. 그러니 악인의 멸망이 철저하고 근원적이기를 호소하는 것이다.

3절에서 "의인은 기뻐하며 하나님 앞에서 뛰놀며 기뻐하고 즐거워할지어다"고 하였다. 악한 자들을 제거하실 때에 의인은 하나님의 간섭을 깨닫고 기뻐하며 하나님 앞에서 뛴다고 하였다. 이것은 하나님의 은혜에 감격하여 하나님께 영광을 돌리는 것을 말한다.

여기서 우리가 주의해야 할 것은 악인의 멸망을 보고 기뻐하고 즐거워하는 것이 아니다. 악인을 멸하심으로 하나님의 주권적 역사가 강하게 드러나고 또 하나님께서 나의 기도를 들으셨구나고 감사하고 기뻐하는 것이다. 그래서 의인은 '하나님 앞에서' 기뻐하며 뛰어논다. 하나님 앞에서의 삶 즉 신전인격자(神前人格者)의 모습을 여기서 찾을 수 있으니 감사하게 된다.

2. 찬양에의 부름

4~6절은 구름을 타시는 자를 찬양하도록 부름이다. 이 단락의 언어는 구름을 타시는 위대한 분으로 고아의 아버지이시며 집 없는 자들과 갇힌 자들의 구원자이신 야훼의 이름을 찬미하도록 찬양적 부름의 형태이다.

4절에서 "하나님께 노래하며 그 이름을 찬양하라 하늘을 타고 광야에 행하시던 이를 위하여 대로를 수축하라 그의 이름은 여호와이시니 그의 앞에서 뛰놀지어다"고 하였다. 4절의 '하늘을 타고 광야에 행하시던 이'를 '타고 광야에서 행하시던 분'으로 번역할 수 있다. 그러니 하나님은 백성보다 앞서 가서 광야 경험을 통하여 자기 백성을 인도하시고, 궁핍한 자기 백성을 원조하거나 자신의 왕을 돕기 위하여 광야의 거처로 나오는 자이다(신 32:2~5, 합 3:2~15). '대로를 수축하라'고 하였다. 이것은 땅을 그냥 평평하게 하라는 말이 아니다. 광야의 길이 나빠서 문제가 아니라 하나님을 거역하는 마음이 문제였다. 그러니 마음의 교만을 버리고 여호와 하나님 앞에서 겸손하게 서라는 교훈을 주고 있다. 하나님은 구름을 타시고 특별히 상처받기 쉬운 자들을 보호하고 변호하시는 분이다. 5~6절에서 "그의 거룩한 처소에 계신 하나님은 고아의 아버지시며 과부의 재판장이시라 하나님이 고독한 자들은 가족과 함께 살게 하시며 갇힌 자들은 이끌어 내사 형통하게 하시느니라 오직 거역하는 자들의 거처는 메마른 땅이로다"고 하였다.

고아와 과부와 가족이 없는 자들은 오늘날도 그렇지만 고대 사회에서는 쉽게 억제 받는 존재들이었다. 이들에 대한 하나님의 특별한 관심을 보여준다. 하나님은 보호받지 못한 사람의 아버지이시다. 또 감옥에 사로잡힌 자들을 기쁨으로 나오게 하신다(시 107:10~16 참조).

사로잡힌 자의 본질에 대해서는 언급하고 있지 않지만 어떤 죄를 범하였거나(창 39:20, 22), 전쟁 포로 혹은 귀향자들이라고 볼 수 있다(시 69:34, 79:11, 사 14:13, 슥 9:11~12). 하나님의 거룩한 처소는 신적인 하늘의 처소이다(신 26:25, 렘 25:30 등 참조). 그러나 하나님의 천상과 지상의 거처는 어느 한 곳이라기보다는 보다 온 세상 모든 곳에 임재 하신다. 그러나 여기서는 하나님이 임하시는 곳 즉 하늘과 땅이 만나는 장소인 성전을 염두에 둘 필요가 있다.

3. 하나님의 돌보심

5~6절에서 고통당하고 억압받는 자들의 아버지되신 하나님께서 그들을 돌보신다. 그러나 이것과는 정반대로 '오직 거역하는 자들의 거처는 메마른 땅'이다. 하나님을 거역하는 자들은 황무지 같은 삶을 살게 되며 결국은 멸망의 길을 가게 된다는 것이다.

여기서 우리는 하나님을 믿고 따르는 자들에게 베푸시는 은혜와 사랑을 보게 되고, 반대로 하나님을 거역하는 자는 멸망의 길을 가게 됨을 볼 수 있다. 이와 같은 대조적 결과를 볼 때에 모든 것의 근거는 하나님으로 말미암아 이루어진다는 사실을 분명히 알 수 있다.

우리의 구원이신 하나님을 찬송할지로다

시편 68:7~27

7하나님이여 주의 백성 앞에서 앞서 나가사 광야에서 행진하셨을 때에 (셀라) 8땅이 진동하며 하늘이 하나님 앞에서 떨어지며 저 시내 산도 하나님 곧 이스라엘의 하나님 앞에서 진동하였나이다 9하나님이여 주께서 흡족한 비를 보내사 주의 기업이 곤핍할 때에 주께서 그것을 견고하게 하셨고 10주의 회중을 그 가운데에 살게 하셨나이다 하나님이여 주께서 가난한 자를 위하여 주의 은택을 준비하셨나이다 11주께서 말씀을 주시니 소식을 공포하는 여자들은 큰 무리라 12여러 군대의 왕들이 도망하고 도망하니 집에 있던 여자들도 탈취물을 나누도다 13너희가 양 우리에 누울 때에는 그 날개를 은으로 입히고 그 깃을 황금으로 입힌 비둘기 같도다 14전능하신 이가 왕들을 그 중에서 흩으실 때에는 살몬에 눈이 날림 같도다 15바산의 산은 하나님의 산임이여 바산의 산은 높은 산이로다 16너희 높은 산들아 어찌하여 하나님이 계시려 하는 산을 시기하여 보느냐 진실로 여호와께서 이 산에 영원히 계시리로다 17하나님의 병거는 천천이요 만만이라 주께서 그 중에 계심이 시내 산 성소에 계심 같도다 18주께서 높은 곳으로 오르시며 사로잡은 자들을 취하시고 선물들을 사람들에게서 받으시며 반역자들로부터도 받으시니 여호와 하나님이 그들과 함께 계시기 때문이로다 19날마다 우리 짐을 지시는 주 곧 우리의 구원이신 하나님을 찬송할지로다 (셀라) 20하나님은 우리에게 구원의 하나님이시라 사망에서 벗어남은 주 여호와로 말미암거니와 21그의 원수들의 머리 곧 죄를 짓고 다니는 자의 정수리는 하나님이 쳐서 깨뜨리시리로다 22주께서 말씀하시기를 내가 그들을 바산에서 돌아오게 하며 바다 깊은 곳에서 도로 나오게 하고 23네가 그들을 심히 치고 그들의 피에 네 발을 잠그게 하며 네 집의 개의 혀로 네 원수들에게서 제 분깃을 얻게 하리라 하시도다 24하나님이여 그들이 주께서 행차하심을 보았으니 곧 나의 하나님, 나의 왕이 성소로 행차하시는 것이라 25소고 치는 처녀들 중에서 노래 부르는 자들은 앞서고 악기를 연주하는 자들은 뒤따르나이다 26이스라엘의 근원에서 나온 너희여 대회 중에 하나님 곧 주를 송축할지어다 27거기에는 그들을 주관하는 작은 베냐민과 유다의 고관과 그들의 무리와 스불론의 고관과 납달리의 고관이 있도다

시편 68:1~6은 이 시편의 서론 부분으로서 하나님의 위대하신 역사를 찬양한다. 하나님께서 일어나셔서 원수들을 심판하시기를 호소하고, 하나님은 고아와 과부와 갇히고 외로운 자의 하나님이심을 밝히고 있다.

이 시편에서는 하나님의 이름을 일곱 개의 다른 단어로 묘사하고 있다. 야훼, 엘로힘, 엘, 아도나이, 샤다이, 시내산의 하나님(the one Sinai)으로 나타난

다. 또 하나님의 별칭들이 나오는데 구름을 타는 자(4절), 하늘을 타신 자(33절), 우리의 구원(19절), 구원의 하나님(20절), 이스라엘의 하나님(35절) 등이다.

1. 하나님을 찬양해야 할 이유

7절 이하에서는 하나님을 찬양해야 할 다른 이유를 제시하고 있다. 7~10절은 이스라엘에게 비를 주시는 하나님을 그리고 있다. 7절에서 "하나님이여 주의 백성 앞에서 앞서 나가사 광야에서 행진하셨을 때에 (셀라)"라고 하였다. 이 말씀은 표현상 일반화가 되어 있으나 출애굽의 역사를 함축하고 있다.

시인은 '하나님이여'라고 부른다. 이것은 '전능자이시여'라는 뜻이다. 시인은 출애굽의 주체가 하나님이심을 강조한다. 이스라엘 백성들이 종살이 하던 애굽을 떠나 가나안 땅으로 갈 때에 하나님께서 '앞서' 나가셨다. 이 단어는 자기 군대를 인도하는 신적인 전사에 대한 군사적 심상이다(사 4:14, 삼하 5:24 등 참조).

하나님은 광야 길에서 자기 백성 보다 앞서 행하셨다. 이것은 자기 백성들을 향한 하나님의 위대하신 사랑이다. 앞서 행하셔서 자기 백성을 지켜 주시고 인도하시는 하나님을 그렸다.

8절은 출애굽 하는 과정이고, 9~10절은 출애굽 이후에 가나안에 정착하는 이야기이다. 8절에서 "땅이 진동하며 하늘이 하나님 앞에서 떨어지며 저 시내산도 하나님 곧 이스라엘의 하나님 앞에서 진동하였나이다"고 하였다. 여기 나오는 내용은 출애굽 역사에서 중간 지점에 왔을 때의 이야기이다. 애굽에서 나와서 시내산 아래까지 왔다. 이것이 출애굽기 19~20장에 기록되어 있다. 그 내용을 압축한 것이 이 시편의 8절이다.

번개와 불과 함께 하는 폭풍과 지진은 하나님의 등장과 행동의 우주적 충격을 말할 때에 사용된다. 하나님의 위대하신 역사를 묘사함으로써 하나님의 백성의 바른 자세를 촉구한다.

9~10절은 가나안에 정착하는 이야기이다. 하나님께서는 비를 흡족하게 주셨고 산업이 곤핍할 때에 견고하게 하여 주었다. 가나안 땅에 들어가서 그들의 어려움을 해소해 주신 하나님의 역사를 볼 수 있다. 하나님은 회중

즉 하나님의 백성 가운데 거하시고 가난한 자를 위하여 은혜를 주셨다.

하나님의 선하심은 자기 백성과 땅에 대한 하나님의 포괄적인 돌봄의 표현이다. 가난한 자는 하나님의 선하심에 의해서 유지된다. 가난한 자란 비천한 자, 소유를 빼앗긴 자, 먹고 살기에 부족한 자, 힘과 능력과 재산이 줄어버린 자를 의미하는데 그들에게 주어졌던 땅을 실제로 소유하고 있지 않은 이스라엘 백성들을 말한다. 여호와께서 땅을 소유하시나 이스라엘 사람은 그 안에 체류하고 있을 뿐이다(레 25:21).

2. 하나님의 승리의 말씀

11~14절은 하나님의 승리의 말씀이다. 이 단락을 해석하는데 여러 가지 문제가 있으나 그 핵심은 하나님께서는 왕들과 그 군사들을 이기신 승리자란 내용이다.

11절에 보면 "주께서 말씀을 주시니 소식을 공포하는 여자들은 큰 무리라"고 하였다. '주께서 말씀을 주신다'는 것은 '하나님께서 중대한 약속을 주시니'라는 의미이다. '여자'가 소식을 전한다고 하였는데 이것은 출애굽기 15장 20절에 미리암이 소고를 치며 감격하여 노래 불렀던 사건과 연결하여 생각할 수 있다. 또 사무엘상 18장 6절에 다윗이 골리앗을 이기고 돌아왔을 때에 여인들이 노래한 사건도 연상된다. 이와 같이 은혜를 체험한 자들이 하나님께 노래함을 보여준다.

12절에서 "여러 군대의 왕들이 도망하고 도망하니 집에 있던 여자들도 탈취물을 나누도다"고 하였다. 여러 왕들과 군대들이 전쟁에 패했다는 보고는 집에 있는 여자들이 전쟁의 탈취물을 전쟁 승리의 축하를 위해 준비할 수 있다는 것이다. 전쟁에서의 탈취물을 집에 가지고 오게 되고 이것을 잔치의 재료로 사용하게 된다.

13절에서 "너희가 양 우리에 누울 때에는 그 날개를 은으로 입히고 그 깃을 황금으로 입힌 비둘기 같도다"고 하였다. 여기서는 하나님의 백성을 '양'으로 비유하였다. 하나님께서는 전쟁의 승리로 인하여 황금 날개의 비둘기 같이 풍성하게 하신다.

14절은 모호한 내용처럼 보이지만 하나님의 위대하심을 찬양하는 내용이다. 적군들이 바람에 흩어지는 산비탈의 눈처럼 도망가는 하나님의 심판의 모습이다. 그러니 살몬에 내린 눈은 왕들과 그 세력들이 하나님의 의지와 목적에 도전할 때에 그들을 파괴하기 위한 하나님의 신적 중재를 의미한다.

3. 하나님이 거하시는 산

15~18절은 하나님이 영원히 거하시는 산에 대한 묘사이다. 바산의 산은 요단강 건너편에 있는 이스라엘의 적국들을 말하는데 하나님의 위대한 산과 대조를 이룬다. 하나님은 승리의 신적 전사로서 많은 측근들과 함께 자기 산에 오르셨다. 그 대표적 표현이 15절의 바산의 산이다. 위대한 승리자가 선택된 산으로 이동하는 것은 17~18절의 상당히 많은 수의 전차들과 전사들 즉 천상의 주인의 거룩한 것들과 동반하는 것으로 묘사된다. 위대한 정복자는 높은 곳으로 오를 때 포로들을 이끄시고(18절), 모든 인류에게 심지어는 정착하고 통치하려고 한 장소를 택하신 여호와께 반역했던 자들에게서까지 조공을 받으신다(18절).

19~23절은 위대한 승리자 야훼를 찬양하라는 내용이다. 시인은 예배자들을 위하여 짐을 대신 지는 하나님이신 주 여호와를 찬송하는 것으로 시작한다(19절). 하나님께서는 우리가 죽음의 위협으로부터 도망할 길을 제공해 주시는, 죽음으로부터의 구원자이다(20절). 하나님은 자기 원수들의 머리와 숱이 많은 두상(頭上)을 부서뜨리신다(21절).

24~27절은 행렬 속에서 하나님을 찬양함이다. 성전 지역으로서의 축제적 행진에 대한 간략한 묘사를 하고 있다. 24절의 '나의 하나님, 나의 왕'이라는 기록은 자기 백성들과 예배하기 위해서 오는 하늘에 왕에 대한 언급일 가능성이 많다. 시인은 모든 족속들이 하나님을 찬양하는 것을 그리고 있다(27절). 하나님의 백성은 삶의 전 영역에서 하나님을 찬양하고 하나님께 영광을 돌려야 한다. 우리 하나님 여호와는 영원히 찬양을 받으실 분이다. 그 하나님을 세계의 모든 족속들이 찬양해야 하며, 이것이 우리들이 누릴 최고의 영광임을 가슴 깊이 새겨야 한다.

우리를 위하여 행하신 것을 견고하게 하소서

시편 68:28~35

28네 하나님이 너의 힘을 명령하셨도다 하나님이여 우리를 위하여 행하신 것을 견고하게 하소서 29예루살렘에 있는 주의 전을 위하여 왕들이 주께 예물을 드리리이다 30갈밭의 들짐승과 수소의 무리와 만민의 송아지를 꾸짖으시고 은 조각을 발 아래에 밟으소서 그가 전쟁을 즐기는 백성을 흩으셨도다 31고관들은 애굽에서 나오고 구스인은 하나님을 향하여 그 손을 신속히 들리로다 32땅의 왕국들아 하나님께 노래하고 주께 찬송할지어다 (셀라) 33옛적 하늘들의 하늘을 타신 자에게 찬송하라 주께서 그 소리를 내시니 웅장한 소리로다 34너희는 하나님께 능력을 돌릴지어다 그의 위엄이 이스라엘 위에 있고 그의 능력이 구름 속에 있도다 35하나님이여 위엄을 성소에서 나타내시나이다 이스라엘의 하나님은 그의 백성에게 힘과 능력을 주시나니 하나님을 찬송할지어다

시편 68편은 조금 긴 시이다. 이 시편은 하나님의 승리를 찬양하는 내용이다. 하나님께서 일어나셔서 원수들을 물리치고 찬양을 받으실 것을 기도하였다.

시편 68:28~35는 복음의 세계성을 노래하였다. 구약의 성도인 다윗이 어떻게 이런 말을 할 수 있을까 싶을 정도로 세계적으로 하나님의 복음이 승리할 것을 증거하셨다. 그러니 하나님의 나라가 온 세계에 전파될 것을 내다보면서 찬양한 내용이다.

우리들이 흔히 생각하기를 구약시대 사람들은 선민의식에 빠져서 '이스라엘의 하나님'만 생각하는 것으로 여긴다. 그들에게 이런 의식이 있었던 것을 부인 하지 못하지만 하나님은 이스라엘의 하나님만이 아니라 만민의 하나님이심을 분명히 하고 있다.

1. 하나님의 명령

28절에 "네 하나님이 너의 힘을 명령하셨도다 하나님이여 우리를 위하여 행하신 것을 견고하게 하소서"라고 하였다. 여기서 하나님을 '너의 힘을 명령하신' 하나님으로 묘사하고 있다. 이런 하나님이 '너에게 능력이 있어라', '너에게 능력이 함께 하라'고 하셨다. 하나님의 힘이 우리와 함께 할 때에 위대한 역사가 일어난다. 이것이 신약시대에 와서 구체적으로 묘사되었는데 "오직 성령이 너희에게 임하시면 너희가 권능을 받고"(행 1:8)라는 말씀에서 나타난다. 하나님의 힘이 함께 하실 때에 새 힘을 받아 복음 전파자로서의 사명을 감당한다.

시인은 '하나님이여 우리를 위하여 행하신 것을 견고히 하소서'라고 하였다. 하나님께서는 다윗에게 능력을 주셔서 많은 땅을 정복하였고 요단강 서편 땅을 거의 점령하였다. 다윗은 이것을 '우리를 위하여 행하신 하나님의 일'로 보았다. 자신의 힘으로 되어지는 것이 아니라 하나님의 힘으로 이루어진 역사임을 믿었다. 이렇게 이룬 땅을 견고히 즉 계속하여 머물게 해달라고 요청하였다. 하나님이 주신 영역을 그대로 유지하는 것이 무엇보다 귀하고 소중하다는 것을 깨닫게 한다.

2. 왕들의 예물

29절에서는 "예루살렘에 있는 주의 전을 위하여 왕들이 주께 예물을 드리리이다"고 했다. 하나님의 역사가 그대로 유지되면 왕들이 예물을 드린다. 이것은 역사적으로 입증된 사건인데 역대하 9장 1절에 보면 스바 여왕이 솔로몬에게 예물을 드렸고, 22~24절에는 천하 열왕이 예물을 드렸다고 한다. 하나님의 위대한 역사가 땅 끝까지 선포되면 세상의 많은 왕들이 하나님께 예물을 드리게 되기에 이것을 귀하게 여겨야 한다.

30절에 "갈밭의 들짐승과 수소의 무리와 만민의 송아지를 꾸짖으시고

은 조각을 발 아래 밟으소서 그가 전쟁을 즐기는 백성을 흩으셨도다"고 하였다. '갈밭의 들짐승'은 애굽을 가리키고, '수소의 무리들'은 열왕들을 말한다. 이런 자들이 가지고 있는 것들에 대해 '은 조각을 발 아래 밟으소서'라고 하였다. 이것은 그들의 권세, 물질, 장식품, 우상 따위의 물질주의적인 것을 무가치한 것으로 알게 해 달라는 의미이다. 이방인들이 회개하기 전에는 땅의 패권주의를 숭상하여 남의 나라를 부수고 정복하여 빼앗는 일들을 하였으나 하나님이 역사하셔서 하나님의 백성이 승리하니 세상을 따르던 자들이 흩어지게 되었다.

31절에서 "고관들은 애굽에서 나오고 구스인은 하나님을 향하여 그 손을 신속히 들리로다"고 하였다. 애굽의 고관 즉 상당히 높은 지도자들 가운데서 하나님을 믿는 자가 나온다는 말이다. 구스인 즉 이디오피아 사람들은 이스라엘을 괴롭힌 일이 많다. 이들이 하나님께 항복하고 나온다는 말이다.

이와 비슷한 내용이 이사야 19장 23절에 나온다. "그날에 애굽에서 앗수르로 통하는 대로가 있어 앗수르 사람은 애굽으로 가겠고 애굽 사람은 앗수르로 갈 것이며 애굽 사람이 앗수르 사람과 함께 경배하리라"고 하였다. 당시의 강대국들이 서로 교류하고 하나님께 경배하게 된다. 여기에 대한 구체적인 내용은 24~25절에 나온다.

하나님은 어느 한 민족만을 구하시는 것이 아니라 세계 모든 백성을 구속하신다. 구원은 혈통에 있는 것이 아니라 하나님의 은혜에 있다(요 1:12~18). 이것이 시편 68편에서 시어(詩語)로 표현되어 있다.

3. 땅에 있는 자의 찬양

32절은 "땅의 왕국들아 하나님께 노래하고 주께 찬송할지어다(셀라)"고 하였다. 모든 땅에 있는 자는 하나님을 찬양한다. 은혜를 입은 자들은 자연히 찬양하고 감사하게 된다. 하나님의 복음이 이 땅의 모든 족속들에게 선포되어 하나님의 나라가 확장될 때에 하나님을 찬양하게 된다. 이것이 복음의 우주적 확산이다.

33절에 "옛적 하늘들의 하늘을 타신 자에게 찬송하라 주께서 그 소리를 내시니 웅장한 소리로다"고 하였다. 다시 백성들을 향하여 권면한다. '하늘들의 하늘'이란 하늘이 여러 개 있다는 말이 아니라 모든 피조물 전체를 의미한다. 하나님께서 나타나시면 어떤 피조물이라도 하나님을 대적할 수 없다. '주께서 그 소리를 발하시니 웅장한 소리로다'고 하였다. 이 말씀은 애굽에서 나올 때에 하나님께서 시내산에서 율법을 주실 때의 모습을 표현한 것이다. 그러므로 하나님의 위대하심을 찬송하고, 이 하나님께 영광을 돌려야 한다.

34절에 "너희는 하나님께 능력을 돌릴지어다 그의 위엄이 이스라엘 위에 있고 그의 능력이 구름 속에 있도다"고 하였다. 이것을 신학적 용어로 표현하면 '내재성'과 '초월성'이라고 할 수 있다. 하나님은 성도들 가운데 계시니 내재하시고, 하늘의 보좌에 계시니 초월하신다는 것과 같다.

모든 승리는 하나님의 능력으로 되어지니 하나님께 감사하는 자세가 필요하다. 하나님은 우리와 함께 계시고 또 우리와 초월하여 하늘에 계신다. 이 하나님을 섬기는 믿음의 자세가 있어야 한다.

35절에 "하나님이여 위엄을 성소에서 나타내시나이다 이스라엘의 하나님은 그의 백성에게 힘과 능력을 주시나니 하나님을 찬송할지어다." 하나님이 그 놀라운 위엄을 성소에서 나타낸다. 성막에는 성소와 지성소가 있었는데 하나님께서 그 안에 나타내신다는 뜻이다. 그러니 오늘의 표현으로 하면 교회를 통해서 하신다는 것이다. 하나님의 성소에서 이스라엘에게 나타나셔서 하는 일이 무엇인가? '그 백성에게 힘과 능을 주신다' 즉 이 세계를 정복할 힘과 능을 주신다.

이 시편은 하나님의 복음의 세계적 승리를 찬양한다. 그러기에 하나님이 주시는 힘과 능으로 세계를 정복하여 하나님의 나라를 이루어야 할 것이다. 이런 위대한 역사를 감사하고 찬송해야 한다.

나를 구원하소서

시편 69:1~12

1하나님이여 나를 구원하소서 물들이 내 영혼에까지 흘러 들어왔나이다 2나는 설 곳이 없는 깊은 수렁에 빠지며 깊은 물에 들어가니 큰 물이 내게 넘치나이다 3내가 부르짖음으로 피곤하여 나의 목이 마르며 나의 하나님을 바라서 나의 눈이 쇠하였나이다 4까닭 없이 나를 미워하는 자가 나의 머리털보다 많고 부당하게 나의 원수가 되어 나를 끊으려 하는 자가 강하였으니 내가 빼앗지 아니한 것도 물어 주게 되었나이다 5하나님이여 주는 나의 우매함을 아시오니 나의 죄가 주 앞에서 숨김이 없나이다 6주 만군의 여호와여 주를 바라는 자들이 나를 인하여 수치를 당하게 하지 마옵소서 이스라엘의 하나님이여 주를 찾는 자가 나로 말미암아 욕을 당하게 하지 마옵소서 7내가 주를 위하여 비방을 받았사오니 수치가 나의 얼굴에 덮였나이다 8내가 나의 형제에게는 객이 되고 나의 어머니의 자녀에게는 낯선 사람이 되었나이다 9주의 집을 위하는 열성이 나를 삼키고 주를 비방하는 비방이 내게 미쳤나이다 10내가 곡하고 금식하였더니 그것이 도리어 나의 욕이 되었으며 11내가 굵은 베로 내 옷을 삼았더니 내가 그들의 말거리가 되었나이다 12성문에 앉은 자가 나를 비난하며 독주에 취한 무리가 나를 두고 노래하나이다

이 시편은 68편과 함께 상당히 긴 시이다. 이 시편은 고난을 해결해 주실 하나님의 행동을 구하는 강한 간구와 함께 시인이 하나님께 불행한 상황들과 고난에 대해 불평을 제기하는 개인적 탄식들이 특징을 가지고 있다. 시인은 자신이 저 세상의 심연의 망각 속으로 잠기기 전에 간절하게 도움을 필요로 하는 상황에 대하여 기도한다. 시인은 원수들에게 모함을 당하고 있는 상황에서 하나님의 도우심을 간구하는 기도하고 있다.

이 시에는 '다윗의 시, 인도자를 따라 소산님에 맞춘 노래' 라는 해석이 있다. 인도자란 찬양대 지휘자를 말하며, '소산님에 맞춘 노래' 라고 하였으니 '백합화 곡조' 라고 설명하였다. 그러니 이 시는 공적 찬송으로 사용된 것임을 보여주고 있다. 고난의 바람 속에서도 하나님의 돌보심을 바라는 간절한 소원을 담아 하나님께 기도하는 그 자세가 하나님의 백성들이 취해야 할 진정한 모습이다.

1. 탄원과 불평

1절에서 '하나님이여 나를 구원하소서 물들이 내 영혼에까지 흘러 들어왔나이다'고 하였다. 1~4절은 탄원과 불평으로 나타난다. 시인은 '하나님이여 구원하소서'라고 하였다. 시인은 '하나님이여' 즉 '전능자여'라고 부르면서 하나님의 구원을 간청하였다. 이 구원은 '생활 속의 구원'을 말한다. 사울이 자기를 죽이려고 계속하여 추적하고 있기에 이 죽음의 자리에서 구하여 달라는 간구를 한다. 하나님의 백성들이 영적인 구원을 받았으나 이 세상의 생활에서 어려움을 겪을 때가 있다. 그때에 하나님의 도우심을 바라는 것은 하나님의 백성들이 취할 수 있는 최선의 길이다.

시인은 '물들이 내 영혼까지 흘러 들어왔나이다'고 하였다. 이것은 자신의 절망적 상황을 묘사하는 것으로서 문제의 심각성을 강조하였다. 육체적 문제가 영혼에까지 회의를 일으키는 자리에 이르게 되었다는 표현이다. 이런 상황에서 하나님을 향하여 도우심을 호소하였다.

2절에서 "나는 설 곳이 없는 깊은 수렁에 빠지며 깊은 물에 들어가니 큰 물이 내게 넘치나이다"고 하였다. 시인은 거대한 우주의 바다에서처럼 죽은 자들의 저승에까지 내려가는 깊은 물 속에 빠지고 있다. 여기서 구할 자는 하나님 한 분 뿐이심을 고백한다.

3~4절에서 자신의 절박한 상황을 호소한다. "내가 부르짖음으로 피곤하여 나의 목이 마르며 나의 하나님을 바라서 나의 눈이 쇠하였나이다 까닭 없이 나를 미워하는 자가 나의 머리털보다 많고 부당하게 나의 원수가 되어 나를 끊으려 하는 자가 강하였으니 내가 빼앗지 아니한 것도 물어 주게 되었나이다"고 하였다.

시인은 절박한 상황에 빠져 있다. 정말 울부짖기에도 피곤하고, 겁 먹었으며, 힘들고 아파서 침침한 시력을 갖게 된 지독한 어려움을 겪고 있다. 시인의 상태는 거짓 고발과 강도나 탈취자가 가지고 가지 않은 물건까지 배상하라는 집요한 공격을 하고 있는 실정이다. 원수들의 수는 많았고, 이들은 정의를 가장하여 하나님의 백성을 공격하고 있다. 이것은 악인들의 전형적 형태이며 하나님을 거역하는 자들의 삶의 표현이다.

2. 고백

5절에서 "하나님이여 주는 나의 우매함을 아시오니 나의 죄가 주 앞에서 숨김이 없나이다"고 하였다. 5절은 고백으로 시작된다. 시인의 어리석음과 죄는 하나님 앞에서 숨겨지지 않는다. 4절에 보면 원수들이 무고히 미워한다고 하였으니 이것은 자신의 무고함을 주장한 것이다. 그러나 5절에서 '내가 죄인이라'고 한 것을 보면 앞뒤가 맞지 않는 것 같이 보일 수가 있다. 그러나 이 표현은 시인의 무죄성을 강조하는 표현으로 보아야 하는데, 사람들에게는 죄가 없으나 하나님에게는 죄인이라는 의미이다.

6절은 하나님을 향한 간구들이다. "주 만군의 여호와여 주를 바라는 자들이 나를 인하여 수치를 당하게 하지 마옵소서 이스라엘의 하나님이여 주를 찾는 자가 나로 말미암아 욕을 당하게 하지 마옵소서"라고 하였다.

시인은 하나님을 '주 만군의 여호와'라고 불렀다. 하나님께서는 만물을 다스리시는 분이심을 분명히 고백하고, 다윗 한 사람의 잘못으로 인하여 하나님을 믿는 다른 사람이 어려움을 당하지 않게 해 달라는 기도이다. '다윗으로 인하여' 하나님을 바라보는 자가 수치를 당하지 말게 해 달라는 자세는 하나님과 하나님의 백성을 생각하는 믿음이 태도이다. 나 한 사람의 잘못으로 인하여 다른 사람에게 어려움이 온다면 이것은 우리들이 다시금 스스로를 돌아보고 경성해야 할 문제이다.

3. 시인의 탄식

7절에서 "내가 주를 위하여 비방을 받았사오니 수치가 나의 얼굴에 덮였나이다"고 하였다. 7~12절은 시인의 탄식에 대한 묘사의 틀을 제공한다.

7~8절과 9~12절의 시작 부분에 '왜냐하면'(히브리어 '키')라는 단어가 사용되고 있다. 시인은 많은 사람들에게 조롱을 받고 수치가 얼굴을 덮을 정도였다. 다윗은 이름있는 장군인데 숨어서 도망 다니는 그 모습이 얼마나 수치스러운가?

여기에 더하여 8절에서 "내가 내 형제에게는 객이 되고 나의 어머니의 자녀에게는 낯선 사람이 되었나이다"고 하였다. 시인은 하나님의 집에 대한 열망으로 인하여 조롱과 멸시를 받고 가족들에게 소외되는 고난의 삶을 살아가고 있다.

9절에 표현된 대로 '주의 집을 위하는 열성'이 그에게 가득하였다. 이것은 하나님의 뜻대로 또 하나님의 영광을 위해서 살려는 열망이다. 이런 열망 때문에 고통을 당하고 다른 사람에게 조롱 받고 있는 것이 슬프지만 시인의 가슴에는 하나님만 바라고 하나님만 의지하는 열정이 가득하였다.

10~12절은 어려울 때일수록 자신을 돌아보고 금식하며 하나님을 의지하는 자세를 보여 준다. 10절에서 "내가 곡하고 금식하였더니 그것이 도리어 나의 욕이 되었으며"라고 하였는데, 하나님을 신앙하는 삶이 하나님을 거역하는 자들에게 조롱거리가 된다는 점을 말하고 있다.

11절에서도 "내가 굵은 베로 내 옷을 삼았더니 내가 그들의 말거리가 되었나이다"고 하였고, 12절에서도 '나를 비난하며 ~ 나를 두고 노래하나이다'고 하였다. 하나님을 거역하는 자들은 하나님의 백성들의 삶을 자신들의 조롱거리로 삼는다. 이때 하나님의 백성은 마음으로 고통당하며 여기서 벗어나는 길은 오직 하나님 앞에 기도하는 것 밖에 다른 것이 없음을 보여준다.

힘들고 어려울 때에 '주여 구원하소서'라고 부르는 그 자세가 고통을 극복하는 방안이다. 시인은 원수들의 모함을 받고 있었고 가족들에게서 소외되어 있었다. 그 이유는 '하나님의 집에 대한 열정' 때문이다. 이런 고통 속에서 자신을 구하여 주실 분은 하나님 한 분 뿐이심을 믿었고, 이 하나님께 '주여 나를 구원하소서'라고 간절하게 기도한다.

내가 주께 기도하오니

시편 69:13~20

13여호와여 나를 반기시는 때에 내가 주께 기도하오니 하나님이여 많은 인자와 구원의 진리로 내게 응답하소서 14나를 수렁에서 건지사 빠지지 말게 하시고 나를 미워하는 자에게서와 깊은 물에서 건지소서 15큰 물이 나를 휩쓸거나 깊음이 나를 삼키지 못하게 하시며 웅덩이가 내 위에 덮쳐 그것의 입을 닫지 못하게 하소서 16여호와여 주의 인자하심이 선하시오니 내게 응답하시며 주의 많은 긍휼에 따라 내게로 돌이키소서 17주의 얼굴을 주의 종에게서 숨기지 마소서 내가 환난 중에 있사오니 속히 내게 응답하소서 18내 영혼에게 가까이하사 구원하시며 내 원수로 말미암아 나를 속량하소서 19주께서 나의 비방과 수치와 능욕을 아시나이다 나의 대적자들이 다 주님 앞에 있나이다 20비방이 나의 마음을 상하게 하여 근심이 충만하니 불쌍히 여길 자를 바라나 없고 긍휼히 여길 자를 바라나 찾지 못하였나이다

다윗은 고난 가운데서 이 시를 썼다. 이 시를 쓴 시기에 대해서는 여러 가지 논의들이 있으나 그중에서도 가장 많은 지지를 받는 것은 사울이 3천명의 군사를 이끌고 다윗을 죽이기 위하여 추적할 때이다. 다윗은 위급한 상황에서 하나님께 기도하였다. 1절에 나오는 대로 '나를 구원 하소서'라고 간절히 기도 하였다.

13~20절도 다윗이 하나님께 기도하는 내용이다. 이것은 탄원이며 호소이고 자신의 전부를 드려 간구한 절규이다. '내가 주께 기도하오니'라는 자세는 어려움에 대응하는 바른 자세이다. 시인은 이것을 믿었기에 하나님께 호소하였다.

1. 주께 기도하오니

13절에서 "여호와여 나를 반기시는 때에 내가 주께 기도하오니 하나님이여 많은 인자와 구원의 진리로 내게 응답하소서"라고 하였다. 시인은 '반기시는 때'에 기도드린다고 하였다. 반기시는 때란 하나님께서 기쁘게 받으신다는 뜻이다. 하나님을 위하여 고난을 당할 때에 드리는 기도를 하나님께서 받아 주시는 것은 당연한 일이다.

하나님께서는 '구하라 찾으라 두드리라'고 하셨다. 이것은 시간의 제한이 없이 언제나 감당해야 할 일이다. 시인은 고난 가운데서 하나님께 기도를 드린다. '하나님께서 나의 간구를 반드시 들어주실 것을 믿습니다'라는 자세로 기도하였다. 이런 기도를 통해 '하나님이여 많은 인자와 구원의 진리로 내게 응답하소서'라고 하였다. 시인은 하나님의 많은 인자, 그리고 하나님의 구원의 진리를 가지고 나아갔다. 하나님은 자기를 의지하는 자와 회개하는 자의 기도에 응답하여 주신다.

2. 나를 수렁에서 건지사

14절에서 "나를 수렁에서 건지사 빠지지 말게 하시고 나를 미워하는 자에게서와 깊은 물에서 건지소서"라고 하였다. 이 말씀은 2절의 반복이다. 왜 이와 같이 반복하였을까? 그것은 시인이 당하는 고통이 너무나 심하여 하나님의 긍휼과 자비가 아니면 도저히 벗어날 수 없기 때문이다. 시인은 '수렁' 즉 '미워하는 자'에게서 벗어나게 해 달라고 하였다. 그의 주변에는 그를 미워하는 자들이 둘러섰기에 하나님의 능력이 아니고는 여기서 벗어날 수 없음을 알고 하나님의 도우심을 호소하였다.

15절도 14절과 같은 내용이다. "큰 물이 나를 휩쓸거나 깊음이 나를 삼키지 못하게 하시며 웅덩이가 내 위에 덮쳐 그것의 입을 닫지 못하게 하소서"라고 하였다. 시인은 자신이 처한 형편을 수렁, 깊은 물, 미워하는 자로 표현하였다. 그를 공격하는 자의 세력이 너무 강하여 하나님의 특별하신 역사가 필요함을 호소하고 있다. 13절에서 말한 방하 같이 하나님의 많은 인자와 구원의 진리로 구하여 달라는 호소이다.

16절은 13절에서 말한 바를 다시 호소한다. "여호와여 주의 인자하심이 선하시오니 내게 응답하시며 주의 많은 긍휼에 따라 내게로 돌이키소서"라고 하였다. 하나님의 인자하심은 선하시다. 선하신 하나님의 사랑은 자기 백성들을 언제나 유익한 방향으로 인도하신다. 하나님은 자기 백성들에게 덕이 되도록 하시는 분이다. 시인은 이러한 하나님의 사랑으로 자기를 돌보아 달라고 호소하고 있다. 하나님의 능력만을 의지하는 그 믿음을 하나님께서 귀하게 보신다. 여러 가지 고통이 그를 에워싸고 있을지라도 하나님을 진심으로 의지할 때에 여기서 새로운 힘이 쏟고 피할 길이 생기게 된다.

17절에서 "주의 얼굴을 주의 종에게서 숨기지 마소서 내가 환난 중에 있사오니 속히 내게 응답하소서"라고 하였다. 시인은 하나님과 대면하여 말하는 듯하다. 그래서 하나님께서 자기 자신에게 얼굴을 숨기지 말기를 호소하고 있다. 환난 중에 있는 자신의 모습을 직시하고 하나님이 얼굴을 돌이키지 마시기를 구하였다. 하나님의 얼굴을 대하는 것은 하나님의 백성의 최고의 행복이다. '얼굴과 얼굴을 대하여 보는' 하나님의 축복을 소유하기 위하여 최선을 다한다. 그래서 시인은 이것을 호소하였다.

환난 중에 있기에 속히 응답 해 달라는 간절한 호소를 하는데 이것은 하나님의 백성이 가져야 할 기본된 자세이며 호소이다. 역경 가운데서 하나님을 바라는 믿음의 자세를 날마다 가져야 한다.

3. 나를 속량하소서

18절에서 "내 영혼에게 가까이 하사 구원하시며 내 원수로 말미암아 나를 속량하소서"라고 하였다. 여기서 나오는 구원이나 속량이라는 말은 같은 뜻이다. 값을 주고 샀다는 의미이다. 시인은 원수들 앞에서 '다윗은 죄가 없다', '내가 전부 용서하였다', '내가 깨끗하게 하였다'고 하나님이 선포해 주시기를 바랐다. 원수들이 입을 통하여 다윗은 하나님께로부터 완전히 용서를 받은 사람이라고 증거하여 주기를 바랐다. 이런 자세는 다윗으로 하여금 원수들 앞에 바로 서게 하고 또 원수들을 용서할 수 있는 자리에까지 이르게 한다.

하나님께 속량을 받은 하나님의 백성은 그 은혜에 감사하여 다른 사람들을 용서하게 된다. 그렇게 되면 그 사람이 부끄러움을 느끼게 된다. 다윗은 사울을 죽일 수 있는 형편에서도 그를 살려 주었다. 다윗은 원수를 죽임으로써 승리한 것이 아니라 살려줌으로써 승리하였다. 누구를 죽이는 것이 승리가 아니라 그 사람이 죄를 깨닫고 회개하는 것이 참다운 승리이다.

19절에서 "주께서 나의 비방과 수치와 능욕을 아시나이다 나의 대적자들이 다 주님 앞에 있나이다"고 하였다. 다윗이 이 시를 쓸 때에 훼방을 받았고 수치를 당하고 욕을 먹었다. 이런 상황에서 원수들이 욕하는 것은 단순히 다윗만을 위한 것이 아니라 다윗을 쓰시는 하나님을 욕하는 것이 된다. 다윗은 수많은 욕을 사울로부터 들었다. 사울은 다윗을 변호한다고 자기 아들 요나단을 패역부도(悖逆不道)의 자식이라고 욕할 정도였다(삼상 20:30-34). 이런 상황에서 다윗은 하나님의 역사를 바라보았다.

20절에서 "비방이 나의 마음을 상하게 하여 근심이 충만하니 불쌍히 여길 자를 바라나 없고 긍휼히 여길 자를 바라나 찾지 못하였나이다"고 하였다. 시인은 훼방으로 인해 마음이 상하고 근심이 심하여 병이 되었다고 하였다. 다윗은 주변 사람들에게서도 위로를 받을까 살펴보았으나 어디에서도 자기를 불쌍히 여기고 안위할 자를 찾지 못하였다. 그러니 하나님만 바라볼 수밖에 없는 형편이다.

그러니 우리의 삶도 이와 같다. 세상의 그 무엇으로 위로를 받으려고 하나 이것이 불가능하고 오직 하나님으로 인해 참다운 위로를 받는다. 하나님께서 들어 사용해 주심이 하나님의 백성이 누리는 최고의 기쁨이다. 그러므로 우리가 무엇을 했다고 해서 그것은 우리의 산물이 아니라 우리를 들어 사용하시는 하나님의 역사이다. 이것을 바로 알고 나아가야 한다.

주의 구원으로 나를 높이소서

21그들이 쓸개를 나의 음식물로 주며 목마를 때에는 초를 마시게 하였사오니 22그들의 밥상이 올무가 되게 하시며 그들의 평안이 덫이 되게 하소서 23그들의 눈이 어두워 보지 못하게 하시며 그들의 허리가 항상 떨리게 하소서 24주의 분노를 그들의 위에 부으시며 주의 맹렬하신 노가 그들에게 미치게 하소서 25그들의 거처가 황폐하게 하시며 그들의 장막에 사는 자가 없게 하소서 26무릇 그들이 주께서 치신 자를 핍박하며 주께서 상하게 하신 자의 슬픔을 말하였사오니 27그들의 죄악에 죄악을 더하사 주의 공의에 들어오지 못하게 하소서 28그들을 생명책에서 지우사 의인들과 함께 기록되지 말게 하소서 29오 직 나는 가난하고 슬프오니 하나님이여 주의 구원으로 나를 높이소서 30내가 노래로 하 나님의 이름을 찬송하며 감사함으로 하나님을 위대하시다 하리니 31이것이 소 곧 뿔과 굽이 있는 황소를 드림보다 여호와를 더욱 기쁘시게 함이 될 것이라 32곤고한 자가 이를 보고 기뻐하나니 하나님을 찾는 너희들아 너희 마음을 소생하게 할지어다 33여호와는 궁핍한 자의 소리를 들으시며 자기로 말미암아 갇힌 자를 멸시하지 아니하시나니 34천 지가 그를 찬송할 것이요 바다와 그 중의 모든 생물도 그리할지로다 35하나님이 시온을 구원하시고 유다 성읍들을 건설하시리니 무리가 거기에 살며 소유를 삼으리로다 36그의 종들의 후손이 또한 이를 상속하고 그의 이름을 사랑하는 자가 그 중에 살리로다

시편 69편은 다윗이 수렁과 같은 어려움에 빠져서 헤어나기 어려운 환난 으로 고통을 당할 때에 하나님의 도우심을 간구하는 노래이다. 역경 속에서 구원의 하나님을 갈망하는 신앙적 자세를 볼 수 있고 나아가서 하나님의 손 길을 의지하는 갈망이 배어있다.

시인은 역경 가운데서 '나를 구원하소서'라고 기도하였는데, 29절에서 는 '주의 구원으로 나를 높이소서'라고 하였다. 이제는 환난에서 건지는 정 도만이 아니라 높이 들어 사용해 달라고 하였다. 이것은 자기가 잘 되어 영 광을 받는 것이 아니라 하나님께서 나를 건지셨음을 세상에 드러내고 이것 으로 인해 하나님의 영광을 나타내려는 것이다.

시편 69편에서 다윗은 여러 가지 고통을 겪고 있음을 서술하였다. 원수들에게 훼방과 조롱을 당하고, 가족들에게서도 소외당하는 고통의 연속이었다. 이런 고통의 와중에서 하나님께서 구하여 주시고, 하나님의 영광을 드러내는 삶이 있기를 간구하였다.

1. 심판에 대한 간구

21~25절은 심판에 대한 간구들이다. 21절에서 "그들이 쓸개를 나의 음식물로 주며 목마를 때에는 초를 마시게 하였사오니"라고 하였다. 이 말씀은 예수님의 십자가 고난을 생각하게 한다. 예수님께서 '목마르다'고 하였을 때에 물보다 신포도주를 마시게 하였다. 다윗이 한 말이 예수님께서 이루어졌음을 볼 때에 하나님의 오묘한 섭리를 깨닫게 된다.

22절에서 "그들의 밥상이 올무가 되게 하시며, 그들의 평안이 덫이 되게 하소서"라고 하였다. 여기서 '밥상'이란 '연회'를 의미한다. 많은 사람들이 모여서 큰 잔치를 베푸는 것을 말하는데, 이런 잔치 자리가 변하여 올무가 되게 된다는 것이다. 왜 이와 같이 되기를 구하였는가?

21절의 말씀같이 기대했던 것과 정반대의 것을 주었기에 원수들도 채찍에 맞음으로써 자기의 잘못을 깨달아 알게 해야 하기 때문이다. '그들의 평안이 덫이 되게 하소서'라고 하였다. 평안하다, 안전하다 할 때에 갑자기 덫이 덮이는 것 같이 원수들이 평안을 노래할 때에 갑자기 고통의 덫이 온다는 말이다. 우리들은 우리의 삶에 고통이 오고 역경으로 인해 고난을 당할 때에 하나님을 먼저 생각해야 한다. 내가 기대한 것 보다 엉뚱한 길로 빠지는 경우가 있을지라도 하나님의 돌보심을 바라보고 소망을 가져야 한다.

23절에서 "그들의 눈이 어두워 보지 못하게 하시며 그들의 허리가 항상 떨리게 하소서"라고 하였다. 이 말은 사람이 극도로 쇠약하면 잘 먹지 못하여 눈이 컴컴하게 되고, 허리가 떨릴 지경에 이르게 되는 것을 의미한다. 하나님이 간섭하시면 이와 같은 변화가 생긴다. 자기 자신만을 자랑하는 것이 아니라 하나님의 섭리를 바라보고 의지해야만 한다.

25절에는 "그들의 거처가 황폐하게 하시며 그들의 장막에 사는 자가 없게 하소서"라고 하였다. 이것은 하나님의 철저한 심판을 바라는 간구이다. 하나님이 역사하시면 원수들은 철저하게 망한다. 거처가 흔적 없이 되고 그들의 집에 거하는 자가 없게 되는 징계가 온다.

성경에는 이러한 결과들이 많이 나온다. 대표적인 것은 다윗 시대에는 사울의 가계가 망하였고, 신약 시대에는 예수님을 판 가룟 유다가 그러하다. 까닭 없이 다른 사람을 핍박하는 자를 하나님께서는 반드시 갚아 주신다.

2. 주께서 치신 자를 핍박하며

26절에서 "무릇 그들이 주께서 치신 자를 핍박하며 주께서 상하게 하신 자의 슬픔을 말하였사오니"라고 하였다. 여기 나오는 '무릇'이란 말은 일반적으로 진리를 가리키는 말이다. 하나님을 거역하는 자들은 의인이 징계를 받을 때에 오히려 위로하고 옆에서 이끌어 주어야 하는데 짓밟아 버리고, 주님이 상하게 한 자를 돌아다니면서 헐뜯는 말로 노래하였다. 이 상황을 쉽게 풀이하면 '다윗이 전에는 골리앗을 이겼다고 하여 굉장한 것 같이 하더니 지금은 도망 다니느라고 야단이구나 그 꼴이 좋다'는 식의 조롱을 한다는 의미이다. 우리들은 고난을 당하는 형제들을 볼 때에 조롱할 것이 아니라 위로해 주어야 한다. 그들의 고통을 고소하게 생각하는 것은 하나님의 자세가 아니며 하나님의 백성이 따라야 할 길이 아니다. 형제의 아픔을 함께 아파하는 신앙인의 태도를 가져야 한다.

27절에서 "그들의 죄악에 죄악을 더하사 주의 공의에 들어오지 못하게 하소서"라고 하였다. 이 말은 정말 무서운 말이다. '그들의 죄악에 죄악을 더하사'라고 하였으니 그들의 죄지은 대로 하나님께서 그대로 죄를 정하시리라는 말이다. 이것보다 더 무서운 말이 잇따라 나온다. '주의 의에 들어오지 못하게 하소서'라고 하였다. 주의 의에 들어와야 하나님의 나라에 가는데, 주의 의에 들어오지 못하면 하나님의 나라에 절대로 갈 수가 없다.

3. 멸망의 무서움

이들의 멸망이 얼마나 무서운지 28절에서 구체적으로 설명하고 있다. "그들을 생명책에서 지우사 의인들과 함께 기록되지 말게 하소서"라고 하였다. 생명책에서 그들의 이름을 완전히 지워달라고 하였고, 그들이 의인과 같이 기록되면 어찌 되겠는가? 그들의 이름을 지워서 하나님의 공의를 보여주소서라는 호소이다. 하나님의 원수를 철저하게 멸하여 달라는 호소는 하나님을 거역하는 자는 반드시 멸망한다는 사실을 보여준다. 선을 악으로 갚는 자들이니 이들은 사단의 종이요 하나님의 대적자이다. 이들을 징계하여 주시는 것이 하나님의 공의를 드러내는 길이다.

29절에서는 "오직 나는 가난하고 슬프오니 하나님이여 주의 구원으로 나를 높이소서"라고 하였다. 시인은 원수들에게 쫓기고 있기에 '가난하고 슬픈 신세'지만 그는 내적으로 하나님만 의지하였다. 그래서 '주의 구원으로 나를 높이소서'라고 호소하였다. 시인의 기도는 자신을 구원해 달라는 것에서 한 계단 더 올라가 '주의 구원으로 나를 높이소서'라고 하였다. 하나님의 역사로 높아지고, 이것으로 인해 하나님의 영광을 찬미하려고 하였다.

30~36절은 찬양과 확신이다. 이 부분에 와서 시인은 탄식과 간구에서 희망과 확신으로 시의 전개를 바꾸었다. 하나님의 역사를 믿기에 자신이 하나님을 노래와 감사기도로 찬양할 수가 있을 것(30절)을 확신하였다. 이러한 감사가 제사보다 하나님을 기쁘시게 하며(31절), 하나님의 영광을 드러낸다. 이것은 하나님의 백성의 영광의 자세이다. 이런 자세는 사람에게서 끝나는 것이 아니라 우주 전역에 미친다. "천지가 그를 찬송할 것이요 바다와 그 중의 모든 생물도 그리할지로다"(34절)는 말씀에서 분명히 나타난다.

이런 신앙은 상속된다. "그의 종들의 후손이 또한 이를 상속하고 그의 이름을 사랑하는 자가 그 중에 살리로다"(36절)는 말씀에서 구체화된다. 하나님의 역사를 바라보아 구원을 체험하고 하나님의 영광을 드러내어야 한다.

여호와여 지체하지 마소서

1하나님이여 나를 건지소서 여호와여 속히 나를 도우소서 2나의 영혼을 찾는 자들이 수치와 무안을 당하게 하시며 나의 상함을 기뻐하는 자들이 뒤로 물러가 수모를 당하게 하소서 3아하, 아하 하는 자들이 자기 수치로 말미암아 뒤로 물러가게 하소서 4주를 찾는 모든 자들이 주로 말미암아 기뻐하고 즐거워하게 하시며 주의 구원을 사랑하는 자들이 항상 말하기를 하나님은 위대하시다 하게 하소서 5나는 가난하고 궁핍하오니 하나님이여 속히 내게 임하소서 주는 나의 도움이시요 나를 건지시는 이시오니 여호와여 지체하지 마소서

시편 70편은 개인 탄식시로서 시편 40:13~17과 거의 같은 내용으로 되어 있다. 일부 주석가들은 시편 40편과 70편은 하나의 시였으나 나중에 독립된 시편이 되었다고 하지만 이것은 불확실한 것이다. 이 시편들은 별개의 것이고 내용면에서 인용되었다고 볼 수 있다. 시편 70편은 '다윗의 시로 기념식에서 인도자를 따라 부르는 노래'라고 되어 있고, 40편은 '다윗의 시, 인도자를 따라 노래'라고 하였다. 그러니 40편의 결론 부분이 70편에 인용되었다고 볼 수 있다.

이 시편은 다윗이 어려운 시기에 쓴 작품이다. 이 시에는 '속히 나를 도우소서'라고 외침이 있고, '건지소서, 도우소서, 임하소서'라는 간절한 호소가 깔려 있다. 이 내용들을 볼 때에 다윗은 오랫동안 기도해 왔으나 그 기도가 빨리 이루어지지 않았을 때에 마음이 너무 괴로워서 이와 같은 기도를 드렸다고 볼 수 있다. 하나님의 백성들이 기도할 때에 그 기도가 빨리 이루어지지 않아 좌절하는 경우도 있다. 이때에 기도를 그만둘 것이 아니라 더

욱 간절한 마음으로 호소해야 한다. 왜냐하면 하나님께서 은혜 받을 그릇을 준비시키는 때이기 때문이다. 그래서 야고보의 말처럼 '욥의 인내'를 들었다. 욥은 주께서 주신 결말을 보기까지 참고 걸어갔다(약 5:11). 이런 자세가 하나님의 백성에게 필요하다.

시편 70편은 세 단락으로 되어 있다. 1~3절은 급히 자신을 구원하시고 원수가 실패하게 해 달라고 기도하고 있다. 4절은 이 은혜를 자기만 받을 것이 아니라 '주를 찾는 모든 자로 주를 인하여 기뻐하게' 하시기를 간구하였다. 5절은 자신의 형편을 다시 아뢰이고 하나님께서 임하셔서 어떻게 해 달라고 간구하는 내용이다.

1. 건지소서, 도우소서

1절에서 "하나님이여 나를 건지소서 여호와여 속히 나를 도우소서"라고 하였다. 시인은 하나님을 의지하고 살아가지만 생각지도 않게 기도의 응답이 지체되어 하나님의 뜻이 무엇인지 알 수 없는 때가 있다. 이런 경우는 이 시인만이 겪는 것이 아니라 이사야, 예레미야, 하박국 등도 겪었던 일이다. 하박국의 경우를 보면 더욱 분명하게 나타난다. 하박국서 1장에 보면 '하나님! 어찌하여 어찌하여'라고 호소하고, 한탄하였다. 2장에 가서는 더욱 심각한 내용이 나온다. "이 묵시는 정한 때가 있나니 그 종말이 속히 이르겠고 결코 거짓되지 아니하리라 비록 더딜지라도 기다리라 지체되지 않고 반드시 응하리라"(합 2:3)고 하였다. 이 말씀 다음에 "의인은 그의 믿음으로 말미암아 살리라"고 하였다.

하박국의 고백을 통하여 하나님의 백성들이 어떠한 자세를 가지고 이 세상을 살아야 할 것인지를 알 수 있다. 힘들고 어려운 때에 하나님께 기도하였으나 그 기도가 속히 응답되지 않는 경우들이 있다. 이때에 낙심할 것이 아니라 하나님께서 반드시 이루어 주신다는 확신을 가지고 나아가야 한다.

시인은 하나님께 '속히 건지소서, 속히 도우소서'라고 호소하였다. 여기서 건져달라는 것은 '나는 아무런 힘이 없습니다'라는 의미를 가지고 있다. 나는 무능하지만 하나님은 위대하시고 전능하시오니 하나님께서 역사하여 주소서 라는 고백이며 호소이다.

하나님께 도움을 호소하는 것은 하나님의 백성들이 누릴 최선의 길이다. 하나님께서 우리의 연약함을 채워주실 때에 우리에게 새로운 소망이 있게 된다. 시인이 이렇게 기도해야 할 이유가 2절에 기록되어 있다. '나의 영혼을 찾는 자들이 수치와 무안을 당하게 하시며 나의 상함을 기뻐하는 자들이 뒤로 물러가 수모를 당하게 하소서"라고 하였다.

여기서 원수란 자기의 영혼을 찾는 자이다. 영혼이란 영원한 생명을 말하는데 원수들은 자기의 영혼을 멸망시키려고 하는 자이다. 이들은 마귀의 세력이다. 그들이 사울이든 아히도벨이든 하나님의 백성을 멸망시키기 위해 발버둥치는 자이기에 사탄의 세력이라고 할 수 있다.

하나님을 거역하고 하나님의 백성을 해치려고 하는 자에게 하나님의 징계의 역사를 보여 주시기를 호소하였다. 다윗은 자신이 원수를 갚는 것이 아니라 하나님이 갚아 주시기를 바랐다. 이 원리는 로마서 12:17~20에 구체적으로 나와 있다. "원수 갚는 것이 내게 있으니 내게 맡기라 너희가 친히 원수를 갚지 말라"고 하였다. 원수로 하여금 '수치와 무안을 당케 하시며'라는 말은 그 사람이 회개하게 해 달라는 뜻이다. '하나님을 대적하는 것이 이렇게도 잘못된 것이구나'라고 깨달아 하나님께 회개하고 바로 서는 것을 의미한다.

3절에서는 이런 자들이 어떤 모습을 하고 있는지를 보여준다. "아하, 아하 하는 자들이 자기 수치로 말미암아 뒤로 물러가게 하소서"라고 하였다. 여기서 '아하 아하'라는 것은 '아이고 잘 되었다, 고소하다'고 하는 의미이다.

성도가 어려움을 당하는 것을 보고 가슴아파하는 것이 아니라 도리어 고소하게 생각하는 자들인데 이들로 하여금 자기 수치를 알고 회개하여 하나님의 공의를 바로 보게 해 달라는 기도이다. 원수들은 하나님의 백성이 고통당하는 것을 고소하게 생각하고 도리어 즐기고 있다. 그러나 하나님께서는 이들을 엄중하게 심판하시고 그들이 회개하기를 바라신다.

2. 기도의 응답

4절에서 "주를 찾는 모든 자들이 주로 말미암아 기뻐하고 즐거워하게 하시며 주의 구원을 사랑하는 자들이 항상 말하기를 하나님은 위대하시다 하게 하소서"라고 하였다.

시인은 이 기도의 응답을 통하여 하나님의 역사가 나타나기를 바라고 있다. 시인의 주변에 있던 사람들이 '하나님께 간절히 기도하니 저런 어려움 가운데서 건져 주셨구나'라고 하여 하나님의 간섭하심을 감사하고 이로 인하여 기뻐하고 즐거워하기를 바랐다. 우리가 여기서 주목해야 할 것은 '주로 인하여 기뻐하고 즐거워하는' 점이다. 그래서 구원을 사모하는 자들로 '하나님은 광대하시다'고 고백하게 해 달라는 것이다. 은혜를 사모하는 자들이 하나님의 편재성(遍在性)을 강조하는 역사를 호소하였다.

3. 궁핍하오니

5절에서 "나는 가난하고 궁핍하오니 하나님이여 속히 내게 임하소서 주는 나의 도움이시요 나를 건지시는 이시오니 여호와여 지체하지 마소서"라고 하였다.

시인은 궁핍한 상황에 있었다. 이것은 물질의 궁핍만이 아니라 마음이 궁핍한 상태를 말한다. 그는 외로움 속에 있기에 더할 수 없는 고통을 겪고 있다. 그러기에 하나님께서 '속히' 역사 해 주시고 '지체하지 마시기'를 기도하였다.

절박한 기도이다. 시인의 가슴에는 '주는 나의 도움이시요 나를 건지시는 자'라는 믿음이 있기에 역경 속에서 하나님의 도움을 호소하는 신앙의 역사를 나타내었다. 외롭고 고통스런 상황에서 하나님을 향하여 손을 펴자.

주는 나의 소망이시요

시편 71:1~16

1여호와여 내가 주께 피하오니 내가 영원히 수치를 당하게 하지 마소서 2주의 의로 나를 건지시며 나를 풀어 주시며 주의 귀를 내게 기울이사 나를 구원하소서 3주는 내가 항상 피하여 숨을 바위가 되소서 주께서 나를 구원하라 명령하셨으니 이는 주께서 나의 반석이시요 나의 요새이심이니이다 4나의 하나님이여 나를 악인의 손 곧 불의한 자와 흉악한 자의 장중에서 피하게 하소서 5주 여호와여 주는 나의 소망이시요 내가 어릴 때부터 신뢰한 이시라 6내가 모태에서부터 주를 의지하였으며 나의 어머니의 배에서부터 주께서 나를 택하셨사오니 나는 항상 주를 찬송하리이다 7나는 무리에게 이상한 징조 같이 되었사오나 주는 나의 견고한 피난처시오니 8주를 찬송함과 주께 영광돌림이 종일토록 내 입에 가득하리이다 9늙을 때에 나를 버리지 마시며 내 힘이 쇠약할 때에 나를 떠나지 마소서 10내 원수들이 내게 대하여 말하며 내 영혼을 엿보는 자들이 서로 꾀하여 11이르기를 하나님이 그를 버리셨은즉 따라 잡으라 건질 자가 없다 하오니 12하나님이여 나를 멀리 하지 마소서 나의 하나님이여 속히 나를 도우소서 13내 영혼을 대적하는 자들이 수치와 멸망을 당하게 하시며 나를 모해하려 하는 자들에게는 욕과 수욕이 덮게 하소서 14나는 항상 소망을 품고 주를 더욱더욱 찬송하리이다 15내가 측량할 수 없는 주의 공의와 구원을 내 입으로 종일 전하리이다 16내가 주 여호와의 능하신 행적을 가지고 오겠사오며 주의 공의만 전하겠나이다

시편 71편은 저자나 부르는 방법에 대한 언급이 없다. 누가 언제 이 시를 썼는 지에 대한 말이 없기에 여러 가지 논란이 있다. 히브리어를 그리스어로 번역한 70인경에는 '다윗으로 말미암아 저술된 시인데 나답 자손들이 노래하였다'고 되어 있다. 70인경은 그리스어 밖에 모르는 유대인들을 위해 번역된 성경인데 오랜 역사를 가지고 있다.

또 이 시편의 문학적 구조가 명확하게 규정되지 않고 있다. 학자들은 '다른 탄식 혹은 감사 기도의 노래'라고 부르기도 한다. 그러나 이 시편을 유심히 살펴보면 개인적인 탄식이라는 특성을 가지고 있다. 간구, 탄식, 구원받

은 후 찬양할 것을 맹세한 것 등이 이 특성을 나타낸다. 이 시편은 신뢰와 감사 기도와 찬양이라는 요소들이 본문과 조화를 이루고 있고, 확신에 찬 탄식의 시편이라고 할 수 있다. 이 시편의 시인이 노년기에 이른 사람의 관점에서 기록한 점을 볼 때(9, 18절)에 다윗의 작품으로 볼 수 있다.

1. 자유와 보호를 구하는 기도

1~4절은 자유와 보호를 구하는 기도이다. 1절에서 "여호와여 내가 주께 피하오니 내가 영원히 수치를 당하게 하지 마소서"라고 하였다. 1절은 중요한 의미를 가지고 있다. 하나님을 의지하는 신앙을 고백을 통하여 자신의 모습을 비추고 있다. 1절은 시인의 기도를 요약하는 내용이다. 시인은 나이가 많아 힘을 쓸 수 없는 지경이다. 그럼에도 불구하고 요단강을 건너 도망을 가야 할 처지이다. 이런 상황에서 유일하게 피할 길은 하나님 밖에 없다. 그래서 하나님께 부르짖는다. '여호와여'라고 하였다. 즉 '약속의 하나님이여'라고 하였다. 하나님은 회개하고 오는 자를 물리치지 않는다는 약속을 믿었기에 이 하나님께 기도하고 호소하였다. 오늘의 우리들도 고통을 당할 때에 약속의 하나님 여호와께 나아가야 한다.

시인은 주께 피하여 '수치를 당하지 않기를' 간구하였다. 이 말은 하나님을 의지하고, 하나님께 기도하고, 피하였는데 아무런 응답이 없으면 이것이 수치라는 의미이다. 하나님의 백성이 하나님으로부터 돌봄을 받지 못하는 것이 가장 수치스러운 일임을 고백하였다.

2절에서 "주의 의로 나를 건지시며 나를 풀어 주시며 주의 귀를 내게 기울이사 나를 구원하소서"라고 하였다. 시인은 보다 구체적인 기도를 하고 있다. '주의 의로' 건지시기를 호소하였다. '하나님의 의' 즉 '하나님의 옳으심'으로 건져달라는 것이다. 하나님이 약속하신 그 '의'로 건져달라고 호소하였다.

3~4절에서 시인의 간구는 더하여 간다. "주는 내가 항상 피하여 숨을 바위가 되기를" 호소하였다. 또 "악인의 손에서 피하게 하소서"라고 하였다. 이러한 기도를 통하여 하나님의 의로우심을 믿는 고백을 하고 있다.

2. 시인의 신앙고백

5~8절은 시인의 신앙고백이다. 5절에서 "주 여호와여 주는 나의 소망이시요 내가 어릴 때부터 신뢰한 이시라"고 하였다. 시인은 하나님을 자신의 소망으로 고백하였다. 이 땅의 삶에서 하나님만을 의지하는 그 소망이 시인을 유지시키고 있다.

6절에서 시인은 자기가 모태에서부터 하나님의 붙드신바 되었음을 고백하고 하나님을 찬송한다고 하였다. 7절에서도 하나님을 '피난처'로 표현하고 8절에서 "주를 찬송함과 주께 영광 돌림이 종일토록 내 입에 가득하리이다"고 하여 하나님을 향한 시인의 뜨거운 열정을 고백하고 있다.

5~8절은 고백이다. 모태에서부터 지금까지 붙잡아 주신 하나님을 믿고 찬양하는 신앙의 고백이다. 지난날 건져주셨으니 지금의 고통도 이기게 하실 것이라는 확신에 찬 고백이다. 믿음의 삶에서 이러한 고백이 필요하다. 오늘의 역경만 바라는 것이 아니라 지난날 베풀어 주신 은혜를 감사하며 지금의 고통을 이겨 나가야 한다.

9~13절은 핵심적인 탄원이다. 하나님의 역사를 믿고 계속하여 기도하는 신앙의 자세를 보여 준다. 9절에서 "늙을 때에 나를 버리지 마시며 내 힘이 쇠약할 때에 나를 떠나지 마소서"라고 하였다. 시인은 늙어가는 과정에서 하나님의 돌보심을 호소하였다. 나이가 들수록 하나님의 돌보심이 더욱 필요하기 때문이다.

10~11절에서는 왜 이러한 기도를 하는지에 대해 말하고 있다. "내 원수들이 내게 대하여 말하며 내 영혼을 엿보는 자들이 서로 꾀하여"라고 하여 원수들의 간악한 자세를 서술하였다. 원수들은 하나님의 백성의 멸망을 바라고 있으며 '하나님이 저를 버리셨다'고 조롱한다. 그러기에 이러한 고통에서 벗어나기 위해 하나님께 호소한다. 시인은 간절한 마음으로 기도한다. 12절에서 "하나님이여 나를 멀리 하지 마소서 나의 하나님이여 속히 나를 도우소서"라고 하여 하나님을 향해 긴급 구조 요청을 하고 있다. 하나님의

도우심이 절실하게 필요한 때에 하나님을 의지하지 않고 도리어 인간 자신을 의지하는 어리석음을 범하지 않는 시인의 믿음을 주목해야 한다.

13절에서 하나님의 백성을 해치는 자가 수치와 멸망을 당하게 하시고, 또 욕과 수욕을 당하게 되기를 호소하고 있다. 하나님의 백성을 해치는 자를 하나님이 나서서 징계하시고 처벌하심으로써 하나님의 역사를 더욱 나타나기를 간구하였다.

3. 하나님께 드리는 찬양

14~16절은 하나님께 드리는 찬양이다. 14절에서 "나는 항상 소망을 품고 주를 더욱더욱 찬송하리이다"고 하였다. 시인은 어릴 때나 청년의 때 그리고 노년의 때에 하나님께 소망을 품었다. 평안할 때에도 그렇고, 어려움을 당할 때에도 하나님만 소망하였다. 그리하여 이 하나님을 '더욱더욱' 찬송한다. 여기서 시인의 신앙과 삶의 자세를 볼 수 있다. 하나님을 항상 소망하고 그 하나님을 찬양하였다. 우리의 삶도 이러 해야 한다. 어떤 상황에서도 항상 하나님을 더욱더욱 찬양해야 한다.

15절에서 "내가 측량할 수 없는 주의 공의와 구원을 내 입으로 종일 전하리이다"고 하였다. 하나님을 찬양한 후에 하나님의 역사를 전하겠다는 고백이다. '찬양'은 자신이 하나님께 영광을 돌리는 것이고, '증거'는 다른 사람들이 함께 영광을 돌리자고 권고하는 것이기에 이 두 가지가 하나님의 영광에 귀결된다.

16절에서 "내가 주 여호와의 능하신 행적을 가지고 오겠사오며 주의 공의만 전하겠나이다"고 하였다. '여호와의 능하신 행적'이란 하나님께 자기를 의지하는 자를 건지시고, 택한 자를 부르시고, 넘어진 자를 일으키시는 역사를 말한다. 시인은 하나님의 의로우심만을 말하겠다고 하였으니 그의 삶의 바탕에는 오직 하나님만이 계시고, 그분을 의지하여 찬양하고 영광을 돌리는 자세가 있다.

나를 위로 하소서

시편 71:17~24

17하나님이여 나를 어려서부터 교훈하셨으므로 내가 지금까지 주의 기이한 일들을 전하였나이다 18하나님이여 내가 늙어 백발이 될 때에도 나를 버리지 마시며 내가 주의 힘을 후대에 전하고 주의 능력을 장래의 모든 사람에게 전하기까지 나를 버리지 마소서 19하나님이여 주의 의가 또한 지극히 높으시니이다 하나님이여 주께서 큰 일을 행하셨사오니 누가 주와 같으리이까 20우리에게 여러 가지 심한 고난을 보이신 주께서 우리를 다시 살리시며 땅 깊은 곳에서 다시 이끌어 올리시리이다 21나를 더욱 창대하게 하시고 돌이키사 나를 위로하소서 22나의 하나님이여 내가 또 비파로 주를 찬양하며 주의 성실을 찬양하리이다 이스라엘의 거룩하신 주여 내가 수금으로 주를 찬양하리이다 23내가 주를 찬양할 때에 나의 입술이 기뻐 외치며 주께서 속량하신 내 영혼이 즐거워하리이다 24나의 혀도 종일토록 주의 의를 작은 소리로 읊조리오리니 나를 모해하려 하던 자들이 수치와 무안을 당함이니이다

시편 71편은 다윗의 시로 분류되고 있다. 나이 많은 시인은 어려움에 처해 있고 하나님이 거기서 구해 주시기를 기도 하였다. 시인은 하나님을 소망으로, 반석으로, 보호자로 믿었기에 고통 속에서도 하나님의 역사를 사모하였다. 시인은 자신의 생애를 통하여 하나님을 영화롭게 하고, 하나님의 영광을 드러내고 싶은 열망에 가득하였다(18절 참조). 이것은 하나님의 백성들이 취해야 할 믿음의 자세이며, 삶의 기본적 방향이다. 고통이 오거나 역경으로 인해 말할 수 없는 비참함을 겪을지라도 하나님의 백성은 여기에 함몰되지 않고 하나님을 의지하여 나아간다.

17절 이하의 말씀을 보면 17~18절에서 하나님께 기도한 후에 19~24절까지에서는 하나님께 감사의 찬양을 올리게 된다. 그러니 하나님께 기도를 드

린 후에 하나님께서 응답하여 주실 것을 믿고 감사와 찬양을 하게 된다.또 하나님의 은혜를 입었을 때에는 나아가서 그 은혜를 증거하고 간증하는 삶의 열매가 필요하다.

1. 기도

17~18절은 기도이다. 17절에서 "하나님이여 나를 어려서부터 교훈하셨으므로 내가 지금까지 주의 기이한 일들을 전하였나이다"고 하였다. 시인은 하나님께서 자기에게 어릴 때부터 교훈하여 주었다고 했다. 사무엘서를 보면 다윗의 어릴 때의 모습이 나온다. 사자나 곰들이 양을 해치려 할 때에 다윗은 믿음으로 나가서 그것을 대적 하였다(삼상 17:34~37). 그러니 다윗의 삶 속에는 소년으로서는 감당할 수 없는 믿음이 있었고, 그 믿음으로 인하여 하나님을 의지하였다. 시인은 어릴 때부터 하나님이 진리를 깨닫게 하여 주었음을 고백한다. 어릴 때의 믿음의 자세가 다윗의 생애를 인도하는 지침이었다. 그래서 성경의 원리는 "어릴 때에 하나님의 말씀을 바로 가르치면 늙어도 여기서 떠나지 아니하리라"(잠 22:9)는 것이다.

시인은 어려서부터 하나님의 교훈을 받았기에 '내가 지금까지 주의 기사를 전하였나이다'고 하였다. 다윗은 자신의 삶을 통하여 하나님을 증거하였다. 골리앗과의 싸움에서 많은 사람들은 불가능하다고 보았으나 하나님만 의지하는 그의 믿음은 '주의 기사'를 전하는 도구가 되었다. 하나님이 함께 하신다는 놀라운 사실은 하나님의 백성이 이 세상에서 하나님의 역사를 증거하는 계기가 된다. 다윗이 이것을 몸으로 실천하였다.

18절에서 "하나님이여 내가 늙어 백발이 될 때에도 나를 버리지 마시며 내가 주의 힘을 후대에 전하고 주의 능력을 장래의 모든 사람에게 전하기까지 나를 버리지 마소서"라고 하였다. 시인은 늙어 백수가 될 때에도 버리지 마시기를 기도하였다. 하나님의 함께 함이 일시적 사건이 아니라 항상 계속되는 위대한 것이기에 하나님을 의지하게 된다. 시인은 간구하는 자기의 무엇을 자랑하려는 것이 아니라 '주의 힘'과 '주의 능'을 후대에 전하고자 하는 것이었다. 젊을 때에는 자신의 힘이나 지혜가 출중하여 적을 이겼다고 잘못 생각할 수 있다. 시인은 나이가 늙어 어려움을 겪고 적에게 쫓기는 상황이 되었다. 여기서도 하나님의 역사를 나타내며 하나님의 위대하심을 모든 사람에게 전하기를 열망하였다. 우리는 이 말씀에서 하나님의 위대하심을 전하려는 하나님의 백성들의 참된 자세를 볼 수 있다. 우리들이 이 땅에서 장수하고 영광을 얻는 것은 우리 자신의 영화를 위한 것이 아니라 우리의 삶을 통해 하나님을 영화롭게 하는데 있다고 하였음을 기억해야 한다.

2. 찬양

19절 이하는 찬양이다. 19절에서 "하나님이여 주의 의가 또한 지극히 높으시니이다 하나님이여 주께서 큰 일을 행하셨사오니 누가 주와 같으리이까"라고 하였다. 하나님은 지금까지 의로 다스렸다. '주의 의가 또한 지극히 높으시니이다'고 했는데, 여기서 '높으시니이다'라는 말은 그 '의'가 모든 곳에 적용이 되었다는 뜻이다. 그러니 하나님의 통치에서 벗어날 자가 아무도 없다는 말이다. '주께서 큰 일을 행하셨사오니'라는 말은 이스라엘의 자취를 돌아보며 하는 말이다. 여기서 큰 일이란 이스라엘의 출애굽과 광야 생활에서 시작하여 이스라엘 역사의 전부를 말하고 있다. 이스라엘의 역사는 하나님의 위대한 손길에 따라 움직여진 것이다. 그래서 시인은 '누가 주와 같으리이까'라고 하였다. 하나님께서 철저하게 다스리시는데 어느 누가 이것과 비교할 수 있느냐는 뜻이다. '전능자 한 분 뿐이시다'라는 의미이다. 인간이 믿고 의지할 분은 하나님 한 분 뿐이시니 이것을 생각하며 하나님께 영광을 돌려야 한다.

3. 시인의 고난관

20절에서 "우리에게 여러 가지 심한 고난을 보이신 주께서 우리를 다시 살리시며 땅 깊은 곳에서 다시 이끌어 올리시리이다"고 하였다. 이 말씀은 시인의 '고난관'을 보여 준다. 고난을 허용하신 분이 고난을 이기게 하시지 않을 수 없다는 의미이다.

우리에게 고통이 올지라도 이것은 하나님이 허용한 것이며, 그 하나님이 이 고통을 이기게 하신다는 사실을 굳게 믿고 하나님께 나아가야 한다. 하나님은 우리를 살릴 뿐만 아니라 땅 깊은 곳에서 다시 이끌어 올리신다. 그것의 실례가 요셉이다. 요셉은 웅덩이에 빠졌을지라도 망하지 않고, 더 높은 자리에 나아간 것을 통해 하나님의 위대한 역사를 볼 수 있다.

21절에서 "나를 더욱 창대하게 하시고 돌이키사 나를 위로하소서"라고 하였다. 하나님이 역경에서 건져주시는 정도로 끝나는 것이 아니라 더욱 창대하게 해 달라는 말씀이다. 우리가 약하고 미약해도 하나님이 높이 들어 사용하시면 창대하게 된다. 시인은 '돌이키사 나를 위로하소서'라고 하였다. 하나님께서 함께 해 주셔서 모든 문제를 해결해 주시면 이것이 바로 위로가 된다는 말이다. 하나님의 동행을 통하여 참다운 위로를 받을 수 있는 믿음의 삶이 존귀하다.

22절이하에서는 하나님을 높이 찬양한다. "나의 하나님이여 내가 또 비파로 주를 찬양하며 주의 성실을 찬양하리이다 이스라엘의 거룩하신 주여 내가 수금으로 주를 찬양하리이다"고 하였다(22절). 23절에서는 찬양하는 모습이 나온다. "내가 주를 찬양할 때에 나의 입술이 기뻐 외치며 주께서 속량하신 내 영혼이 즐거워하리이다"고 하였다. 속에서 우러나는 찬양을 하고 영혼이 기뻐하게 된다.

24절에서 "나의 혀도 종일토록 주의 의를 작은 소리로 읊조리오리니 나를 모해하려 하던 자들이 수치와 무안을 당함이니이다"고 하였다. 시인은 은혜의 생활을 '기도', '감사', '찬양' 그리고 '증거'의 순서로 이끌어 나갔다. 이것이 우리들이 추구해야 할 길이다. 단순히 기도에 그치지 말고 증거까지 해야 한다.

의인이 흥왕하여

시편 72:1~7

1하나님이여 주의 판단력을 왕에게 주시고 주의 공의를 왕의 아들에게 주소서 2그가 주의 백성을 공의로 재판하며 주의 가난한 자를 정의로 재판하리니 3의로 말미암아 산들이 백성에게 평강을 주며 작은 산들도 그리하리로다 4그가 가난한 백성의 억울함을 풀어 주며 궁핍한 자의 자손을 구원하며 압박하는 자를 꺾으리로다 5그들이 해가 있는 동안에도 주를 두려워하며 달이 있는 동안에도 대대로 그리하리로다 6그는 벤 풀 위에 내리는 비 같이, 땅을 적시는 소낙비 같이 내리리니 7그의 날에 의인이 흥왕하여 평강의 풍성함이 달이 다할 때까지 이르리로다

시편 72편은 일반적으로 제왕시(帝王詩)라고 부른다. 시편을 양식에 따라서 다섯 가지 형태로 구분하는 학자들이 있는데, 찬양, 공동체 탄식, 개인 탄식, 개인적 찬미, 그리고 제왕시로 구분한다. 제왕시들은 어떻게 보면 찬미의 노래이기도 하고 탄식이기도 하지만 모두가 왕이나 왕의 직책을 다루고 있다. 이스라엘 사람들은 왕을 하나님이 특별한 은사와 특권을 주신 자로 보았다고 하나님에 대하여 책임을 가진 존재로 보았다. 그러기에 이스라엘의 예배는 왕들에 대한 관심을 나타내고 있다.

시편 72편의 표제에 '솔로몬의 시'라고 되어 있다. 이 시편이 솔로몬의 저작이냐 아니냐에 대한 논란이 있다. 19절에 보면 "그 영화로운 이름을 영원히 찬송할지어다 온 땅에 그의 영광이 충만할지어다 아멘 아멘"이라고 되어 있다. 그러니 표제에는 '솔로몬의 시'라고 하였고 마지막 부분에는 다윗이 쓴 것으로 되어 있어 논란이 되고 있다.

시편 72편이 시편 제2권의 마지막 장이기에 그것을 마무리하며, 대부분을 다윗이 썼기에 그렇게 표기했다는 주장도 있으나 다윗이 솔로몬을 위하여 쓴 시라는 것이 가장 알맞은 해석이라고 할 수 있다. 이 시편은 '이상적인 왕'에 대해 묘사하고 있다. 그 내용을 보면 '왕이 나라를 이렇게 다스려서 이러 이러한 나라가 되게 하소서'라는 호소가 담겨 있는데 이것은 '하나님의 나라'에 대한 찬양이라고 할 수 있다.

1. 정의를 실현하소서

1절에 "하나님이여 주의 판단력을 왕에게 주시고 주의 공의를 왕의 아들에게 주소서"라고 하였다. 1~4절에서 강조하는 것은 '왕을 통하여 정의를 실현하소서'인데, 이 시편의 기자가 다윗이라고 하면 하나님께서 주의 판단력을 왕인 다윗에게 주시고, 계속하여 주의 의를 왕의 아들 즉 솔로몬에게 주셔서 하나님의 정의로 다스리는 통치가 계속되게 해 달라는 것이다. 여기서 하나님의 주권이 역사하는 의로운 통치를 볼 수 있다. 하나님의 주권이 역사하는 나라는 지도자부터 말씀을 배우고 따라야 한다. 시인은 1절에서 왕이 가져야 할 두 가지 주제를 제시하였다. '주의 판단력'과 '주의 의'가 그것이다. 이것을 통치자가 가져야 할 중요한 덕목이며, 교훈이다. 솔로몬이 왕이 된 후에 하나님께 지혜를 구하였다.

이것은 그의 아버지에게서 배운 것으로 하나님의 판단력으로 나라를 다스리는 기본 된 자세를 볼 수 있다. 시인은 '하나님의 의'를 구하였다. 이것은 하나님의 진리를 말한다. 이런 원리가 있어야 하나님을 바로 섬기고 하나님의 백성을 바로 다스리게 된다.

2절에는 "그가 주의 백성을 공의로 재판하며 주의 가난한 자를 정의로 재판하리니"라고 하였다. 여기서 강조하는 것은 '주의 백성', '주의 가난한 자'이다. 시인은 백성을 '내 백성'으로 보지 않고 '하나님의 백성'으로 보았다. 이것은 통치자들이 가져야 하는 기본적 자세이다. 자기 백성이 아니라 하나님의 백성이기에 소중히 여겨야 한다. 하나님의 백성을 하나님의 의로 판단하여 의의 길로 나아가도록 기도하였다. 또 사람들이 외면하기 쉬운 가난한 자들을 하나님의 백성으로 보고 그들을 공의로 판단하기를 원하였다. 이 말씀에서 국가의 통치 철학이 무엇이어야 하는 지를 보여 준다. 백성을 하나님의 백성으로 보고, 가난하고 어려운 사람까지 바로 돌보아야 하는데 이것은 하나님의 공의로 해야 한다는 것이다. 하나님을 떠난 통치는 인간의 놀음에 불과하기에 모든 것을 하나님의 법도에 따라 이끌어야 한다.

3절에서 "의로 말미암아 산들이 백성에게 평강을 주며 작은 산들도 그리하리로다"고 하였다. 왕은 의 즉 하나님의 뜻대로 나라를 다스리면 그 결과로 '산들이 백성들에게 평강을 주는' 역사가 나타난다. 여기서 산과 작은 산이란 땅을 말한다. 유대 나라는 산이 많고 평지가 별로 없기에 산과 작은 산이 바로 국토를 의미한다. 하나님의 공의를 왕이 실천하므로 하나님의 땅에 축복을 주시는 역사가 나타난다. 하나님의 통치는 자연에까지 축복의 역사가 나타나기에 이것을 바로 아는 나라가 되게 해 달라고 기도하였다.

4절에서 "그가 가난한 백성의 억울함을 풀어 주며 궁핍한 자의 자손을 구원하며 압박하는 자를 꺾으리로다"고 하였다. 하나님의 은혜를 통하여 나라가 올바르게 되면 지도자가 가난한 자의 고통을 들어주게 된다. 백성들의 고통을 들어주고, 궁핍한 자의 자손들을 구원한다. 가난이 대물림하지 않도록 하는데 이스라엘의 희년이 오면 토지를 모두 원래의 주인에게 돌려주는 것으로 구체화된다.

가난하고 어려운 사람을 구원하고 그들을 압제하는 자를 꺾으시는 역사가 일어난다. "가난한 사람을 학대하는 자는 그를 지으신 이를 멸시하는 자요 궁핍한 사람을 불쌍히 여기는 자는 주를 존경하는 자니라"(잠 14:31)는 말씀을 통하여 하나님의 백성의 존귀함을 더욱 강조하고 있다.

2. 하나님을 두려워함

5절에는 "그들이 해가 있을 동안에도 주를 두려워하며 달이 있을 동안에도 대대로 그리하리로다"고 하였다. 하나님의 공의로 나라가 통치되니 사람들이 두려워하게 된다. 그것이 일시적인 것이 아니라 낮과 밤 즉 모든 순간에 하나님을 의지하고 두려워하게 된다.

지도자가 바른 원리대로 나라를 통치하면 이와 같은 결과가 온다. 하나님 중심의 삶을 살고 하나님을 두려워하며 그 공의를 이루기 위해 노력하게 된다.

6절에서 "그는 벤 풀 위에 내리는 비 같이, 땅을 적시는 소낙비 같이 내리리니"라고 하였다. 하나님의 놀라운 은혜가 임하는 것을 묘사하였다. 벤 풀에 비가 내리면 쑥쑥 자라게 되고, 하나님의 역사가 소나기 같이 임하게 된다.

이스라엘은 산악이 많고 목축하는 사람이 많다. 이들에게 풀이 잘 자라는 것은 놀라운 축복이다. 하나님은 자기 백성들에게 이러한 은혜를 베풀어 주신다.

3. 공평한 사회

7절에는 "그의 날에 의인이 흥왕하여 평강의 풍성함이 달이 다할 때까지 이르리로다"고 하였다. 하나님을 의지하고 자신의 생업에 열심을 다하는 사람이 흥왕해지는 것은 공평한 사회의 모델이다. 여기서 우리가 주목할 것은 흥왕으로 끝나는 것이 아니라 평강의 풍성함이 있다는 점이다. 이것이 균형있게 이루어질 때에 하나님의 백성은 바른 삶을 노래하게 된다. 통치자는 자기 백성이 아니라 하나님의 백성을 이끄는 자이며, 하나님의 의로 다스려 나가야 한다. 그리하면 하나님께서 사람에게만이 아니라 땅에도 복을 주셔서 흥왕과 평강이 넘쳐나게 된다는 사실을 교훈한다.

모든 민족이 다 그를 섬기리로다

시편 72:8~20

8그가 바다에서부터 바다까지와 강에서부터 땅 끝까지 다스리리니 9광야에 사는 자는 그 앞에 굽히며 그의 원수들은 티끌을 핥을 것이며 10다시스와 섬의 왕들이 조공을 바치며 스바와 시바 왕들이 예물을 드리리로다 11모든 왕이 그의 앞에 부복하며 모든 민족이 다 그를 섬기리로다 12그는 궁핍한 자가 부르짖을 때에 건지며 도움이 없는 가난한 자도 건지며 13그는 가난한 자와 궁핍한 자를 불쌍히 여기며 궁핍한 자의 생명을 구원하며 14그들의 생명을 압박과 강포에서 구원하리니 그들의 피가 그의 눈 앞에서 존귀히 여김을 받으리로다 15그들이 생존하여 스바의 금을 그에게 드리며 사람들이 그를 위하여 항상 기도하고 종일 찬송하리로다 16산 꼭대기의 땅에도 곡식이 풍성하고 그것의 열매가 레바논 같이 흔들리며 성에 있는 자가 땅의 풀 같이 왕성하리로다 17그의 이름이 영구함이여 그의 이름이 해와 같이 장구하리로다 사람들이 그로 말미암아 복을 받으리니 모든 민족이 다 그를 복되다 하리로다 18홀로 기이한 일들을 행하시는 여호와 하나님 곧 이스라엘의 하나님을 찬송하며 19그 영화로운 이름을 영원히 찬송할지어다 온 땅에 그의 영광이 충만할지어다 아멘 아멘 20이새의 아들 다윗의 기도가 끝나니라

제왕시의 형태를 가진 시편 72편은 통치자가 가져야 할 기본적 자세를 교훈하고 있다. 다윗이나 솔로몬에게 국한된 것이 아니라 모든 통치자들이 함께 지켜야 할 원리이다. 시인은 척박한 유다 땅의 지형들을 염두에 두고 하나님의 공의로 다스려지는 나라의 번성을 말하고 있다. 하나님의 뜻대로 통치하면 땅이 축복을 받는 위대한 역사가 일어난다. 의인이 흥왕하고 평강이 풍성해지는 놀라운 축복이 나타난다.

1. 왕의 통치

8~11절은 왕의 통치가 어디까지 확산되는 지를 교훈한다. 원수들과 이방인들이 왕에게 복종하게 되고 하나님의 역사가 나타남을 보인다. 8절에서

"그가 바다에서부터 바다까지와 강에서부터 땅 끝까지 다스리리니"라고 하였다. 이것은 온 세계를 의미한다. 솔로몬이 넓은 땅을 통치하였으나 진정한 통치는 예수 그리스도를 통하여 이루어진다.

하나님의 통치는 온 세상에서 이루어진다. 사람의 보기에는 보잘 것 없어도 하나님은 진정코 이 세상을 통치하시고 그것을 통하여 하나님의 역사를 드러내신다. 하나님이 세우신 왕이 통치하는 그 영역이 바로 하나님의 영역이며 이것이 땅 끝까지 확장된다.

9절에서는 "광야에 사는 자는 그 앞에 굽히며 그의 원수들은 티끌을 핥을 것이며"라고 하였다. 광야에 거하는 자들은 유목민으로서 어려운 사람들이다. 그들은 사랑에 메말라 있기에 사랑으로 그들을 녹일 때에 그들이 굽히게 된다. 이 세상이 바로 광야와도 같다. 세상에는 여러 종류의 사람들이 살고 있다. 거칠고 강퍅한 자들이 있고, 분쟁을 일삼는 자들이 있다. 이들을 다스릴 방법이 무엇인가. 어떤 사람들은 강압적으로 통치하려고 하지만 그것은 오래 가지 못한다. 언젠가는 저항을 하며 돌아서게 된다.

여기서 활용하는 방법은 사랑의 통치이다. 이것은 자기 희생이며 섬김이다. 그 모범을 그리스도께서 보여 주셨는데 그리스도는 사랑으로 세상을 정복하고 통치하신다. '그 원수들은 티끌을 핥을 것이며'라고 하였으니 왕의 통치에도 원수들이 있으나 결국은 그 권위에 복종하게 된다. 권위가 없어서 사랑을 하고 섬기는 것이 아니라 모든 힘과 능력을 가지셨으나 자기를 비어 종의 형상을 입으시고 복종하신 것이다(빌 2:1~5).

10절에서 "다시스와 섬의 왕들이 조공을 바치며 스바와 시바 왕들이 예물을 드리리로다"고 하였다. 다시스는 스페인 지방에 있는 해안도시이다. 그러니 멀리 다시스에서도 조공을 바친다는 말이다. '섬의 왕들'이란 지중해의 여러 섬을 통치하는 왕들을 말하고, 스바는 아라비아만에 있는 나라이다. 시바는 아라비아 동남쪽에 있는 왕국이다. 그러니 이 모든 나라들이 무릎을 꿇는다는 말이다.

8절에서 말한 것은 한꺼번에 된 것이 아니라 하나하나 확대 되어감을 설명하고 있다. 시편에 나오는 이상적 통치자는 강압적으로 다스리는 것이 아니라 사랑으로 다스리고 은혜를 베풀었다. 그러니 세계 여러 왕들이 조공을 바치고 예물을 드리게 되었다. 이 말씀은 오늘의 우리들에게 귀한 교훈을 한다. 사랑을 베풀면 그것으로 끝나는 것이 아니라 때가 되면 그 열매가 나타나고 사람들이 머리를 숙이는 역사가 일어난다.

11절에서는 결론적 결과를 설명하고 있다. "모든 왕이 그의 앞에 부복하며 모든 민족이 다 그를 섬기리로다"고 하였으니 사랑의 통치를 통하여 세계를 정복하는 놀라운 결과가 나타난다. 하나님의 뜻을 따라 살아갈 때에 하나님의 위대하신 통치의 역사가 일어난다는 사실을 분명히 보여 주고 있다.

2. 건지며

12절에서 "그는 궁핍한 자가 부르짖을 때에 건지며 도움이 없는 가난한 자도 건지며"라고 하였다. 이상적 통치자는 교만한 자를 절제시키기 위하여 그들을 약화시키고, 약한 자는 격려하여 북돋아준다. 의로운 통치자는 가난한 자 즉 마음이나 육신이 가난하여 부르짖는 자를 건져 주신다. 도움이 없는 가난한 자가 어떻게 해야 할지 알지 못할 때에 그들을 일으켜 세우고 그들의 고통을 해결하여 준다.

13~14절에 와서 더 구체적으로 설명하고 있다. "그는 가난한 자와 궁핍한 자를 불쌍히 여기며 궁핍한 자의 생명을 구원하며 그들의 생명을 압박과 강포에서 구원하리니 그들의 피가 그의 눈 앞에서 존귀히 여김을 받으리로다"고 하였다. 살 길이 없는 가난한 자와 궁핍한 자를 긍휼히 여기는데 이것은 마음에서 진정으로 우러나는 연민이다. 통치자의 의무에서가 아니라 사랑의 자세에서 오는 결과이다. 또 가난하고 고통받는 사람의 생명을 압박과 강포에서 구한다고 하였으니 죽어 가는 자를 구하시고 그들의 피 즉 생명이 귀하게 되도록 하신다.

12~14절을 보면 통치자가 가장 역점을 둔 대상은 가난한 자, 고통을 받는 자, 괴로움을 당하는 자인데, 그들을 진심으로 돌보니 그들의 육신만이

아니라 생명까지도 구원받게 된다.

3. 백성과 지도자

15절 이하는 백성들이 이러한 지도자에 대하여 어떻게 대하는 지를 보여준다. 15절에서 "그들이 생존하여 스바의 금을 그에게 드리며 사람들이 그를 위하여 항상 기도하고 종일 찬송하리로다"고 하였다. 받은 은혜가 감사하여 스바의 금 즉, 가장 귀한 예물을 드리고 왕이 잘 되기를 항상 기도하고, 하나님께 종일 찬송하게 된다. 이것이 은혜받은 자의 태도이다. 은혜받은 자는 감사의 자세를 가지고, 또 칭송하고 하나님을 찬양하는 것이다. 이것이 하나님의 놀라운 은혜를 받은 자의 자세이다.

16절에 보면 "산 꼭대기의 땅에도 곡식이 풍성하고 그것의 열매가 레바논 같이 흔들리며 성에 있는 자가 땅의 풀 같이 왕성하리로다"고 하였다. 이것은 자연계가 받은 축복을 말한다. 농사가 되지 않는 산꼭대기의 땅도 풍성한 열매를 맺게 되고 레바논 산의 백향목이 흔들리는 것같이 풍성함이 있다.

17절에서 "그의 이름이 영구함이여 그의 이름이 해와 같이 장구하리로다 사람들이 그로 말미암아 복을 받으리니 모든 민족이 다 그를 복되다 하리로다"고 하였다. 열방이 그를 가리켜 복되도다고 하였으니 이것이 복의 근원이신 하나님의 역사이다.

18~19절에서는 하나님을 찬송한다. "홀로 기이한 일들을 행하시는 여호와 하나님 곧 이스라엘의 하나님을 찬송하며 그 영화로운 이름을 영원히 찬송할지어다 온 땅에 그의 영광이 충만할지어다 아멘 아멘"고 하였다. 하나님의 위대하신 통치를 찬양하고, 또 찬양한다. '온 땅에 그의 영광이 충만할지어다 아멘 아멘'이라고 하여 하나님의 영광을 찬양하게 된다. 하나님을 찬양하는 것이 은혜 받은 자의 가장 큰 축복이다. "이새의 아들 다윗의 기도가 필하다"고 하여 시편 제2권을 마감하였으니 시인의 가슴에는 하나님을 바라보는 열정으로 가득하였다.

악인의 형통함을 보시고

시편 73:1~14

1하나님이 참으로 이스라엘 중 마음이 정결한 자에게 선을 행하시나 2나는 거의 넘어질 뻔하였고 나의 걸음이 미끄러질 뻔하였으니 3이는 내가 악인의 형통함을 보고 오만한 자를 질투하였음이로다 4그들은 죽을 때에도 고통이 없고 그 힘이 강건하며 5사람들이 당하는 고난이 그들에게는 없고 사람들이 당하는 재앙도 그들에게는 없나니 6그러므로 교만이 그들의 목걸이요 강포가 그들의 옷이며 7살찜으로 그들의 눈이 솟아나며 그들의 소득은 마음의 소원보다 많으며 8그들은 능욕하며 악하게 말하며 높은 데서 거만하게 말하며 9그들의 입은 하늘에 두고 그들의 혀는 땅에 두루 다니도다 10그러므로 그의 백성이 이리로 돌아와서 잔에 가득한 물을 다 마시며 11말하기를 하나님이 어찌 알랴 지존자에게 지식이 있으랴 하는도다 12볼지어다 이들은 악인들이라도 항상 평안하고 재물은 더욱 불어나도다 13내가 내 마음을 깨끗하게 하며 내 손을 씻어 무죄하다 한 것이 실로 헛되도다 14나는 종일 재난을 당하며 아침마다 징벌을 받았도다

시편 73편부터 제 3권이고 17개의 시 중에 73편에서 83편까지의 11개의 시에는 '아삽의 시'라고 표기되어 있다. 아삽은 다윗과 같은 시대의 사람으로서 성전에는 찬송하는 악사들의 수석이었다(대상 25:1). 즉 찬양대 지휘자였다.

시편 제 3권에 보면 아삽을 비롯하며 헤만과 에단도 다윗 시대의 레위 지파 음악가들이다(대상 15:17, 19). 찬송을 지휘하는 악사들도 하나님의 말씀을 깨닫는 영성이 탁월했음을 알 수 있다. 헤만은 '왕의 선지자'로 지칭하는 자로서 선지자적 소명과 음악적 재능을 함께 소유하고 있었다(대상 25:5~6). 시편 73편은 욥기의 축소판이라고 할 수 있다. 욥기를 보면 '의인이 왜 고난을 당하느냐'가 그 주제이듯이 시편 73편도 비록 짧지만 의인의 고난에 대하여 탐구하고 묵상하고 있어 '욥기의 축소판'이라 부른다.

1. 선을 행하시나니

1절에서 "하나님이 참으로 이스라엘 중 마음이 정결한 자에게 선을 행하시니"라고 하였다. 여기서 '이스라엘 중'이란 '하나님의 백성 중'이라는 의미인데 하나님은 이러한 자를 귀중히 여기시고 그들에게 선을 행하신다. 그러면 하나님 앞에 정결함이란 무엇을 의미하는가. 그것은 속죄의 제물을 의지하는 자이다. 신약의 표현으로 하면 자기 죄를 자백하는 자 즉 예수 그리스도의 십자가 보혈을 의지하는 자를 말한다. 하나님은 이런 자들을 향하여 모든 것이 선하게 되는 방법을 활용하신다. 그리하여 자기 백성을 향해 선하신 행동을 나타내시는데 우리는 이 하나님을 믿고 의지해야 한다.

2절에는 "나는 거의 넘어질 뻔하였고 나의 걸음이 미끄러질 뻔하였으니"라고 하였다. 이 말은 시험에 빠져서 완전히 넘어질 뻔하였다는 말이다. 시인의 마음에 회의가 스며들었다. 지금까지 선을 행하기 위해 노력하였는데 선을 행하지 않아도 번성하는 악인들을 보고 마음이 흔들리기 시작하였다. 우리도 자칫하면 이렇게 되기가 쉽다. 하나님을 섬기지 않는 악인들의 형통이 하나님의 백성을 괴롭힌다. 그러나 성경은 여기에 대하여 응답하신다. 시편 37:1에 "악을 행하는 자들 때문에 불평하지 말며 불의를 행하는 자들을 시기하지 말지어다"고 하였고, 시편 37:7에서는 "여호와 앞에 잠잠하고 참고 기다리라 자기 길이 형통하며 악한 꾀를 이루는 자 때문에 불평하지 말지어다"고 하였다. 여기에 대답이 있고 대응책이 있다.

3절에 "이는 내가 악인의 형통함을 보고 오만한 자를 질투하였음이로다"고 하였다. "이는"이란 말의 뜻은 접속사로서 "왜냐하면"이란 의미이다. 이 세상을 보면 악한 사람이 잘되는 데 이것이 어쩐 일이냐란 말이다. 아삽은 신앙이 있었지만 의인이 고난을 당하고 악인이 형통한 것을 보고 회의에 빠졌다. '과연 하나님이 살아계신 다면 이럴 수 있을까' 하고 마음으로 고민하며 의혹을 제기한다.

신앙의 초보단계나 확신이 없는 자들은 흔히 회의에 빠지거나 하나님의 말씀에 대하여 의혹을 제기하기도 한다. 물론 신앙생활을 오래 한 자라도 성령의 도움으로 깨닫기 전에는 언제나 확신이 없어 쉽게 시험에 빠진다.

아삽은 현실적으로 나타나 보이는 것으로 인생을 평가하려고 했다가 성령의 도우심으로 인생의 진리를 깨닫게 되었다. 사람이 성령으로 거듭나게 되면 보이지 않는 하나님의 섭리를 깨닫게 된다.

2. 그들의 삶

4절에는 "그들이 죽을 때에도 고통이 없고 그 힘이 강건하며"라고 하였다. 이 구절을 원어에 가깝게 번역하면 '그들은 죽을 때까지 건강하고'라고 할 수 있다. 즉 죽을 때만 건강한 것이 아니라 살아있을 때에도 건강을 누린다는 말이다. 이렇게 될 때 하나님의 섭리를 모르는 사람들은 회의에 빠지고 불평하는 경우가 많다. 우리는 이러한 상황에서 하나님의 위대하신 섭리를 바로 보는 영적 눈을 열어야 한다.

시인은 5절에서 "사람들이 당하는 고난이 그들에게는 없고 사람들이 당하는 재앙도 그들에게는 없나니"라고 하였다. 즉 그들은 악인인데도 다른 사람과 같은 어려움이 없고 재앙도 없는 삶을 산다. 잘못하면 '저 사람이 복 받았다'고 생각할 가능성이 있다. 우리는 그들의 실체와 종말을 바로 보아야 한다.

6절 이하에는 "그러므로 교만이 그들의 목걸이요 강포가 그들의 옷이며"라고 하고 또 계속하여 그들의 교만하고 사치한 삶을 평가하고 있다. 그들에게는 교만과 강포가 목걸이요 옷이며 살찜으로 그들의 눈이 솟아나며 그들의 소득은 마음의 소원보다 많아 세상 사람의 눈에는 번영과 형통으로 가득하게 보인다.

8절에서는 그들의 언어생활이 나온다. 그들은 악하게 말하며 다른 사람에게 욕을 퍼붓는다. 또 "그들의 입은 하늘에 두고 그들의 혀는 땅에 두루 다니도다"(9절)라고 하였다. 즉 하나님을 대적하여 비방하고 땅에 있는 모든 일에 입을 대는 자들이다.

이러한 악인들의 행동이 하나님의 백성들에게 시험이 되고 혼란에 빠지게 하는 경우들이 많이 있다. 눈에 보이는 것으로 판단하기 쉬운 인간들에게 하나님 기분의 판단을 할 수 있는 지혜와 용기가 필요하다.

3. 악인의 형통

10절~11절에는 악인들의 형통에서 오는 여파를 보여준다. 10절에 보면 백성들이 몰려와서 물질적으로 덕을 보려고 하고, 11절에는 더 나아가서 하나님을 조롱하게 된다. "말하기를 하나님이 어찌 알랴 지존자에게 지식이 있으랴 하는도다"고 하였다.

하나님의 심판이 즉각적으로 나타나지 않으니 죄를 지어도 용감하게 짓게 된다. 그러니 그들은 '하나님은 지식이 없는 분이니, 무엇을 알겠는가'라는 망령된 생각과 행동을 하게 된다.

12~14절에는 악인과 의인의 현재적 상태를 비교하고 있다. 악인들은 항상 평안하고 재물이 더욱 늘어나지만 의인들은 고통을 당하고 하나님 앞에 진실하게 살아온 것이 헛되다고 자탄하게 된다. 여기서 더 나아가 "나는 종일 재난을 당하며 아침마다 징벌을 받는"(14절) 처지에 빠지게 된다. 이러니 시인은 좌절하고 낙망하게 된다. 그러면 이것이 전부인가? 먼저 간 믿음의 선현들은 고난 속에서 오직 하나님을 바라 보았다. "형제들아 주의 이름으로 말한 선지자들은 고난과 오래 참음의 본으로 삼으라"(약 5:10)는 말씀대로 역경 속에서 인내하며 먼저 간 선지자들을 본받아야 한다.

시인은 악인의 형통을 보고 마음에 회의와 좌절이 있었다. 눈 앞에 보이는 것은 판단의 기준이 아니다. 그러함에도 불구하고 시인은 낙망하여 미끄러질 뻔하였다. 오늘의 우리들이 이 땅에 살 때에 이러한 상황에 빠지기 쉽다. 눈에 보이는 현실보다 보이지 않는 하나님의 섭리를 바라보고 이 땅의 고난을 이겨내자.

주의 모든 행적을 전파하리이다

☼ **시편 73:15~28**

15내가 만일 스스로 이르기를 내가 그들처럼 말하리라 하였더라면 나는 주의 아들들의 세대에 대하여 악행을 행하였으리이다 16내가 어쩌면 이를 알까 하여 생각한즉 그것이 내게 심한 고통이 되었더니 17하나님의 성소에 들어갈 때에야 그들의 종말을 내가 깨달 았나이다 18주께서 참으로 그들을 미끄러운 곳에 두시며 파멸에 던지시니 19그들이 어 찌하여 그리 갑자기 황폐되었는가 놀랄 정도로 그들은 전멸하였나이다 20주여 사람이 깬 후에는 꿈을 무시함 같이 주께서 깨신 후에는 그들의 형상을 멸시하시리이다 21내 마음이 산란하며 내 양심이 찔렸나이다 22내가 이같이 우매 무지함으로 주 앞에 짐승 이오나 23내가 항상 주와 함께 하니 주께서 내 오른손을 붙드셨나이다 24주의 교훈으 로 나를 인도하시고 후에는 영광으로 나를 영접하시리니 25하늘에서는 주 외에 누가 내게 있으리요 땅에서는 주 밖에 내가 사모할 이 없나이다 26내 육체와 마음은 쇠약하 나 하나님은 내 마음의 반석이시요 영원한 분깃이시라 27무릇 주를 멀리하는 자는 망 하리니 음녀 같이 주를 떠난 자를 주께서 다 멸하셨나이다 28하나님께 가까이 함이 내 게 복이라 내가 주 여호와를 나의 피난처로 삼아 주의 모든 행적을 전파하리이다

아삽은 영적 갈등으로 매우 고민하였다. 의인이 왜 고난 받고 악인이 왜 형통하느냐란 문제에 혼란에 빠지고 스스로 자문하며 알기를 원하였다. 그 는 하나님의 성소에 들어가서 하나님께 간절히 기도할 때에 성령의 은혜로 진리를 깨닫게 되었다.

인간이 이 땅에 살아갈 때 여러 가지 문제에 직면하고 특히 하나님의 공 의에 대한 회의가 생길 수 있다. 시편 73편의 시인 아삽도 이러한 경우이다. 하나님을 바라보며 바로 살려고 하였으나 그에게 고통과 역경만이 왔다. 반 대로 악인들은 형통하였으니 시인은 갈등하였다. 그가 이런 갈등에서 어떻 게 벗어났는지를 살피는 것이 중요하다.

1. 주의 아들들의 세대

15절에 "내가 만일 스스로 이르기를 내가 그들처럼 말하리라 하였더라면 나는 주의 아들들의 세대에 대하여 악행을 행하였으리이다"고 하였다. 시인은 13~14절에서 자신의 회의를 깊이 생각하였다. 즉 하나님을 의지하고 살았는데도 나에게 남은 것이 아무것도 없음을 느끼고 회의하였다. 그러나 시인은 그것을 입으로 토하지 않았다. 만일 그렇게 하였으면 다른 사람들도 '나도 그렇다'고 이구동성으로 동조하는 사람이 생겨나기 마련이다. 그것도 '주의 아들들의 세대' 즉 '성도의 모임'인 교회 안에서 말이다.

시인의 자신의 실수가 하나님의 교회에 궤휼 즉 '거짓말', '교묘한 속임수'를 선전하는 계기가 되었을 것을 놀라워했다. 즉 하나님의 백성 가운데 비 진리를 가르치는 자가 될 뻔하였다는 것이다. 문제를 풀어나가기 위해 시인은 고민하였다.

16절에 "내가 어쩌면 이를 알까 하여 생각한즉 그것이 내게 심한 고통이 되었더니"라고 하였다. 즉 아무리 생각해 보아도 모르겠다라는 의미이다. 이처럼 사람들은 어려움을 당하면 인간 스스로 문제를 해결하기 위해 아무리 생각해도 알 수 없음을 보여준다. 인간 스스로 자신의 문제에 대한 해답을 찾을 수 없다. 시인은 이 문제를 절감하고 17절 이하에서 하나님의 성소에서 기도함으로써 문제를 풀어나가는 원리를 제시했다.

17절에 "하나님의 성소에 들어갈 때에야 그들의 종말을 내가 깨달았나이다"고 하였다. 우리는 눈에 보이는 것만으로 하나님의 섭리를 다 깨닫지 못한다. 자신의 생각과 판단으로 인생을 이해한다면 그것은 이미 불신앙이다. 수단과 방법을 가리지 않고 돈을 벌어 호의호식하고 사는 것이 복이라고 생각한다면 이것은 올바른 신앙이 아니다. 신앙이란 내 생각이 아닌 하나님의 생각을 수용하는 것이다. 왜 하나님께서 악인들이 교만하고 강포하여도 그냥 잘 살게 버려두시는지 우리는 이해해야 한다. 하나님이 진정으로 사랑하는 자라면 범죄하고 이웃의 재산을 강탈할 때 징계하지 않겠는가, 그들이 범죄 하도록 방치하는 것은 마지막 날 징계하고자 하심이다.

'하나님의 성소'에는 법궤가 있고, 말씀이 있다. 성소에는 두루마리가 있었고 제사장들이 그것을 가르쳤다. 제사장은 제사만 집례하는 자가 아니라 하나님의 말씀을 가르치는 자이다. 시인은 성소에 들어가서 하나님의 음성을 듣고 하나님께 기도하는 중에 '아 그런 것이 아니구나' 하고 깨달았다. 우리가 이 땅에서 고통과 어려움을 당할 때 그것에만 집착하지 말고 하나님을 의지하며 기도하여야 한다.

2. 하나님의 심판적 간섭

18절에는 "주께서 참으로 그들을 미끄러운 곳에 두시며 파멸에 던지시니"라고 하였다. 이것은 하나님의 심판적 간섭이 나타난다는 말이다. 19절에서 하나님의 심판이 졸지에 나타나고 놀람으로 전멸할 것을 말씀한다. 민수기 16장에 보면 고라, 다단, 아비람, 온 이런 자들을 중심으로 지도자 250명이 작당하여 일어나 하나님의 사람 모세와 아론을 대적하였다. 즉 쿠데타를 일으키려 하였다. 그들의 세력은 강하고 금방이라도 세상이 뒤집어질 것 같았으나 하나님께서는 땅이 갈라지게 하여 고라의 일당을 땅 속에 파묻어 버렸다. 그들은 졸지에 망하게 되었다. 하나님의 간섭은 천천히 일어나는 경우도 있으나 갑자기 일어나는 경우도 있다. 이런 하나님의 역사 앞에 인간이 무엇이라 할 수 있을까.

20절에 "주여 사람이 깬 후에는 꿈을 무시함 같이 주께서 깨신 후에는 그들의 형상을 멸시하시리이다"라고 하였다. 우리가 꿈 속에서 진수성찬을 먹고 찬란한 비단 옷을 입었을지라도 꿈에서 깨면 이것은 아무것도 아니다. 인간들 중에는 허황된 꿈을 꾸며 사는 자들이 있는데 우리는 이런 자세가 아니라 하나님 중심의 영원세계를 바라보고 살아야 한다.

"주께서 깨시면 그들의 형상을 멸시한다." 즉 그들이 이 땅에 쌓아놓은 모든 것들을 없는 것처럼 여기신다는 사실을 깨닫게 되었다. 그러다 보니

"내 마음이 산란하며 내 양심이 찔렸나이다"(21절)고 고백한다. 시인은 자신이 바로 깨닫게 되자 양심이 찔렸다. 하나님께서 이렇게 철저하게 간섭하시는데 하나님께서 이렇게 살아계시는데 하나님이 이렇게 악인을 다스리는데 내가 그것을 몰랐구나라고 탄식한다.

3. 탄식

22절에서 탄식이 나온다. "내가 이같이 우매 무지함으로 주 앞에 짐승이오나"라고 고백하였다. 자기 자신을 짐승에 비유하며 그 무지함을 고백한다. 그러나 "짐승이오나"라고 하였다. 짐승 같은 자기를 버리시지 아니하시고 함께 하시며 오른손으로 붙드심을 고백한다. 하나님은 짐승같은 자를 버리시지 아니하시고 함께 하시며 붙잡아 구원의 역사를 이루는 위대하신 분이다. 그 하나님의 사랑에 감사하며 그의 인도하심을 받아야 한다.

24절에 "주의 교훈으로 나를 인도하시고 후에는 영광으로 나를 영접하시리니"라고 하였다. 하나님께서는 자기 백성을 오른손으로 붙잡으실 뿐만 아니라 주의 교훈으로 인도하신다. 즉 주의 말씀으로 깨우쳐 주시며 인도해 주신다. 이것으로 끝나는 것이 아니라 후에는 영광으로 영접하신다. 이러한 놀라운 은혜를 체험한 시인은 "하늘에서는 주 외에 누가 내게 있으리요 땅에서는 주 밖에 내가 사모할 이 없나이다"라고 고백한다. 하나님의 은혜를 깨닫고 나니 모든 것이 하나님의 은혜와 사랑임을 찬양하게 된다.

26절에서 "내 육체와 마음은 쇠약하나 하나님은 내 마음의 반석이시오 영원한 분깃이시라"고 하였다. 비록 우리의 몸과 마음이 쇠약해진다고 할지라고 하나님만이 나의 반석이요, 분깃 즉 상속이시다. 이것을 미리 알았다면 이 땅에서 비록 가난해도 몸이 약해도 억울한 일을 당하여도 하나님만 의지하였을 것인데 회의하고 방황하는 시간도 있었다. 그러나 시인은 28절에서 최고의 고백을 한다. "하나님께 가까이 함이 내게 복이라 내가 주 여호와를 나의 피난처로 삼아 주의 모든 행적을 전파하리이다." 아멘, 아멘.

생각하소서

시편 74:1~23

1하나님이여 주께서 어찌하여 우리를 영원히 버리시나이까 어찌하여 주께서 기르시는 양을 향하여 진노의 연기를 뿜으시나이까 2옛적부터 얻으시고 속량하사 주의 기업의 지파로 삼으신 주의 회중을 기억하시며 주께서 계시던 시온 산도 생각하소서 3영구히 파멸된 곳을 향하여 주의 발을 옮겨 놓으소서 원수가 성소에서 모든 악을 행하였나이다 4주의 대적이 주의 회중 가운데에서 떠들며 자기들의 깃발을 세워 표적으로 삼았으니 5그들은 마치 도끼를 들어 삼림을 베는 사람 같으니이다 6이제 그들이 도끼와 철퇴로 성소의 모든 조각품을 쳐서 부수고 7주의 성소를 불사르며 주의 이름이 계신 곳을 더럽혀 땅에 엎었나이다 8그들이 마음 속으로 이르기를 우리가 그들을 진멸하자 하고 이 땅에 있는 하나님의 모든 회당을 불살랐나이다 9우리의 표적은 보이지 아니하며 선지자도 더 이상 없으며 이런 일이 얼마나 오랠는지 우리 중에 아는 자도 없나이다 10하나님이여 대적이 언제까지 비방하겠으며 원수가 주의 이름을 영원히 능욕하리이까 11주께서 어찌하여 주의 손 곧 주의 오른손을 거두시나이까 주의 품에서 손을 빼내시어 그들을 멸하소서 12하나님은 예로부터 나의 왕이시라 사람에게 구원을 베푸셨나이다 13주께서 주의 능력으로 바다를 나누시고 물 가운데 용들의 머리를 깨뜨리셨으며 14리워야단의 머리를 부수시고 그것을 사막에 사는 자에게 음식물로 주셨으며 15주께서 바위를 쪼개어 큰 물을 내시며 주께서 늘 흐르는 강들을 마르게 하셨나이다 16낮도 주의 것이요 밤도 주의 것이라 주께서 빛과 해를 마련하셨으며 17주께서 땅의 경계를 정하시며 주께서 여름과 겨울을 만드셨나이다 18여호와여 이것을 기억하소서 원수가 주를 비방하며 우매한 백성이 주의 이름을 능욕하였나이다 19주의 멧비둘기의 생명을 들짐승에게 주지 마시며 주의 가난한 자의 목숨을 영원히 잊지 마소서 20그 언약을 눈여겨 보소서 무릇 땅의 어두운 곳에 포악한 자의 처소가 가득하나이다 21학대 받은 자가 부끄러이 돌아가게 하지 마시고 가난한 자와 궁핍한 자가 주의 이름을 찬송하게 하소서 22하나님이여 일어나 주의 원통함을 푸시고 우매한 자가 종일 주를 비방하는 것을 기억하소서 23주의 대적들의 소리를 잊지 마소서 일어나 주께 항거하는 자의 떠드는 소리가 항상 주께 상달되나이다

구약에서 하나님은 창조주 하나님, 언약의 하나님, 이스라엘을 사랑하시는 사랑의 하나님으로 나타난다. 또 다른 곳에서는 악을 물리치시는 공의의 하나님, 이스라엘을 비방하는 자와 전쟁하시는 하나님으로 나타난다.

시편 74편은 아삽의 후손 중 한 사람이 바벨론의 느부갓네살 왕에게 포로 된 때에 저작되었다. 이 시는 이스라엘을 대적하여 성소를 파괴하고 불사를 원수들을 멸하고 주의 사랑하는 백성들을 굽어 살펴달라는 탄원시이다. 이 시는 원수와 싸우시는 강력한 하나님을 고백하고 있다.

1. 원수들의 만행

전반부(1~11절)는 성소를 파괴하고 불을 지른 악독한 원수들의 만행을 고발하면서 원수를 멸해달라는 탄원을 담고 있다. 후반부(12~23절)는 원수를 충분히 멸하실 수 있는 위대하고 강력한 하나님을 고백하면서 그 하나님이 원수들의 만행을 기억하시고 이스라엘 백성들을 구원해 달라는 간청의 기도이다. 시인이 강조하는 탄원의 핵심은 '그 원수를 충분히 멸하실 수 있는 강령한 하나님을 확신하고 찬양하는 것'이다.

1절에서 시인은 "하나님이여 주께서 어찌하여 우리를 영원히 버리시나이까 어찌하여 주께서 기르시는 양을 향하여 진노의 연기를 뿜으시나이까"라고 호소하고 있다. 고난은 언제나 하나님과의 단절에서 온다. 하나님께 버림받는 것이 가장 큰 고통이다. 아담과 하와가 에덴 동산에서 행복하게 살다가 범죄함으로 하나님께 버림을 받았다. 그들에게 그때부터 고난과 죽임이 있게 되었다. 시인은 하나님께 버림을 당하지 않기 위하여 '제발 하나님의 백성을 생각하소서'하고 호소한다.

"옛적부터 얻으시고 속량하사 주의 기업의 지파로 삼으신 주의 회중을 기억하시며 주께서 계시던 시온산도 생각하소서"(2절)라고 하였다. 원수들의 하나님의 성전을 불태우며 성물들을 훼손한 만행을 고발한다(6~8절). 하나님의 능력도 하나님의 말씀을 선포하는 선지자도 없으며 그 포로의 고난이 얼마나 오래 갈지 아는 자도 없다고 호소하였다(9절). 이것이 영적 암흑기이다. 비록 피곤하고 고달픈 삶을 살아도 하나님께서 말씀하시고 선지자들이 활동할 때는 그래도 희망이 있다. 그러나 아예 선지자조차 없는 그런 시대는 영적 암흑시대로 사방이 캄캄하였다. 유다 70년 포로시대는 암담하고 슬픈 시대였다. 절기와 안식일을 지키지 못하고, 자유와 안식일을 누리지 못하는 고달픈 세월이었다. 다윗시대에는 마음껏 하나님께 제사를 지냈고, 선지자들이 하나님의 말씀을 선포하였다. 이때가 축복의 시기였다(호 3:4).

11절에서 "주께서 어찌하여 주의 손 곧 주의 오른손을 거두시나이까 주의 품에서 손을 빼내시어 그들을 멸하소서"라고 간절히 호소한다. 하나님의 놀라운 개입을 갈망한다. 하반부로 가면서 이스라엘 백성이 믿는 하나님이 얼마나 전능하신 분이신가를 고백한다.

2. 나의 왕

12절에서 "하나님은 예로부터 나의 왕이시라 사람에게 구원을 베푸셨나이다"고 하였다. 여기서 '나의 왕'이란 이스라엘의 전능하신 왕을 의미하는데 하나님은 크고 능력이 많으셔서 이스라엘을 대신하여 원수와 싸워주실 분이다. 시인은 하나님의 존재를 노래한다. 그분은 깊고 넓은 바다를 다스리시고 큰 물을 내시기도 하시고 흐르는 강을 말리기도 하신다. 낮과 밤을 주관하시고 우주의 빛과 태양을 창조하셨다. 또 땅의 경계를 정하시고 사계절을 운행하신다(13~17절). 이 위대하신 하나님께서 원수를 멸하시는 것은 간단한 일이다. 모든 것을 하나님이 맡아서 해결하신다. 우리의 원수를 처리하는 것 역시 이러한 방법대로이다. 시인은 모든 것이 주님의 것이라고 노래한다. "낮도 주의 것이요 밤도 주의 것이라 주께서 빛과 해를 마련하셨으며⋯". 이것은 이 땅의 모든 것이 주님의 장중에 있음을 교훈한다.

시편 16:5에서 "여호와는 나의 산업과 나의 잔의 소득이시니"라고 하였다. 하나님이 나의 분깃 즉, 상속이시다라는 아름다운 고백이다.

20절에서 "그 언약을 눈여겨 보소서 무릇 땅의 어두운 곳에 포악한 자의 처소가 가득하나이다"고 하였다. 하나님의 언약을 돌아보아 달라고 하신다. 22절에는 "하나님이여 일어나 주의 원통함을 푸시고 우매한 자가 종일 주를 비방하는 것을 기억하소서"라고 하였다. 하나님이 일어나신다는 것은 하나님의 하나님되심을 확실하게 나타내어 달라는 것이다. 시인은 하나님을 비방하는 이방들의 소리를 하나님이 기억해 주시기를 호소한다. 이 호소는 하나님의 절대주권을 믿는 하나님의 백성의 고백이다. 이것은 이방에 대한 하나님의 주권적 간섭을 청원하는 것이다. 이렇게 하여 "학대 받은 자가 부끄러이 돌아가게 하지 마시고 가난한 자와 궁핍한 자가 주의 이름을 찬송하게 하소서" 하는 목표를 이루기 위함이다.

하나님의 역사로 인하여 학대받는 자가 해방을 맞고 궁핍한 자가 풍요로 위져서 하나님의 이름을 찬송하는 회복의 역사를 이루게 된다. 시인이 갈망하는 그 꿈은 하나님의 백성의 회복과 치유 그리고 이것을 통하여 하나님의 영광을 노래하는 것이다.

3. 원수들의 대적

23절에서 "주의 대적들의 소리를 잊지 마소서 일어나 주께 항거하는 자의 떠드는 소리가 항상 주께 상달되나이다"고 하였다. 원수들은 하나님을 대적하면서 큰 소리를 치고 야단이다. 그러니 하나님의 영광이 드러나지 않을 수밖에 없다. 이때 시인은 외친다. "하나님이여 불쌍히 여기소서" 라고 한다. 하나님께서 못들은 척 하지 마시고 주의 백성의 기도가 하나님께 상달되었다는 것을 보여 달라고 호소한다.

하나님의 백성의 기도가 상달되어 응답을 받으면 하나님의 영광이 드러나고 하나님의 백성에게는 확신이 생긴다. 그래서 우리가 어려운 일을 당할 때에 음산한 골짜기에서 낙심하지 말고 하나님의 주권적 역사를 믿어야 한다.

우리는 하나님을 향해 '생각하소서' 즉 '기억하소서' 라고 호소한다. 하나님이 우리를 생각하여 주면 다른 모든 것들이 해결된다. 하나님께서 우리를 생각해 주시기를 기도해야 한다.

사랑함이란 생각함이다. 이것은 사람과 사람 사이의 사랑도 그렇고 하나님과 사람 사이도 그렇다. 사랑하는 사람끼리 서로 생각하듯이 하나님이 우리를 생각하시면 모든 문제가 해결되는 것이 하나님의 방법이다.

이 땅에서 악한 자가 번영하는 것을 보고 우리들은 회의하거나 좌절하기 쉽다. 우리는 눈 앞의 세계만 보지 말고 보이지 않는 하나님의 섭리를 소망해야 한다. 하나님을 향해 '생각하소서' 라고 호소하자. 그분이 생각하시면 모든 것이 해결될 수 있음을 마음에 새기고 하나님의 돌보심을 앙망하는 하나님의 백성의 삶을 누리자.

오직 재판장이신 하나님

시편 75:1~10

1하나님이여 우리가 주께 감사하고 감사함은 주의 이름이 가까움이라 사람들이 주의 기이한 일들을 전파하나이다 2주의 말씀이 내가 정한 기약이 이르면 내가 바르게 심판하리니 3땅의 기둥은 내가 세웠거니와 땅과 그 모든 주민이 소멸되리라 하시도다 (셀라) 4내가 오만한 자들에게 오만하게 행하지 말라 하며 악인들에게 뿔을 들지 말라 하였노니 5너희 뿔을 높이 들지 말며 교만한 목으로 말하지 말지어다 6무릇 높이는 일이 동쪽에서나 서쪽에서 말미암지 아니하며 남쪽에서도 말미암지 아니하고 7오직 재판장이신 하나님이 이를 낮추시고 저를 높이시느니라 8여호와의 손에 잔이 있어 술 거품이 일어나는도다 속에 섞은 것이 가득한 그 잔을 하나님이 쏟아 내시나니 실로 그 찌꺼기까지도 땅의 모든 악인이 기울여 마시리로다 9나는 야곱의 하나님을 영원히 선포하며 찬양하며 10또 악인들의 뿔을 다 베고 의인의 뿔은 높이 들리로다

시편 74편은 성전이 무너지고 예루살렘이 훼파되며 바벨론에 포로로 잡혀 가는 때에 지은 탄식시임에 비하여 75편은 매우 대조적이다. 74편은 슬픔에 넘치며 하나님 앞에 자신의 비참한 처지를 아뢰는 것이지만 75편은 감사로 시작된다. 시의 서두에 '감사하고 감사함은'으로 시작된다.

74편은 문제의 해결을 보지 못하고 하나님께 애절하게 호소하는 것으로 마치지만 75편은 해결을 주신 것을 보면서 시작한다. 그러니 75편은 승리의 놀라운 은혜를 바라보면서 지은 시라고 할 수 있다.

75편에는 '아삽의 시, 인도자를 따라 알다스헷에 맞춘 노래'라는 표기가 있다. '알다스헷'이란 '멸망시키지 마소서'라는 의미인데 그런 곡조가 있었고 이시도 거기에 맞추어 부른 것이라고 본다. 이 시는 공동체 감사 기도시

로 분류되지만 형태면에서 혼합적이다. 이 시편은 전통적인 찬양의 도입, 심판의 신탁과 선언, 그리고 찬양의 반응이 포함되어 있다.

이 시편의 주제는 '재판장이신 하나님'이다. 하나님이 이 세상을 다스릴 때에 그 다스림에 순종하고 신뢰하면 선하신 통치를 볼 수 있다. 하나님은 왕으로서 통치하실 뿐만 아니라 인간들을 심판하시는 재판장이시다.

1. 감사하고 감사함은

1절에서 "하나님이여 우리가 주께 감사하고 감사함은 주의 이름이 가까움이라 사람들이 주의 기이한 일들을 전파하나이다"고 하였다. 시인은 '하나님이여'라는 호칭으로 시작한다. 그리고 하나님을 '우리 주'라고 고백하였다. 시인은 '감사하고 감사한다'고 하였으니 이것은 감격에 넘친 고백이다.

죽은 줄 알았는데, 망한 줄 알았는데 아침이 되니 아직도 생명을 가지고 있음이 확인되었으니 이 얼마나 놀라운 일인가? 그래서 시인은 감격에 차서 감사하고 또 감사하게 되었다.

이와 같은 역사로 인하여 주의 이름이 가까운 것을 깨닫게 된다. 하나님은 멀리 계시는 것이 아니라 가까이 계신다. "우리 하나님 여호와께서 우리가 그에게 기도할 때마다 우리에게 가까이 하심과 같이 그 신이 가까이 함을 얻은 큰 나라가 어디 있느냐"(신 4:7)라는 말씀에서 이 원리가 분명히 드러난다.

하나님의 은혜를 입고 나면 하나님께 감사해야 한다. 이 감사는 단순한 감사로 끝나는 것이 아니라 하나님의 은혜를 선포해야 한다. 하나님의 은혜를 깨달은 사람은 '하나님께서 이렇게 하셨다'고 선포해야 한다는 말이다.

2절에서 "주의 말씀이 내가 정한 기약이 이르면 내가 바르게 심판하리니"라고 하였다. 하나님이 정한 때가 되면 하나님이 재판장이 되셔서 판단하게 된다는 말이다.

우리는 하나님의 때를 모를 때가 있다. 그래서 악한 자가 발버둥 하는데 하나님이 가만히 계시는가라고 생각할 때도 있으나 하나님의 때는 분명히 있고 하나님이 이것을 이루어 주신다. 우리는 하박국처럼 조급하여 '어찌하여 어찌하여'라고 불평하지만 하나님께서는 자신의 때에 분명히 이루어 주신다고 하였다. "이 묵시는 정한 때가 있나니 그 종말이 속히 이르겠고 결코 거짓되지 아니하리라 비록 더딜지라도 기다리라 지체되지 않고 반드시 응하리라"(합 2:3)는 말씀이 우리에게 바른 교훈을 주고 있다.

2. 땅의 기둥

3절에서 "땅의 기둥은 내가 세웠거니와 땅과 그 모든 주민이 소멸되리라 하시도다 (셀라)"고 하였다. 여기서 '땅의 기둥'이란 이 세상을 유지하는 모든 것을 말한다. 그들에게 문제가 있을지라도 하나님이 세우셨고 그것으로 질서를 유지하게 한다. 그러나 하나님이 이 세상을 심판하시면 이 땅과 거민은 소멸하고 만다. 인간들이 아무리 자랑하고 발버둥쳐도 하나님이 한 번 역사하시면 멸망하고 마는 사실을 분명히 해야 한다. 하나님이 역사 앞에 이 세상은 망하고 황폐하게 된다.

4절에서는 "내가 오만한 자들에게 오만하게 행하지 말라 하며 악인들에게 뿔을 들지 말라 하였노니"라고 하였다. 자기가 잘 났다고 뽐내는 오만한 자는 오만으로 끝나는 것이 아니라 행악자가 된다. '뿔을 들지 말라'는 것은 권세를 자랑하지 말라는 뜻이다.

5절에서도 같은 교훈을 하고 있다. 권세를 자랑하지 말고 교만한 목으로 말하지 말라는 것이다. 하나님이 싫어하는 것은 교만이다. 오만한 자는 자기를 내세우고 여기서 더 나아가 행악자가 된다.

3. 모든 권세는 하나님에게서

6~7절은 모든 권세가 하나님에게서 나온다는 사실을 강조한다. 높이는

일이 동서남북에서 생기는 것이 아니라 재판장이신 하나님이 이를 낮추시고 저를 높이신다고 하였다. 이것은 하나님의 절대주권의 역사이다. 사무엘서에는 이것을 더 구체적으로 묘사하였다. "여호와는 죽이기도 하시고 살리기도 하시며 스올에 내리게도 하시고 거기에서 올리기도 하시는도다 여호와는 가난하게도 하시고 부하게도 하시며 낮추기도 하시고 높이기도 하시는도다"(삼상 2:6~7). 이러한 하나님의 절대주권을 믿음으로서 하나님의 역사를 드러내고 하나님께 순종하는 자세를 가져야 한다. 하나님의 역사하심을 찬양하며 감사하는 믿음의 삶이 필요하다.

8절에서는 하나님의 손에 잔 즉 진노의 잔이 있어서 술의 거품을 걷어내듯이 하나님의 심판이 임한다고 하였다. 그러나 하나님의 뜻에 굴복하는 자에게는 생명의 역사가 일어난다.

9~10절에서 "나는 야곱의 하나님을 영원히 선포하며 찬양하며 또 악인들의 뿔을 다 베고 의인의 뿔은 높이 들리로다"고 하였다. 시인은 '야곱의 하나님'이라고 하였다. 이 표현은 택한 자를 강조하는 것이다. 야곱은 부족하지만 하나님의 택함을 받은 자이다. 야곱은 요사이 말로 하면 '사기성'이 있는 자이지만 하나님의 축복에 대한 열망이 가득한 자였다. 하나님의 은혜를 사모하는 그 열망이 그의 약점을 다 덮었다.

'야곱의 하나님을 영원히 선포'한다고 하였다. 이것은 야곱의 하나님이 이런 분이라는 것을 선포하는데 자기의 생명이 다할 때까지 선포하겠다는 것이다. 또 선포하는 것으로 끝나지 않고 찬양하겠다고 하였다. 선포와 찬양은 은혜를 입은 자들이 계속하여 나타내는 표징이다.

하나님의 백성은 하나님의 권세를 대행하여 악인의 뿔을 다 베고 의인의 뿔은 높인다. 이것은 하나님의 백성들이 이 땅에서 정의를 실천하는 것을 말한다. 하나님의 공의를 이 땅에 나타내고 하나님의 통치 원리를 적용해야 한다. 하나님은 재판장이시다. 인간의 모든 것을 심판하시는 분이다. 우리는 이 하나님을 바라보고 그 은혜를 사모하며 이 은혜를 선포하고 찬양해야 한다. 이것이 하나님의 백성의 삶의 자세이며 원리이다.

183

Meditation on Psalms

주를 찬송하게 될 것이요

시편 76:1~12

1하나님은 유다에 알려지셨으며 그의 이름이 이스라엘에 크시도다 2그의 장막은 살렘에 있음이여 그의 처소는 시온에 있도다 3거기에서 그가 화살과 방패와 칼과 전쟁을 없이 하셨도다 (셀라) 4주는 약탈한 산에서 영화로우시며 존귀하시도다 5마음이 강한 자도 가진 것을 빼앗기고 잠에 빠질 것이며 장사들도 모두 그들에게 도움을 줄 손을 만날 수 없도다 6야곱의 하나님이여 주께서 꾸짖으시매 병거와 말이 다 깊이 잠들었나이다 7주께서는 경외 받을 이시니 주께서 한 번 노하실 때에 누가 주의 목전에 서리이까 8주께서 하늘에서 판결을 선포하시매 땅이 두려워 잠잠하였나니 9곧 하나님이 땅의 모든 온유한 자를 구원하시려고 심판하러 일어나신 때에로다 (셀라) 10진실로 사람의 노여움은 주를 찬송하게 될 것이요 그 남은 노여움은 주께서 금하시리이다 11너희는 여호와 너희 하나님께 서원하고 갚으라 사방에 있는 모든 사람도 마땅히 경외할 이에게 예물을 드릴지로다 12그가 고관들의 기를 꺾으시리니 그는 세상의 왕들에게 두려움이시로다

시편 76편은 전통적으로 시온의 노래들 중의 하나로 여긴다. 이런 범주에 속하는 시는 46, 48, 84, 87, 122편 등이다. 이 시들은 자기 백성들과 함께하시는 여호와의 현존의 중심지로서 시온에 대한 헌신을 특징으로 한다. 시온의 노래들은 일반적인 시와 같이 여호와가 찬양받기에 합당하시다는 점을 선언하는 도입부와 찬양의 이유를 말하는 핵심부 그리고 하나님의 장엄하심에 대한 반응을 추구하는 결론부로 되어 있다.

시편 76편은 75편의 말씀과 배경을 같이 한다. 75편은 열왕기하 19장에 나오는 앗수르 나라가 쳐들어와서 유대 나라를 위협할 때에 히스기야 왕이 하나님이 성전에 와서 간절히 기도하였더니 하나님이 천사가 나타나서 앗수르 군대 18만 5천 명을 죽이는 놀라운 역사를 배경으로 한다. 76편도 같은 배경 속에서 형성되었다.

76편에 '아삽의 시, 인도자를 따라 현악에 맞춘 노래'라고 하였는데, 아삽은 다윗 시대에 찬양대를 지휘했던 아삽의 후손이다. 인도자란 찬양대

지휘자를 말하며 그의 인도로 거문고나 비파 등의 반주로 노래한 것이다. 현악곡은 조용하면서 마음 속 깊이 생각할 수 있도록 작곡된 것이다. 관악은 웅장한 소리를 내기 위하여 사용되지만 현악은 조용하게 묵상하며 하나님께 찬양하도록 할 때에 사용된다.

1. 승리 전의 상황

시편 76편은 1~6절에서 하나님께서 어떻게 승리하게 하셨는지 승리 전의 상황을 묘사하였다. 7~12절은 승리한 후의 묵상이며, 11~12절은 그런 은혜를 받은 하나님의 사람이 마땅히 해야 할 일이 무엇인지를 결론적으로 말하고 있다.

1절에서 "하나님은 유다에 알려지셨으며 그의 이름이 이스라엘에 알려지셨도다"고 하였다. 여기서의 유다란 히스기야가 속한 나라이다. 남북이 갈리어서 남쪽은 유다라 하였고, 북쪽은 이스라엘이라고 불렀다. 이런 상황에서 하나님이 알려졌다. 전능하신 하나님께서 예루살렘이 멸망이 경각에 달려 있을 때에 그들을 구해 준 사건으로 온 유다에 하나님의 하나님 되심을 알렸다. 하나님이 전능하심이 유다와 이스라엘에 나타나셨는데, 그 이름, 그 명예, 그 영화로움이 구속받은 자 속에 크게 나타나심으로 하나님은 위대하신 분이시구나 라고 깨닫게 된다. 그래서 그 이름을 찬양하게 된다.

2절에는 "그의 장막은 살렘에 있음이여 그의 처소는 시온에 있도다"고 하였다. '그의 장막'이란 하나님의 장막 즉 예루살렘에 세워진 성전이다. 그 성전이 살렘 곧 예루살렘에 세워지고, 또 예루살렘 중에서 시온산에 세워진다. 이것은 하나님과 동행하는 증거로서 승리를 보여 준다는 의미이다.

2. 하나님의 역사

3절에서 "거기에서 그가 화살과 방패와 칼과 전쟁을 없이하셨도다 (셀라)"고 하였다. 하나님께서 예루살렘에서 역사하셨다. 예루살렘에는 하나님이 임재의 증표로서 성전이 있다. 이 성전이 하나님을 영화롭게 하는 것이며, 여기서 각종 전쟁 무기들을 깨치셨다. 하나님이 무기를 부수셨기에 진정한 승리가 온다.

4절에서 "주는 약탈한 산에서 영화로우시며 존귀하시도다"고 하였다. '주는 영화로우시며'란 말은 '빛을 두르셨다'는 뜻인데 '주는 빛을 두르셨기에' 사람들이 근접하지 못하는 존귀함이 있다. '약탈한 산에서'란 말의 원래 뜻은 '약탈한 산들 앞에서'이다. 하나님께서 약탈자들을 깨트리시므로 하나님의 영광이 나타나게 된다.

5절에서 "마음이 강한 자도 가진 것을 빼앗기고 잠에 빠질 것이며 장사들도 모두 그들에게 도움을 줄 손을 만날 수 없도다"고 하였다. 이 말씀은 시적 표현이다. '마음이 강한 자'는 앗수르를 가리키는데 그들은 자기의 힘을 믿고 교만하였다. 이런 자들이 잠을 자듯이 죽어 조용하게 되었고 군사들이 다 죽어 자기의 손발을 놀리지 못하게 된다.

6절에서 "야곱의 하나님이여 주께서 꾸짖으시매 병거와 말이 다 깊이 잠들었나이다"고 하였다. 여기서 '야곱의 하나님'이라고 하였으니 '택한 자의 하나님'이란 뜻이다. 하나님이 역사하시니 병거와 말이 다 깊은 잠에 빠지게 되었다. 1~6절은 고난에서의 승리는 하나님께 가까이 나아가는 계기가 됨을 교훈한다. 고난을 통하여 하나님의 역사를 발견하며 하나님께 더욱 가까이 해야 한다.

7절에서 "주께서는 경외 받을 이시니 주께서 한 번 노하실 때에 누가 주의 목전에 서리이까" 하였다. '주 곧 주'는 '하나님만이', '오직 당신만이'라는 뜻이다. 그러니 참으로 경외할 자는 하나님 한 분 뿐이시라는 뜻이며, 그 하나님이 한 번 노하시면 어느 누구도 살아남지 못한다. 소돔과 고모라가 그 대표적 사례로 우리에게 제시된다.

8절에서 "주께서 하늘에서 판결을 선포하시매 땅이 두려워 잠잠하였나니"라고 하여 하나님의 위대하심을 선포한다. 하나님의 판단 앞에 살아남을 자가 없음을 보여 준다.

9절에서 "곧 하나님이 땅의 모든 온유한 자를 구원하시려고 심판하러 일어나신 때에로다 (셀라)"고 하였다. 여기서 '곧'이란 앞에서 한 말을 다시 설명해 주는 것인데 하나님께서 온유한 자 즉 하나님을 의지하는 자를 구원하시려고 일어서시니 이 세상이 잠잠하게 되었다.

10절에서 "진실로 사람의 노여움은 주를 찬송하게 될 것이요 그 남은 노여움은 주께서 금하시리이다" 하였다. 그러니 노하는 것을 꺾어서 온유한 자로 하여금 주를 찬송하게 만들어 버린다는 말이다. 하나님은 화를 내고, 자기주장을 내세우는 사람을 멀리 하시고 온유한 자를 귀하게 여기신다.

3. 승리 후의 묵상

11절에서 "너희는 여호와 너희 하나님께 서원하고 갚으라 사방에 있는 모든 사람도 마땅히 경외할 이에게 예물을 드릴지로다"고 하였다. 그러니 이런 하나님께 서원하고 갚으라고 하였다. 하나님 앞에서 마음을 굳게 하고 서원하라는 것이다. 서원이란 하나님의 백성이 누릴 축복이다. 이것은 단순한 약속이 아니라 하나님께 자신의 전부를 드리는 위대한 헌신이다. 그러니 함부로 서원하지 말아야 하고 서원한 것은 반드시 이루어야 한다.

12절에서는 "그가 고관들의 기를 꺾으시리니 그는 세상의 왕들에게 두려움이시로다"고 하였다. 하나님께서는 스스로 높다고 생각하는 방백들을 꺾으심으로써 이스라엘이나 앗수르 그리고 여러 나라의 왕들로 하여금 두려워하고 겸손하게 한다는 말이다. 시편 76편에서 하나님의 심판은 서서히 이루어지는 점진성이 있는가 하면 신속하게 이루어지는 경우도 있음을 볼 수 있다. 이러한 점진성과 신속성은 하나님의 뜻으로 되어진다. 그러기에 이 하나님이 능력을 의지해야 한다. 역경을 통하여 하나님께 더 가까이 나아가는 신앙의 자세가 필요하다. 역경 속에서 하나님의 승리를 바라야 한다.

〈제 2권에 계속〉

「시편 묵상·2」 차례

|지은이| **김남식 박사**

김남식 박사는 일본 와까야마에서 출생하였으며, 고신대학교, 단국대학교 문리대, 중앙대학교 대학원, 총신대학교 신학대학원에서 교육을 받았고, 미국 리폼드 신학대학원(Reformed Theological Seminary)에서 선교학을 전공하여 선교학 석사와 선교학 박사 학위를 받았다. 또 남아프리카 공화국 스텔렌보쉬 대학교(University of Stellenbosch)에서 선교학을 전공하여 신학박사 학위를 받았다.

김 박사는 미국장로교(PCA)에서 목사장립을 받고 미국 윌밍톤 한인장로교회, 인천 청농교회, 서대문장로교회, 카바난트 일본인 교회에서 시무하였다.

「기독신문」 편집국장과 주필을 역임하였으며, 계간전문학술지 「상담과 선교」를 간행하였고, 지금은 주간 「크리스챤 타임」과 「기독신보」 논설고문으로 섬기고 있다.

현재 국제성시화운동본부 고문, 일본복음선교회 고문, 중화복음선교회 회장으로 선교사역에 헌신하며, 일본 고베신학교 초빙교수, 캐나다 Trinity Western University의 Northwest Baptist Seminary 초빙교수, 미국 킹스대학교 방문교수로 사역하고 있다.

저서로는 「한국장로교신학사상사」를 비롯한 84권의 저서와 「칼빈주의 예정론」 외 38권의 역서가 있다.

김 박사는 한국장로교사학회 회장으로 기독교역사의 정립에 노력하고 있으며, 또 순교자 김정복 목사 기념사업회 이사장, 한국교회역사자료 박물관 이사장으로 섬기고 있다. 목양문학회 회장, 총신문학회 회장을 역임하였고, 「출판문화상 저술상」과 「목양문학상」과 「총신문학상」을 수상하였다.

그의 저서 「40년의 벽을 넘어, 보수신학자와 진보운동가의 역사대화」가 '2006년도 문화관광부 우수도서'에 선정되었다.

그는 다양한 영역에서 '하나님 나라운동'을 전개하고 있다. 신학자, 전도자, 저술가, 언론인, 시인 그리고 문명비평가로서 끝없는 사역을 하고 있다.